Anna Dost

DAS RUSSISCHE VERFASSUNGSRECHT AUF DEM WEG ZUM FÖDERALISMUS UND ZURÜCK

Zum Konflikt von Rechtsnormen und -wirklichkeit in der Russländischen Föderation von 1991 bis 2009

Mit einem Vorwort von Alexander Blankenagel

ibidem-Verlag
Stuttgart

Bibliografische Information der Deutschen Nationalbibliothek
Die Deutsche Nationalbibliothek verzeichnet diese Publikation in der Deutschen Nationalbibliografie; detaillierte bibliografische Daten sind im Internet über http://dnb.d-nb.de abrufbar.

Bibliographic information published by the Deutsche Nationalbibliothek
Die Deutsche Nationalbibliothek lists this publication in the Deutsche Nationalbibliografie; detailed bibliographic data are available in the Internet at http://dnb.d-nb.de.

Diese Arbeit wurde von der Juristischen Fakultät der Humboldt-Universität zu Berlin 2010 als Dissertation angenommen.

Ein Forschungsaufenthalt in der Russischen Föderation wurde mit einem DAAD-Stipendium finanziert. Die Verfasserin wurde zudem mit einem Kurzzeitstipendium der Deutschen Forschungsgesellschaft (DFG) gefördert

∞

Gedruckt auf alterungsbeständigem, säurefreien Papier
Printed on acid-free paper

ISSN: 1614-3515

ISBN-13: 978-3-8382-0292-1

Printed in Germany

Soviet and Post-Soviet Politics and Society (SPPS) Vol. 106

ISSN 1614-3515

Soviet and Post-Soviet Politics and Society (SPPS)

ISSN 1614-3515

Founded in 2004 and refereed since 2007, SPPS makes available affordable English-, German- and Russian-language studies on the history of the countries of the former Soviet bloc from the late Tsarist period to today. It publishes approximately 15-20 volumes per year, and focuses on issues in transitions to and from democracy such as economic crisis, identity formation, civil society development, and constitutional reform in CEE and the NIS. SPPS also aims to highlight so far understudied themes in East European studies such as right-wing radicalism, religious life, higher education, or human rights protection. The authors and titles of all previously published manuscripts are listed at the end of this book. For a full description of the series and reviews of its books, see www.ibidem-verlag.de/red/spps.

Editorial correspondence & manuscripts should be sent to: Dr. Andreas Umland, DAAD, German Embassy, vul. Bohdana Khmelnitskoho 25, UA-01901 Kyiv, Ukraine. e-mail: umland@stanfordalumni.org

Business correspondence & review copy requests should be sent to: ***ibidem***-Verlag, Julius-Leber-Weg 11, D-30457 Hannover, Germany; tel.: +49(0)511-2622200; fax: +49(0)511-2622201; spps@ibidem-verlag.de.

Book orders & payments should be made via the publisher's electronic book shop at: www.ibidem-verlag.de/red/SPPS_EN/

Authors, reviewers, referees, and editors for (as well as all other persons sympathetic to) SPPS are invited to join its networks at www.facebook.com/group.php?gid=52638198614 www.linkedin.com/groups?about=&gid=103012 www.xing.com/net/spps-ibidem-verlag/

Recent Volumes

98 *Tatiana Zhurzhenko*
Borderlands into Bordered Lands
Geopolitics of Identity in Post-Soviet Ukraine
With a foreword by Dieter Segert
ISBN 978-3-8382-0042-2

99 *Кирилл Галушко, Лидия Смола (ред.)*
Пределы падения – варианты украинского будущего
Аналитико-прогностические исследования
ISBN 978-3-8382-0148-1

100 *Michael Minkenberg (ed.)*
Historical Legacies and the Radical Right in Post-Cold War Central and Eastern Europe
With an afterword by Sabrina P. Ramet
ISBN 978-3-8382-0124-5

101 *David-Emil Wickström*
"Okna otkroi!" – "Open the Windows!"
Transcultural Flows and Identity Politics in the St. Petersburg Popular Music Scene
With a foreword by Yngvar B. Steinholt
ISBN 978-3-8382-0100-9

102 *Eva Zabka*
Eine neue „Zeit der Wirren"?
Der spät- und postsowjetische Systemwandel 1985-2000 im Spiegel russischer gesellschaftspolitischer Diskurse
Mit einem Vorwort von Margareta Mommsen
ISBN 978-3-8382-0161-0

103 *Ulrike Ziemer*
Ethnic Belonging, Gender and Cultural Practices
Youth Identitites in Contemporary Russia
With a foreword by Anoop Nayak
ISBN 978-3-8382-0152-8

104 *Ksenia Chepikova*
‚Einiges Russland' - eine zweite KPdSU?
Aspekte der Identitätskonstruktion einer postsowjetischen „Partei der Macht"
Mit einem Vorwort von Torsten Oppelland
ISBN 978-3-8382-0311-9

105 *Леонид Люкс*
Западничество или евразийство? Демократия или идеократия?
Сборник статей об исторических дилеммах России
С предисловием Владимира Кантора
ISBN 978-3-8382-0211-2

Inhalt

Vorwort

Die vorliegende Arbeit behandelt ein politisch und rechtlich reizvolles und immer noch und immer wieder aktuelles Thema. Die vergleichende Umschau zeigt allerdings, dass alle großen Flächenstaaten (außer der Volksrepublik China) Föderationen sind und dass es daher dem größten Flächenstaat der Welt vielleicht gut anstünde, sich auch föderal zu organisieren. Der Föderalismus hat jedoch keine Tradition in Russland. Schon die RSFSR als Teilstaat der UdSSR war nur formal eine Föderation. Die neue Verfassung hat die föderale Struktur auf der Grundlage der Föderationsverträge von 1992 beibehalten. Die Bundesstaatlichkeit in der Russischen Föderation war dann nach der Verfassungsgebung 1993 immer ein Feld politischer Konflikte und Entwicklungen, in den 90er Jahren zunächst mit starken zentrifugalen und dann unter der Präsidentschaft von Putin mit stark zentralistischen Tendenzen, bis hin zu dem Eindruck für den außenstehenden Betrachter, der sowjetische „Oberflächenföderalismus" – föderal in der Form, sozialistisch in der Sache (Stalin) - könnte zurückgekehrt sein. Die Zentralisierung unter Putin – die sogenannte Verstärkung der Machtvertikale – hat freilich die Probleme der Russischen Föderation und des russischen Föderalismus nicht lösen können: Verwiesen sei nur auf die Probleme im Kaukasus, die zu der hilflosen Gründung des „Kaukasischen Föderalen Kreises" als Zusammenfassung der ethnisch nicht russischen kaukasischen Republiken und des (russischen) Gliedstaates „Kreis Stavropol'" geführt haben. Das Thema des russischen Föderalismus hat also nichts von seiner Aktualität verloren.
In der deutschsprachigen Literatur gibt es bisher anders als im angelsächsischen Sprachraum keine gründliche Auseinandersetzung mit dem Föderalismus in der Russischen Föderation. Die Arbeit schließt also eine vorhandene Lücke; sie überzeugt durch die Erfassung der formalen und der informalen Strukturen des russischen Föderalismus und geht so über die Perspektive normaler rechtswissenschaftlicher Untersuchungen hinaus. Mit dem Ansatz „rule of law" findet die Verfasserin ein theoretisches Werkzeug, mit dem sie das russische Recht und die russische Rechtswirklichkeit einigermaßen adäquat erfassen kann.

Bei der Analyse der rechtlichen Strukturen setzt die Arbeit interessante und wichtige Schwerpunkte. Zu nennen ist hier etwa das Phänomen der verfassungsrechtlichen Asymmetrie der Gliedstaaten in der Russischen Föderation, von der symbolischen Ungleichheit des Art. 5 Abs. 1 VerfRF, der bei den Gliedstaaten zwischen „Staaten“ und sonstigen Subjekten der Russischen Föderation unterscheidet, bis hin zur – in den 90er Jahren - Ungleichheit der russischen Gliedsstaaten auf der Grundlage separater föderaler Verträge mit dem Zentrum, Art. 11 Abs. 3 VerfRF, und dem Problem der Einordnung dieser föderalen Verträge in die Normenhierarchie der Russischen Föderation. Die Autorin geht hier mit der Analyse zweier föderaler Verträge, nämlich des Vertrages (bzw. der zwei Verträge) der Föderation mit Tatarstan einerseits und des Vertrages mit dem Gebiet Jekaterinburg (Sverdlovsk) andererseits ins Detail und vermittelt dem Leser wertvolle Informationen. Zu nennen ist weiter etwa die Darstellung der (beschränkten) Souveränität der Gliedstaaten der Russischen Föderation und des - erfolglosen - Kampfes der Gliedstaaten um das Recht, sich souverän nennen zu dürfen: auf diese in Russland intensiv ausgetragene Diskussion blickt der westlicheuropäische Jurist angesichts ihrer Rückwärtsgewandtheit mit einer gewissen Verwunderung. Erwähnenswert ist weiter die informationsreiche Analyse des bisher in der deutschen Rechtsvergleichung (und auch sonst) noch nicht eingehend behandelten Subjektsorganisationsgesetzes (FZ No. 184) und die Verarbeitung der föderalismusrelevanten Entscheidungen des russischen Verfassungsgerichts.

Die Verfasserin bleibt aber lobenswerterweise bei den rechtlichen Strukturen nicht stehen, sondern bemüht sich auch um eine Erfassung der Rechtswirklichkeit. Unter dem Begriff der informalen Strukturen erfolgt eine empirische Untersuchung sowohl des praktischen Funktionierens als auch des praktischen Nicht-Funktionierens des russischen Föderalismus und der Interaktionen von Institutionen, Politikern und Funktionären innerhalb und außerhalb der rechtlich geregelten Sphäre im föderalen Zentrum Moskau, in Tatarstan und im Gebiet Jekaterinburg (Sverdlovsk). Aufschlussreich ist dabei die Darstellung der jeweils unterschiedliche Sicht und Erwartungshaltung von Wissenschaftlern, Politikern und Funktionären der Zentrale, der ökonomisch starken, sich als nichtrussisch definierenden Republik und des wichtigen, industriell geprägten Gebietes Sverdlovsk hinsichtlich der Gegenwart und Zukunft des Föderalismus in Russland. Die

Analyse der informalen Strukturen zeigt darüber hinaus, wie viele andere transformationstheoretische Studien, bei den Betroffenen Akteuren ein tiefes Mißtrauen gegenüber dem formalem Recht und formalen Institutionen.
Ob die Charakterisierung des russischen Föderalismus als einer föderalen Oberfläche – man könnte auch den Kalauer eines „Potemkin-Föderalismus" formulieren – zutreffend und überzeugend ist, sei dem Leser überlassen. Ist die Einschätzung der Autorin richtig – und dafür spricht vieles –, so hat sie für die weitere Forschung gleich eine ungelöste Frage formuliert, nämlich was die Gründe dafür sein könnten, dass ein Staat/eine Gesellschaft ein so aufwendiges System wie den Föderalismus quasi im Leerlauf betreibt.

Alexander Blankenagel

Definitionen

Russische Föderation	Russische Föderation (Russländische Föderation)
Föderale Verfassung	Föderale Verfassung und Bundesverfassung werden synonym gebraucht.
Föderales Gesetz	Föderales Gesetz und Bundesgesetz werden synonym gebraucht.
Präsidentenstellvertreter	Präsidentenstellvertreter und *Polpred (polnomočnyj predstavitel')* werden synonym gebraucht.
Prinzipien für Föderationen*	Prinzipien für Föderationen bezeichnen fünf klassische Strukturvoraussetzungen für Föderationen.
Subjektexekutivspitze*	Republikspräsident einer Teilrepublik oder Gouverneur eines sonstigen Subjekts

Glossar

AbgStatusG*	Föderales Gesetz „Über den Status des Mitglieds des Föderationsrats und Status des Abgeordneten der Staatsduma der Föderalen Versammlung der Russischen Föderation“ (*Federal'nyj Zakon „O statuse člena Soveta Federacii i statuse deputata Gosudarstvennoj Dumy Federal'nogo Sobranija Rossijskoj Federacii“)*
BestellG*	Föderales Gesetz über die Ordnung der Besetzung des Föderationsrats (*Federal'nyj Zakon „O porjadke formirovanija Soveta Federacii Federal'nogo Sobranija Rossijskoj Federacii“)*
FKZ	Föderales Verfassungsgesetz (*Federal'nyj konstitucionnyj zakon*)
FV-RT*	Föderaler Vertrag der Russischen Föderation mit der Republik Tatarstan („*Dogovor o razgraničenii predmetov vedenija i polnomočij meždu organami gosudarstvennoj vlasti Rossijskoj Federacii i organami gosudarstvennoj vlasti Respubliki Tatarstan)“*
FZ	Föderales Gesetz *(Federal'nyj Zakon)*
GiP	Zeitschrift „Staat und Recht“ („*Gosudarstvo i Pravo*“)
GO-Duma	Geschäftsordnung der Staatsduma der Föderalen Versammlung der Russischen Föderation
GO-FR	Geschäftsordnung des Föderationsrats der Föderalen Versammlung der Russischen Föderation

KompAbgG*	Föderales Gesetz „Über die Prinzipien und Ordnung der Abgrenzung der Zuständigkeitsgegenstände und Vollmachten zwischen den Organen der Staatsgewalt der Russischen Föderation und den Organen der Staatsgewalt der Subjekte der Russischen Föderation" (*Federal'nyj Zakon „O principach i porjadke razgraničenij predemetov vedenija i polnomočij meždu organami gosudarstvennoj vlasti Rossijskoj Federacii i organami gosudarstvennoj vlasti sub"jektov Rossijskoj Federacii"*)
KPdSU	Kommunistische Partei der Sowjetunion
LDPR	Liberaldemokratische Partei Russlands
Narkom	Volkskommissar (*Narodnyj Kommissar)*, ab 1946 Minister
PrFöd*	Prinzipien für Föderationen bezeichnen fünf klassische Strukturvoraussetzungen für Föderationen.
RT*	Republik Tatarstan *(Respublika Tatarstan)*
RKP (B)	Rossijskaja Kommunističeskaja partija Rossii (B)
Sovnarkom	Rat der Volkskommissare (*Sovet narodnych komissarov*), ab 1946 Ministerrat – die Regierung der RSFSR, der UdSSR und der Unionsrepubliken.
SPS	Union der Rechten Kräfte (*Sojuz Pravych Sil)*
SG*	Sverdlovsker Gebiet (*Sverdlovskaja oblast'*)
SSG*	Statut des Sverdlovsker Gebiets (*Statut Sverdlovskoj oblasti*)
StAG*	Gesetz über die Staatsanwaltschaft (*Federal'nyj Zakon „O prokurature"*)

SubjOrgG*	Föderales Gesetz „Über die allgemeinen Prinzipien der Organisation der Gesetzgebungs- (Vertretungs-) und Exekutivorgane der staatlichen Gewalt der Subjekte der Russischen Föderation" (*Federal'nyj Zakon „Ob obščich principach organizacii zakonodatel'nych (predstavitel'nych) i ispolnitel'nych organov gosudarstvennoj vlasti sub"ektov Rossijskoj Federacii"*)
SZ FZ	Gesetzessammlung *(Sobranie Zakonodatel'stva)*
VerfRA*	Verfassung der Republik Altaj (*Konstitucija Respubliki Altaj*)
VerfGGRF	Verfassungsgerichtsgesetz der Russischen Föderation (*Federal'nyj Konstitucionnyj Zakon „O Konstitucionnom Sude Rossijskoj Federacii"*)
VerfGRF	Föderales Verfassungsgericht der Russischen Föderation (*Konstitucionnyj Sud Rossijskoj Federacii)*
VerfRF	Verfassung der Russischen Föderation (*Konstitucija Rossijskoj Federacii*)
VerfRT*	Verfassung der Republik Tatarstan (*Konstitucija Respubliki Tatarstan*)
VerfSU	Verfassung der Sowjetunion (*Konstitucija Sojuza Socialističeskich Sovetskich Respublik*)
VKP (B)	Kommunistische Alllunions Partei (Bolschewiki) / (*Vsesojuznaja Kommunističeskaja Partija* [bol'ševikov], VKP[B] –1925 bis 1952 Name der Kommunistischen Partei der Sowjetunion
VKS	Entscheidungssammlung des Föderalen Verfassungsgerichts *(Vestnik Konstitucionnogo Suda)*
WahlG*	Föderales Gesetz „Über die allgemeinen Garantien der Wahlrechte und des Rechts auf die Teilnahme am Referendum der Bürger der Russischen Föderation" (*Federal'nyj Zakon „Ob osnovnych garantijach izbiratel'nych prav i prava na učastie v referendum graždan Rossijskoj Federacii"*)

ZIK, VZIK	Zentrales Exekutivkomitee, Allunions ZEK (*Zentral'nyj Ispolnitel'nyj Komitet, Vsesojuznyj Zentral'nyj Komitet*); bis 1936 zwischen den Sowjetkongressen das zentrale Legislativ- und Exekutivorgan der RSFSR bzw. der UdSSR

Die mit (*) bezeichneten Abkürzungen stammen von der Verfasserin.

Verwendet wird die Transkription nach *Steinitz*. Lediglich gebräuchliche Bezeichnungen wie „Bolschewiki", Moskau, Kasan oder Jekaterinburg und Ereignisse wie der Tschetschenien-Krieg werden in dieser Lautschrift dargestelt.

Zudem wird hier der Einfachheit halber überwiegend die grammatische männliche Form für Amtsbezeichnungen benutzt. Dies reflektiert die auch in der Praxis geringe Präsenz und Repräsentation von Frauen als Akteurinnen russischer Politik.

1. Einleitung

Die vorliegende Dissertation „Das Russische Verfassungsrecht auf dem Weg zum Föderalismus und zurück" setzt sich mit den Entwicklungen des föderalen Verfassungsrechts der Russischen Föderation auseinander.

Der Sinn von Föderationen besteht darin, dass im Rahmen einer Arbeitsteilung auf der föderalen und der Ebene der Gliedstaaten (Föderationssubjekte) diejenigen Aufgaben gelöst werden, die dort jeweils am besten lösbar sind: Auf föderaler Ebene sind dies diejenigen, die die Gliedstaaten nicht lösen können oder wollen und auf regionaler Ebene diejenigen, die die Gliedstaaten lösen können und wollen. In den verschiedenen Bundesstaaten, die existieren, ist diese Arbeitsteilung höchst unterschiedlich organisiert. Wenn sich diese Organisation als nicht mehr zweckmäßig erweist, treten Konflikte zwischen dem föderalen Zentrum und der Peripherie oder unter Umständen auch zwischen den Gliedstaaten untereinander auf. Die Ursachen dieser Konflikte liegen oftmals in der wirtschaftlichen Entwicklung, aber auch in „ethnisierten" Auseinandersetzungen, häufig in Kombination beider Ursachen. Weltweite Beispiele sind der aufkeimende Separatismus Schottlands nach der Entdeckung und Ausbeutung des Nordseeöls („Scottish Oil!") im Vereinigten Königreich, die unter dem Label „Sprachenstreit" firmierende Auseinandersetzung in der belgischen Föderation um die divergierende wirtschaftliche Entwicklung in Flandern und der Wallonie oder die immer wiederkehrenden Sezessionsbestrebungen Quebecs in Kanada.

Die Russische Föderation (RF) ist geographisch das größte Land der Welt. Dies spiegelt sich auch in ihrem föderalen Aufbau wider. Es existieren 83 Föderationssubjekte mit teilweise sehr unterschiedlichem Verfassungsstatus. Nach dem Zerfall der Sowjetunion nach 1991 war die Verfassungsrechtsentwicklung unter Präsident *El'cin* von großer Dynamik und divergenten zentrifugalen Tendenzen gekennzeichnet. Seit *Putins* Amtsantritt im Jahr 2000 und der unter ihm im selben Jahr begonnenen Föderalismusreform überwiegen die zentripetalen Tendenzen, und die Konflikte sind vorerst beigelegt.

Ausgehend von der Verfassung von 1993 wird in der vorliegenden Arbeit das Verhältnis des föderalen Zentrums zu den Subjekten anhand einer Vielzahl von Rechtsakten untersucht. Das allgemeine Bild stärkerer föderaler Tendenzen wandelt sich seit den Anfangsjahren zu Gunsten zentralistischer Strömungen. Die Verfassungsentwicklung auf der föderalen Ebene wird um eine

Darstellung der föderalen Beziehungen zweier Föderationssubjekte, der Teilrepublik Tatarstan und des Sverdlovsker Gebiets, ergänzt.
Dabei werden im Folgenden untersucht:

- die föderale Vorgeschichte der staatlichen Vorläufer der Russischen Föderation (des Zarenreichs und der Sowjetunion),
- Föderalismustheorien mit Russlandbezug,
- der Verfassungsaufbau,
- die Abgrenzung der Gesetzgebungszuständigkeiten und Organkompetenzen zwischen Föderation und Föderationssubjekten,
- die Wirkungsweise des föderalen Parlaments,
- das Gesetzgebungsverfahren und der Beitrag der Föderationssubjekte zur föderalen Gesetzgebung,
- die Rechtsprechung des föderalen Verfassungsgerichts zu föderalen Fragestellungen sowie
- das Verhältnis von Tatarstan und des Sverdlovsker Gebiets zum föderalen Zentrum.

Hierzu werden von der Verfasserin der Arbeit geführte problemzentrierte Interviews mit Wissenschaftlern und Spitzenpolitikern in Moskau, Kasan und Jekaterinburg verwendet. Ein zentrales Ziel der Arbeit war die bislang nur spärlich vorliegende, aber angezeigte Erschließung der russischen Diskussion für die Forschung im deutschsprachigen Raum.
Im Verlauf der Arbeit wird ein methodischer Ansatz neu entwickelt und verfolgt, der die juristische Normexegese mit einer informalen politikwissenschaftlichen Theorie verbindet sowie die Untersuchungsergebnisse auf die Vereinbarkeit mit Prinzipien für das Bestehen von Föderationen und modifizierter Kriterien der „Rule of Law" untersucht. Dieses Vorgehen ermöglicht nicht nur eine Annäherung an die Rechtswirklichkeit, die allein mit juristischer Normexegese nicht zu leisten gewesen wäre. Die entwickelten Bewertungskriterien für Rechtsnormen und Verfassungsinstitutionen bieten überdies ein handhabbares Prüfungsschema, in das nicht-juristische Konzepte integriert werden können.
Nach einem kurzen Abriss der russischen Geschichte des Föderalismus – von den bis auf die im polnischen Königreich vorhandenen Errungenschaften nichtvorhandenen föderalen Elementen über die Vorschläge der Sozialrevolutionäre und die Zäsur der Oktoberrevolution 1917 – werden die einzelnen Verfassungen und Transformationen der Sowjetzeit bis zur Verabschiedung der Verfassung von 1993 folgenden Theorien zum Föderalismus mit Russ-

land-Bezug vorgestellt. Anschließend wird das für die Russische Föderation besondere Phänomen der Asymmetrie (Kapitel 2) ausführlich erörtert.
Ausgehend vom aktuellen Forschungsstand wird im 3. Kapitel eine eigene Methode der Untersuchung für Institutionen und Rechtsnormen vorgestellt. Grundlage dieser Methode ist eine selbstständig entwickelte Bestimmung der informalen Theorie als ungeschriebenes Recht. Für ein weitergehendes Verständnis des Verhaltens von Akteuren[1] wird ein erweiterter und fortgeführter Begriff von Informalität verwendet. Er gilt für alle Handlungen zwischen Amtsträgern untereinander, die außerhalb der rechtlich geregelten Sphäre stattfinden und gegenseitigen Verhaltenserwartungen entsprechen. Weiterhin wird ein Modell der „Rule of Law" entwickelt und für die Zwecke des Erkenntnisinteresses der Arbeit angepasst. „Rule of Law" bedeutete als Ausgangspunkt der theoretischen Überlegungen die Bindung der Exekutive an geltendes Recht und die Begrenzung des exekutiven Handelns hierdurch. Ein Modell der „Rule of Law" bot sich hier besonders an, da es im Gegensatz zum Rechtsstaatsprinzip weniger statisch ist und es zudem ermöglicht, politikwissenschaftliche Überlegungen zu integrieren. Das gewählte Grundmodell der „Rule of Law" wird von der Verfasserin weiterhin für die Untersuchung von *Rechtsnormen* und *Verfassungsinstitutionen* modifiziert.
Das gewählte Prüfungsschema ist wie folgt:

- In einem *ersten Schritt* wird die Rechtsnorm ausgelegt bzw. der Aufbau der Institution dargestellt. Dabei werden die üblichen juristischen Auslegungsmethoden verwandt und die Rechtsprechung des russischen föderalen Verfassungsgerichts (VerfGRF) und die russische sowie vorhandene nichtrussische Literatur herangezogen.
- Im zweiten *Schritt* werden informale Prozesse und Vorgänge untersucht, soweit sie für das Zustandekommen der Norm oder das Verständnis der Entwicklung der Institution hilfreich sind.
- In einem *dritten Schritt* werden die Ergebnisse der Auslegung bzw. der Untersuchung der Institution in Verbindung mit den beschriebenen informalen Prozessen betrachtet und es wird untersucht, ob sie den oben aufgestellten Kriterien der „Rule of Law" entsprechen oder nicht.
- Im *vierten Schritt* werden – soweit angezeigt – die Rechtsnormen bzw. Institutionen daraufhin untersucht, wie sie die Prinzipien für das Beste-

1 Hiermit sind häufig der Föderationspräsident auf der föderalen Ebene, Subjektexekutivspitzen (Republikspräsidenten und Subjektgouverneure) auf Subjektebene gemeint.

hen einer Föderation im Hinblick auf die herausgearbeiteten Kriterien beeinflussen.

Dabei wird auf die Besonderheiten der russischen Entwicklung Rücksicht genommen und eine schematische westliche Sicht vermieden.

Mithilfe dieses Vorgehens soll es gelingen, eine weitestmögliche Annäherung an die Rechtswirklichkeit zu erreichen und gleichzeitig anhand eines vorhandenen Maßstabes eine Bewertung der Untersuchungsergebnisse vorzunehmen und zudem die russische Diskussion der deutschen Wissenschaft zu erschließen.

Das 4. Kapitel ist einer Bestandsaufnahme entscheidender Aspekte des gegenwärtigen russischen Föderalismus gewidmet. Zunächst wird die Praxis des Abschlusses der föderalen Verträge seit 1994 beleuchtet und analysiert. Das föderale Zentrum schloss diese Verträge mit den Teilrepubliken, später auch mit anderen Subjekten, um Sezessionsbestrebungen zu verhindern. Die Praxis dieser föderalen Verträge blieb bei Praktikern und Wissenschaftlern stets umstritten, vor allem bezüglich des Verhältnisses zur föderalen Verfassung. Insbesondere geht es bei den Verträgen um russische Besonderheiten, wie etwa das Prinzip der Einheitsverwaltung innerhalb eines föderalen Systems, die Entwicklung des Haushaltsföderalismus mit dem föderalen Finanzausgleich und die Aufteilung der Steuereinnahmen zwischen Zentrum und Subjekten. Daneben wird in der vorliegenden Arbeit der Rolle des Präsidenten in der Entwicklung des russischen Föderalismus besondere Aufmerksamkeit geschenkt. Neben der Ausübung seiner verfassungsmäßigen Rechte gelang es Präsident *Putin*, durch die Verabschiedung von gesetzlichem Recht, schrittweise die Macht einzelner Akteure in den Subjekten zu brechen. Dies geschah in erster Linie mithilfe des Subjektorganisationsgesetzes und dessen Änderungen in den Jahren 1999–2005. Inzwischen hat der Föderationspräsident das Recht, die Kandidaten für die Ämter der Gouverneure und Republikspräsidenten den Subjektparlamenten vorzuschlagen und diese bei Nichtvertrauen wieder abzuberufen. Ferner ist er bei Verfassungsverletzungen befugt, Subjektparlamente an sich aufzulösen. Das Zusammenspiel dieser Regelungen wird in der vorliegenden Arbeit im Einzelnen analysiert und auf seine Vereinbarkeit mit den aufgestellten Kriterien der „Rule of Law“ überprüft.

Zur Kontrolle über die Einhaltung der föderalen Verfassungs- und Gesetzesordnung schuf Präsident *Putin* per Dekret die so genannten föderalen Bezirke, in denen Präsidentenstellvertreter über die Tätigkeit der Subjektorgane wachen. Mit diesen föderalen Einheiten wurden – an der Verfassung vorbei – neue Institutionen geschaffen, die im Folgenden untersucht und bewertet werden. Am Ende des 4. Kapitels werden daher abschließend diese Entwicklungen mit Hilfe der Theorie des Informalen untersucht und praxisrelevante Lösungsvorschläge entwickelt.

Thema des 5. Kapitels ist ein weiteres zentrales Merkmal föderaler Staaten, die Aufteilung der Gesetzgebungszuständigkeiten und der Kompetenzen zwischen den föderalen Organen und den Subjektorganen. Zunächst wird theoretisch eine Abgrenzung von *Gesetzgebungszuständigkeiten* und *Organkompetenzen* hergeleitet und begründet. Danach werden die Besonderheiten der verfassungsrechtlichen Aufteilung der ausschließlichen Gesetzgebungszuständigkeiten gemäß Artikel 71 der russischen Verfassung (VerfRF) und Kompetenzen der RF, der gemeinsamen Gesetzgebungszuständigkeit (Art. 72 VerfRF) und gemeinsamen Kompetenzen der RF und ihrer Subjekte (Art. 76 VerfRF) vorgenommen. Anschließend wird die folgende Frage diskutiert: Handelt es sich bei den Zuständigkeitsregeln in Art. 73 VerfRF um eine Restzuständigkeit oder um eine ausschließliche Zuständigkeit der Subjekte? Als Ergebnis wird eine ausschließliche Zuständigkeit der Subjekte angenommen. Nachfolgend wird die Praxis der föderalen Verträge untersucht. Diese Verträge sahen von der VerfRF abweichende Regelungen der Zuständigkeiten und Kompetenzen zu Gunsten der Subjekte vor. Dadurch ergibt sich ein äußerst asymmetrisches und heterogenes Bild der geltenden Normen. Auch diese Regelungen werden mithilfe des entwickelten Bewertungsschemas beurteilt.

Inzwischen ist die Laufzeit eines Großteils dieser Verträge abgelaufen. Allein der Republik Tatarstan gelang im Jahr 2007 ein Neuabschluss, der jedoch wesentlich weniger Rechte zu Gunsten der Republik enthält als der Vorgängervertrag aus dem Jahr 1994. Neben den föderalen Verträgen wurden die Zuständigkeiten unterverfassungsrechtlich durch das zwischenzeitlich außer Kraft getretene Kompetenzabgrenzungsgesetz und das 1999 gegen den erfolglosen Widerstand der Subjekte verabschiedete Subjektorganisationsgesetz (SubjOrgG) abgegrenzt. Deren Regelungen werden im Verlauf der Arbeit erläutert und erörtert. Insbesondere das SubjOrgG stellt einen tiefen Einschnitt in die Zentrums-Subjekt-Beziehungen dar, da es im Wesentlichen den Staatsaufbau der Subjekte vorgibt und dem Föderationspräsidenten weitgehende Eingriffsbefugnisse verleiht: Er kann die Kandidaten für den Posten des Gouverneurs bzw. des Republikspräsidenten dem Subjektparlament zur

Wahl vorschlagen und kann diese – zuvor direkt von der Bevölkerung gewählten Exekutivchefs – nach eigenem Ermessen abberufen. Zudem kann er unter bestimmten Voraussetzungen ganze Subjektparlamente auflösen. Hier wird für die Gouverneure und Republikspräsidenten ein gutes Verhältnis zum Föderationspräsidenten und seiner Administration existentiell.

Das 6. Kapitel ist den beiden Kammern der Föderalen Versammlung, des russischen Parlaments, gewidmet. Dabei werden die Tätigkeit der Staatsduma, des russischen Unterhauses und des Föderationsrats als Vertretungsorgan der Subjekte im föderalen Parlament beleuchtet.

Die Kürze des Abschnittes zur Staatsduma im Verhältnis zum Föderationsrat erklärt sich aus der größeren Bedeutung des Föderationsrats als Subjektvertretungsorgan auf föderaler Ebene; die Funktionen der Staatsduma werden schon im Abschnitt zum Gesetzgebungsverfahren erläutert. Der Abschnitt über den Föderationsrat stellt die wechselhaften Entwicklungen dar, die diese Institution seit Verabschiedung der föderalen Verfassung im Jahr 1993 durchlaufen hat. Herausragende Bedeutung hatte dabei der häufige Wechsel des Bestellungsmodus der Mitglieder des Föderationsrats, der Senatoren. Da die Senatoren gegenwärtig zwar die Subjekte vertreten, jedoch teilweise weniger persönliche Bezüge zu den Subjekten als zum Kreml haben, hat auch die Effizienz des Föderationsrats als „Kontroll“instanz gegenüber der Staatsduma und dem Föderationspräsident stark abgenommen.[2] Infolgedessen verringerten sich die formellen Möglichkeiten der Einflussnahme der Subjekte auf die föderale Gesetzgebung stark.

Im 7. Kapitel wird das Gesetzgebungsverfahren im Detail untersucht. Dabei fällt neben einer hohen Zahl von Verfassungsorganen, die zur Einbringung von Gesetzgebungsprojekten berechtigt sind, auf, dass Haushaltsgesetze seit der Novelle des Haushaltsgesetzes 2007 für einen Zeitraum von drei Jahren verabschiedet werden und in den Haushaltsgesetzen Normen enthalten sind, die nicht allen Parlamentariern bekannt sind und die als Staatsgeheimnisse auch nicht öffentlich bekannt gemacht werden. Dies ergibt sich aus den Normen des Haushaltsgesetzbuches selbst. Einen weiteren Schwerpunkt stellt die Untersuchung der Beteiligung der Subjekte am föderalen Gesetzgebungsprozess dar. Der Beitrag der Subjekte ist mit durchschnittlich 2 % erfolgreicher Gesetzgebungsvorhaben sehr gering. Als Gründe dafür werden allgemein mangelnde Qualität der Gesetzesprojekte, lokale Begrenzung der

Anliegen und mangelnde Finanzierbarkeit genannt. Jedoch könnte dafür in den ersten Jahren auch die Beschäftigung der Subjektparlamente mit der Anpassung der Subjekt-Rechtsordnung an die föderale Gesetzesordnung ein Grund sein. Als weitere Ursache erschient die indirekte Kontrolle der föderalen Regierung, die eine Stellungnahme zu allen Gesetzgebungsvorhaben abgeben muss, die die föderale Steuergesetzgebung oder den föderalen Haushalt beeinflussen könnten und dies oft verweigert.

Im 8. Kapitel wird die Rolle des föderalen Verfassungsgerichts (VerfGRF) dargestellt und kritisch gewertet. Es werden zuerst wichtige Entscheidungen zum Föderalismus chronologisch vorgestellt und analysiert. Danach werden diese Entscheidungen thematisch geordnet, damit die Ansichten des höchsten Rechtsprechungsorgans zu verschiedenen föderalen Problemkreisen deutlich werden. Hieran schließt sich eine Untersuchung der Tätigkeit des Gerichts als Akteur in den föderalen Beziehungen an. Obwohl zu Beginn nicht ausschließlich zentrumsfreundlich, hat das Gericht in den letzten Jahren einen Standpunkt eingenommen, der das föderale Zentrum unterstützte und infolgedessen aus Sicht der Subjekte an Legitimität verloren.

Das 9. Kapitel enthält Überlegungen des Verhältnisses der Republik Tatarstan und des Sverdlovsker Gebiets zum föderalen Zentrum. Die Untersuchung der Republik Tatarstan und des Sverdlovsker Gebiets im Rahmen eines Forschungsaufenthaltes im Jahr 2004 bot sich besonders an, weil Tatarstan ein Prototyp einer sozial-ethnisch dominierten Teilrepublik ist und in den neunziger Jahren eine Vorreiter-Rolle im Kampf mit dem föderalen Zentrum um Autonomie spielte, ohne jedoch wie Čečnija bis zur Sezession zu gehen und das Sverdlovsker Gebiet – ohne eine vergleichbare sozial-ethnische Problematik – erfolgreich mit der Föderation über die Erweiterung seiner Zuständigkeit verhandelte. Die anlässlich dieses Forschungsaufenthalts für beide Föderationssubjekte recherchierten Dokumente zum Beitrag der Subjekte Tatarstan und Sverdlovsker Gebiet zur föderalen Gesetzgebung und zum föderalen Finanzausgleich ermöglichen einen exemplarischen Überblick über die Tätigkeit dieser beiden Subjekte auf beiden Gebieten. Mit diesen Daten können auch Tendenzen für die Gegenwart und Zukunft aufgezeigt werden.

Tatarstan boykottierte das Referendum über die Verfassung der RF, zahlte keine Abgaben an das föderale Zentrum, erklärte sich zum gleichrangigen Verhandlungspartner mit der Föderation und schloss im Februar 1994 den

2 Der Föderationsrat verfügt gemäß Art. 108 VerfRF nur bei föderalen Verfassungsgesetzen, nicht jedoch bei einfachen föderalen Gesetzen über ein

ersten föderalen Vertrag mit dem föderalen Zentrum ab. Zudem bestand Tatarstan auf seiner Souveränität, der eigenen Sprache und führte eine eigene Staatsbürgerschaft ein. Das tatarische Verfassungsgericht scheute den offenen Konflikt mit dem föderalen Verfassungsgericht nicht. Inzwischen sind mit dem Abschluss des föderalen Vertrages des Jahres 2007 diese Konflikte weitgehend befriedet.

Ein Vergleich des von ethnischen Russen dominierten Sverdlovsker Gebiets, gleichermaßen wirtschaftlich stark wie Tatarstan und im föderalen Kräftespiel selbstbewusst auf den Ausbau der eigenen Position bedacht, aber wesentlich „bundestreuer" als Tatarstan, erwies sich als fruchtbar. Der Vergleich beider Subjekte ergab, dass sich die regionalen Eliten in beiden Subjekten mit dem föderalen Zentrum arrangiert haben und deshalb die beiden Exekutivspitzen *Šajmiev* und *Rossel'* erneut von *Putin* als Kandidaten vorgeschlagen, d. h. in ihrem Amt bestätigt wurden. In Tatarstan trat *Minnichanov* am 25. März 2010 die Nachfolge *Šajmievs an,* im Sverdlovsker Gebiet löste *Mišarin* am 23. November 2009 *Rossel'* als Gouverneur ab.

Die einzelnen Kapitel sind in sich abgeschlossen, um das Verständnis einzelner Abschnitte zu ermöglichen. Dadurch wiederholen sich die Nachweise.

absolutes Vetorecht.

2. Das historische Erbe des Zarenreichs und der Sowjetunion im Hinblick auf den Föderalismus

Im folgenden Kapitel werden das Erbe des Zarenreichs nach 1917 im 20. Jahrhundert sowie die sowjetischen Föderalismusvorstellungen und deren Umsetzung in die Praxis vorgestellt, um eine Einführung in die Traditionslinien und Zustände zu bieten, die die Autoren der russischen Verfassung von 1993 vorfanden. Dabei wird klar, dass es keine föderalistischen Elemente im russischen Zarenreich gab und Ansätze bolschewistischer Theoriebildung, die zu einem föderalen System, das auf einer klaren Abgrenzung zwischen Zuständigkeiten der Ebene der UdSSR und ihre SSR bzw. der RSFSR und ihrer Föderationssubjekte hätten führen können, nie verwirklicht wurden.

2.1. Das russische Föderalismus-Konzept vor der Oktoberrevolution

Die juristischen und verwaltungstechnischen Voraussetzungen für die Schaffung und Ausgestaltung eines föderalen Russland nach dem Ende der Sowjetunion waren schlecht. „Die ganze neuere russische Geschichte steht im Zeichen eines Integrationsvorgangs, der die Zusammenfassung des ungeheuren eurasischen Raumes in einem staatlichen Gebilde zum Inhalt hat.“[3]
In den heutigen russischen Regionen gab es im 19. Jahrhundert noch nicht einmal ein Verfassungsdokument. Die russischen Zaren regierten als so genannte Selbstherrscher. Einerseits bot so das zentralistische Erbe des russischen Zarenreichs keine Anknüpfungspunkte für einen postsowjetischen Föderalismus, andererseits kam ein sowjetischer Föderalismus kaum über Ansätze hinaus und wurde bald von starken Zentralisierungen abgelöst.
Etwas andere Entwicklungen fanden zum Beispiel in Polen, das als Provinz zu Russland gehörte, statt: Es gab keine föderalen Komponenten im Umgang des russischen Zarenhauses mit dem polnischen Adel. Am 27. November 1815 unterzeichnete Alexander I. in Warschau die polnische Verfassung, in der festgelegt war, dass Polen keine Provinz des russischen Zarenreichs, sondern ein einzelnes Staatswesen mit einer eigenen verfassungsmäßigen Regierung und einer besonderen Armee ist. Dennoch galt der russische Zar nun als Polnischer König, dem die gesamte Exekutivgewalt un-

3 Rauch, G. v. (1953). Russland: Staatliche Einheit und nationale Vielfalt. München. S. 7.

terstand. Die Legislative oblag Zar und Sejm (dem polnischen Parlament) gemeinsam. Der Sejm bestand aus dem Senat und der Deputiertenkammer, der die Angehörigen des polnischen Adels sowie hohe Beamte angehörten, die vom Zaren ernannt wurden. Der Sejm hatte das Recht, alle Regierungsgesetze abzulehnen.[4]

Erste gedankliche Überlegungen in Richtung Föderalismus kamen aus der gesamtrussischen sozialistischen (sozialrevolutionären) Bewegung. Der III. Kongress der Sozialrevolutionäre 1903 sprach sich für eine demokratische föderale Republik mit territorial-ethnischen Autonomien aus. Dabei ging es auch um den Schutz der Rechte von ethnischen Minderheiten sowie aller Sprachen, die von den werktätigen Massen Russlands gesprochen wurden.[5] Die Idee eines föderalen Aufbaus war entscheidend für den Parteiführer *Černov*, der sich auf die internationalistischen Ideen *Bakunins* bezog. Nach der Abdankung *Nikolais II.* wurde die Frage der Föderalisierung Russlands auch von der Kommission zur Schaffung eines Grundgesetzes der Provisorischen Regierung diskutiert. Diese Kommission erwog als mögliche Varianten: eine Föderation, Autonomien, Selbstverwaltung, Unabhängigkeit einzelner Teile des Imperiums. Sie kam zu folgender Formulierung, die von *Lazarevskij* vorgeschlagen und von der Kommission am 17. Oktober 1917 angenommen wurde:[6]

1. Der russische Staat ist eine Einheit und unteilbar.
2. Innerhalb des Bestandes des russischen Finnlands herrscht Selbstständigkeit in den Bereichen, die in dem Gesetz über die gegenseitigen Beziehungen Russlands und Finnlands festgelegt sind.
3. Im russischen Staat wird die Bezirksautonomie eingeführt.
4. Der Aufbau von Gebietseinrichtungen und ihre Beherrschung im Bereich der Selbstverwaltung und Gesetzgebung werden durch ein zentrales Gesetz geregelt.
5. Gesetze, die von den Gebietsverwaltungen herausgegeben werden, haben keine Geltung, wenn sie dem Grundgesetz oder anderen von der Zentralmacht erlassenen Gesetzen widersprechen.
6. Gouverneursverwaltungen und andere Regierungseinrichtungen unterstehen direkt den Gebietseinrichtungen.[7]

---

4 Orlinskaja, O. M. (2006, 22.02.2007). "Rossijskij Federalizm: istoričeskie tradicii i sovremennost'." from http://diss.rsl.ru/diss/06/0550/060550027.pdf. S. 45 f.

5 Ebenda.

6 Ebenda. S. 68.

7 Korf, S. M. (1917). Federalizm. St. Peterburg. S. 54-55.

Dies waren die realen und theoretischen Gegebenheiten, die die Bolschewiki bei ihrer Machtübernahme im November 1917 vorfanden.

2.2. Theorie und Praxis des sowjetischen Föderalismus

Nach der Erfahrung des zaristischen Einheitsstaats bis zum Jahr 1917 orientierten sich die bolschewistischen Theoretiker an den Ideen von *Marx* und *Engels* zum Föderalismus. Diese hießen den Föderalismus in Großbritannien im Verhältnis zu Irland für gut, in Deutschland für einen Rückschritt und für eine Notwendigkeit auf einem so gigantischen Gebiet wie den Vereinigten Staaten. So erschien der Föderalismus als eine Lösungsmöglichkeit der nationalen Frage.[8]

Lenins Haltung zum Föderalismus und zur Dezentralisierung im kapitalistischen Staat war *vor* der Oktoberrevolution eindeutig ablehnend. Der Grund ist aus der folgenden Äußerung klar erkennbar: „Die Marxisten stehen selbstverständlich der Föderation und der Dezentralisation feindlich gegenüber, und zwar aus dem einfachen Grund, weil der Kapitalismus für seine Entwicklung möglichst große und möglichst zentralisierte Staaten verlangt. *Unter sonst gleichbleibenden Umständen* wird das klassenbewusste Proletariat stets für einen größeren Staat eintreten. Es wird stets gegen mittelalterlichen Partikularismus ankämpfen, wird stets den möglichst engen wirtschaftlichen Zusammenschluss zu großen Territorien begrüßen, auf denen sich der Kampf des Proletariats gegen die Bourgeoisie breit entfalten kann."[9] Man schrieb das Jahr 1913 und es ging nicht um die Gestaltung des sozialistischen Staates in Russland, sondern um das Feld, auf dem sich der Kampf des Proletariats „breit entfalten" können sollte. Dies war in der marxistischen Denktradition konsequent, denn die herrschende Meinung war, dass sich in den entwickelten kapitalistischen Staaten zuerst die Widersprüche der kapitalistischen Produktionsweise und Gesellschaft in für die Herrschenden unbeherrschbarer Weise zuspitzen und das Proletariat dort die Macht erringen würde. Dabei verschwänden mit den Klassengegensätzen auch die nationalen Gegensätze. So weit die abstrakte Theorie. Konkret für Russland war sich

---

8 Engels, F. (1990). Zur Kritik des sozialdemokratischen Programmentwurfs. Berlin. Marx-Engels-Werke. (Bd. 22) S. 235 f.

9 Lenin, W. I. (1975). Kritische Bemerkungen zur nationalen Frage. Ausgewählte Werke in sechs Bänden (Bd. II) W. I. Lenin.Berlin (Ost). S. 385.

Lenin im Klaren, dass es „einer langwierigen Erziehung der Arbeiter im Geiste der vollsten nationalen Gleichheit und Brüderlichkeit“ bedürfe.[10]
Nach der Oktoberrevolution trat *Lenin* unbeirrt für eine *freiwillige* Entscheidung der „Arbeiter und Bauern jeder Nation“ ein, „auf ihrem eigenen bevollmächtigten Sowjetkongress zu beschließen, ob und auf welcher Grundlage sie sich an der föderativen Regierung und an den übrigen föderativen Sowjetinstitutionen beteiligen wollen.“[11] Im gleichen Sinne forderte das Programm der RKP (B) vom März 1919 die Beseitigung jeglicher Privilegierung von Nationen und eine differenzierte Herangehensweise an die Bildung von Sowjetstaaten und ihren föderativen Zusammenschluss entsprechend dem konkreten historischen Entwicklungsstand.[12] Diese Haltung war vorwiegend praktisch. Ziel war es, weitere nicht-russische und auch nationalistische Bevölkerungsteile von den Vorzügen der Oktoberrevolution zu überzeugen.

Zwar waren alle Führer der RKP (B) der Ansicht, dass mit dem Wegfall der Klassengegensätze auch die nationalen Gegensätze verschwinden würden. Allerdings gingen die Ansichten über die Zeiträume auseinander. *Lenin,* der als regierender Politiker Pragmatiker war, ging davon aus, dass es bis zu diesem Zustand langer Zeiträume und verschiedener Zwischenstationen bedürfte.
Nachdem der Verfassungskonvent im Januar 1918 von den Bolschewiki gesprengt worden war, nahm der III. Allrussische Sowjetkongress am 31. Januar 1918 die „Deklaration der Rechte des werktätigen und ausgebeuteten Volkes“ an, die in ihrem ersten Artikel die [Russische] Sowjetrepublik als eine auf der Grundlage freier Bündnisse freier Nationen errichtete *Föderation* nationaler Republiken bezeichnete. Dementsprechend wurde die Verfassung der RSFSR vom 20. Juli 1918 gestaltet: Innerhalb der RSFSR entstanden zwischen 1919 und 1923 eine Reihe von autonomen Republiken und autonomen Gebieten (in der damaligen Diktion): Baschkirien, Tatarien, die Krim, Jakutien, Tschuwaschien, Mordwinien, Udmurtien, Kalmückien, Tscheremissien (Mari), Syrjanien (Komi), Karelien, die wolgadeutsche Republik,

---

10 Lenin, W. I. (1975). Über den Nationalstolz der Großrussen. Ausgewählte Werke in sechs Bänden (Bd. II) W. I. Lenin. Berlin (Ost). Bd. II. S. 537.

11 Lenin, W. I. (1975). Deklaration der Rechte des werktätigen Volkes. Ausgewählte Werke in sechs Bänden (Bd. IV). W. I. Lenin. Berlin (Ost). S. 114 f.; vgl. auch Lenin, W. I. (1975). Brief an die Arbeiter und Bauern der Ukraine anlässlich des Sieges über Denikin. Ausgewählte Werke (Bd. V). W. I. Lenin. Berlin (Ost). S. 387 – 392.

12 Herausgeberkollektiv (1959). Vos'moj S"ezd RKP (B). Mart 1919 goda. Protokoly. Moskva. S. 54.

Turkestan, Daghestan u. a. kleinere autonome Gebiete, insgesamt 17 autonome staatliche Gebilde nichtrussischer Völkerschaften.

In dem Maße, wie die Rote Armee im Zuge des Bürgerkriegs die Weißen und die ausländischen Interventionstruppen vertrieb, war in ihrer Gestalt die Sowjetmacht zunächst in immer weiteren Territorien Russlands, zunehmend aber auch darüber hinaus, in den großen westlichen Territorien des ehemaligen Zarenreiches und in Mittelasien und im Kaukasus präsent.

Im Bürgerkrieg war es *Lenin* gelungen, den Kampf um soziale Befreiung und den Nationalismus der nichtrussischen Völkerschaften zum gemeinsamen Kampf gegen die Restauration des Zarismus zu verbinden. Nachdem der gemeinsame Feind mit dem Ende des Bürgerkrieges weggefallen war, stellte sich die Frage, wie die Beziehungen zwischen der RSFSR und den nichtrussischen Sowjetrepubliken in der Zukunft zu gestalten seien, in scharfer Form.

In Mittelasien versuchten die Basmatschen aus dem russisch-sowjetischen Herrschaftsbereich auszubrechen und wurden von der Roten Armee militärisch vernichtet. In der Ukraine gab es starke nationale Strömungen auch innerhalb der RKP (B), die einer zu engen Verbindung mit der russischen Zentrale zumindest skeptisch gegenüberstanden. Scharf entfaltete sich der Konflikt zwischen der Moskauer Zentrale der RKP (B) und den kaukasischen Republiken Azerbajdžan, Armenien und Georgien, die nach zentraler Weisung zur Transkaukasischen Föderation zusammengeschlossen wurden.

Zunächst wurden die Beziehung der RSFSR zu Azerbajdžan, der Ukraine und Belorussland zwischen September 1920 und Januar 1921 durch gleichlautende Verträge geregelt, die der RSFSR die ausschließliche Kompetenz in Angelegenheiten der Verteidigung, der Versorgung, der Finanzen, des Transports, der Kommunikation und der Außenwirtschaft gaben.

Lenin, vor die Alternative gestellt, einen gewissen Reibungsverlust durch mangelnde Einheitlichkeit und Koordination zwischen Zentrale und Peripherie in einer Föderation mit wirklicher Eigenständigkeit der Mitgliedstaaten hinzunehmen und der Gefahr, „und sei es auch in Kleinigkeiten in imperialistische Beziehungen zu den unterdrückten Völkerschaften hinein(zu)schlittern und dadurch unsere ganze prinzipielle Aufrichtigkeit, unsere ganze prinzipielle Verteidigung des Kampfes gegen den Imperialismus völlig (zu) untergraben“[13], entschied sich für eine Föderation (Union) *gleichberechtigter* Republiken mit dem Recht auf Sezession und gegen einen Zusammenschluss inner-

---

13 Lenin, W. I. (1974). Brief an den Parteitag. Werke (Bd. 36). W. I. Lenin. Berlin (Ost). S. 596

halb der RSFSR mit mehr oder weniger weitgehenden autonomen Rechten, wie er zur gleichen Zeit von *Stalin* vertreten wurde.[14]

2.2.1. Die Verfassung von 1924

Die am 31. Januar 1924 in Kraft getretene Verfassung der UdSSR VerfSU [1924] trug diesem Anliegen *Lenins* Rechnung.

Der Unionsebene wurde die ausschließliche Kompetenz für die Außenpolitik, den Außenhandel, die Wirtschaftsplanung, die Landesverteidigung, für Recht und Justiz, die Volksbildung und die Gesundheitsfürsorge zugewiesen.[15]

---

14 Luks, L. (2000). Geschichte Russlands und der Sowjetunion. Regensburg. S. 194.

15 Artikel 1 VerfSU [1924] lautet „Der Union der Sozialistischen Sowjetrepubliken in Gestalt ihrer obersten Organe obliegt:
a) die Vertretung der Union im internationalen Verkehr, die Unterhaltung aller diplomatischen Beziehungen, der Abschluß von politischen und sonstigen Verträgen mit anderen Staaten;
b) die Änderung der Staatsgrenzen der Union sowie die Regelung von Fragen, die die Änderung von Grenzen zwischen den Unionsrepubliken betreffen; der Abschluß von Verträgen über die Aufnahme neuer Republiken in die Union;
c) Kriegserklärung und Friedensschluß;
d) die Aufnahme ausländischer und innerer Anleihen der Union der Sozialistischen Sowjetrepubliken und die Genehmigung ausländischer und innerer Anleihen der Unionsrepubliken;
e) die Ratifizierung internationaler Verträge;
f) die Leitung des Außenhandels und die Festlegung des Systems der Versorgung und des Binnenhandels;
g) die Aufstellung der Grundsätze und des allgemeinen Planes für die gesamte Volkswirtschaft der Union, die Bestimmung der Industriezweige und einzelnen h) Industriebetriebe, die Unionsbedeutung haben, der Abschluß von Konzessionsverträgen sowohl für die Union als auch im Namen der Unionsrepubliken;
i) das Transportwesen sowie das Post- und Telegrafenwesen;
j) die Organisation und die Leitung der Streitkräfte der Union der Sozialistischen Sowjetrepubliken;
k) die Bestätigung des einheitlichen Staatshaushalts der Union der Sozialistischen Sowjetrepubliken, zu dem die Haushalte der Unionsrepubliken gehören; die Festsetzung der Unionssteuern und -einnahmen sowie der Zuweisungen aus ihren und der Zuschläge zu ihnen, aus denen die Haushalte der Unionsrepubliken gebildet werden;
l) die Genehmigung von zusätzlichen Steuern und Abgaben zur Bildung der Haushalte der Unionsrepubliken;
m) die Festlegung des einheitlichen Währungs- und Kreditsystems;
n) die Festlegung der allgemeinen Grundsätze der Bodenbewirtschaftung und -nutzung sowie der Nutzung der Bodenschätze, der Wälder und der Gewässer auf dem gesamten Territorium der Union der Sozialistischen Sowjetrepubliken;
o) die Unionsgesetzgebung über die Umsiedlung zwischen den Republiken und die Bildung des Umsiedlungsfonds;
p) die Festlegung der Grundlagen des Gerichtsaufbaus und des Gerichtsverfahrens sowie der Zivil- und Strafgesetzgebung der Union;

Art. 3 VerfSU [1924] beschränkte die Souveränität der Unionsrepubliken auf die ihnen zugewiesenen Kompetenzen.[16]
Art. 4 VerfSU [1924] räumte das Recht des freien Austritts jeder Republik aus der Union ein und Artikel 6 bestimmte, dass die Beschränkung oder Aufhebung des Austrittsrechts der Zustimmung aller Unionsrepubliken bedurfte. Außerdem war für die Änderung der Grenzen der Zustimmung der betroffenen Republiken erforderlich.
Die Staatsorganisation sah als zentrales Machtorgan einen Allunions-Sowjetkongress vor. Der Sowjetkongress wurde gemäß Art. 9 VerfSU [1924] indirekt und nach einem differenzierten Schlüssel gewählt (je ein Deputierter pro 25.000 städtische Einwohner und zur gleichen Zeit je ein Deputierter je 125.000 Einwohner ländlicher Gebiete). Das Wahlrecht war allerdings auf die über 18 Jahre alten Volljährigen beschränkt, die „ihren Unterhalt aus eigener produktiver Arbeit erzielen".
Der Sowjetkongress sollte jährlich einberufen werden und das Zentrale Exekutivkomitee (*Zentralnyj Ispol'nitelnyj Komitet – ZIK*) wählen, das aus einem Unionssowjet mit 414 Mitgliedern und einem Nationalitätensowjet bestand, in den je 5 Vertreter für jede Republik sowie je ein Vertreter für jedes autonome Gebiet von den Sowjetkongressen dieser Einheiten delegiert und vom Allunions-Sowjetkongress bestätigt wurden, Art. 13 VerfSU [1924].
Nach den Art. 16 bis 20 der VerfSU [1924] war das ZIK das zentrale Gesetzgebungsorgan der Union mit Durchgriffsrecht auch auf die Republiken und

---

q) die Festlegung der grundlegenden Arbeitsgesetze;
r) die Festlegung der allgemeinen Grundsätze auf dem Gebiet des Volksbildungswesens;
s) die Festlegung von Maßnahmen zum Schutz der Volksgesundheit;
t) die Festlegung des Maß- und Gewichtssystems;
u) die Organisierung der Unionsstatistik;
v) die grundlegende Gesetzgebung auf dem Gebiet der Unionsstaatsbürgerschaft bezüglich der Rechte von Ausländern;
w) das Recht der Amnestie für das ganze Gebiet der Union;
x) die Aufhebung von Beschlüssen der Sowjetkongresse und der Zentralexekutivkomitees der Unionsrepubliken, die diese Verfassung verletzen;
y) die Entscheidung von Streitfragen zwischen Unionsrepubliken."

16 Artikel 3. Die Souveränität der Unionsrepubliken ist nur durch die in dieser Verfassung gegebenen Grenzen und nur in bezug auf solche Angelegenheiten beschränkt, die zur Kompetenz der Union gehören. Darüber hinaus übt jede Unionsrepublik ihre Staatsgewalt selbständig aus. Die Union der Sozialistischen Sowjetrepubliken schützt die Souveränitätsrechte der Unionsrepubliken.

Gebiete. Bei nur dreimaliger Zusammenkunft pro Kalenderjahr[17] beschränkte sich die legislative Tätigkeit dieses Gremiums naturgemäß auf die Akklamation von Vorschlägen, die ihm aus dem Apparat des Rates der Volkskommissare oder dem ZIK-Präsidium vorgelegt wurden.

Neben dem ZIK hatten in der Zeit zwischen dessen Tagungen gemäß Art. 8 VerfSU [1924] auch sein Präsidium (27 Mitglieder, kraft Amtes die Mitglieder der Präsidien der beiden ZIK-Kammern) gemäß Art. 26 VerfSU [1924] legislative, sowie exekutive und verfügende Gewalt.

Neben dem ZIK-Präsidium und nach dem Buchstaben der Verfassung als dessen vollziehendes und verfügendes Organ bestand das eigentliche Kabinett (Rat der Volkskommissare, 1924 mit einem Vorsitzenden, einer in der Verfassung nicht genannten Zahl von stellvertretenden Vorsitzenden und elf Volkskommissaren) gemäß Art. 37 VerfSU [1924] weiter.

Interessant ist, dass dem Obersten Gericht der Union in Art. 43 VerfSU [1924] neben der Funktion als höchste Instanz der Rechtspflege der ordentlichen Gerichtsbarkeit auch eine Gutachterrolle bei Streitigkeiten „über die Gesetzlichkeit bestimmter Beschlüsse der Unionsrepubliken vom Standpunkt der Verfassung aus“ sowie die Entscheidung über gerichtliche Streitigkeiten zwischen Unionsrepubliken zugewiesen wurde. Allerdings hat es diese Rolle offenbar nicht merklich wahrgenommen.

In dem Maße, wie sich die Hoffnung auf weitere sozialistische Revolutionen im Westen zerschlugen und sich Stalins Konzeption vom „Sozialismus in einem Land“ innerhalb der RKP (B) (seit 1925 Allunions-Kommunistische Partei (B) – *Vsesojusnaja Kommunističeskaja Partija* / VKP [B]) durchsetzte, fielen die Motive weg, die *Lenin* bewogen hatten, für einen möglichst freiwilligen „echten“ Föderalismus einzutreten. Mit der Ausschaltung der innerparteilichen Opposition innerhalb der KP und dem Übergang von einer Diktatur des Proletariats zur Diktatur der Partei über die Gesellschaft und weiter zur terroristischen Ein-Mann-Diktatur über Partei und Gesellschaft verkam der *Lenin*sche Ansatz zu einer bloßen Hülle, zu einem „in föderative Formen gekleideten Einheitsstaat mit beschränkter Verwaltungsdezentralisation auf einigen Sondergebieten, vor allem im kulturellen Bereich.“[18] In einem politischen System, in dem der bloße Vorwurf des „bürgerlichen Nationalismus“ die physische

---

17 Ivkin, V. I. (1999). Gosudarstvennaja vlast' SSSR. Vysšie organy vlasti i upravlenija i ich rukovoditeli. Moskva. S. 10. Hildermeier, M. (1998). Geschichte der Sowjetunion 1917 - 1991. München. S. 202.

18 Rauch, G. v. (1953). Russland: Staatliche Einheit und nationale Vielfalt. München. S. 225.

Vernichtung und nach dem XX. Parteitag der KPdSU zumindest die Zerstörung der politischen Existenz und ggf. langjährige Haft nach sich ziehen konnte, konnte von einem ernst zu nehmenden Föderalismus keine Rede sein. Noch bei der „Leningrader Affäre“ (1949) waren wichtige Anschuldigungen, die Leningrader Führung der KPR (B) habe eine Handelsmesse ohne Abstimmung mit den zentralen Organen abgehalten (Vorwurf der *parteifeindlichen Gruppenbildung*) und habe eine *Kommunistische Partei Russlands* bilden wollen.[19]
Der *Große Vaterländische Krieg* brachte eine weitere straffe Zentralisierung der Machtausübung, die allenfalls für nationale Folklore noch einen gewissen Raum ließ.

2.2.2. Die Verfassung von 1936
In der Verfassung von 1936[20] wurden

- die neuen SSR aufgezählt,
- Gesetzgebungszuständigkeiten der föderalen Ebene erweitert,
- die Verstaatlichung der Wirtschaft verfassungsrechtlich abgesichert,
- die Grundrechte der Bürger der UdSSR erweitert,
- neue oberste Staatsorgane geschaffen,
- das System der nationalen Gebiete konsolidiert.[21]

Art. 14 VerfSU [1936] zentralisierte die volle Gesetzgebungskompetenz für die Rechtsetzungspflege und beschränkte die bloße „Grundsatzkompetenz auf die Bodennutzung, Bildung, Gesundheit und Arbeit. Ohne inhaltliche Festlegung attestierten sich die Unionsrepubliken in ihren nachfolgenden Verfassungen die Kompetenz, für „die Gesetzgebung der betreffenden Unionsrepublik“, z. B. Art. 19 Abs. 6 der Verfassung der RSFSR von 1937. Nach einer Neufassung des Art. 14 VerfSU [1936] setzte unter Chruščev mit der Verfassungsänderung vom 11. Februar 1957 eine Dezentralisierungsphase ein: Auf den Gebieten des Strafrechts, Zivilrechts, Prozessrechts und des Gerichtsverfahrens. beschränkte sich die Union wieder auf ihre Grundsatzgesetzgebung.[22]
Weiterhin ersetzte die Verfassung [1936] die dreistufige Institutionenpyramide mit dem Allunions-Sowjetkongress, dem ZIK und dessen Präsidium nebst Rat

19 Wolkogonow, D. (1990). Triumph und Tragödie. Berlin. S. 56.
20 Die sogenannte „Stalinsche Verfassung“.
21 Feldbrugge, F. J. M. (1993). Russian Law: The End of the Soviet System and the Role of Law. Dordrecht / Boston / London. S. 97.

der Volkskommissare als Regierung durch einen zweistufigen Aufbau: Den Obersten Sowjet und sein Präsidium mit dem Sovnarkom als Regierung. Der Oberste Sowjet bestand aus zwei Kammern, dem Unionssowjet (ein Abgeordneter des Unionsrates wurde von je 300.000 Wählern gewählt)[23] und dem Nationalitätenrat, sozusagen der föderalen Kammer. Im Nationalitätenrat waren 25 Abgeordnete pro SSR, 11 Abgeordnete pro ASSR[24], 5 Abgeordnete der Autonomen Gebiete[25] und 1 Abgeordneter für Autonome Bezirke[26] vertreten.[27] Der Oberste Sowjet hatte eine Legislaturperiode von 4 Jahren. Er wählte das Präsidium des Obersten Sowjets mit 37 Mitgliedern. Höchste Gesetzgebungsgewalt hatte der Oberste Sowjet, doch konnte das Präsidium des Obersten Sowjets Dekrete erlassen. Der Oberste Sowjet wurde nunmehr direkt gewählt und die Beschränkungen des Wahlrechts aufgrund der sozialen Zugehörigkeit wurden abgeschafft.

Der Rat der Volkskommissare als Teil der Exekutive blieb bestehen. 1946 wurde der Rat der Volkskommissare in Ministerrat umbenannt. Entsprechend wurden auch in den Republiken (SSR) die Volkskommissariate in Ministerien umbenannt.[28]

---

22 Fincke, M. (1983). Legislative Rechtseinheit. Fincke, M. (Hrsg.) Handbuch der Sowjetverfassung, Band II. Berlin. Band 2: 737-741. S. 739, Rn. 15-17.

23 Avtonomov, A. S. (2003). Rossijskij bikameralizm v istoričeskoj perspektive. Smirnjagin, L. V. (Hrsg.) Sovet Federacii - Evolucija statusa i funkcii. Moskva: 14-66. S. 56.

24 „ASSR" ist die Abkürzung für „Autonome Sozialistische Sowjetrepublik". Die Subjekte waren von Nichtrussen dominierte Territorien innerhalb der SSR (Sozialistischen Sowjetrepubliken). Innerhalb der RSFSR war die Tatarische ASSR die Vorgängerin der Republik Tatarstan als heutigem Subjekt der RF. Sie hatte eine eigene Verfassung, einen eigenen Obersten Sowjet und ein eigenes Oberstes Gericht.

25 Ein „Autonomes Gebiet" war (und ist auch heute in der RF) ein überwiegend von einer „Ethnie" bewohntes Territorium. Das Autonome Gebiet gehörte unmittelbar zur Unionsrepublik (SSR) und hatte theoretisch eine autonome Form der Selbstverwaltung. Oberstes Staatsorgan war der Sowjet der Werktätigendeputierten, sein Exekutivorgan, das Exekutivkomitee dieses Sowjets. Neben den 5 Deputierten im Nationalitätensowjet der UdSSR existierte eine proportionale Vertretung im Obersten Sowjet der SSR, der das Autonome Gebiet angehört.

26 Ein „Autonomer Bezirk" war ein vorwiegend von einer ethnischen Bevölkerungsgruppe besiedelter Verwaltungsbezirk mit einer verhältnismäßig geringen Einwohnerzahl. Alle autonomen Bezirke gehörten zur RSFSR. Die Deputierten zum Obersten Sowjet der RSFSR wurden in den Autonomen Bezirken proportional zur Einwohnerzahl gewählt.

27 Die Abgeordneten für alle Vertretungsorgane wurden nach Art. 134 VerfSU [1936] in „gleichen, geheimen und direkten" Wahlen gewählt.

28 Herausgeberkollektiv (1986). Istorija gosudarstva i prava SSSR. Moskva. S. 242.

In den Jahren seit 1936 wurde vor allem extra-legal regiert und geurteilt.[29] Im Hinblick auf die Nationalitätenpolitik besonders makaber waren die Deportationen ganzer „Ethnien", etwa der Finnen, Koreaner, Kurden, Griechen, Kalmyken, Tschetschenen, Inguschen, Karatschaer, Balkaren, Krimtataren oder der Wolgadeutschen, deren Kollaboration mit den deutschen Aggressoren und Besatzern während des Zweiten Weltkriegs man befürchtete oder die nach der Rückeroberung dieser Territorien durch die Rote Armee mit der Begründung deportiert wurden, sie hätten mit der Besatzungsmacht kollaboriert oder sympathisiert.[30]

2.2.3. Die Verfassung von 1977

Die unter *Brežnev* verabschiedete Verfassung [1977] brachte Neuerungen gegenüber der Verfassung von 1936. Die führende Rolle der KPdSU wurde in Art 6 VerfSU [1977] festgeschrieben und der Menschenrechtskatalog als Reaktion auf die Entstehung der Dissidentenbewegung erweitert.

Art. 70 VerfSU [1977] definierte die UdSSR als „einheitlichen multiethnischen Unionsstaat, der auf der Grundlage des Prinzips des sozialistischen Föderalismus als Ergebnis der freien Selbstbestimmung der Nationen und der freiwilligen Vereinigung gleichberechtigter sozialistischer Sowjetrepubliken gegründet" wurde.

Die sowjetische Staatsrechtslehre konstatierte, dass im Gegensatz zu bürgerlichen Staaten, wo akute Nationalitätenprobleme existierten, in der UdSSR alle diese Fragen auf Grundlage der Gleichberechtigung der Nationalitäten gelöst seien und das sowjetische Modell sich als Vorbild für andere Staaten, vor allem Entwicklungsländer anböte.[31] Es vollziehe sich „in immer stärkerem Maße die Annäherung der Nationen und Völkerschaften im Rahmen des Unionsstaates". Weiterhin ist ein „wichtiges Merkmal der erstarkenden Einheit der Völker (...) das Entstehen einer neuen historischen sozialen und interna-

---

29 Etwa die Strafrechtspflege außerhalb der Gerichte durch die Sonderkonferenz beim NKVD/MGB (Osoboe Soveščanie pri NKVD SSSR / MGB SSSR – OSO), die seit 10. 7. 1934 u. a. die Verbannung und Lagerhaft bis zu fünf Jahren, ab 1937 Lagerhaft bis zu acht Jahren und ab Kriegbeginn 1941 Lagerhaft von 25 Jahren und die Todesstrafe verhängen konnte bzw. durch die Troikas aus Vertretern der KPdSU, der Staatsanwaltschaft und der Staatssicherheit. Vgl. Rayfield, D. (2004). Stalin und seine Henker. München. S. 312; Solschenizyn, A. (1974). Der Archipel Gulag. Bern/München. S. 271–276.

30 Medwedew, R. (1992). Das Urteil der Geschichte. Berlin. S. 280 f.

31 So die sowjetische Staatsrechtslehre aus der Sicht der westlichen Forschung. Vgl. Uibopuu, H. J. (1083). Unionskompetenzen. Fincke, M. (Hrsg.) Handbuch der Sowjetverfassung. Berlin. Band 2: 735-736. S. 692, Rn. 13.

tionalen Gemeinschaft – des Sowjetvolks, für das allmählich die gemeinsamen, von sozialen und nationalen Unterschieden unabhängigen Züge des Verhaltens, des Charakters und der Weltanschauung der Menschen die entscheidende Bedeutung erlangen."[32] Ein wichtiger Zug der Föderation bestehe darin, dass sie sich auf das Prinzip der Gleichberechtigung der vereinten Unionsrepubliken gründe.[33]

Da die Materien in Art. 14 VerfSU [1936] zu unbestimmt waren, gab man die Materienabgrenzung in der VerfSU [1977] ganz auf und beschränkte sich in Art. 73 Abs. 4 VerfSU [1977][34] auf das Kriterium, wonach der Unionsgesetzgeber fallweise seine Kompetenz selbst bestimmt. Der Regelungsgehalt ist undeutlich: Obwohl Gesetzgebungseinheit und Grundsatzkompetenz grammatisch nebeneinander geordnet sind, ist letztere Hauptinstrument der ersteren.[35] Damit hatte sich die Union eine unbegrenzte Kompetenz-Kompetenz geschaffen. Die Union durfte auch Normativakte zu den Materien erlassen, die ausschließlich zur Kompetenz der Unionsrepubliken gehören.[36]

Das Grundmuster von 1924 bis 1991 war das folgende:

- Die Föderation ist für alle föderalen Fragen zuständig (Staatsbürgerschaft, Verteidigung, Außenhandel und internationale Beziehungen).
- Die Föderation erlässt Grundsätze für die Gesetzgebung in den klassischen Zuständigkeitsbereichen (Zivilrecht, Strafrecht und die jeweiligen Verfahrensordnungen).
- Es existiert eine umfassende Gesetzgebung der SSR, üblicherweise in Form von Gesetzbüchern, die auf den föderalen Grundlagen-Gesetzbüchern basieren.

Dieses Bild erweckt den Anschein einer beeindruckenden rechtlichen Vielfalt, der wirkliche Zustand war jedoch ein anderer. Die Textfassungen der jeweiligen SSR-Gesetzbücher waren im Wesentlichen identisch. Dies lässt den Schluss zu, dass die Entwürfe in Moskau vorbereitet wurden oder sich die

32 Kudrjavcev, V. N. A. (1980). Verfassung der UdSSR. Berlin (Ost). S. 163.

33 Ebenda.

34 Art. 73 Abs. 4 VerfSU lautet: „Die Union der Sozialistischen Sowjetrepubliken ist in Gestalt ihrer höchsten Organe der Staatsgewalt und –verwaltung zuständig für die Sicherung der Einheit der gesetzgeberischen Regelung auf dem gesamten Territorium der UdSSR und die Festlegung der Grundsätze der Gesetzgebung der Union der SSR und der Unionsrepubliken."

35 Fincke, M. (1983). Legislative Rechtseinheit. Fincke, M. (Hrsg.) Handbuch der Sowjetverfassung. Berlin. Band 2: 737-741. S. 739, Rn. 19.

36 Uibopuu, H.-J. (1983). Unionskompetenzen. Fincke, M. (Hrsg.) Handbuch der Sowjetverfassung. Berlin. Band 2: 735-736. S. 736, Rn. 3.

Gesetzestexte der SSR strikt an das zentrale Vorbild zu halten hatten und nur unwesentliche Abweichungen erlaubt waren.[37]
Recht war nur ein Mittel zur Machtausübung, die Losung „Alle Macht den Sowjets" des Jahres 1917 entwickelte sich zu „Alle Macht den Sowjetführern". Die Strukturen der KPdSU prägten die des Staates. Das Zentralkomitee und das aus seinen Mitgliedern gewählte Politbüro übten die eigentliche Macht aus. Allein der Apparat des ZK umfasste 1988 20 Abteilungen. Manche waren für typische Parteiangelegenheiten wie Ideologie oder Organisation zuständig, den meisten oblagen klassische Regierungsfelder wie Landwirtschaft, chemische Industrie etc. In den späten Jahren der UdSSR hatte der Apparat des ZK etwa 1.000 Mitarbeiter.[38] Das Politbüro kann als eigentliche Regierung angesehen werden, weil auf den Sitzungen jeweils am Donnerstag die wirklich wichtigen Fragen entschieden wurden, neben den weltpolitischen vor allem wirtschaftliche.[39] Die Beschlüsse des Politbüros wurden dann von dessen Sekretariat an den Ministerrat weitergeleitet und von da aus in die staatliche Verwaltung gesteuert und dort ausgeführt. Es gab wenig, was den zentripetalen[40] Tendenzen hätte entgegen wirken können. Trotz des Kollektivprinzips in Art. 27 des Statuts der KPdSU war die Einpersonenführung auf jeder Parteiebene Wirklichkeit.
Da beim Führungswechsel auf der obersten Politbüroebene (normalerweise nach dem Tod des Generalsekretärs) das Politbüro über dessen Nachfolger entschied, waren Netzwerke enorm wichtig, die bei den meisten Politbüromitgliedern noch aus ihrer Zeit als regionale Parteisekretäre stammten. So hatte *Brežnev* „seine Leute" aus Dnepropetrovsk, *Gorbačev* seine Unterstützer aus dem Stavropoler Gebiet, *El'cin* aus Sverdlovsk.[41]

2.3. Die Übergangsphase - Der Föderationsvertrag von 1992 und die Verfassung von 1993

Nachdem die RSFSR am 12. Juni 1990 ihre Unabhängigkeit erklärt und *El'cin* nach der Entmachtung *Gorbačevs* auf Unionsebene die Macht übernommen

---

37 Feldbrugge, F. J. M. (1993). Russian Law: The End of the Soviet System and the Role of Law. Dordrecht / Boston / London. S. 97.
38 Ebenda. S. 115.
39 Ebenda. S. 115.
40 „Zentripetal" bedeutet zum Zentrum strebend.
41 Feldbrugge, F. J. M. (1993). Russian Law: The End of the Soviet System and the Role of Law. Dordrecht / Boston / London. S. 116.

hatte, witterten auch einige ASSR im Bestand der RSFSR Morgenluft. So erklärte Tatarstan am 30. August 1990 seine Souveränität[42], Čečnja am 1. November 1991 die Sezession. Das Präsidium des Obersten Sowjets rief am 6. September 1991 Wahlen aus, in welchen die regionalen Eliten, die überwiegend der alten Nomenklatura entstammten, in ihren Ämtern bestätigt wurden. Die neuen alten Eliten spielten sehr erfolgreich die „nationale Karte" gegenüber dem Moskauer Zentrum aus. Im Gegensatz zu Referenda in den ehemaligen Unionsrepubliken zum Austritt aus der UdSSR initiierten die lokalen Machthaber keine Referenda in den ASSR zur Frage der Unabhängigkeit. Dabei hatte die UdSSR die nationale Unabhängigkeit der drei baltischen Staaten im August 1991 anerkannt. Am 8. Dezember 1991 schlossen sich Russland, die Ukraine sowie Belarus zur Gemeinschaft Unabhängiger Staaten (GUS) zusammen und verkündeten das Ende der Sowjetunion.[43] Mit Gesetz vom 25. Dezember 1991 benannte sich die RSFSR in Russische Föderation um. Die besondere Bedeutung „ethnischer" Faktoren, die – wie oben gezeigt – in der UdSSR für eine eigene Staatlichkeit eine große Rolle spielten, mündete in manchen, überwiegend von „ethnischen" Nichtrussen bewohnten ehemaligen ASSR in die Kreation einer eigenen Staatsbürgerschaft, etwa in Tatarstan. Vor allem ging es den reicheren Regionen um das Eigentum an Bodenschätzen und den noch staatlichen Industrien, also an den Produktionsmitteln.

Am 10. April 1992 wurde der Föderationsvertrag (im folgenden [„**FV**"]) abgeschlossen[44]. Auf föderaler Ebene war er von den Staatsspitzen (Präsident *El'cin*, *Šachraj*[45] und *Chasbulatov*[46]) verhandelt worden. Der Vertrag wurde vom Zentrum nur mit den ehemaligen ASSR abgeschlossen. Die anderen Föderationssubjekte[47] hatten das Nachsehen. In der Präambel ist im Stil der Zeit von den „bevollmächtigten Vertretern der Bundesorgane der Staatsge-

42 http://www.tatar.ru/index.php?DNSID=a499ae360758de39afcae926fc91233 8&node_id=199

43 Feldbrugge, F. J. M. (1993). Russian Law: The End of the Soviet System and the Role of Law. Dordrecht / Boston / London. S. 133.

44 Der Text ist abgedruckt in Frenzke, D. (1995). Die russischen Verfassungen von 1978 und 1993. Berlin. S. 230-242.

45 *Sergej Šachraj* war damals stellvertretender Premierminister der Regierung der RF.

46 Vom 29. Oktober 1991 bis zum 4. Oktober 1993 Vorsitzender des Obersten Sowjets der RF.

47 Die anderen Subjekte der RSFSR waren 6 Regionen, 49 Gebiete, 5 Autonome Gebiete und 10 Autonome Bezirke. Dabei waren Regionen und Gebiete territoriale Verwaltungseinheiten, die übewiegend von „ethnischen" Russen bewohnt wurden.

walt der RF und der Organe der Staatsgewalt der souveränen Republiken in der RF“ die Rede.
Art. I Abs. 1 FV stimmt weitestgehend mit dem Zuständigkeitskatalog der gemeinsamen Gesetzgebungszuständigkeiten des späteren Art. 72 VerfRF überein. Wichtig ist, dass den Subjektorganen der Teilrepubliken in Art. I Abs. 3 FV die Vertretung in den Bundesorganen der Staatsgewalt der RF garantiert wird. Nach Art. III FV besitzen die Teilrepubliken die gesamte Fülle der Staatsgewalt, sofern ihnen diese von der Föderation zugewiesen worden ist. In Art. III Abs. 3 FV ist davon die Rede, dass die Bodenschätze ein Gut der Völker des Territoriums sind, die auf ihm leben. Dies war die Antwort auf die Forderung der Subjekte nach dem Eigentum an Bodenschätzen. Zudem legt Art. VIII FV fest, dass die Teilrepubliken ihre „Haltung zur Abgrenzung der Befugnisse mit den Bundesorganen“ verfassungsgemäß regeln müssen. So wurde ein „Vertrag über die Abgrenzung der Zuständigkeitsbereiche und Befugnisse zwischen den Bundesorganen der Staatsgewalt und den Organen der Staatsgewalt der Regionen, Gebiete und Städte Moskau und Sankt Petersburg“ am 31. März 1992 unterzeichnet. Diesen Vertrag schlossen also nicht die Teilrepubliken, sondern auf Initiative der Spitzenpolitiker von Moskau und St. Petersburg auch die anderen Subjekte. Art. I dieses Vertrages wurde fast komplett in den späteren Art. 72 VerfRF aufgenommen. Schon die Protokolle zeigen das spätere Abdriften in Richtung Asymmetrie.[48] Abweichende Vereinbarungen wurden zum Beispiel mit der Teilrepublik Adygeja getroffen.[49] Insgesamt gibt es Überschneidungen zwischen den einzelnen Zuständigkeiten der Föderation und den gemeinsamen Zuständigkeiten. Nicht geregelt wurden die Finanzströme zwischen Zentrum und Regionen. Unklar war auch, was die „gesamte Fülle der Staatsgewalt“ angesichts des postsowjetischen Systems der Einheitsverwaltung bedeuten sollte. Die Teilrepublik Tatarstan weigerte sich, den Vertrag zu unterzeichnen.[50]
In den turbulenten Anfangsjahren weigerten sich Tatarstan, Baškortostan und Sacha (Jakutien) als Anführer der Autonomiebestrebungen, Steuern an die Zentrale abzuführen. Tatarstan führte am 30. August 1990 ein Unabhängig-

48 Diese beschreibt die Ungleichheit zwischen einzelnen Föderationssubjekten auf verschiedenen Ebenen. Asymmetrie kann vielerlei bedeuten: Unterschiede in territorialer Größe, in der Verteilung von Ressourcen, in der sozioökonomischen Entwicklung, die demographische Unterschiedlichkeit etc. Vgl. S. 55 ff.

49 Siehe das Protokoll zum Föderationsvertrag in Frenzke, D. (1995). Die russischen Verfassungen von 1978 und 1993. Berlin. S. 234.

50 Feldbrugge, F. J. M. (1993). Russian Law: The End of the Soviet System and the Role of Law. Dordrecht / Boston / London. S. 112.

keitsreferendum durch. Die Moskauer Zentrale fürchtete einerseits ein Auseinanderdriften nach dem Zerfall der Sowjetunion, war andererseits etwa im September 1993 angesichts des Staatsstreichs von *El'cin* auch vorwiegend mit dem eigenen Machterhalt beschäftigt.

Ab 1992 wurde über eine zukünftige Verfassung diskutiert. Die wichtigsten Spannungsfelder lagen einerseits im Verhältnis der Moskauer Zentralmacht zu den kämpferischen Regionen, andererseits im Verhältnis der einzelnen Organe der Moskauer Zentralgewalt untereinander, also zwischen Kongress der Volksdeputierten (Parlament), Oberstem Sowjet, Ministerrat und Präsident, wobei sich gegebenenfalls das Verfassungsgericht einschaltete bzw. eingeschaltet wurde. Die wichtigsten Akteure im zentralen Machtkampf waren Präsident *El'cin* einerseits und der Vorsitzende des Obersten Sowjets *Chasbulatov*, Vizepräsident *Ruckoj* und der Vorsitzende des Verfassungsgerichts *Zor'kin*[51] andererseits.[52]

Am 12. Juli 1993 veröffentlichte die von *El'cin* einberufene Verfassungskonferenz ihr Projekt als Ergebnis der Erörterung von *El'cins* Verfassungsentwurf aus dem April 1993.

El'cin wollte nicht einsehen, dass er als Staatsoberhaupt dem Kongress der Volksdeputierten als höchstem Staatsorgan unterstand, das jede Frage die zur Zuständigkeit der RF gehört, an sich ziehen konnte. *El'cin* griff zum verfassungbrechenden Mittel des Staatsstreichs mit dem Dekret vom 21. September 1993 „Über die etappenweise Verfassungsreform in der Russischen Föderation“. Verfassung und Gesetze Russlands sollten nur soweit in Kraft bleiben, wie sie dem Dekret nicht widersprächen (Nr. 1 Abs. 2 des Dekrets). Man könnte es spöttisch als „Selbst-Ermächtigungsdekret“ bezeichnen, wie *Frenzke* es tut.[53] Am selben Tag erließ der Präsident des VerfGRF eine Stellungnahme[54], die die Verfassungswidrigkeit des Dekrets feststellte, allerdings ohne Rückendeckung der anderen Richter des VerfGRF.[55] Daraufhin suspendierte *El'cin* das VerfGRF.[56]

---

51 *Blankenagel* weist darauf hin, dass *Zor'kin* aktiv die Seite der Gegenspieler *El'cins* ergriffen und damit das Russische Verfassungsgericht diskreditiert habe: Blankenagel, A. (1994). "Rossijskij Konstitucionnyj Sud – videnie sobstvennogo statusa." Konstitucionnoe pravo – vostočno-evropejskoe obozrenie **2** (7): 32-36. S. 32

52 Frenzke, D. (1995). Die russischen Verfassungen von 1978 und 1993. Berlin. S. 31.

53 Ebenda. S. 32.

54 Der Text ist abgedruckt in Ebenda. S. 249.

55 Mommsen, M. / Nußberger, A. (2007). Das System Putin. München. S. 120.

56 Vgl. 8.6. Das VerfGRF als Akteur zwischen Zentrum und Regionen S. 380 ff.

Am 3./4. Oktober 1993 wurde auch der letzte Widerstand der Teile der Parlamente durch *El'cins* Truppen gebrochen, die das Weiße Haus stürmten.[57] Durch Dekret vom 15. Oktober 1993 wurden allgemeine Wahlen mit dem Referendum über den Verfassungsentwurf verbunden. Die Abstimmung am 12. Dezember 1993 ergab bei einer Beteiligung von 54,8 % der Stimmberechtigten eine Mehrheit der Ja-Stimmen von 58,4%. Die Bekanntmachung der Verfassung erfolgte am 25. Dezember 1993.
Zusammenfassend wird sichtbar, dass es bis zur Oktoberrevolution keine konstitutionelle Monarchie, also auch keine Verfassung gab. Von den Bolschewiki wurde der Föderalismus nicht als Selbstzweck, sondern höchstens als ein Mittel verstanden, die Nationalitätenfrage zu lösen, um weitere Gebiete in die entstehende Sowjetunion zu integrieren. Nie war eine klare Trennung der föderalen Zentralebene und der Sowjetrepubliken beabsichtigt. Die KPdSU traf alle wesentlichen politischen Entscheidungen. Diese Phänomene auf der Ebene der UdSSR fanden ihre Entsprechung auf der Ebene der RSFSR, ihrer autonomen Sowjetrepubliken und weiterer Föderationssubjekte. Es gab also kein Erbe, auf das sich die Autoren der russischen Verfassung von 1993 positiv hätten beziehen können. Stattdessen mussten sie mit dem Vorhandenen, etwa den innerhalb der RSFSR und nun der RF bestehenden Föderationssubjekten umgehen.

2.4. Föderalismustheorien mit Russlandbezug

Dieser Abschnitt soll einen Einblick in die Föderalismustheorie im Hinblick auf die Russische Föderation geben und einige Spezifika und Konfliktlinien – vor allem in der Phase der Entstehung und Herausbildung des russischen föderativen Modells in den neunziger Jahren näher beleuchten. In einem ersten Schritt wird die allgemeine Föderalismus-Theorie von *Watts* vorgestellt, diese wird dann weiterhin theoretisch auf Russland hin konkretisiert. Dabei werden kennzeichnende Besonderheiten des russischen Föderalismus wie der hohe Grad an Asymmetrie, das Prinzip der Einheitsverwaltung innerhalb eines föderalen Systems sowie die dominierende Rolle des Föderationspräsidenten dargestellt. Zudem werden wichtige und die Entwicklung prägende Debatten um die Fragen, ob es sich beim russischen Föderalismus um einen Vertrags-

57 Blankenagel, A. (1999). "About a Made-To-Fit Constitution and an Unfit President in Times of Transformation and Crisis. The Distribution of Power in the Constitution of the Russian Federation." Diritto Pubblico (2): 327-370. S. 328.

oder Verfassungsföderalismus handele sowie um die Souveränität der Teilrepubliken und ein ihnen etwa zustehendes Selbstbestimmungsrecht besprochen. Weiterhin werden die allgemeinen Konzeptionen vom Zusammenhang zwischen Föderalismus und Demokratie sowie zwischen Föderalismus und Rechtsstaatsprinzip für die Russische Föderation konkretisiert.

2.4.1. Allgemeine Föderalismus-Theorie

Aus der Vielzahl der existierenden Föderalismusmodelle fiel die Entscheidung zugunsten desjenigen von *Watts*, weil es handhabbare Kriterien aufstellt, die der Bewertung der hier zu untersuchenenden russischen Verfassungsinstitutionen und Normen dienen können. Denn Ziel der Arbeit ist keine politikwissenschaftliche Untersuchung des russischen Verfassungsrechts zur Weiterentwicklung der Föderalismustheorie, sondern eine Analyse von staatsorganisationsrechtlichen Regelungen nach zuvor aufgestellten Kriterien. Danach werden im Abriss die Unterschiede zwischen Dezentralisierung und Nichtzentralismus für das bessere Verständnis und eine Einführung in föderale Theorie vorgestellt. Daraufhin wird auf den Zusammenhang von Föderalismus und Demokratie sowie von Föderalismus und Rechtsstaatsprinzip hingewiesen, wobei das Ziel dieser Darstellung die Verdeutlichung der Abhängigkeiten beider Komponenten voneinander ist.[58]

2.4.1.1. Die Prinzipien für Föderationen

Nach Ronald *Watts* muss zwischen den Begriffen „Föderalismus“, „föderales politisches System“ und „Föderation“ unterschieden werden. Föderalismus sei ein normatives Konzept, eine Ideologie, die für eine vielstufige Regierungsweise steht, kombiniert mit Elementen der Gewaltenteilung, ergänzt um regionale Selbstverwaltung.[59] Föderale politische Systeme seien beschreibende Begriffe, die eine weite Kategorie von Nicht-Einheitsstaaten umfassten und von Quasi-Föderationen und Föderationen bis zu Konföderationen reichten. Föderationen sind deshalb nur eine Art von föderalen Systemen.

In Föderationen gilt nach *Watts*' klassischer Definition:

- Es sind weder die föderale noch die regionale Einheit der Regierung einander von Verfassungs wegen untergeordnet, jede hat eigene souveräne Macht, die eher von einer Verfassung als von einer anderen Regierungsebene herrührt. Es geht um die optimalerweise getrennte Machtausübung auf mehreren Ebenen.

---

58 Eine Vertiefung würde den Rahmen dieser Arbeit sprengen.

59 Watts, R. (1999). Comparing Federal Systems. Montreal and Kingston. S. 6

- Jede Ebene ist ermächtigt, direkt mit der Bevölkerung bei der Gesetzgebung, beim Gesetzesvollzug und der Steuererhebung ohne Gewaltausübung zu verhandeln.
- Jede Ebene wird vom Volk direkt gewählt.[60]

Strukturelle Voraussetzungen[61] für Föderationen sind[62]

(1) Die Existenz einer zweistufigen Regierungsform. Beide Stufen haben verfassungsmäßig verteilte Gesetzgebungs-, Exekutiv- und Rechtsprechungs- sowie Steuererhebungskompetenzen. Darüber hinaus sollten die Kompetenzen der Organe verschiedener Ebenen klar abgegrenzt sein. Die Organe jeder föderalen Ebene sollten eigene Kompetenzen haben (Nr. 1 PrFöd).

(2) Eine Form von freiwilliger Übereinkunft oder Vertrag, normalerweise eine schriftliche Verfassung (die nicht einseitig änderbar ist und für die Änderung ein gewisses Quorum beider Körperschaften bedarf). Das ist ein wichtiger Bestandteil einer föderalen Verfassung. Zum Schutz von Föderationsbestandteilen (Föderationssubjekten) sollte die Änderung der föderalen Verfassung besonders hohen Quoren bei der Veränderung unterliegen (Nr. 2 PrFöd).

(3) Mechanismen, die die Teilnahme der föderalen Einheiten (Subjekte) am Entscheidungsprozess auf föderaler Ebene sichern. Dies beinhaltet üblicherweise die Bildung eines Zweikammersystems, in welchem eine Kammer die Bevölkerung allgemein und die andere Kammer die Interessen der Föderationssubjekte vertritt (Nr. 3 PrFöd).

(4) Eine Form eines institutionellen Schlichters. Üblicherweise ist dies ein Oberster Gerichtshof oder ein Verfassungsgericht, die Konflikte zwischen den verschiedenen Regierungsebenen schlichten (Nr. 4 PrFöd).

(5) Mechanismen, um die Zusammenarbeit zwischen den Regierungen zu erleichtern. Dies gilt vor allem in den Bereichen, wo die Gewalten geteilt sind oder sich notwendig überlappen (Nr. 5 PrFöd).[63]

---

60 Ebenda. S. 7.

61 Die Prinzipien werden nachfolgend z. B. als Nr. 1 der Prinzipien für Föderation (PrFöd) zitiert.

62 Elazar, D. (1987). Exploring Federalism Tuscaloosa and London. Elazar, D. (1991). Federal Systems of the World: A Handbook of Federal, Confederal Autonomy Arrangements Harlow, Longman. Lijphart, A. (1999). Patterns of Democracy: Government Forms and Performance in 36 countries. New Haven and London. Watts, R. (1999). Comparing Federal Systems. Montreal and Kingston. Alle zitiert nach Kahn, J. (2002). Federalism, democratization and the rule of law in Russia. Oxford. S. 20-24.

Nach diesen Kriterien ist die RF – trotz im Einzelnen widersprüchlicher Befunde – eine Föderation: Theoretisch ist die Beteiligung der Föderationssubjekte über die Entsendung von Senatoren in den Föderationsrat als Teil eines Zweikammer-Parlaments sichergestellt und es sind Verfahren im Sinne eines Bund-Länder-Streits beim VerfGRF vorgesehen. Im Laufe der Jahre sind anderseits auch Mechanismen der Zusammenarbeit zwischen den Verfassungsorganen entwickelt worden. Selbst bei einem groben Blick auf das föderale System der Russischen Föderation fällt jedoch auf, dass der Föderationsrat als Kammer der Föderationssubjekte kein Veto bei der Verabschiedung einfacher Föderationsgesetze hat, die russische Verfassung die ausreichende Ausstattung der Subjekthaushalte nicht sicherstellt und die Subjekte häufig keine eigene Gerichtsbarkeit ausgebildet haben, die dritte Gewalt in ihnen fehlt.[64]

Es können ferner methodische Probleme im Zusammenhang mit Nr. 2 PrFöd und Nr. 4 PrFöd auftreten. Von Nr. 2 PrFöd werden bei direkter Anwendung z. B. jene Vorgänge nicht erfasst, mit denen die Verfassung nicht geändert, aber an der Verfassung vorbei neue Verwaltungseinheiten geschaffen werden, die eine Art Aufsichtsfunktion über die Gliedstaaten ausüben.

Das methodische Problem im Zusammenhang mit Kriterium Nr. 4 PrFöd ist, damit umzugehen, dass zum Beispiel Verfassungsinstitutionen zwar existieren, aber dysfunktional werden und ihre Schutzfunktion zu Gunsten der Gliedstaaten nicht mehr ausüben können. In den Einzelheiten sind jedoch Abweichungen vom Idealbild zu verzeichnen, die jeweils erörtert werden. Dazu werden im methodischen Teil der Dissertation Bewertungsmaßstäbe entwickelt.[65]

2.4.1.2. Dezentralisierung und Nichtzentralismus

In der Föderalismustheorie werden die Begriff „Dezentralisierung“ und „Nichtzentralismus“ verwendet, die als Basis für die folgenden Ausführungen hier erläutert werden. Dezentralisierung ist ein Prozess der Verlagerung von Macht von einer zentralen Instanz auf regionale Instanzen. Nichtzentralismus

---

63 *Kempton* fügt noch hinzu 1) Symmetrie zwischen den Komponenten, 2) dezentralisierte föderale politische Parteien 3) unzentralisiserte Verwaltung 4) Demokratie und 5) Wirtschaftliche Koordination in Kempton, D. (2001). "Russian federalism: continuing myth or political salvation'." Demokratizatsiya **9** (2). S. 231.

64 Vgl. die Darstellung bei Blankenagel, A. (2006). "Skol'ko centralizma vyderžit federativnoe gosudarstvo?" Sravnitel'ne konsititucionnoe obozrenie **55**(2): 153 - 159. S. 157.

bezeichnet dagegen einen Zustand der Machtkonzentration auf einer zentralen Ebene.
Easter weist auf den Unterschied zwischen Dezentralisierung in Einheitsstaaten und Nichtzentralismus in Föderationen hin. Dezentralisierung beinhaltet eine Gewaltenpyramide. Die Macht wird von oben nach unten verteilt. Nichtzentralisierung ist eine Matrix der Gewalten, in denen es keine höheren oder niedrigeren Macht- oder Entscheidungszentren gibt.[66] Deshalb ist in Föderationen die regionale Autonomie nicht nur abgeleitet, sondern den föderalen Subjekten verfassungsmäßig garantiert. Die USA, die Schweiz und Kanada sind solche Föderationen, in denen die regionalen Autoritäten weitgehende und autonome Machtbefugnisse haben. Wie die Bundesregierung leiten die Bundesstaats-, Kantons- oder Provinzregierungen ihre Macht direkt vom Volk und nicht von der Bundesregierung ab. Sie sind von ihrer Struktur her immun gegen bundesstaatliche Störungen. Für Föderationen kommt es demnach darauf an, ob es in den Gliedstaaten Bereiche gibt, auf die die Zentrale keinen Zugriff hat, die also nichtzentralisiert sind.
Föderationen können von unten durch die freiwillige Verbindung unabhängiger Staaten entstehen (USA, Schweiz, Australien) oder von oben herab gebildet werden (Indien, Belgien). Die UdSSR wurde nach der Oktoberrevolution und der Machtübernahme durch die Bolschewiki „von oben" gebildet, was insbesondere für die im Laufe des Bürgerkrieges von der Roten Armee eroberten späteren Sowjetrepubliken gilt. Die Verfassung von 1924 wurde „von oben" erlassen, es gab kein unionsweites Referendum. Die VerfRF garantierte der föderalen Regierung durchschlagende Macht über alle entscheidenden Aspekte der Regierungsform, aber auch der Wirtschaft (Art. 71 lit. e, ž VerfRF). Art. 72 VerfRF zählt gemeinsame Gesetzgebungszuständigkeiten auf. Ob Art. 73 VerfRF den Subjekten ausschließliche oder nur Rest-Gesetzgebungszuständigkeiten verleiht, ist umstritten.[67]
Föderation ist kein Synonym für Dezentralisierung. Selbstverständlich ist ein gewisses Maß an Dezentralisierung jedoch Voraussetzung für das Bestehen einer Föderation. Dabei steht das Interesse des Zentrums nach größtmöglicher Einheitlichkeit der Gesetzgebung sowie der Verwaltung und einer damit verbundenen zentripetalen Tendenz oft dem Wunsch der Gliedstaaten nach

---

65 3.7.4. Bewertung von Institutionen - eine Weiterentwicklung der „Rule of Law" S. 109 ff.

66 Easter, G. M. (1997). "Redefining Centre-Regional Relations in the Russian Federation: Sverdlovsk Oblast'" Europe-Asia Studies(4): 617-635. S. 634, 635-637.

67 Vgl. 5.4.4. Die ausschließliche Zuständigkeit der Subjekte S. 212 ff.

möglichst großer Autonomie, dem zentrifugalen Bestreben, gegenüber. In vielen traditionellen Föderationen gibt es das Rechtsinstitut der Bundestreue und das Prinzip des bundesfreundlichen Verhaltens[68], z. B. in Deutschland. Dieses ist in der RF schwach ausgeprägt, was sich an den Sezessionsbestrebungen der Čečenischen Teilrepublik und auf der rechtlichen Ebene auch in der Missachtung von Gerichtsurteilen föderaler Gerichte etwa durch Behörden und Gerichte Tatarstans zeigte. Andererseits weisen viele Föderationen im Laufe der Zeit zentripetale Tendenzen auf. Auch in der Bundesrepublik wird immer wieder der Ruf nach einer bundeseinheitlichen Bildungspolitik erhoben oder es werden mehr und mehr Kompetenzen der Sicherheits- und Strafverfolgungsbehörden beim Bund konzentriert.[69]

2.4.1.3. Föderalismus und Demokratie

Föderalismus und Demokratie sind sowohl Gegenstand philosophischer als auch Theorien des Regierungsprozesses. Eine eingehende Analyse des Verhältnisses von Föderalismus und Demokratie ist nicht Gegenstand dieser Arbeit. Mit *Kahn*[70] wird jedoch auf relevante Aspekte des Problemfeldes und auf das Subsidiaritätsprinzip als eine Ausprägung des Demokratieprinzips in föderalen Systemen eingegangen.

Demokratie wird zumeist unter dem Aspekt demokratischer Entscheidungsprozesse in Regierungen und als Grundregel für Vereinigungen, Institutionen und soziale Bedingungen untersucht. Für den vorliegenden Gegenstand ist es fruchtbarer, die Frage zu stellen, welche Auswirkungen föderale Institutionen auf die Demokratie haben. Hier stellt sich das Problem der Repräsentation in föderalen Systemen mit Oberhäusern, die die Gliedstaaten vertreten.[71]

---

68 In der deutschen Literatur wird aus dem Bundesstaatsprinzip des Art. 20 Abs. 1 GG wird daher ein Gebot der Bundestreue bzw des bundesfreundlichen Verhaltens abgeleitet, nach dem sowohl der Bund als auch jedes Land zur gegenseitigen Rücksichtnahme und zum Zusammenwirken verpflichtet sind. Die Bezeichnungen „Bundestreue" und „bundesfreundliches Verhalten" sind allerdings irreführend, da nicht nur die Länder gegenüber dem Bund verpflichtet sind, sondern auch umgekehrt der Bund gegenüber den Ländern und die Länder untereinander. Vgl. Huster / Rux (2008) Kommentar zu Art. 20 GG Rn. 31 - 35. Epping / Hillgruber (Hrsg.) Beck'scher Online-Kommentar zum Grundgesetz. München.

69 Dies gilt m. E. trotz der Verschiebungen bei der Gesetzgebungszuständigkeit zu Gunsten der Bundesländer bei der Föderalismusreform, weil die grundlegenden Gesetze bei viele Gesetzgebungsgegenständen bereits verabschiedet sind. Jedoch sind wiederum die Länderbefugnisse nach der Föderalismusreform durch die Art. 125a und 125 b GG gewahrt.

70 Kahn, J. (2002). Federalism, democratization and the rule of law in Russia. Oxford. S. 41.

71 Ebenda. S. 42 f.

Denn häufig sind Gliedstaaten mit wenigen Einwohnern mit gleich vielen Abgeordneten wie Gliedstaaten mit einer wesentlich höheren Einwohnerzahl vertreten.[72] Das stellt eine Verletzung der Gleichheit dar, weil die Stimme eines Wählers eines Subjekts mit geringer Bevölkerungszahl sehr viel mehr zählt als diejenige eines Wählers aus einem Subjekt mit einer wesentlich höheren Bevölkerungsanzahl.

Minderheitenschutz ist auf der anderen Seite jedoch ein wichtiges demokratisches Prinzip, das ohne eine Über-Repräsentation besonders kleiner Minderheiten kaum erreicht werden kann, weil die Minderheiten sonst das oft erforderliche Quorum für eine Sperrminorität nicht erreichen würden; alle Verfassungen, die eine Form von Minderheitenschutz vorsehen, haben die Wirkung, den Mehrheitswillen zu begrenzen.[73]

Zudem hat das Gewaltenteilungsprinzip als Bestandteil des Rechtsstaatsprinzips eine große Bedeutung. Darunter wird hier nicht nur die klassische horizontale Aufteilung in Legislative, Exekutive und Judikative verstanden, sondern es wird der von *Blankenagel* herausgearbeiteten Unterteilung in Abgrenzung der Gewalten und Aufteilung der Gewalten gefolgt.[74] Dieser weist darauf hin, dass präsidiale Systeme eher zu einer strikten Abgrenzung der Gewalten (mit der Unvereinbarkeit von Mandaten) neigen, während in parlamentarischen Systemen Kooperation und Doppelfunktionen möglich sind.[75] Überdies wird Föderalismus als Ausprägung der vertikalen Gewaltenteilung verstanden.[76] Im russischen semipräsidentellen System wurden Kennzeichen der Abgrenzung der Gewalten in der Verfassung verankert. In den präsidentiellen Systemen gibt es grundsätzlich zwei demokratisch legitimierte Gewalten: den Präsidenten und das Parlament. Diese Gewalten können konkurrieren, zwischen ihnen können auch Pattsituationen entstehen, wenn verschie-

---

72 In Russland zum Beispiel ein Subjekt mit geringer Einwohnerzahl wie der Neneckij avtonomnyj okrug im hohen Norden genau so zwei Abgeordneten im Oberhaus der Föderalen Versammlung, dem Föderationsrat vertreten wie die Stadt Moskau mit 9 Millionen Einwohnern.

73 Kahn, J. (2002). Federalism, democratization and the rule of law in Russia. Oxford. S. 46.

74 Blankenagel, A. (2004). Vvedenie // Konstitucionnyj Sud kak garant razdelenija vlastej. Moskva: 5-13. S. 6.

75 *Blankenagel* verweist in diesem Zusammenhang darauf, dass etwa Bundeskanzler in der BRD gleichzeitig ein Bundestagsmandat haben, was bei einer strikten Gewaltabgrenzung unmöglich wäre. Ebenda. S. 7

76 Dabei sind Elemente der horizontalen Gewaltenteilung in Art. 77 Abs. 2 VerfRF nicht verankert. Blankenagel, A. (2006). "Koncepcija edinoj sistemy ispolnitel'noj vlasti, čast' 2 stat'i 77 Konstitucii Rossijskoj Federacii – kakaja sistema, a gde edinstvo?" Sravnitel'ne konsititucionnoe obozrenie **54** (1): 123 - 128. S. 123.

dene politische Lager dominieren[77] und das Parlament die vom Präsidenten gewünschten Gesetze nicht mehr verabschiedet.[78] Gehören Präsident und Parlamentsmehrheit dagegen dem gleichen politischen Lager an, wird im Zweifel das System der *Checks and Balances* außer Kraft gesetzt. Dann kontrolliert niemand mehr den Präsidenten. Nach einigen Pattsituationen zu Beginn der neunziger Jahre wird angesichts der Abwesenheit einer ernst zunehmenden Opposition die RF inzwischen de facto von der Präsidialadministration verwaltet.[79] Als einzige Kontrollmöglichkeit verbleiben dann die Verfassungsgerichte.[80] Die Tätigkeit der Verfassungsgerichte ist unter Gewaltenteilungsaspekten auch nicht unproblematisch, denn diese unterliegen der Gefahr, sich selbst an die Stelle des Gesetzgebers zu setzen und legen sich selbst üblicherweise Zurückhaltung auf. Ein weiteres Konfliktfeld stellt die Normsetzungsbefugnis der Exekutive dar.[81]

Kritisch sind auch die sogenannten „einfachen Parlamentsbeschlüsse" ohne Gesetzesqualität, mit denen das Parlament Regierungsbeschlüssen, in Deutschland der Bundesrat z. B. Auslandseinsätzen der Bundeswehr, zustimmt. Das VerfGRF hat diese Beschlüsse der Duma nach Art. 103 Abs. 2 VerfRF im Jahr 1997[82] begrenzt.[83]

Die Föderalismusforschung hat stets die positive Beziehung zwischen Demokratie und Föderalismus hervorgehoben. Föderalismus sei notwendig demokratisch wegen der Bürgerbeteiligung von unten nach oben und der Vermeidung von Machtkonzentration durch Gewaltenteilung sowie *Checks and Balances* zwischen den Ebenen.[84] Der Begriff *Checks and Balances* wird hier so verstanden, dass eine vollständige Gewaltenteilung im modernen Staat unmöglich ist und sich die Gewalten notwendig überlappen. Deshalb gibt es ein System gegenseitiger Kontrolle von Legislative und Exekutive, das mit *Checks and Balances* bezeichnet wird. Föderalismus und Demokratie sind

---

77 Ein Beispiel dafür wäre die französische „*cohabitation*".

78 Blankenagel, A. (2004). Vvedenie // Konstitucionnyj Sud kak garant razdelenija vlastej. Moskva: 5-13. S. 9.

79 Blankenagel, A. (2004). Vvedenie // Konstitucionnyj Sud kak garant razdelenija vlastej. Moskva: 5-13. S. 9.

80 Ebenda. S. 10.

81 *Blankenagel* verweist in diesem Zusammenhang auf Art. 80 Abs. 1 GG und die Wesentlichkeitstheorie des BVerfG, Ebenda. S. 11.

82 VKS 1997, Nr. 6, S. 23

83 Blankenagel, A. (2004). Vvedenie // Konstitucionnyj Sud kak garant razdelenija vlastej. Moskva: 5-13. S. 12.

zwei Seiten einer Medaille, denn sie beruhten auf dem Respekt vor der Verfassung und demokratischer Repräsentation. Die Teilsubjekte sind deshalb konsequenterweise in den Entscheidungsprozess einzubeziehen.

Weiterhin gilt das Subsidiaritätsprinzip als Garant der Demokratie in Föderationen. Es ist aus unterschiedlichen staats- und gesellschaftsphilosophischen Wurzeln erwachsen und sucht – auf eine kurze Formel gebracht – den Grundsatz zu realisieren, dass ebenso in Fragen von Zuständigkeitsverteilungen wie von Freiheitsabgrenzungen nach Möglichkeit die jeweils kleinere Einheit den Vorrang vor der jeweils größeren zu beanspruchen hat: Die jeweils größere Einheit darf nur dann bzw. insoweit tätig werden, wenn bzw. wie die jeweils kleinere Einheit nicht ihrerseits imstande und willens ist, die entsprechende Funktion wahrzunehmen. Soweit es dabei um die Abgrenzung staatlicher Zuständigkeiten von solchen gesellschaftlicher Art geht, realisiert das Subsidiaritätsprinzip den prinzipiellen Vorranganspruch gesellschaftlicher Freiheiten und Autonomien, womit das Subsidiaritätsprinzip im weiteren Kontext bürgerlicher Freiheiten und rechtsstaatlicher Grenzen staatlicher Betätigung ressortiert.[85]

Demnach sind bei einer staatlich zu lösenden Aufgabe zuerst und im Zweifel die untergeordneten, lokalen Verwaltungsebenen wie Stadt, Gemeinde oder Kommune für die Umsetzung zuständig, während übergeordnete Verwaltungsebenen zurücktreten. Die Subsidiarität tritt unter der Bedingung ein, dass die untergeordnete Verwaltungsebene in der Lage ist, die Probleme und Aufgaben eigenständig lösen zu können. Gleichwohl soll die niedrigste Verwaltungsebene nicht überfordert und die übergeordnete Verwaltungsebene gegebenenfalls unterstützend tätig werden.[86]

In vielen föderalen Systemen ist das der Zentralisierung entgegen gesetzte Prinzip der Subsidiarität verankert. Dieses sieht die Aufteilung der Staatsgewalt zwischen dem Zentrum und den Subjekten vor. Die Verwirklichung des Subsidiaritätsprinzips erfordert eine Adäquanz der Kompetenzen. Die Kompetenzen müssen so aufgeteilt werden, dass die Probleme auf den Ebenen gelöst werden (können), auf denen sie entstehen. Die föderale Gewalt mischt sich nur dann ein, wenn die Lösung des Problems die Kompetenzen der Sub-

---

84 Elazar, D. (1987). Exploring Federalism Tuscaloosa and London. S. 19. Stepan, A. (1999). "Federalism and Democracy: Beyond the U.S. model." Journal of Democracy **10** (4), S. 19-34.

85 Scholz, R. (2009). Grundgesetz. Maunz / Dürig (Hrsg.) Grundgesetz. München. Art. 23 GG, Rn. 67.

86 Isaac, G. (1999). Droit communautaire général. Paris. S. 40.

jekte überschreitet.[87] Wie dies in der RF geregelt ist, wird im Abschnitt 2.4.6.2[88] näher erörtert.

2.4.1.4. Föderalismus und Rechtsstaatsprinzip

Der Rechtsstaat sollte Mechanismen zur Verfügung stellen, die das Funktionieren einer Föderation absichern. In einem ersten Schritt ist das verfassungsmäßige Verhältnis von Rechtsakten der föderalen Ebene zu denjenigen der Gliedstaaten zu untersuchen: Gibt es ein Subordinationsverhältnis oder kommt es auf die jeweiligen Zuständigkeit der Föderation oder des Subjekts an? In einer Föderation gibt es üblicherweise einen Vorrang der Verfassung und der föderalen Gesetze oder des Bundesrechts – auch gegenüber regionalem Verfassungsrecht.

In der RF existieren nach Art. 65 VerfRF 21 Republiken, neun Bezirke, 46 Gebiete, 2 Städte föderaler Bedeutung, ein autonomes Gebiet und vier autonome Kreise.[89] Das Gesetzgebungsorgan ist die Föderale Versammlung. Die

---

87 Umnova, I. A. (2000). Konstituticionnye osnovy sovremennogo rossijskogo federalizma. Moskva. S. 32.

88 Vgl. 2.4.2.6. Das Demokratieprinzip im föderalen Verfassungsrecht der RF S. 73.

89 Respublika Adygeja (Adygeja), Respublika Altaj, Respublika Baškortostan, Respublika Burjatija, Respublika Dagestan, Respublika Ingušetija, Karbadino-Balkarskaja Respublika, Respublika Kalmykija, Karačevo-Čerkeskaja Respublika, Respublika Karelija, Respublika Komi, Respublika Marij Ėl, Respublika Mordovija, Respublika Sacha (Jakutija), Respublika Severnaja Osetija - Alanija, Respublika Tatarstan (Tatarstan), Respublika Tyva, Udmurtskaja Respublika, Respublika Chakasija, Čečenskaja Respublika, Čuvašskaja Respublika - Čuvašija;
Altajskij kraj, Krasnodarskij kraj, Krasnojarskij kraj, Primorskij kraj, Stavropol'skij kraj, Chabarovskij kraj;
Amurskaja oblast', Archangel'skaja oblast', Astrachanskaja oblast', Belgorodskaja oblast', Brjanskaja oblast', Vladimirskaja oblast', Volgogradskaja oblast', Vologodskaja oblast', Voronežskaja oblast', Ivanovskaja oblast', Irkutskaja oblast', Kaliningradskaja oblast', Kalužskaja oblast', Kamčatskaja oblast', Kemerovskaja oblast', Kirovskaja oblast', Kostromskaja oblast', Kurganskaja oblast', Kurskaja oblast', Leningradskaja oblast', Lipeckaja oblast', Magadanskaja oblast', Moskovskaja oblast', Murmanskaja oblast', Nižegorodskaja oblast', Novgorodskaja oblast', Novosibirskaja oblast', Omskaja oblast', Orenburgskaja oblast', Orlovskaja oblast', Penzenskaja oblast', Permskaja oblast', Pskovskaja oblast', Rostovskaja oblast', Rjazanskaja oblast', Samarskaja oblast', Saratovskaja oblast', Sachalinskaja oblast', Sverdlovskaja oblast', Smolenskaja oblast', Tambovskaja oblast', Tverskaja oblast', Tomskaja oblast', Tul'skaja oblast', Tjumenskaja oblast', Ul'janovskaja oblast', Čeljabinskaja oblast', Čitinskaja oblast', Jaroslavskaja oblast';
Moskva, Sankt-Petersburg – goroda federal'nogo značenija;
Evrejskaja avtonomnaja oblast';
Aginskij Burjatskij avtonomnyj okrug, Komi-Perjackij avtonomnyj okrug, Korjakskij avtonomnyj okrug, Neneckij avtonomnyj okrug, Tajmyrskij (Dolgano-Neneckij) avtonomnyj okrug, Ust'-Ordynskij Burjatskij avtonomnyj okrug, Chanty-Mansijskij

Föderale Versammlung besteht aus zwei Kammern, der Staatsduma (dem Unterhaus) und dem Föderationsrat (der Vertretung der Subjekte). Die Exekutive wird von der föderalen Regierung durchgeführt. Der Föderationspräsident steht nach russischem Verständnis als Garant der Verfassung über den Gewalten, hat jedoch viele Exekutivbefugnisse. Die Verfassungsrechtsprechung obliegt dem föderalen Verfassungsgericht. In den Teilrepubliken heißen die Exekutivchefs „Präsidenten", in allen anderen Subjektarten „Gouverneure". In den Subjekten gibt es entweder Einkammer- oder Zweikammerparlamente sowie Verfassungsgerichte in den Teilrepubliken bzw. Statutengerichte in vielen anderen Subjekten.

Stehen föderale Rechtsakte neben regionalen (und kommunalen) Rechtsnormen, so trägt dies zur Komplexität des Rechtssystems bei. Existieren dann noch bundesstaatliche und gliedstaatliche Gerichte parallel, die gleichermaßen potentiell zuständig sein könnten wie in den USA, dann kann es für den rechtsunterworfenen Bürger kompliziert werden. Andererseits ist es für den rechtsunterworfenen Bürger sehr vorteilhaft, wenn es eine Appellationsinstanz gibt, die nicht, zum Beispiel, von einer regionalen Elite, etwa von Angehörigen der Titular"ethnie", dominiert wird.[90]

Darin zeigt sich, dass Föderalismus und Rechtsstaatlichkeit ebenso voneinander abhängig sind wie Föderalismus und Demokratie.

2.4.2. Föderalismustheorie im Hinblick auf die Russische Föderation

Nach der Entwicklung der Grundzüge einer allgemeinen Föderalismustheorie im vorherigen Abschnitt wird im Folgenden zu untersuchen sein, ob das föderale Modell der Russischen Föderation diesen Kriterien entspricht oder ob es Gründe gab und gibt, von diesem Modell abzuweichen.

2.4.2.1. Asymmetrie

Eines der herausragenden Merkmale föderaler Systeme neben der Verwirklichung des Demokratie- und Rechtsstaatsprinzips ist ihr Grad an Asymmetrie. Diese beschreibt die Ungleichheit zwischen einzelnen Föderationssubjekten auf verschiedenen Ebenen. Asymmetrie kann vielerlei bedeuten: Unterschiede in territorialer Größe, in der Verteilung von Ressourcen, in der sozioökonomischen Entwicklung, die demographische Unterschiedlichkeit etc. Die Schaffung eines (föderalen) Staates mit symmetrischen Einheiten in all die-

---

avtonomnyj okrug, Čukotskij avtonomnyj okrug, Ėvenkijskij avtonomnyj okrug, Jamalo-Neneckij avtonomnyj okrug.

90 Vgl. unten 3.7.5. Regionale Besonderheiten, S. 111 ff.

sen Belangen ist eigentlich ausgeschlossen.[91] In den kommenden Abschnitten wird der Aufteilung des Politikwissenschaftlers *Ross* gefolgt, der die verschiedenen Formen der Asymmetrie für die RF untersucht hat.[92]
Föderationen können in symmetrische und asymmetrische Föderationen unterteilt werden. Im Regelfall sind multiethnische Föderationen von Verfassungs wegen asymmetrisch[93], alle verfassungsmäßig symmetrischen Föderationen sind monoethnisch. Die RF ist die größte multiethnische Republik der Welt mit 128 offiziell anerkannten „ethnischen Gruppen“[94] und ihren ursprünglich 89, jetzt nur noch 83 Subjekten, von denen eine große Zahl territorial und andere ethnisch definiert sind. Deshalb ist nicht überraschend, dass die RF auch verfassungsrechtlich asymmetrisch ist. Dabei ist das Ausmaß der Asymmetrie – auch auf Verfassungsebene - noch einmal besonders herausragend.[95]
Hier beruht vieles auf dem Erbe der RSFSR und der Schaffung autonomer Gebiete durch die Bolschewiki in den 1920er Jahren; denn die schon vorhandenen Gebietskörperschaften versuchten nach dem Zerfall der Sowjetunion 1991 ihre Position zu stärken und drohten mit Sezession, und zwar nicht nur Čečnija 1991, sondern auch Tatarstan bereits 1990. Das Zentrum in Moskau führte mehrere Kriege in Čečnija. Den Sezessionsbestrebungen anderer Republiken versuchte es mit dem Abschluss föderaler Verträge beizukommen. In ihnen wurden den Subjekten von den Regelungen der Verfassung abweichende Gesetzgebungszuständigkeiten und Organkompetenzen zugestanden.[96]
Vom Zentrum (und übrigens auch in der Literatur) wurden diese Verträge immer als destabilisierend und die Übernahme des „ethnischen“ Prinzips bei

91 Kahn, J. (2002). Federalism, democratization and the rule of law in Russia. Oxford. S. 142.
92 Ross, C. (2002). Federalism and democratisation in Russia. Manchester. S. 92 ff.
93 Asymmetrie im Verfassungsrecht liegt zum Beispiel dann vor, wenn es – wie in der RF – verschiedene Kategorien von Gliedstaaten gibt.
94 „Ethnisch“ wird vorliegend nicht im Sinn einer biologistischen Konzeption, sondern als historische Konstruktion verstanden, welche sich auch in kulturellen Entwicklungen niedergeschlagen hat. Gleichzeitig muss der Begriff verwendet weden, weil er sowohl im Verfassungstext, als auch in der politikwissenschaftlichen Literatur, etwa bei Heinemann-Grüder, A. (2000). Der heterogene Staat. Berlin, zur Beschreibung der Realität in der Russischen Föderation und auch von Individuen als Selbstzuschreibung verwendet wird. Um auf die Konstruiertheit hinzuweisen, wird der Begriff in Anführungszeichen gesetzt.
95 Smith, G. (1999). The Post-Soviet States: Mapping the Politics of Transition. London, Sydney, Auckland.

der Bildung föderaler Subjekte als desintegrierend wahrgenommen. *Umnova*[97] betrachtet die existierende Asymmetrie als Rezept für zukünftig mehr Symmetrie sowie für den Übergang zum territorialen Prinzip.[98] *Dobrynin* weist darauf hin, dass das dem föderativen Aufbau zugrunde liegende nationale bzw. „ethnische" Prinzip zum Auslöser für separatistische Bewegungen werden könne.[99] Abgesehen von der Frage, ob strukturell die Bildung separatistischer Bewegungen befördert wird, gibt es tatsächlich existierende separatistische Bewegungen in den Kaukasus-Republiken Čečnija, Ingušetija und Dagestan, und zwar nicht erst seit dem ersten Tschetschenien-Krieg.

Dagegen ist *Heinemann-Grüder* folgender Auffassung: „Aus der Perspektive der gesamtrussischen Verfassungsordnung besteht die entscheidende Asymmetrie zwischen Republiken und Gebieten bzw. Bezirken in den unterschiedlichen Freiheiten zur Bestimmung der inneren Ordnung, mithin in den unterschiedlichen Graden zentralistischer Einwirkungsmacht." Ihm zufolge verfügen „rein verfassungsrechtlich die Kantone der Schweiz z. T. über noch stärkere Vollmachten, als die russischen Republiken sich in ihre Verfassungen schrieben."[100] Inwiefern der Unterschied zwischen Teilrepubliken und den anderen Föderationssubjekten ein Antrieb für die Entwicklung des Föderalismus in der RF waren, wird besonders anhand der Thematik der föderalen Verträge deutlich.[101] Diese hatten – und dies unterscheidet das russische Modell der Asymmetrie grundsätzlich von demjenigen anderer Föderationen – auch unterschiedliche Abgrenzungen von Gesetzgebungszuständigkeiten und Kompetenzen von Föderationsorganen und Subjektorganen in verschiedenen Subjekten zur Folge. Dies ist ein Zustand, der in der Schweiz nicht existiert. Besonders zentrumsfeindliche Subjekte wie Tatarstan handelten

---

96 Vgl. 5.5. Föderale Verträge als zweite Quelle für Zuständigkeiten und Kompetenzen, S. 217 ff.

97 Irina A. *Umnova* ist Professorin an der Russischen Akademie für Rechtspflege und dort Leiterin der Abteilung für Verfassungsrecht. http://law.edu.ru/person/person.asp?persID=1193236

98 Umnova, I. A. (2000). Konstituticionnye osnovy sovremennogo rossijskogo federalizma. Moskva. S. 96.

99 Dobrynin, N. M. (2005). Rossijskij Federalizm, stanovlenie, sovremennoe sostojanie i perspektivy. Novosibirsk. S. 157.

100 Heinemann-Grüder, A. (2000). Der heterogene Staat. Berlin. S. 216.

101 Vgl. 5.5. Föderale Verträge als zweite Quelle für Zuständigkeiten und Kompetenzen. S. 217 ff.

mehr Befugnisse[102] als zentrumsfreundliche Subjekte aus. *Kahn* bestreitet den „ethnischen" Faktor beim Abschluss der föderalen Verträge.[103]
Da die Asymmetrie eines der grundlegenden Prinzipien des russischen Verfassungsaufbaus ist, wird sie gleichfalls im Abschnitt 4.2[104] näher juristisch untersucht.

2.4.2.1.1. Sozioökonomische Asymmetrie

Sozioökonomische Asymmetrie gibt es in jeder Föderation: Alle föderalen Subjekte variieren nach Größe, Bevölkerungszahl, Wirtschaftskraft etc. Werden diese Unterschiede innerhalb einer Föderation zu groß, führt dies zu Spannungen zwischen den Subjekten. Das geschieht vor allem, wenn ein Subjekt eine dominierende Rolle einnimmt, wie die RSFSR innerhalb der UdSSR. Auch innerhalb der RF gibt es große Unterschiede zwischen den einzelnen Subjekten nach diesen Kriterien.

2.4.2.1.2. Politische Asymmetrie

Unter politischer Asymmetrie versteht man Ungleichheiten in der Repräsentation und im politischen Status, die einzelne Subjekte aus ihrem sozioökonomischen Status oder ihrem politischen Einfluss gewinnen. In der RF manifestierten sich vor allem im Prozess des Finanzausgleichs politische Forderungen nach Reduzierung der Asymmetrie. Die reichen Gebersubjekte[105] im föderalen Finanzausgleich[106] wie Tatarstan, Baškortostan oder Moskau haben mehr Ansprüche (auf mehr Gesetzgebungszuständigkeiten, weniger Abgaben aus dem Subjekthaushalt an den föderalen Haushalt) als die armen Empfängersubjekte[107] gegenüber der Moskauer Zentrale durchsetzen können. Diese Forderungen wurden mit Regelungen in den föderalen Verträgen erfüllt. Eine größere Zahl von Empfängersubjekten schloss keine föderalen Verträge mit der Föderation ab. Ihre Spitzenpolitiker akzeptierten die Un-

---

102 Befugnisse fasse ich als Oberbegriff für Gesetzgebungszuständigkeiten und Organkompetenzen.

103 Kahn, J. (2002). Federalism, democratization and the rule of law in Russia. Oxford. S. 161.

104 Vgl. 4.2. Asymmetrie – das Verfassungsmodell und die Verfassungspraxis (Status und Rolle der Subjekte) S. 115 ff.

105 Das sind Subjekte, die mehr Mittel an die Föderation abführen als sie Subventionen aus dem föderalen Haushalt erhalten.

106 Der föderale Finanzausgleich findet in der RF nicht auf horizontaler Ebene – zwischen den Subjekten -, sondern vermittelt über die Föderation statt (vgl. 4.2.8. Die föderalen Finanzbeziehungen, S. 143 ff).

107 Das sind Subjekte, die weniger Mittel an die Föderation abführen als sie Subventionen aus dem föderalen Haushalt erhalten.

gleichheit im Vergleich mit den Gebersubjekten im Gegenzug für die dauerhafte Bezuschussung aus dem föderalen Haushalt.

2.4.2.1.3. Verfassungsrechtliche Asymmetrie

Hierzu zählen Sonderstellungen einzelner Föderationseinheiten, wie z. B. diejenige Quebecs innerhalb Kanadas. Ähnliches gibt es in Belgien, Indien, Malaysia und Spanien, worauf *Watts* verweist.[108]

Art. 5 Abs. 1 VerfRF zählt zunächst Republiken, Regionen, Gebiete, bundesbedeutsame Städte, ein autonomes Gebiet und autonome Bezirke als Formen von Subjekten auf.

In Art. 65 VerfRF sind die Subjekte nach Kategorien und alphabetisch sortiert aufgeführt.[109]

In der VerfRF wird trotz des Gleichheitspostulats in Art. 5 VerfRF zwischen Teilrepubliken und anderen Subjektkategorien differenziert.[110] Den Teilrepubliken wird in Art. 5 Abs. 2 S. 1 VerfRF eine eigene Staatlichkeit und das Recht zugesprochen, eine eigene Verfassung zu verabschieden. Alle anderen Subjekte können lediglich „Grundordnungen"[111] verabschieden (Art. 5 Abs. 2 S. 2 VerfRF). In der UdSSR wurde an der Souveränität der SSR festgehalten. Die Teilrepubliken versuchten nun, mit dieser Argumentation nicht nur eine eigene Staatlichkeit, sondern teilweise auch die Völkerrechtssubjektivität zu erreichen[112].

Das Zentrum reagierte mit dem bereits erwähnten Abschluss föderaler Verträge, um diese Tendenzen einzudämmen.[113] Angesichts dessen gab es Bestrebungen von Territorialgebieten, ihren Status zu dem einer Republik aufzuwerten, etwa den des Sverdlovsker Gebiets mit anderen Gebieten zu einer Uralrepublik[114]. Die Unterzeichnung der föderalen Verträge hat die verfassungsrechtliche Asymmetrie noch verstärkt, weil verschiedenen Subjektkategorien und Subjekten innerhalb einer Subjektkategorie unterschiedlich viele

---

108 Watts, R. (1999). Comparing Federal Systems Montreal and Kingston. S. 68.

109 Vgl. oben Fn. 89.

110 Diese Differenzierung mag in der Praxis symbolisch sein. In den Anfangsjahren des Bestehens der RF waren andere Subjekte (Nicht-Republiken) bestrebt, eine vergleichbare Stellung zu erhalten. Beispielhaft hierfür ist der Versuch der Gründung einer Ural-Republik im Jahr 1993 (vgl. S. 418).

111 Die ihre Verfassungsdokumente sind.

112 Vgl. 2.4.2.3. Die Diskussionen um die Souveränität der Republiken und das Selbstbestimmungsrecht der Völker. S. 65 ff.

113 Vgl. 5.5. Föderale Verträge als zweite Quelle für Zuständigkeiten und Kompetenzen. S. 219 ff.

114 Vgl. "Uralrepublik", S. 418.

Gesetzgebungszuständigkeiten eingeräumt wurden. Gerade in den turbulenten neunziger Jahren wurde die Ungleichheit der Subjekte als objektiver Faktor der Destabilisierung betrachtet.[115] Eine genauere Untersuchung der Problematik wird im Abschnitt 4.2.[116] erfolgen. Gegenwärtig bestehen zwar die in der Verfassung verankerten Unterschiede wie die Staatlichkeit der Republiken und ihr Privileg, eine Verfassung zu haben, fort. Doch ist es dem föderalen Zentrum gelungen, die Asymmetrie zu verringern, indem es die Praxis der föderalen Verträge bis auf einen Neuabschluss mit Tatarstan 2007[117] beendete.

2.4.2.2. Vertragsföderalismus oder Verfassungsföderalismus?

Eine Folge der verfassungsrechtlichen Asymmetrie war eine erbitterte Debatte um die Frage, ob das föderative Modell der RF als Vertrags- oder Verfassungsföderalismus zu verstehen sei. Dabei vertraten Politiker der nach Autonomie strebenden Subjekte das Modell des Vertragsföderalismus und die Politiker und auch die in Moskau angesiedelten Verfassungsjuristen das Konzept des Verfassungsföderalismus. Die Debatte ist deshalb von zentraler Bedeutung, weil hier zu Beginn der neunziger Jahre auch theoretisch die Weichen gegen die Unabhängigkeit der Subjekte und gegen ein Auseinanderdriften der RF gestellt wurden.

2.4.2.2.1. Vorrang der föderalen Verträge

Vertreter von Teilrepubliken, vor allem der Republik Tatarstan (im Folgenden: „**RT**") vertraten ostentativ die Ansicht, es handele sich um eine Vertragsföderation. Denn die RF beruhe auf dem Föderationsvertrag aus dem Jahr 1992 und – für sie noch wichtiger – auf den föderalen Verträgen, die vor allem die Teilrepubliken und danach föderale Gebiete seit 1994 abschlossen. Prominenter Vertreter dieser Position ist *Chakimov*[118]. Ihm zufolge gibt es zwei Ansätze zum russischen Föderalismus: Verfassungsvertrag und Vertragsverfassung. Der Verfassungsvertrag wurde mit der autoritären russischen Erfahrung gleichgesetzt. Unter Vertragsverfassung verstand *Chakimov* das Prinzip „von unten nach oben". Also einen freiwilligen Transfer der den Republiken zustehenden souveränen Staatlichkeit und Autonomie durch bilaterale Verträge

115 Umnova, I. A. (2000). Konstituticionnye osnovy sovremennogo rossijskogo federalizma. Moskva. S. 90.

116 Vgl. 4.2. Asymmetrie – das Verfassungsmodell und die Verfassungspraxis (Status und Rolle der Subjekte), S. 115 ff.

117 9.4.4.2. Der zweite föderale Vertrag vom 26. Juni 2007. S. 406 f.

118 Rafaėl' S. *Chakimov* ist Berater des Präsidenten der Republik Tatarstan.

zwischen der Zentrale und den Republiken an die Föderation. Dafür war die Souveränität der Subjektrepubliken wichtig. *Chakimov* sprach deshalb von einer „konkordanten Föderation“.[119] Der Begriff „vertragsverfassungsmäßig“ fand schnell Eingang in offizielle Dokumente. Der Präsident der RT, *Šajmiev* betonte, dass der föderale Vertrag von 1994 gegenüber der VerfRF und der Verfassung der RT dominiere und bei Widersprüchen Vorrang habe.[120]. Der tatarische Parlamentspräsident *Muchamečin* hielt diesen Vertrag für einen zwischenstaatlichen.[121] Den zentrifugalen Akteuren ging es darum, ihre Position gegen über der Moskauer Zentrale so weit als möglich zur festigen.

Als Vertreter der Literatur ist *Kolibab* der Ansicht, dass Nr. 1 des Zweiten Abschnitts der VerfRF die Frage des Vorrangs der Verfassung nicht eindeutig löse. Diese Norm legt fest, dass im Konfliktfall die Verfassung Vorrang hat. Diese Norm befinde sich in den Übergangs- und Schlussbestimmungen und deshalb könne sie nur auf vor 1993 geschlossene Akte wie den Föderationsvertrag (1992) Anwendung finden, nicht jedoch auf die regelmäßig nach der Annahme der VerfRF abgeschlossenen föderalen Verträge. Ähnliches gelte auch für die Art. 11, 71 – 73 und 76 VerfRF. *Kolibabs* Ansicht nach trifft die VerfRF keinerlei Bestimmungen zum Verhältnis der nach ihrem Inkrafttreten abgeschlossenen Verträge. Nach Art. 15 Abs. 1 VerfRF hat die VerfRF Vorrang. *Kolibab* ist gegen ein solches Verständnis von föderalen Verträgen als Ergänzungsregelung gegenüber der VerfRF. Er argumentiert, in Art. 15 Abs. 1 VerfRF, der zum Kerngehalt der Verfassung gehöre, werde der VerfRF gegenüber Verträgen kein Vorrang eingeräumt. Im Gegenteil genössen die föderalen Verträge gegenüber den Regelungen der Art. 71 bis 73 VerfRF Vorrang. Aber einem klaren Vorrang der föderalen Verträge gegenüber Art. 71 bis 73 VerfRF redet er auch nicht das Wort. Beim Abschluss föderaler Verträge müssten selbstverständlich die Regelungen der VerfRF beachtet werden.[122] In Tatarstan wurde mit der Begründung, es handele sich um Vertragsföderalismus, auch nach 2000 für den Vorrang der Verträge gekämpft.

---

119 Khakimov, R. S. (1996). "Prospects of Federalism in Russia: A View from Tatarstan'." Security dialogue (1).

120 Šajmiev, Literaturnaja Gazeta, 30. März 1994.

121 Umnova, I. A. (2000). Konstituticionnye osnovy sovremennogo rossijskogo federalizma. Moskva. S. 80.

122 Kolibab, D. E. (1998). "Dogovory Rossijskoj Federacii s ee sub"ektami o razgraničenii predmetov vedenija i polnomočii: neobchodimo učastie zakonodatelej." Žurnal Rossijskogo Prava (8): 3-13.

2.4.2.2.2. Vorrang der VerfRF

Die andere Ansicht besteht naturgemäß im Vorrang der Normen der VerfRF. Sie kann sich explizit auch auf die Regelungen des Art. 4 des Kompetenzabgrenzungsgesetzes[123] (KompAbgG) stützen, der diesen Vorrang in Gesetzesform gegossen hat. Die Vertreter der Moskauer Zentrale und Teile der Wissenschaft halten daran fest, dass es sich selbstverständlich um eine Verfassungsföderation handele.

Ėbzeev[124] und *Karpetjan* gehen davon aus, dass man nur von einer Verfassungsföderation reden könne.[125] Auch *Umnova* ist der Ansicht, man könne den Fakt, dass die Machtvertikale im föderalen Vertrag festgeschrieben sei, nicht ignorieren. Zudem gelte der föderale Vertrag nur in den Bestandteilen fort, die nicht verfassungswidrig seien, und stehe demzufolge hinter der VerfRF an zweiter Stelle.[126] Zudem diene die Vertragstheorie ideell dazu, die Föderation zu zerstören und in eine Konföderation umzuwandeln. Um die Souveränität der Föderation zu erhalten, müssten solche Verträge in die Verfassung aufgenommen werden und zwar in den vorgeschriebenen Formen der Verfassungsänderung.[127] Weiterhin argumentiert sie, es sei der Weg der individuellen Verhandlung beim Abschluss der föderalen Verträge gewählt worden. Man könne dies so bewerten, dass der Abschluss von Verträgen über die Kompetenzabgrenzung mit einzelnen Subjekten schon der Natur des Staats als Vertragsföderation widerspreche. Denn der Vertragsgedanke setze voraus, dass es einen einheitlichen Willen des Zentrums und der Subjekte auf der anderen Seite gebe. Durch die separaten Abschlüsse mit den jeweiligen Territorien sei der einheitliche Wille zerstört worden, der die Föderation als Vertragsföderation determiniert habe.[128]

An dieser Stelle zeigen sich deutlich die Konfliktlinien Anfang der neunziger Jahre, als viele Teilrepubliken nach Unabhängigkeit strebten, um im Endergebnis wenigstens Autonomie zu erhalten. Sie nutzten das russische Konzept der den Teilrepubliken in der Verfassung der RSFSR zugestandenen „Souve-

---

123 Föderales Gesetz vom 24. Juni 1999, FZ Nr. 119.

124 Boris S. *Ėbzeev* war Richter am VerfGRF.

125 Ėbzeev, B. S. / Karpetjan, L. M. (1995). "Rossijskij federalizm: Ravnopravie i asimmetrija konstitucionnogo statusa sub"ektov." GiP (3). S. 8.

126 Umnova, I. A. (2000). Konstituticionnye osnovy sovremennogo rossijskogo federalizma. Moskva. S. 79.

127 Ebenda. S. 81.

128 Ebenda. S. 82.

ränität“[129], um de facto als Völkerrechtssubjekte Verträge mit der Zentrale in Moskau zu schließen. Schließlich hatte *El'cin* die Subjekte aufgefordert, sich so viel Souveränität zu nehmen, wie sie „schlucken“ könnten.[130] Föderationspräsident und Föderationsregierung versuchten später, mit den föderalen Verträgen gegenzusteuern, um eine mögliche Sezession von Teilrepubliken zu vermeiden. Nun enthielt Art. 11 Abs. 3 VerfRF einen Passus, der „föderale Verträge“ als Rechtsquelle ausdrücklich anerkennt, was die oben genannten Protagonisten weit auslegten.

Betrachtet man das Verfassungswerk als Gesamtheit, so wird – auch angesichts des Vorrangs der Verfassung und einer Auslegung der föderalen Verträge als Regelungen der Gesetzgebungszuständigkeiten zwischen zentraler und regionaler Ebene – augenscheinlich, dass Subjekte und Föderation aufgrund der Verfassung miteinander verbunden sind. Es handelte sich bei den föderalen Verträgen nicht um völkerrechtliche Verträge, weil die Subjekte keine Völkerrechtssubjekte sind.

In der Rückschau bleibt festzuhalten, dass auch diese Debatte nur vor dem Hintergrund der turbulenten neunziger Jahre zu verstehen ist. Einzelne Subjekte rangen erbittert darum, mit dem Föderationspräsidenten auf Augenhöhe zu ver- und ein Maximum an Autonomie auszuhandeln. Inzwischen haben sich die Verhältnisse konsolidiert.

Vor diesem Hintergrund ist das Streben des Zentrums nach einer Homogenisierung des Rechts im Jahr 1999 verabschiedeten und seitdem verschiedentlich novellierten Subjektorganisationsgesetz (SubjOrgG)[131] zu werten.[132] In diesem Gesetz werden gemäß Art. 77 Abs. VerfRF der innere Aufbau der Subjekte, ein Verfahren zur Parlamentsauflösung und der Amtsenthebung der Subjektexekutivspitze und Vorschriften für den Abschluss föderaler Verträge sowie für die Abgrenzung der Zuständigkeiten von Föderation und Subjekten geregelt.

129 Vgl. 2.4.2.3. Die Diskussionen um die Souveränität der Republiken und das Selbstbestimmungsrecht der Völker, S. 65.

130 Segodnija, 31. Mai 1994, S. 1.

131 Föderales Gesetz vom 6. Oktober 1999 FZ Nr. 184. SZ RF 1999, Nr. 42, Art. 5005.

132 Einer Schätzung von *Dudko* bei einem Runden Tisch der Redaktion der Zeitschrift „Gosudarstvo i Pravo“ im Jahr 2001 widersprachen noch immer 20 % der von den Subjekten verabschiedeten Rechtsakte föderalem Recht. Varlamova, N. V. (2001). "Rossijskaja Federacija i ee sub"ekty: Problema ukreplenija gosudarstvennosti." GiP (7): 88-107. S. 106.

Das Subjektorganisationsgesetz wurde noch während *El'cins* Amtszeit erarbeitet und am 6. Oktober 1999 verabschiedet. Mit diesem Gesetz verfolgten Föderationspräsident und föderale Regierung die folgenden Ziele:

- die Heterogenität im Staatsaufbau der Subjekte zu reduzieren,
- Sanktionsmechanismen für den Föderationspräsidenten einzuführen, um die Subjekte dazu zu bewegen, ihre Rechtsnormen mit der föderalen Rechtsordnung in Übereinstimmung zu bringen,
- die Laufzeit der föderalen Verträge zu begrenzen,
- den Einfluss des Föderationspräsidenten auf die Personalpolitik zu erhöhen sowie
- eine Finanzordnung für die Haushalte der Subjekte (im Zusammenspiel mit dem 1998 verabschiedeten Haushaltsgesetzbuch einzuführen.

Die Subjektvertreter im Föderationsrat (Senatoren) versuchten, die Verabschiedung des SubjOrgG zu verhindern. Sie wurden jedoch von den Abgeordneten der Staatsduma überstimmt. Einzelheiten der Debatte um das SubjOrgG sind unter 6.2.5.[133] geschildert. Das Gesetz wurde mit größeren Novellen[134], zuletzt 2007 zu Lasten der Subjektorgane verändert.

Konnte in der Ursprungsfassung der Föderationspräsident die Subjektexekutivspitze[135] und die Subjektparlamente nur bei der Weigerung, eine gegen föderales Recht verstoßende Norm zu ändern, in einem geregelten Verfahren auflösen bzw. des Amtes entheben, so genügt in der seit 2004 geltenden Fassung faktisch der Vertrauensverlust des Präsidenten gegenüber der Subjektexekutivspitze. Zudem schlägt der Föderationspräsident seitdem den Subjektparlamenten den Kandidaten für das Amt des Republikspräsidenten bzw. Gouverneurs vor. Durch diese Regelung wurde die Direktwahl dieser höchsten Amtsträger der Subjekte abgeschafft. Die Verabschiedung des Subjektorganisationsgesetzes stellte eine Zäsur im Verhältnis besonders des Föderationspräsidenten zu den Subjektexekutivspitzen dar. Es gelang der Exekutive der Föderation (dem Präsidenten und der Regierung) seitdem merklich eine Vereinheitlichung sowohl des Staatsaufbaus der Subjekte als auch eine Reduzierung der der föderalen Rechtsordnung widersprechenden Rechtsnormen der Subjekte zu erreichen und die Praxis der föderalen Verträge (mit

133 Vgl. 6.2.5. Der Einfluss der Subjekte über den Föderationsrat im Gesetzgebungsverfahren S. 289 ff.

134 Änderungen vom 29. Juli 2000; 8. Februar 2001; 7. Mai, 24. Juli, 11. Dezember 2002; 4. Juli 2003; 19. Juni, 11, 29. Dezember 2004; 21. Juli, 31. Dezember 2005, 3. Juni, 12. 18, 25, 27. Juli, 25. Oktober; 4. und 29. Dezember 2006; 2, 23 März, 26. April, 10. Mai, 18. Juni 2007.

der Ausnahme des 2007 mit Tatarstan abgeschlossen föderalen Vertrages) zu beenden.

2.4.2.3. Die Diskussionen um die Souveränität der Republiken und das Selbstbestimmungsrecht der Völker

In der Russischen Föderation hat die Frage der Souveränität oder begrenzten Souveränität von Föderationssubjekten einen besonderen Stellenwert. Tatarstan und Severnaja Osetija sahen den Abschluss von Kompetenzabgrenzungsverträgen als Anerkennung ihrer Eigenstaatlichkeit an.[136] Im Laufe der Zeit wurde der Widerspruch zwischen der Souveränität der Föderation und der gleichzeitigen Souveränität der Teilrepubliken auch in Tatarstan als Konzept der eingeschränkten Souveränität, der Souveränität innerhalb der Souveränität und sogar der vollen Souveränität der Subjekte[137] betrachtet.

In vielen Verfassungen der Republiken und in föderalen Verträgen oder Verträgen mit anderen Staaten wird von der Souveränität der Teilrepubliken ausgegangen. Als Beispiel seien die Präambel des Freundschaftsvertrages zwischen den Republiken Čuvašija und Baškortostan vom 24. Mai 1994 oder zwischen Baškortostan und der georgischen Provinz Abchasien vom 18. August 1994 genannt. Die Abwendung vom föderalen Prinzip kennzeichnet vor allem die Verfassungsgesetzgebung Tatarstans, Baškortostans, Sachas, Tyvas, Ingušetijas und teilweise Burjatijas.[138] Insgesamt ist dies weniger eine rechtliche als eine politische Frage. Tatarstan hat als „Trumpf“ immer noch die Möglichkeit eines neuen Referendums, denn Art.1 der tatarischen Verfassung kann nur per Referendum geändert werden. Nach *Chakimovs*[139] Schätzung hätten 2004 etwa 80% der in Tatarstan Wahlberechtigten für die Souveränität gestimmt. Darauf wird es die Präsidialadministration in Moskau nach seinem Dafürhalten nicht ankommen lassen. *Chakimov* bestünde nicht auf der „Souveränität“, würde das Subsidiaritätsprinzip in der RF beachtet. Im Moment sei es eher eine „umgekehrte Subsidiarität“. Immer mehr Macht werde ins föderale Zentrum verlagert.[140]

135 Republikspräsidenten und Gouverneure.
136 Heinemann-Grüder, A. (2000). Der heterogene Staat. Berlin. S. 230.
137 Chakimov, R. (2001). Ob osnovach asimmetričnosti Rossijskoj Federacii. Chakimov, R. (Hrsg.) Federalizm v Rossii. Kazan: 266 -272.
138 Umnova, I. A. (2000). Konstituticionnye osnovy sovremennogo rossijskogo federalizma. Moskva. S. 103 - 108.
139 Rafaėl' S. *Chakimov* ist Berater des Präsidenten Tatarstans.
140 Interview der Verfasserin mit Rafaėl' *Chakimov* am 25. Mai 2004.

Nach Ansicht von *Karpetjan* ist die absolute Souveränität eine Utopie, denn in allen Staaten der Welt handele es sich um begrenzte Souveränität. Jedes Subjekt habe seine eigenen politisch-rechtlichen Qualitäten der Souveränität, die allerdings durch die Kompetenzen der föderalen Organe begrenzt seien, die wiederum von der Souveränität der Subjekte begrenzt würde.[141] Ähnlich sehen dies auch *Engibarjan* und *Tadevosjan*, die davon ausgehen, dass sich die Souveränitäten der Föderation und des Subjektes nicht gegenseitig ausschlössen, sondern ergänzten.[142] Man solle also nach *Karpetjan*[143] und *Čirkin*[144] das Verständnis von „Staat" und „Staatlichkeit" eng auslegen. *Čirkin*[145] plädiert für den Begriff „Staatsgebilde".
Aus Sicht der regionalen Eliten war die neuerlangte Souveränität weder mit der Föderation teilbar, noch durch sie verringerbar. Obwohl es für sie aus ökonomischen und Sicherheitsüberlegungen nicht in Betracht kam, trennten sich diese regionalen Führungspersönlichkeiten nicht prinzipiell vom Sezessionsrecht. Republikverfassungen leiteten aus diesen Prinzipien ab, dass die Gesetze der Republiken denjenigen der Föderation vorgingen. Die Republiken fühlten sich auch an die föderale Regierung nicht mehr gebunden, bis auf diejenigen Materien, für die sie die Kompetenz in den Verträgen an die Zentrale abgegeben hatten. Aus Sicht der Republiken war die Russische Föderation – im Gegensatz zur Sicht der Föderalismustheorie – nicht größer als ihre Bestandteile. Sie meinten eigentlich eine lose Konföderation souveräner Staaten. So verstanden sie auch Art. 11 Abs. 3 VerfRF, der die föderalen Verträge explizit als Verfassungsquellen benennt. Für sie ist die Föderation bislang nicht durch Zustimmung ihrer Subjekte gerechtfertigt.[146]
In der russischen Debatte reagieren einige Akteure auf den Begriff „Souveränität" wie auf ein rotes Tuch, weil er mit den Sezessionsbestrebungen Tatarstans und auch der Auslegung der föderalen Verträge als Anerkennung einer Eigenstaatlichkeit verknüpft wird. Hieraus resultieren dann auch Verfas-

141 Karpetjan, L. M. (2001). Federativnoe ustrojstvo Rossijskogo gosudarstva. Moskva. S. 233-235.
142 Engibarjan, R. V. / Tadevosjan, E. V. (2001) "O nekotorych diskussionych teoretiko-metodologičeskych voprosach kursa konstitucionnogo prava" GiP (1). S. 20.
143 Karpetjan, L. M. (2001). Federativnoe ustrojstvo Rossijskogo gosudarstva. Moskva. S. 233.
144 Čirkin, V. E. (2000). "Gosudarstvennaja vlast' sub"ekta Rossijskoj Federacii." GiP (1). S. 8.
145 Venjamin E. *Čirkin* war seit 1971 am Institut für Staat und Recht der Russischen Akademie der Wissenschaften Professor.
146 Kahn, J. (2002). Federalism, democratization and the rule of law in Russia. Oxford. S. 148f.

sungsgerichtsentscheidungen, die nur vor diesem Hintergrund verstanden werden können.

Dies sind explizit das „Altaj-Urteil“ vom 7. Juni 2000[147], der „Souveränitäts-Beschluss“[148] vom 27. Juni 2001 und der „Baškortostan-Beschluss“[149] vom 6. Dezember 2001. In der Altai-Entscheidung[150] wurde aus den Artikeln 3, 4, 5, 67 und 79 VerfRF der Vorrang, die Unabhängigkeit und Selbstständigkeit der Staatsgewalt auf dem gesamten Territorium abgeleitet. Insbesondere unterscheide die VerfRF nach Ansicht von *Čerepanov* nicht zwischen verschiedenen Stufen der Souveränität, es gebe nur eine einzige unteilbare Souveränität. Demzufolge gebe es weder eine Souveränität der Teilrepubliken noch eine anderer Subjekte. Gleichzeitig wird ausdrücklich eine Form beschränkter Souveränität ausgeschlossen. Die Teilrepubliken könnten auch keine Souveränität in ihren Verfassungen und ihren Statuten deklarieren, selbst dann nicht, wenn sie diese für beschränkt erklärten[151]: Das Wort Republik (Staat) sei nur eine historische Referenz.[152]

Weiterhin hat das Verfassungsgericht mit einer Entscheidung vom 19. April 2001 den Föderationspräsidenten ermächtigt, auf die Weigerung Tatarstans und Baškortostans, die Republikssouveränität aus den Verfassungen zu streichen, mit Amtsenthebung zu reagieren. „Die ‚Souveränität‘ in Baškortostan wurde daraufhin begrenzt.“[153] Inzwischen haben sich auch diesbezüglich die Wogen geglättet, jedenfalls sind in jüngerer Zeit keine derartigen Entscheidungen ergangen.

Gall weist unter Bezug auf *Uebe* darauf hin, dass die russische Lehre und das VerfGRF übersehen, „dass der Souveränitätsbegriff insgesamt nicht in der Lage ist, die Staatsqualität der Regionen festzustellen oder abzulehnen, bzw. das Verhältnis zwischen Zentrum und Regionen inhaltlich auszugestalten.“ Abschließend kommt sie zu dem Schluss, die Frage, wie die vom Volk ausgehende souveräne Staatsgewalt auf Bund und Länder verteilt wird, sei keine Frage der Souveränität, sondern der Kompetenzverteilung in der jewei-

---

147 VKS 2000, Heft 5, S. 2 ff.
148 VKS 2000, Heft 5, S. 59 ff.
149 http://ks.refnet.ru/opred/o061201a.htm
150 VerfGRF, P 2000-10.
151 Adygeja, Baškortostan, Ingušetija, Komi, Tatarstan, Severnaja Osetija.
152 Čerepanov, V. (2003). "Federativnye dogovory. Za i protiv." Federalizm(3). S. 35
153 Heinemann-Grüder, A. (2004). Ethnischer Föderalismus in Russland Brunner, G. (Hrsg.) Der russische Föderalismus. Bilanz eines Jahrzehnts. Münster: 19. S. 26.

ligen Verfassung.[154] Als einen Grund für die „Dominanz der einheitlichen Souveränitätskonzeption" in der modernen russischen Föderalismuskonzeption benennt sie die Gedanken des einheitlichen Willens sowie des Staats als Gesamtheit seiner Teile.[155]

Mit der Diskussion über die Souveränität war eine Debatte über das Art. 5 Abs. 3 VerfRF festgeschriebene Selbstbestimmungsrecht der Völker verknüpft. Die Existenz des Selbstbestimmungsrechtes der Völker ist heute unstrittig anerkannt. Unklar und umstritten bleibt jedoch – außerhalb des Prozesses der Dekolonisierung in den fünfziger und sechziger Jahren – der konkrete Gehalt dieses Rechts. Insbesondere das Verhältnis zwischen dem Selbstbestimmungsrecht der Völker und der territorialen Integrität souveräner Staaten ist umstritten.[156]

Der Terminus „Volk" wird in der VerfRF mit verschiedenen Bedeutungen belegt. Zunächst ist vom „multiethnischen Volk" Russlands als politischer Gesellschaft die Rede: Das sind die Bürger der RF, die über politische Rechte und Freiheiten verfügen und Quelle der Staatsgewalt sind (Präambel, Art. 3 VerfRF). Darüber hinaus werden in Art. 9 VerfRF „Völker", die auf ihrem jeweiligen Territorium leben, erwähnt. In diesem Zusammenhang wird unter „Volk" die Bevölkerung verstanden. Letztlich werden in der Präambel und Art. 5 VerfRF die Völker Russlands erwähnt, die gleichberechtigt seien und über ein Selbstbestimmungsrecht verfügten.[157]

Umnova begrenzt für die Frage des Selbstbestimmungsrechts das „Volk" auf die Bevölkerung eines bestimmten Territoriums. Diese kann selbstverständlich „multiethnisch" sein, wie es in der RF oft der Fall ist. So kann man „die Völker" als Subjekte der Selbstbestimmung in Form einer Republik im Bestand der RF sehen. Die nach Unabhängigkeit strebenden oben genannten Republiken waren der Ansicht, das Selbstbestimmungsrecht der Völker umfasse vor allem das Sezessionsrecht. So enthält die aktuelle Verfassung Tyvas das Recht auf Sezession. Die obersten Organe der RT führten am 21. März 1992 ein Referendum über die Anerkennung der RT als unabhängiges

---

154 Gall, C. v. (2010). Die Konzepte „staatliche Einheit" und „einheitliche Macht" in der russischen Theorie von Staat und Recht". Berlin. S. 287.

155 Ebenda. S. 288.

156 Heintze, H.-J. (2004). Völkerrecht. K. Ipsen. München: 389 ff. S. 392 ff. Mammadov, M. (2006) Legal Aspects of the Nagorno-Garabagh Conflict. Caucasian Review of International Affairs **Volume**, 5 ff. DOI: http://www.cria-online.org/Journal/1/Legal%20Aspects%20of%20the%20Nagorno-Garabakh%20Conflict.pdf

157 Umnova, I. A. (2000). Konstituticionnye osnovy sovremennogo rossijskogo federalizma. Moskva. S. 159.

Völkerrechtssubjekt durch.[158] Die einseitige Unabhängigkeitserklärung Čečnijas führte zu einem bewaffneten Konflikt.

In der vorliegenden Arbeit wird davon ausgegangen, dass das Selbstbestimmungsrecht der Völker ein Relikt der Sowjetzeit ist, mit dem nur schwer umgegangen werden kann. Dessen nominelle Beibehaltung sollte womöglich auch dazu dienen, die renitenten Regionen zu beruhigen.

Lazarev ist der Auffassung, weil auch in den „ethnisch" dominierten Einheiten andere Ethnien leben, die nicht der „Titularethnie" angehören, dürfe das Selbstbestimmungsrecht der Völker nicht zu einem Austrittsrecht führen. Darin unterscheide es sich vom sowjetischen Modell und werde auch nicht als „Selbstbestimmungsrecht der Nationen" bezeichnet.[159] Denn es ergebe logisch keinen Sinn, dass nur Republiken de facto das Selbstbestimmungsrecht der Völker ausüben können und nicht andere Regionen, in denen Nichtrussen dominieren. Dabei dürfe es aber nicht nur um Angehörige der Titular"ethnien" gehen. *Umnova* zufolge dürfe es bis auf den Namen im Titel der Republik und die Staatssprache nichts geben, was nicht dem gesamten Volk zustehe.[160]

Die Schwierigkeiten in der Interpretation des Selbstbestimmungsrechts der Völker werden deutlich, wenn sich *Lazarev* in seinem Kommentar auf eine Erklärung der Vereinten Nationen aus dem Jahr 1970, also ein völkerrechtliches Dokument stützt, das die Sezession und die Zerstörung eines souveränen Staats ausschließt.

Andere Stimmen in der Literatur behelfen sich mit einer einschränkenden Auslegung. *Umnova* z. B. kommt zu dem Schluss, das Selbstbestimmungsrecht der Völker sei innerhalb eines Staates möglich, solange die Menschenrechte und die Rechte anderer Völker beachtet würden. *Tadevosjan* bemerkt, das Selbstbestimmungsrecht könne nur unter der Bedingung der Gleichheit aller Bürger, des Vorrang der Menschenrechte und ohne jegliche Privilegien für eine (Titular)nation umgesetzt werden.[161] So müsse man, schließt *Umnova*, das Selbstbestimmungsrecht als Verfassungsprinzip von einer übernationalen, alle Bürger umfassenden Position aus betrachten. Sie hält zudem für

---

158 Ebenda. S. 163.

159 Lazarev, V. V. (2003). Naučno-praktičeskij kommentarij (Sistema Garant // Datenbank). Kommentar zu Art. 5 Abs. 3.

160 Umnova, I. A. (2000). Konstituticionnye osnovy sovremennogo rossijskogo federalizma. Moskva. S. 160.

161 Tadevosjan, E. V. (1996). "Rossijskij federalizm i sovremennyj nacional'nogosudarastvennyj nigilizm." GiP (10). S. 7.

wichtig, dass das Prinzip in der VerfRF als innerstaatliches, nicht völkerrechtliches Prinzip gemeint sei. Deshalb enthalte es kein Sezessionsrecht.[162]
Die Darstellung der Diskussion verdeutlicht die Konfliktlinien und den Umgang der russischen (zentrumsfreundlichen) Literatur mit dem Problem des Selbstbestimmungsrechts: Nur mit diesem Begründungsaufwand wird man theoretisch des Problems Herr. Eine andere Möglichkeit wäre eine einschränkende Auslegung als Autonomie. Denn es kann eigentlich nur um größtmögliche Autonomie und praktischen Schutz nichtrussischer Titular"ethnien" gehen. Wesentlich wichtiger wäre in der Realität ein effektiver Menschenrechtsschutz, vor allem ein Schutz von Menschen aus den Kaukasus-Republiken, vor staatlicher und privater Diskriminierung. Praktisch kann das Selbstbestimmungsrecht von in den Republiken herrschenden Angehörigen der Titular"ethnie" auch dazu benutzt werden, andere Bürger, die nicht der Titular"ethnie" angehören, zu diskriminieren. In den neunziger Jahren sorgte es vor allem für vom Zentrum abgesicherte Privilegien der regionalen Eliten der Teilrepubliken.

2.4.2.4. Die Rolle des Präsidenten

Die Russische Föderation wird als semipräsidentielles oder superpräsidentielles System[163] klassifiziert. Im Folgenden werden nur diejenigen der zahllosen Kompetenzen des russischen Staatspräsidenten näher beleuchtet, die einen unmittelbaren Einfluss auf die Subjekte haben. Dies allein spricht für die Charakterisierung der Stellung des russischen Föderationspräsidenten als „superpräsidentiell".
Von der Konzeption der VerfRF her gilt der Präsident nach Art. 85 VerfRF als über den Gewalten stehender „Garant der Verfassung". Er ist nach Art. 110 VerfRF nicht Chef der Exekutive.[164] Sein Veto kann nach

162 Umnova, I. A. (2000). Konstituticionnye osnovy sovremennogo rossijskogo federalizma. Moskva. S. 169.

163 *Blankenagel* weist darauf hin, dass in der russischen Literatur die Auffassung vorherrscht, es handele sich um ein halbpräsidentielles System. Er charakterisiert aufgrund der umfassenden Befugnisse die Stellung des russischen Föderationspräsidenten als „superpräsidentiell". Blankenagel, A. (2000). "Legal Reforms in Russia: Visible Steps, Obvious Gaps, and an Invisible Hand?" Journal of Institutional and Theoretical Economics **156** (1): 99-119. S. 101 f.

164 Die Mehrheitsmeinung der Verfassungsrichter in der Gouverneursentscheidung muss wohl dahingehend verstanden werden, dass der Föderationspräsident auch Teil des Systems der Einheitsverwaltung ist. Vgl. 8.5.9. Die Gouverneursentscheidung. S. 373 sowie Blankenagel, A. (2006). "Skol'ko centralizma vyderžit federativnoe gosudarstvo?" Sravnitel'ne konsititucionnoe obozrenie **55** (2): 153 - 159. S. 156.

Art. 107 Abs. 3 VerfRF von einer qualifizierten Parlamentsmehrheit überstimmt werden.[165] Er hat aber das Recht der Parlamentsauflösung nach Art. 84 lit. b, Art. 111 Abs. 4 VerfRF sowie Art. 117 Abs. 3 VerfRF. Weiterhin hat er das Recht, den Ministerpräsidenten vorzuschlagen, Art. 111 Abs. 2 VerfRF sowie Art. 83 lit. b VerfRF. Zudem kann er seinen Kandidaten mit der Drohung der Parlamentsauflösung nach Art.111 Abs. 4 VerfRF durchsetzen. Man denke an das Drama, als *El'cin* seinen Kandidaten *Kirienko* gegen das Votum der Staatsduma im April 1998 durchsetzen wollte.[166] Auch über die Dauer der Regierung kann der Föderationspräsident entscheiden, denn er verfügt über das Recht der Regierungsauflösung nach Art. 117, Art. 83 lit. v VerfRF.

Der Föderationspräsident kann überdies Recht setzen: Er verfügt über das Recht, Dekrete zu erlassen, Art. 90 Abs. 1 und 3 VerfRF und hat das Recht der Gesetzesinitiative nach Art. 104 VerfRF inne[167]. Tatsächlich wird ein Großteil der Gesetzentwürfe in der Präsidialadministration erarbeitet. Zudem verfügt er über starke Kompetenzen gegenüber der Regierung: Er kann Art. 115 Abs. 3 VerfRF nach Regierungsakte ändern oder für nichtig erklären. Geschützt ist er durch ein sehr schwieriges Amtsenthebungsverfahren, dessen praktische Kompliziertheit sich beim Scheitern des Versuchs der Staatsduma, *El'cin* 1999 seines Amts zu entheben, zeigte.[168] Besonders wichtige Kompetenzen hat der Föderationspräsident überdies bei der Verteidigung und der Ausrufung des Ausnahmezustands nach Art. 87, 88 VerfRF. Ihm obliegt die Außenpolitik nach Art. 86 VerfRF.

Auf den föderalen Aufbau übten die bisherigen Präsidenten entscheidenden Einfluss aus. Genannt sei die handschriftliche Änderung *El'cins* der Bestimmung über den Berufungsmodus des Föderationsrats in der Nacht vor der endgültigen Redaktion, oder die extra-konstitutionelle Schaffung von föderalen Bezirken durch *Putin*, die Abberufung und Ernennung von Gouverneuren und die Schaffung der „Vertikale der Macht", die zu einer unverhohlenen Zentralisierung geführt hat. *Putins* „Vertikale der Macht" steht für eine „strikte

---

165 Vgl. 7.1.5. Unterzeichnung von Gesetzen durch den Präsidenten S. 318 ff.

166 *El'cin* drohte mit der Auflösung der Staatsduma, nachdem diese in mehreren Wahlgängen mehrheitlich gegen die Wahl *Kirienkos* zum Premierminister gestimmt hatte. Um nicht aufgelöst zu werden, stimmten die Staatsdumaabgeordneten der Wahl *Kirienkos* im 3. Wahlgang zu.

167 Vgl. 7.1.2. Gesetzesinitiative, S. 304 ff.

168 Blankenagel, A. (2000). "Legal Reforms in Russia: Visible Steps, Obvious Gaps, and an Invisible Hand?" Journal of Institutional and Theoretical Economics **156** (1): 99-119. S. 102.

Kommandokette des Kreml, in die sich alle staatlichen Organe, ob Ministerkabinett, Parlament oder Justiz, und selbst die gesellschaftlichen Einrichtungen wie Medien, politische Parteien oder Verbände, ein- oder unterzuordnen haben. „Die ‚Vertikale der Macht' widerspricht den Prinzipien der horizontalen wie der vertikalen Gewaltenteilung, wie sie in der russischen Verfassung von 1993 verankert sind."[169]

Praktisch ist ferner sein Apparat, die Präsidialadministration, nach Art. 83 lit. i VerfRF von Bedeutung, zu der auch die Präsidentenvertreter (*polpredy*)[170] in den Föderalen Bezirken nach Art. 83 lit. k VerfRF gehören. Die Präsidialadministration bereitet einen Großteil der Gesetzesprojekte vor, mit 77 % der später verabschiedeten Gesetze ist sie für den Föderationspräsidenten die effektivste Gesetzesinitiatorin.[171]

In der russischen Rechtslehre wird aus der Rolle als „Garant der Verfassung" unter anderem abgeleitet, der Präsident gehöre der Exekutive nicht an. Dies überzeugt angesichts der oben genannten Exekutivbefugnisse wie Regierungsbildung und Parlamentsauflösung nicht.

2.4.2.5. Das Prinzip der Einheitsverwaltung nach Art. 77 Abs. 2 VerfRF

Trotz ihres föderativen Aufbaus herrscht in der RF das System der Einheitsverwaltung nach Art. 77 Abs. 2 VerfRF. Gemäß Art. 77 Abs. 2 VerfRF bilden innerhalb der Zuständigkeit der RF und der Befugnisse der RF im gemeinsamen Zuständigkeitsbereich der RF und der Subjekte der Russischen Föderation die föderalen Exekutivorgane und die Vollzugsorgane der Subjekte ein einheitliches System der vollziehenden Gewalt. Im Bereich der Kompetenzen der Subjekte innerhalb der gemeinsamen Gesetzgebungszuständigkeit nach Art. 72 VerfRF und der Subjektkompetenzen innerhalb der ausschließlichen Gesetzgebungszuständigkeit der Subjekte nach Art. 73 VerfRF sind die Verwaltungssysteme getrennt[172]. Nach Art. 78 Abs. 1 VerfRF haben föderale Exekutivorgane, wie etwa die Miliz oder der FSB, Territorialorgane in den Subjekten gebildet.

---

169 Mommsen, M. (1996). Wohin treibt Rußland? Eine Großmacht zwischen Anarchie und Demokratie. München. S. 235.

170 *Polpred* ist die Abkürzung für *polnomočnyj predstavitel'* (Bevollmächtigter Stellvertreter).

171 Krasnov, J. K. (2002). Osnovnye napravlenija zakonodatel'noj dejatel'nosti Gosudarstvennoj Dumy v 1994 - 2001 gg. // Federal'noe Sobranie - Parlament Rossijskoj Federacii - Analitičeskoe upravlenie Analitičeskaja zapiska.

172 Blankenagel, A. (2006). "Skol'ko centralizma vyderžit federativnoe gosudarstvo?" Sravnitel'ne konsititucionnoe obozrenie **55** (2): 153 - 159. S. 156.

2.4.2.6. Das Demokratieprinzip im föderalen Verfassungsrecht der RF

Neben den schon oben erläuterten Problemen der Repräsentation und des Minderheitenschutzes für das Demokratieprinzip gibt es das weitere Konfliktfeld der Asymmetrie in föderalen Systemen.[173] *Kahn* betont, hier sei die verfassungsrechtliche Asymmetrie[174] von besonderer Bedeutung, weil sie üblicherweise die Schaffung besonderer Kanäle zur Bevorzugung bestimmter Verwaltungseinheiten beinhalte.[175] Diese Kanäle sind dann oft undemokratisch und widersprechen regelmäßig formalen Verfahrensregelungen.[176] *Kahn* benennt auch den Prozess des Abschlusses föderaler Verträge als ein Paradebeispiel der Ungleichbehandlung von föderalen Gliedstaaten.[177] Ein positiver Effekt der föderalen Organisation staatlicher Gewalt kann sein, dass demokratische Entwicklungen die Möglichkeit haben, „von unten nach oben" aufzusteigen.

Die gewaltenteilenden Aspekte des Föderalismus sind in der VerfRF verankert. Es gibt grundsätzlich drei Gewalten sowie die zentrale und die regionale Ebene. Dabei sticht allerdings die starke Stellung des russischen Präsidenten hervor, der exekutive Gewalt ausübt, gegenüber den Subjekten teilweise auch judikative Mittel in der Hand hat. Ein demokratisches Prinzip in föderalen Staaten ist das Subsidiaritätsprinzip.[178]

Man könnte Art. 73 VerfRF als Ausprägung des Subsidiaritätsprinzips auslegen. Nach diesem Artikel verfügen die Subjekte außerhalb der Zuständigkeit der RF und der gemeinsamen Zuständigkeit „über die gesamte Fülle der Staatsgewalt". Diese Restzuständigkeit begründet jedoch nicht das Grundprinzip, dass staatliche Entscheidungen möglichst bürgernah getroffen werden sollten.

In der russischen Praxis wird das Subsidiaritätsprinzip immer wieder mit der Delegierung verwechselt. Der Vorsitzende des Obersten Sowjets der Repu-

---

173 Diese beschreibt die Ungleichheit zwischen einzelnen Föderationssubjekten auf verschiedenen Ebenen. Asymmetrie kann vielerlei bedeuten: Unterschiede in territorialer Größe, in der Verteilung von Ressourcen, in der sozioökonomischen Entwicklung, die demographische Unterschiedlichkeit etc. Vgl. S. 55 ff.

174 Vgl. 2.4.2.1.3. Verfassungsrechtliche Asymmetrie S. 59 f.

175 Kahn, J. (2002). Federalism, democratization and the rule of law in Russia. Oxford. S. 47.

176 Deshalb ist die Beachtung von formalen Verfahrensregeln auch essentiell und ein Kriterium für die Bewertung von Institutionen. Vgl. 3.7.4. Bewertung von Institutionen - eine Weiterentwicklung der „Rule of Law" S. 109 ff.

177 Kahn, J. (2002). Federalism, democratization and the rule of law in Russia. Oxford. S. 47.

178 Vgl. Definition des Subsidiaritätsprinzips S. 53

blik Tatarstan, *Muchamečin*, verstand 1993 darunter, dass die Gewalten von unten nach oben delegiert werden müssten.[179] *Umnova* stellt klar, dass eine Föderation mit Subsidiaritätsprinzip sowohl von oben nach unten, als auch von unten nach oben organisiert sein kann. Der nichtzentralisierte Typ des Föderalismus stellt für *Umnova* das Ideal dar, es müsse aber vom Recht garantiert werden, das alle Machthaber ihn respektierten und bedürfe eines funktionierenden gerichtlichen Schutzes.[180] Es ist in der VerfRF nicht verankert, dies würde auch mit dem Prinzip der Einheitsverwaltung nach Art. 77 Abs. 2 VerfRF kollidieren. Schwierigkeiten wirft unter demokratietheoretischen Aspekten die an Ethnizität geknüpfte Sonderstellung der Teilrepubliken auf. Diesen gelang es, verglichen mit anderen Subjekten, besondere Privilegien in den föderalen Verträgen auszuhandeln.
Ein weiterer Aspekt ist das bereits erwähnte Problem der Repräsentation[181]. Zudem konnten Titutlar"ethnien" auf relativ kleinem Gebiet wie z. B. Tatarstan eine Teilrepublik gründen. Diese ist gegenüber einem territorial riesigen Gebiet wie Sacha (Jakutien) auf föderaler Ebene überrepräsentiert, weil jedes Subjekt zwei Senatoren in den Föderationsrat entsenden darf. Gleichermaßen sind bevölkerungsarme Subjekte gegenüber bevölkerungsreichen Subjekten überrepräsentiert. Dies kann nur vermieden werden, wenn die Subjekte nicht mehr an Ethnizität anknüpfend gebildet oder die Repräsentation an eine Anzahl der Bevölkerung geknüpft würde. Man könnte eine der Bevölkerungsanzahl entsprechende Anzahl von Wahlmännern und -frauen in den Föderationsrat entsenden.

2.4.2.7. Das Rechtsstaatsprinzip im russischen föderalen Verfassungsrecht
In Bezug auf das in Art. 1 VerfRF verankerte Rechtsstaatsprinzip gibt es in der RF Probleme mit föderalismusspezifischem Bezug. So warf das Zentrum den Subjekten zu Recht eine große Zahl verfassungswidriger oder gegen die föderale Gesetzgebung verstoßender Gesetze vor. Hinzu kommt, dass einige Subjekte, etwa die Republik Tatarstan, sich mitunter weigern, föderale Gerichtsentscheidungen umzusetzen und auch ein Einfluss lokaler Politiker auf die regionale Gerichtsbarkeit nicht immer ausgeschlossen werden kann. Andererseits stellen zunehmende zentrale Kompetenzen des Präsidenten bei der Entlassung von regionalen Subjektexekutivspitzen oder Subjektparlamen-

179 Umnova, I. A. (2000). Konstituticionnye osnovy sovremennogo rossijskogo federalizma. Moskva. S. 33.
180 Ebenda. S. 33.
181 Vgl. Repräsentation S. 52.

ten auch eine Störung des Gleichgewichts beider Ebenen dar. Die Regelung der „Rule of Law" ist aus der Sicht der Verfasserin für eine Bewertung sowohl von rechtlichen Normen als auch von Institutionen zentral.[182]

2.5. Zusammenfassung

Der Überblick verdeutlicht, worin sowohl die Schwierigkeiten einer demokratisch legitimierten und gleichwohl rational agierenden Administration eines so großen und heterogenen Landes wie der RF liegen als auch die Problematik der gewählten Lösungsstrategien bestehen. Mit Lösungsstrategien sind die starke Stellung des Föderationspräsidenten und die Fortführung des sowjetischen Prinzips der Einheitsverwaltung gemeint. Die Debatten um die Charakterisierung des russischen Verfassungssystems als Verfassungsföderalismus und die Souveränität der Teilrepubliken sowie des völkerrechtlichen Instituts des Selbstbestimmungsrechts der Völker sollten einführend einem besseren Verständnis der gewählten Methode der Untersuchung[183] sowie des Aufbaus des Föderalismus[184] dienen. Die vorgestellten Charakteristika werden in jenem Kapitel wieder aufgenommen und mithilfe der gewählten Untersuchungsmethode vertieft.

---

182 Vgl. Methodik - Theorie des Informalen als Analyseinstrument für Rechtsnormen und Institutionen. S. 84 ff.

183 Vgl. Methodik - Theorie des Informalen als Analyseinstrument für Rechtsnormen und Institutionen. S. 84 ff.

184 Der aktuelle Aufbau des Föderalismus in der Russischen Föderation. S. 115 ff.

3. Methodik - Theorie des Informalen als Analyseinstrument für Rechtsnormen und Institutionen

Es folgt die Entwicklung der Theorie des Informalen als Analyseinstrument für die in der vorliegenden Arbeit untersuchten Rechtsnormen und Phänomene der Rechtswirklichkeit.

3.1. Einleitung

Das Anliegen der Arbeit ist, die Staats- und Regierungswirklichkeit der RF in der Einheit und Differenziertheit von geschriebenem Recht (in seiner Veränderung) und der sich daneben oder dagegen entwickelnden tatsächlichen Beziehungen als Interaktionen der handelnden Politiker und Institutionen darzustellen. Dabei kann die Rechtswirklichkeit nicht nur mit der üblichen juristischen Methode der Normexegese von Staatsorganisationsrecht und der abstrakten Analyse von Verfassungsinstitutionen untersucht werden. Informale Theorie ist ein Versuch, mit dem Umstand umzugehen, dass die der Öffentlichkeit bekannt werdenden Wirkungen formaler Institutionen wie der Verfassungsorgane die Realität des Regierens nur unvollständig abbilden. In allen politischen Systemen pflegen sich informale Regeln einzuspielen, welche diese nicht nur ergänzen und miteinander verknüpfen, sondern auch definieren, wie die Macht unter den Akteuren realiter verteilt ist.[185] Gleichermaßen kann lediglich eine Auslegung von Rechtsnormen deren Wirkungen nicht vollständig erklären.[186] In einem ersten Schritt werden Ansätze der informalen Theorie vorgestellt, dann eine eigene Arbeitsdefinition entwickelt. In einem zweiten Schritt wird nach einer Einleitung zum Prinzip der „Rule of Law“ ein Modell zur Bewertung von Transformationsstaaten vorgestellt und für die Bewertung von Rechtsnormen und Verfassungsinstitutionen modifiziert. Am Ende des Kapitels wird das methodische Vorgehen für den Fortgang der Arbeit erläutert.

---

185 Kropp, S. (2004). "Regieren als informaler Prozess." Aus Politik und Zeitgeschichte Letzter Zugriff 24.10.2008, from http://www.bpb.de/publikationen/CXPYQ1,0,0, Regieren_als_informaler_Prozess.html.

186 So klang in sozialistischen Staaten die „Papierform“ oft bürgerfreundlich. In der Praxis wurden die Normen schlicht nicht angewendet.

3.2. Informale Theorie

Der informale Charakter politischen Handelns wird in den Politik- und Rechtswissenschaften zunehmend erforscht. Dazu wurden verschiedene Theorien entwickelt, die sich dem Phänomen aus unterschiedlichen Richtungen nähern. Nach einer allgemeinen politikwissenschaftlichen bzw. soziologischen Begriffsklärung, die Informalität im Wesentlichen als Feld ohne formale und schriftliche Regelungen fassen, werden neo-institutionalistische Theorien mit Bezug auf die Russische Föderation eingeführt, die die Auswirkungen (formaler) Verfahrensregeln politischer Institutionen auf das Verhalten und die strategischen Entscheidungen der politischen Akteure thematisieren und die Auswirkungen von nicht-öffentlichen Verhandlungsprozessen auf die politischen Institutionen erforschen. Danach wird der Ansatz von *Schulze-Fielitz* vorgestellt, der die informale Theorie für die Rechtswissenschaft fruchtbar gemacht hat. Im Anschluss daran wird eine eigene Definition für die Verwendung der Theorie des Informalen in der Dissertation entwickelt.

3.2.1. Informale Theorie in der Politikwissenschaft

„Informalität ist ein schillernder Begriff, unter den – je nach Standpunkt des Betrachters – ganz verschiedene Sachverhalte subsumiert werden können“[187]. In der Soziologie werden unter formaler Politik die verfassungsmäßig und gesetzlich kodifizierten politischen Strukturen und Entscheidungsprozesse verstanden. Unter informaler Politik versteht man im Gegensatz dazu die nicht durch formale und schriftliche Regelungen gedeckten Beziehungs-, Verhaltens- und Erwartungsmuster von Individuen und Gruppen.[188]

Kropp macht in seiner Zusammenfassung deutlich, dass

> „formale Institutionen wie Gesetze oder Verfassungsorgane die Realität des Regierens nur unvollständig abbilden. In allen politischen Systemen pflegen sich informale Regeln einzuspielen, welche diese nicht nur ergänzen und miteinander verknüpfen, sondern auch definieren, wie die Macht unter den Akteuren realiter verteilt ist. Informales Regieren kann einerseits als Ausdruck verinnerlichter, habitualisierter Rollen der politischen Akteure und ihrer Sozialisation interpretiert werden. Aus neo-institutionalistischer Sicht lassen sich informale Regierungspraktiken andererseits auch als eine strategische Antwort der handelnden Akteure auf die unterschiedlichen institutionellen Konfigurationen von Regierungssystemen begreifen. Demnach bilden die Institutionen lediglich Handlungskorridore aus, innerhalb

187 Steinsdorff, S. v. (2005). "Gute oder schlechte Informalität? Informelle Politik in West und Ost." Osteuropa (10): 5-15. S. 6.

188 Ebenda. S. 7.

derer politische Akteure über Spielräume verfügen. Um Handlungsunsicherheiten zu reduzieren, werden die zwischen den formalen und rechtlich gesetzten Institutionen regelungsoffen verbleibenden Bereiche durch informale Regeln gleichsam ‚verfugt'."[189]

Schwarzmüller[190] zufolge ist das zentrale Entscheidungskriterium für das Vorhandensein informalen Handelns, ob formalrechtliche Vorgaben existieren oder nicht.[191] Darüber können dann verschiedene Formalisierungs- und Informalisierungsgrade erreicht werden. Die Spannweite ist hierbei beträchtlich: zwischen dem Extrem vollständiger rechtlicher Formalisierung einerseits und dem anderen Extrem des Handelns ohne Regelhaftigkeit.[192]

Da es oft Überschneidungen in der Verwendung der Begriffe „informal" und „informell" gibt, sei der Unterschied nach *Schwarzmüller* verdeutlicht. „Informelles" Handeln ist ein Unterfall informalen Handelns. Informelles Vorgehen bezeichnet danach „spontane, nicht bewusst auf Dauer angelegte Prozesse" informalen Handelns.[193] Dabei ist alles Informelle zwangläufig informal, jedoch sind die beiden Begriffe nicht identisch.[194] Deshalb wird nachfolgend der Begriff des informalen Handelns verwendet, wenn es um bewusste Handlungen der Akteure geht, die sich über einen längeren Zeitraum erstrecken. Informelle Handlungen werden dagegen Abstimmungen zwischen Akteuren bezeichnen, die Einzelfälle regeln und keinen dauerhaften Charakter haben sollen.

3.2.2. Theorien zum Neo-Institutionalismus

Die Institutionenforschung der Politikwissenschaft konzentriert sich auf das Handeln der Akteure.[195] Dazu werden bürokratietheoretische Modelle weiter-

---

189 Kropp, S. (2004). "Regieren als informaler Prozess." Aus Politik und Zeitgeschichte Letzter Zugriff 24.10.2008, from http://www.bpb.de/publikationen/CXPYQ1,0,0, Regieren_als_informaler_Prozess.html.

190 Schwarzmüller, M. (2001). Parlamentarische Mitsteuerung. Strukturen und Prozesse informalen Einflusses im Deutschen Bundestag Wiesbaden.

191 Ebenda. S. 50.

192 Ebenda.

193 Ebenda.

194 Schulze-Fielitz, H. (1984). Der informale Verfassungsstaat. Aktuelle Beobachtungen des Verfassungslebens der Bundesrepublik Deutschland im Lichte der Verfassungs-theorie. Berlin. S. 16.

195 Dieser akteurszentrierte Ansatz wird vor allem vertreten von Schwanitz, S. (1997). "Transformationsforschung: Area Studies versus Politikwissenschaft? Plädoyer für einen akteurstheoretischen Ansatz." Arbeitspapiere des Bereichs Politik und Gesellschaft am Osteuropa-Institut der Freien Universität Berlin (3): 1-47. Segbers, K. (1997). "Transformations in Russia: A neoinstitutionalist interpretation."

entwickelt. Diese Modelle zeigen, dass neben den offiziellen, kodifizierten Institutionen auf der Basis von Verfassungen und formalen Gesetzen auch viele informale Spielregeln die Ergebnisse des politischen Prozesses beeinflussen. Obwohl sie außerhalb der offiziellen Kanäle entstehen, erweisen sich die informalen Spielregeln als ebenso stabil und wirkungsmächtig wie die formalen Institutionen.[196] Die hier vorgestellten für die Erforschung der russischen Rechtswirklichkeit entwickelten Ansätze erweitern ihre Untersuchungsmethoden um Vergleiche mit Feldforschung vor Ort (Area Studies) und bieten dadurch Erklärungsmuster für das Verhalten von Amtsträgern in Institutionen. Mithilfe dieser neo-institutionalistischen Ansätze kann die Motivation für das Verhalten wichtiger Akteure erklärt werden, die Schlüsselentscheidungen für die russische Verfassungsentwicklung trafen.

3.2.2.1. Ansicht von Segbers

Segbers geht davon aus, dass die von Brüchen gekennzeichneten Transformationsprozesse in der RF durch gesellschaftliche Strukturen einer rechtlosen Gesellschaft unter willkürlich Herrschenden geprägt seien, deren Güterverteilung in sowjetischer Zeit nicht nur nach den offiziellen Wirtschaftsplänen verlief. Daneben habe es bereits in den 1980er Jahren „Märkte“ auch für Verhandlungen zwischen einzelnen Akteuren, auch mit der Bürokratie gegeben.[197] Auch in den letzen Jahrzehnten der UdSSR wurde Politik nicht nur in den offiziellen Partei- und Staatsstrukturen gestaltet, sondern in den inoffiziellen Beziehungen zwischen den Funktionären auf der zentralen Ebene und zwischen Zentrale und Peripherie. Diese Netzwerke, die mitunter auch als „Patron-Klienten-Beziehungen“ geschildert werden,[198] wirken auch in der RF fort. Dabei nahmen die Verflechtungen mit Wirtschaftsführern, so genannten „Oligarchen“, noch zu.

Arbeitspapiere des Bereichs Politik und Gesellschaft am Osteuropa-Institut der Freien Universität Berlin (11).

196 Steinsdorff, S. v. (2005). "Gute oder schlechte Informalität? Informelle Politik in West und Ost." Osteuropa (10): 5-15. S. 8.

197 Segbers, K. (1997). "Transformations in Russia: A neoinstitutionalist interpretation." Arbeitspapiere des Bereichs Politik und Gesellschaft am Osteuropa-Institut der Freien Universität Berlin (11). S. 13.

198 Vgl. Patron-Klienten-Beziehung bei *Blakkisrud*, S. 88.

3.2.2.2. *Ansicht von* Schwanitz

Schwanitz[199] weist darauf hin, dass es für wissenschaftliche Untersuchungen sinnvoll sei, nichtstaatliche Entscheidungsträger („Mafia“) wegen der Intransparenz aus der Analyse auszuschließen, weil keine verlässlichen Daten zu erlangen seien.[200] Die nichtstaatlichen Akteure seien vor allem über die Einflussnahme auf die staatlichen Entscheidungsträger in der Lage, ihre Konzepte durchzusetzen. Die formalen staatlichen Akteure fungierten als Schnittstellen zwischen den informalen Akteuren.

Schwanitz plädiert dafür, die offiziellen Akteure in den Blick zunehmen und sowohl die föderale, als auch die regionale Ebene zu betrachten.[201] Weiterhin müssten die Akteure der Exekutive betrachtet werden, die über eine funktionsfähige bürokratische Struktur verfügten. Denn diese könnten in der RF Politik gestalten, ohne einer parlamentarischen oder außerparlamentarischen Kontrolle unterworfen zu sein. Für die vorliegende Untersuchung ist der Gedanke, dass nur das Handeln der offiziellen politischen Akteure betrachtet werden kann, diese aber nicht frei von Interessen privater einflussreicher Akteure handeln, von Bedeutung. Nachfolgend ist in erster Linie das Normgefüge relevant, in zweiter Linie die praktische Anwendung der Normen.[202]

3.2.2.3. *Ansicht von* Schulze

Schulze konzentriert sich auf die Untersuchung von Institutionen. Auf der Grundlage des Konzepts eines sich rational verhaltenden *Homo Oeconomicus* wird davon ausgegangen, dass sich die Akteure bewusst um einen Wandel bzw. die Stabilisierung einer Institution bemühen. Ein tatsächlicher Wandel sei die Summe vieler individueller Entscheidungen, so dass zwischen Intention und Wirkung Unterschiede bestünden. Der Verlauf des Wandels sei abhängig von der Art der Institution. Bedingt durch geringere „Transaktionskosten“ für die Akteure besitzen die informalen Institutionen ein größeres Beharrungsvermögen. Wertvoll für die vorgelegte Arbeit ist die Erkenntnis, dass informale Regeln im Verlauf einer Krise sehr viel schneller als formale Regeln durch neue ersetzt werden können.

---

199 Schwanitz, S. (1997). "Transformationsforschung: Area Studies versus Politikwissenschaft? Plädoyer für einen akteurstheoretischen Ansatz." Arbeitspapiere des Bereichs Politik und Gesellschaft am Osteuropa-Institut der Freien Universität Berlin (3): 1-47.

200 Ebenda. S. 8

201 Ebenda. S. 33.

202 Was in der Grauzone des extralegalen Raumes geschieht, ist im Rahmen dieser Arbeit nicht darstellbar und auch allgemein wenig erforscht.

Schulze nimmt an, dass Institutionen eine „beeinflussende, stimulierende und beschränkende, nicht aber vollkommen bestimmende Wirkung auf das Handeln der Akteure haben, da der institutionelle Kontext und die individuelle Nutzenfunktion nicht identisch“ [203] seien. Er stellt dar, dass der Einfluss der Interessen relevanter Akteure auf die Funktionsweise einer Institution größer ist, als eine vorherig definierte Funktionsweise einer Institution das Handeln der Akteure beeinflussen könnte.[204] Starke Akteure prägen Institutionen mehr als sie selbst durch den rechtlichen und organisatorischen Rahmen ihrer Institution in ihrem Handeln geleitet werden. Diese Erkenntnis ist zielführend, wenn man den Einfluss etwa des Vorsitzenden des Föderationsrats, *Mironov*, auf die Funktionsweise der oberen Parlamentskammer betrachtet.[205]

3.2.3. Informale Theorie in der Rechtswissenschaft: Die Studie von Schulze-Fielitz

Schulze-Fielitz hat in seinem Werk „Der informale Verfassungsstaat“[206] den Standard für die Untersuchung informaler Praxen in der deutschen Rechtswissenschaft gesetzt, indem er 1984 informale Strukturen im deutschen Verfassungsrecht untersucht hat.

Dabei definiert er solche Regeln als informal,

- die nicht in Verfassungs- oder sonstigen Rechtstexten niedergelegt oder nicht selber geschrieben, aber von solchen Texten in Bezug genommen, also ungeschriebenes Recht[207] sind;
- einen informalen Charakter inne haben; es geht demnach um „regelmäßige Verhaltenserwartungen, die sich so verdichtet (institutionalisiert) haben, dass sie auch von Dritten erwartet werden.“ Hinzu zählt *Schul-*

---

203 Schulze, H. (1997). "Neo-Institutionalismus." Arbeitspapiere des Bereichs Politik und Gesellschaft am Osteuropa-Institut der Freien Universität Berlin (4): 26. S. 21.

204 Vielmehr werden individuelle oder korporative Akteure durch ihre Nutzenfunktion sowie die daraus entwickelte Präferenzordnung geleitet.

205 Bei der entscheidenden Debatte über das SubjOrgG plante der Vorsitzende des Föderationsrats, *Mironov*, dergestalt, dass nur 20 Minuten für die Diskussion blieben. Den Senatoren blieb nur wenig Zeit, sich über das für die föderalen Beziehungen und auch den Staatsaufbau so wichtige Gesetz auszutauschen. Hier war Mironovs Einfluss auf das Geschehen also größer als der von der GO-FR gesetzte rechtliche Rahmen.

206 Schulze-Fielitz, H. (1984). Der informale Verfassungsstaat. Aktuelle Beobachtungen des Verfassungslebens der Bundesrepublik Deutschland im Lichte der Verfassungs-theorie. Berlin.

207 Ebenda. S. 15.

ze-Fielitz auch „unabhängig von ihrer faktischen Erfüllung, also kontrafaktisch stabilisierte Verhaltenserwartungen".[208]

Er betrachtet nur solche Regelmäßigkeiten, die sich auch zur normativen Verhaltenserwartung verdichtet haben. Informale Regeln im Sinne *Schulze-Fielitz'* gehen über faktische Übungen der Staatspraxis hinaus. Die informalen Regeln sind mehr als Zweckmäßigkeitsüberlegungen: Etwas wird in bestimmter Weise praktiziert, weil irgendwann einmal so damit begonnen wurde, ohne dass es nicht auch anders gemacht werden könnte.[209]

Es muss sich um Regeln mit *Entscheidungsrelevanz* handeln, d. h. das Verhalten dritter Beteiligter wird von der Erwartung solcher Regelmäßigkeiten bestimmt, so dass mit ihnen bereits ein gewisser normativer Regelungsanspruch (es *soll* so sein) verbunden ist. Das können sowohl als Gebote formulierte Anforderungen als auch zweiseitig relativ bindende Absprachen vertragsähnlicher Art und einseitig selbst-bindende Verhaltensansprüche sein.

Schulze-Fielitz geht davon aus, dass „der Gewaltenteilungsgedanke als Zentralstück aller Regeln der Herrschaftsbalancierung personal durch eine wechselhafte, unstete Herausbildung informaler Inkompabilitäten" ergänzt werde.[210] Daneben bildeten sich informale Gewaltenteilungsregeln institutioneller Art bis zu Regeln amtsspezifischer Selbstbeschränkung bei der Amtsführung im Rahmen rechtlicher Kompetenzen (Fragen des „*self restraint*"). Weiterhin betrachtet er informale Verfassungsregeln als zweckmäßige Ergänzungen der prozeduralen Regeln des Staatsorganisationsrechts. Ihr nicht-rechtlicher Charakter verleihe informalen Verfassungsregeln spezifische Eigenschaften, Flexibilität und Elastizität, sie können ohne förmliche Verfahren durchbrochen werden.[211] Informale Verfassungsregeln hätten ihren Geltungsgrund darin, dass sie Ausdruck eines gemeinsamen (prozeduralen) Grundkonsenses sind. Sie wirkten durch Kompromissfindung auf eine Mäßigung der Staatsgewalt. Die Verfassung werde als Vertrag immer wieder aktualisiert[212]. Zudem stellt *Schulze-Fielitz* fest, informale Verfassungsregeln tendierten dazu, geschriebenes Verfassungsrecht zu umgehen. Diese informalen Verfassungsregeln

---

208 Ebenda. S. 16.

209 Ebenda. S. 17.

210 Ebenda. S. 161. Als Beispiele benennt er das Verbot bestimmter Beraterverträge für Mitglieder des Bundestags oder Maßstäbe für den Rücktritt von Ministern oder die besonderen partei-politischen Neutralitätspflichten bestimmter Amtsinhaber (etwa von Bundesverfassungsrichtern).

211 Statt der gerichtlichen Kontrolle wirke die Öffentlichkeit als Kontrollinstanz. Ebenda. S. 162.

212 Ebenda. S. 162.

drohten, die kompetenzgerechte Amtsausübung der öffentlichen Kontrolle zu entziehen, Verantwortungs- und Kompetenzzuweisungen zu unterlaufen, das Verfassungsverfahrensrecht zu Gunsten bloß ritueller Vollzugsakte von informalen Entscheidungen (z. B. der Parteiführungsgremien) abzuwerten, die Regeln der Gewaltenteilung informal zu überspielen und den Einfluss der politischen Parteien grenzenlos auszuweiten.

Schulze-Fielitz hat speziell informale Verhaltensformen im deutschen Verfassungsleben untersucht. Stillschweigend setzt er einen passabel funktionierenden Rechtsstaat voraus. Er untersuchte vor allem informale Beziehungen innerhalb des Bundestages und bei der Ernennung von Bundesverfassungsrichtern. Nachfolgend wird es darum gehen, seine Erkenntnisse für eine Untersuchung des russischen Verfassungslebens fruchtbar zu machen, in welchem ein anderes Verfassungsverständnis[213] und ein anderes Verhältnis zu geschriebenem Recht herrschen.

Was in einem politisch stabilen System wie der Bundesrepublik mit einem inzwischen seit fast sechzig Jahren[214] funktionierenden Rechtsstaat hinnehmbar ist, führt unter den Bedingungen der wesentlich kürzer bestehenden RF zu anderen Ergebnissen. Denn in der RF wird geschriebenes Recht als weniger verbindlich aufgefasst, wie *El'cins* Suspendierung des Verfassungsgerichts oder die Parlamentsauflösung exemplarisch zeigen, so dass sich *Schulze-Fielitz'* Modell des „self restraint" und der moralischen Gebote nicht hundertprozentig übertragen lassen. [215]

Für eine rechtliche Analyse der Ereignisse in Transformationsstaaten lässt sich *Schulze-Fielitz'* Modell einsetzen. Der Gedanke der Flexibilität und Elastizität ungeschriebener Verfassungsregeln ist gerade bei Transformations-

213 Was den Respekt vor dem geschriebenen Recht angeht, haben Akteure oft ein anderes Rechtsbewusstsein.

214 Zum Zeitpunkt der Untersuchung *Schulze-Fielitz'* seit gut 35 Jahren.

215 Hier sei nur auf den Versuch Valerij *Zor'kins*, des Präsidenten des VerfGRF, in einem Gespräch am Runden Tisch am 31. August 2006 verwiesen, die Ideologie der „souveränen Demokratie" mit folgenden Worten zu legitimieren: *Zorkin* stellte lapidar fest, dass Russland „kraft Verfassung ein demokratischer und souveräner Staat sei. Insofern sei die Demokratie souverän, und die Souveränität demokratisch." Vgl. Mommsen, M. (2006) Surkows „Souveräne Demokratie" – Formel für einen russischen Sonderweg? Russlandanalysen Nr. 114, S. 2-4, S. 3 http://www.laender-analysen.de/russland/pdf/Russlandanalysen114.pdf. Ein weiters Beispiel ist das Verhalten *Mironovs*. Bei der entscheidenden Debatte über das SubjOrgG plante der Vorsitzende des Föderationsrats, *Mironov*, dergestalt, dass nur 20 Minuten für die Diskussion blieben. Den Senatoren blieb nur wenig Zeit, sich über das für die föderalen Beziehungen und auch den Staatsaufbau so wichtige Gesetz auszutauschen.

staaten von Bedeutung, wo sich die neu gebildeten Verfassungsinstitutionen erst einspielen und ihre Mitglieder häufig neue demokratische Verfahrensregeln erproben müssen. Die Verfahrensregeln sollten bis zu einem gewissen Grad flexibel sein, damit sie geändert werden können, wenn sie sich als unpraktikabel erweisen.

Überdies würde der Gedanke der sich immer wieder als Vertrag aktualisierenden Verfassung von den russischen Anhängern des Vertragsföderalismus in den Regionen begrüßt, wenn sie mit dem Konzept von *Schulze-Fielitz* vertraut wären. Problematisch dabei ist jedoch, dass im russischen Verfassungsleben informale Beziehungen nicht als Aktualisierung und Bekräftigung von bestehenden Normen, sondern als Beziehungen jenseits von Rechtsnormen verstanden werden.[216] Dabei spielt der rituelle Aspekt im russischen Verfassungsleben wie auch vormals in der Sowjetunion eine große Rolle: Mit viel Pathos und Verweis auf die vaterländische Pflichten werden die Bürger zu den Parlaments- und Präsidentschaftswahlen aufgefordert. Mit dem Schlagwort der Stärkung der „Vertikale der Macht"[217] werden gleichzeitig an der Verfassung vorbei die Machtverteilung geändert, die Rechte der Subjektorgane eingeschränkt und die demokratischen Partizipationsmöglichkeiten verringert[218].

3.2.4. Definition von Informalität

Für die vorliegende Arbeit werden informale Regeln einerseits als ungeschriebenes Recht verstanden. Für ein weitergehendes Verständnis für das Verhalten von Akteuren[219] wird ein erweiterter Begriff von Informalität verwendet: Informal sind alle Handlungen zwischen Amtsträgern, die außerhalb der rechtlich geregelten Sphäre stattfinden und gegenseitigen Verhaltenserwartungen entsprechen.

---

216 Im Vergleich dazu scheinen sich deutsche Akteure eher gebunden zu fühlen. Es wird weniger deutlich kommuniziert, dass die wichtigen Entscheidungen für das Schicksal von Bundesländenr telefonisch mit der Parteifreundin im Bundeskanzleramt und damit jenseits des Bundesrats getroffen werden. Im Gegensatz vergleiche dazu Interview der Verfasserin mit *Abdrachmanov* am 24. Mai 2004, der betonte, in einem Telefonat des tatarischen Präsidenten *Šajmiev* mit dem damaligen Präsident *Putin* könnten die meisten Probleme geregelt werden.

217 Vgl. Die Definiton von *Mommsen*, S. 71.

218 So zum Beispiel das neue Wahlrecht aus dem Jahr 2007. Vgl. 6.1.3. Das Wahlrecht, S. 262 f.

219 Hiermit sind häufig der Föderationspräsident auf der föderalen Ebene, Subjektexekutivspitzen (Republikspräsidenten und Subjektgouverneure) auf Subjektebene gemeint.

Es sei an dieser Stelle betont, dass es sehr unterschiedliche Grade von Informalität geben kann: So wird es hier auch als ein Kennzeichen von Informalisierung betrachtet, wenn grundsätzliche Spielregeln von Verfassungsinstitutionen auf in der Normenhierarchie untergesetzlicher Ebene geregelt werden, um die notwendige Flexibilität zu erhalten.[220]

3.2.5. Die Studie von Blakkisrud

Als beispielhafte Untersuchung informaler Beziehungen zwischen den herrschenden Eliten in der Russischen Föderation kann die 2003 veröffentlichte Studie von *Steen* und *Gel'man*[221] gelten. In dieser beschäftigen sie sich als Herausgeber mit dem Zusammenhang zwischen russischen Eliten und der demokratischen Entwicklung.

Für die Verdeutlichung des Vorgenannten ist insbesondere der Beitrag von *Blakkisrud*[222] zum Aufstieg und Fall der Gouverneure in den Provinzen von Bedeutung. Er legt dar, dass 1999 vor *Putins* Machtantritt die Gouverneure als Machtfaktoren galten, die eine entscheidende Rolle bei der Kür des Nachfolgers von *El'cin* spielen sollten. Ein Jahr später, im Sommer 2000, war *Putin* Präsident und die Gouverneure lagen mit gebrochenem Rückgrat auf dem politischen Schlachtfeld.[223] Das Institut der Gouverneure existierte bereits im Zarenreich. *El'cin* suchte nach dem Putsch vom August 1991 die Unterstützung der regionalen Eliten, indem er eine Vertikale von hierarchisch strukturierten lokalen Machthabern, den Gouverneuren, per Dekret vom 22. August 1991 einführte. Das Dekret sah vor, dass der Präsident die Gouverneure in Absprache mit den regionalen Sowjets (Regionalparlamenten) ernannte. Das Präsidium des Obersten Sowjets rief am 6. September 1991 Wahlen aus. Nach den chaotischen Auseinandersetzungen bekam *El'cin* die Zustimmung des Obersten Sowjets zur Ernennung der Gouverneure durch

---

220 Ein erstes Beispiel hierfür ist die Regelung des Institutionenzusammenspiels von Staatsduma und Föderationsrat in Geschäftsordnungen. Dabei handelt es sich um Normen, die in Deutschland im Grundgesetz geregelt würden. Zwar sind Geschäftsordnungen grundsätzlich Rechtsakte und damit formelles Recht. Doch wiegen Normenverstöße auf unterverfassungsrechtlicher Ebene nicht so schwer. Ein weiteres Beispiel ist die Schaffung der föderalen Bezirke per Dekret durch Vladimir *Putin* und deren Nichtverankerung in der VerfRF. 4.5.2. Die Gründung der föderalen Bezirke und Schaffung der Präsidentenvertreter S. 169.

221 Steen, A. /Gel'man, V. [Hrsg.] (2003). Elites and democratic development in Russia. New York, NY.

222 Blakkisrud, H. (2003). The rise and fall of the Russian governor. Steen, A. / Gel'man, V. (Hrsg.) Elites and Democratic Development in Russia. New York, NY. **24:** 71-91.

223 Ebenda. S. 71.

den Präsidenten.[224] Nach seinem Staatsstreich[225] schaltete *El'cin* die Opposition im föderalen Parlament aus. Wichtige Wahlen wurden vertagt, auch regionale Wahlen konnten nur nach Zustimmung Moskaus durchgeführt werden, wie *El'cin* mit Dekret vom 3. Oktober 1994[226] festlegte.

Als Ergebnis des genannten Dekrets fanden zwischen 1993 und 1996 nur 16 regionale Wahlen für die Subjektparlamente und Republikspräsidenten statt.[227] Nach der Wiederwahl *El'cins* wurden 1996 Wahlen der Republikspräsidenten und Gouverneure in allen Subjekten durchgeführt.[228] Dieses direkte Wählermandat stärkte die Legitimation der Gouverneure. Bis 1996 hatten die Gouverneure gegenüber der Staatsduma ihre Stellung ausgebaut, indem sie die Kandidaturen für die Duma in ihren Regionen beeinflussten.[229] Diese Entwicklung setzte sich bis 1999 fort. Gleichzeitig konnten Gouverneure und Republikspräsidenten als Mitglieder des Föderationsrats persönliche Beziehungen zu den Funktionären in der Präsidialadministration und den Ministerien aufbauen. In der zweiten *El'cinschen* Amtszeit wurde die Stellung der Gouverneure durch die informale[230], aber offensichtliche strategische Partnerschaft mit dem Präsidenten verstärkt. Gegen Gesetzentwürfe der KPRF suchte *El'cin* den Schulterschluss mit den Gouverneuren im Föderationsrat.[231] 1999 hatten die Gouverneure die Macht in ihren Subjekten soweit konsolidiert, dass sie dem Kreml gewünschte Ergebnisse liefern konnten. Sie wurden von ihrem „Herrn" *El'cin* immer unabhängiger, dominierten den Föderationsrat, unterstützten eigene Kandidaten für die Staatsdumawahlen und rechneten sich einen gewissen Einfluss bei der Nachfolgerkür für *El'cin* aus.[232] Sie gründeten den „Rodina/Vsja Rossija-Block" (Heimat / Ganz Russland) für die Staatsdumawahlen, der aber gegen *El'cins* und *Putins* Partei „Edinaja Rossija" (Einiges Russland) mit nur 13,3 % zu 23 % verlor.

---

224 Ebenda. S. 72-73.

225 Vgl. oben 2.3. Die Übergangsphase - Der Föderationsvertrag von 1992 und die Verfassung von 1993, S. 41.

226 Dekret Nr. 1969 aus dem Jahr 1994.

227 Blakkisrud, H. (2003). The rise and fall of the Russian governor. Steen, A. / Gel'man, V. (Hrsg.) Elites and Democratic Development in Russia. New York, NY. **24:** 71-91. S. 73.

228 Ebenda. S. 74.

229 Ebenda. S. 75.

230 Also außerhalb der offiziellen Verfahren etablierte Partnerschaft.

231 Blakkisrud, H. (2003). The rise and fall of the Russian governor. Steen, A. / Gel'man, V. (Hrsg.) Elites and Democratic Development in Russia. New York, NY. **24:** 71-91. S. 75.

232 Ebenda. S. 75.

Einen weiteren Schlag erlitten sie mit *El'cins* Rücktritt am 31. Dezember 1999 und *Putins* Übernahme des Präsidentenamts am 1. Januar 2000, der für sie überraschend kam. *Putin* attackierte die Macht der Gouverneure sofort. Zunächst reorganisierte er den Kremlapparat.[233] Nur eine Woche nach seiner Amtseinführung stärkte er massiv die Stellung der „Präsidentenvertreter"[234] (*polnomočenye predstaviteli*).[235]

Am 17. Mai 2000 kündigte *Putin* in einer Fernsehansprache ein Paket mit föderalen Reformen an. Das Paket passierte die Staatsduma, die den Präsidenten zum ersten Mal seit 1993 unterstützte, problemlos. Die Staatsduma überstimmte auch das Veto des Föderationsrats[236] und der Präsident unterzeichnete das Paket. Die Staatsduma beschloss auch das neue BestellG[237]. Die Mehrheit der Senatoren fügten sich am 26. Juli 2000. 119 gegen 18 Senatoren votierten gegen ihre automatische Mitgliedschaft im Föderationsrat als Subjektexekutivspitzen (sog. ex-officio Lösung) und gaben damit gleichzeitig ihre Immunität auf, in der Hoffnung, ihre Loyalität gegenüber dem neuen Machthaber im Kreml zu zeigen und dadurch ihre Posten als Gouverneure behalten zu können.[238] Unter der Losung der „Diktatur des Rechts" versetzte *Putin* den Gouverneuren einen weiteren Schlag, indem er die Präsidentenvertreter beauftragte, die Rechtsakte der Subjekte auf Verstöße gegen föderales Recht zu überprüfen. Die Subjektorgane mussten bis zum Oktober 2001 die notwendigen Änderungen vornehmen[239], sonst drohte ihnen die Abberufung bzw. Auflösung nach den Regelungen des SubjOrgG.[240]

Neben den rechtlichen untersucht *Blakkisrud* auch die informalen Aspekte. Er betrachtet den Fall der Gouverneure als einen Zusammenbruch der Patron-

233 Ebenda. S. 76.

234 Präsidentenstellvertreter nach Art. 83 lit. k sind Gesandte des Präsidenten in den Regionen. Präsidentenvertreter gab es auch schon unter *El'cin*. Eine herausragende Stellung nehmen sie jedoch erst seit *Putins* Amtsübernahme ein.

235 Vgl. 4.5.3. Die Aufgaben und Funktionen der Präsidentenvertreter, S. 172 ff.

236 Die Senatoren sträubten sich. Ihre 80 Änderungsanträge wurden von der Staatsduma zurückgewiesen. Ein Vermittlungsausschuss wurde einberufen. Das Veto der Senatoren wäre überstimmt worden. So stimmten sie dem Gesetz „Über die Besetzungsanordnung des Föderationsrats des Föderalversammlung der Russischen Föderation" am 26. Juli 2000 zu. S. 280 f.

237 Hier ist vom Gesetz zur Bestellung der Mitglieder des Föderationstrats die Rede.

238 Blakkisrud, H. (2003). The rise and fall of the Russian governor. Steen, A. / Gel'man, V. (Hrsg.) Elites and Democratic Development in Russia. New York, NY. **24:** 71-91. S. 76-77.

239 Zu diesem Zeitpunkt widersprachen ca. 20 % ihrer Rechtsakte dem föderalen Recht.

240 Vgl. 4.2.6. Das institutionelle Verhältnis von Präsident und Subjekten S. 124 f.

Klienten-Beziehung.[241] Das dysfunktionale institutionelle Gefüge bezeichnet er als Ergebnis eines Aushandlungsprozesses der Jahre 1992/1993 zwischen dem föderalen Zentrum und den regionalen Eliten. Obwohl personelle Netzwerke und Geheimpolitik auch in der Sowjetzeit nicht unbekannt waren[242], so stärkte *Blakkisrud* zufolge *El'cins* Neigung zur Pflege persönlicher Verbindungen und Abhängigkeiten auf Kosten der Institutionen auf bisher nicht bekannte Weise. Hinzu kam der Pragmatismus der Kremladministration: Solange wenigstens Loyalität zu erwarten war, wurden demokratische Überzeugungen bei der Berufung von Gouverneuren hintan gestellt.[243] Unter den von *El'cin* 1991 ernannten Gouverneuren befanden sich 29 ehemalige regionale Parteiführer.[244] Die Subjektexekutivspitzen saugten so viele Befugnisse wie möglich auf, ohne sie an die Kommunen weiterzuleiten. Deshalb erschienen die Gouverneure Ende der neunziger Jahre als omnipotent in ihren Regionen. Allerdings waren die Gouverneure auf der föderalen Ebene schlecht untereinander vernetzt. Da sie als Klienten stark von ihrem Patron *El'cin* abhingen, gelang es ihnen oft nicht, eigene konsolidierte regionale Eliten aufzubauen.[245] Diese Abhängigkeiten hatten einerseits zur Folge, dass die Spannungen zwischen Präsident und Regionen sich verringerten. Gerade die Intransparenz der föderalen Finanzbeziehungen führte zu Lobbyismus und der weiteren Entwicklung von Abhängigkeiten.[246] Die Gouverneure und Republikspräsidenten, von denen 36 von 70 zwischen 1995 und 1997 wiedergewählt wurden, versuchten sich ihren Wählern gegenüber vor allem als gute Manager mit hervorragenden Beziehungen zur Moskauer Exekutive darzustellen.[247] Andererseits führte diese Entwicklung dazu, dass die Gouverneure von *El'cin* persönlich immer abhängiger wurden. Obgleich sie die Macht in ihrem Subjekt konsolidiert hatten, hing viel von ihren informalen „Deals" mit *El'cin* ab. Dies schwächte formelle demokratische Institutionen.

Mit dieser Studie von *Blakkisrud* kann vor allem das Abstimmungsverhalten der Senatoren im Föderationsrat bei der Änderung ihres eigenen Bestellmo-

---

Blakkisrud, H. (2003). The rise and fall of the Russian governor. Steen, A. / Gel'man, V. (Hrsg.) Elites and Democratic Development in Russia. New York, NY. **24:** 71-91. S. 82 ff.

242 Vgl. 3.2.2.1. Ansicht von *Segbers* S. 80.

243 Blakkisrud, H. (2003). The rise and fall of the Russian governor. Steen, A. / Gel'man, V. (Hrsg.) Elites and Democratic Development in Russia. New York, NY. **24:** 71-91. S. 83.

244 Ebenda. S. 83.

245 Ebenda. S. 84.

246 Ebenda. S. 85.

247 Ebenda. S. 84.

dus erklärt werden. Weiterhin wird die Motivation *Putins* zur Stärkung der Rolle der Präsidentenvertreter deutlich. *Putin* war bereit und mutig genug, die Funktion des Verfassungsorgans Föderationsrat zu schwächen bzw. sogar zu schädigen und seine Machtbasis zu erweitern, ohne die Absprachen der *El'cin*-Ära fortzusetzen und damit auf die Unterstützung der Subjektexekutivspitzen zu verzichten. Der Respekt *Putins* und der Staatsdumaabgeordneten vor Verfassungsinstitutionen war zweitrangig und die Macht der regionalen Spitzenpolitiker konnte so ohne Verfassungsänderung radikal beschnitten werden.[248] Noch dramatischer war die Lage für die Republikspräsidenten, die von Anbeginn an direkt gewählt worden waren und mit der Änderung des SubjOrgG 2004 auf Vorschlag des Präsidenten von den Subjektparlamenten gewählt wurden.[249] Dies ist eine grundlegende Änderung des Staatsorganisationsrechts, deren Verfassungsmäßigkeit vom VerfRF bestätigt wurde.[250]

3.3. Theorien zur „Rule of Law"

Das Prinzip der „Rule of Law" hat keine allgemein verbindliche Definition und wird in verschiedenen Rechtstraditionen unterschiedlich verwendet. Vorliegend wird kein ausdrücklicher Bezug zur Jahrhunderte alten anglo-amerikanischen Tradition oder den theoretischen Hintergrund hergestellt, der sich bis zu den Arbeiten von *Weber*, *Kelsen* und *Dworkin* zurückverfolgen lässt. Vielmehr geht es darum, eine eigene Arbeitsversion zu entwickeln, mit der sich sowohl Institutionen, als auch Rechtsnormen erfassen und bewerten lassen.

---

248 *Blankenagel* weist in diesem Zusammenhang darauf hin, dass die VerfRF stark auf die Person und die Wünsche *Jelzins* zugeschnitten worden ist. Er spricht von einer „Made-To-Fit Constitution". Die Hürden für eine Verfassungsänderung sind zum Schutz des Präsidentenamts so hoch, dass eine Verfassungsänderung sehr schwierig ist. Blankenagel, A. (1999). "About a Made-To-Fit Constitution and an Unfit President in Times of Transformation and Crisis. The Distribution of Power in the Constitution of the Russian Federation." Diritto Pubblico (2): 327-370. S. 364.

249 Vgl. 4.2.6.2.1 Kandidatenvorschlag für die Subjektexekutivspitze nach Art. 18 SubjOrgG S. 131 ff.

250 Das VerfRF hat in der sog. „Gouverneursentscheidung" das mit dem SubjOrgG eingeführte Verfahren, wonach der Föderationspräsident den Subjektparlamenten einen Kandidaten für das Amt des Gouverneurs oder Republikspräsidenten vorschlagen und bei dreimaliger Ablehnung das Subjektparlament entlassen kann, für verfassungsgemäß befunden. Zur Entscheidung und der daran geäußerten Kritik vgl. 8.5.9. Die Gouverneursentscheidung S. 373 ff.

Dworkin sieht die grundsätzliche Bedeutung der „Rule of Law" im Schutz persönlicher Freiheit.[251] Ein essentieller Bestandteil aller Konzepte ist die Bindung der Exekutive an geltendes Recht und die Begrenzung des exekutiven Handelns hierdurch. Zwischenzeitlich sind verschiedene Modelle entwickelt worden, um den Zustand der „Rule of Law" in einzelnen Ländern zu messen. Das bekannteste ist dasjenige der Weltbank[252]. Auch die amerikanische Anwaltskammer entwickelt ein eigenes Modell[253].

Nachfolgend wird auf ein Modell[254], das die *Konrad-Adenauer-Stiftung* entwickelt hat, zurückgegriffen, weil es einen kurzen, aber tiefgründigen Überblick über die Entwicklungen in Russland bietet und sich damit als Ausgangspunkt für die Entwicklung eines eigenen Modells anbietet. Für die Wahl des Modells war die Überlegung entscheidend, dass die Grundprinzipien der „Rule of Law" nur in Rechtssystemen anwendbar sind, die kontinuierlich funktionierten. Denn ein System der „Rule of Law" in der angloamerikanischen Rechtstradition setzt voraus, dass rechtswidrige Freiheitseinschränkungen des Staats von den Bürgern gerichtlich angegriffen werden können.[255] Die *Konrad-Adenauer-Stiftung* untersuchte mit ihrem Modell mehrere Transformationsstaaten unter Beachtung der in der Transformationstheorie entwickelten Erkenntnisse, darunter auch die Russische Föderation. Deshalb erscheint die Verwendung als sinnvoller Ausgangspunkt für die später vorgenommenen Modifikationen.[256]

In der Studie der *Konrad-Adenauer-Stiftung*[257] werden die folgenden Kriterien für die Untersuchung des Verfassungsrechts aufgestellt:

- Verfassung: Institutionelle Strukturen der Gleichgewichte der Gewalten und Grundrechtsschutz im Verfassungsrecht und der Praxis;
- Gesetzgebung: Bedingungen der Rechtsetzung;

---

251 Dworkin, R. (1977). Taking rights seriously. Cambridge, Mass, Harvard University Press.

252 Vergleiche die ausführliche Darstellung der Weltbank auf: http://web.worldbank.org/WBSITE/EXTERNAL/TOPICS/EXTLAWJUSTINST/0,,contentMDK:20934363~menuPK:1989584~pagePK:210058~piPK:210062~theSitePK:1974062,00.html#rule_of_law

253 http://www.abanet.org/rol/

254 Grabow, K., Hrsg. (2006). Rule of Law, The KAF Democracy Report. Berlin. S. 14 f.

255 Möllers, C. (2007). Rechtsstaat und Demokratie als Problem der Rechtsvergleichung. Vortrag im Graduiertenkolleg "Verfassung jenseits des Staates" am 17. Januar 2007. Berlin.

256 Vgl. 3.7.2. Differenzierung zwischen Rechtsnormen und Institutionen S. 105 ff.

257 Grabow, K., Hrsg. (2006). Rule of Law, The KAF Democracy Report. Berlin.

- Gerichtsbarkeit: Rechenschaftspflichtigkeit der Regierung vor Gericht, Prinzip des *fair trial* und der Unvoreingenommenheit der Rechtsprechung;
- Richterliche Unabhängigkeit: Staatliche und nichtstaatliche Bedrohungen von Gerichten und Geschworenen;
- Strafrechtspflege: Keine ungleiche Vollstreckung und Menschenrechtsverletzungen;
- Keine Korruption im Rechtsvollzug und der Richterschaft: Korruption und ihre Ursachen sowie staatliche Maßnahmen ihrer Begrenzung;
- Öffentliche Verwaltung: Rechtsstaatlichkeit öffentlicher Verwaltung und Möglichkeit von Widersprüchen gegen rechtswidrige staatliche Akte.

Die bedeutendsten Konzepte der „Rule of Law“ sind von verschiedenen Gesichtspunkten her kritisiert worden. Eine für das Thema entscheidende Kritik ist, dass die Rolle der Eliten im scheinbar objektiven Modell nicht abgebildet bzw. vernachlässigt wird. Darüber hinaus wird dem System der „Rule of Law““ vorgeworfen, eine neue herrschende Elite herzustellen, die die Möglichkeit hat, durch Rechtsnormen zu manipulieren.[258]

3.4. *Steinsdorffs* Konzept der Legitimität

Steinsdorff zeigt Schwächen der herkömmlichen informalen Theorie in Bezug auf die Transformationsstaaten Ost- und Ostmitteleuropas auf.[259] Sie zeigt, dass die übliche Unterteilung in funktionale und dysfunktionale Praktiken nicht weiterhilft, weil ihnen als Maßstab ein Verständnis von liberaler, rechtsstaatlicher Demokratie zu Grunde liegt, der für den Übergang in den Transformationsstaaten nur bedingt tauglich ist, weil die Unterschiede überwiegen. Alle postsozialistischen Gesellschaften teilten ein tiefes Misstrauen gegenüber den offiziellen Ausprägungen staatlicher Autorität, das sich aus den negativen Erfahrungen mit den Fassaden-Institutionen der Sowjetzeit speist.[260] *Steinsdorff* weist auf weitere Besonderheiten hin: In staatlichen Behörden, die teilweise offen korrupt sind, dienen informale Praktiken in erster Linie dazu, den Fortbestand der chronisch unterfinanzierten formalen Instanzen zu ermöglichen. Zumindest in diesem Fall erweisen sich die informalen Strategien

---

258 Horwitz, Morton J. (1977) "The Rule of Law: An Unqualified Human Good?" Yale Law Journal (86) S. 561, 565.

259 Steinsdorff, S. v. (2005). "Gute oder schlechte Informalität? Informelle Politik in West und Ost." Osteuropa (10): 5-15.

260 Ebenda. S. 11f.

der Akteure (Bürger zahlen Bestechungsgelder, damit die bestochene Behörde weiter existieren kann) nicht ausschließlich als dysfunktional. Aus der subjektiven Sicht der Beteiligten sollen die informalen Praktiken vielmehr zur Stärkung und Stabilisierung der staatlichen Behörden beitragen. Deshalb sei es fragwürdig, abstrakte Kriterien rechtstaatlicher Demokratie als Maßstab zu nehmen, um die vielfältigen Formen und Funktionen von Informalität in den Transformationsstaaten Ost(mittel)europas zu typologisieren.[261]

Dagegen entwickelt *Steinsdorff* ein Konzept von Legitimität als Maßstab. In ihrem Modell umfasst die Legitimität politischen Handelns zwei Dimensionen: Der Verfahrenslegitimität (Input-Legitimität) steht die Legitimität des politischen Ergebnisses (Output-Legitimität) gegenüber. Der Verlässlichkeit persönlicher Loyalitäts- und Vertrauensbeziehungen kommt dieselbe Bedeutung für die Input-Legitimität zu wie die Einhaltung formaler Normen und Regeln im demokratischen Rechtsstaat. Es liege auf der Hand, dass beispielsweise die in Osteuropa so weit verbreiteten klientelistischen Patronage-Beziehungen unter diesen Voraussetzungen keineswegs automatisch zu den dysfunktionalen Typen von Institutionen gezählt werden können.

Die Frage nach der Legitimität informaler Strukturen relativiert die normative Gegenüberstellung von „guter", d. h. demokratietheoretisch funktionaler sowie dysfunktionaler und somit „schlechter" Informalität noch in einer weiteren Hinsicht. Legitimität sei kein absoluter Wert, sondern vielmehr eine abhängige Größe, die sich nur aus den subjektiven Empfindungen der Bevölkerung ableiten lasse. „Entscheidend ist der Legitimitätsglaube bzw. die Legitimitätsüberzeugung der Mehrheit. Solange die Bürger die bestehende Ordnung als rechtmäßig anerkennen, ist sie auch legitim – und zwar unabhängig von jeglichen normativen Idealvorstellungen. Der entscheidende Maßstab zur Bewertung von Legitimität sei allein das Ausmaß an Unterstützung, das die – formalen wie informalen – Institutionen durch die Bevölkerung erführen."[262] In Übergangsgesellschaften ist die Output-Dimension von Legitimität (Effizienz) wesentlich wichtiger als die Verfahrenslegitimität. Die höhere Effizienz informaler Strukturen in den Transformationsstaaten Ostmittel- und Osteuropas bietet eine plausible Erklärung, die ohne normative Gegenüberstellungen von „schlechter" und „guter" Informalität auskomme.[263]

Steindorffs Kritik an zu „idealistischen" Vorstellungen der Informalität und ihre Bedenken hinsichtlich der Unterscheidung zwischen „guter" und „schlechter"

261 Ebenda. S. 13.
262 Ebenda. S. 14.

sowie „funktionaler“ und „dysfunktionaler“ Informalität ist grundsätzlich nachvollziehbar. Dennoch ist auch ihr Konzept der Legitimität kritikwürdig. Ohne Anknüpfung an universell vorab gesetzte Rechtsnormen, wie sie das Prinzip der „Rule of Law“ und auch die Menschenrechtskataloge und das Staatsorganisationsrecht von Verfassungen vorsehen, könnte man gleichfalls den Rassismus in der russischen Gesellschaft begründen, etwa gegen Staatsbürger aus dem Kaukasus, die von russischen Neonazis oder „Hooligans“ verfolgt werden, auch wenn es keine staatliche Politik ist. Mit einer Anknüpfung an den Legitimationsglauben drohen wichtige und einklagbare rechtliche Standards sowie staatliche Schutzpflichten verloren zu gehen. Deshalb und wegen der leichter überprüfbaren Einhaltung rechtlicher Regelungen gegenüber schwerer beurteilbaren Kategorien wie der „Output“-Legitimität wird vorliegend das Konzept der „Rule of Law“ und nicht jenes der Legitimität verfolgt.

3.5. Studien zur „Rule of Law“ in der Russischen Föderation

3.5.1. Die Studie von Mommsen *und* Nußberger

Mommsen und *Nußberger* betonen in ihrer Studie[264], der ‚Rechtsnihilismus‘ habe in Russland eine lange Tradition. Recht und Gerechtigkeit hätten nichts miteinander zu tun. Was in den Gesetzen geschrieben sei, brauche nicht befolgt zu werden, es sei denn, man werde mit physischer Gewalt dazu gezwungen. Rechtsnihilismus[265] und ein „tief verwurzeltes Misstrauen“ gegen die Gerichte seien in Russland kulturprägend.[266] Hinzu komme eine politische Kultur des Obrigkeitsstaats.

3.5.2. Die Studie von Galligan *und* Kurkchiyan

Eine britische Untersuchung aus dem Jahr 2003 beschäftigte sich ausführlich mit dem Verhältnis der Russen zur „Rule of Law“. *Galligan*[267] geht davon aus, dass viel neues Recht gesetzt wurde, es allerdings in der Praxis nicht respektiert, sondern missachtet werde und von begrenztem Nutzen für die Re-

---

263 Ebenda. S. 15.
264 Mommsen, M. / Nußberger, A. (2007). Das System Putin. München. S.15 f.
265 Als einen bedeutenden Vertreter dieser Strömung benennt sie Lev *Tolstoj*.
266 Mommsen, M. / Nußberger, A. (2007). Das System Putin. München. S. 16.
267 Galligan, D. J. / Kurkchiyan, M. [Hrsg.] (2003). Law and Informal Practices. Oxford. S. 1.

gulierung von sozialen Beziehungen sei[268]. Dabei haben empirische Analysen ergeben, dass der generelle Zugang der Russen zum Recht sich nicht von demjenigen in anderen Ländern unterscheidet.[269] Nach *Galligan* hat modernes Recht zwei Funktionen: Einerseits als ein ausschließlich staatliches Mittel, um soziale Ziele zu erreichen, andererseits die Notwendigkeit eines Rahmens, in welchem bestimmte soziale Bedürfnisse erfüllt und soziale Funktionen ausgeführt werden können.[270]

Für ihn stellt sich die Frage so: Wenn Recht für *social engineering* benutzt wird, wie es bei der Transformation der Fall war, kann es dann erfolgreich die Normen und informalen Praxen ersetzen, die zuvor in der Gesellschaft bestanden? Die Antwort in der RF muss negativ ausfallen, weil, wie auch die Untersuchungen der Dissertation zeigen, die informalen Praxen sich fortsetzen. Rechtsetzung kann scheitern, weil mit ihr falsche oder zu weit gehende Ziele verfolgt werden. *Dahan* zeigt, dass das Insolvenzgesetzbuch in der RF scheiterte, weil die Regierung es für andere Zwecke als wirtschaftliche Belange benutzte.[271] Ein Problem ist generell, dass soziale Normen mitunter ein anderes Verhalten als das positive Recht verlangen.[272]

Kurkchiyan argumentiert, dass in der russischen Gesellschaft eine tiefe Skepsis gegenüber dem Recht in negative Mythen über Recht allgemein eingebettet werde und dazu führe, dass die ursprüngliche Skepsis verstärkt wird und die Rolle von sozialen Normen gegenüber dem Recht verstärkt werde.[273]

Galligan definiert soziale Normen als ein System von Regeln, Prinzipien und Überzeugungen, die eher aus einer sozialen Praxis heraus entstehen als auf einer staatlichen Normsetzung beruhen.

---

268 Galligan, D. J. (2003). Legal failure: Law and Social Norms in Post-Communist Europe. Galligan, D. J. / Kurkchiyan, M. (Hrsg.) Law and Informal Practices. Oxford: 1-23. S. 2.

269 Kurkchiyan, M. (2003). The Illegitimacy of Law in Post-Soviet Societies. Galligan, D. J. / Kurkchiyan, M. (Hrsg.) Law and Informal Practices. Oxford: 25-46.

270 Ebenda. S. 2.

271 Dahan, F. Ebenda. Hope and Bitterness in the Reform of Russian Bankruptcy Law. Galligan, D. J. / Kurkchiyan, M. (Hrsg.). Law and Informal Practices. Oxford: 135-150. S. 149.

272 Ebenda. Galligan, D. J. (2003). Legal failure: Law and Social Norms in Post-Communist Europe. Galligan, D. J. / Kurkchiyan, M. (Hrsg.). Law and Informal Practices. Oxford: 1-23. S. 4.

273 Kurkchiyan, M. (2003). The Illegitimacy of Law in Post-Soviet Societies. Galligan, D. J. / Kurkchiyan, M. (Hrsg.) Law and Informal Practices. Oxford: 25-46. S. 30 f.

Soziale Normen werden von deren Anwendern charakteristischerweise als bindend und effizient in der Regulierung von Verhalten anerkannt.[274] Informale Regeln[275] können dort entstehen, wo staatlich gesetztes Recht notwendige Bereiche nicht oder ungenügend regelt oder wo staatlich gesetztes Recht für die Normadressaten inakzeptabel sind.[276] Soziale Normen müssen aber auch für die sie Anwendenden nicht immer praktisch sein. *Khurkchiyan* etwa zeigt, dass postsowjetische Russen wenig Respekt für positives Recht haben und ihre sozialen Beziehungen nach informalen sozialen Regeln einrichten. Jedoch reflektieren diese sozialen Normen mitunter nicht ihre ethischen Werte.[277] Es handelt sich vielmehr um die Folgen der Notwendigkeit des Überlebens und Funktionierens in einem sozialen Umfeld, das von der sowjetischen Rechtlichkeit und Rechtsvorstellungen geprägt ist. In der russischen Geschichte wurde Recht immer als etwas Externes wahrgenommen, was mit Gewalt oder zumindest mit der Drohung mit Gewalt durchgesetzt wurde.[278]

Shterin zeigt, wie in Russland ein liberales Gesetz über Religion an althergebrachten gesellschaftlichen Vorstellungen über die Rolle der Religion in der russischen Gesellschaft scheiterte.[279] Seine Studie hebt hervor, dass das Gesetz nicht ignoriert wird. Aber diejenigen, die es anwenden, finden ihren Weg, es zu umgehen oder es im Rahmen der geltenden Vorstellungen so auszulegen, dass die Wirkung des Gesetzes reduziert wird.

MacFarlane legt das fehlende Vertrauen zwischen den Sowjetbürgern, den Mangel an zivilgesellschaftlichen Traditionen, demokratischen Regierungen und richterlicher Unabhängigkeit sowie der Destruktivität des sowjetischen

---

274 Galligan, D. J. Ebenda. Legal failure: Law and Social Norms in Post-Communist Europe. Galligan, D. J. / Kurkchiyan, M. (Hrsg.) Law and Informal Practices. Oxford: 1-23. S. 5

275 Im Gebrauch der Studie entsprechen sie der obigen Definition von Informalität als nicht nur flüchtiger Regeln.

276 Galligan, D. J. (2003). Legal failure: Law and Social Norms in Post-Communist Europe. Galligan, D. J. / Kurkchiyan, M. (Hrsg.) Law and Informal Practices. Oxford: 1-23. S. 6.

277 Ein Beispiel hierfür könnte der zu Sowjetzeiten existierende Schwarzmarkthandel und das damit verbundene System des *blat* sein, wie Orlando *Figes* es beschreibt. Figes, O. (2007). The Whisperers. Private Life in Stalin's Russia. London. S. 172 ff.

278 Galligan, D. J. (2003). Legal failure: Law and Social Norms in Post-Communist Europe. Galligan, D. J. / Kurkchiyan, M. (Hrsg.) Law and Informal Practices. Oxford: 1-23. S. 7.

279 Shterin, M. Legislating on Religion in the Face of Uncertainty. Galligan, D. J. / Kurkchiyan, M. (Hrsg.) Law and Informal Practices. Oxford: 113-134. S. 113 ff.

Rechtssystems dar.[280] Das existierende Recht konnte jedoch auch in der UdSSR nicht ignoriert werden, man umging es. Viele soziale Güter konnten nur aufgrund Gesetzes und mithilfe staatlicher Stellen erworben werden. Hinzu kam eine Verhandelbarkeit des Rechts. Die Bereitschaft hierzu von staatlicher Seite führte zu einem bedeutenden Grad an Korruption. Recht wurde zur Machtausübung, jedoch ohne innere Überzeugung oder ethische Integrität ausgeübt.[281] Als eine sowjetische Hinterlassenschaft bezeichnet *Butler* die russische Rechtswissenschaft, die es vorziehen würde „in der besten aller Welten, ein harmonisches, symmetrisches Rechtssystem zu haben, das auf allen Rechtsgebieten bis zum Ultimativen perfektioniert" werde.[282]

Galligan stellt dar, dass für *Weber* und *Hart* generelle Regeln wichtig gewesen seien. Regeln erzeugten Erwartungen, und ermöglichten es Bürgern, durch ihr Verhalten ihre Angelegenheiten mit Vertrauen und in Sicherheit zu regeln. Sie helfen, das Verhalten von staatlichen Angestellten zu leiten und stellen die Grundlage dar, um diese zur Verantwortung zu ziehen.[283] Die Abwesenheit dieser Regeln führe zu Willkür, wo Handlungen variabel und unvorhersehbar würden. Bürger erkennen, ob Regierungsstellen ihre Erwartungen und Nöte ernst nehmen. Tun sie dies, kann dies eine positive Beziehung der Bürger zum Recht herbeiführen. Dagegen nehmen Bürger in postsowjetischen Ländern oft an, dass rechtliche Institutionen weder für Gerechtigkeit noch zumindest für eine unparteiische Streitschlichtung sorgen können. Recht wird als eine Formalität angesehen. Es wird wahrgenommen, dass Recht eher privaten Interessen als der Allgemeinheit dient. Zudem würden „Recht" und „Moral" als verschiedene geistige Kategorien aufgefasst.[284]

---

280 MacFarlane, N. S. (2003). Politics and the Rule of Law in the Commonwealth of Independent States. Galligan, D. J. / Kurkchiyan, M. (Hrsg.) Law and Informal Practices. Oxford: 61-76. Shterin, M. (2003). Legislating on Religion in the Face of Uncertainty. Galligan, D. J. / Kurkchiyan, M. (Hrsg.) Law and Informal Practices. Oxford: 113-134.

281 Galligan, D. J. (2003). Legal failure: Law and Social Norms in Post-Communist Europe. Galligan, D. J. / Kurkchiyan, M. (Hrsg.) Law and Informal Practices. Oxford: 1-23. S. 7.

282 Butler, W. E. (2003) *Jus* and *Lex* in Russian law: A Discussion Agenda. Galligan, D. J. / Kurkchiyan, M. (Hrsg.) Law and Informal Practices. Oxford: 47-60. S. 59.

283 Galligan, D. J. Ebenda. Legal failure: Law and Social Norms in Post-Communist Europe: 1-23. S. 9.

284 Kurkchiyan, M. Ebenda. The Illegitimacy of Law in Post-Soviet Societies. Galligan, D. J. / Kurkchiyan, M. (Hrsg.). Law and Informal Practices. Oxford: 25-46. S. 43 ff.

Kurkchiyan bietet eine überzeugende psychologische Hypothese für das Misstrauen in das Recht und staatliche Institutionen allgemein.[285] Das Rechtsverständnis reflektiert sowjetische Lebenserfahrung. Es gab zwei widersprüchliche Welten, die beziehungslos nebeneinander existierten: Auf der einen Seite gab es ein offizielles Leben mit offizieller Ideologie und rituellen und pompösen Demonstrationen der Staatsmacht, riesigen Gebäude und Denkmälern, spektakuläre Militärparaden und Sportereignissen. Dies wurde alles von einer bedeutungslosen Sprache in den Medien, bei öffentlichen Ansprachen und in offiziellen Dokumenten begleitet.[286] Auf der anderen Seite gab es das informale Leben. Es wurde von Desillusion über die offizielle Ideologie und Zynismus gegenüber der KPdSU sowie einen gesunden Sinn für die Qualität der staatlichen Versorgung und Leistungen bestimmt. Die Leute wussten, dass sie nicht allein auf die staatliche Planwirtschaft vertrauen konnten, um voran zu kommen.[287] Es existierte keine klassische Zivilgesellschaft westlichen Typs. Dafür gab es ein soziales System von informalen Netzwerken und pragmatischer Problemlösung, das alle, auch staatliche Angestellte, praktizierten. Verschiedene Rollen wurden gleichzeitig von denselben Personen gespielt. Viele Sowjetbürger fühlten, dass das formelle Leben sie nicht betraf. In diesem doppelten Rahmen gehörten die staatlichen Institutionen zu der formalen Ebene, die mit dem ‚wirklichen Leben' nichts zu tun hatte.[288] Allgemein symbolisiert in den postsowjetischen Ländern Recht nicht Moral, Ehrlichkeit oder Gerechtigkeit. Es wird eher als taktisches Spiel verstanden, das Qualitäten im Manövrieren, Lobbying und Einflussnahme voraussetzt.[289] Ethisches Verhalten ist genauso wichtig wie in westlichen Ländern, es hat nur nichts mit (gesetztem) Recht zu tun. Gerechtigkeit wird eher utilitär verstanden. Wichtiger ist das Endergebnis eines Rechtsprozesses[290], die rechtliche Prozedur ist von minderer Bedeutung.

---

285 Der Verfasserin ist dabei bewusst, dass auch in westlichen Ländern ein Misstrauen gegenüber staatlichen Institutionen besteht. Es kommt hier vor allem auf die Spezifika für das postsowjetische Russland an.

286 Auch *Blankenagel* weist darauf hin, dass das hoch symbolische Verhalten von niemandem ernst genommen wurde. Blankenagel, A. (2000). "Legal Reforms in Russia: Visible Steps, Obvious Gaps, And an Invisible Hand?" Journal of Institutional and Theoretical Economics **156** (1): 99-119. S. 117.

287 Kurkchiyan, M. (2003). The Illegitimacy of Law in Post-Soviet Societies. Galligan, D. J. / Kurkchiyan, M. (Hrsg.) Law and Informal Practices. Oxford: 25-46. S. 37.

288 Ebenda. S. 35.

289 Ebenda. S. 44.

290 Dies geht in Richtung von *Steindorffs* Konzept der Output-Legitimität. Vgl. 3.4. Steinsdorffs Konzept der Legitimität S. 92 ff.

In der Geschichte Russlands bis zur Gegenwart war und ist die Rechtsanwendung wenig formalisiert.[291] Den Bürgern stehen angesichts eines fehlenden Verwaltungsverfahrensgesetzes[292] lediglich Petitionen, zum Beispiel an die Staatsduma, zu. Schwerpunkt der Petitionen war, neben sozialen Fragen die Rechtspflege. Dies betraf im Jahr 2004 vor allem die Arbeit der Staatsanwaltschaft, der Miliz, die Nichtvollstreckung von Zivilurteilen, die Berufung von Straf- und Zivilurteilen.[293] Dieser Befund wird bestätigt durch *Petrows* Untersuchung: Mit dem Amtsantritt *Putins* stieg die Anzahl der Eingaben an die föderalen und regionalen Exekutivorgane frappierend an: 1999 gab es 1,2 Mio. Eingaben, im Jahr 2000 schon 1, 8 Mio. Eingaben, Im Jahr 2001 2,1 Mio. Eingaben, 2002 bereits 2,4 Mio. Eingaben und 2003 über 3 Mio. Gleichzeitig sank der Anteil der Eingaben an die regionalen Exekutivorgane. Die Bürger beschweren sich jetzt wieder direkt beim Präsidenten.[294]

Als Fazit der Studie kann festgehalten werden, dass ein tiefes Misstrauen gegenüber formalem Recht herrscht. Dies hängt auch, wie oben erwähnt, damit zusammen, dass dem Bürger kein Verwaltungsverfahren zum Vorgehen gegen rechtswidrige Verwaltungsakte und sonstige Behördenentscheidungen zur Verfügung steht.[295] Insofern überrascht es nicht, dass es auch bei Mitgliedern von Verfassungsorganen eine gegenüber westlichen Demokratien stärkere Tendenz zur Vermeidung des formellen Verfahrens gibt. Dazu hätte es eines bewussten Bruchs mit der sowjetischen Erfahrung bedurft. *Blankenagel* ergänzt noch zwei weitere wichtige Punkte für das Verständnis der grundsätzlichen Skepsis russischer Bürger gegenüber Rechtsreformen: Der Übergang von der auch in sowjetischen Zeiten existierenden Ökonomie des Schwarzmarkts führte in der Übergangsphase zu Beginn der neunziger Jahre zu einem Anstieg der organisierten Kriminalität und der Korruption.[296] Post-

---

291 Dahan, F. (2003). Hope and Bitterness in the Reform of Russian Bankruptcy Law. Galligan, D. J. / Kurkchiyan, M. (Hrsg.) Law and Informal Practices. Oxford: 135-150.

292 Blankenagel, A. (2000). "Legal Reforms in Russia: Visible Steps, Obvious Gaps, And an Invisible Hand?" Journal of Institutional and Theoretical Economics **156** (1): 99-119. S. 106 ff.

293 Ljubimov, A. P. (2006). Lobbizm v federal'nom parlamente Rossii. Bulakov, O. N. (Hrsg.) Parlamentskoe pravo Rossii. Moskva: 421-476. S. 468.

294 Petrow, N. W. (2007). Handlungsfähiges Zentrum und dezentralisierte Verantwortung. Buhbe, M. / Politkovskaja, A. S. / Gorzka, G. (Hrsg.) Russland heute. Rezentralisierung des Staates unter Putin. Wiesbaden: 75-96. S. 91.

295 Blankenagel, A. (2000). "Legal Reforms in Russia: Visible Steps, Obvious Gaps, And an Invisible Hand?" Journal of Institutional and Theoretical Economics **156** (1): 99-119. S. 104 ff.

296 Ebenda S. 114 f.

sowjetische Bürger hatten keinen Grund, vorausschauendes Vertrauen in das Funktionieren eines rechtsstaatlichen, kapitalistisch organisierten Systems zu entwickeln.[297] Beides führte dazu, dass ein Verhalten als rational angesehen wurde, dass auf kurzfristige Erfolge setzte.[298] Wie der Transformationsprozess ablief und dass es viele personelle Kontinuitäten gab, veranschaulichen die Transformationstheorien des folgenden Abschnitts.

3.6. Transformationstheorien

In der Politikwissenschaft wurden vor allem seit Beginn der neunziger Jahre Transformationstheorien entwickelt, die sich mit den Umwälzungen in den osteuropäischen und ostmitteleuropäischen Staaten, aber auch mit den Entwicklungen in den lateinamerikanischen Staaten beschäftigen.
Zunächst einmal sind die Begriffe Transition und Transformation voneinander abzugrenzen. „Transition" bedeutet „Übergangszustand" bzw. „Durchgangsstadium", was ihm einen eindeutig kurzfristigen, flüchtigen, sowie provisorischen Charakter verleiht. „Transformation" meint nicht nur die formale Umformung von System A zu System B, sondern die inhaltliche Adaption der Strukturmerkmale des neuen Systems.[299] *Schwanitz* folgend soll Transformation als qualitativer Wandel des gesellschaftlichen, politischen und wirtschaftlichen Teilsystems verstanden werden, der nicht mit der Übernahme formaler Attribute des neuen Systems abgeschlossen ist.
Schmitter und *O'Donnell* haben ein Modell für den Transformationsprozess in Lateinamerika entwickelt. Sie konzentrieren sich auf die Strategien verschiedener Akteure und versuchen, die Folgen auf ihre Handlungen zurückzuführen. Die Grundüberlegung dieses Ansatzes ist, dass die Modalitäten der Transformation die Eigenschaften der entstehenden neuen Regierungsformen ausmachen. Nunmehr stellt sich die Frage nach der Übertragbarkeit eines für Spanien, Portugal oder Lateinamerika entwickelten Konzepts auf die Staaten Ostmitteleuropas in ihrer Transformation von sozialistischen Ländern mit gegenüber Lateinamerika doch sehr verschiedenen Wirtschaftssystemen. *Czarnota* zufolge bestehen zwischen ihnen Gemeinsamkeiten in der „domi-

297 Ebenda. S. 115.
298 Ebenda. S. 116 f.
299 Schwanitz, S. (1997). "Transformationsforschung: Area Studies versus Politikwissenschaft? Plädoyer für einen akteurstheoretischen Ansatz." Arbeitspapiere des Bereichs Politik und Gesellschaft am Osteuropa-Institut der Freien Universität Berlin (3): 1-47. S. 4

nanten Rolle politischer Eliten und der Schwäche der Gesellschaft"[300]. In Russland gab es keinen Pakt der herrschenden KP-Elite mit der erstarkenden Opposition wie etwa im postfranquististischen Spanien. Aber auch zwischen den Transformationsstaaten in Ostmitteleuropa gab es Unterschiede. In Polen wurden informale Kontakte später in der Tradition der Runden Tische formalisiert. In Russland dagegen handelte sich um eine von den russischen Eliten aufgezwungene Transformation.[301] Die Transformation in Russland verlief in einem viel weniger „bürgerlichen" Rahmen als in Polen[302], weil bei Beginn des Kapitalismus viel weniger Akteure vorhanden waren, die einen gesellschaftlichen Wandel von unten hätten bewirken können.

Eine Zivilgesellschaft im westlichen Sinne[303] existiert in der RF auch heute kaum. Es gibt Freiwilligenorganisationen, aber deren Vernetzung ist selten. In der Russischen Föderation übt der Staat zunehmend Kontrolle mit dem Gesetz vom 16. April 2006 über die NGOs aus. Dieses Gesetz stellt vor allem bürokratische Hürden für Aktivitäten der NGOs in Russland und für eine Entwicklung der Zivilgesellschaft im Allgemeinen auf. Vertreter russischer NGOs befürchten, dass der Staat nunmehr ihrer Aktionen mehr überwachen und Kontrollmechanismen etablieren wird und somit ihre Arbeit behindert und begrenzt werden soll.[304] Die russische Regierung versucht, die Finanzierung von NGOs durch ausländische Gelder zu verhindern. *Gorbačev* scheiterte mit seiner Strategie der Liberalisierung.[305] Als negatives Ergebnis dessen wird das nicht-demokratische Verhalten der neuen Elite betrachtet, vor allem die Weigerung im Jahr 1991, Wahlen zum Parlament abzuhalten, aus Angst, ihre

300 Czarnota, A. (1997). "Meaning of Rule of Law in Post-Communist Society." Rechtstheorie **Beiheft 17**: 179-196. S. 181.

301 Gel'man, V. / Tarusina, I. (2003) Studies of political elites in Russia. Steen, A. / Gel'man, V. (Hrsg.) Elites and Democratic development in Russia. New York, NY: 187-200. S. 198.

302 Es gab deutlich mehr nichtlegale Überführungen von Volkseigentum in das Eigentum von Betriebschefs in Russland als in Polen. In Polen ist auch keine derartige Oligarchie entstanden wie in der RF.

303 Darunter verstehe ich ein Engagement von Bürgern mit politischer Wirkung in die Gesellschaft hinein. Unter *Medvedev* gab es wieder eine Liberalisierung der staatlichen Politik gegenüber den NGOs.

304 Grabow, K., Hrsg. (2006). Rule of Law, The KAF Democracy Report. Berlin. S. 260.

305 Ziel von *Glasnost'* und *Perestrojka* waren der Umbau des demokratischen Zentralismus gerade zur Vermeidung eines Übergangs zu einer westlich geprägten Demokratie mit einem marktwirtschaftlichen System.

Machtpositionen zu verlieren. Hinzu kamen Klientelwirtschaft und Korruption sowie weitverbreitete informale Muster bei der Entscheidungsfindung.[306]
Eine andere Entwicklung, die zu einer neuen Elite und zum Verlust des Restvertrauens der Durchschnittsrussen in gesetztes Recht führte, war die Privatisierungswelle in den neunziger Jahren. In den letzten Sowjetjahren und den neunziger Jahren begannen Mitglieder der Nomenklatura, staatseigene Betriebe zu übernehmen – besonders in den Bereichen von Bodenschätzen und im Erdölsektor. Die neue Elite der sogenannten „Oligarchen" bildete sich. Diese Geschäftsleute schlossen Vereinbarungen des gegenseitigen Gewährenlassens mit den politischen Akteuren um *El'cin*: Die Oligarchen würden die politische Macht des Kremls nicht herausfordern, während die Kremlakteure die nicht immer legal erworbenen neuen Besitztümer nicht antasten und von der Einleitung entsprechender Strafverfolgungsmaßnahmen absehen würden. *Putin* hielt sich zunächst auch an diesen informalen Deal, er kündigte ihn erst, als *Chodorkovskij*, Vorstandsvorsitzender des inzwischen zerschlagenen Erdölkonzerns *Jukos*, drohte, sich ins politische Geschäft einzumischen. Andere Oligarchen wie der Medienunternehmer *Gusinskij* emigrierten aus Russland oder sorgten für ihre Immunität wie der Gouverneur Čukotkas von 2000 bis 2008, *Abramovič*, indem sie sich das Amt eines Föderationsratsmitglieds sicherten.
Dieser neuen Wirtschaftselite gelang es, die rechtlichen Rahmenregelungen für ihre eigenen Zwecke zu gestalten. Das alte sozialistische Recht war ersatzlos entfallen und das neue bürgerliche Recht war abstrakt und ermöglichte den Oligarchen, sich gegenüber den anderen Bürgern Vorteile zu verschaffen. *Czarnota* beschreibt dies für Polen: „Im Verhältnis zum Rest der Gesellschaft etablierte diese herrschende Elite informale, persönliche oder quasi-persönliche Beziehungen und Herrschaft."[307] Er schließt daraus, dass „in post-kommunistischen Gesellschaften die Rationalität des Rechts den Interessen der ehemaligen und neuen Eliten dient."[308] In Russland verschafften sich die neuen Eliten zunächst das Eigentum an den Produktionsmitteln, bevor das entsprechende bürgerliche Recht zum Eigentumsschutz, etwa das

306 Gel'man, V. (2003). "Reform retour. Russlands kommunale Selbstverwaltung vor dem Aus?" Osteuropa (9-10): 1343-1352.S. 198.

307 Czarnota, A. (1997). "Meaning of Rule of Law in Post-Communist Society." Rechtstheorie Beiheft 17: 179-196. S. 196.

308 Dies klingt wie ein Allgemeinplatz, war allerdings für die teilweise zu Beginn der neunziger Jahre rapide verarmende Bevölkerung, denen das Zeitalter von westlicher Demokratie und (sozialer) Marktwirtschaft versprochen wurde, eine schmerzhafte Erkenntnis.

Zivilgesetzbuch, überhaupt verabschiedet wurde. Dies hat natürlich nicht zu größerem Vertrauen der russischen Bürger in das westliche Konzept der „Rule of Law" geführt.

3.7. Theoretischer Ansatz

Die vorliegende Arbeit geht von verschiedenen Konzeptionen der „Rule of Law" aus. Das Konzept der „Rule of Law" bietet mit den oben aufgestellten Kriterien Maßstäbe für die Bewertung von Normen und Institutionen an, sofern diese Maßstäbe für Rechtsnormen und Institutionen jeweils angepasst und verfeinert werden. Demgegenüber wird nicht auf das deutsche Rechtsstaatsprinzip als Vergleichsmaßstab zurückgegriffen, weil es vorliegend nicht um einen Vergleich mit dem deutschen Föderalismus geht. Zwar ist auch in Art. 1 VerfRF vom „Rechtsstaat" die Rede. Die Verwendung des Begriffes der „Rule of Law" ermöglicht auch eine Einbeziehung von nichtdeutschen und nichtrussischen Studien[309], die bei der Verwendung des Rechtsstaatsprinzips als Vergleichsfolie schwieriger vorzunehmen wäre. Entscheidend jedoch ist, dass sich das Konzept der „Rule of Law" leichter abwandeln lässt, als das statischere Rechtsstaatsprinzip. Zudem kann einfacher eine Verknüpfung mit den oben aufgestellten Föderalismus-Kriterien vorgenommen werden. Außerdem können mit dem Konzept der „Rule of Law" auch Begriffe wie der von *Steinsdorff* verwendete der „Verfahrenslegitimität" benutzt werden, die keine Rechtsinstitute darstellen. Dies ermöglicht auch eine Bewertung von außerhalb des Verfahrensrechts stattfindenden Vorgängen, wie der Schaffung der föderalen Bezirke durch Putin.[310]

Die von *Steinsdorff* vorgetragene Kritik an der schlichten Übertragung von Kriterien der rechtsstaatlichen, liberalen Demokratie wird von der Verfasserin geteilt. Überzeugend ist vor allem ihr Nachweis der Funktionalität informaler Strukturen. Nachvollziehbar erscheint auch ihr Streben, einen nicht-moralischen, in ihren Worten „nicht-normativen", Bewertungsmaßstab zu finden. Fruchtbar ist auch ihr Hinweis auf die „Verfahrenslegitimität"[311], die dem Rechtsinstitut der formellen Verfassungsmäßigkeit ähnelt. Denn eine Spezia-

---

309 Vgl. 3.5.2. Die Studie von *Galligan* und *Kurkchiyan*, S. 94 ff.

310 Eine spätere Untersuchung zeigt, dass dies nicht nach deutschem Verständnis formell verfassungswidrig war, aber doch den Vorstellungen der Verfahrenslegitimität widersprach. Vgl. Fn. 553.

311 Vgl. Verfahrenslegitimität S. 93.

lität des russischen Verfassungsrechts ist gerade das Umgehen von Verfahren.[312]

Jedoch ist für eine Untersuchung von Institutionen und Rechtsnormen ein Maßstab erforderlich, der einerseits eher messbare Bewertungen als die subjektiven Überzeugungen ermöglicht. Andererseits überzeugt das Konzept der Legitimität nicht, wenn man es in der letzten Konsequenz denkt, weil dann auch unmenschliche Mehrheitsüberzeugungen – wie etwa die weit verbreitete Ansicht, die rassistische Diskriminierung von Nichtrussen sei legitim, gerechtfertigt werden können.

Weiterhin ist es nicht Ziel der vorliegenden Arbeit, informale Prozesse zu untersuchen und zu bewerten, sondern sich der Wirklichkeit des Verfassungsrechts anzunähern und diese zu bewerten, wofür informale Prozesse in die Betrachtung einbezogen werden müssen. Für die Analyse des Staatsorganisationsrechts erscheint danach die „Rule of Law" – unter Berücksichtigung der Kritik *Steinsdorffs* an existierenden Modellen – als geeigneter Bewertungsmaßstab. Weiterhin kommt die Föderalismustheorie ins Spiel, bei der die von *Watts* aufgestellten und von *Ross* modifizierten Kriterien zur Bewertung der Rechtsnormen und vor allem der Institutionen verwendet werden.

3.7.1. Verbindung von informaler Theorie mit der „Rule of Law"

In der vorliegenden Arbeit soll die Feststellung und Beschreibung informaler Prozesse und Handlungen vor allem einer Annäherung an den tatsächlichen „Ist-Zustand", sozusagen einer Bestandaufnahme, dienen. In einem *ersten Schritt* werden regelmäßig Vorgänge als informale Prozesse charakterisiert. Im darauffolgenden *zweiten Schritt* wird dann untersucht, welche Auswirkungen diese Handlungen auf die Regeln der „Rule of Law" haben.

Informale Prozesse haben klassischerweise größere Intransparenz als formalisierte zur Folge, was sich negativ auf die Rechtssicherheit auswirkt.[313] Zudem können sich informale Prozesse als ‚Schmierstoffe für die Praxis' als Bedrohung für die Gewaltenteilung darstellen, weil durch sie sich die verfassungsrechtliche Architektur der *Checks and Balances*[314] zwischen den Ver-

---

312 Vgl. 4.6. Die Auswirkungen auf den Verfassungsaufbau und das informale Spiel der Akteure S. 182.

313 So können die Bürger nicht verfolgen, was die Abgeordneten beschließen, wie diese Entscheidungen zustande kommen und welche Veränderungen sich daraus für die Zukunft ergeben.

314 Zum Verhältnis von Gewaltenteilung und *Checks and Balances* vgl. S. 52. Der Begriff Checks and Balances wird hier so verstanden, dass eine vollständige Gewaltenteilung im modernen Staat unmöglich ist und sich die Gewalten notwendig

fassungsorganen zu einer Seite hin verschieben kann. Beispiele sind auch hier die faktische Entmachtung der Republikspräsidenten und Gouverneure durch die Veränderung des Bestellmodus des Föderationsrats[315], die Abschaffung der Direktwahl der Republikspräsidenten und Gouverneure sowie die Schaffung der föderalen Bezirke (die damit verbundene Einführung einer weiteren föderalen Aufsichtsebene) als Verschiebung des Kräfteverhältnisses von den föderalen Subjekten hin zum Föderationspräsidenten und zur föderalen Regierung[316].

Die Darstellung und Analyse der informalen Prozesse kann jedoch nur einen Anhaltspunkt für die Bewertung von Normen und Institutionen unter dem Gesichtspunkt der „Rule of Law" bieten. Denn Institutionen und Normen können schon aus sich heraus gegen fundamentale Prinzipien der „Rule of Law" verstoßen.[317] Dennoch ist die Untersuchung informaler Prozesse zentral für die vorliegende Arbeit, weil nur so eine Annäherung an die Rechtswirklichkeit erreicht werden kann und das Vorhandensein einer großen Zahl informaler Prozesse auf Verstöße gegen die „Rule of Law" hindeuten kann, was im Einzelfall dann untersucht werden muss.

3.7.2. Differenzierung zwischen Rechtsnormen und Institutionen – Anpassung des „Rule of Law"- Modells für die Dissertation

Neben der Untersuchung informaler Prozesse muss das Analyseraster in einem dritten Schritt weiter verfeinert werden: Bei der Analyse ist zwischen Verfassungsinstitutionen (Präsident, Parlamente auf föderaler und Subjektebene sowie Gerichte) auf der einen Seite und Rechtsnormen auf der anderen Seite differenziert werden. Eine häufige Änderung von Normen unterhalb der Verfassungsebene (Gesetze und Verordnungen) ist vermutlich für die Rechtsstaatlichkeit[318] nicht so bedrohlich wie eine einfachgesetzliche Regelung, die Kompetenzen von Verfassungsorganen aushöhlt und dadurch die Machtbalance zwischen Zentrum und Peripherie verändert. Deshalb sind Um-

---

überlappen. Deshalb gibt es ein System gegenseitiger Kontrolle von Legislative und Exekutive, das mit Checks and Balances bezeichnet wird.

315 Vgl. 6.2.3. Die Berufungsmodi der Mitglieder des Föderationsrats. S. 273 ff.

316 Vgl. 4.5. Bedeutung der föderalen Bezirke und der Rolle der Präsidentenvertreter. S. 168 ff.

317 So könnte ein Wahlsystem, das weitere Bevölkerungsteile vom Wahlrecht ausschließt, gegen die „Rule of Law" verstoßen. Ein Staatssystem, das die Unabhängigkeit der Richterschaft nicht garantiert, verstößt gegen die „Rule of Law", unabhängig davon, was in den Normen geregelt ist.

318 Die Begriffe "Rechtsstaatlichkeit" und „Rule of Law" werden hier synonym verwendet.

formungen von Verfassungsinstitutionen, die ihrerseits die gesamte Normenlandschaft verändern können, viel gravierender als einfachrechtliche Rechtsakte, die nicht allen Anforderungen der Rechtsstaatlichkeit genügen. Wegen der Untersuchung des Föderalismus ist die Arbeit auf den Kern der staatsorganisatorischen Verfassungsprinzipien beschränkt (wohl wissend, dass Grund- und Menschenrechte die gleiche oder sogar höhere Bedeutung für den rechtsunterworfenen Bürger haben). Deshalb wird nachfolgend zunächst nur auf die Verfassung und Gesetzgebung eingegangen.

3.7.3. Bewertung von Rechtsnormen

Für die Bewertung von Rechtsnormen sollen

- Gewaltenteilung,
- Rechtssicherheit und Rechtsdurchsetzung sowie
- Transparenz von Rechtsprozessen (Verfahrenslegitimität)

als Kriterien dienen. Der Einfluss einzelner Akteure ist hier lediglich nachweisbar, wenn sie eine herausragende Stellung innehaben. Für die vorliegende Arbeit sind dies vor allem der Föderationspräsident, die Subjektexekutivspitzen und der Vorsitzende des Föderationsrats.

3.7.3.1. Verfassung

Die Gewaltenteilung ist in Art. 10 der VerfRF festgelegt und bestimmt die Teilung der Gewalten zwischen Legislative, Exekutive und Judikative. Überraschenderweise zählt Art. 11 VerfRF folgende vier Gewalten auf: den Präsidenten, das Parlament, die Regierung und die Gerichte. Normalerweise wird der Präsident als Bestandteil der Exekutive betrachtet. Dies ist in der RF anders, wo der Präsident über weite Kompetenzen verfügt. *De facto* spielt er nicht nur die Rolle des Staatsoberhaupts, sondern auch die des Regierungschefs. Gleichzeitig ist die Möglichkeit eines Amtsenthebungsverfahrens in Art. 93 VerfRF sehr beschränkt, da das Verfahren so kompliziert ist, dass eine Absetzung eines russischen Regierungschefs so gut wie ausgeschlossen erscheint.[319]

In der RF gibt es eine Konkurrenz mehrerer Rechtsquellen: der Verfassung selbst sowie der föderalen Verträge, die seit 1994 mit den vormaligen ASSR wie Tatarstan abgeschlossen wurden. Die in der VerfRF enthaltene vertikale Gewaltenteilung wird von den föderalen Verträgen überlagert. Da nicht alle Föderationssubjekte derartige Verträge abgeschlossen haben, ist das Prinzip

---

319 Polenina, S. V. (2002). "Zur Frage der Rechtsstaatlichkeit in der heutigen Russischen Föderation." Rechtstheorie **33**: 243-245. S. 244.

der Gleichheit der Föderationssubjekte aus Art. 5 VerfRF verletzt. Die Subjekte haben seit Gründung der Russischen Föderation eine große Zahl von Rechtsakten erlassen, die der föderalen Rechtsordnung widersprechen.[320] Seit dem Amtsantritt von Vladimir *Putin* war eines der vorherrschenden Ziele der Zentrale, diese Anzahl rechtswidriger Gesetze zu reduzieren. Dies ist ihr gelungen. Nur Tatarstan gelang der Neuabschluss eines föderalen Vertrages im Jahr 2007.[321]

Die Präsidenten, die Russland bislang erlebt hat, übten auch einen starken Einfluss auf die Verfassung aus. Boris *El'cin* selbst änderte in der Nacht vor der Annahme der VerfRF den Wortlaut von Art. 95 des Entwurfs, der die obere Parlamentskammer betrifft. Diese Version der Norm führt bis heute zu Problemen.[322] Unter Präsident *Putin* gab es keine substantiellen Verfassungsänderungen. Er schuf stattdessen neue Institutionen außerhalb der Verfassung, wie die Präsidentenvertreter in den Regionen (*polpredy*), um die regionalen politischen Eliten zu kontrollieren. Zudem schuf *Putin* neue Institutionen in Konkurrenz zu bereits existierenden wie die Gesellschaftskammer[323], in der sich prominente Persönlichkeiten des öffentlichen Lebens aus dem Zentrum und den Regionen versammeln, um sich mit dem Präsidenten zu beraten. Wo Präsident *El'cin* direkten Einfluss auf die VerfRF ausübte, tendierte Präsident *Putin* dazu, neue „Verfassungsorgane" außerhalb zu gründen und beeinflusste dadurch die horizontale Gewaltenteilung. *Mommsen* und *Nußberger* sind der Ansicht, dass es unter Putin, ohne die Verfassungsgebote als solche in Frage zu stellen, zur Einebnung aller gewaltenteiligen Elemente kam. Während man die demokratischen Verfassungseinrichtungen schwächte, häuften sich deren institutionelle Surrogate.[324]

Hinzu kommt, dass formal in der RF laut Verfassung eine horizontale Gewaltenteilung zwischen Exekutive, Legislative und Judikative existiert, praktisch jedoch die Exekutive entscheidet. Parteien existieren als lose Koalitionen zum Stimmenerwerb, aber nicht als ernstzunehmende Akteure im politischen Entscheidungsprozess. Gesellschaftliche Interessengruppen sind ebenso nur sehr schwach ausgeprägt, da eine Ausdifferenzierung der Gesellschaft bis

---

320 Eine Schätzung ging von bis zu 20 % der Rechtsakte der Subjekte aus. I. G. *Dudko* in Varlamova, N. V. (2001). "Rossijskaja Federacija i ee sub"ekty: Problema i ukreplenija gosudarstvennosti." GiP (7): 88-107. S. 100.

321 Vgl. 9.4.4.2. Der zweite föderale Vertrag vom 26. Juni 2007. S. 406.

322 Vgl. 6.2.3.1. Der Kampf um die Besetzung des ersten Föderationsrats S. 273 ff.

323 Vgl. S. 126.

324 Mommsen, M. / Nußberger, A. (2007). Das System Putin. München. S. 35 f.

heute kaum stattgefunden hat und wenig Partizipationsmöglichkeiten für Interessengruppen gegeben sind."[325]

Im Verlauf der Arbeit wird zu untersuchen sein, ob

- bei der Normsetzung die Verfahrensvorschriften eingehalten werden,
- Rechtssicherheit aus der Sicht des Bürgers besteht oder sich Normen häufig ändern und ob
- die zu untersuchenden Normen die Prinzipien für eine Föderation nicht verletzen.

Bei dem letzten Kriterium geht es vor allem um die Prinzipien Nr. 2 PrFöd (Schutz der Subjekte durch eine Verfassung) und Nr. 3 PrFöd (Existenz Zweikammerparlaments)[326]. Mithilfe der Theorie der Informalität können auch solche Handlungen erfasst werden, die keine direkte Verletzung dieser Prinzipien darstellen, aber zu ihrer Schwächung und somit zu einer Verletzung der „Rule of Law" führen. Dies ist insbesondere dann der Fall, wenn Schutzgarantien umgangen werden.[327]

3.7.3.2. Gesetzgebung

Alle Gesetzgebungsakte werden veröffentlicht und sind im Wesentlichen auch öffentlich zugänglich, wie auch der KAF-Report feststellt.[328] Problematisch ist allerdings, dass der Verwaltung häufig große Entscheidungsspielräume überlassen werden, sie Verwaltungsakte oder -regularien erlässt, die dann selten oder überhaupt nicht veröffentlicht werden. Art. 54 VerfRF enthält das Rückwirkungsverbot. Relativ häufige Gesetzesänderungen machen mittel- oder langfristige Planungen für Bürger und Unternehmen schwierig, wenn nicht unmöglich. Dies trifft sowohl auf grundlegende, als auch auf kleinere Änderungen zu, die regelmäßig geschehen.[329]

Ein Beispiel ist die Rechtstechnik, Fragen von wesentlicher, sogar von Verfassungsbedeutung, in Geschäftsordnungen zu regeln, z. B. die Beziehungen zwischen den beiden Parlamentskammern. Im deutschen Verfassungsrecht werden diese Fragen im Grundgesetz geregelt. In Russland können diese Normen leicht geändert und so grundsätzliche Weichenstellungen ohne das

---

325 Schwanitz, S. (1997). "Transformationsforschung: Area Studies versus Politikwissenschaft? Plädoyer für einen akteurstheoretischen Ansatz." Arbeitspapiere des Bereichs Politik und Gesellschaft am Osteuropa-Institut der Freien Universität Berlin (3): 1-47. S. 8.

326 Vgl. S. 47.

327 Vgl. 4.6. Die Auswirkungen auf den Verfassungsaufbau und das informale Spiel der Akteure S. 182.

328 Grabow, K., Hrsg. (2006). Rule of Law, The KAF Democracy Report. Berlin. S. 250.

komplizierte Verfahren einer Verfassungsänderung vorgenommen werden. Mit westlichen Vorstellungen nicht zu vereinbaren ist die Existenz von Geheimnormen in Haushaltsgesetzen. Dadurch wird eine der klassischen Parlamentsfunktionen, die Regierung über die Verabschiedung des Budgets zu stoppen, untergraben. Diese Funktion ist im russischen System generell geschwächt, da allein der Präsident die Regierungsmitglieder ernennt und diese (mit Ausnahme der Regierungszeit von *Primakov*) nicht vom Parlament gewählt werden.[330] Zudem kann der Präsident die Staatsduma auflösen, wenn sie den vom Präsidenten vorgeschlagenen Kandidaten dreimal ablehnt, Art. 117 Abs. 3 S. 1 VerfRF.[331]

Durch die Existenz von Geheimnormen wird nicht nur der Gesetzgebungsprozess selbst intransparent und somit Kriterium Nr. 4 PrFöd für die Bewertung von Rechtsnormen verletzt. Das System der *Checks and Balances* als solches wird gleichermaßen gefährdet. Der Präsident allein kann die Besetzung der Regierung ohne Beteiligung des Parlaments bestimmen. Zudem ist eine Transparenz bei der Verabschiedung des Haushaltsgesetzes nicht mehr möglich. Weiterhin sollen seit 2007 nur noch alle drei Jahre die Haushalte dem Parlament zur Abstimmung vorgelegt werden.

Der Überblick ergibt, dass die oben aufgestellten Prinzipien der „Rule of Law" für Rechtsnormen im Wesentlichen respektiert werden, doch wegen der Regelung wichtiger Normen in Nebengesetzen der Gesetzgebungsprozess nicht mit allen Elementen der oben definierten „Rule of Law" entspricht.

3.7.4. Bewertung von Institutionen - eine Weiterentwicklung der „Rule of Law"

In einem zweiten Schritt gilt es, den Einfluss informaler Beziehungen auf die Entwicklung von Verfassungsinstitutionen zu zeigen. Dabei geht die Analyse wesentlich normfokussierter vor als der neo-institutionalistische Ansatz.

Kriterien hierfür sind

- Respekt der Verfassungsregeln der Gewaltenteilung und der *Checks and Balances*,
- Transparenz von Entscheidungsprozessen,
- Beachtung von Verfahrensvorschriften sowie

---

329 Ebenda. S. 251.

330 Mommsen, M. / Nußberger, A. (2007). Das System Putin. München. S. 34.

331 *Blankenagel* bezeichnet die dritte Ablehnung als potentiell „suizidal". Blankenagel, A. (1999). "About a Made-To-Fit Constitution and an Unfit President in Times of

- Sicherstellung der Grundprinzipien für Föderationen.

Als Untersuchungsgegenstand hierfür bietet sich die sehr gut erforschte[332] Entwicklung der oberen Kammer des russischen Parlaments, des Föderationsrats, an. Die Existenz dieser Institution ist im Verlauf der Jahre von Instabilität geprägt. Allein der Berufungsmodus für die Mitglieder des Föderationsrats ist seit Verabschiedung der VerfRF im Dezember 1993 drei Mal verändert worden. Zu Beginn waren die Teilrepublikspräsidenten und die Gouverneure automatisch Mitglieder der oberen Kammer. Gravierend war ein Problem, das sich aus diesem Besetzungsmodus ergab: Die Kammermitglieder trafen sich nur alle drei Wochen und versäumten dadurch wichtige in der Verfassung gesetzte Fristen. Zu Beginn hatte *El'cin* ein gewisses Interesse, den Föderationsrat als Gegengewicht zur ihm unangenehmen föderalen Staatsduma aufzubauen. Spätestens mit dem Machtantritt *Putins* verlor die obere Kammer ihre starke Stellung.

Jedes der 83 Subjekte hat zwei Vertreter im Föderationsrat: Seit 2001 wird einer vom Subjektparlament und der andere von der Subjektexekutivspitze ernannt.[333] Die Staatsduma verabschiedete die Gesetze zur Degradierung des Föderationsrats mit großer Zustimmung.[334] Häufig haben Mitglieder des Föderationsrats keinerlei persönliche Verbindung zum sie entsendenden Subjekt. Die Senatorenposten sind wegen der damit verbundenen Immunität und der Nähe zu den Schaltzentralen der Macht begehrt. Die Subjekte wiederum sind daran interessiert, Personen zu entsenden, von denen sie sich die Durchsetzung ihrer Belange gegenüber dem Kreml versprechen. So geschieht es, dass einige der Kandidaten für den Senatorenposten das sie berufende Subjekt nur anlässlich ihrer Wahl überhaupt besuchen. Eine tiefgehende Kenntnis der regionalen Probleme kann so nicht entstehen, was die Subjekte deshalb in Kauf nehmen, weil sie sich von den Kandidaten aus Moskau einen besseren Lobbyismus bei der Präsidentenadministration und der föderalen Regierung erhoffen. Ein weiteres Problem besteht darin, dass 24 % der Ratsmitglieder die Interessen von Finanzunternehmen vertreten.[335]

Transformation and Crisis. The Distribution of Power in the Constitution of the Russian Federation." Diritto Pubblico (2): 327-370. S. 346.

332 Vergleiche nur die Studie von Wiest, M. (2003). Russlands schwacher Föderalismus und Parlamentarismus. Münster.

333 Dieses Gesetz gilt seit dem 1.1.2002.

334 Wiest, M. (2003). Russlands schwacher Föderalismus und Parlamentarismus. Münster. S. 328 f.

335 Avak'jan, S. A. (2003). "Sovet Federacii - evolucija i perspektivy." Federalizm(1): 127-152. S. 145, 146. Slider, D. (2005). The Region's Impact on Federal Policy.

Hinzu kommt, dass das Subjektorganisationsgesetz dem föderalen Präsidenten die Möglichkeit verleiht, die Gouverneure und Subjektparlamente unter bestimmten, im Gesetz definierten Bedingungen zu entlassen bzw. aufzulösen.[336] Dann endet die Amtszeit der Senatoren gleichermaßen. Durch diese Regelung sind die Mitglieder des Oberhauses verstärkt daran interessiert, enge Verbindungen zur Präsidialadministration zu knüpfen. Dies alles führt dazu, dass der Föderationsrat mehr ein Marktplatz für Lobbyisten als ein Gesetzesfilter[337] ist. Dieses Verfassungsorgan ist nicht mehr in der Lage, zur Machtbalance zwischen Präsident und Staatsduma beizutragen.[338] Im Fall des Föderationsrats ist es offensichtlich, dass die Interessen der Akteure der demokratischen Aufgabe und Funktion dieser Institution entgegenlaufen und eine Bedrohung der „Rule of Law"" darstellen. Ursache hierfür ist ein für die Gewaltenteilung dysfunktionaler Berufungsmodus. Dieser dient allein der Machtkontrolle des Kreml durch die der Stärkung der „Vertikale der Macht"[339] und der Beschränkung der Einflussmöglichkeiten der Subjekte auf föderaler Ebene. Dem von *Schulze-Fielitz* ausgeführten rituellen Aspekt wird in Russland noch in besonderer Weise Rechnung getragen: Neue Institutionen ohne reale Machtbefugnisse wie der Staatsrat geben dem Bürger das Gefühl von Partizipationsmöglichkeiten durch Petitionen.

3.7.5. Regionale Besonderheiten

Auf regionaler Ebene existieren im Hinblick auf die Verwirklichung der „Rule of Law" verschiedene Probleme. Die Zentrale in Moskau stärkt die "Vertikale der Macht", indem sie die Kompetenzen der regionalen Exekutiven und Legislativen immer mehr verringert und die Partizipationsmöglichkeiten in der Regionalkammer funktionell einschränkt.

Die Gouverneurswahlen in den Regionen konnten real nur von Kandidaten gewonnen werden, die die Unterstützung des Präsidenten genossen, was die Loyalität vieler regionaler Akteure dem Präsidenten gegenüber erklärt. Seit der Reform des SubjOrgG Ende 2004 werden die Gouverneure und Republikspräsidenten gemäß Art. 18 Abs. 1 Nr. 1 und 2 SubjOrgG[340] „auf Vor-

---

Reddaway, P. / Orttung, R. W. (Hrsg.) Dynamics of Russian politics: Putin's reform of federal-regional relations. Lanham. **2:** 123 - 143.

336 Vgl. Art. 19, 29 des Subjektorganisationsgesetzes.

337 Der Begriff des „Gesetzesfilters" stammt von Wiest, M. (2003). Russlands schwacher Föderalismus und Parlamentarismus. Münster.

338 Ebenda.

339 Zur „Vertikale der Macht" vgl. die Definition von *Mommsen*, S. 71.

340 Geändert durch das Gesetz 160 FZ vom 11. Dezember 2004.

schlag des föderalen Präsidenten" von dem Subjektparlament gewählt. Die dominierende Partei „Einiges Russland" gewann ohnehin auch die Wahlen zu den Subjektparlamenten in 13 von 14 Subjekten im Frühling 2007. Vor dieser Wahl wurde das Wahlgesetzbuch dahingehend geändert, dass die Hürden für kleinere Parteien erhöht und diese dadurch diskriminiert wurden. Gleichermaßen gewann „Einiges Russland" die Parlamentswahlen am 2. Dezember 2007 und ihr Kandidat *Medvedev* die Präsidentenwahl am 2. März 2008. Oppositionelle Kandidaten wie der ehemalige Premierminister *Kas'janov* wurden durch die Wahlleitung an der Kandidatur gehindert. Mitglieder von „Einiges Russland" gaben zum Beispiel selbst in Regionen, die für eine Stärkung dezentraler Machtausübung und des Föderalismus auftreten, offen zu, dass Probleme zwischen Zentrale und Peripherie informal durch Telefongespräche zwischen dem tatarischen Republikspräsidenten *Šajmiev* mit seinem Genossen Putin[341] und nicht durch offizielle Verfahren der Streitschlichtung oder durch Verfassungsgerichte gelöst würden.

Aus Sicht der Bürger kommt hinzu, dass die regionalen Eliten bestenfalls alle in den Entscheidungsprozess integriert sind, aber die Repräsentativität nicht vorhanden ist. Zumeist halten die regionalen Eliten die formalen Verfahrensregeln wie die Ratifizierung der Entscheidungen durch Parlamente oder politische Parteien ein. Die wirkliche Macht wird jedoch durch informale Elitenvereinbarungen außerhalb der Institutionen verteilt, wie es *Tarusina* in ihrer Untersuchung der regionalen Elite des Tomsker Gebiets[342] herausstellt. Dort wollte der Bürgermeister der Stadt Tomsk gegen den amtierenden Gouverneur, *Kress*, kandidieren, zog seine Kandidatur aber nach einem Treffen mit *Kress* zurück. *Kress* hatte ihm seine Unterstützung für die nächsten Bürgermeister-Wahlen versichert.[343]

Tarusina stellt fest, dass die Eliten des Tomsker Gebiets die demokratischen Institutionen eher für eine demokratische Fassade als für Entscheidungsregeln halten. Sie werden als nur instrumentell verstanden und immer wieder den aktuellen Bedürfnissen angepasst.[344] Dieses Urteil kann man verallgemeinern, denn es deckt sich mit den Ergebnissen der Studie von *Galligan*[345].

---

341 Interview der Autorin mit *Jagudin*, der Direktor der Rechtsabteilung des Staatsrats (des tatarischen Parlaments), am 24. Mai 2004.

342 Tarusina, I. (2003). Elite transformation and regime change. Steen, A. / Gel'man, V. (Hrsg.) Elites and Democratic development in Russia. New York, NY, Routledge studies in transition; 24: 168-186.

343 Ebenda. S. 180.

344 Ebenda. S. 183.

345 Vgl. 3.5.2. Die Studie von *Galligan* und *Kurkchiyan*. S. 94 ff.

Dabei ist hier zu beachten, dass es sich beim Tomsker Gebiet um eine territoriale Verwaltungseinheit handelt und das Favorisieren einer bestimmten eigenen „Ethnie“ keine Rolle spielt. In den von einer Titular“ethnie“ dominierten Republiken können Clanstrukturen noch eine weitere undemokratische Komponente zu Lasten „ethnischer“ Minoritäten bewirken.
Von der russischen Zentrale (dem Föderationspräsidenten, den Präsidentenvertretern und der Staatsanwaltschaft) wird immer wieder kritisiert, dass die Subjekte ihre Rechtsetzung nicht in Übereinstimmung mit föderalem Recht bringen. Zudem weigern sich selbst Verfassungsgerichte der Subjekte, Entscheidungen des föderalen Verfassungsgerichts anzuerkennen.[346] Damit ist Rechtssicherheit als Bestandteil des Prinzips der „Rule of Law“ für den Bürger nicht gegeben.
Problematisch ist auch, dass die Implementierung des föderalen Subsidiaritätsprinzips zu einem unerwünschten Effekt führen könnte: der Machtakkumulation von Mitgliedern von Clanstrukturen in den Regionen. Wenn diese innerhalb eines Patron-Klienten-Verhältnisses ihre Klienten bevorzugen oder Bürger außerhalb ihres „Clans“ benachteiligen, führt dies vor Ort zu einer Verringerung des Menschenrechtsschutzes und zu erhöhter Korruption. So kann die Einführung von föderalen Elementen zu weniger Rechtssicherheit für die russischen Bürger in den Regionen führen. Dieser Effekt würde verringert, wenn zum Beispiel die Amtszeiten der Subjektexekutivspitzen begrenzt würden oder effektive Rechtsschutzmechanismen, vor allem in der Verwaltung, eingeführt würden, die den Bürgern funktionierende Widerspruchsmöglichkeiten und funktionierenden gerichtlichen Rechtsschutz gegen willkürliche Amtsentscheidungen garantieren. Insofern wird sichtbar, dass die föderale Elemente bei – aus Bürgersicht – dysfunktionaler Verwaltung auch nachteilig und die Existenz einer föderalen (außerhalb der lokalen Geflechte stehenden) Aufsichtsinstanz vorteilhaft sein kann.[347]

3.8. Methodisches Vorgehen

Im Fortgang der Arbeit wird unter Beachtung der Besonderheiten von Rechtsnormen und Institutionen wie folgt vorgegangen:

---

346 Urteil des tatarischen Verfassungsgerichts vom 30. Mai 2003.
347 Diese Probleme würden durch die Verabschiedung eines Verwaltungsverfahrensgesetzes verringert.

- In einem *ersten Schritt* wird die Rechtsnorm ausgelegt bzw. der Aufbau der Institution dargestellt. Dabei werden die üblichen juristischen Auslegungsmethoden verwandt und die Rechtsprechung des VerfGRF und die russische und nichtrussische oder außerrussische Literatur - soweit vorhanden - herangezogen.
- Im *zweiten Schritt* werden informale Prozesse und Vorgänge analysiert, soweit sie für das Zustandekommen der Norm oder das Verständnis der Entwicklung der Institution hilfreich sind.
- In einem *dritten Schritt* werden die Ergebnisse der Auslegung bzw. der Untersuchung der Institution in Verbindung mit den beschriebenen informalen Prozessen betrachtet und es wird untersucht, ob sie den oben aufgestellten Kriterien der „Rule of Law" entsprechen oder nicht.
- In einem *vierten Schritt* werden – soweit abgebracht - die Rechtsnormen bzw. Institutionen daraufhin beleuchtet, wie sie die Kriterien für das Bestehen einer Föderation nach den Kriterien von *Watts* beeinflussen.

Dabei wird auf die Besonderheiten der russischen Entwicklung Rücksicht genommen.

Mithilfe dieses Vorgehens soll es gelingen, eine weitest mögliche Annäherung an die Rechtswirklichkeit zu erreichen und gleichzeitig anhand eines vorhandenen Maßstabes eine Bewertung der Untersuchungsergebnisse vorzunehmen sowie die russische Diskussion der deutschen Wissenschaft zu erschließen.

4. Der aktuelle Aufbau des Föderalismus in der Russischen Föderation

Im nachfolgenden 4. Kapitel werden die Grundlagen des Aufbaus des Föderalismus in der Russischen Föderation dargestellt. Dabei wird auch auf das für die Russische Föderation wesentliche Konzept der Asymmetrie in seiner konkreten Gestalt eingegangen.

4.1. Der föderative Aufbau

Es gibt in der Russischen Föderation erstens eine zentrale – föderale – Ebene, darunter zweitens die Ebene der föderalen Subjekte sowie drittens die kommunale Ebene der Gemeinden. Die Subjekte und Kommunen können selbst Recht setzen und eigene Organe bilden. Gleichzeitig gibt es jedoch einen einheitlichen Exekutivapparat. Art. 1 Abs. 1 VerfRF bezeichnet Russland als demokratischen föderativen Rechtsstaat mit republikanischer Regierungsform.

4.2. Asymmetrie – das Verfassungsmodell und die Verfassungspraxis (Status und Rolle der Subjekte)

Auf dem Gebiet der Russischen Föderation gab es ursprünglich 89, inzwischen gibt es nach Fusionen noch 83 föderale Subjekte. Ihr Status und ihr Verhältnis zur Zentralmacht ist – wie schon mehrfach angesprochen – in der VerfRF einheitlich und daneben in mehr oder weniger individuell ausgeformten föderalen Verträgen geregelt.

4.2.1. Die Ganzheitlichkeit des Territoriums gemäß Art. 5 Abs. 3 VerfRF

Als ein föderales Verfassungsprinzip wird immer wieder auf die Ganzheitlichkeit des Territoriums der RF und dessen Unverletzlichkeit in Art. 5 Abs. 3 und 4 Abs. 3 VerfRF verwiesen[348]. Die Betonung dieses Verfassungsprinzip ist als Reaktion auf den Zerfall der Sowjetunion und der Sezessionsbestrebungen Čečnijas verständlich. Auch im internationalen Vergleich wird immer davon

348 *Gall* weist darauf hin, dass die russische Wissenschaft die Qualität des russischen Föderalismus in der Einheit und Ganzheit des Staates sieht. Gall, C. v. (2010). Die Konzepte „staatliche Einheit" und „einheitliche Macht" in der russischen Theorie von Staat und Recht". Berlin. S. 282.

ausgegangen, dass föderale Befugnisse nur innerhalb der Föderation ausgeübt werden können und den Gesamtstaat nicht bedrohen dürfen.

4.2.2. Die Arten der Subjekte nach Art. 65 VerfRF

Art. 5 Abs. 1 VerfRF zählt zunächst Republiken, Regionen, Gebiete, bundesbedeutsame Städte, ein autonomes Gebiet und autonome Bezirke als Formen von Subjekten auf.

In Art. 65 VerfRF sind die Subjekte alphabetisch aufgeführt[349], es handelt sich um 21 Republiken, 9 Bezirke, 46 Gebiete, 2 Städte föderaler Bedeutung, ein autonomes Gebiet, 4 autonome Kreise. Da in der RSFSR bis zum Abschluss des Föderationsvertrages 1992 die ASSR und die autonomen Gebiete zwar in der Verfassung mit Kompetenzen ausgestattet waren, aber *de facto* wenig Einfluss hatten und Bezirke und Kreise, in welchen 80 % der Bevölkerung lebten, lediglich Verwaltungseinheiten ohne verfassungsmäßige Rechte waren, wird der Abschluss dieses Vertrages am 31. März 1992 als Beginn des

---

349 Respublika Adygeja (Adygeja), Respublika Altaj, Respublika Baškortostan, Respublika Burjatija, Respublika Dagestan, Respublika Ingušetija, Karbadino-Balkarskaja Respublika, Respublika Kalmykija, Karačevo-Čerkeskaja Respublika, Respublika Karelija, Respublika Komi, Respublika Marij Ėl, Respublika Mordovija, Respublika Sacha (Jakutija), Respublika Severnaja Osetija - Alanija, Respublika Tatarstan (Tatarstan), Respublika Tyva, Udmurtskaja Respublika, Respublika Chakasija, Čečenskaja Respublika, Čuvašskaja Respublika - Čuvašija;
Altajskij kraj, Krasnodarskij kraj, Krasnojarskij kraj, Primorskij kraj, Stavropol'skij kraj, Chabarovskij kraj;
Amurskaja oblast', Archangel'skaja oblast', Astrachanskaja oblast', Belgorodskaja oblast', Brjanskaja oblast', Vladimirskaja oblast', Volgogradskaja oblast', Vologodskaja oblast', Voronežskaja oblast', Ivanovskaja oblast', Irkutskaja oblast', Kaliningradskaja oblast', Kalužskaja oblast', Kamčatskaja oblast', Kemerovskaja oblast', Kirovskaja oblast', Kostromskaja oblast', Kurganskaja oblast', Kurskaja oblast', Leningradskaja oblast', Lipeckaja oblast', Magadanskaja oblast', Moskovskaja oblast', Murmanskaja oblast', Nižegorodskaja oblast', Novgorodskaja oblast', Novosibirskaja oblast', Omskaja oblast', Orenburgskaja oblast', Orlovskaja oblast', Penzenskaja oblast', Permskaja oblast', Pskovskaja oblast', Rostovskaja oblast', Rjazanskaja oblast', Samarskaja oblast', Saratovskaja oblast', Sachalinskaja oblast', Sverdlovskaja oblast', Smolenskaja oblast', Tambovskaja oblast', Tverskaja oblast', Tomskaja oblast', Tul'skaja oblast', Tjumenskaja oblast', Ul'janovskaja oblast', Čeljabinskaja oblast', Čitinskaja oblast', Jaroslavskaja oblast';
Moskva, Sankt-Petersburg – goroda federal'nogo značenija;
Evrejskaja avtonomnaja oblast';
Aginskij Burjatskij avtonomnyj okrug, Komi-Perjackij avtonomnyj okrug, Korjakskij avtonomnyj okrug, Neneckij avtonomnyj okrug, Tajmyrskij (Dolgano-Neneckij) avtonomnyj okrug, Ust'-Ordynskij Burjatskij avtonomnyj okrug, Chanty-Mansijskij avtonomnyj okrug, Čukotskij avtonomnyj okrug, Ėvenkijskij avtonomnyj okrug, Jamalo-Neneckij avtonomnyj okrug.

russischen Föderalismus betrachtet.[350] Im Zuge der Demokratisierung der RSFSR und des Zerfalls der UdSSR riefen die ASSR neben den SSR ihre Souveränität aus. Vier autonome Gebiete, mit Ausnahme des Autonomen Jüdischen Bezirks, wurden in Republiken umgewandelt, die Tschetschenisch-Inguschetische Republik in zwei Republiken geteilt. Diese Entscheidung der Einfügung der ASSR als „Republiken im Bestand der Russischen Föderation" fiel auf der IV. Sitzungsperiode des Kongresses der Volksdeputierten der RSFSR. Diese national definierten Republiken benannten sich üblicherweise nach der so genannten Titularnation. Der oben genannte Vertrag wurde von allen Subjekten außer Čečnija und Tatarstan unterzeichnet. Tatarstan schloss dann den ersten föderalen Vertrag ab[351], in welchem von einer „Vereinigung der RF und Tatarstan" die Rede war.
Art. 65 Abs. 2 Alt. 1 VerfRF sieht vor, dass neue Subjekte anderer Staaten aufgenommen werden können. Dazu ist es bis jetzt noch nicht gekommen. Ob diese Regelung in absehbarer Zeit - etwa bei den georgischen Territorien Abchasien und Süd-Ossetien - virulent wird, kann gegenwärtig nicht beurteilt werden. Relevanter ist allerdings die in Art. 65 Abs. 2 Alt. 2 VerfRF vorgesehene Möglichkeit, dass Subjekte fusionieren. Dies ist in der Vergangenheit schon öfter vorgekommen, wobei sich allerdings immer territorial-administrative Einheiten zusammen schlossen. Dies geschah in den letzten Jahren im Permskij kraj[352] (2005), im Krasnojarskij kraj[353] (2007), im Kamčatskij kraj[354], im Irkutskaja Oblast'[355] (2008) sowie im Zabajkal'skij kraj (2008).

4.2.3. Das Prinzip der Gleichheit der Subjekte Art. 5 Abs. 4 VerfRF

Verfassungsrechtlich stehen zwei Prinzipien im Konflikt miteinander: dasjenige der Gleichheit aller Subjekte der Zentrale gegenüber in Art. 5 Abs. 4 VerfRF und die in Art. 5 Abs. 2 S. 1 VerfRF angeführte Staatlichkeit der Republiken mit eigener Verfassung gegenüber allen anderen in Satz 2 genannten Subjekten mit ihren Statuten und ohne Staatlichkeit. Die Subjekte sind gleichberechtigt in ihren Beziehungen zu den föderalen Orga-

---

350 Lazarev, V. V. (2003). Naučno-praktičeskij kommentarij (Sistema Garant // Datenbank). Art. 65 VerfRF.
351 Vgl. 9.4.4.1 Der erste föderale Vertrag vom 15. Februar 1994, S. 399.
352 Föderales Verfassungsgesetz vom 25. März 2004 Nr. 1-FKZ mit Änderungen vom 30. Juni 2005 und 12. April 2006.
353 Verfassungsgesetz vom 14. Oktober 2005 Nr. 6-FKZ.
354 Föderales Verfassungsgesetz vom 12. Juni 2006 Nr. 2-FKZ.
355 Föderales Verfassungsgesetz vom 30. Dezember 2006 Nr. 1-FKZ mit Änderungen vom 2. Juni 2007.

nen (Art. 5 Abs. 4 VerfRF). Um das Prinzip umzusetzen, müsste man die Unterschiede im Status der Subjekte minimieren.[356]

4.2.3.1. Die Unterschiede zwischen verschiedenen Subjektkategorien

4.2.3.1.1. Die „Staatlichkeit" der Republiken

In Art. 5 Abs. 2 VerfRF werden die Republiken als „Staaten" anerkannt, die restlichen Subjekte aber nicht.[357] Nach Art. 66 Ab. 1 VerfRF geben sich die Republiken Verfassungen, alle anderen Subjekte können laut Art. 66 Abs. 2 VerfRF lediglich Statuten verabschieden. In der weltweiten Praxis sind solche Statuten (Chartas), dem Charakter nach Verordnungen, für Kommunen reserviert. Dies schafft weitere Ungleichheiten unter den Subjekten, die es von Verfassungs wegen eigentlich nicht geben sollte. Hinzu kommt noch der weitere Umstand, dass nach Art. 66 VerfRF die Republiken entscheiden können, wie sie sich die Verfassung geben (Referendum, Parlament), aber für das Statut nur das Parlament vorgesehen ist.

Karpetjan ist der Auffassung, dass der Status der Subjekte nur von der Verfassung vorgegeben und in den Republiksverfassungen und Statuten nur der VerfRF entsprechend wiedergegeben werden sollte, um Verstöße in diesen Verfassungen der Subjekte zu vermeiden.[358] Er vertritt die Ansicht, dass alle Subjekte den gleichen verfassungsrechtlichen Status haben sollten. Die Asymmetrie ihrer Subjekte stelle die größte Gefahr für den Fortbestand der einheitlichen RF dar, vor allem ihre verfassungsrechtliche Asymmetrie im Sinne einer Ungleichheit von in der Verfassung garantierten Rechten.[359] Dabei übersieht er, dass hiermit das in der VerfRF in Art. 5 Abs. 1 und Abs. 2 VerfRF angelegte Grundproblem der strukturellen Asymmetrie nicht behoben ist und nicht behoben werden kann.

Die formale Gleichheit und tatsächliche Ungleichheit bildeten den einen Widerspruch. *Umnova* hält fest, dass es wegen der strukturellen Ungleichheit der Subjekte keine Gleichberechtigung geben kann.[360] Teilweise wird darauf

---

356 Umnova, I. A. (2000). Konstituticionnye osnovy sovremennogo rossijskogo federalizma. Moskva. S. 150.

357 Dabei kann die „Staatlichkeit" der Nichtrepubliken kaum bestimmt werden. Blankenagel, A. (2006). "Skol'ko centralizma vyderžit federativnoe gosudarstvo?" Sravnitel'ne konsitilucionnoe obozrenie **55** (2): 153 - 159. S. 154.

358 Karpetjan, L. M. (2001). Federativnoe ustrojstvo Rossijskogo gosudarstva. Moskva. S. 100.

359 Ebenda. S. 217.

360 Umnova, I. A. (2000). Konstituticionnye osnovy sovremennogo rossijskogo federalizma. Moskva. S. 90.

abgestellt, dass die formelle Gleichheit eine juristische, keinesfalls eine faktische Gleichheit bedeuten solle. Jedes Subjekt könne mithilfe der föderalen Verträge Rechte an die Föderation abtreten oder Rechte von der Föderation erhalten.[361] Dies würde die verfassungsrechtliche Ungleichheit noch verstärken.
Heinemann-Grüder ist der Ansicht „obschon die Republiken Verfassungen annehmen können, regeln die Gebiete mit ihren Statuten faktisch den gleichen Problemkreis. Diesbezüglich handelt es sich eher um einen terminologischen denn sachlichen Unterschied." Die Republiken können allerdings ihre Staatssprache wählen, Symbole der Staatlichkeit bestimmen, und Tatarstan hat auch eine eigene Staatsbürgerschaft neben der der RF eingeführt. Die Art der inneren Gewaltenteilung wurde von den Republiken eigenständig bestimmt, d.h. sie konnten Präsidenten wählen oder durch Parlamente Regierungen bilden sowie Verfassungs- sowie Oberste Gerichte formen. Den Republiken wurde darüber hinaus mehr Spielraum bei der Umsetzung föderaler Gesetze als den Gebieten und Bezirken eingeräumt[362]. „Aus der Perspektive der gesamtrussischen Verfassungsordnung besteht die entscheidende Asymmetrie zwischen Republiken und Gebieten bzw. Bezirken in den unterschiedlichen Freiheiten zur Bestimmung der inneren Ordnung, mithin in den unterschiedlichen Graden zentralistischer Einwirkungsmacht."[363] Dies galt nur bis zur Homogenisierung durch die Verabschiedung des SubjOrgG und die Abschaffung der Direktwahlen der Subjektexekutivspitze. Nunmehr werden auch die Kandidaten für die Präsidentschaft der Republiken vom Föderationspräsidenten vorgeschlagen und den Subjektparlamenten gewählt.
Eine Möglichkeit, die Gleichheit zwischen den Subjektkategorien herzustellen, wäre eine Angleichung der anderen Subjekte an den Status der Republiken gewesen, was von den Republiken vehement abgelehnt wurde.[364] Dabei beriefen sie sich auf die Souveränität als unveräußerlichen Bestandteil des

---

361 Abdulatipov, R. G. / Boltenkova, L. F. (1994). Opyty federalizma. Moskva. Der aus Dagestan stammende Ramazan *Abdulatipov* war mehrfach Minister der föderalen Regierung, Menschenrechtsbeauftragter für Čečnija und zuständig fürdie Verbindung der Föderation mit dem nördlichen Kaukasus. 2000 bis 2005 war er Senator der Regierung des Saratovsker Gebiets im Föderationsrat. Inzwischen ist er Sondergesandter der RF in Tadžikistan.

362 Heinemann-Grüder, A. (2000). Der heterogene Staat. Berlin. S. 215.

363 Ebenda. S. 216.

364 Karpetjan, L. M. (2001). Federativnoe ustrojstvo Rossijskogo gosudarstva. Moskva. S. 104.

Selbstbestimmungsrechts der Völker.[365] Es ging den Republiken darum, ihre Sonderstellung zu erhalten. Denn allen Subjekten hätte *El'cin* so weitgehende „Privilegien" wie die in den föderalen Verträgen vereinbarten nicht zugestehen können, ohne selbst einen Machtverlust in den Kreisen der jeweiligen Politiker des föderalen Zentrums zu riskieren.

Inzwischen sind diese Republiksverfassungen und die Statuten von der Wirkung her gleich.[366] Dies wird insbesondere daran deutlich, dass der Föderationspräsident seit der Novellierung des Art. 18 SubjOrgG den Subjektparlamenten den Kandidaten für das Amt des Republikspräsidenten oder Gouverneurs vorschlagen und bei zweimaliger Ablehnung nach Art. 9 Abs. 4.1 SubjOrgG das Subjektparlament auflösen kann. Eine durch das Wahlvolk per Referendum angenommene Republiksverfassung mag eine höhere Legitimität besitzen als eine durch das Subjektparlament als Verfassungskonvent angenommene. Jedoch hat das VerfGRF viele Bestimmungen aus Republiksverfassungen für verfassungswidrig erklärt und außer Kraft gesetzt. Dies betraf auch eine Vielzahl der Bestimmungen der RT als treibender Kraft.[367] Deshalb hatte die Staatlichkeit vor allem zu Beginn der neunziger Jahre in der oben geschilderten Debatte[368] um die Souveränität besondere Bedeutung.

Der Regelung des Art. 5 Abs. 1 und 2 VerfRF ist ihr Kompromisscharakter als Ergebnis eines Deals in den frühen neunziger Jahren deutlich anzumerken. Auch *Baglaj* merkt an, dass der Föderalismus in den neunziger Jahren einen Übergangscharakter trug und es eine schwere wirtschaftliche Periode, die zudem noch von den Auseinandersetzungen zwischen den einzelnen Nationalitäten geprägt gewesen sei.[369] Mit der hohen Hürde für Verfassungsänderungen[370] bleiben aber auch solche Regelungen lange erhalten. Die Diskussionen in der Wissenschaft über eine künftige Neugestaltung der Subjekte

365 Muchamečin, F. C. (1994). "Problemy formirovanija otnošenij novogo tipa (politiko-pravovye aspekty)." GiP (3). S. 56.

366 *Blankenagel* bezeichnet die Unterschiede als "symbolisch". Blankenagel, A. (2006). "Skol'ko centralizma vyderžit federativnoe gosudarstvo?" Sravnitel'ne konsitiucionnoe obozrenie **55** (2): 153 - 159. S. 154.

367 Vgl. 9.4.3. Die Verfassung der Republik Tatarstan (VerfRT) S. 396.

368 Vgl. 2.4.2.3. Die Diskussionen um die Souveränität der Republiken und das Selbstbestimmungsrecht der Völker S. 65 f.

369 Baglaj, M. V. (2002). Konstitucionnoe pravo Rossijskoj Federacii. Moskva. S. 306. *Baglaj* war von 1997-2003 Präsident der VerfGRF und ist Professor und Mitglied der Russischen Akademie der Wissenschaften.

370 Vgl. 7.1.7. Der Föderationsrat bei Besonderheiten der Verabschiedung föderaler Verfassungsgesetze und verfassungsändernder Gesetze, S. 327.

anhand administrativ-territorialer Prinzipien und darüber, ob eine symmetrische Föderation erstrebenswert sei,[371] bleibt dadurch zunächst nur akademisch. Überdies geht die Entwicklung immer mehr in Richtung einer auch rechtlichen Homogenisierung, weil die rechtlichen Unterschiede durch verschiedene Zuständigkeiten und Kompetenzen in den verschiedenen föderalen Verträgen mit deren Nichtverlängerung (mit Ausnahme desjenigen mit der RT) wegfallen. Auch an dieser Stelle erweist sich die VerfRF als Kodifizierung von Kompromissen, sozusagen als eine ‚Abbildung der gefrorenen Konfliktlinien' der Jahre 1990 bis 1993.

4.2.3.1.2. Staatssprache und Staatsbürgerschaft der Republiken nach Art. 68 VerfRF

Die Republiken können ihre Staatsprachen nach Art. 68 VerfRF festlegen. Das entscheidende Argument dafür war, dass die Republiken „ethnisch" formiert wurden. Ein weiteres Verfassungsinstitut der Republiken ist die eigene Staatsbürgerschaft. Dies wurde aus dem Nichtverbot der VerfRF abgeleitet.[372] So hat die RT ihre eigene Staatsbürgerschaft und hat auf dieser Grundlage auch eigene Pässe ausgegeben. Einen weiteren Faktor der Ungleichheit enthält Art. 72 Abs. 1 lit. a VerfRF. Bei den Republiken werden nur die Verfassung und die Gesetze auf ihre Übereinstimmung mit der föderalen Rechtsordnung überprüft, bei den anderen Subjekten daneben auch alle anderen Rechtsakte. Würde das Prinzip der Gesetzmäßigkeit der Verwaltung in den Republiken gelten, machte das praktisch keinen Unterschied. Es ist auch nicht ausgeschlossen, dass es sich um eine unglücklich formulierte Norm der VerfRF handelt. Überdies stellte diese Norm in erster Linie Symbolpolitik dar und diente vordringlich dazu, die Republiken von der Sezession abzuhalten, indem ihnen mehr Zugeständnisse gemacht wurden. Im Zuge der zunehmenden Zentralisierung der RF während *Putins* Präsidentschaft wurden die rechtlichen Ungleichheiten verringert.

4.2.3.1.3. Republiksverfassungen und Statute nach Art. 66 VerfRF

Eine weitere praktisch bedeutsame Regelung ist in Art. 66 VerfRF enthalten. Nach Art. 66 Abs. 1 VerfRF bestimmt sich der Status einer Republik sowohl durch die Verfassung der RF als auch durch die Verfassung der Republik.

---

371 Umnova, I. A. (2000). Konstituticionnye osnovy sovremennogo rossijskogo federalizma. Moskva. S. 91, Karpetjan, L. M. (2001). Federativnoe ustrojstvo Rossijskogo gosudarstva. Moskva. S. 104 ff.

Dagegen wird nach Art. 66 Abs. 2 VerfRF der „Status einer Region, eines Gebiets, einer bundesbedeutsamen Stadt, eines autonomen Gebietes und eines autonomen Bezirks bestimmt durch die Verfassung der Russischen Föderation und das Statut der Region, des Gebiets, der bundesbedeutsamen Stadt, des autonomen Gebietes, des autonomen Bezirkes, das von dem Gesetzgebungs(Vertretungs-)organ des entsprechenden Subjekts der RF verabschiedet wird."

Umnova sieht in Art. 66 Abs. 1, 2 VerfRF einen Widerspruch zu Art. 125 Abs. 2 lit. b VerfRF, der zwischen den einzelnen Kategorien der Akte nicht differenziert. Außerdem löse die VerfRF das Problem der autonomen Kreise innerhalb eines anderen Subjektes nicht. Mit Ausnahme des Čukotsker Autonomen Bezirks befinden sich alle autonomen Kreise auf dem Territorium anderer Subjekte. Das VerfGRF entschied am 14. Juli 1997[373] in Auslegung von Art. 66 Abs. 4 VerfRF, dass man von der Anerkennung des praktischen und juristischen Eingangs des autonomen Kreises in ein anderes Subjekt ausgehen müsse. Das sei ein Sonderfall der Gleichheit der Subjekte. Ein Subjekt befände sich nur dann im Bestand eines anderen, wenn seine gesamte Bevölkerung und das gesamte Territorium innerhalb des anderen Subjektes lägen. Auf die praktischen Unterschiede zwischen Republiksverfassungen und Statuten wurde schon oben unter 4.2.3.1.1.[374] verwiesen.

4.2.3.1.4. Besonderer Status der Hauptstadt nach Art. 70 Abs. 2 VerfRF

Wie in anderen Föderationen, nimmt auch in der RF die Hauptstadt nach Art. 70 Abs. 2 VerfRF eine besondere Stellung ein. Er wird im Gesetz „Über den Status der Hauptstadt der Russischen Föderation"[375] geregelt. In dem Gesetz werden Verpflichtungen der föderalen und Moskauer Stadtorgane im Zusammenhang mit der Hauptstadtfunktion reguliert.

4.2.3.1.5. Rechte der kleinen Urvölker nach Art. 69 VerfRF

Den kleinen Urvölkern garantiert Art. 69 VerfRF besondere Rechte in Übereinstimmung mit den allgemein anerkannten Prinzipien und Normen des Völkerrechts und den völkerrechtlichen Verträgen der RF. Am Ende der neunziger Jahre betrug die Zahl der „Ureinwohner" etwa 182.000 Menschen, die vor allem im hohen Norden, in Sibirien und im Fernen Osten leben. Sie leiden un-

---

372 Umnova, I. A. (2000). Konstituticionnye osnovy sovremennogo rossijskogo federalizma. Moskva. S. 151.

373 SZ RF 1997, Nr. 29, Art. 3581.

374 Vgl. 4.2.3.1.1. Die „Staatlichkeit" der Republiken S. 118.

ter besonders ärmlichen Lebensverhältnissen: einem geringeren Lebensstandard, Rechtlosigkeit, häufigeren Krankheiten und Alkoholismus.[376] Art. 69 VerfRF soll nach Ansicht von *Karpetjan* vor allem dazu dienen, die Politiker der RF und der Subjekte auf die Notwendigkeit der Verbesserung der Lebenssituation der Urvölker hinzuweisen.[377] So sieht die russische Gesetzgebung unter anderem vor, dass ein Anteil des Erlöses von Bodenschätzen, die auf Gebieten der „Ureinwohner" gewonnen werden, in die soziale Entwicklung dieser Territorien investiert werden müssen. *Karpetjan* stellt fest, dass die soziale Stellung der kleinen Urvölker sehr vom Zustand der sonstigen Angelegenheiten in Russland abhängig sei.[378]

Demokratietheoretisch ist diese Form der verfassungsrechtlichen Asymmetrie und Ungleichbehandlung unter Gleichheitsaspekten unbedenklich, weil der Minderheitenschutz und das Gebot der Schaffung annähernd gleicher Lebensverhältnisse die Privilegierung der kleinen Urvölker zulassen, ja sogar erfordern. Die Norm klingt eher nach einer Staatszielbestimmung und in ihrem Verweis auf Völkerrecht sehr unverbindlich.

4.2.3.2. Der Verwaltungsaufbau

Kein Problem der Gleichheit, sondern eher der Homogenität der Subjekte ist der unterschiedliche Verwaltungsaufbau, den die Subjekte nach Art. 77 VerfRF wählen konnten. Denn die Gleichheit kann aus verfassungsrechtlicher Sicht nur in einer Gleichheit von verfassungsmäßigen Rechten, insbesondere gegenüber dem föderalen Zentrum, bestehen.[379] Dies erfordert jedoch nicht, dass alle Subjekte intern den gleichen Verwaltungsaufbau wählen. Zu Beginn der neunziger Jahre versuchte der Präsident, einen homogenen Verwaltungsaufbau der Subjekte mit Dekreten zu erreichen, die allerdings für die Republiken nicht galten. Die anderen Subjekte hielten sich im Wesentlichen an den dort in den Dekreten vorgegebenen Verwaltungsaufbau, die Republiken nicht.[380] In der Folge entwickelten sich nicht nur unterschiedliche Verwaltungsstrukturen in den Regionen, sondern auch unterschiedliche Wahlsysteme. So konnten von dem Recht aus Art. 77 VerfRF in

375 FZ vom 15. April 1993 Nr. 4802-I.

376 Karpetjan, L. M. (2001). Federativnoe ustrojstvo Rossijskogo gosudarstva. Moskva. S. 241.

377 Ebenda. S. 250.

378 Ebenda. S. 251.

379 Dies wird in der russischen Literatur dennoch als Problem der „Gleichheit" der Subjekte verhandelt. Umnova, I. A. (2000). Konstitucionnye osnovy sovremennogo rossijskogo federalizma. Moskva. S. 153.

der Wahlkampagne Winter/Frühling 1994 nur die Republiken profitieren.[381] Das VerfGRF sorgte mit der sog. Ersten Altaj-Entscheidung[382] für weitgehende Konformität zwischen den Nicht-Republiken.

4.2.4. Die Regelung in Art. 73 VerfRF – eine Art Subsidiaritätsprinzip?

Art. 73 VerfRF enthält die sogenannten Restzuständigkeiten der Subjekte. Es ist stark umstritten, ob darin eine ausschließliche Gesetzgebungszuständigkeit gesehen werden kann. Die Diskussion um die Regelung wird im Zusammenhang mit den Gesetzgebungszuständigkeiten im Abschnitt [5.4.4.][383] dargestellt. Es ist nicht angemessen, in der Regelung des Art. 73 VerfRF das Subsidiaritätsprinzip zu sehen. Was mit einem westlichen Verständnis des Subsidiaritätsprinzips[384], nämlich dass eine Entscheidung auf der dem Betroffenen möglichst nächst gelegenen Ebene getroffen wird, kollidiert, ist einerseits die geringe verbliebene Anzahl von Gegenständen der Zuständigkeit in Art. 73 VerfRF und andererseits das Prinzip der Einheitsverwaltung nach Art. 77 Abs. 2 VerfRF. Hinzu komm der Kompetenzwirrwarr konkurrierender Verwaltungsapparate, was zu der Rechtsunsicherheit führt, welche Behörde überhaupt für eine Entscheidung zuständig ist.

4.2.5. Die Teilnahme der Subjekte am föderalen Gesetzgebungsprozess

Einfluss auf den föderalen Gesetzgebungsprozess üben die Subjekte über die von ihnen entsandten Senatoren in der oberen Kammer der Föderalen Versammlung, dem Föderationsrat, aus. Das Funktionieren dieses Prozesses und einige Gründe für den insgesamt niedrigen kaum auszumachenden Beitrag der Subjekte zur föderalen Rechtsetzung werden im Abschnitt 7.2[385] erörtert.

4.2.6. Das institutionelle Verhältnis von Präsident und Subjekten

Die Beziehung des föderalen Präsidenten zu den Subjekten war seit Beginn der neunziger Jahre starken Schwankungen unterworfen. Im folgenden Abschnitt wird die Entwicklung der Befugnisse des Präsidenten seit Beginn des Bestehens der RF beleuchtet. Hierbei wird es vornehmlich um seine im Sub-

---

380 Ebenda.
381 Ebenda. S. 154.
382 Vgl. Ausführliche Darstellung unter 8.5.1. Die Entscheidung zum parlamentarischen oder präsidentiellen System der Subjekte (1. Altaj-Entscheidung) S. 354 ff.
383 Vgl. 5.4.4. Die ausschließliche Zuständigkeit der Subjekte S. 212.
384 Vgl. Subsidiaritätsprinzip S. 53.
385 Vgl. 7.2. Die Beteiligung der Subjekte am Gesetzgebungsprozess S. 333 ff.

jektorganisationsgesetz verankerten Befugnisse, die Subjektparlamente aufzulösen sowie die Subjektexekutivspitzen abzuberufen, gehen.

4.2.6.1. Die Befugnis des Präsidenten aus Art. 85 VerfRF

Nach Art. 85 Abs. 2 VerfRF darf der Präsident RF Exekutivakte der Subjektorgane außer Kraft setzen, wenn diese der föderalen Verfassungs- und Gesetzgebung oder internationalen Verträgen widersprechen. Dazu bemerkt *Umnova*, dass es keine Aufhebung (*otmena*), sondern nur eine Aussetzung (*priostanovlenie)* sei. Denn Art. 115 VerfRF bestimme, dass nur Entscheidungen (Akte) der föderalen Regierung vom Präsident aufgehoben werden könnten, wenn diese der VerfRF, föderalen Gesetzen und Dekreten des Präsidenten widersprächen. Ein weiterer Schutz der Subjektorgane vor der föderalen Gewalt sei, dass ihre Akte nicht aufgehoben werden könnten, nur weil sie unzweckmäßig seien. *Kozlov* ist der Ansicht, dass das Recht der Aussetzung nach Art. 85 Abs. 2 VerfRF eher eine Sache der Verfassungsgerichtsbarkeit sei.[386] *Umnova* kontert dies mit dem Argument, der Präsident der Föderation Indien habe nach Art. 201 der Verfassung noch weitergehende Rechte.[387]

Vor allem hält *Umnova* diese Kompetenz zur Aussetzung angesichts des Zustands des russischen Rechtssystems im Jahr 2000 für notwendig. Sie bemerkt auch, dass der Präsident diese Kompetenz innerhalb der Jahre 1997 – 2000 nicht ausgeübt habe.[388] Diese Kompetenz fand ihren Ausdruck in den benannten Regelungen des SubjOrgG. Dass der Präsident noch weiterführende Kompetenzen hat, ist kein Argument dafür, dass in die Zuständigkeit des VerfGRF eingegriffen wird, weil damit in die Gewaltenteilung eingegriffen würde.

Die endgültige Entmachtung der Gouverneure und Republikspräsidenten fand mit der Verabschiedung der Änderung des SubjOrgG Ende 2004 statt. Nach der neuen Fassung der Art. 18 Abs. 1 Nr. 1 und 2 SubjOrgG[389] werden die Gouverneure „auf Vorschlag des föderalen Präsidenten“ von dem Subjektparlament gewählt. Zuvor wurden die Gouverneure gewählt, was ihre Le-

386 Kozlov, A. E. (1996). Status Rossijskoj Federacii i problemy soveršenstvovanija mechanizma gosudarstvennoj vlasti. Konstitucionnyj stroj Rossii IGPAN. Moskva. **3**. S. 71.

387 Das ist nicht sehr überzeugend. Allerdings darf der Präsident diesen inkriminierten Subjektrechtsakt nur bis zur Klärung durch das entsprechende Gericht aussetzen.

388 Umnova, I. A. (2000). Konstituticionnye osnovy sovremennogo rossijskogo federalizma. Moskva. S. 121.

389 Geändert durch das Gesetz 159-FZ vom 11. Dezember 2004

gitimität in den Augen der Wähler gestärkt hatte. Schon in der 1999 verabschiedeten Fassung steht dem Präsidenten das Recht zu, Republikspräsidenten oder Gouverneure abzulösen sowie Subjektparlamente aufzulösen.[390] *Putin* schuf durch Dekret im Jahre 2005 die Gesellschaftskammer. Dabei handelt es sich um eine Versammlung von Honoratioren ohne Entscheidungsbefugnis, die sich mit dem Präsidenten austauscht. Was die wirkliche Motivation *Putins* war, ist unklar. *Putin* hatte wahrscheinlich kaum ein reales Beratungsinteresse. Dieses Organ dient vermutlich der Ablenkung der Öffentlichkeit von den wirklichen Entscheidungsprozessen. *Mommsen* und *Nußberger* sind der Ansicht, dass es unter *Putin*, ohne die Verfassungsgebote als solche in Frage zu stellen, zur Einebnung aller gewaltenteiligen Elemente kam. Während man die demokratischen Verfassungseinrichtungen schwächte, häuften sich deren Surrogate.[391] Wie sich dieses Organ überhaupt und nun unter *Medvedev* entwickeln wird, bleibt abzuwarten. Die Erfahrung mit dem Europäischen Parlament, das 1952 als „Versammlung" mit reiner Beratungsfunktion geschaffen wurde, zeigt, dass Institutionen eine Eigendynamik entfalten können, die über kurz oder lang dazu führen, dass sie sich Entscheidungsbefugnisse aneignen.

4.2.6.1.1. Die Auflösung von Subjektparlamenten durch den Föderationspräsidenten (Art. 9 SubjOrgG)

In Bezug auf die Subjekte hat der Föderationspräsident weitreichende Kompetenzen[392]: Er kann in einem im SubjOrgG geregelten Verfahren sowohl die Subjektparlamente auflösen als auch die Präsidenten oder Gouverneure ihres Amtes entheben und übt dabei teilweise auch Gerichtsfunktionen aus.

Diese Befugnisse können als Sanktionen bei Missachtung der Normen der Zuständigkeiten und der Kompetenzabgrenzung verstanden werden. Allerdings funktionieren sie nur in einer vertikalen Richtung: Der Föderationspräsident kann in einem geregelten Verfahren die Subjektexekutivspitze oder das Subjektparlament ablösen bzw. auflösen. Hier findet man schon in der Fassung des Gesetzes von 1999 einen frühen Fall der später verstärkten Politik der „Vertikalen der Macht".[393]

---

390 Vgl. 4.2.6.1.1. Die Auflösung von Subjektparlamenten durch den Föderationspräsidenten (Art. 9 SubjOrgG) S. 126 ff.

391 Mommsen, M. / Nußberger, A. (2007). Das System Putin. München. S. 35 f.

392 Zur Abgrenzung von Gesetzgebungszuständigkeiten und Kompetenzen vgl. unten 5.1.1. Definition von Zuständigkeiten und Kompetenzen. S. 186.

393 Zur „Vertikale der Macht" vgl. die Definition von Mommsen, S. 71.

So eröffnet Art. 9 Abs. 4 SubjOrgG dem Präsidenten der RF das Recht, unter bestimmten Bedingungen ein Verfahren zur Parlamentsauflösung eines Subjekts einzuleiten. Voraussetzung der Parlamentsauflösung ist, dass durch die Nichtausführung des Urteils der durch die VerfRF oder föderale Gesetzgebung festgelegten Amtstätigkeit Hindernissen in den Weg gelegt werden oder die Menschen- und Bürgerrechte oder die Interessen gesetzlich geschützter juristischer Personen verletzt werden. Der Präsident erlässt dafür ein Dekret, um das Parlament des Subjekts auf die Konsequenzen bei der Nichtvollstreckung des Gerichtsurteils hinzuweisen.
Das Verfahren hat dann folgenden Ablauf: Wenn das Subjektparlament das nicht ausgeführte Urteil innerhalb von 6 Monaten oder der vom Gericht dafür gesetzten Frist nicht beachtet, insbesondere den rechtswidrigen Rechtsakt nicht aufhebt, leitet der Präsident der Staatsduma den Gesetzentwurf über die Auflösung des Subjektparlaments zu.
In der Fassung bis zum 11. Dezember 2004 war dagegen Folgendes geregelt: Wenn das Subjektparlament innerhalb von drei Monaten nach der Verwarnung durch das Präsidialdekret die Gerichtsentscheidung nicht umsetzte, brachte der Präsident ein Gesetzesvorhaben zur Entlassung des Subjektparlaments in die Staatsduma ein. Die Staatsduma war verpflichtet, dieses Gesetzesprojekt innerhalb von zwei Monaten zu behandeln.
Laut Art. 9 Abs. 5 SubjOrgG müssen in diesem Fall innerhalb von 120 Tagen Neuwahlen in dem Subjekt durchgeführt werden.
Hier existierte immerhin ein gestuftes Verfahren: Problematisch ist, dass es sich beim föderalen Gesetz um ein Maßnahmegesetz handelt. Das Problem des Maßnahmegesetzes besteht darin, dass es nicht allgemein und ohne Ansehen der Person für jedermann gilt, sondern fallbezogen für ein bestimmtes Subjekt in einer bestimmten politischen und rechtlichen Situation. Demokratietheoretisch zu bedenken ist dabei, dass dieses immer noch demokratischer als ein Präsidialdekret ist. Eine Beteiligung des Föderationsrats würde der Zweistufigkeit (der Zentral- und der Subjektebene) eher gerecht und auch eine Akzeptanz der föderalen Entscheidung stärken. Interessant sind hierbei auch die informalen Verstrickungen. Einerseits kann die Subjektexekutivspitze, also der Republikspräsident oder der Gouverneur, nach Art. 9 Abs. 2 SubjOrgG das Subjektparlament auflösen, andererseits der Föderationspräsident ein solches Verfahren einleiten. Damit wird den Subjektexekutivspitzen ein klarer Anreiz gegeben, der Präsidialadministration ein Zeichen der Zentrumstreue zu signalisieren und Ordnung „im eigenen Haus“

zu schaffen. Die Subjektparlamente müssen sich demnach vor dem föderalen Präsidenten und ihrem Gouverneur in Acht nehmen.

Das SubjOrgG wurde nach der Geiselnahme von Beslan im September 2004 verschärft.[394] In der seit 11. Dezember 2004 geltenden Fassung[395] von Art. 9 Abs. 4 SubjOrgG kann der Föderationspräsident das Subjektparlament auflösen, ohne zuvor das Gesetzesprojekt in die Staatsduma einzubringen. Die Möglichkeit der Parlamentsauflösung nach Art. 9 SubjOrgG war vom Parlament Adygejas vor dem VerfGRF angegriffen worden. Das Gericht entschied am 4. April 2002, dass die Möglichkeit der Auflösung des Subjektparlaments durch den Föderationspräsident nicht gegen die Verfassung verstößt.[396] Das Urteil ist ausführlich im Abschnitt 8.5.6. dargestellt[397].

Das Verfahren verläuft nun wie folgt:

- Der Präsident verwarnt das Subjekt wegen des verfassungswidrigen Aktes. Diese Verwarnung erfolgt in Form eines Dekrets (Art. 9 Abs. 4 S. 2 SubjOrgG).
- Wenn das Subjektparlament innerhalb von drei Monaten den verfassungswidrigen Rechtsakt nicht aufgehoben hat,
- ist der Präsident ist befugt, das Subjektparlament aufzulösen, wobei im Gesetz nicht genannt ist, mit welchem Rechtsakt er dies tun kann. Allgemein wird davon ausgegangen, dass es sich wohl um ein Dekret handeln wird.[398]

Hierzu ist anzumerken, dass die Beteiligung der Staatsduma und damit eine weitere Garantie für das Subjektparlament entfällt. Der Präsident kann nur noch von den Gerichten gestoppt werden.

Seitdem verleiht Art. 18 Abs. 1 SubjOrgG dem föderalen Präsidenten ein Vorschlagsrecht für den Gouverneur.

Lehnt das Subjektparlament den vom föderalen Präsidenten vorgeschlagenen Kandidaten dreimal ab, so kann der föderale Präsident das Subjektpar-

---

394 Zu den Umständen der Verabschiedung des Gesetzes siehe Nußberger, A. (2007). Das Russische Verfassungsgericht zwischen Recht und Politik. Buhbe, M. / Politkovskaja, A. S. / Gorzka, G. (Hrsg.) Russland heute. Rezentralisierung des Staates unter Putin. Wiesbaden: 215-230. S. 222 f.

395 Nr. 159 FZ. SZ RF 2004, Nr. 50 Pos. 4950.

396 VKS 2002, Heft 5, S. 3-37 (mit den Sondervoten).

397 8.5.6. Die Entscheidung zur Auflösung der Subjektparlamente (Bundeszwang-Entscheidung) S. 363 ff.

398 Išekov, K. A. / Tjurin, P. J. [Hrsg.] (2006). Kommentarij k federal'nomu zakonu "Ob obščich principach organisacii zakonodatel'nych (predstavitel'nych) i ispolnitel'nych organov gosudarstvennoj vlasti sub"ektov Rossijskoj Federacii", Online Sistema Garant // Datenbank. Art. 9, Rn. 7.

lament nach Art. 9 Abs. 4.1 SubjOrgG auflösen. Diese Regelung ist der VerfRF nachgebildet, die gleichermaßen vorsieht, dass der föderale Präsident die Staatsduma auflösen kann, wenn sie den von ihm vorgeschlagenen Kandidaten für das Amt des Ministerpräsidenten dreimal ablehnt.

In diesem Fall ernennt der föderale Präsident zunächst einen Interimsgouverneur, Art. 9 Abs. 4.1 S. 1 SubjOrgG. Danach berät er sich mit dem Subjektparlament während eines Zeitraums von einem Monat, wenn sein Kandidat jeweils abgelehnt wurde. Die Ernennung des Interimsgouverneurs (oder Republikspräsidenten) erfolgt durch Dekret (Art. 9 Abs. 4.1 S. 4 SubjOrgG). Dabei fällt der Widerspruch auf, dass nach Art. 9 Abs. 4.1 S. 1 SubjOrgG der Präsident schon eine Interimsexekutivspitze ernennen kann, während nach S. 2 und 3 davon ausgegangen wird, dass dies erst nach mindestens zweimaliger Ablehnung des Kandidaten durch das Subjektparlament erfolgen kann.[399] Auch in Art. 18 Abs. 2 S. 6 und 7 SubjOrgG ist davon die Rede, dass erst nach zweimaliger Ablehnung diese Konsultation erfolgt. Diese Widersprüche deuten vor allem auf eine unzureichende Gesetzgebungstechnik hin, wohl der Kürze der Zeit geschuldet.

Die Folgen waren spürbar: In den Jahren 2005-2006 gab es keinen einzigen Fall, in dem ein Subjektparlament einen Kandidaten des Präsidenten abgelehnt hat.[400] Zwischen Januar 2005 und Januar 2006 haben die Subjektparlamente die vom Föderationspräsidenten vorgeschlagenen 44 Gouverneure und Republikspräsidenten ernannt, also praktisch die Hälfte der Gesamtzahl.[401]

Die Neuwahlen werden nach Art. 9 Abs. 5 SubjOrgG durchgeführt. Die Frist beträgt nach Art. 10 Abs. 4 WahlG sechs Monate vom Zeitpunkt der Entscheidung an. Diese Zeit wird auch notwendig sein, um ein neues Parlament zu wählen. Ungeklärt ist bisher die Frage, was geschieht, wenn auch das neu gewählte Parlament den Kandidaten des föderalen Präsidenten verweigert, es also zum Verfassungskonflikt kommt.

---

399 Išekov, K. A. / Tjurin, P. J. [Hrsg.] (2006). Kommentarij k federal'nomu zakonu "Ob obščich principach organisacii zakonodatel'nych (predstavitel'nych) i ispolnitel'nych organov gosudarstvennoj vlasti sub"ektov Rossijskoj Federacii", Online Sistema Garant // Datenbank. Art. 9 Abs. 4.1 Rn. 4.

400 Rjabow, A. W. (2007). Gelenkte Wahlen 2007-2008. Buhbe, M. / Politkovskaja, A. S. / Gorzka, G. (Hrsg.) Russland heute. Rezentralisierung des Staates unter Putin. Wiesbaden: 255-272. S. 263.

401 Petrow, N. W. (2007). Handlungsfähiges Zentrum und dezentralisierte Verantwortung. Buhbe, M. / Politkovskaja, A. S. / Gorzka, G. (Hrsg.) Russland heute. Rezentralisierung des Staates unter Putin. Wiesbaden: 75-96. S. 80 f.

Die Subjektvertreter im Föderationsrat wehrten sich verständlicherweise gegen die Verabschiedung dieses Gesetzes wurden jedoch vom Vorsitzenden des Föderationsrats, *Mironov*, abgeblockt.[402]
Das VerfGRF hat in seiner Entscheidung vom 4. April 2002 klargestellt, dass Art. 9 Abs. 4 SubjOrgG Bestimmungen nicht gegen die Verfassung verstoße.[403] Das Gericht geht in drei Schritten vor. Zunächst betont es, dass die Föderation effektive Kontrollmöglichkeiten für die Vollstreckung von Gerichtsentscheidungen haben müsse. Weiterhin sei der Status des Subjekts nicht verletzt, weil sofortige Neuwahlen ausgerufen werden müssten. Darüber hinaus gäbe es eine weitere Prüfung, durch das föderale Parlament sowie gerichtlichen Rechtsschutz durch das VerfGRF. Zudem stellt das Gericht eine hohe Hürde auf: Es muss sich um „massenhafte und schwere Menschenrechtsverletzungen oder Bedrohungen der territorialen Einheit des Landes, der nationalen Sicherheit oder der Verteidigungsfähigkeit, die Einheit des Wirtschaftsraums oder die Rechtseinheit" handeln. Die Entscheidung mit den Sondervoten wird ausführlich unter Die Entscheidung zur Auflösung der Subjektparlamente (Bundeszwang-Entscheidung)[404] erörtert.
Die föderale Exekutive greift in die Subjektlegislative ein. Dies stellte eine Erweiterung der präsidentiellen Befugnisse aus Art. 85 Abs. 2 VerfRF dar. Dieser enthält lediglich die Befugnis der Föderationspräsidenten, verfassungswidrige Rechtsakte der Subjekte außer Kraft zu setzen, nicht jedoch, das jeweilige Subjektorgan aufzulösen bzw. abzuberufen. Dadurch wird das System der *Checks and Balances* geändert und das Gewicht zum Föderationspräsidenten hin verschoben. Zwar ist das Verfahren hier noch transparent, weil der Föderationspräsident sein Dekret begründen wird. Zudem existiert noch Rechtsschutz. Dennoch ist dieses Verfahren des Eingriffs in die Subjektlegislativen außergewöhnlich und berührt das Prinzip Nr. 2 PrFöd (Schutz der Subjekte durch eine Verfassung)[405].

4.2.6.2. Die Ernennung und Abberufung von Subjektexekutivspitzen durch den Föderationspräsidenten

Nachdem oben gezeigt wurde, unter welchen Voraussetzungen der Föderationspräsident ein Subjektparlament auflösen kann und dass dies unter dem

---

402 *Mironov* plante die Debatte über das SubjOrgG so, dass nur 20 Minuten für die Debatte blieben. S. 290.
403 VKS 2002, Heft 5, S. 3-37 (mit den Sondervoten).
404 8.5.6. Die Entscheidung zur Auflösung der Subjektparlamente S. 363.
405 Vgl. S. 47.

Gesichtspunkt des Schutzes der Subjekte durch die Verfassung (Nr. 2 PrFöd) und unter dem Gesichtspunkt der *Checks and Balances* bedenklich ist, werden im folgenden Abschnitt die Befugnisse des Föderationspräsidenten gegenüber den Subjektexekutivspitzen behandelt. Zunächst wird die Ende 2004 in Art. 18 SubjOrgG eingefügte Befugnis, den Subjektparlamenten einen neuen Kandidaten für das Amt der Subjektexekutivspitze zu präsentieren, verdeutlicht. Danach werden zwei Verfahren zur Amtsenthebung der Subjektexekutivspitze nach Art. 19 SubjOrgG und Art. 29, 29.1 SubjOrgG vorgestellt und analysiert.

4.2.6.2.1. Kandidatenvorschlag für die Subjektexekutivspitze nach Art. 18 SubjOrgG

Im Laufe der Zeit sind die Befugnisse des Präsidenten im Hinblick auf die Exekutivspitzen in den Subjekten mehrfach verstärkt worden. Die oben erwähnte Änderung des Gesetzes verlieh dem Präsident das in Art. 18 SubjOrgG festgeschriebene Recht, den Subjektparlamenten Kandidaten für das Amt des Gouverneurs zu präsentieren, verbunden mit dem Recht der Parlamentsauflösung in Art. 9 Abs. 4.1 SubjOrgG bei dreimaliger Ablehnung dieses Kandidaten.[406] Dies stellte einen erneuten Tiefpunkt für die Gouverneure, die 1996 schließlich noch direkt von den Wählern der Subjekte gewählt wurden und einen Teil ihrer Legitimität daraus bezogen, dar. Erst recht gilt dies für die Republikspräsidenten, die seit Beginn des Bestehens der RF direkt gewählt worden waren.
Die „Venedig-Kommission“[407] stellt in Punkt 21 ihres Gutachtens (Opinion) Nr. 321/2004 zum SubjOrgG[408] fest, dass es den europäischen Standards widerspricht, dass die Föderationssubjekte ihre Organe nicht ohne Einmi-

406 Vgl. 4.2.6.1.1. Die Auflösung von Subjektparlamenten durch den Föderationspräsidenten (Art. 9 SubjOrgG) S. 126 ff.

407 Die „Venedig-Kommission für Demokratie durch Recht“ ist ein Beratungsorgan des Europa-Rats, das nach dem Fall der Mauer gegründet worden ist und seinen Sitz in Venedig hat Der Venedig-Kommission gehören unabhängige Wissenschaftler an. Aufgabe der Kommission ist, die Transformationsstaaten Ostmitteleuropas in verfassungsrechtlichen Fragen zu beraten. Gegenwärtig hat die Kommission 53 Mitgliedsstaaten. Die Kommission nimmt gutachterlich zu geplanten Verfassungsänderungen und verfassungsrechtlichen Gesetzesvorhaben Stellung. Ihre Gutachten sind nicht bindend, werden aber oft befolgt. Vgl.Rülke, S. (2003). Venedig-Kommission und Verfassungsgerichtsbarkeit. Eine Untersuchung über den Beitrag des Europarates zur Verfassungsentwicklung in Mittel- und Osteuropa. Köln.

408 Venice_Commission (2004). "Opinion no. 321/2004." Letzter Zugriff 08.09.2008, from http://www.venice.coe.int/docs/2004/CDL-AD(2004)042-e.asp.

schung der föderalen Ebene bestimmen. Die Venedig-Kommission weist in Punkt 24 auf weitere Defizite hin: Der vom Präsidenten vorgeschlagene Kandidat muss nicht auf dem Territorium des Subjekts leben und es müsse überhaupt keine Konsultation des Subjektparlaments stattfinden.
Art. 18 Abs. 2.1 SubjOrgG behandelt den Fall, dass eine politische Partei einen Kandidaten aufstellen will. Sie ist verpflichtet, diesen Kandidatenvorschlag dem föderalen Präsidenten zuzuleiten. Dies stellt einen letzten Deckmantel der Demokratie und des Respekts vor der politischen Willensbildung von Wählern in den Subjekten durch die Gründung von Wählervereinigungen dar. Er kann aber nicht verschleiern, dass durch die Pflicht der Zuleitung des Kandidatenvorschlags an den Föderationspräsidenten dieser bzw. seine Administration auch eine gewisse Kontrolle der politischen Entwicklungen in den Subjekten gewinnt.

4.2.6.2.2. Abberufung der Subjektexekutivspitze durch den Föderationspräsidenten nach Art. 19 Abs. 6 SubjOrgG

Nachdem der Föderationspräsident indirekt den Subjektparlamenten seinen Kandidaten „aufnötigen" kann, ist es in der entsprechenden Binnenlogik konsequent, dass er diesen Kandidaten auch wieder abberufen kann. Die Ursprungsfassung des SubjOrgG sah ein Abberufungsverfahren durch den Föderationspräsidenten nach Art. 29, 29.1 SubjOrgG und ein Verfahren der Amtsenthebung der Subjektexekutivspitze durch die Subjektparlamente vor. Die Subjektexekutivspitze kann einerseits nach Art. 19 Abs. 1 – 5 SubjOrgG durch das Subjektparlament entlassen werden. Die Einzelheiten dieses Verfahrens werden im Abschnitt 9.3.4.2[409] der Beziehungen von Tatarstan und des Sverdlovsker Gebiets zum föderalen Zentrum behandelt. Es handelt sich um ein ähnliches Verfahren. Auch auf der Subjektebene gibt es durch die gegenseitige Abberufbarkeit von Subjektexekutivspitze und Subjektparlament ein System von *Checks and Balances.*
Art. 19 SubjOrgG hat die vorzeitige Beendigung der Befugnisse der Subjektexekutivspitze zum Inhalt. Neben der Entlassung durch das Subjektparlament nach Art. 19 Abs. 1 lit. b SubjOrgG in der aktuellen Fassung, wonach der Föderationspräsident auf Antrag des Subjektparlaments die Subjektexekutivspitze ablöst, ist hier die Abberufung durch den Präsidenten nach Art. 19 Abs. 1 lit. g SubjOrgG für die Bewertung der Befugnisse des Präsidenten besonders bedeutsam.

---

409 Vgl. 9.3.4.2. Die Amtsenthebung der Subjektexekutivspitze S. 392 ff.

Art.19 Abs. 6 SubjOrgG legt fest, dass die Abberufung der Subjektexekutivspitze zur Beendigung ihrer Funktionen führt. Nach Absatz 6 amtiert sie bis zur Neuformierung des obersten Exekutivorgans, wobei Art.19 Abs. 9 SubjOrgG dem Präsidenten die Befugnis verleiht, einen Interimsgouverneur zu ernennen. Daneben führt nach Art. 19 Abs. 6 SubjOrgG die Entlassung der Subjektexekutivspitze durch den Präsidenten der RF gleichfalls zur Entlassung der Subjektregierung.[410] Mit dieser Regelung wird die Regelung der VerfRF übernommen, wonach die Entlassung des Ministerpräsidenten gleichfalls zur Entlassung der gesamten Regierung führt.[411] Andererseits trifft dieser Vergleich insofern nicht ganz zu, weil auf der Föderationsebene der Föderationspräsident im Amt bleibt, wenn er den Ministerpräsidenten entlässt.

Art. 19 Abs. 10 SubjOrgG sieht vor, dass die Subjekte die Befugnisse dieser vorübergehenden Subjektexekutivspitze einschränken können. Interessant ist auch, wie die Subjekte darauf reagieren. So sieht Art. 78 der burjatischen Verfassung vor, dass dieser Übergangspräsident den Volkschural, das burjatische Parlament, nicht auflösen darf, keine Verfassungsänderungen beantragen und auch die Zusammensetzung der burjatischen Regierung nicht verändern darf.[412] Art. 19 Abs. 11 SubjOrgG sieht vor, dass der Präsident seinen neuen Kandidaten innerhalb von 14 Tagen präsentieren muss.

Hochproblematisch ist, dass es keine gesetzlich geregelten Voraussetzungen für die Abberufung gibt. Auch der Kommentar von *Išekov* und *Tjurin* versucht sich gar nicht erst an einer Definition. Damit ist das Ermessen des Föderationspräsidenten die einzige Voraussetzung für einen tiefgreifenden Eingriff in das politische Leben der Subjekte.[413] Diese Regelung greift schwerwiegend in das System der Aufteilung der Gewalten zwischen föderaler und Subjektebene ein. Hinzu kommt, dass dieses Verfahren neben der Abberufung wegen einer Verfassungsverletzung nach Art. 29.1 SubjOrgG steht.

Die Subjektexekutivspitze ist in dem Verfahren nach Art. 19 Abs. 6 SubjOrgG gegenüber der Ablösung nach Art. 29.1 SubjOrgG auch deshalb ungleich schlechter gestellt, weil in dieser Norm direkt kein Rechtsmittel vorgesehen

---

410 Dieser Absatz wurde durch das Gesetz Nr. 106 vom 29. Juli 2000 eingefügt.
Išekov, K. A. / Tjurin, P. J. [Hrsg.] (2006). Kommentarij k federal'nomu zakonu "Ob obščich principach organisacii zakonodatel'nych (predstavitel'nych) i ispolnitel'nych organov gosudarstvennoj vlasti sub"ektov Rossijskoj Federacii", Online Sistema Garant // Datenbank. Art. 19 Abs. 6.

412 Ebenda. Art. 19 Abs. 10.

413 Man könnte ironisch sagen, es handele sich bei den Subjektexekutivspitzen um „all the President's men".

ist. Art. 29.1 Abs. 6 S. 2 SubjOrgG sieht immerhin vor, dass das Oberste Gericht auf eine Beschwerde der enthobenen Subjektexekutivspitze innerhalb von zehn Tagen eine Entscheidung treffen muss. Der Prüfungsmaßstab im Fall von Art. 19 Abs. 6 SubjOrgG vor dem föderalen Verfassungsgericht, welches nach Art. 125 Abs. 3 lit. b VerfRF zuständig ist, ist wegen der fehlenden Definition der Voraussetzungen im Gesetz auch sehr unklar.
Angesichts des mangelnden Rechtsschutzes wird kein Gouverneur oder Republikspräsident es auf eine gerichtliche Klärung ankommen lassen können, ohne Gefahr zu laufen, seinen Posten zu verlieren. Ferner ist bedenklich, dass das VerfGRF diese Gesetzesänderung in seiner Entscheidung vom 21. Dezember 2005 für verfassungsgemäß erklärte. Dabei nahm das Gericht eine erstaunliche Auslegung vor, als es die Verfassung aus den Normen des unterverfassungsrechtlichen SubjOrgG neu interpretierte. Zu einer ausführlichen Kritik dieser sehr umstrittenen Entscheidung, vergleiche die Ausführungen unter 8.5.9.[414] Die Gefahren für den föderativen Aufbau nahm das Gericht in Kauf. Dies dürfte den Mut der Republikspräsidenten oder Gouverneure, Auseinandersetzungen mit dem Föderationspräsidenten zu suchen, weiter geschwächt haben.

4.2.6.2.3. Abberufung der Subjektexekutivspitze durch den Föderationspräsidenten nach Art. 29 , 29.1 SubjOrgG

Das Verfahren für die Abberufung der Subjektexekutivspitze, das nicht in der Verfassung, sondern unsystematischer Weise in Art. 29 SubjOrgG und Art 29.1 SubjOrgG geregelt wird, ist mehrstufig. Die Bedingungen für die Abberufung der Subjektexekutivspitze sind weniger streng als für diejenigen für die Auflösung des Subjektparlaments. Es ist systematisch unter dem Abschnitt der „verfassungsrechtlichen Verantwortlichkeit“ geregelt. Dies deutet schon auf die notwendigen Voraussetzungen hin. Es spiegelt auch die Entwicklungsgeschichte des SubjOrgG wider. In der ursprünglichen Fassung gab es keine Ablösung nach präsidialem Ermessen; Subjektexekutivspitzen konnten nur in einem geregelten Verfahren vom Föderationspräsidenten entlassen werden. Systematisch wurden diese Ablösungen dann in den Artikeln, die die Kompetenzen der Subjektexekutivspitzen aufzählten, mit geregelt.
Voraussetzung für die Entlassung des Gouverneurs oder Präsidenten einer Republik ist, dass dieser einen Rechtsakt erlassen hat, der der föderalen Verfassung, einem föderalen Gesetz, internationalen Verpflichtungen der RF wi-

414 Vgl. 8.5.9. Die Gouverneursentscheidung S. 373 ff.

derspricht oder die Grundrechte verletzt (Art. 29 Abs. 1 SubjOrgG). Der Präsident suspendiert den inkriminierten Rechtsakt durch Dekret. Das Subjektorgan kann während der Außerkraftsetzung außer der Aufhebung des beanstandeten Rechtsakts keinen anderen Rechtsakt mit gleichem Gegenstand erlassen. (Absatz 2). Laut Absatz 3 kann das angegriffene Subjektorgan das zuständige Gericht zur Entscheidung des Organstreits mit dem Präsidenten anrufen.

In Art. 29.1 SubjOrgG wird dann das Verfahren der Präsidentenverwarnung, der der Amtsenthebung des Republikspräsidenten oder Gouverneurs durch den föderalen Präsidenten vorausgeht, geregelt. Es geht dabei um eine Parallele zum Impeachment-Verfahren für den Föderationspräsidenten nach Art. 85 Abs. 2 VerfRF.[415]

In Art. 29.1 Abs. 1 SubjOrgG wird noch einmal postuliert, dass die Beamten der Exekutivorgane der Subjekte die Verantwortlichkeit für ihr Handeln tragen. Diese besondere Betonung der sogenannten Verfassungsverantwortlichkeit ist ein speziell (post)sowjetisches Phänomen. Selbstverständlich gibt es auch in anderen Verfassungen ähnliche Mechanismen der Amtsenthebung, aber die Betonung der „Verantwortlichkeit" im russischen Verfassungssystem sticht hervor. Dies stellt einen Mechanismus der Durchsetzung der Verfassungsmäßigkeit bzw. Übereinstimmung von Subjektnormen mit der föderalen Rechtsordnung dar. Bei dieser Durchsetzung seien nach *Išekov* und *Tjurin* die Staatsanwaltschaft sowie das Innenministerium bis zur Verabschiedung dieser Norm nicht sonderlich effektiv gewesen. Außerdem seien seit Einführung der Normen der Verantwortlichkeit die Normen der Subjekte schneller der geltenden föderalen Gesetzgebung angepasst worden.[416]

Nach der Deklaration der Verantwortlichkeit in Art. 29.1 Abs. 1 SubjOrgG folgt in Art. 29.1 Abs. 2 SubjOrgG das Verfahren der Amtsenthebung. Der Präsident spricht der Subjektexekutivspitze oder dem höchsten Exekutivorgan eine Verwarnung aus, wenn

- er oder es einen gerichtlich für verfassungswidrig oder den föderalen Gesetzen widersprechenden Rechtsakt erlassen und den Gerichtsbeschluss nicht innerhalb von zwei Monaten umgesetzt hat;

---

415 Lazarev, V. V. (2003). Naučno-praktičeskij kommentarij (Sistema Garant // Datenbank). Art. 29 VerfRF.

416 Išekov, K. A. / Tjurin, P. J. [Hrsg.] (2006). Kommentarij k federal'nomu zakonu "Ob obščich principach organisacii zakonodatel'nych (predstavitel'nych) i ispolnitel'nych organov gosudarstvennoj vlasti sub"ektov Rossijskoj Federacii", Online Sistema Garant // Datenbank. Art. 29.1.

- er oder es innerhalb von 2 Monaten nach der Suspendierung den Rechtsakt nicht aufhebt oder keine Änderungen am inkriminierten Rechtsakt durchführt und sich nicht innerhalb von 2 Monaten an das zuständige Gericht wendet.

Die Verwarnung des Föderationspräsidenten darf nicht später als 6 Monate ab der Wirksamkeit des Gerichtsurteils oder der Veröffentlichung des Dekrets ergehen. Hierzu muss bemerkt werden, dass nach Art. 315 des russischen Strafgesetzbuchs die Nichtausführung eines Urteils durch einen Beamten selbst einen Straftatbestand erfüllt.

Art. 29.1 Ab. 3 SubjOrgG bestimmt, dass die Subjektexekutivspitze oder das höchste Vollzugsorgan eines Subjekts einen Monat ab der Verwarnung Zeit hat, um die Ursachen für die Rechts- oder Verfassungswidrigkeit des Rechtsakts, die zu dieser Verwarnung geführt haben, zu beseitigen. Tut das Organ dies nicht, wird es vom Föderationspräsidenten entlassen. In seiner Entscheidung vom 4. April 2002[417] hat das VerfGRF diese Regelung in den Absätzen 2 und 3 von Art. 29.1 SubjOrgG für nicht verfassungswidrig gehalten. Auch hier war das Argument der Sanktionsmöglichkeiten bei der Verweigerung der Vollstreckung von Verfassungsgerichtsentscheidungen ausschlaggebend. [418]

Art. 29 Abs. 3.1 SubjOrgG nennt und verknüpft die Fälle des Vertrauensverlusts des Subjektparlaments und des Präsidenten und fügt sie in diese Vorschrift ein.

Art. 29.1 Abs. 4 SubjOrgG regelt einen weiteren Fall, in welchem der Subjektexekutivspitze oder der Leiter des höchsten Exekutivorgans von der Generalstaatsanwaltschaft angeklagt wird. In diesem Fall wird der beschuldigte Politiker von seinen Amtspflichten durch den Präsidenten entbunden. Art. 29.1 Abs. 5 SubjOrgG regelt den formalen Teil der beiden vorhergehenden Fälle Verwarnung und Entlassung: Beide Entscheidungen des Präsidenten müssen in Form eines Dekrets ergehen.

Art. 29.1 Abs. 6 SubjOrgG zufolge tritt das eben erwähnte Dekret über die Entlassung 10 Tage nach seiner Veröffentlichung in Kraft. Innerhalb dieser Frist kann der Betroffene dieses Dekret beim Obersten Gericht der RF anfechten. Im Lauf von 10 weiteren Tagen muss das angerufene Oberste Gericht über die Beschwerde entscheiden. Das Subjektparlament ist über das Dekret zu unterrichten. An sich genügt einfache Publikation und Information,

---

417 Vgl. 8.5.6. Die Entscheidung zur Auflösung der Subjektparlamente S. 363.

418 Nr. 2.1 der Entscheidung, VKS 2002, Heft 5, S. 7f.

es kann jedoch auch der Präsidentenvertreter vor den Parlamentariern auftreten.[419]

Das ist wirklich außergewöhnlich, denn für die Entlassung des Subjektparlaments durch den Präsidenten sind in Art. 9 Abs. 4 SubjOrgG dieses Gesetzes umfangreiche Hürden einschließlich Rechtsweg und eines Maßnahmegesetzes durch die Staatsduma der föderalen Versammlung aufgestellt. Und bei der Entlassung der obersten Amtsperson kann der Präsident systematisch e contrario mit niedrigen Hürden handeln.[420]

Interessant ist auch, dass sich der Präsident de facto zum Vollstrecker der Gerichtsurteile macht. Das erscheint zum einen als Reaktion des föderalen Gesetzgebers auf die Missachtung der Subjektexekutivspitzen gegenüber der sie betreffenden Rechtsprechung, zum anderen ist unverständlich, warum im SubjOrgG das Oberste Gericht als Streitschlichter festgelegt ist und nicht das föderale Verfassungsgericht im Organstreitverfahren. Diese Regelung hätte man bei der Änderung des SubjOrgG im Jahr 2003 anpassen können. Vielleicht hätte die Erwähnung des VerfGRF darauf hingewiesen, dass hier eine Verfassungsrechtsmaterie in einem einfachen Gesetz geregelt worden ist. Zudem hätte man das VerfGGRF anpassen müssen. Ein Grund für das Nichtregeln könnte sein, dass das VerfGRF eine weitere Instanz hätte darstellen können. Im Kommentar von *Išekov* und *Tjurin* wird erklärt, dass das VerfGRF eine Rolle spielen könne, aber nicht müsse.[421]

In diesem Zusammenhang erscheint es sinnvoll, ein Verfahren der gegenseitigen Abstimmung bei Normativakten der gemeinsamen Gesetzgebungszuständigkeit zu finden, welches diese Form des Bundeszwanges[422] überflüssig

---

419 Išekov, K. A. / Tjurin, P. J. [Hrsg.] (2006). Kommentarij k federal'nomu zakonu "Ob obščich principach organisacii zakonodatel'nych (predstavitel'nych) i ispolnitel'nych organov gosudarstvennoj vlasti sub"ektov Rossijskoj Federacii", Online Sistema Garant // Datenbank.

420 Hierzu gibt es auch eine VerfGRF-Entscheidung, in der diese Regelung mit dem Gedanken der Einheit des Verwaltungsaufbaus – wenn einheitliche Struktur dann auch Aufsicht und Maßnahmen der Einwirkung sind – gebilligt wird. Problematisch hierbei ist, dass der russische Präsident nicht Teil der Exekutive ist, sondern über den Gewalten steht. Diese Befugnis müsste also dem Ministerpräsidenten zustehen. Vgl. 8.5.5. Die Zweite Altaj-Entscheidung. S. 359 sowie zudem 8.5.6. Die Entscheidung zur Auflösung der Subjektparlamente (Bundeszwang-Entscheidung), S. 363 und 8.5.9. Die Gouverneursentscheidung, S. 373 ff.

421 Išekov, K. A. / Tjurin, P. J. [Hrsg.] (2006). Kommentarij k federal'nomu zakonu "Ob obščich principach organisacii zakonodatel'nych (predstavitel'nych) i ispolnitel'nych organov gosudarstvennoj vlasti sub"ektov Rossijskoj Federacii", Online Sistema Garant // Datenbank. Art. 9, Rn. 4.

422 Unter Bundeszwang nach Art. 37 GG wird in Deutschland verstanden, dass ein Bundesland zurechenbar eine Bundespflicht verletzt, wobei es dabei auf Verschul-

macht. Der Regelungsmechanismus von Art. 9 und Art. 29 SubjOrgG kann als russische Variante des Bundeszwangs verstanden werden. Denn auch hier wird eine Pflicht gegenüber der Föderation verletzt: die Entscheidungen des VerfGRF zu vollstrecken oder allgemein die VerfRF zu beachten. Hier wird den Subjektorganen auch die Möglichkeit zum verfassungstreuen Verhalten eingeräumt.
Andererseits hat die Zentrale hier schon ein scharfes Schwert in der Hand. Dieses muss sie praktisch allerdings nur in den Fällen einsetzen, in denen die Subjektexekutivspitze nicht schon aus Opportunismus mit der Zentrale kooperiert. Es ist ein Zwangsmittel für den Fall, dass eine Subjektexekutivspitze sich unbotmäßig verhält und informal nicht mehr zur Räson gebracht werden kann. Andererseits erweist sich das Verfahren selbst so aufwendig und kompliziert, dass es sehr unpraktikabel ist. Es ist zu vermuten, dass die regionalen Eliten eher informal „auf Linie" gebracht werden, indem ihnen angedroht wird, sie bei der nächsten Wahl nicht zu unterstützen.
Dieses Verfahren hat angesichts der Möglichkeit, die Subjektexekutivspitze nach Ermessen des Präsidenten des Amtes zu entheben, dramatisch an Bedrohlichkeit verloren und dürfte auch kaum praktische Relevanz entfalten. Denn das Verfahren nach Art. 19 SubjOrgG ist wesentlich unkomplizierter, weil der Präsident nur sein Dekret erlassen muss und damit der Subjektexekutivspitze der Rechtsweg zum Obersten Gericht verschlossen ist. Mit diesen beiden Verfahren ist das Schwergewicht der föderalen Beziehungen zu Gunsten der Zentrale und dort insbesondere zu Gunsten des föderalen Präsidenten verschoben worden. Aus westlicher Sicht ungewöhnlich ist, dass derartige Verschiebungen ohne eine Änderung der föderalen Verfassung vonstatten gehen können.
Auf einen weiteren wichtigen Aspekt weist die Venedig-Kommission in Punkt 35 ihres Gutachtens hin: Das Gleichgewicht der Gewalten ist nachdrücklich gestört, wenn nicht der Bestellmodus des Föderationsrats geändert wird, weil hier ein Subjektvertreter indirekt vom föderalen Präsidenten abhängig ist. Dabei muss bedacht werden, dass die Subjektexekutivspitzen selbst nur Vertreter in den Föderationsrat entsenden. Dennoch werden sie sich hüten, Vertreter zu nominieren, die das Vertrauen des Föderationspräsidenten in ihre Loyalität gefährden könnten. Viel praktischer ist es angesichts dieser

---

den nicht ankommt. Vgl. Hellermann (2008). Kommentar zu Art. 37 GG. In: Epping / Hillgruber (Hrsg.) Beck'scher Online-Kommentar zum Grundgesetz. München. Rn. 5-7.

Lage, einen Lobbyisten mit guten Beziehungen zur Präsidialadministration zu entsenden.

4.2.6.3. Die vorübergehende Ausübung der Vollmachten von Subjektorganen durch die Föderation nach Art. 26.9 SubjOrgG

Art. 26.9 SubjOrgG beinhaltet eine weitere sehr umstrittene Regelung: die zeitweilige Ausübung einzelner Vollmachten der Subjektbehörden durch Organe der Zentralgewalt.

Absatz 1 besagt, dass einige Vollmachten von Behörden der Subjekte auf Bundesbehörden übertragen werden können, wenn

- in Verbindung mit einer Naturkatastrophe, einer anderen Katastrophe oder einer Ausnahmesituation die Behörden des Subjekts fehlen oder nicht nach den Vorschriften dieses Gesetzes gebildet werden können (Abs. 1 lit. a);
- eine infolge von Entscheidungen, Handlungen und Unterlassungen der Subjektorgane hervorgerufene Verspätung bei der Ausführung der Verpflichtungen nach dem Bundeshaushaltsgesetz eingetreten ist und die Verschuldung 30% der Einnahmen des Haushalts im letzten Haushaltsjahr des Subjekts übersteigt (Abs. 1 lit. b);
- Subjektorgane bei der Verwendung von Subventionen aus dem Bundeshaushalt die VerfRF, ein föderales Gesetz, einen normativen Präsidialakt und Akte der Regierung verletzen und die Verletzung durch Gerichtsentscheidung festgestellt ist.

Es handelt sich insgesamt um eine sowohl zeitlich als auch örtlich begrenzte Form des Ausnahmezustands.[423]

Es geht hier um Fälle des Ausnahmezustandes, wie nach der Ermordung von Achmed *Kadyrov* am 9. Mai 2004, als *Putin* einen neuen Präsidentenvertreter für Čečnija ernannte, der vorläufig die Amtsgeschäfte in Grosny verwaltete, und Unterfälle von Naturkatastrophen. Es genügt bereits, dass nicht genügend Parlamentarier zusammenkommen, um ein Parlament zu konstituieren, wobei dies eben ursächlich auf eine Katastrophensituation zurückzuführen sein muss.[424] Welche Situation als Ausnahmezustand qualifiziert wird, wird nach der Regierungsverordnung „Über die Klassifizierung von Ausnahmesi-

---

423 Išekov, K. A. / Tjurin, P. J. [Hrsg.] (2006). Kommentarij k federal'nomu zakonu "Ob obščich principach organisacii zakonodatel'nych (predstavitel'nych) i ispolnitel'nych organov gosudarstvennoj vlasti sub"ektov Rossijskoj Federacii", Online Sistema Garant // Datenbank. Art. 26.9.

424 Ebenda. Art. 26.9.

tuationen natürlicher oder technischer Art" vom 13. September 1996 entschieden.[425] Nach dem föderalen Verfassungsgesetz „Über den Ausnahmezustand"[426] bestimmt der Präsident per Dekret einen territorialen Kommandanten, der einen Krisenstab bildet.

Dass bei einer festgestellten Staatsverschuldung wie in Art. 26.9 Abs. 1 lit. b SubjOrgG in einer gewissen Höhe auch die Zwangsverwaltung durch Bundesbehörden angedroht wird, ist allgemein auch in anderen Föderationen üblich. Eher ungewöhnlich scheint die Sanktionsmöglichkeit bei der noch nicht einmal missbräuchlichen, sondern lediglich rechtsverletzenden Verwendung von Bundessubventionen. Praktisch kann die Rechtsordnung auch fahrlässig verletzt werden. Trotz der Rechtsschutzgarantie bleibt die Entbindung der Behörde von ihren Pflichten eine harte Sanktion. Eigentlich würden eine Rückforderung der rechtsmissbräuchlich verwendeten Mittel und gegebenenfalls eine Strafzahlung reichen. Bei der Formulierung der Norm wurde jedoch zwischen diesen beiden Möglichkeiten nicht differenziert und so eine ‚Achillesferse' für die Behörde geschaffen, die der föderalen Behörde leicht ein Eingreifen ermöglicht.

In der Kommentarliteratur wird dies als Fall einer öffentlichen Insolvenz gewertet, indem – für Russland neu – Elemente des Privatrechts ins öffentliche Recht eingeführt werden.[427] Hier wird auf Abschnitt 19.1 des Haushaltsgesetzbuchs – Art. 168.1 – 168.6 (HHGB)[428] verwiesen, in welchem diese insolvenzrechtlichen Bestimmungen enthalten sind. Es wird ein „Finanzverwalter" eingesetzt, der einen Sanierungsplan erstellt, um die Zahlungsfähigkeit des Subjekts wiederherzustellen.

In den Fällen des Art. 26.9 Abs. 1 lit. v SubjOrgG geht es vor allem um die Zweckentfremdung öffentlicher Gelder in den Fällen, in welchen das Subjekt Subventionen für die Ausführung von Aufgaben erhält, die eigentlich in der föderalen Zuständigkeit liegen bzw. von Aufgaben nach Art 26.5 sowie 26.8 SubjOrgG.

Für den Fall des Ausnahmezustands legt Art. 26.9 Abs. 2 SubjOrgG fest, dass die Entscheidung über die Übertragung von Befugnissen auf die Bun-

---

425 Nr. 1094.

426 Föderales Verfassungsgesetz vom 16. Mai 2001, mit Novellen vom 30. Juni 2003 und 7. März 2005, FKZ Nr. 3.

427 Išekov, K. A. / Tjurin, P. J. [Hrsg.] (2006). Kommentarij k federal'nomu zakonu "Ob obščich principach organisacii zakonodatel'nych (predstavitel'nych) i ispolnitel'nych organov gosudarstvennoj vlasti sub"ektov Rossijskoj Federacii", Online Sistema Garant // Datenbank. Art. 26. 9, Rn. 2).

428 In der Fassung vom 1. Januar 2007 mit den Änderungen vom 1. Januar 2008.

desorgane vom Präsidenten nach Absprache mit dem Föderationsrat getroffen wird. Dieses Präsidentendekret muss dann ein Verzeichnis der auf die Bundesorgane übertragenen Vollmachten und der Bundesbeamten, auf die diese Vollmachten übertragen wurden, einschließlich der Aufteilung der Vollmachten zwischen ihnen enthalten. Die Übertragung der Befugnisse muss befristet werden, dabei darf die Frist die Dauer des Ausnahmezustandes oder der Naturkatastrophe nicht überschreiten. Daneben müssen auch die Finanzquellen und die Ordnung der Finanzierung der Tätigkeit der Bundesbehörden aufgeführt werden.

Die Bundesorgane dürfen nicht die Vollmacht erhalten, die Subjektsverfassung (das Subjektsstatut) zu revidieren oder zu korrigieren. Des Weiteren dürfen die Grenzen des Subjekts oder sein Status nicht verändert werden.

Hier werden folgende demokratische Mindeststandards eingehalten: die Befristung der Tätigkeit der Bundesbehörden, Publizität sowie das Verbot der Verfassungs- bzw. Statutsänderung.

Art. 26.9 Abs. 3 SubjOrgG normiert, dass im Falle der Verschuldung nach Absatz 1 lit. b) auf Antrag der Bundesregierung nach Entscheidung des Obersten Wirtschaftsgerichts[429] eine zeitweilige, auf ein Jahr beschränkte, Finanzverwaltung eingeführt werden kann. Art. 26.9 Abs. 4 SubjOrgG beschreibt die Maßnahmen, die während der föderalen Finanzverwaltung eingeleitet werden sollen, um die Zahlungsfähigkeit des Subjekts wiederherzustellen. Die föderale Regierung setzt den Finanzverwalter ein. Sie muss eine Insolvenzordnung für die Finanzverwalter erlassen. Diese gehen dann wie Insolvenzverwalter vor: Sie nehmen eine Wirtschaftsprüfung vor, dann werden Bilanzen erstellt, innerhalb von 2 Monaten nach der Entscheidung des Finanzverwaltungsantrags des Wirtschaftsgerichts muss der Sanierungsplan vorliegen. Das Oberste Wirtschaftsgericht muss den Sanierungsplan bestätigen, nach dem verfahren wird.

Im Fall der rechtswidrigen Subventionsverwendung muss die föderale Regierung bei der Entlassung der Verantwortlichen in den Subjekten und der Übernahme ihrer Befugnisse bei gleichzeitiger Einziehung der Subvention lediglich die Vorgaben der Rechtsordnung beachten.

Art. 26.9 Abs. 5 SubjOrgG eröffnet den Rechtsweg, indem noch einmal klargestellt wird, dass gegen die Entscheidungen der Bundesorgane, die konform mit diesem Artikel ergehen, Beschwerde bei den Gerichten eingelegt werden

429 Arbitragegerichts.

kann. Allerdings wurde hier versäumt, das zuständige Gericht und damit den Rechtsweg zu benennen.

Insbesondere das öffentlich-rechtliche Insolvenzverfahren ist hervorhebenswert. Denn dass es ein Verfahren zur Verhinderung bzw. Sanktionierung der Zweckentfremdung öffentlicher Mittel bzw. föderaler Subventionen gibt, ist progressiv, gerade angesichts der endemischen Korruption der RF und der (weltweiten) Problematik der nicht-ausgeglichenen regionalen Haushalte. Dieses Verfahren scheint viel angemessener als die verfassungsrechtliche bzw. verwaltungsrechtliche Sanktionierung der Akteure. Sollten diese entfernt sein, muss es einen Weg geben, den Haushalt zu sanieren, ohne dass der föderale und der regionale Steuerzahler noch mehr belastet wird. Im Jahr 2010 kann beobachtet werden, wie die EU angesichts der enormen Staatsverschuldung ihres Mitgliedsstaats Griechenland vorgeht. Möglicherweise werden zukünftig Schritte in Richtung eines öffentlich-rechtlichen Insolvenzverfahrens erwogen, um die Belastung der europäischen Steuerzahler zu verringern.

Zu den behandelten Regelungen der Ernennung und Abberufung von Subjektexekutivspitzen und Auflösung von Parlamenten ist insgesamt Folgendes anzumerken:

- Das Gesetz ist formell rechtmäßig zustande gekommen. Der Föderationsrat hat zugestimmt. Allerdings kann bezweifelt werden, ob Art. 71 VerfRF, der die Grundlagen umfasst, nicht überschritten worden ist. Im Hinblick auf formelle Kriterien der Bewertung von Normen bestehen sonst keine Bedenken.
- Allerdings verschiebt das Gesetz materiell das Gleichgewicht von *Checks and Balances* bedenklich von den Subjektorganen zum Föderationspräsident. Dadurch wird die verfassungsrechtlich vorgesehene Architektur der Gewalten verschoben und Nr. 2 PrFöd berührt.
- Die Regelung des Art. 19 Abs. 6 SubjOrgG (Abberufung nach präsidialem Ermessen) ist materiell intransparent, weil das Ermessen nach russischer Vorstellung kaum gerichtlich überprüft werden kann.[430] Die mangelnde rechtliche Kontrolle bei einem Eingriff durch eine andere Gewalt berührt wiederum Nr. 4 PrFöd.
- Indem der Föderationspräsident in einer Art „Ermessensentscheidung“ die Subjektexekutivspitze abberufen kann, wirkt dies im Sinne eines

430 Es wirkt wie ein Beurteilungsspielraum im deutschen Verwaltungsrecht.

Subordinationsverhältnisses. Dieser Gedanke ist föderalen Systemen grundsätzlich fremd und berührt Nr. 1 PrFöd.

Insgesamt gefährdet diese Regelung demnach drei Prinzipien für den Aufbau von Föderationen. Da der föderative Aufbau auch ein Grundprinzip nach Art. 1 Abs. 1 VerfRF ist, kann eine Verfassungswidrigkeit von Art. 19 Abs. 6 SubjOrgG vertreten werden.[431] Schon vor der Änderung des SubjOrgG in diesen Punkten erhöhte *Putin* die Überwachung der Subjektorgane, was im nächsten Abschnitt behandelt wird.

4.2.7. Die Überwachung der Subjekte durch die Präsidentenvertreter

Seit der Übernahme des Präsidentenamts durch Vladimir *Putin* im Mai 2000 war eine Tendenz zur Schaffung von extrakonstitutionellen Institutionen zu beobachten. So schuf er *föderale Bezirke*, eine Art Generalgouvernements, die in der Verfassung nicht vorgesehen sind, als Gegengewichte zu den damals erstarkten Subjekten[432]. In der Folge bildeten die föderalen Exekutivorgane Zweigstellen in den Subjekten aus. Die Notwendigkeit der Bildung von Verfassungsgerichten auf Ebene der föderalen Bezirke wird in der Literatur zumindest erörtert.[433]

4.2.8. Die föderalen Finanzbeziehungen

Anhand des später zu erörternden Haushaltsrechts kann man erkennen, wie es um den Zustand des Föderalismus wahrhaftig bestellt ist. Autonomierechte für die Subjekte von Föderationen, z. B. die Verwendung von Sprachen diverser „Ethnien" als Amtssprachen, sind wichtig und ihre Vernachlässigung kann zu ernsthaften Konflikten in der Föderation führen. In der Russischen Föderation gibt es kein dermaßen ausgefeiltes System des Finanzausgleichs wie in anderen Föderationen. Vor allem fehlten zumindest bis zum Jahr 2000 jegliche Regeln über die Aufteilung der Steuern und anderen Staatseinkommens zwischen dem föderalen Zentrum und den Regionen[434] Es herrscht das Prinzip des vertikalen Finanzausgleichs, d.h. die finanzstarken Subjekte sind verpflichtet, Mittel an das föderale Zentrum abzuführen. Da

---

431 Dies allerdings entgegen der Mehrheitsentscheidung des VerfGRF in der „Gouverneursentscheidung".

432 Vgl. 4.5.1. Rechtsgrundlage für das Institut der Präsidentenvertreter S. 168.

433 Čerkasov, K. V. (2007). "Organy konstitucionnoj justicii na urovne federal'nogo okruga: perspektivy stanovlenija" Rossijskaja Justicija(1): 59-60.

434 Blankenagel, A. (2000). "Legal Reforms in Russia: Visible Steps, Obvious Gaps, And an Invisible Hand?" Journal of Institutional and Theoretical Economics **156** (1): 99-119. S. 102.

einige Subjekte reich an Bodenschätzen, besonders an Erdöl, sind und die Erdöl- und Erdgasförderung, Veredelung und der Handel durch Konzerne im Staatsbesitz durchgeführt wird, verfügte die RF in den letzten Jahren über einen ausgeglichenen Haushalt. Wie sich dies Im Verlauf der weltweiten Finanzkrise entwickelt, bleibt abzuwarten.

Zunächst wird die Geschichte der Finanzbeziehungen seit Gründung der Föderation kurz dargestellt, bevor die Rechtsgrundlagen für den föderalen Finanzausgleich und dessen Praxis erörtert werden. Hieran schließt sich die Darstellung der Aufteilung der Steuereinnahmen zwischen Föderation und Subjekten an, bevor abschließend eine Bewertung des Regelungsgefüges des föderalen Finanzausgleichs vorgenommen wird.

4.2.8.1. Geschichte

Im Gegensatz zu anderen Föderationen, bei denen der Föderalismus maßgeblich die Verteilung von Steuereinnahmen zwischen der Bundes- und den regionalen Ebenen beinhaltet, sozusagen ein Teil der *raison d'être* für den Föderalismus überhaupt ist, wird bei der Analyse der Finanzbeziehungen in der RF im ersten Jahrzehnt ihres Bestehens auch der weitere Aspekt des Kampfes des Zentrums gegen Autonomiebestrebungen der Subjekte sichtbar[435].

Der Schutz regionaler Finanzautonomie und die Förderung von interregionalem Wettbewerb sind hier zwar auch relevant, aber nur als Bestandteil der Legitimation des Zentralstaats gegenüber den Forderungen der Subjekte nach finanzieller Selbstständigkeit.[436] Es gibt Föderationen, die durch den *Zusammenschluss* von kleineren Staaten entstanden sind (USA, Deutsches Reich). Deren Haupttendenz war über Jahrzehnte hinweg zentripetal. Die RF ist das *Zerfalls*produkt der UdSSR. Die zentrifugale Tendenz konnte an einem bestimmten Punkt nur mühsam gestoppt werden, wobei einige schon weit enteilte Subjekte (RT) mit dem „Lasso" der Föderationsverträge wieder eingefangen werden mussten. Dieses Szenario spiegelt sich in dramatischer Weise in den Finanzbeziehungen zwischen Bund und Subjekten, namentlich in den neunziger Jahren.[437]

---

435 Dies ist auch in Spanien der Fall.

436 Ettner, H. (2005). Das Gebiet Sverdlovsk im föderativen System Russlands. Münster. S. 75.

437 In den föderalen Verträgen wurden auch die Finanztransfers zwischen den vertragsschließenden Parteien Föderation und Subjekt individuell geregelt. Fruchtmann, J. (2003). "Der russische Föderalismus unter Präsident Putin.

Zunächst gibt es etwa im Gegensatz zur Bundesrepublik keinen horizontalen Finanzausgleich zwischen den Subjekten. Das bedeutet, die Subjekte führen Steuern an das Moskauer Zentrum ab[438], welches das Geld dann umverteilt.[439] Vor allem erhebt das Zentrum mehr Steuerarten, aus denen es seinen Haushalt finanziert.[440]

Seit 1991 hingen die fiskalischen Beziehungen zwischen dem Zentrum und den Subjekten entscheidend von den politischen Kräfteverhältnissen auf beiden Ebenen ab. Bis Ende 1993 entwickelten sich diese Beziehungen meist informal durch Ad-hoc-Regelungen.[441] In dieser Phase sicherten sich vor allem die Republiken finanzielle Autonomie. „1992 legten 20 Föderationssubjekte einseitig die Höhe ihrer Steuerzahlungen an das Zentrum fest. Die Republiken gehörten größtenteils, entgegen ihrer tatsächlichen Potenz, zu den ‚Empfängern' des vom Zentrum verwalteten Finanztransfers".[442]

Durch den 1994 eingerichteten Fonds zur Unterstützung der Regionen werden seit 1995 die meisten föderalen Transfers an die Föderationssubjekte geleistet. Der Fonds wird durch den föderalen Anteil an den Mehrwertsteuereinnahmen finanziert. Dieser Anteil wird jährlich auf der Basis der Staatshaushaltseinnahmen der Subjekte pro Kopf ihrer Bevölkerung nach Art. 131 Abs. 6 HHGB[443] verteilt[444]. Es ging um „das Steuerpotential und die Ausgaben der Regionen".[445]

Diskurse – Realitäten." from elib.suub.uni-bremen.de/publications/diss/-htmlE-Diss537_HTML.html. S. 56.

438 Ebenda. S. 56. Für das Sverdlovsker Gebiet siehe die Ausführungen unter 9.5.7. Der föderale Finanzausgleich S. 427.

439 Vgl. 4.2.8.3. Praxis des föderalen Finanzausgleichs S. 151 ff.

440 Fruchtmann, J. (2003). "Der russische Föderalismus unter Präsident Putin. Diskurse – Realitäten." from elib.suub.uni-bremen.de/publications/diss/-htmlE-Diss537_HTML.html. S. 194 f.

441 Hederer, C. / Herrmann-Pillath, C. (2004). Fiskalischer Föderalismus in der Rußländischen Föderation. Eine politisch-ökonomische Analyse der Transformation des rußländischen Staates. Brunner, G. (Hrsg.) Der russische Föderalismus. Bilanz eines Jahrzehnts. Münster: 77-125. S. 94f.

442 Ettner, H. (2005). Das Gebiet Sverdlovsk im föderativen System Russlands. Münster. S. 76; vgl. auch Ross, C. (2002). Federalism and democratisation in Russia. Manchester. S. 85-88.

443 Es geht um die Steuereinnahmen pro Einwohner, dann werden weitere Indikatoren für die wirtschaftliche Entwicklung des Subjekts (Geographie, Klima etc.) hinzugezogen, um eine gewisse Vergleichbarkeit zu erhalten.

444 Ettner, H. (2005). Das Gebiet Sverdlovsk im föderativen System Russlands. Münster. S. 81.

445 Fruchtmann, J. (2003). "Der russische Föderalismus unter Präsident Putin. Diskurse – Realitäten." from elib.suub.uni-bremen.de/publications/diss/-htmlE Diss537_HTML.html. S. 57.

> „Lagen die Einnahmen eines Subjekts unter dem gesamtstaatlichen Durchschnitt, galt es als ‚bedürftig' und erhielt Subventionen. Deckte der Einnahmenausgleich die tatsächlichen Ausgaben des Subjekts immer noch nicht, wurde das Subjekt als ‚besonders bedürftig'"[446]

betrachtet. Dementsprechend trachteten alle Subjekte verständlicher Weise danach, als „bedürftig" oder sogar „besonders bedürftig" eingestuft zu werden. Es gab keine Anreize für eine ausgeglichene Haushaltsführung, denn diese wurde durch Nichtsubventionierung bestraft. Die Subjekte reagierten mit „Manipulationen der Einnahmestatistiken".[447]

1998 gehörten 81 von 89 zu dem Kreis der Subjekte, die Finanztransfers erhielten.[448] Parallel gab es ständige Verteilungskonflikte über die föderalen Finanzzuweisungen. Es wurde weiterhin von Fall zu Fall ausgehandelt und adhoc zugewiesen. Gute politische Beziehungen zum Zentrum machten sich für die Subjekte bezahlt. Ironischerweise profitierten unter *El'cin* oppositionelle Subjekte von dem System, da er von Subjekten mit Autonomiebestrebungen Wohlwollen erkaufte. 1996 änderte sich die Politik. Je mehr Stimmen *El'cin* in den Präsidentschaftswahlen 1996 in den einzelnen Subjekten erhielt, desto vorteilhafter fielen deren Finanzbeziehungen zum Zentrum aus. Nun wurden nicht mehr die ‚problematischen' Regionen befriedet, sondern die dem Zentrum gewogeneren belohnt.[449] In den Jahren 1996-1998 befanden sich die regionalen Budgets in einer tiefen Krise.[450] Im Sommer 1998 war angesichts der Banken- und Finanzkrise auch der föderale Staat zahlungsunfähig.

Zwischen 1996 und 1998 spielten außerbudgetäre Fonds (überwiegend aus Bundesmitteln) eine besondere Rolle. Diese waren vorteilhaft für die Subjekte, da sie „im Unterschied zu den regulären Steuereinnahmen nicht in die Haushaltsbeziehungen eingingen."[451] Außerbudgetäre Fonds werden aus föderalen Mitteln gespeist, obwohl diese Mittel nicht in die Berechnung für die interbudgetären Haushaltsbeziehungen zwischen Föderation, Subjekten und

---

446 Ettner, H. (2005). Das Gebiet Sverdlovsk im föderativen System Russlands. Münster. S. 81.

447 Ebenda.

448 Fruchtmann, J. (2003). "Der russische Föderalismus unter Präsident Putin. Diskurse – Realitäten." from elib.suub.uni-bremen.de/publications/diss/-htmlE-Diss537_HTML.html. S. 69.

449 Fruchtmann, J. (2003). "Der russische Föderalismus unter Präsident Putin. Diskurse – Realitäten." from elib.suub.uni-bremen.de/publications/diss/-htmlE-Diss537_HTML.html. S. 64.

450 Chamidullin, F. G. (2004). Problemy upravlenija social'no-ėkonomičeskim razvitiem regiona. Kazan'. S. 29.

Kommunen eingehen.[452] Für diese Fonds gab und gibt es keine gesetzliche Grundlage, sie unterliegen bis heute keiner parlamentarischen Kontrolle: Über ihren Umfang ist wenig öffentlich bekannt.[453] Transfers und Zahlungsstundungen des föderalen Zentrums waren nicht von Einnahmen aus diesen Fonds betroffen, was sie für die Akteure der föderalen Exekutive und die Subjektexekutivspitzen sehr interessant machte.[454] Es handelte sich dabei um Fonds für die Sozialversicherungen: den Beschäftigungsfonds, den Rentenfonds, den Krankenversicherungsfonds und den Sozialversicherungsfonds. Sie wurden außerhalb des konsolidierten Staatshaushalts aufgelegt. Daneben gibt es Fonds zur Wohnungssanierung und Straßeninstandhaltung, die dezentralisiert von den Subjekten verwaltet werden. Häufig wird den regionalen Behörden bei der Verwaltung dieser Fonds Missbrauch und Korruption vorgeworfen.[455]

Parallel entwickelte sich angesichts der Dezentralisierung von Aufgaben bei gleichzeitig fehlender Kompetenzzuweisung ein „aus Sowjetzeiten“ bestehendes System der gegenseitigen Verrechnung von Schuldforderungen (*vzaimnye razčety*) zwischen Zentrum und den Subjekten.[456] Diese wurden wie echte Zahlungsbeziehungen behandelt und machten 1996 „ein gutes Drittel des gesamten Transfers des Zentrums an die Subjekte“[457] aus. Diese nicht-monetären Transaktionen hatten oft den Charakter von „Tauscharrangements“.[458] Bis 1997 verschlechterte sich die Quote der Rückzahlung dieser

---

451 Ettner, H. (2005). Das Gebiet Sverdlovsk im föderativen System Russlands. Münster. S. 78.

452 Fruchtmann, J. (2003). "Der russische Föderalismus unter Präsident Putin. Diskurse – Realitäten." from elib.suub.uni-bremen.de/publications/diss/-htmlE-Diss537_HTML.html. S. 61.

453 Ettner, H. (2005). Das Gebiet Sverdlovsk im föderativen System Russlands. Münster.S. 79, Fruchtmann, J. (2003). "Der russische Föderalismus unter Präsident Putin. Diskurse – Realitäten." from elib.suub.uni-bremen.de/publications/diss/-htmlE-Diss537_HTML.html. S. 64.

454 Fruchtmann, J. (2003). "Der russische Föderalismus unter Präsident Putin. Diskurse – Realitäten." from elib.suub.uni-bremen.de/publications/diss/-htmlE-Diss537_HTML.html. S. 61.

455 Ebenda.

456 Ettner, H. (2005). Das Gebiet Sverdlovsk im föderativen System Russlands. Münster. S. 79.

457 Fruchtmann, J. (2003). "Der russische Föderalismus unter Präsident Putin. Diskurse – Realitäten." from elib.suub.uni-bremen.de/publications/diss/-htmlE-Diss537_HTML.html. S. 66.

458 Ettner, H. (2005). Das Gebiet Sverdlovsk im föderativen System Russland. Münster. S. 79.

„weichen Kredite“, bis sie sich 1997 auf fast Null belief.[459] 1996 erreichten diese nicht einbringbaren Schuldverschreibungen ca. 1 % des BIP.[460]
Die Entwertung des Rubels während der Finanzkrise 1998 nutzten die Subjekte zur weitgehenden Entschuldung.[461] Der Anteil der nichtmonetären Steuerzahlungen sank bis 2000 auf 12 Prozent. Daneben existierten weiterhin Kompensationsfonds für die Finanzierung von Verpflichtungen, die von der zentralen Ebene auf die Subjekte verlagert wurden.[462] Die Finanzmittel des Fonds, die zur Finanzierung der so genannten föderalen Mandate[463] ausreichen sollen, werden nach der Pro-Kopf-Bevölkerung verteilt.[464] Das Ergebnis dieser Bemühungen – auch um Haushaltskonsolidierung und deren Kontrolle auf Subjektebene – war, dass 2002 wieder 63 % aller staatlichen Einnahmen dem föderalen Haushalt zuflossen, während es 1998 weniger als 40 Prozent waren.[465] Die Steuerreform wird von *Ettner* als politischer Schritt bewertet, um die reicheren Subjekte abhängiger vom Zentrum zu machen.[466]
1998 verabschiedete die föderale Regierung eine Konzeption zur Reform der interbudgetären Beziehungen für die Jahre 1999-2001. Infolge dieser Konzeption wurden die Finanzbeziehungen grundsätzlich umgestaltet, d. h. der Fonds zur finanziellen Unterstützung der Subjekte wurde reformiert. Im Jahr 2001 wurde ein neuer föderaler Fonds eingeführt, der Kompensationsfonds.[467] Dieser Fonds hatte die Finanzierung sogenannter „föderaler Mandate“ zum Inhalt (Gehälter, Sozialleistungen) – also Pflichtausgaben, die den Subjekthaushalten durch föderale Gesetze aufgebürdet wurden.[468] Dieser Fonds ist in Art. 133 HHGB aufgenommen worden.

459 Fruchtmann, J. (2003). "Der russische Föderalismus unter Präsident Putin. Diskurse – Realitäten." from elib.suub.uni-bremen.de/publications/diss/-htmlE-Diss537_HTML.html. S. 64.

460 Ebenda. S. 66.

461 Ebenda. S. 60.

462 Ettner, H. (2005). Das Gebiet Sverdlovsk im föderativen System Russlands. Münster. S. 80.

463 Bei „föderalen Mandaten“ handelt es sich um föderale Pflichtausgaben, häufig Sozialleistungen.

464 Ettner, H. (2005). Das Gebiet Sverdlovsk im föderativen System Russlands. Münster. S. 80.

465 Gel'man, V. (2003). "Reform retour. Russlands kommunale Selbstverwaltung vor dem Aus? ." Osteuropa (9-10): 1343-1352. S. 1345f.

466 Ettner, H. (2005). Das Gebiet Sverdlovsk im föderativen System Russlands. Münster. S. 80.

467 Chamidullin, F. G. (2004). Problemy upravlenija social'no-ėkonomičeskim razvitiem regiona. Kazan'. S. 30.

468 Ebenda.

Im Jahr 2000 trat das Haushaltsgesetzbuch in Kraft, in dem die föderalen Beziehungen verrechtlicht sowie erhöhte Anforderungen an die Haushaltspolitiken der Subjekte gestellt wurden. Als Ziel wurde nicht mehr der Finanzausgleich zwischen den Subjekten, sondern die zweckgebundene Verteilung der Mittel postuliert. Grundlage der Verteilung der Finanzmittel sind das Bruttoeinkommen der Region, Bevölkerungszahl und die Zahl der wichtigsten Empfänger von Haushaltsleistungen. Anspruch auf Leistungen haben nur noch Subjekte, die allen ihren gesetzlichen Haushalts- und Steuerverpflichtungen nachgekommen sind.[469] Die zentrale Regierung in Moskau hat das Recht, Haushalte der Subjekte zu prüfen.

4.2.8.2. Rechtsgrundlagen für den föderalen Finanzausgleich

In der föderalen Verfassung fehlt eine Regelung der Finanzbeziehungen. Grundsätzlich gelten die allgemeinen Regeln der Zuständigkeitsabgrenzung gemäß Art. 71 – 73 VerfRF auch für die föderalen Finanzbeziehungen. In Art. 8 Abs. 1 VerfRF ist lediglich die Einheit des Wirtschaftsraums, der freie Verkehr von Waren, Dienstleistungen und Kapital, die Unterstützung des Wettbewerbs und die Freiheit der wirtschaftlichen Betätigung garantiert. Das System des Haushaltsföderalismus wird kaum in der Verfassung selbst geregelt. Art. 75 Abs. 3 VerfRF bestimmt lediglich das System der Steuern, die an den Bundeshaushalt abgeführt werden und dass die allgemeinen Prinzipien der Besteuerung und Abgaben in der RF durch föderales Gesetz festgelegt werden müssen. „Dies bedeutete zunächst implizit einen Verzicht auf die Kodifizierung und Umsetzung fiskal-föderaler Grundsätze wie vor allem der gleichen Behandlung der Subjekte nach berechenbaren und transparenten Prinzipien".[470]

In Art. 7 HHGB sind die Kompetenzen der föderalen Organe und in Art. 8 HHGB[471] die Kompetenzen der Subjektorgane für die gegenseitigen Haushaltsbeziehungen geregelt.

Weiterhin ist die Abgrenzung der Ausgabenkompetenz[472] zwischen der RF und den Subjekten in Art. 11 HHGB bedeutsam. Danach werden die födera-

469 Ettner, H. (2005). Das Gebiet Sverdlovsk im föderativen System Russlands. Münster. S. 82.

470 Hederer, C. / Herrmann-Pillath, C. (2004). Fiskalischer Föderalismus in der Rußländischen Föderation. Eine politisch-ökonomische Analyse der Transformation des rußländischen Staates. Brunner, G. (Hrsg.) Der russische Föderalismus. Bilanz eines Jahrzehnts. Münster: 77-125. S. 104.

471 So enthält Art. 8 Abs. 1 HHGB das Recht der Subjekte, ihre eigenen Ordnung für die Behandlung von Haushaltsgesetzen aufzustellen.

len Haushalte in Form föderaler Haushaltsgesetze und die Subjekthaushalte in Form von Subjektgesetzen verabschiedet. Die Ausgeglichenheit aller Haushalte ist in Art. 28 HHGB verankert. Nach Art. 28 HHGB gelten unter anderem die folgenden Prinzipien:

- Einheit des Haushaltssystems,
- Abgrenzung zwischen den Einnahmen und Ausgaben auf den einzelnen Ebenen (Föderale, Subjekt- und kommunale Ebene),
- Selbständigkeit der einzelnen Haushalte,
- Vollständigkeit der Einnahmen und Ausgaben in den jeweiligen Haushalten,
- Ausgeglichenheit der Haushalte sowie
- Effizienz und Wirtschaftlichkeit bei der Verwendung von Haushaltsmitteln.

Nach den Regelungen des HHGB gibt es einen über das Moskauer Zentrum gesteuerten Finanzausgleich.

Gemäß Art. 129 HHGB gibt es die folgenden Formen der Finanztransfers aus dem föderalen Haushalt in die Subjekthaushalte: Dotationen[473], Subsidien[474] und Subventionen[475] sowie föderale Zahlungen in Fonds außerhalb des regulären Haushalts.

Art. 131 HHGB sieht die Bildung eines Fonds zur finanziellen Unterstützung der Subjekte innerhalb des föderalen Haushalts vor. Damit wurde der von *El'cin* 1994 gegründete Fonds in das gesetzliche System des Finanzausgleichs übernommen. Hier geht es vor allem um die Minimierung von Ungleichheiten zwischen den Subjekten. Dazu gibt es Methoden, d. h. Formeln, die in Verordnungen der föderalen Regierung festgelegt werden. Dabei werden nach Art. 131 Abs. 2 HHGB nicht zweckgebundene Dotationen vergeben. Die Grundsatzentscheidung über die Vergabe von Dotationen wird im föderalen Haushaltsgesetz getroffen, Art. 131 Abs. 3 HHGB. Anspruch auf solche Dotationen haben nur Subjekte, deren Haushalt rechnerisch unter einem Vergleichshaushalt liegt.

---

472 Evseev, P. I. (2003). Budžetnyj federalizm i problemy razgraničenija polnomočij RF i ee sub"ektov v budžetnoj sfere. Moskva. S. 25.

473 Dotationen sind laut Art. 6 HHGB nicht zweckgebunden.

474 Subsidien sind laut Art. 6 HHGB Haushaltsmittel, die teilweise zweckgebunden sind.

475 Subventionen sind nach der Definition des Art. 6 HHGB zweckgebunden.

Der schon erwähnte Kompensationsfonds[476] für die Finanzierung der den Subjekten durch SubjOrgG übertragenen Pflichtausgaben in Art. 133 HHGB sieht vor, dass Subventionen nach einem von der föderalen Regierung aufgestellten Schema vergeben werden. Dies wird durch Verordnungen[477] geregelt, die den jeweiligen Subventionsgründen angepasst werden[478]. Die grundsätzliche Entscheidung über die Verteilung von föderalen Subventionen wird nach Art. 133 HHGB im Haushaltsgesetz getroffen, so dass die Subjekte daran auch über den Föderationsrat beteiligt sind.
In Art. 135 HHGB wird die Auszahlung föderaler Mittel an die Subjekte daran geknüpft, dass sonst minimale staatliche Standards des Subjekts nicht mehr bezahlt werden könnten. Die Art und Weise dieser Minimalstandards wird nach Art. 135 Nr. 2 HHGB durch ein föderales Gesetz festgelegt. In Artikel 138 HHGB ist ein Prüfungsrecht für Bundesfinanzorgane (das Finanzministerium und die föderale Rechnungskammer) vorgesehen.
Weitere Regelungen befinden sich in dem 1999 erlassenen und 2005 diesbezüglich in den Art. 26.3 und 26.5 ergänzten SubjOrgG.[479] Die praktische Ausführung ist im Haushaltsgesetzbuch geregelt.

4.2.8.3. Praxis des föderalen Finanzausgleichs

Die weniger finanzstarken Subjekte, und das ist die Mehrzahl, werden vom Zentrum finanziell unterstützt. Sie sind im Gegenzug für Zahlungen aus Moskau geneigter, sich dessen politischen Vorstellungen unterzuordnen.[480] Fast alle Kommunen sind verschuldet,[481] was dazu führt, dass teilweise nicht einmal die Sozialleistungen bzw. die Löhne der städtischen Angestellten ausgezahlt werden können. Wie auch in anderen Bundesstaaten, z.B. in Deutsch-

---

476 Kompensationsfonds für die Finanzierung von Verpflichtungen, die von der zentralen Ebene auf die Subjekte verlagert wurden. Die Finanzmittel des Fonds, die zur Finanzierung der so genannten föderalen Mandate ausreichen sollen, werden nach der Pro-Kopf-Bevölkerung verteilt. S. 148.

477 Zum Beispiel: Verordnung der Regierung vom 29. Dezember 2006, Nr. 838-P.

478 Die Verordnung selbst enthält dann eine wirtschaftsmathematische Formel für die Verteilung der Subventionen.

479 Vgl. 5.6.2.3. Grundlagen der föderalen Finanzbeziehungen innerhalb der gemeinsamen Gesetzgebungszuständigkeit (Art. 26.2 , 26.3. 26.3-1 und 26.3-2 SubjOrgG). S. 251.

480 Fruchtmann, J. (2003). "Der russische Föderalismus unter Präsident Putin. Diskurse – Realitäten." from elib.suub.uni-bremen.de/publications/diss/-htmlE-Diss537_HTML.html. S. 85.

481 Fruchtmann, J. (2003). "Der russische Föderalismus unter Präsident Putin. Diskurse – Realitäten." from elib.suub.uni-bremen.de/publications/diss/-htmlE-Diss537_HTML.html. S. 72.

land, sind die finanzstarken Teilstaaten der Russischen Föderation unwillig, das Defizit der ärmeren auszugleichen.[482]
Die praktische Seite der föderalen Finanzbeziehungen bezeichnet *Kahn* als „byzantinisch", d. h. außerrechtlich und personenbezogen, und veröffentlichte Statistiken seien „notorisch vertrauensunwürdig und ewig unvollständig".[483] Untersuchungen ergaben, dass das Zentrum in den neunziger Jahren nicht die politisch loyalen Subjekte belohnte, sondern den für die Föderation bedrohlichen den Schneid abzukaufen versuchte. Die OECD schätzte, dass zwischen 1992 und 1994 mehr als 70 Präsidialdekrete Nachlässe gewährten.[484] Häufig wurden in den föderalen Verträgen die Grundzüge geregelt, die Details, z. B. über die Steueranteile gingen in spezielle Vereinbarungen ein.[485] Am besten fuhren die bodenschatzreichen Republiken, die besondere Forderungen stellen konnten, wie zum Beispiel Sacha, auf dessen Territorium die reichen russischen Diamantenvorräte lagern. Der Preis für Sachas Unterschrift unter den Föderationsvertrag war ein Spezialabkommen über ökonomische Fragen, das bestimmte Quoten für die Diamantenförderung zu Gunsten der Republik festlegte und ihr ferner eine Nationalbank bescherte.
Morozov weist darüber hinaus auf eine Verhandlungspolitik der geschlossenen Türen der Nomenklatura hin: Selbst wenn formelle Verträge unterzeichnet würden, seien die wirklichen Abmachungen informal und geheim.[486] Auch hier infiltrierten die regionalen Eliten die lokalen Abteilungen des föderalen Ausschusses zur Kontrolle der Privatisierungen, *Goskomimuščestvo*, es gelang ihnen, Eigentumsfonds zu bilden.[487] Vielen Republiken gelang es später, mittels Vereinbarungen die Kontrolle über das noch vorhandene Staatseigentum zu erlangen.[488] Besonders wertvoll für das jeweilige Subjekt war das Zugeständnis für die Gründung einer eigenen Nationalbank oder autorisierter Banken, die zur Steuereinziehung sowohl von föderalen als auch von Repu-

---

482 Kahn, J. (2002). Federalism, democratization, and the rule of law in Russia. Oxford; New York, Oxford University Press. S. 186.
483 Kahn, J. (2002). Federalism, democratization, and the rule of law in Russia. Oxford; New York, Oxford University Press. S. 183.
484 OECD Economic Surveys: The Russian Federation (1995) Paris. S. 50.
485 Z. B. bei Tatarstan in der Vereinbarung vom 15. Februar 1994: Es musste 13 % der Gewinnsteuern, 1 % der Einkommenssteuer und einen undefinierten Anteil der Mehrwertsteuer an das Zentrum abführen.
486 Morozov, A. (1996). "Tax Administration in Russia." East European Constitutional Review (2-3). S. 41.
487 Kahn, J. (2002). Federalism, democratization, and the rule of law in Russia. Oxford; New York, Oxford University Press. S. 185 f.
488 Ebenda.

bliksteuern ermächtigt war. Dies gelang Tatarstan, Baškortostan, Sacha und Čečnija mit Vereinbarungen (vielleicht auch anderem, mutmaßt *Kahn*). Die Gewinnung der Kontrolle über diese Nationalbanken sei vielleicht eine Erklärung für die von Tatarstan, Baškortostan und Sacha im Zeitraum 1992 bis 1994 gegenüber dem Zentrum zurückgehaltenen Steuern.[489] Auf den Versuch, die Steuern nicht an die Zentrale abzuführen, reagierte das Zentrum mit der Delegierung „besonders kostenträchtiger“ Aufgaben an die Regionen.[490] 1994 erhielten von den damals 89 Subjekten 64 Leistungen aus dem Fonds zur finanziellen Unterstützung der Subjekte, 1996 waren es 79 und 1998 sogar 81. Regelmäßig wurden die Berechnungsmethoden kritisiert.[491] Da die Mittel des Fonds Bestandteil des Haushaltsgesetzes sind, fanden jedes Jahr bei der Staatsduma und im Föderationsrat Verhandlungen um die Geldverteilung und informale Vereinbarungen statt.[492]

Dies alles behinderte die Entwicklung eines der vorteilhaften Aspekte föderalistischer Systeme: der Konkurrenz der Subjekte untereinander um eine vernünftige Wirtschaftsförderung, die zu höheren Steuereinnahmen führen würde. Die Weigerung, Steuern an das Zentrum zu zahlen, wurde damit begründet, man könne sich den Umweg über Moskau sparen und das Geld gleich selbst für die eigenen Bedürfnisse verwenden und brauche dabei die die Willkür bei der Verteilung nicht zu riskieren.[493] Dies konnte aber die Tatsache nicht verdecken, dass die Republiken nicht zur Finanzierung der allgemeinen Infrastruktur und zu den Verteidigungsausgaben der Föderation beitrugen.

4.2.8.4. Aufteilung der Steuereinnahmen zwischen Föderation und Subjekten

Ettner beschreibt ein Steuersystem, das die Aufteilung der Steuereinnahmen weitgehend durch das Zentrum bestimmt. 1996 haben 70 Prozent der Haushalte der Subjekte aus Zuweisungen über „regulative Steuern“ des Zentrums bestanden.[494] Zunächst sei zwar die Staatsduma für die Aufteilung der „regulativen Steuern“ zuständig gewesen, doch habe seit 1996 de facto das föde-

---

489 Ebenda. S. 186.

490 Fruchtmann, J. (2003). "Der russische Föderalismus unter Präsident Putin. Diskurse – Realitäten." from elib.suub.uni-bremen.de/publications/diss/-htmlE-Diss537_HTML.html. S. 58.

491 Ebenda. S. 66.

492 Ebenda. S. 70.

493 Kahn, J. (2002). Federalism, democratization, and the rule of law in Russia. Oxford; New York, Oxford University Press. S. 186.

494 Ettner, H. (2005). Das Gebiet Sverdlovsk im föderativen System Russlands. Münster. S. 76; Heinemann-Grüder, A. (2000). Der heterogene Staat. Berlin.

rale Finanzministerium die Aufteilung mit den einzelnen Subjekten jährlich neu ausgehandelt. Wöchentlich mussten die Subjekte die erhobenen Steuern an das zentrale „Haushaltskonto" beim Finanzministerium überweisen, um anschließend nach den entsprechenden gesetzlichen Haushaltsrichtlinien die entsprechenden Rücküberweisungen zu erhalten. Dieser Kreislauf konnte bis zu fünf Wochen dauern.[495] 1996 wandelten sich die Beziehungen zwischen dem Zentrum und den Subjekten. Die föderale Regierung nahm das Recht der Föderationssubjekte auf eigenständige Steuererhebungen zurück und dezentralisierte auf der anderen Seite soziale Dienstleistungen massiv.[496] Für die Finanzierung dieser Pflichtausgaben gab es keine verbindlichen Richtlinien. Das Zentrum nutzte die anfängliche „Regellosigkeit" zur Dezentralisierung von Lasten, ohne den nun dafür verantwortlichen Subjekten die dafür erforderlichen Mittel zuzuweisen oder Kompetenzen für entsprechende Abgabeerhebungen zu überlassen.[497] Dadurch wurde es für die Subjekte immer schwieriger, ihre Haushalte ausgeglichen zu gestalten. Hinzu kam noch, dass der föderale Haushalt regelmäßig verspätet verabschiedet wurde und es überdies unvorhersehbare Nachtragskorrekturen geben konnte.

Nach *Putins* Amtsantritt als Präsident wurde ein neues (der zweite Teil) Steuergesetzbuch[498] eingeführt. Dessen Abschnitte lauten „Föderale Steuern" (Abschnitt VIII), „Regionale Steuern" (Abschnitt IX) und „Kommunale Steuern" (Abschnitt X). Darin wurden eine Reduktion der Steuern, die Subjekte an das Zentrum abführen mussten und eine Vereinheitlichung der Sonderabkommen zwischen dem Zentrum und den einzelnen Teilsubjekten festgeschrieben. In Art. 13 SteuerGB werden die föderalen Steuerquellen, in Art. 14 SteuerGB die regionalen Steuerquellen definiert.[499]

---

495 Ebenda. S. 77.

496 Es handelte sich dabei um Mittel für Sozialhilfe, Lebensmittelsubventionen, Baupolitik und Landwirtschaft.

497 Hederer, C. / Herrmann-Pillath, C. (2004). Fiskalischer Föderalismus in der Rußländischen Föderation. Eine politisch-ökonomische Analyse der Transformation des rußländischen Staates. Brunner, G. (Hrsg.) Der russische Föderalismus. Bilanz eines Jahrzehnts. Münster: 77-125. S. 105.

498 Der erste Teil vom 31 Juli 1998 Nr. 146-FZ; der Zweite Teil 5. August 2000 Nr. 117-FZ.

499 Artikel 13 lautet: Zu den föderalen Steuern gehören:
Mehrwertsteuer
Verbrauchssteuern auf verschiedene Warenarten (Dienstleistungen) und einzelne Mineralien
Steuer auf die Einnahmen von Organisationen
Steuer auf auf Einnahmen aus Kapitalvermögen
Einkommenssteuer bei natürlichen Personen

„Die wichtigsten Maßnahmen umfassten
- die Einführung eines allgemeinen Einkommenssteuersatzes von 13 %,
- die Einführung einer einheitlichen Sozialsteuer anstelle der Einzahlung in die je weiligen außerbudgetären Fonds und
- die Aufteilung der Einkommenssteuer zwischen Föderation und Subjekten zu Ungunsten der Regionen".[500]

Zudem wurde die Praxis der Steuerbeitreibung verschärft. Ein direktes Ziel bestand darin, die Wirtschaft zu entlasten, ohne das föderale Budget zu schwächen. Deshalb wurden die Steuern von den Regionen zum Zentrum hin umverteilt.[501]

„Weitere Maßnahmen waren:

- die Änderung der Aufteilung des Steueraufkommens einzelner Steuern,
- die Abschaffung von Steuern, die zuvor den Regionen zu Gute kamen,
- die Steigerung der Ertragskraft von Steuern, die vorwiegend dem Zentrum zu Gute kommen sowie

---

Einzahlungen in staatliche soziale interbudgetäre Fonds
Staatsabgaben
Zollabgaben und Zolleinnahmen
Steuer auf die Ausbeutung von Bodenschätzen
Steuer auf die Produktion von Mineralrohstoffen
Steuer auf Zusatzeinkommen der Ausbeutung von Kohlenwasserstoffen
Einnahmen aus dem recht auf Nutzung von Tieren und wasserbiologischen Ressour-cen
Waldsteuer
Wassersteuer
Ökologische Steuer
Föderale Lizenzeinnahmen
Artikel 14 des Steuergesetzbuchs lautet: Regionale Steuern und Einnahmen
Zu den regionalen Steuern (Subjektsteuern) und Abgaben gehören:
Steuer auf das Eigentum von Organisationen
Immobiliensteuer (Grundsteuer)
Wegesteuer
Transportsteuer
Verkaufssteuer
Spielsteuern
Regionale Lizenzeinnahmen
2. Vor Inkrafttreten der Grundsteuer endet im jeweiligen Subjekt die Steuer auf Eigentum von Organisationen sowie die Eigentumssteuer für natürliche Personen und die Landsteuer.

500 Fruchtmann, J. (2003). "Der russische Föderalismus unter Präsident Putin. Diskurse – Realitäten." from elib.suub.uni-bremen.de/publications/diss/-htmlE-Diss537_HTML.html. S. 192.

501 Ebenda. S. 194.

- die Senkung der Ertragskraft von Steuern, die vorwiegend den Regionen zu Gute kommen."[502]

So fließt gemäß Art. 143 SteuerGB die Mehrwertsteuer nun vollständig der Föderation zu (zuvor 15 % für die Subjekte), die Subjekte bekommen dagegen die vollständige Einkommenssteuer (zuvor 90 %). Seit der erneuten Steuerreform und dem Inkrafttreten des neuen SteuerGB unterfällt auch die Einkommenssteuer für natürliche Personen nach Art. 207 ff. SteuerGB den föderalen Steuern. Beispiele für die Senkung der Ertragskraft von Steuern, die vor allem den Regionen zukommen, sind vor allem die Wohnungsbau- und Straßenbenutzungssteuer.[503] Die Steuern, die nicht im neuen SteuerGB enthalten sind, werden „implizit ersatzlos gestrichen". Das betraf eine Vielzahl regionaler und lokaler Steuern.[504]

Die Steuerreform fand die Zustimmung der Nehmersubjekte, die keine Verluste durch die fiskalische Zentralisierung erwarteten. So passierte das Gesetzesprojekt der Steuerreform den Föderationsrat in erster Lesung.[505]

4.2.8.5. Bewertung der Regelungen des föderalen Finanzausgleichs

Hier verschränken sich institutionell ungewöhnliche Regelungen mit einer zutiefst informalen Praxis, in der sich die Akteure teilweise noch nicht einmal an bestehende Regelungen hielten. Aus deutscher Perspektive ist befremdlich, dass so wichtige Regelungen wie die Finanzbeziehungen nicht in der Verfassung selbst – wenigstens in ihren Grundlagen – geregelt, sondern über verschiedene Gesetze verstreut sind. Wenigstens ein Katalog der Steuerarten und ihrer Verteilung hätte sinnvoller Weise in der Verfassung verankert werden sollen. Dadurch wäre von Anfang an und dauerhaft eine Grundlage für die föderalen Finanzbeziehungen gelegt worden. Aus Sicht der Föderation hätte dies den Vorteil gehabt, dass die Nichtabführung von Steuereinnahmen durch die Subjekte ein Verfassungsverstoß wäre, der durch eine Verfassungsgerichtsentscheidung sanktioniert werden könnte.

Durch die hier vorherrschenden Patron-Klienten-Beziehungen wird auch der Wettbewerb zwischen den Subjekten geschwächt. Denn Finanzströme können durch politische Willfährigkeit gegenüber der Kremladministration eher in den Subjekten erwartet werden, als aufgrund von rechtlichen Regelungen. Dafür war die *El'cin*-Periode ein Gradmesser. Dass die Gebersubjekte gegen

502 Ebenda. S. 195.
503 Ebenda.
504 Ebenda. S. 196.
505 Ebenda. S. 237.

eine derartige Reform sind, liegt auf der Hand. Ungewöhnlich wirkt immer noch die Form des Finanzausgleichs über die – inzwischen gesetzlich verankerten – Fonds, nach Formeln der föderalen Regierung, die eine Feinsteuerung erlauben, die dem Parlament entzogen sind.
Eine Bewertung der Rechtsnormen in ihrer Gesamtheit ergibt vor allem eine Verletzung des Kriteriums der Transparenz, weil die Mittelverteilung bei vielen Fonds unklar geregelt ist. Aus der Sicht eines föderativen Aufbaus wäre die Einführung eines horizontalen Finanzausgleichs wünschenswert, wobei die Regelung nach dem russischen Modell auch dann konsequent wahrscheinlich über das föderale Finanzministerium gesteuert würde. Im Vergleich mit den Regelungen des föderalen Finanzausgleichs wirkt das im folgenden Abschnitt beschriebene System der Einheitsverwaltung in einem Bundesstaat noch ungewöhnlicher.

4.2.8.6. Bewertung der Haushaltsregelungen im Hinblick auf die Verletzung föderaler Prinzipien

Durch die nicht in der VerfRF geregelte und mittels föderalen Gesetzes veränderbare Aufteilung der Steuerarten sind Nr. 1 PrFöd und Nr. 2 PrFöd berührt. Denn die nach Nr. 1 PrFöd erforderliche Trennung der Steuererhebungskompetenzen ist flexibel und die Subjekte sind gegen Veränderungen zu ihren Lasten nicht durch die föderale Verfassung geschützt (Nr. 2 PrFöd).

4.3. Der Grundsatz der Einheitsverwaltung nach Art. 77 Abs. 2 VerfRF

Der Grundsatz der Einheitsverwaltung ist in Art. 77 Abs. 2 VerfRF normiert. Dieser wird so ausgelegt, dass Exekutivorgane der Föderation und der Subjekte innerhalb von Gegenständen der ausschließlichen Zuständigkeit der Föderation nach Art. 71 VerfRF und der gemeinsamen Zuständigkeit von Föderation und Subjekten nach Art. 72 VerfRF einen einheitlichen Verwaltungsraum zu bilden haben. Das bedeutet im Wesentlichen, dass sie zur Kooperation verpflichtet sind.[506]
In der Legislative gibt es eine klare Trennung zwischen Föderation und Subjekten, sonst wäre eine Klassifizierung der RF als Föderation auch zweifelhaft, weil das Kriterium der Vertretung „auf mindestens zwei unternationalen Ebenen" nicht mehr erfüllt wäre.

506 Lazarev, V. V. (2003). Naučno-praktičeskij kommentarij (Sistema Garant // Datenbank). Art. 77, Nr. 2.

Art. 77 Abs. 2 VerfRF legt fest, dass innerhalb der ausschließlichen Föderationszuständigkeit nach Art. 71 VerfRF und der gemeinsamen Gesetzgebungszuständigkeit gemäß Art. 72 VerfRF ein System der Einheitsverwaltung zu bilden ist. *Blankenagel* ist im Gegensatz zum VerfGRF der Ansicht, dass Art. 78 Abs. 1 VerfRF den föderalen Organen lediglich die Befugnis einräumt, in den Subjekten Unterstrukturen zu bilden und Art. 78 Abs. 2 und 3 VerfRF die Befugnis verleihen, einander gegenseitig Vollmachten zu übertragen.[507] Das VerfGRF wendet dagegen Art. 78 Abs. 1 und 2 VerfGRF auch auf Gegenstände der gemeinsamen Gesetzgebungszuständigkeit an.[508] Dabei ist nicht gänzlich klar, ob in Art. 78 VerfRF lediglich von ausschließlichen Kompetenzen die Rede ist. Ein systematischer Vergleich mit Art. 77 Abs. 2 VerfRF legt dies nahe. *Blankenagel* kommt zu dem Schluss, innerhalb der ausschließlichen Gesetzgebungszuständigkeiten könnten Systeme der eigenen und Einheitsverwaltung existieren, da nur so eine Delegation von Organkompetenzen möglich sei. Im Rahmen der gemeinsamen Gesetzgebungszuständigkeit gäbe es demzufolge ein System der Einheitsverwaltung.[509] Ein System der Einheitsverwaltung ist konzeptuell getrennten föderalen Zweiebenensystemen grundsätzlich fremd, denn es ist nur schwer mit der vertikalen Gewaltenteilung zu vereinbaren. In der Rechtsprechung des VerfGRF gibt es über die Frage der Zulässigkeit der Beteiligung der Subjekte bei der Ernennung von Amtspersonen keine Entscheidungen zum Charakter und zur Auslegung von Art. 77 Abs. 2 VerfRF. Das System der Einheitsverwaltung umfasst die Unterstellung der Einheitsorgane in den Subjekten unter föderale Aufsicht und die föderale Personalhoheit, zum Beispiel bei Staatsanwaltschaft und Miliz. *Blankenagel* kritisiert das Fortbestehen des sowjetischen Systems der doppelten Unterstellung.[510] Diese ist dem födera-

---

507 Blankenagel, A. (2006). "Koncepcija edinoj sistemy ispolnitel'noj vlasti, čast' 2 stat'i 77 Konstitucii Rossijskoj Federacii – kakaja sistema, a gde edinstvo?" Sravnitel'ne konsititucionnoe obozrenie **54** (1): 123 - 128. S. 123.

508 VKS 2001, Nr. 2, S. 24 – 28.

509 Blankenagel, A. (2006). "Koncepcija edinoj sistemy ispolnitel'noj vlasti, čast' 2 stat'i 77 Konstitucii Rossijskoj Federacii – kakaja sistema, a gde edinstvo?" Sravnitel'ne konsititucionnoe obozrenie **54** (1): 123 - 128. S. 124.

510 Ebenda. S. 124. Das System der doppelten Unterstellung erläutert Tarasov wie folg: In der Sowjetunion gehörten die regionalen und kommunalen Organe der SSR einerseits dem System der SSR und andererseits formell demjenigen der föderalen Exekutivorgane der UdSSR an. Tarasov, O. A. (2006). Polnomočija vysšego dolžnostnogo lica sub"ekta Rossijskoj Federacii po koordinacii vzaimodejstvija organov ispolnitel'noj vlasti sub"ekta Rossijskoj Federacii s federal'nymi organami ispolnitel'noj vlasti, ich territorial'nymi organami. Aktual'nye problemy razvitija Federativnych otnošenij v Rossijskoj Federacii. Korsby, P. (Hrsg.). Proekt

len Prinzip der grundsätzlichen Teilung der Verwaltungsebenen fremd, zumindest müsste jedoch die Einmischung der föderalen Ebene in die Belange der Subjekte und umgekehrt begrenzt werden.[511] Für die Einheitsverwaltung, wenn sie nun schon einmal existiert, schlägt *Blankenagel* folgende Pyramide vor, um den Einfluss der Subjekte zu sichern: föderale Ministerien, Subjektministerien, territoriale Exekutivorgane der Subjekte (höhere Ebene) und territoriale Exekutivorgane der Subjekte (niedrigere Ebene). Der Sinn besteht darin, dass die territorialen Subjektorgane nicht den regionalen föderalen Organen in den Subjekten direkt unterstellt sind. Ein wichtiger Punkt ist die schon benannte Beteiligung der Subjekte bei der Ernennung föderaler Amtspersonen der föderalen Territorialorgane in den Subjekten. Hier stellt *Blankenagel* klar, dass vom Föderalismus nicht viel verbleibt, wenn das Subjekt seine Amtspersonen in den föderalen Territorialorganen nicht mehr selbst ernennen kann.[512] Konsequenter Weise verneint *Blankenagel* eine föderale Befugnis für Disziplinarmaßnahmen gegenüber von Subjekten ernannten Amtsträgern. Finanzielle Sanktionen hält er für statthaft. Ihm ist vor allem darin zuzustimmen, dass entsprechende Konflikte gerichtlich gelöst werden sollten. Um das VerfGRF nicht zu überlasten, schlägt er eine Zuständigkeit spezieller Kammern der ordentlichen oder der Schiedsgerichtsbarkeit vor.[513] Hierbei stellt sich aus Kenntnis der Untersuchungen inzwischen ein praktisches Problem: Angesichts der Rechtsprechung des VerfGRF zu föderalen Fragen, insbesondere seit der Gouverneursentscheidung zeichnet sich ab, dass die Subjekte immer weniger den Rechtsweg einschlagen. Dies würde sich bei einem Rechtsweg zu föderalen Gerichten jedenfalls nicht entscheidend verbessern.

Als grundsätzliche Lösung vertritt *Blankenagel* eine restriktive Auslegung von Art. 78 VerfRF. *Blankenagel* legt dar, dass eine Auslegung von Art. 77 Abs. 2 VerfRF als grundsätzlicher, die Verwaltungsstruktur regelnder Norm, eine Öffnung des russischen Systems befördern könnte.

Neben den föderalen Exekutivorganen können die Subjekte noch eigene Exekutivorgane nach Art. 66 Abs. 2 VerfRF bilden. Diese sollten jedoch möglichst nicht mit föderalen Organen konkurrieren. Auch eine Kompetenzab-

---

"Institucional'nyj, pravovoj i ėkonomičeskij federalizm v Rossijskoj Federacii". Moskva: 30 - 40. S. 30.

511 Blankenagel, A. (2006). "Koncepcija edinoj sistemy ispolnitel'noj vlasti, čast' 2 stat'i 77 Konstitucii Rossijskoj Federacii – kakaja sistema, a gde edinstvo?" Sravnitel'ne konsititucionnoe obozrenie **54** (1): 123 - 128. S. 125.

512 Ebenda. S. 126.

513 Ebenda. S. 126 f.

grenzung wird teilweise in der Verfassung selbst bzw. in den föderalen Verträgen vorgenommen.

Blankenagel/Kalinina stellen das in sich widersprüchliche System der verschiedenen Organe und der Kompetenzabgrenzung insgesamt wie folgt dar: Nach der Föderalismusreform *Putins* könne man die sieben föderalen Bezirke als Ebene territorialer Kompetenzen auffassen, die über den Subjekten stehen.[514] In der RF gibt es historische Besonderheiten, z. B. diejenige, dass einige Ministerien der Regierung dem Präsidenten direkt unterstellt sind. Es existieren aufgrund der historischen Entwicklung auch nicht-hierarchische Organe wie Dienste, Agenturen etc., von denen einige den Status eines Ministeriums haben. *Putins* Reform sorgte dafür, dass die Ministerien nur noch regulierende Funktion, die Dienste kontrollierende und die Agenturen Dienstleistungen bereit stellende Funktionen ausüben. *Blankenagel/Kalinina* bezeichnen dies als „System der formal-funktionalen Segmentierung".[515] Eine systematisierende Betrachtung ergibt eine Vielzahl von unterschiedlichen Organformen. Die Autoren unterteilen diese in föderale Organe mit integrierten föderalen Territorialorganen (z. B. Katastrophenschutzministerium) und spezialisierten Organen (Dienste und Agenturen) mit föderalen Territorialorganen (zum Wirtschaftsministerium gehören z. B. die föderale Agentur der Staatsreserven, föderale Agentur für Liegenschaften, die föderale Agentur für die föderale Vermögensverwaltung etc.). Das Ministerium selbst hat keine Territorialorgane, sondern nur die ihm unterstellten Agenturen haben föderale Untergliederungen in den Subjekten).[516] Die nächste klassifizierte Kategorie bilden die Spezialorgane (Agenturen und Dienste), die dem Präsidenten oder der Regierung direkt unterstellt sind.

Die dem Präsidenten direkt unterstellten Organe sind häufig „geheim" im Sinne von „Geheimdiensten". So hat der FSB Organe in den Subjekten. Der föderale Antidrogendienst hat Dienststellen auf der Ebene der föderalen Bezirke und darunter auf der Ebene der Subjekte. Interessant ist die „Verwaltung der Angelegenheiten des Präsidenten der RF", die vor allem föderales Grundstücksvermögen verwaltet und damit Einkommen erzielt. Dieses föde-

---

514 Blankenagel, A. / Kalinina, I. V. (2006). Struktura sistemy ispolnitel'noj vlasti v Rossijskoj Federacii: formal'no-funkcional'naja segmentacija i klassičeskaja ierarchizacija. Aktual'nye problemy razvitija Federativnych otnošenij v Rossijskoj Federacii. Korsby, P. (Hrsg.). (2006). Proekt "Institucional'nyj, pravovoj i ėkonomičeskij federalizm v Rossijskoj Federacii". Moskva: 120-130. S. 122.

515 Ebenda. S. 122. Dieses System unterliegt einem Wandel.

516 Ebenda. S. 123.

rale Organ verfügt über keinen geregelten Verwaltungsaufbau, unterhält aber Beziehungen zu föderalen Unternehmen.
Daneben gibt es weiterhin der Regierung unterstellte Organe. *Blankenagel/Kalinina* zufolge ist unklar, nach welchem Organisationsprinzip diese Spezialorgane der Regierung insgesamt oder einzelnen Ministerien[517] unterstellt werden.
Daraus leiten *Blankenagel/Kalinina* die folgenden Entwicklungen ab:

- Es gibt eine Tendenz zur Schaffung der Spezialorgane und Abkehr von einer integrierten, hierarchischen Struktur von ministeriellen Unterabteilungen.
- Es existieren auch Spezialorgane, die nicht einzelnen Ministerien, sondern der Regierung als Kollegialorgan oder dem Präsidenten unterstehen. Die Gründe dafür sind unklar.
- Es entsteht der Eindruck, dass die dem Präsidenten direkt unterstellten Ministerien (Inneres) eher zu einer integrierten Struktur neigen, die der Regierung unterstellten eher zu Spezialorganen tendieren.
- Das von Art. 77 Abs. 2 VerfRF vorgesehene System der Einheitsverwaltung erweist sich in der Praxis als Ausnahme.
- Es gibt keine Einheitlichkeit bei der Bestimmung der Sphären der territorialen Kompetenzen, was die Intransparenz des Systems der Einheitsverwaltung verstärkt.
- Häufig findet die Regulierung mit verwaltungsinternen Rechtsakten und Leitlinien statt. Das verstärkt die Intransparenz der Exekutive.[518]

Grundsätzlich existiert *Blankenagel/Kalinina* zufolge eine Aufsicht und Weisungsbefugnis des höchsten (Bundes-)organs, um eine koordinierte, effektivere und widerspruchsfreie Verwaltung durchzusetzen. Im demokratischen Rechtsstaat bedarf das Verwaltungshandeln auf jeder Hierarchieebene der (abgeleiteten) demokratischen Legitimation. Nicht immer ist Delegation von Aufgaben auf die niedrigere Ebene sinnvoll, bestimmte allgemeine Fragen bedürfen einer Entscheidung des föderalen Verwaltungsorgans.[519]

---

517 Beispiel sind der föderale Handelsdienst, der Dienststellen auf Ebene der föderalen Bezirke, der Subjekte und in den Subjekten unterhält.

518 Blankenagel, A. / Kalinina, I. V. (2006). Struktura sistemy ispolnitel'noj vlasti v Rossijskoj Federacii: formal'no-funkcional'naja segmentacija i klassičeskaja ierarchizacija. Aktual'nye problemy razvitija Federativnych otnošenij v Rossijskoj Federacii. Korsby, P. (Hrsg.). Proekt "Institucional'nyj, pravovoj i ėkonomičeskij federalizm v Rossijskoj Federacii". Moskva: 120-130. S. 127.

519 Ebenda. S. 128

Die in westlichen Demokratien selbstverständliche Legitimationskette für alle Personalentscheidungen kann nach *Blankenagel/Kalinina* in der demokratischen Gesellschaft nur durch eine transparente Verwaltung erzielt werden.[520] In der RF entspricht nur das Katastrophenschutzministerium diesem Modell. Das Innenministerium ist auch hierarchisch aufgebaut, folgt aber dem Prinzip der doppelten Unterstellung – der RF und dem jeweiligen Subjekt gegenüber. In den anderen Ministerien trägt die Unterstellung dazu noch einen unklaren Charakter. Die Agenturen etc. unterstehen zwar der ministeriellen Weisungsbefugnis, ihr Aufbau bricht aber aus dem System der Hierarchie und auch der Verantwortung aus. Dieser Effekt wird durch die Strukturierung der Organe nach Aufgabenbereichen (Ministerien regulierend, Dienste kontrollierend etc.) noch verstärkt, weil die Ministerien so ihre eigenen Akte nicht mehr kontrollieren, sondern die Dienste. Hier kommt der bekannte soziologische Befund zum Tragen, dass einmal unabhängig gewordene Organe ihre eigenen Interessen verfolgen, die mit den Interessen der Mutterorgane nicht mehr übereinstimmen müssen. Das muss dazu führen, dass wegen der fehlenden Legitimation die Verwirklichung der demokratischen Verantwortung erschwert wird.

Verschlimmert wird dies noch bei den Spezialorganen, die der Regierung als Kollektivorgan unterstehen: Diese sind praktisch niemandem für ihr Handeln verantwortlich. Insgesamt konstatieren *Blankenagel/Kalinina* intransparente Strukturen. Verschärft durch die nicht kooperierenden Doppelstrukturen der föderalen Organe in den Subjekten und der Subjektorgane führt dies zu einer erschwerten Durchsetzbarkeit föderaler Politik in den Subjekten und einem mangelnden Informationsfluss aus den Subjekten zur Zentrale.[521]

Hier werden Demokratiedefizite deutlich, besonders wenn Organe sich einer demokratischen Kontrolle entziehen. Paradoxer Weise wird jedoch das Prinzip der Einheitsverwaltung durch das „Dickicht" der verschiedenen Agenturen und Dienste erodiert.

Dennoch existieren gerade in wichtigen Behörden wie der Miliz, der Staatsanwaltschaft und der ordentlichen Gerichtsbarkeit nur einheitliche Systeme.

Andererseits hat das VerfGRF in seiner Entscheidung vom 7. Juni 2000[522] den Subjekten auch ein Mitspracherecht bei der Besetzung föderaler Exeku-

520 Ebenda. S. 129.

521 Ebenda. S. 130.

522 Entscheidung Nr. 10-P (Zweite Altaj-Entscheidung). Vgl. 8.5.5. Die Zweite Altaj-Entscheidung. S. 359.

tivorgane in den Subjekten eingeräumt, sofern diese in Bereichen tätig werden, die der gemeinsamen Gesetzgebungszuständigkeit angehören.

Das System der Einheitsverwaltung als solches wirkt angesichts von Nr. 1 PrFöd, wonach die Organe jeder föderalen Ebene eigene Kompetenzen haben sollten, ungewöhnlich. Jedoch bedeuten „eigene Kompetenzen“ nicht zwangsläufig „getrennte Verwaltungsräume“. Das russische System besteht darin, dass es in vielen Bereichen keine eigenen Subjektbehörden gibt. Gravierender scheint die Tendenz, nach der Neufassung der Art. 18, 19 SubjOrgG die Subjektexekutivspitzen so zu behandeln, als ob sie sich – als Teil der Einheitsverwaltung – in einem Subordinationsverhältnis zum Föderationspräsidenten befänden.

Dabei war es ursprünglich Aufgabe der Subjektexekutivspitzen, die Tätigkeit der Subjektorgane der Exekutive und die Tätigkeit der Territorialorgane der föderalen Organe zu koordinieren. Diese Aufgabe wurde ab 1996 dem Präsidentenvertreter im jeweiligen Subjekt und nach 1999 dem *polpred* übertragen.[523] In Art. 18 Abs. 7 lit. d Nr. 1 SubjOrgG wurde diese Befugnis aufgenommen.[524] Mit einem Präsidialdekret[525] wird die Koordinationskompetenz auf die lokalen Abteilungen des föderalen Innenministeriums, des föderalen Ministeriums für Zivilverteidigung und Katastrophenschutz, des föderalen Justizministeriums und anderer föderaler Ministerien ausgedehnt.[526] Diese Kompetenz der Subjektexekutivspitze wird jedoch im gleichen Rechtsakt fast wieder auf null reduziert, indem Subjektexekutivspitzen keine Koordinationskompetenzen für die Territorialabteilungen derjenigen föderalen Ministerien und Ämter haben, die lokale Abteilungen in mehreren Subjekten unterhalten, was praktisch immer der Fall sein wird. Auch *Tarasov*[527] stellt ein Übergewicht bei

---

523 Tarasov, O. A. (2006). Polnomočija vysšego dolžnostnogo lica sub"ekta Rossijskoj Federacii po koordinacii vzaimodejstvija organov ispolnitel'noj vlasti sub"ekta Rossijskoj Federacii s federal'nymi organami ispolnitel'noj vlasti, ich territorial'nymi organami. Aktual'nye problemy razvitija Federativnych otnošenij v Rossijskoj Federacii. P. Korsby. (Hrsg.) (2006). Proekt "Institucional'nyj, pravovoj i ėkonomičeskij federalizm v Rossijskoj Federacii" Moskva: 30 - 40. S. 30 f.

524 FG Nr. 159-FZ vom 11. Dezember 2004.

525 Dekret Nr. 773 vom 2. Juli 2005.

526 Tarasov, O. A. (2006). Polnomočija vysšego dolžnostnogo lica sub"ekta Rossijskoj Federacii po koordinacii vzaimodejstvija organov ispolnitel'noj vlasti sub"ekta Rossijskoj Federacii s federal'nymi organami ispolnitel'noj vlasti, ich territorial'nymi organami. Aktual'nye problemy razvitija Federativnych otnošenij v Rossijskoj Federacii. Korsby, P. (Hrsg.). Proekt "Institucional'nyj, pravovoj i ėkonomičeskij federalizm v Rossijskoj Federacii" Moskva: 30 - 40. S. 32.

527 Oleg Aleksandrovič *Tarasov* ist Referent der Rechtsabteilung der föderalen Präsidialverwaltung.

den Präsidentenvertretern fest.[528] Aufgaben, die mehr als ein Subjekt betreffen sowie die Rechtsaufsicht über die Befolgung der föderalen Rechtsordnung könnten den Subjektexekutivspitzen selbstverständlich nicht übertragen werden.[529] Näheres ist in der Regierungsverordnung vom 5. Dezember 2005[530] geregelt. Nr. 5 dieser Verordnung sieht unter anderem vor, dass die Territorialabteilungen der föderalen Organe für die Koordination derjenigen Aufgaben, welche aus der Kompetenz föderaler Organe Subjektorganen durch Vereinbarungen übertragen wurden, zuständig sind, wenn die Subjektorgane für die Erfüllung dieser Aufgaben Subventionen aus dem föderalen Haushalt erhalten. In anderen Fällen kann das gemeinsam gebildete Koordinationsorgan (häufig eine Kommission) aber auch Informationen bei den Territorialorganen der föderalen Exekutivorgane in den Subjekten anfordern.[531] Das Koordinierungsorgan ist ein Kollegialorgan, in welchem ein Konsens angestrebt wird.[532]

Die Schaffung dieser Koordinierungsorgane deutet auf einen Schritt zum kooperativen Föderalismus hin. Dabei kooperieren jedoch nur die föderale und die jeweilige Subjektebene, nicht die Subjekte untereinander. Es ist erstaunlich, dass derart wichtige Regelungen, wie der Aufgabenkatalog dieser Organe, noch nicht einmal im SubjOrgG, sondern in einer Regierungsverordnung getroffen werden. Abschließend scheinen diese Regelungen vor allem einer Feinabstimmung bei der Durchsetzung der Regierungspolitik in den Subjekten zu dienen.

---

528 Tarasov, O. A. (2006). Polnomočija vysšego dolžnostnogo lica sub"ekta Rossijskoj Federacii po koordinacii vzaimodejstvija organov ispolnitel'noj vlasti sub"ekta Rossijskoj Federacii s federal'nymi organami ispolnitel'noj vlasti, ich territorial'nymi organami. Aktual'nye problemy razvitija Federativnych otnošenij v Rossijskoj Federacii. Korsby, P. (Hrsg.). Proekt "Institucional'nyj, pravovoj i ėkonomičeskij federalizm v Rossijskoj Federacii". Moskva: 30 - 40. S. 33.

529 Ebenda. S. 33.

530 Regierungsverordnung Nr. 725.

531 Tarasov, O. A. (2006). Polnomočija vysšego dolžnostnogo lica sub"ekta Rossijskoj Federacii po koordinacii vzaimodejstvija organov ispolnitel'noj vlasti sub"ekta Rossijskoj Federacii s federal'nymi organami ispolnitel'noj vlasti, ich territorial'nymi organami. Aktual'nye problemy razvitija Federativnych otnošenij v Rossijskoj Federacii. Korsby, P. (Hrsg.). Proekt "Institucional'nyj, pravovoj i ėkonomičeskij federalizm v Rossijskoj Federacii" Moskva: 30 - 40. S. 35. *Tarasov* bringt auf den S. 36 ff. als Beispiel das Gesetz des Gebiets Samara vom 25. April 2006 Nr. 31 „Über die Zusammenarbeit und Koordinierung der Tätigkeit der Staatsorgane des Gebiets Samara mit den Territorialorganen der föderalen Exekutivorgane und den örtlichen Staatsorganen zur Realisierung der prioritären nationalen Projekte“.

532 Ebenda. S. 36.

Spiegelbild des Systems der Einheitsverwaltung ist das einheitliche Gerichtssystem, das im nächsten Abschnitt erörtert wird.

4.4. Das Gerichtssystem

Auch das Gerichtssystem hat einen sehr zentralistischen Charakter. Die Einheitlichkeit des Gerichtssystems ergibt sich aus Art. 71, 118, 128 VerfRF; der Gerichtsaufbau aus Art. 71 lit. „o" VerfRF. Gemäß Art. 118 VerfRF hat die RF die Kompetenz für den Gerichtsaufbau. Es gibt überwiegend föderale Gerichte. Das System föderaler Gerichte wird durch Art. 128 Abs. 3 VerfRF erweitert, wonach die Zuständigkeiten sowie das Verfahren der Bildung und der Tätigkeit des Verfassungsgerichts der Russischen Föderation, des Obersten Gerichts der Russischen Föderation, des Obersten Wirtschaftsgerichts der Russischen Föderation und der anderen föderalen Gerichte durch ein föderales Verfassungsgesetz festgelegt werden. Auch das System der Wirtschaftsgerichte ist ein föderales. Nach Art. 3 des föderalen Gesetzes „Über die Wirtschaftsgerichte der Russischen Föderation"[533] werden auch in den Subjekten (föderale) Wirtschaftsgerichte eingerichtet.[534]

Das zentralistische Gerichtssystem wird vor allem durch die zentralisierte Richterernennung realisiert.[535]

Die Richter des Verfassungsgerichts der Russischen Föderation, des Obersten Gerichts der Russischen Föderation und des Obersten Schiedsgerichts werden durch den Föderationsrat auf Vorschlag des föderalen Präsidenten ernannt. Die Richter der anderen föderalen Gerichte werden nach Art. 13 des föderalen Gesetzes „Über das Gerichtssystem der RF" [536] nach Art. 6.1 des Gesetzes „Über den Status der Richter in der RF"[537] von einem Höchsten Qualifizierten Richterkollegium ausgewählt und dann nach Art. 83 lit. e VerfRF vom Föderationspräsidenten ernannt. Im Gegensatz zur

533 Föderales Verfassungsgesetz vom 28. April 1995 Nr. 1-FKZ (mit den Änderungen vom 4. Juli 2003, 25. März 2004, 12. Juli 2006).

534 Zusätzlich wurde am 24. Juli 2002 die Wirtschaftsgerichtsprozessordnung Nr. 102-FG verabschiedet. Für Wirtschaftsstreitigkeiten sind neben dem Internationale Handelsschiedsgericht bei der Industrie- und Handelskammer der Russischen Föderation (Moskau) Schiedsgerichte (Wirtschaftsgerichte) bei verschiedenen Industrie- und Handelkammern eingerichtet worden.

535 Umnova, I. A. (2000). Konstituticionnye osnovy sovremennogo rossijskogo federalizma. Moskva.S. 123.

536 FKZ vom 31.12.1996 SZ 1997, Nr. 1, Art. 1.

537 FZ vom 26. Juni 1993, Nr. 3132-I, http://www.arbitr.ru/law/docs/10003670-002.htm#61

Zeit vor Inkrafttreten gibt es nun zwei Ebenen. Das alles ist im föderalen Verfassungsgesetz „Über das Gerichtssystem der RF" geregelt. Art. 4 Abs. 3 des Gesetzes legt fest, dass zu den föderalen Gerichten das VerfGRF und die Gerichte der allgemeinen Gerichtsbarkeit (Oberste Gericht der RF, die Obersten Gerichte der Republiken, Kreis- und Gebietsgerichte, Gerichte der Städte föderaler Bedeutung, der autonomen Gebiete und Kreise sowie Kreisgerichte und Militärgerichte), Wirtschaftsgerichte (Oberstes Wirtschaftsgericht der RF, föderale Wirtschaftsgerichte der Bezirke, Wirtschaftsgerichte der Subjekte) gehören. Zu den Gerichten der Subjekte gehören nach Art. 4 Abs. 4 des Gesetzes „Über das Gerichtssystem der RF" die Verfassungs- (Statuten)gerichte der Subjekte und die Friedensgerichte. Die Kompetenzen der föderalen und Subjektgerichte werden nach den Gesetzgebungszuständigkeiten der Art. 71 –73 VerfRF abgegrenzt.

Zu den Spezifika des russischen Gerichtssystems gehört, dass keine eigenständigen Gerichte der Subjekte vorgesehen sind. Allerdings existiert das Institut der Friedensgerichte in den Subjekten neben den Richtern der ordentlichen Gerichtsbarkeit. Diese sind nach Art. 4 des föderalen Verfassungsgesetzes „Über das Gerichtssystem der RF" die Richter der allgemeinen Gerichtsbarkeit der Subjekte. Nach Art. 28 dieses Gesetzes behandeln sie innerhalb ihrer Zuständigkeit (das meint Art. 71-73 VerfRF) zivilrechtliche, strafrechtliche und verwaltungsrechtliche Sachen erstinstanzlich.[538]

Eine weitere Besonderheit des Status' der Friedensrichter ist, dass ihre Tätigkeit und Berufung durch Bundes- und Subjektgesetz geregelt werden. Nicht alle Subjekte sind damit einverstanden, dass nur föderale Gerichte (mit Ausnahme der Verfassungsgerichte / Statutengerichte der Subjekte und der Friedensrichter) die Rechtsprechung ausüben. Einige Subjekte haben versucht, diese Gesetzgebung zu umgehen und verfassungswidrige bzw. gesetzwidrige Regelungen über die Struktur, Kompetenzen, Formierung der Gerichte erlassen. Insbesondere in den Verfassungen Baškortostans, Burjatija, Ingušetijas, Tatarstans, Tyvas und Sachas finden sich Bestimmungen über den Berufungsmodus der Richter der allgemeinen Gerichtsbarkeit und Wirtschaftsgerichtsbarkeit. Nach Art. 142 der der Verfassung Tatarstans (VerfRT) kann die Bildung neuer Gerichte durch tatarische Gesetze vorgesehen werden.

538 Umnova, I. A. (2000). Konstituticionnye osnovy sovremennogo rossijskogo federalizma. Moskva. S. 124.

Bis 1992 waren die Richter wählbar. Im föderalen Vertrag von 1992 wurde deshalb der Gerichtsaufbau der gemeinsamen Gesetzgebungszuständigkeit zugeordnet. Mit dem Ziel der Erringung der vorherigen Rechte und der Aufwertung der eigenen Kompetenzen riefen die Subjektexekutivspitzen von 16 Subjekten das VerfGRF an.
Sie trugen vor, dass Art. 4 Abs. 1 - 4, Art. 13 Abs. 6, Art. 20 Abs. 3 und 21 Abs. 3 des Gesetzes über das Gerichtssystems die Subjekte daran hindere, ihr eigenes Gerichtssystem aufzubauen und damit das Prinzip der Gewaltenteilung verletze.[539] Zugleich wurde noch Art. 11 Abs. 3 VerfRF angeführt, wonach auch föderale Verträge zur Kompetenzabgrenzung zählen. Das VerfGRF entschied am 12. März 1998[540]. Es führte aus, dass die unmittelbaren Verfassungsnormen zur Gesetzgebungszuständigkeit der Föderation gehörten, so auch das Gerichtsystem. Es habe auch eines föderalen Verfassungsgesetzes bedurft, um es zu regeln (Art. 71 lit. o, 118 Abs. 3, 128 Abs. 3 VerfRF). Damit sei die Frage der Kompetenzabgrenzung für das Gerichtssystem von der Verfassung selbst entschieden. Deshalb könne es auch keine Delegierung an die Subjekte im Rahmen von föderalen Verträgen geben. Das VerfGRF erklärte, bei der Schaffung des Gerichtssystems müsse der föderale Gesetzgeber alle vorhandenen Verfassungsnormen heranziehen, die die Beziehung zwischen Föderation und Subjekten beträfen. So sehe Art. 77 Abs. 1 VerfRF die Selbstständigkeit der Subjekte und auch ihre Möglichkeit, im Rahmen des verfassungsmäßigen Aufbaus eigene Organe der Legislative und Exekutive zu schaffen, vor. *Umnova* merkt an, dies passe aber systematisch mit der föderalen Gesetzgebungszuständigkeit aus Art. 71 lit. o VerfRF zusammen, wonach die Finanzierung der Gerichtsbarkeit aus föderalen Mitteln bestritten werden müsse und nur so eine Unabhängigkeit der Richter sichergestellt sei, was mit Art. 124 VerfRF korreliere.[541]
Das VerfGRF erwähnte auch, dass der Präsident alle Richter föderaler Gerichte mit Ausnahme derer ernennt, die nach Art. 83 lit. e VerfRF vom Föderationsrat ernannt werden. Es gäbe in der VerfRF keine Möglichkeit, anstelle der föderalen Gerichte andere Gerichte für die Ausübung der ordentlichen Gerichtsbarkeit (und der Verwaltungsgerichtsbarkeit) zu schaffen (Art. 118,

539 Umnova, I. A. (2000). Konstituticionnye osnovy sovremennogo rossijskogo federalizma. Moskva. S. 125.
540 Beschluss Nr. 23 O. Es handelt sich um einen Nichtannahmebeschluss.
541 Umnova, I. A. (2000). Konstituticionnye osnovy sovremennogo rossijskogo federalizma. Moskva. S. 127.

126 und 127 VerfRF).[542] Wenn das Gerichtssystem der für die ordentliche und die Wirtschaftsgerichtsbarkeit zentral und sogar unitarisch organisiert sei, trage die Verfassungsgerichtsbarkeit (diejenige der Statutengerichte) der Subjekte nichtzentralisierte Züge. Alle Subjekte können diese Gerichte schaffen, nicht jedoch solche der ordentlichen Gerichtsbarkeit. Mit dem Gesetz über das Gerichtssystem wurde die Diskussion über die Zweckmäßigkeit solcher Gerichte beendet (einige Subjekte hatten diese schon vorher gebildet), aber auch klargestellt, dass es deshalb kein doppeltes Gerichtssystem gäbe. Art. 27 des Gesetzes sieht die Schaffung solcher Verfassungsgerichte vor.[543] Die Kompetenzen dieser Gerichte werden üblicherweise analog denen des VerfGRF ausgestaltet, nur eben auf regionaler Ebene.[544] Aus der Sicht eines funktionierenden Föderalismus ist es nicht erforderlich, dass die Gliedstaaten jeweils eigene Systeme ordentlicher Gerichtsbarkeit bilden.[545] Jedoch scheint die Bildung von Verfassungs- bzw. Statutengerichten in den Gliedstaaten wünschenswert.

4.5. Bedeutung der föderalen Bezirke und der Rolle der Präsidentenvertreter

Der nachfolgende Abschnitt untersucht die Funktion der Präsidentenvertreter oder *polpredy*[546], die seit 2000 den föderalen Bezirken zugeordnet sind. Die Präsidentenvertreter stellen eine Art Zwischenaufsicht über die Tätigkeit der Subjektorgane der Subjekte, die zum jeweiligen föderalen Bezirk gehören, dar.

4.5.1. Rechtsgrundlage für das Institut der Präsidentenvertreter

Rechtsgrundlage für das Institut der Präsidentenvertreter sind Art. 83 lit. k VerfRF und das Dekret vom 13. Mai 2000. Die Präsidentenvertreter werden zwar in der föderalen Verfassung als selbständiges Rechtsinstitut

542 Ebenda. S. 127.

543 *Blankenagel* weist daraufhin, dass diese dritte Gewalt in vielen der Subjekte fehlt. Blankenagel, A. (2006). "Skol'ko centralizma vyderžit federativnoe gosudarstvo?" Sravnitel'ne konsititucionnoe obozrenie **55** (2): 153 - 159. S. 157.

544 Umnova, I. A. (2000). Konstituticionnye osnovy sovremennogo rossijskogo federalizma. Moskva. S. 128.

545 In Deutschland ist das Gerichtssystem im Wesentlichen einheitlich im Gerichtsverfassungsgesetz (GVG) geregelt, die Richter werden jedoch von den Bundesländer eingestellt und bezahlt.

546 *Polpred* ist die Abkürzung für *polnomočnyj predstavitel'* (Bevollmächtigter Stellvertreter).

neben der „Administration des Präsidenten“ (Art. 83 lit. i und lit. k) erwähnt. Ihre Apparate haben jedoch den Status selbständiger Struktureinheiten der Administration. Die *polpredy* sind dem Präsidenten gegenüber verantwortlich und unterstellt, aber operativ werden sie vom Chef der Präsidentenadministration geleitet (Punkt 9 des Dekrets).
Bis zu diesem Dekret übten die Präsidentenvertreter ihre Befugnis als „ausführender Arm“ der Präsidialadministration in den Subjekten aus. Es gab in jedem Subjekt einen Präsidentenvertreter.

4.5.2. Die Gründung der föderalen Bezirke und Schaffung der Präsidentenvertreter

Nach seinem Machtantritt 1999 beschloss *Putin*, die Gouverneure schrittweise zu entmachten. Dies geschah unter dem Slogan der „Realisierung der Vorrechte des Zentrums“.[547] Mit Dekret vom 13. Mai 2000[548] schuf *Putin* die föderalen Bezirke nur eine Woche nach seinem Antritt.[549] In der russischen Kommentarliteratur wird als Grund die Umsetzung des Prinzips der Einheitsverwaltung genannt.[550] Mit anderen Worten: Unter dem Vorwand der verfassungsmäßigen Einheitsverwaltung und weil diese nicht wunschgemäß funktionierte, wurden neue föderale Institutionen geschaffen, die das beschriebene Gegengewicht und einen verlängerten Arm der Zentrale darstellen sollten. *Putin* begründete die Schaffung einer Vertikale mit der Erforderlichkeit der „Herrschaft des Gesetzes“.[551] Dies stellte einen ersten von *Putins* Schritten zur Rezentralisierung dar.
Auch in anderen Föderationen gibt es föderale Bezirke oder Federal Districts (etwa Washington D.C. oder Mexico-City). Sie haben mitunter auch einen Sitz in der Regionalkammer.[552] Allerdings sind sie nicht mit dem russischen Modell – eines Gebildes mit Aufsichtsfunktion – vergleichbar. Ziel *Putins* war es daneben, durch die neuen Territorialeinheiten Sezessionsbestrebungen zu

547 Blakkisrud, H. (2003). The rise and fall of the Russian governor. Steen, A. / Gel'man, V. (Hrsg.) Elites and Democratic Development in Russia. New York, NY. **24:** 71-91. S. 76.

548 Nr. 849. Seitdem in Kraft mit den letzten Änderungen vom 21. März 2005.

549 Blakkisrud, H. (2003). The rise and fall of the Russian governor. Steen, A. / Gel'man, V. (Hrsg.) Elites and Democratic Development in Russia. New York, NY. **24:** 71-91. S. 76.

550 Lazarev, V. V. (2003). Naučno-praktičeskij kommentarij (Sistema Garant // Datenbank). Art. 77, Punkt 2.

551 Putin V.V. (2000) „Gosudarstvo – ėto zakon“ Rossijskaja Federacija segodnja. 2000. Nr 10. S. 2.

vermindern. Abstrakt betrachtet, verweist die Notwendigkeit der Einrichtung föderaler Bezirke auf zentrifugale Tendenzen.

Die Zusammenfassung verschiedener Verwaltungseinheiten erinnert an die russischen Generalgouvernements im Zarenreich. Die föderalen Bezirke „knüpfen territorial an die sowjetischen Wehrbezirke an" und stimmen mit ihnen fast vollständig überein.[553]

Das präsidiale Vorgehen per Dekret erleichterte die verfassungsrechtliche Legitimierung der territorialen Aufgliederung Russlands in Bezirke ohne Einschaltung des Gesetzgebers oder des Verfassungsgebers. Der Föderationsrat wurde umgangen, ein Präsidentendekret erscheint der verfassungsrechtlichen Bedeutung der föderalen Bezirke nicht angemessen. "Dies gilt umso mehr, als das Dekret selbst in die Richtung weist, die neue territoriale Verwaltungseinheit nicht allein als Amtsbezirk des Präsidentenvertreters zu verstehen, sondern sie zu einer weiteren föderalen Verwaltungsebene auszubauen, mit der Tendenz, sich zu einer vollwertigen föderalen Mittelinstanz im Gesamtstaat zu entwickeln. Die Regierung wurde nämlich angewiesen, die Verlegung der Territorialorgane der föderalen Zentralbehörden (Ministerin usw.) der Bezirksgliederung anzupassen."[554] Ein Dekret wäre vielleicht noch akzeptabel gewesen, wenn es sich nur um die Verwaltungsebene gehandelt hätte. Angesichts der Überwachungsbefugnisse über die Tätigkeit der Subjektparlamente ist dies unverständlich. Kurz nach *Putins* Machtantritt war noch mit einem substantiellen Widerstand der Senatoren zu rechnen.[555] Aus der Perspektive des Jahres 2010 hat sich die Prognose *Luchterhandts* nicht bewahrheitet. Die föderalen Bezirke haben sich nicht zu einer Verwaltungsebene zwischen Föderation und Subjekten entwickelt. Auch die gesetzlichen Befugnisse der *polpredy* wurden nicht erweitert. Dies war angesichts der geschwächten Macht der Gouverneure und Republikspräsidenten seit ihrer Ernennung durch den Präsidenten und deren starke Ausrichtung auf den Präsidenten auch nicht mehr erforderlich.

552 Nekrasov, S. I. (2001). "Federal'nye okruga - novoe zveno v vertikali rossijskoj vlasti." Žurnal Rossijskogo Prava (11).

553 Luchterhandt, O. (2004). Der Ausbau der föderalen Bezirke unter Putin: Das Ende der Dezentralisierung. Brunner, G. (Hrsg.) Der russische Föderalismus. Bilanz eines Jahrzehnts. Münster: 240-279. S. 252.

554 Ebenda. S. 252 mit Verweis auf Punkt 3 des Dekrets vom 13.5.2000.

555 Vgl. 3.2.5. Die Studie von *Blakkisrud*. S. 86.

Am schnellsten handelte *Putin* bei den Dienststellen des Innenministeriums (MVD). Mit Dekret vom 31. Juli 2000[556] verfügte er, dass der Präsident die Leiter des MVD in den föderalen Bezirken ernennt (Punkt 2 des Dekrets vom 31. Juli 2000). *Bezrukov* weist darauf hin, dass diese Vorschrift vermutlich verfassungswidrig sei, weil Art. 4 VerfRF bestimme, dass der Innenminister diese Beamten mit Zustimmung der Subjekte ernenne.[557] Dies kann als Verstoß gegen den Grundsatz der Gewaltenteilung gewertet werden, weil der Präsident an sich kein Teil der Exekutive ist.[558] Mit Verweis auf die Funktion als „Garant der Verfassung“ wird oft angenommen, dass der Föderationspräsident über den Gewalten stehe.

> „Außer dem Innenministerium haben inzwischen über 30 Zentralbehörden Bezirksorgane eingerichtet, vor allem die sonstigen Sicherheitsorgane (FSB usw.), das Justizministerium und die mit der Durchsetzung der fiskalischen Interessen der Föderation, ihrer Finanz- und Haushaltspolitik befassten Ressorts. Auf Veranlassung des Präsidenten ordnete auch der Generalstaatsanwalt der RF die Einrichtung zentraler Dienststellen auf Bezirksebene an. Ihre Chefs haben den Rang von stellvertretenden Generalstaatsanwälten. Es handelt sich um eine Ergänzung des zentralen Apparats“,[559]

um relevante Aufgabensegmente in größerer Nähe zu den Subjekten der Föderation erfüllen zu können. Auch NGOs haben mittlere Ebenen eingebaut. So haben sich die Föderalen Bezirke allmählich de facto einer mittleren Verwaltungsebene im Staatsaufbau angenähert. *Luchterhandt* bemerkt, ob daraus eine „dauerhafte Einrichtung, vielleicht sogar eine mit Verfassungsrang“ werde, sei offen.[560] Auch hier ist *Luchterhandts* Prognose nicht eingetroffen: Die föderalen Bezirke sind zwischenzeitlich nicht verfassungsrechtlich verankert worden.

---

556 Dekret zu „Fragen des Innenministeriums“, Nr. 1415, inzwischen außer Kraft getreten.

557 Bezrukov, A. V. (2001). "Problemy vzaimodejstvija Rossijskoj Federacii i ee sub"ebtov v sfere ispolnitel'noj vlasti." Žurnal Rossijskogo Prava(1). S. 115.

558 *Medvedev* weist darauf hin, dass der Präsident kein Organ der Exekutive ist: Medvedev, V. N. (2003). Problemy stanovlenija edinoj sistemy ispolnitel'noj vlasti v Rossijskoj Federacii i rol' instituta polnomočnych predstavitelej Presidenta v federal'nych okrugach. Istorija stanovlenija i soveremnnoe sostojanie ispolnitel'noj vlasti v Rossii. Moskva.Sistema Garant.

559 Luchterhandt, O. (2004). Der Ausbau der föderalen Bezirke unter Putin: Das Ende der Dezentralisierung. Brunner, G. (Hrsg.) Der russische Föderalismus. Bilanz eines Jahrzehnts. Münster: 240-279. S. 256.

560 Ebenda. S. 257.

4.5.3. Die Aufgaben und Funktionen der Präsidentenvertreter

Der Gliederung des Dekrets folgend, sollen nun die Aufgaben und Funktionen der Präsidentenvertreter untersucht werden.

Allgemein haben die Präsidentenvertreter die Aufgabe, die Staatspolitik gegenüber den Regionalpolitikern durchzusetzen. Sie sollen vor allem ein Gegengewicht gegenüber den Subjektexekutivspitzen bilden. Die meisten Präsidentenvertreter stammten 2004 aus den Sicherheitsstrukturen.[561] Gemäß Nr. 2 und 4 des Dekrets sind die Präsidentenvertreter in die Präsidialadministration eingegliedert. Sie werden zwar vom Präsidenten ernannt, allerdings auf Vorschlag des Chefs der Präsidialadministration lt. Punkt 2 des Dekrets.

Im Prinzip hat *Putin* die *El'cinsche* Funktionsbestimmung der Präsidentenvertreter nicht geändert, sondern lediglich umformuliert und anders geordnet.[562] Sie sollen die Aufgaben des Präsidenten in den Subjekten erfüllen. Erstens sollen sie die Arbeit der föderalen Exekutivorgane zur Realisierung der vom Präsidenten bestimmten Hauptrichtungen der Innen- und Außenpolitik organisieren, zweitens die Kontrolle darüber ausüben, dass die Entscheidungen der föderalen Organe, auch die der Legislative und Judikative im Bezirk ausgeführt und beachtet werden (Punkt 5, Absatz 3 des Dekrets). Dies scheint angesichts der Unwilligkeit der Subjekte eine der Hauptfunktionen gewesen zu sein.

Drittens sollen die Präsidentenvertreter die „Kaderpolitik“ des Präsidenten durchsetzen helfen und viertens dem Präsidenten regelmäßig über die Lage im Bezirk Bericht erstatten. Daneben bilden sie eigene Apparate, gerade in den Rechtschutzorganen.[563] Es werden also Parallelstrukturen gegenüber denjenigen der Subjekte geschaffen, was innerhalb des Systems der Einheitsverwaltung zu Kompetenzwirrwarr führt. Die Präsidentenvertreter gehören dem Sicherheitsrat an.[564] Es wurde eine neue Exekutive in den Subjekten aufgebaut, die auch Auswirkungen auf der föderalen Ebene hat, so ist seitdem der oberste Staatsanwalt des föderalen Bezirks automatisch Stellvertre-

---

561 Ebenda. S. 252 ff.

562 Ordnung über den Bevollmächtigten Vertreter des Präsidenten der RF in der Region der RF vom 9.7.1997 (SZ RF 1997 Nr. 28, Pos. 2431). Zur damaligen Situation: Busygina, I. M. (1996). "Das Institut der Vertreter des Präsidenten in den Regionen." Osteuropa: 664-675.

563 Nekrasov, S. I. (2001). "Federal'nye okruga - novoe zveno v vertikali rossijskoj vlasti." Žurnal Rossijskogo Prava (11). http://www.jursites.ru/nekrasov__federalnye_okruga__n.html

564 Dekrete vom 27.5.2000 SZ RF 2000, Nr. 22 Nr. 2290.

ter des Generalstaatsanwalts der RF.[565] Andererseits stimmen die Gerichtsbezirke, so etwa der Wirtschaftsgerichtsbarkeit, nicht mit den föderalen Bezirken überein. Allerdings werden auch weitere neue Organe gebildet: Im Fernöstlichen Föderalen Bezirk und im Sibirischen Föderalen Bezirk wurde schon ein Bezirkssowjet gegründet.[566] Es bleibt darauf hinzuweisen, dass es bislang dafür keine föderale Regelung gibt, die etwa dem SubjOrgG vergleichbar wäre. Möglich ist auch, dass es sich bei einem „Sowjet", einem Rat, tatsächlich um ein Beratungsgremium handelte. Insofern bleibt abzuwarten, ob eine föderale Regelung ergehen wird. Nachdem sich zwischenzeitlich abgezeichnet hat, dass den *polpredy* weder rechtliche, noch faktische Kompetenzen verliehen und auch die föderalen Bezirke nicht weiter institutionalisiert worden sind, stellt sich das Problem nicht mehr in der Schärfe. Ein Föderationspräsident kann durchaus Vertreter in die Regionen entsenden und den „Gesandten" auch eigene Befugnisse verleihen, sofern diese die verfassungsrechtlich austarierte Ordnung zwischen der föderalen Ebene und der Ebene der Gliedstaaten nicht zu Gunsten der Zentralebene verschieben.

Luchterhandt zufolge haben *polpredy* keine sachpolitischen Zuständigkeiten, sie haben ausschließlich funktionalen Charakter.[567] Angesichts der sich immer weiter entformalisierenden Rechtsbeziehungen zwischen Zentrum und Subjekten scheint dies für die Subjekte nicht weniger bedrohlich.

Interessanter sind die Kompetenzen der Präsidentenvertreter gegenüber kooperationsunwilligen Subjektorganen. Sie können nach Punkt 7 des Dekrets

- „Materialien von allen staatlichen Organen und gesellschaftlichen Organisationen verlangen und freien Zutritt zu ihnen zu haben;
- ihre Stellvertreter in die Organe entsenden;
- föderale Datenbanken und Regierungskommunikationssysteme nutzen;
- die Einhaltung der Rechtnormen durch Hinzuziehung der anderen föderalen Organe organisieren;
- Beschwerden und Eingaben von Bürgern an zuständige Stellen weiterleiten"[568].

Luchterhandt meint, dem Amt hafte etwas Diffuses und Vorläufiges an. „Es ist ein eher pragmatischer Weg zur Veränderung der politischen Realverfassung des Landes unterhalb der Schwelle zu einer förmlichen, zumindest vorläufig

565 Nekrasov, S. I. (2001). "Federal'nye okruga - novoe zveno v vertikali rossijskoj vlasti." Žurnal Rossijskogo Prava (11).

566 Ebenda.

567 Luchterhandt, O. (2004). Der Ausbau der föderalen Bezirke unter Putin: Das Ende der Dezentralisierung. Brunner, G. (Hrsg.) Der russische Föderalismus. Bilanz eines Jahrzehnts. Münster: 240-279. S. 259.

568 Ebenda

nicht erreichbaren Verfassungsänderung, eben zur Rezentralisierung des Staates ohne gefährliche Konfrontationen und unkalkulierbare politische Erschütterungen."[569] Dem ist einerseits zuzustimmen, was die Zielrichtung angeht. Den Institutionen der föderalen Bezirke und der Präsidentenvertreter haftet aber andererseits der „Geburtsfehler" mangelnder Rechtsstaatlichkeit wegen ihrer Schaffung „an der Verfassung vorbei" und unter Ausschaltung der Befugnisse der Subjekte an. Auch *Medvedev* weist auf die unklaren rechtlichen Grundlagen hin.[570] Inzwischen wäre eine Verfassungsänderung wegen der verfassungsändernden Mehrheit von „Edinaja Rossija" in beiden Kammern möglich.

Luchterhandt zufolge haben sich insgesamt die Dienststellen der Präsidentenvertreter zu rasch ausufernden Behörden entwickelt, und ebenso wie das „Wachstum" der Bezirksbehörden der territorialen Ministerien wird dieser Umstand von vielen als das Fortwirken einer üblen, typisch russisch-sowjetischen Tradition heftig kritisiert. Die Rezentralisierung wird vor allem als ein neuer Schub im Wachstumsprozess der Bürokratie Russlands wahrgenommen.[571]

4.5.4. Die Praxis der Präsidentenvertreter

Die Frage war nun, ob die *polpredy* ihre von Koordinations- auf Kontrollmöglichkeiten erweiterten Befugnisse[572] in der Praxis umsetzten. Dies wird in verschiedenen Föderalen Bezirken sehr verschieden gewesen sein. Deutliche Schwerpunkte waren die Aufsicht über die Rechtsakte der Subjekte und die Durchsetzung der Personalpolitik des Präsidenten. Weiterhin nutzten die *polpredy* ihre Befugnis zur Bildung einer eigenen Verwaltung und bildeten Verwaltungsapparate, die teilweise zu Überschneidungen mit der Exekutivstruktur der Exekutivorgane der Subjekte führten. Dies wird dadurch befördert, dass sich seit dem Dekret die *polpredy* in die Tätigkeit der Exekutivor-

569 Ebenda.S. 260.

570 Medvedev, V. N. (2003). Problemy stanovlenija edinoj sistemy ispolnitel'noj vlasti v Rossijskoj Federacii i rol' instituta polnomočnych predstavitelej Presidenta v federal'nych okrugach. Istorija stanovlenija i soveremnnoe sostojanie ispolnitel'noj vlasti v Rossii. Moskva. Sistema Garant.

571 Luchterhandt, O. (2004). Der Ausbau der föderalen Bezirke unter Putin: Das Ende der Dezentralisierung. Brunner, G. (Hrsg.) Der russische Föderalismus. Bilanz eines Jahrzehnts. Münster: 240-279. S. 260.

572 Nekrasov, S. I. (2001). "Federal'nye okruga - novoe zveno v vertikali rossijskoj vlasti." Žurnal Rossijskogo Prava(11). Medvedev, V. N. (2003). Problemy stanovlenija edinoj sistemy ispolnitel'noj vlasti V Rossijskoj Federacii i rol' insituta polno-

gane der Subjekte einmischen können.[573] Dabei weist *Tarasov* daraufhin, dass seit 1999 die Präsidentenvertreter von den Subjektexekutivspitzen auch die Aufgabe der Koordination der Subjektorgane mit den regionalen Abteilungen der föderalen Verwaltungsorgane übernahmen.[574]

4.5.4.1. Herstellung eines einheitlichen Rechtsraums

Zunächst war das föderale Justizministerium mit der Sammlung, Dokumentation und Begutachtung von Regionalrechtsakten beschäftigt. Dies gelang nur lückenhaft. Beanstandungen von Regionalakten wegen Verstoßes gegen föderales Recht zeitigten kaum Wirkung, vor allem deswegen, weil die nachgeordneten Justizverwaltungen nicht vom föderalen Zentrum, sondern von der Subjektexekutivspitze informal beherrscht wurden. Den Präsidentenvertretern gelang die Wende. Ein wichtiger technischer Schritt dahin war die Einführung eines neuen, föderalen, im Justizministerium geführten Registers (Datenbank) der regionalen Rechtsvorschriften.[575]

In Abstimmung vor allem mit den Justizbehörden und den Staatsanwaltschaften setzten die Präsidentenvertreter und die ihnen unterstellten Föderalen Hauptinspektoren die Regionalorgane massiv unter Druck, ihre Rechtsvorschriften nun endlich an das föderale Recht anzupassen. Bis zum Ende ihres ersten Amtsjahres erklärten alle Präsidentenvertreter, dass die Rechts-

---

močnych predstavitelej Presidenta v federal'nych okrugach. Istorija stanovlenija i soveremnnoe sostojanie ispolnitel'noj vlasti v Rossii. Moskva.

573 Medvedev, V. N. (2003). Problemy stanovlenija edinoj sistemy ispolnitel'noj vlasti V Rossijskoj Federacii i rol' insituta polnomočnych predstavitelej Presidenta v federal'nych okrugach. Istorija stanovlenija i soveremnnoe sostojanie ispolnitel'noj vlasti v Rossii. Moskva.

574 Tarasov, O. A. (2006). Polnomočija vysšego dolžnostnogo lica sub"ekta Rossijskoj Federacii po koordinacii vzaimodejstvija organov ispolnitel'noj vlasti sub"ekta Rossijskoj Federacii s federal'nymi organami ispolnitel'noj vlasti, ich territorial'nymi organami. Aktual'nye problemy razvitija Federativnych otnošenij v Rossijskoj Federacii. Korsby, P. (Hrsg.). Proekt "Institucional'nyj, pravovoj i ėkonomičeskij federalizm v Rossijskoj Federacii". Moskva: 30 - 40. S. 31

575 Dekret über die ergänzenden Maßnahmen zur Gewährleistung der Einheit des Rechtsraums in der RF vom 10.8.2000; Nr. 1486.

anpassung weitgehend vollzogen sei.[576] Die Erfolgsmeldungen beschränkten sich freilich regelmäßig auf quantitative Angaben.[577]
Schwieriger wird die Lage für die regionalen Spitzenpolitiker. Indirekt ist der Einfluss der Präsidentenvertreter durch die Novelle des SubjOrgG drastisch gestiegen. Denn der föderale Präsident kann die Subjektexekutivspitzen und auch die Subjektparlamente in einem geregelten Verfahren entlassen, wenn sie sich trotz einer Verwarnung weigern, innerhalb einer gewissen Frist einen der föderalen Rechtsordnung widersprechenden Rechtsakt zu ändern.[578] Aufgabe der *polpredy* ist es nun gerade, diese Rechtsverstöße aufzudecken. Deshalb muss den Subjektexekutivspitzen sehr daran liegen, das Vertrauen des Präsidentenvertreters zu erhalten.

4.5.4.2. Durchsetzung der Kaderpolitik des Präsidenten

Luchterhandt schreibt,

> „inwieweit die Präsidentenvertreter ihre Macht erfolgreich dazu eingesetzt haben und einsetzen, ihren bestimmenden Einfluss auf die Besetzung auch der sonstigen föderalen Dienststellen im Bezirk zu nehmen, entziehe sich einer klaren, umfassenden Einschätzung".[579]

Bei den Wahlen für die Ämter der Gouverneuren und Republikspräsidenten nutzten die *polpredy*, instruiert vom Chef der Präsidialadministration und in Abstimmung mit den Bezirksverwaltungen für Staatssicherheit und für Inneres, den Bezirksstaatsanwaltschaften und der Zentralen Wahlkommission, mit ihren „Verwaltungsressourcen" massiv die Kandidaten der Präsidialadministration.[580] „Die stark gestiegene Bedeutung der Präsidentenvertreter mitsamt den von ihnen im Bezirk koordinierten föderalen Sicherheitsorganen lässt sich auf der Zeitachse der Gouverneurswahlen klar ablesen: der Einfluss der Präsidialadministration auf den Ausgang der Wahlen stieg mit der Dauer der

---

576 Einer Schätzung von *Dudko* bei einem Runden Tisch der Redaktion der Zeitschrift „Gosudarstvo i Pravo" im Jahr 2001 widersprachen noch immer 20 % der von den Subjekten verabschiedeten Rechtsakte föderalem Recht. Varlamova, N. V. (2000). Rossijskij federalizm: Konstituticionnye predposylki i političeskaja real'nost'. Moskau. S. 106.

577 Luchterhandt, O. (2004). Der Ausbau der föderalen Bezirke unter Putin: Das Ende der Dezentralisierung. Brunner, G. (Hrsg.) Der russische Föderalismus. Bilanz eines Jahrzehnts. Münster: 240-279. S. 264.

578 Vgl. 4.2.6.3 Die Ernennung und Abberufung von Subjektexekutivspitzen durch den Föderationspräsidenten S. 139.

579 Luchterhandt, O. (2004). Der Ausbau der föderalen Bezirke unter Putin: Das Ende der Dezentralisierung. Brunner, G. (Hrsg.) Der russische Föderalismus. Bilanz eines Jahrzehnts. Münster: 240-279. S. 269.

580 Ebenda. S. 270.

Amtszeit *Putins* signifikant an."[581] Für diese These spricht, dass die Präsidentenvertreter direkt der Präsidialadministration unterstellt sind. Zudem haben die Präsidentenvertreter vor Ort die Kaderpolitik der Exekutive in der Hand und außerdem Aufgabe und Befugnis, die Rechtsakte der Subjekte zu bewerten und zu überwachen. Entscheidend wird das letzte Wort des Präsidenten sein, denn die *polpredy* unterbreiten dem Präsidenten selbstverständlich nur Vorschläge. *Blakkisrud* zeigte, dass vor allem eine gewisse Loyalität gegenüber dem Präsidenten zählte.[582] Dies ist unter *Putin* sogar noch wichtiger geworden, weil dieser nach Art. 18 SubjOrgG den Subjektparlamenten die Kandidaten für das Gouverneursamt vorschlägt. Inzwischen kann man davon ausgehen, dass die Präsidentenvertreter ihre Verwaltungsressourcen dazu nutzen, den Wahlkampf von Kandidaten für die Staatsduma zu unterstützen.[583]

Außerdem wurde der Einfluss der Subjektexekutivspitzen auf die föderale Politik durch den neuen Bestellmodus für den Föderationsrat verringert[584]. Die Gouverneure sind nicht mehr *ex officio* im Föderationsrat vertreten. Dies führt dazu, dass sich die Gouverneure sehr um gutes Einvernehmen mit den *polpredy* bemühen müssen. Bei einem Gespräch der Verfasserin mit dem Präsidentenberater *Chakimov*[585] in Kazan betonte er die guten Beziehungen seiner Administration zum damaligen *polpred*, dem vormaligen Ministerpräsidenten *Kirienko*. *Chakimov* betonte, man achte sich nicht besonders, respektiere sich aber. Hierbei ist zu beachten, dass der tatarische Präsident *Šajmiev* derart gute Beziehungen zum Kreml und zur Kreml-Administration unterhielt, dass er der *Kozak*[586]-Kommission zur Revision der föderalen Verträge angehörte.[587]

---

581 Wassiljew, A. (2002). "Wie effizient ist das Putinsche System bei Regionalwahlen?" Wostok (3): 25-27.

582 Vgl. 3.2.5. Die Studie von *Blakkisrud* S. 86 ff.

583 Schon 2003 wurde eine neue Formel angewandt: ein gemischtes Wahlsystem plus vollständige Kontrolle der wichtigsten Medien plus Anwendung administrativer finanzieller Ressourcen zur Unterstützung des von der Zentrale gewünschten Kandidaten sowie eine voreingenommene Position der Wahlkommission.Vgl. Rjabow, A. W. (2007). Gelenkte Wahlen 2007-2008. Buhbe, M. / Politkovskaja, A. S. / Gorzka, G. (Hrsg.) Russland heute. Rezentralisierung des Staates unter Putin. Wiesbaden: 255-272. S. 262.

584 Vgl. 6.2.3.3. Das *Putinsche* Bestellgesetz des Jahres 2000 S. 279 ff.

585 Rafaėl' *Chakimov* ist Berater des Präsidenten der RT, Mintimir *Šajmiev*. Das Interview fand am 24. Mai 2004 im Präsidentensitz in Kasan statt.

586 *Dmitrij Kozak* war in verschiedenen Kabinetten Minister, von 2000 bis 2004 Stellvertreter des Leiters der Präsidialadministration, 2004 bis 2007 Präsidentenvertreter im Südlichen Föderalen Bezirk und gehört der am 12. Mai

4.5.4.3. Präsidentenvertreter als Beschwerdeinstanz

Eine wichtige Funktion haben die Präsidentenvertreter tatsächlich beim Menschenrechtsschutz. So gibt es eine weitere Petitionsinstanz für die Bürger der Subjekte, was angesichts lokal vorhandener Clanstrukturen eine entscheidende Hilfe sein kann. So spielen die *polpredy* eine Rolle im veränderten System der *Checks and Balances.*

4.5.5. Schaffung von Verfassungsgerichten auf Bezirksebene

Als Reaktion auf die föderalen Bezirke wird in der russischen Literatur über die Bildung von Gerichtsstrukturen diskutiert, die diese neue Verwaltungsebene reflektiert. Dies stellt einen sehr pragmatischen Umgang mit der Problematik dar und deutet in die Richtung der Umstellung auf einen Föderalismus größerer Subjektstrukturen[588] hin.

Nach dem Präsidialdekret Nr. 844 vom 13. Mai 2000 „Über die bevollmächtigten Stellvertreter des Präsidenten der RF im föderalen Bezirk" und der Regierungsverordnung vom 12. August 2000 Nr. 592 „Über das Zusammenwirken der Regierung der RF und der föderalen Exekutivorgane mit den bevollmächtigten Stellvertretern des Präsidenten der RF in den föderalen Bezirken im Schema der Anordnung der territorialen föderalen Exekutivorgane" haben praktisch alle föderalen Organe föderale Unterorgane in den jeweiligen föderalen Bezirken geschaffen oder beriefen Vertreter in die föderalen Bezirke. Das föderale Verfassungsgesetz „Über das Gerichtssystem in der RF" vom 20.12.1996 sieht die Schaffung von Verfassungs- bzw. Statutengerichten auf Ebene der Subjekte vor. Allerdings müssen diese ausschließlich aus den Subjekthaushalten finanziert werden. Deshalb fehlen derartige Gerichte in der Mehrzahl der Subjekte. Ein weiterer Grund muss nicht unbedingt die angespannte wirtschaftliche oder soziale Lage sein. Es kommt auch die Unlust der Subjektexekutivspitzen, sich durch die Schaffung von gerichtlichen Kontrollen in ihrer Normsetzung selbst zu beschränken, in Betracht.[589]

2008 von *Putins* gebildeten Regierung als Minister für Regionalentwicklung an. Die nach ihm benannte Kommission leitete er als Mitglied der Präsidialadministration.

587 Luchterhandt, O. (2004). Der Ausbau der föderalen Bezirke unter Putin: Das Ende der Dezentralisierung. Brunner, G. (Hrsg.) Der russische Föderalismus. Bilanz eines Jahrzehnts. Münster: 240-279. S. 266.

588 Und zwar von Subjektstrukturen, die sich nicht im Laufe von Jahrzehnten etabliert und konsolidiert haben, sondern von wesentlich größeren, „von oben" und „künstlich" geschaffenen Verwaltungseinheiten.

589 Čerkasov, K. V. (2007). "Organy konstitucionnoj justicii na urovne federal'nogo okruga: perspektivy stanovlenija " Rossijskaja Justicija(1): 59-60. S. 59.

Čerkasov schlägt vor, eine Verfassungsjustiz auch auf Ebene der föderalen Bezirke einzurichten, die für alle dortigen Subjekte zuständig wäre. Der Gründungsakt sollte auf von einer Konferenz der Gesetzgebungsorgane aller Subjekte des föderalen Bezirks stattfinden. Jedes Subjekt sollte dazu die gleiche Anzahl von Delegierten entsenden. In diesem Dokument seien der Berufungsmodus, die Struktur und die Kompetenz zu regeln. Es sollten bis zu zwei Richter aus jedem Subjekt entsandt werden sowie zwei Richter aus den Subjekten, in denen ein Zweikammerparlament besteht. Diese Richter sollten von den Legislativorganen der Subjekte gewählt werden. Zu Vorschlägen für Kandidaten seien die Präsidentenvertreter, Subjektexekutivspitzen, Parlamentarier und Parlamentsfraktionen berechtigt.
Das Gericht müsse eine Zweikammerstruktur wie das VerfGRF haben[590]. Auf der ersten Sitzung sollten die Richter den Vorsitzenden sowie die Stellvertreter wählen. In keiner Kammer dürfe mehr als ein Richter aus einem Subjekt vertreten sein. Beschwerdebefugt sollten die repräsentierten Subjekte sein. Bei Verfahren über die Abberufung von Subjektexekutivspitzen der Subjekte und von Bürgermeistern von Kommunen hätten beide Kammern des Gerichts zusammen zu tagen. Alle anderen Verfahren wären in einer der Kammern zu führen. Sondervoten sollten gleichfalls im Gesetz vorgesehen werden. Der Rest sollte in der Geschäftsordnung, die die Gerichte sich selbst geben, geregelt werden. Ein wissenschaftlicher Apparat des Gerichts sollte geschaffen werden.[591] Nächste Instanz wäre das VerfGRF. Zur wissenschaftlichen Diskussion über die Zweckmäßigkeit föderaler Gesetzgebung zur Schaffung regionaler Verfassungsjustizorgane bemerkt *Čerkasov*, dies sei ein notwendiges Element der Organisation der Staatsgewalt der Subjekte der RF. Es sei notwendig, um der Beeinflussung von Richtern durch ihre Subjekte vorzubeugen und um eine Abstraktion und Konzentration auf die juristische Arbeit zu erreichen.
Die Schaffung von Verfassungsgerichten auf Bezirksebene erscheint als ein probates Mittel, die personelle Verflechtung von Spitzenjuristen der Verfassungsjustiz mit den Subjektexekutivspitzen zu verringern. Damit würde auch Tendenzen wie in Tatarstan, dass die der eigenen Rechtsprechung widersprechenden Urteile des föderalen Verfassungsgerichts nicht vollstreckt werden, entgegengewirkt, weil es eine weitere Rechtssprechungsinstanz gäbe.

---

590 Vgl. 8. Die Rolle des Föderalen Verfassungsgerichts bei der Ausgestaltung des Föderalismus in der RF S. 343 ff.

591 Čerkasov, K. V. (2007). "Organy konstitucionnoj justicii na urovne federal'nogo okruga: perspektivy stanovlenija" Rossijskaja Justicija(1): 59-60. S. 60.

Hierfür ist die Frage entscheidend, wer die Richter der Verfassungsgerichte der föderalen Bezirke bestellt. Allerdings beantwortet *Čerkasov* die Frage nach dem Verhältnis zwischen diesen Verfassungsgerichten auf Bezirksebene und den schon bestehenden Verfassungs- bzw. Statutengerichten nicht. Zudem sind bislang die föderalen Bezirke noch nicht einmal in der föderalen Verfassung verankert. Dies stünde im Gegensatz zu Verfassungs- und Statutengerichten, die jedenfalls im föderalen Verfassungsgesetz „Über das Gerichtssystem in der RF" vorgesehen sind.

Wenn diese Gerichte die Kompetenz erhielten, die Subjektexekutivspitzen abzuberufen, würde dies deren Position weiter destabilisieren. Denn hierdurch würde eine weitere Möglichkeit der Abberufung neben dem SubjOrgG geschaffen. Es ist nicht davon auszugehen, dass der Präsident der RF seine dort verankerte Befugnis an diese Gerichte abzugeben bereit ist. Dies würde tatsächlich den Föderalismus stärken. Indirekt erkennt *Čerkasov* informale Praxen an, was in der russischen Literatur selten ist.[592] Ein Vorteil dieser Verfassungsgerichte wäre, dass sie näher an den Problemen sind. Als Nachteil wirken die Verlängerung der Verfahrensdauer auf dem Weg zum VerfGRF sowie die Tatsache, dass die außerhalb der VerfRF geschaffenen föderalen Bezirke dadurch verfestigt werden. Da diese nun einmal bestehen und in naher Zukunft nicht abgeschafft werden, erscheint es sinnvoll, diese zu verrechtlichen und eine gegenüber dem VerfGRF subsidiäre Verfassungsgerichtsbarkeit zu schaffen. Hierbei ist es einem föderalismusfreundlichen Standpunkt förderlich, den Subjekten einen hohen Einfluss bei der Berufung der Richter zu geben.

4.5.6. Bewertung der Schaffung der föderalen Bezirke und der Rolle der Präsidentenvertreter

Vom Standpunkt der „Rule of Law" oder der Rechtsstaatlichkeit mutet die Schaffung der föderalen Bezirke insbesondere dann bedenklich an, wenn durch nachrangige Normen außerhalb der VerfRF neue Institutionen geschaffen werden, die unklare Kompetenzen und eine Art „Pseudoverfassungsrang" haben.[593] Schon die Schaffung dieser „Pseudoverfassungsinstitution" widerspricht dem vorgeblichen *Putin'schen* Projekt der vorgeblichen Durchsetzung der Herrschaft des Rechts. Denn sie widerspricht dem Grundsatz der Verfah-

592 *Čerkasov* ist einer der wenigen Autoren, die sich mit den realen Verhältnissen und nicht nur mit der „Papierform" auseinandersetzen.

593 Dies diente allein der Output-Legitimität im Sinne von Steinsdorff. Vgl. 3.4. Steinsdorffs Konzept der Legitimität S. 92 f.

renslegitimität, im deutschen Verständnis verankert in der formellen Rechtsmäßigkeit. Selbst wenn man dies als extralegalen Weg, die „Herrschaft des Rechts“ durchzusetzen (und die Missachtung der föderalen Rechtsordnung durch die Subjektexekutivspitzen zu beenden) betrachtet, so ist dies abzulehnen. Denn dadurch wird die Verfassung umgangen und die für föderale Systeme geltende Regelung, wonach die Rechte von Gliedstaaten in Verfassungen garantiert und schwer verminderbar sein sollen[594], verletzt. Zweifellos dient die Schaffung der föderalen Bezirke der Förderung der Symmetrie und dem Abbau der vorherrschenden Bedeutung des Faktors „Ethnie“, den sich die „ethnisch“ dominierten Republiken in den Anfangsjahren der RF zunutze machten, um dem Föderationspräsidenten mehr Zuständigkeiten und Kompetenzen abzutrotzen. Obwohl die Schaffung der „Zwischenaufsichtsinstanz“ der Präsidentenvertreter über alle Subjekte indirekt mehr Gleichheit zwischen den Subjekten erzielt, ist dies als Erschütterung der föderalen Grundprinzipien mit dem oben genannten Argument der Verfassungsumgehung abzulehnen.

Erstaunlicherweise klagte jedoch keine andere Verfassungsinstitution etwa im Wege des Organstreits oder des dem deutschen Bund-Länder-Streit ähnelnden Verfahren des Art. 125 Abs. 3 lit. a und b VerfRF gegen die Schaffung der föderalen Bezirke bzw. die Ernennung der Präsidentenvertreter.[595] Die Kreation der föderalen Bezirke und die Personalpolitik mit den Präsidentenvertretern ist ein Beispiel der unverhohlenen Praxis der informalen Beziehungen, denn hier wurde auf eine Formalisierung weitgehend verzichtet. Lediglich das Mindesterfordernis der Regelung und ein Mindestmaß an Publizität wurden respektiert. So wurde das verfassungsrechtliche Entscheidungsrecht der Subjekte umgangen.

Eine Erklärung dafür könnte sein, dass das Präsidialdekret nicht gegen die Kompetenz verstieß. Insofern gelang es ihm, unter Verwendung der Normhierarchie, eine Beteiligung des Parlaments und damit der Subjekte zu vermeiden. An dieser Stelle wird offensichtlich, dass die VerfRF mit der Dekretsbefugnis dem Präsidenten die Möglichkeit eröffnet, das Verfahren der Verfas-

594 „Zum Schutz von Föderationsbestandteilen (Föderationssubjekten) sollte die Änderung der föderalen Verfassung besonders hohen Quoren bei der Veränderung unterliegen (Nr. 2 PrFöd).“ Vgl. S. 47.

595 *Blankenagel* erklärt dies damit, dies sei dem russischen Rechtsverständnis fremd. Blankenagel, A. (1999). "About a Made-To-Fit Constitution and an Unfit President in Times of Transformation and Crisis. The Distribution of Power in the Constitution of the Russian Federation." Diritto Pubblico (2): 327-370. S. 356.

sungsänderung[596] oder überhaupt einer gesetzlichen Regelung, hier zumindest eines Verfassungsgesetzes, zu umgehen. Ein weiterer Grund könnte darin bestehen, dass das Gericht schon 1995 angenommen hatte, dass seine Kompetenz sich nicht auf die Überprüfung möglichen verfassungswidrigen Verfassungsrechts erstrecke.[597] Nun handelt es sich bei einem Präsidentendekret nicht direkt um verfassungswidriges Verfassungsrecht.[598] Jedoch stütze das VerfGRF seine Entscheidung bei einem Nichtannahmebeschluss über ein *föderales Gesetz* in der Entscheidung vom 10. April 1997[599] auch auf diese Argumentation. Auf jeden Fall stellt das Vorgehen des Föderationspräsidenten einen Verstoß gegen die Verfahrenslegitimität[600] dar.
Einen der wenigen Lichtblicke stellt aus Sicht des russischen Bürgers die Möglichkeit dar, sich über womöglich willkürliche Rechtsakte der Subjektbehörden zu beschweren. Ein klares Manko aus rechtsstaatlicher Sicht ist die weitere Verwässerung der Verwaltungsstrukturen, die Verdopplung von Kompetenzen und die Abwesenheit eines Regelungssystems. Gelungen sind Präsident *Putin* die Brechung der Macht der Gouverneure und ein bedeutender Einfluss auf die Personalpolitik. Informale Strategien werden doppelt gestärkt: durch den Einfluss auf die Absetzung von Subjektexekutivspitzen über das Instrument der Beanstandung von Rechtsakten der Subjekte und die Abschaffung der *ex-officio*-Regelung im Bestellgesetz. Damit werden Verfassungsinstitutionen weiter geschwächt und der Verzicht auf eine wenigstens nachträgliche Formalisierung einer verfassungsrechtlich bedenklichen Regelung verstößt auch gegen die Rule of Law.
Aus der Perspektive der „Rule of Law" gibt es sowohl auf der Ebene der Rechtsakte als auch der Institutionen die beschriebenen Mängel.

4.6. Die Auswirkungen auf den Verfassungsaufbau und das informale Spiel der Akteure

Viele der oben beschriebenen Verfassungsregelungen sind Kompromisslösungen und Antworten auf die konkreten Machtverhältnisse zur Zeit ihrer

---

596 7.1.7. Der Föderationsrat bei Besonderheiten der Verabschiedung föderaler Verfassungsgesetze und verfassungsändernder Gesetze S. 327.

597 VerfGRF, Entscheidung vom 28. Dezember 1995, Nr. 137-O. KS RF: Postanovlenija. Opredelenija. 1992 –1996. Moskva, 1997, S. 118-119.

598 Dieser Begriff bezeichnet einander ausschließende Normen innerhalb eines Verfassungsdokuments.

599 VerfGRF, SZ RF, 1997, Nr. 24, Art. 2804.

600 Verfahrenslegitimität, S. 93.

Schaffung. Die Regelungen der Verfassung waren – neben der Orientierung an dem französischen halbpräsidentiellen Modell des Jahres 1958[601] – in ihrem föderalistischen Teil eine Antwort auf den Föderationsvertrag des Jahres 1992, die Sonderstellung der ASSR wurde in diejenige der Teilrepubliken fortgeschrieben. Privilegien wurden an die Akteure verteilt, welche ihre Macht gerade besonders ausspielten. Angesichts

- der Sezessions- oder weitgehende Autonomiebestrebungen einzelner Regionen,
- des Kampfes des Präsidenten *El'cin* mit Akteuren aus dem Parlament,
- des Interesses der Nomenklatur am Machterhalt und fehlender Elitenwechsel,
- einer beginnenden Aufteilung des Staatseigentums in den Regionen und Reklamierung der Bodenschätze durch die Regionen,
- des Zerfalls der Sowjetunion,
- des fehlenden gesellschaftlichen Konsens' für eine Transformation zu einem wie auch immer gearteten kapitalistischen Wirtschaftsmodell sowie angesichts
- mangelnder Demokratieerfahrungen der Bevölkerung, des Erbes massiver Menschenrechtsverletzungen, des Misstrauens in die öffentliche Verwaltung

entschied man sich für Kompromisse und gleichzeitig für einen Schutz der in der VerfRF garantierten demokratischen und rechtsstaatlichen Mindeststandards durch hohe Hürden für Verfassungsänderungen. Es fehlte der Mut zur Entschärfung bestehender Konflikte, etwa für einen Übergang zu einer administrativ-territorialen Verwaltung unter gleichzeitiger Wahrung von Autonomie der „ethnisch“ definierter Minderheiten, aber ohne anerkannte Staatlichkeit oder angedeutete Souveränität der Teilrepubliken.

Stark improvisiert wurde auch bei der Entwicklung der föderalen Finanzbeziehungen. Offensichtlich sah man sich bei der Schaffung der VerfRF außerstande, eine für die Zukunft anzuwendende tragfähige Regelung zu entwerfen, woraus die auch heute noch vorherrschende Intransparenz herrührt. Dies befördert Abhängigkeiten der Subjekte vom föderalen Zentrum im Sinne von Patron-Klienten-Beziehungen.

Für die föderale Entwicklung hing angesichts der präsidial orientierten Verfassungsarchitektur viel von der praktischen Politik des Präsidenten ab. Ob-

---

601 Steinsdorff, S. v. (1995). "Die Verfassungsgenese der Zweiten Russischen und Fünften Französischen Republik im Vergleich." Zeitschrift für Parlamentsfragen (3):

wohl die Verfassung schwer zu ändern ist, hatte *Putin* bei seiner aus der Kremladministration initiierten Föderalismusreform des Jahres 2000 wenig Widerstand von anderen Akteuren der föderalen Ebene zu erwarten. Offensichtlich hatten sich in den neunziger Jahren zu wenig Respekt, weder vor Verfassungsinstitutionen wie der föderalen Kammer – dem Föderationsrat – noch dem geschriebenen, gesetzten Recht, entwickelt, als dass die Regionen und ihre Vertreter auf föderaler Ebene eine Chance gesehen hätten, mit den Mitteln der Verfassungs(gerichts-)rechts gegen ihre Entmachtung und die starke Verschiebung der Statik der Verfassungssäulen vorzugehen. Angesichts dieser Tendenzen bleibt zu konstatieren, dass das föderale Verfassungsgericht kein Akteur war, der die zentripetalen Entwicklungen aufhielt oder eine Selbstverpflichtung der handelnden Akteure aller Ebenen auf den Respekt dem gesetzten Recht gegenüber befördern konnte.

Folge dieser Entwicklungen und auch der Grundkonstruktion ist ein Zustand des russischen Föderalismus, in welchem aufgrund des hohen Grades an Asymmetrie sich überschneidende Gesetzgebungszuständigkeiten auftraten und schon aufgrund der Einheitsverwaltung eine klare Trennung zwischen Kompetenzen föderaler Organe und Subjektorgane mitunter schwierig ist. Der Übergangscharakter der VerfRF, in dem die Konfliktlinien sowohl zwischen Föderationspräsident und Parlament als auch zwischen Föderationspräsident und Subjekten „eingefroren" wurden, hat zum Andauern eines Rechtszustandes geführt, dessen Heterogenität *Putin* durch informale Regelungen zu beenden suchte. Die Anwendung dieser informalen Regelungen führte übergangsweise zu verminderter Rechtssicherheit (als die Bürger nicht wissen konnten, welche Norm nun anwendbar sei – die für verfassungswidrig gehaltene Norm ihres Subjekts oder die föderale Norm). Im Laufe der letzten fünf Jahre – seit der Abschaffung der Direktwahl der Subjektexekutivspitzen durch die Änderung des SubjOrgG - ist hier Rechtssicherheit eingekehrt. Die jeweiligen Akteure haben sich mit dem geschaffenen Zustand arrangiert.

Zudem wurden mit der Schaffung der föderalen Bezirke die Regeln über den föderativen Aufbau umgangen und wichtige Garantien für das Funktionieren der Subjekte - jedenfalls rechtlich - geschwächt. Gleichzeitig wird damit Nr. 2 PrFöd (Kriterium des Schutzes der Gliedstaaten durch eine nur mit hohem Quorum zu ändernde föderale Verfassung) durch informale Mittel untergraben.

486-503. S. 491 ff.

5. Die Aufteilung der Gesetzgebungszuständigkeiten

Wie das Verhältnis von Zentralebene zu den föderalen Teilsubjekten in einer Föderation tatsächlich geregelt ist, lässt sich an der Verteilung der einzelnen Bereiche, welche der Zentrale und den Regionen jeweils zugewiesen sind, ablesen. Dabei gilt die Abgrenzung der einzelnen Zuständigkeitsbereiche als ein Gradmesser der tatsächlichen Machtverteilung.

Eine der Ursachen für die Asymmetrie der Russischen Föderation liegt in ihrem vielschichtigen System der Kompetenzabgrenzung. Im Gegensatz zu vielen anderen Verfassungsföderationen sind in der RF die einzelnen Gesetzgebungszuständigkeiten nicht abschließend in der Verfassung, sondern auch im Föderationsvertrag von 1992 und den föderalen Verträgen seit 1994 geregelt. Bis auf den 2007 neu abgeschlossenen föderalen Vertrag mit der Republik Tatarstan sind diese föderalen Verträge jedoch zwischenzeitlich außer Kraft getreten.

Wichtig ist dabei die Unterscheidung zwischen den *Gegenständen*, die den jeweiligen föderalen Ebenen zur Regelung zugewiesen sind und den daraus abgeleiteten *Kompetenzen*, die den Organen der jeweiligen Ebene zugewiesen werden.

Im nachfolgenden Abschnitt sollen zunächst theoretisch als Grundlagen die Unterschiede zwischen den Gegenständen der Gesetzgebungszuständigkeit im Gegensatz zu Organkompetenzen begrifflich herausgearbeitet werden[602]. In einem weiteren Schritt wird dargestellt, dass und warum es keine abschließende verfassungsrechtliche Regelung für Gegenstände und Kompetenzen in der VerfRF gibt.[603] Dies soll historisch aus dem Erbe der sowjetischen Verfassung von 1978 und dem Föderationsvertrag von 1992 bis zum Abschluss der ersten föderalen Verträge ab 1994 geschehen. Danach werden die Regelungen der VerfRF von 1993 dargestellt und einer kritischen Würdigung unterzogen. Im Anschluss daran wird das einzigartige russische System der Regelung von Zuständigkeiten in föderalen Verträgen beleuchtet. Die von Vladimir *Putin* nach seinem Amtsantritt 1999/2000 eingeleitete Föderalismus-Reform führte zu einer Neuordnung der föderalen Zuständigkeitsbeziehungen. Diese fanden ihren Niederschlag im Subjektorganisationsgesetz von 1999, das bis zum Jahr 2004 fortlaufend zu Lasten der Subjekte ver-

602 Vgl. 5.1. Grundsätzliche Abgrenzung zwischen Gesetzgebungszuständigkeit und Organkompetenzen S. 186.

603 Vgl. 5.2. Keine abschließende verfassungsrechtliche Regelung S. 189.

schärft wurde. Die Rechtsprechung des VerfGRF spielte seit Verabschiedung der VerfRF 1993 und erneut nach dem Inkrafttreten des SubjOrgG eine entscheidende Rolle bei der Gestaltung der Beziehungen zwischen Zentrale und Subjekten. Wichtige Entscheidungen werden in diese Betrachtungen einbezogen. In einem letzten Schritt wird noch einmal erörtert, inwiefern gerade am Kampf um die Kompetenzen das Informale der jeweiligen Machtverhältnisse besonders zum Tragen kam. Im Anschluss daran wird die Bewertung anhand der Kriterien zur Untersuchung von Rechtsnormen und zum Verhältnis der Prinzipien für Föderationen vorgenommen.

5.1. Grundsätzliche Abgrenzung zwischen Gesetzgebungszuständigkeit und Organkompetenzen

Im folgenden Abschnitt wird eine grundsätzliche Abgrenzung der Kategorien der „Zuständigkeit" und „Kompetenzen" vorgenommen. Dabei sollen „Zuständigkeiten" das bezeichnen, was die Gesetzgebungsorgane inhaltlich jeweils tun dürfen. Die Befugnisse der Organe aller Gewalten werden zum besseren Verständnis als „Kompetenzen" bezeichnet.

5.1.1. Definition von Zuständigkeiten und Kompetenzen

Es ist zwischen den einzelnen Gebieten, die einer staatlichen Regelung bedürfen und den Kompetenzen, die den jeweiligen Staatsorganen zugewiesen werden, zu unterscheiden. In der russischen Verfassungsdogmatik sowie in der VerfRF selbst wird mitunter terminologisch nicht zwischen Gesetzgebungsgegenstand, Gesetzgebungszuständigkeit und Kompetenzen differenziert. Diese Unterscheidung ist jedoch sinnvoll, weil in der VerfRF zwischen Zuständigkeiten für Regelungsmaterien und Kompetenzen einzelner Organe im Bereich der Abgrenzung dieser Befugnisse[604] zwischen föderaler und Subjektebene nicht differenziert wird. Ziel der Differenzierung ist ein besseres Verständnis der vorhandenen Regelungen.

Als *Gesetzgebungsgegenstand* wird nachfolgend ein gesellschaftlicher Aufgabenbereich gefasst, der einer gesetzlichen Regelung bedarf. Die *Gesetzgebungszuständigkeit* bezeichnet die staatliche Ebene (Föderation, Subjekt oder Gemeinde), die für die Regelung eines Gesetzgebungsgegenstands durch eine Verfassungsnorm für kompetent erklärt wird. *Organkompetenzen* sollen Machtbefugnisse (Rechte) darstellen, deren Ausübung einem Legisla-

604 „Befugnis" fasse ich als Oberbegriff für „Zuständigkeiten" und „Kompetenzen".

tiv-, Exekutiv- oder Rechtsprechungsorgan von einer Rechtsquelle von Verfassungsrang zugewiesen wird.
Im nachfolgenden Abschnitt wird im Wesentlichen die Terminologie des russischen Verfassungsrechts nachvollzogen.
Mit dieser Zuordnung wird von der in der deutschen Literatur für das Grundgesetz etwa von *Rengeling* entworfenen Kategorisierung abgewichen. Nach dieser begründen *Zuständigkeitsnormen* die Befugnis, gesetzgeberisch tätig zu werden.[605] *Kompetenznormen* werden auch auf die Gesetzgebungsgegenstände bezogen: „Kompetenznormen legen den sachlichen Umfang der Regelungsbefugnis fest."[606] Dies birgt für den deutschen Leser die Schwierigkeit, dass das Konzept der „Kompetenz-Kompetenz" nicht angewendet werden kann. Auch *Hartwig* verwendet in seiner Analyse[607] der russischen Kompetenzabgrenzung „Zuständigkeit" und „Kompetenz" synonym. Angesichts der fehlenden Regelung zur Abgrenzung von Organkompetenzen der verschiedenen föderalen Ebenen soll eine terminologische Differenzierung die Klarheit fördern.[608] Dabei wird mit dieser Definition einem russischen Modell der Abgrenzung zwischen „Zuständigkeit" für den Legislativbereich und „Kompetenz" für die Vollmachten von Exekutivorganen gefolgt.[609]
In der russischen Literatur wird scharfe Kritik an der fehlenden Verwendung von Synonymen (im Sinne der identischen Verwendung von *„Kompetenzen"* und *„Zuständigkeiten"* für denselben Sachverhalt) geübt. So kritisiert etwa *Umnova*, dass in Art. 72 Abs. 1 lit. e VerfRF zur gemeinsamen Gesetzgebungszuständigkeit von Föderation und Subjekten die Regelung „allgemeiner Fragen" der Erziehung, Bildung, Wissenschaft, Kultur und des Sports gehören. Im Falle der gemeinsamen Zuständigkeit des Art. 72 Abs. 1 lit. ž VerfRF handelt es sich um die „Koordination von Fragen" des Gesundheitsschutzes,

---

605 Rengeling, H.-W. (1990). Gesetzgebungszuständigkeit. Isensee, J. /Kirchhof, P. (Hrsg.) Handbuch des Staatsrechts Heidelberg. Band IV. Rn. 7, S. 727.

606 Ebenda. Rn. 9, S. 728.

607 Hartwig, M. (2004). Die Kompetenzverteilung zwischen der Russländischen Föderation und ihren Subjekten nach der Föderalen Verfassung. Brunner, G. (Hrsg.) Der russische Föderalismus. Bilanz eines Jahrzehnts. Münster: S. 43-59. S. 45 ff.

608 Dies soll dem Leser innerhalb eines Abschnitts das Verständnis, ob es sich um die Zuständigkeit zur Regelung einer Rechtsmaterie oder um eine Organsbefugnis handelt, erleichtern.

609 Tichomirov, J. A. (2001). Teorija Kompetencii. Moskva. Čursina, E. V. (2005). Razgraničenie polnomočij meždu organami gosudarstvennoj vlasti Rossijskoj Federacii i ee sub'ektov po predmetam sovmestnogo vedenija: Konstitucionno-pravovoe issledovanie. Stavropol. S. 19. Narutto, S. V. (2003). Federalizm i edinstvo gosudarstvenno-pravovoj sistemy Rossii. Moskva. S. 313.

Familienschutzes und Sozialschutzes. Damit werden im gleichen Artikel verschiedene Begriffe für dieselben Sachverhalte gebraucht.[610]
Ähnliche Ungenauigkeiten gibt es bei der Verwendung der Begriffe „Gesetzgebung“ und „Recht“. So sollte in Art. 71 lit. ž VerfRF nicht nur von der Regulierung, sondern besser von der Schaffung einer Finanz-, Währungs- Bank und Handelsgesetzgebung die Rede sein.[611] Und eigentlich sei nicht die rechtliche Regulierung, sondern das Recht des geistigen Eigentums in Art. 71 lit. o VerfRF gemeint. Auch der Umfang „rechtlicher Grundlagen“ ist unbestimmt. Diese Ungenauigkeiten werden nachfolgend durch die Unterscheidung zwischen „Zuständigkeiten und „Kompetenzen“ reduziert.

5.1.2. Verfassungsrechtliche Konstruktionsmöglichkeiten vonZuständigkeits normen

Der folgende Abschnitt stellt drei Möglichkeiten verfassungsrechtlicher Konstruktion von Zuständigkeitsnormen dar und beschreibt, für welche Möglichkeit sich die Autoren der VerfRF entschieden haben. Es gibt grundsätzlich zwei Möglichkeiten der verfassungsrechtlichen Konstruktion von Normen der Kompetenzabgrenzung.
Variante eins grenzt ab, welche Aufgaben der Legislative, der Exekutive und der Judikative zugewiesen sein sollen. Zuerst auf der bundesstaatlichen und dann auf der regionalen Ebene wird festgestellt, was die Behörden auf föderaler und regionaler Ebene für Kompetenzen haben sollen oder wer für welche Aufgabengebiete gegenüber dem Bürger zuständig sein soll. Danach werden die Aufgabengebiete konzipiert.
Die zweite Variante besteht darin, die Aufgabenbereiche zu definieren, für die eine Ebene, etwa die Zentrale, zuständig sein soll. Gründe, um ein Gebiet der zentralstaatlichen Kompetenz zuzuordnen, könnten etwa sein, dass für alle Bürger föderationsweit dieselbe Regelung anwendbar sein soll. Danach wären dann die Bundesbehörden für die Durchsetzung dieser Regelung zuständig.
Die Autoren des Grundgesetzes wählten das erste, diejenige der VerfRF das zweite Modell.[612] Das hatte zur Folge, dass eine Definition von Organkompe-

610 Umnova, I. A. (2000). Konstituticionnye osnovy sovremennogo rossijskogo federalizma. Moskva. S. 194.
611 Ebenda.S. 194.
612 So auch Hartwig, M. (2004). Die Kompetenzverteilung zwischen der Russländischen Föderation und ihren Subjekten nach der Föderalen Verfassung. Brunner, G. (Hrsg.) Der russische Föderalismus. Bilanz eines Jahrzehnts. Münster: S. 43-59. S. 45.

tenznormen als Folge der Zuständigkeiten ohne weitere Vorgaben sehr schwierig ist und zu Konflikten führen kann, zumal in der russischen Version durch die Praxis der föderalen Verträge innerhalb der gemeinsamen Gesetzgebungszuständigkeit ein Flickenteppich unterschiedlicher Zuständigkeiten und Kompetenzen bei den einzelnen Subjekten entstand.
Auf der technischen Ebene gibt es weitere Möglichkeiten, die Abgrenzung von Gesetzgebungszuständigkeiten zu regeln. Die erste Möglichkeit bezeichnet *Umnova* als Dualismus, die zweite als Kooperation.[613] Dualismus bedeutet ihr zufolge, dass die Trennung der staatlichen Gewalt zwischen der föderalen und der regionalen Ebene so vorgenommen wird, dass beide Verwaltungsebenen unabhängig voneinander funktionieren und einen unabhängigen Status genießen, der in der Verfassung verankert ist. Die Grundlagen der Unabhängigkeit ist eine streng in der Verfassung fixierte Teilung der Funktionen und der Vollmachten. Bei dieser Variante werden entweder nur die Zuständigkeiten der Föderation oder nur die gemeinsamen Zuständigkeiten geregelt. Jeder Seite ist untersagt, sich in die Zuständigkeiten der jeweils anderen einzumischen. In einigen Föderationen gibt es nur einen Katalog der föderalen Zuständigkeiten (USA, Schweiz, Australien, Mexiko, Brasilien, Tansania), in anderen dagegen Kataloge für die Zuständigkeiten der Föderation und der föderalen Subjekte (Kanada, Argentinien). Bei der Schaffung der VerfRF entschied man sich für ein kooperatives Modell, bei dem die Zuständigkeiten der Föderation und die gemeinsamen Zuständigkeiten geregelt werden.[614]

5.2. Keine abschließende verfassungsrechtliche Regelung

Wie bereits angedeutet, ist die VerfRF aus dem Jahr 1993 nicht die einzige Quelle von Zuständigkeits- und Kompetenznormen. Es gibt also keine abstrakte Normenhierarchie, was die Bestimmung der jeweils vorherrschenden Norm mitunter erschwert. Teilweise unterscheiden sich die Regelungen der seit 1994 abgeschlossenen föderalen Verträge sehr. Dies führt dazu, dass ein hoher Grad an Asymmetrie herrscht. Denn in zwei verschiedenen Subjekten A und B können entgegen dem Verfassungsgebot der Gleichheit der Subjekte in ihren Beziehungen zur Föderation durchaus vollkommen verschiede-

613 Umnova, I. A. (2000). Konstituticionnye osnovy sovremennogo rossijskogo federalizma. Moskva. S. 196.
614 Ebenda. S. 197.

ne Zuständigkeiten für die Rechtsetzung einzelner Gegenstände bestehen. Genaueres hierzu wird im Abschnitt zu den föderalen Verträgen erörtert.

5.3. Historischer Hintergrund

Die außergewöhnliche Situation verschiedener Gesetzgebungszuständigkeiten und Organkompetenzen in verschiedenen Subjekten hat historische Hintergründe: In der Sowjetunion gab es kaum eine Kompetenzabgrenzung: Beide Kammern des Obersten Sowjets hatten die gleichen Zuständigkeitsbereiche[615]. Der Zuständigkeitsbereich der Moskauer Zentrale wurde schon in der Verfassung von 1936 auch auf die Volkskommissariate für Inneres und Justiz ausgeweitet, die bislang zu den alleinigen Kompetenzen der Unionsrepubliken gehörten. Da kein Verfassungsgericht existierte, konnten sich die Gliedstaaten gegen derartige Eingriffe des Zentrums ohnehin nicht auf dem Rechtsweg zur Wehr setzen. Die Verfassungsregelungen spielten in der Praxis keine sonderlich große Rolle, eine Gewaltenteilung existierte nicht. Die wichtigen politischen Entscheidungen wurden im Politbüro der KPdSU getroffen, die Exekutive lag in den Händen des Ministerrats der UdSSR. In der Nachkriegszeit ab es Zentralisierungs- und Dezentralisierungsbewegungen. Einerseits zog der Ministerrat der UdSSR – bis 1948 Rat der Volkskommissare (Sovnarkom) - viele Befugnisse an sich. Andererseits wurden im Laufe der Zeit den SSR Fragen der Landwirtschaft und des sozial-kulturellen Aufbaus übertragen.[616] Von einem eigenständigen Kompetenzbereich der Gliedstaaten, wie er für Föderationen typisch ist und auch in den Sowjetverfassungen de jure festgeschrieben war, konnte vor diesem Hintergrund keine Rede mehr sein. „Mittels Kompetenzvereitelung, verschleierter Kompetenzveränderungen und offenen Kompetenzdurchbrechungen konnte Moskau jederzeit verhindern, dass die Unionsrepubliken die ihnen zustehenden Befugnisse auch in die Realität umsetzten."[617]

In der Verfassung der RSFSR aus dem Jahr 1978 war der Katalog der Föderationszuständigkeiten nicht abschließend geregelt, was der Föderation auch

615 Wiest, M. (2003). Russlands schwacher Föderalismus und Parlamentarismus. Münster. S. 61.

616 Tichomirov, J. A. (2001). Teorija Kompetencii. Moskva. S. 114.

617 Wiest, M. (2003). Russlands schwacher Föderalismus und Parlamentarismus. Münster. S. 58.

ermöglichte, Zuständigkeiten der Teilgebiete an sich zu ziehen.[618] In dem Föderationsvertrag von 1992 wurden in Art. II Nr. 1 sowohl föderale als auch Subjektbeziehungen reguliert. Die Grundlagen der Gesetzgebung auf diesen Gebieten sollte von den föderalen Stellen getroffen werden, auf deren Grundlage die Subjekte eigene Rechtsnormen setzten Die Subjekte konnten Recht setzen, bis der föderale Gesetzgeber dies tat (Art. II Nr. 3 aller föderaler Verträge). In den Föderalen Verträgen mit dem Moskauer und dem Petersburger Gebiet werden auch einzelne Gegenstände der gemeinsamen Gesetzgebung den beiden Subjekten zur Regelung übertragen.[619] Die Regelungen der VerfRF aus dem Nachfolgejahr stellen die Niederlegung dieser „gefrorenen Konfliktlinien" dar, wie sich im nächsten Abschnitt zeigen wird.

5.4. Die Regelung der Verfassung von 1993

Man kann die Entwicklung seit der Verabschiedung der Verfassung 1993 in zwei Phasen einteilen: Dezentralisierung (1993-1999) und Zentralisierung (seit 2000). In der ersten Phase fielen viele Gegenstände den Subjekten zu. Einige Gegenstände der ausschließlichen Bundeszuständigkeit wurden mittels föderaler Verträge zu solchen der gemeinsamen Zuständigkeit. Auf diese Weise entstanden Widersprüche zwischen Zentrum und Regionen und Desintegrationsprozesse wurden befördert.

5.4.1. Allgemeine Fragen der verfassungsrechtlichen Abgrenzungsregeln

In diesem Abschnitt werden terminologische Probleme erörtert und somit die Zuständigkeitsarten der VerfRF vorgestellt. Danach werden theoretische Möglichkeiten der Zuständigkeitsabgrenzung dargestellt und in ihrer Zuordnung zu den jeweiligen Zuständigkeitsbereichen umstrittene Materien aufgeführt.

5.4.1.1. Terminologische Probleme

Problematisch ist, dass in der VerfRF zwischen Zuständigkeit und Organkompetenzen nicht deutlich unterschieden wird.[620] *Čursina* etwa stellt fest, dass in der VerfRF die Begriffe Zuständigkeitsgegenstand („*predmet vedeni-*

---

618 Umnova, I. A. (2000). Konstituticionnye osnovy sovremennogo rossijskogo federalizma. Moskva. S. 198.

619 Čursina, E. V. (2005). Razgraničenie polnomočij meždu organami gosudarstvennoj vlasti Rossijskoj Federacii i ee sub'ektov po predmetam sovmestnogo vedenija: Konstitucionno-pravovoe issledovanie. Stavropol.S. 14.

620 Ebenda.

ja" oder einfach („*vedenie*" [Art. 71, 72, 73, 76, 77 VerfRF]) und „Vollmacht" (Art. 73, 77 VerfRF) verwendet werden. In Bezug auf die Subjekte ist von „*predmet vedenija*" („Zuständigkeitsgegenstand") oder einfach „*vedenie*" (Zuständigkeit, [Art. 72, 73, 76, 77 VerfRF]), im Verhältnis föderaler zu Subjektorganen von „*predmety vedenija i polnomočija*" („Gesetzgebungsgegenstände und Vollmachten", [Art. 5, 11 VerfRF]) oder „*polnomočija*" ("Vollmachten", [Art. 78 VerfRF]) die Rede.
Dabei wurde die Kategorie „Vollmacht der Föderation" bereits in den Verfassungen der UdSSR und der RSFSR verwendet. Die „Vollmachten der Föderation" wurden als Vollmachten der föderalen Organe verstanden. So enthielt Art. 73 der Verfassung der UdSSR (1977) eine Zuständigkeit der UdSSR in Person der höchsten Staatsorgane, die gleichzeitig einen Katalog der Funktionen und Vollmachten ebendieser Organe enthielt. Eine ähnliche Regelung befand sich in der Verfassung der RSFSR aus dem Jahr 1978. Diese unklare Regelung fand Eingang in die Art. 73 und 77 VerfRF als „Vollmacht der RF". *Umnova* fände eine Bezeichnung als „Kompetenz der föderalen Organe der RF innerhalb der gemeinsamen Zuständigkeit" angemessener.[621] Als Grund für die teilweise auch widersprüchliche Benennung gleicher Sachverhalte[622] nennt sie das Fehlen einer einheitlichen Rechtstradition.[623] Dieses Phänomen tritt öfter auf, z. B. im SubjOrgG, wo mitunter mangelhafte Rechtstechnik eine Rolle spielt.

5.4.1.2. Die Zuständigkeitsregelungen der VerfRF

Die Verfassung führt in den Art. 71 bis 73 drei Typen von Zuständigkeiten ein, nämlich die Zuständigkeit der Föderation, die gemeinsame Zuständigkeit von Föderation und Subjekten und schließlich eine sogenannte Restzuständigkeit.
Nach Ansicht eines Großteils der russischen Lehre stellt Art. 71 VerfRF einen Katalog der ausschließlichen Zuständigkeit der Föderation und Art. 72 VerfRF einen solchen der gemeinsamen Gesetzgebungszuständigkeit auf. Unklar bleibt die Bedeutung von Art. 73 VerfRF. Er wird nachfolgend ins Deutsche

---

621 Umnova, I. A. (2000). Konstituticionnye osnovy sovremennogo rossijskogo federalizma. Moskva. S. 174.

622 Als Beispiel bringt *Umnova* Art. 1 lit ž des föderalen Kompetenzabgrenzungvertrages des Kaliningrader Gebiets mit der RF vom 12. Januar 1996, der Vollmachten innerhalb der gemeinsamen Zuständigkeit, die gleichlautend mit Art. 72 lit. „v" VerfRF sind.

623 Umnova, I. A. (2000). Konstituticionnye osnovy sovremennogo rossijskogo federalizma. Moskva. S. 177.

mit „Restzuständigkeit" der Subjekte übersetzt, um klarzustellen, dass es sich um keine ausschließliche Gesetzgebungszuständigkeit der Subjekte handelt.
Für die Legislative gilt der nachfolgende Aufbau.
Zunächst beinhaltet Art. 71 VerfRF einen Katalog der Gesetzgebungsgegenstände der ausschließlichen Zuständigkeit der RF. Art. 72 VerfRF ergänzt dies um einen Katalog der Gesetzgebungsgegenstände der gemeinsamen Zuständigkeit der RF und der Subjekte und Art. 73. VerfRF trifft Regelungen für die Restzuständigkeit der Subjekte.
Für die zu erlassenden Normen selbst regelt Art. 76 Abs. 1 VerfRF, dass innerhalb der ausschließlichen Föderationszuständigkeit des Art. 71 VerfRF föderale Verfassungsgesetze und föderale Gesetze erlassen werden können. Innerhalb der gemeinsamen Gesetzgebungszuständigkeit der RF und der Subjekte können föderale Gesetze und ihnen entsprechende Subjektgesetze erlassen werden. Innerhalb der Restzuständigkeit gemäß Art. 73 VerfRF können die Subjekte Rechtsakte erlassen.
Zur Normenhierarchie bestimmt Art. 76 Abs. 3 VerfRF, dass föderale Gesetze föderalen Verfassungsgesetzen nicht widersprechen dürfen und Art. 76 Abs. 5 VerfRF, dass Gesetze und anderen normativen Rechtsakte der Subjekte föderalen Gesetzen nicht widersprechen dürfen, die in innerhalb der ausschließlichen Föderationszuständigkeit (Art. 71 i. V. m. Art. 76 Abs.1 VerfRF) und der gemeinsamen Zuständigkeit der Föderation und der Subjekte (Art. 72 i. V.m. Art. 76 Abs. 2 VerfRF) verabschiedet wurden. Widersprechen ein föderales Gesetz und ein anderer in der RF erlassener Akt einander, so gilt das föderale Gesetz. Ein Subjektrechtsakt, der innerhalb der Restzuständigkeit der Subjekte nach Art. 73 i.V. m. Art. 76 Abs. 4 VerfRF verabschiedet wurde, hat vor einem in diesem Bereich[624] nach Art. 76 Abs. 6 VerfRF verabschiedeten Vorrang.
Für die Exekutive legt die VerfRF folgenden grundsätzlichen Aufbau fest:
Nach Art. 77 Abs. 1 VerfRF wird das System des Verwaltungsaufbaus der Subjekte von den Subjekten in Übereinstimmung mit den Grundlagen der Verfassungsordnung der RF und den allgemeinen Prinzipien der Organisation der Exekutivorgane der Staatsgewalt, die durch föderales Gesetz bestimmt sind, selbständig festgelegt. Dieses föderale Gesetz ist das SubjOrgG. Nach Art. 77 Abs. 2 VerfRF wird im Bereich der ausschließlichen föderalen Gesetzgebungszuständigkeit (Art. 71 VerfRF) und der gemeinsamen Gesetz-

624 Dies gilt auch für ein unter Missachtung der Zuständigkeitsregelungen verfassungswidrig erlassenes föderales Gesetz.

gebungszuständigkeit der RF und der Subjekte ein System der Einheitsverwaltung errichtet.
Diese föderale Einheitsverwaltung ist nach Art. 78 Abs. 1 VerfRF mehrstufig aufgebaut.
Gäßner bemerkt dazu, die Regelungen erweckten

> „vom äußeren Erscheinungsbild der Legislativtechnik (enumerative Aufzählung der Regelungsgegenstände und Zuständigkeitsaufteilung) und der Aufstellung einer Zuständigkeitsvermutung für die Subjekte (Art. 76 VerfRF) den Anschein, dass eine ähnliche Regelung wie in den Art. 70 bis 74 GG getroffen“[625]

würde. Jedoch ergäben sich wesentliche Unterschiede. Die Regelungen der Art. 71 ff. VerfRF beschränkten sich nicht auf eine Verteilung der Gesetzgebungszuständigkeiten, sondern erfassten auch Befugnisse der vollziehenden Gewalt, die in Art. 77 und 78 VerfRF vervollständigt würden.
In der Literatur wird Art. 73 VerfRF allerdings als eine Art ausschließliche Gesetzgebungszuständigkeit der Subjekte behandelt.[626] Vor allem werden die Kataloge von Art. 71 und 73 VerfRF als abschließend betrachtet. Änderungen durch Gesetz seien nicht möglich. Dies ergebe sich aus Art. 136 VerfRF.[627] Umstritten ist überdies, wie eng die jeweiligen Gesetzgebungsgegenstände auszulegen seien. *Hartwig* zufolge könnten die Subjekte in allen den Bereichen Recht setzen, welche nicht ausdrücklich in die Zuständigkeit der Föderation bzw. die gemeinsame Zuständigkeit fallen. Art. 73 VerfRF spräche eine Vermutung zu Gunsten der Subjekte aus.[628] Demzufolge sei der Kreis der zu regelnden Fragen ziemlich groß.[629]

5.4.1.3. Möglichkeiten der Zuständigkeitsabgrenzung

Umnova bemängelt die verfassungswidrige Inkorporierung von Gegenständen der ausschließlichen Föderationszuständigkeit in die Verfassungen und

---

625 Gäßner, B. (2004). Zur Verfassungsgerichtsbarkeit in den Subjekten der Russischen Föderation unter besonderer Berücksichtigung der Normenhierarchie. Berlin. S. 16.
626 Čursina, E. V. (2005). Razgraničenie polnomočij meždu organami gosudarstvennoj vlasti Rossijskoj Federacii i ee sub'ektov po predmetam sovmestnogo vedenija: Konstitucionno-pravovoe issledovanie. Stavropol.S. 179.
627 Umnova, I. A. (2000). Konstitucionnye osnovy sovremennogo rossijskogo federalizma. Moskva. S. 173.
628 Hartwig, M. (2004). Die Kompetenzverteilung zwischen der Russländischen Föderation und ihren Subjekten nach der Föderalen Verfassung. Brunner, G. (Hrsg.) Der russische Föderalismus. Bilanz eines Jahrzehnts. Münster: S. 43-59. S. 46.
629 Umnova, I. A. (2000). Konstitucionnye osnovy sovremennogo rossijskogo federalizma. Moskva. S. 201.

Statuten der Subjekte.[630] Sie hält allein die Aufzählung von Kompetenzen für unzulässig. Juristisch sauber sei nur der Verzicht auf einen Katalog von Zuständigkeiten, wie er sich auch in der tatarischen Verfassung befinde. Weiterhin akzeptabel sei eine Beschränkung der Aufzählung auf Subjektzuständigkeiten.[631] *Umnova* kann insoweit gefolgt werden, als eine Aufzählung in Subjektverfassungen von Zuständigkeiten (z. B. der RF), die nicht nur den Subjekten zustehen, den Eindruck erwecken kann, dass das jeweilige Subjekt diese für die eigene Rechtsetzung beansprucht. Selbst wenn dies nicht der Fall sein solle, diente dies nicht der Rechtsklarheit.
Die Aufzählung von Kompetenzen ist auch deshalb schwierig, weil den Subjekten zugestanden wird, im Rahmen der gemeinsamen Gesetzgebungszuständigkeit Normen zu konkretisieren. *Umnova* nimmt zum Beispiel an, dass es den Subjekten zusteht, die innerhalb der gemeinsamen Gesetzgebungszuständigkeit vorgesehene einvernehmliche Änderung des Subjektstatus und Subjektterritoriums oder der Rechtslage eines Subjektorgans zu regeln.[632] Wenn die Subjekte diese Zuständigkeiten ausdrücklich in ihre Verfassungsdokumente aufnehmen, so kann dies leicht als Anmaßung einer gemeinsamen Gesetzgebungszuständigkeit missverstanden werden.

5.4.1.4. Einzelne umstrittene Materien

Ein rechtstechnisches Problem stellt die Regelung bestimmter Materien, einerseits innerhalb der ausschließlichen Föderationszuständigkeit, andererseits innerhalb der gemeinsamen Gesetzgebungszuständigkeit dar.[633] Dies werde durch die Widersprüchlichkeit der verfassungsrechtlichen Abgrenzungsregelungen noch verschärft.[634] Beispiele hierfür sind die Regelung der Menschen- und Bürgerrechte sowie die der nationalen Minderheiten in Art. 71 lit. v und Art. 72 lit. b VerfRF. In der Kommentarliteratur wird lediglich gefordert, dass die beiden Zuständigkeiten auf keinen Fall vermischt werden dürften. Dies ergebe sich bereits aus der besonderen Bedeutung des in Art. 69 VerfRF garantierten Minderheitenschutzes.[635]

---

630 Umnova, I. A. (2000). Konstituticionnye osnovy sovremennogo rossijskogo federalizma. Moskva. S. 178.
631 Ebenda. S. 179.
632 Ebenda. S. 179.
633 Šachraj, S. (1995). "Aktual'nye problemy rossijskogo federalizma." Vlast' (8). S. 8.
634 Umnova, I. A. (2000). Konstituticionnye osnovy sovremennogo rossijskogo federalizma. Moskva. S. 202.
635 Lazarev, V. V. (2003). Naučno-praktičeskij kommentarij (Sistema Garant // Datenbank). Art. 72 lit. b.

Umnova bemerkt ferner, dass die in Art. 71 lit. a VerfRF geregelte Föderationszuständigkeit für Verfassungsänderungen keine solche sei, weil über Art. 136 VerfRF i. V. m. den Abschnitten 3 – 8 VerfRF eine Zustimmung von zwei Dritteln der Subjektorgane für eine Verfassungsänderung notwendig sei. Es gibt weitere Überschneidungen, so im Bereich der Kontrolle der Verfassungsmäßigkeit. Art. 71 lit. a VerfRF enthält die Kontrolle der Beachtung der Verfassung und föderaler Gesetze. Dies kollidiert mit Art. 72 lit. a VerfRF, wonach die Gewährleistung der Übereinstimmung der Verfassungen und Gesetze der Republiken, der Statuten, Gesetze und anderen normativen Rechtsakte der Regionen, Gebiete, bundesbedeutsamen Städte, des autonomen Gebiets und der autonomen Bezirke mit der Verfassung der RF und den föderalen Gesetzen zur gemeinsamen Zuständigkeit gehört.
Ähnliche Unvereinbarkeiten gäbe es hinsichtlich des föderalen Aufbaus, insbesondere im Hinblick auf das Territorium der Subjekte. So bestimmt Art. 71 lit. b VerfRF, dass das Territorium der RF zur Zuständigkeit der Föderation gehöre. Wie steht es aber mit dem Territorium der Subjekte? Nach Art. 67 Abs. 1 VerfRF umfasst das Territorium der RF das Territorium der Subjekte. Nun ist aber der Aufbau der Subjekte Angelegenheit der einzelnen Subjekte, vor allem die Bildung der Verwaltungseinheiten. Dies ergibt sich aus einer Gesamtschau der Regelungen der Art. 67, 71, 72, 73 VerfRF. Zudem ist dies auch durch die Rechtsprechung des VerfGRF abgesichert. In seiner Entscheidung zur Überprüfung der Verfassungsmäßigkeit des Gesetzes der Udmurtischen Republik „Über das System der Staatsorgane der in der Udmurtischen Republik" leitete das VerfGRF aus Art. 1 Abs. 1, 11 Abs. 2 und dem dritten Abschnitt der VerfRF über den föderalen Aufbau (darunter Art. 66 Abs. 1, 71, 72, 73, 76, 77 VerfRF) ab, dass zur Zuständigkeit der Föderation der föderale Aufbau, aber zur Subjektzuständigkeit ihr eigener territorialer Aufbau gehörte.[636] Daraus kann man einerseits den Schluss ziehen, dass der föderale Aufbau nicht nur Angelegenheit der Föderation ist, aber auch dass die in Art. 71 aufgeführten Gegenstände nicht alle vollkommen der Föderation zustehen.
Weiterhin kollidiert *Umnova* zufolge die Regelung des Art.71 lit. b VerfRF (Föderationszuständigkeit für die Bestimmung territorialer und damit auch Subjektgrenzen) mit Art. 67 Abs. 3 VerfRF, wonach die Grenzen zwischen Subjekten mit ihrem gegenseitigen Einverständnis verschoben werden kön-

636 Entscheidung vom 24. Januar 1997, SZ RF 1997, Nr. 5, Art. 708.

nen.[637] Vermutlich soll der Begriff „föderaler Aufbau“ in Art. 71 lit. b VerfRF einerseits auf das dritte Kapitel der VerfRF verweisen, das den föderalen Aufbau zum Inhalt hat. Andererseits gibt es damit Überschneidungen mit Art. 66 Abs. 5 VerfRF[638], der den Subjekten garantiert, dass ihr Status nur im Einvernehmen zwischen RF und Subjekt geändert werden kann. In der Kommentarliteratur wird dazu bemerkt, dass es bei Art. 71 lit. b um den Aufbau, bei Art. 66 dagegen um den Status gehe, man beides aber nicht vermischen dürfe.[639] Eine Lösung für dieses Problem böte jedoch eine restriktive Auslegung des Art. 71 lit. b VerfRF.

Ein weiterer Streitpunkt zwischen Zentrum und Subjekten war die Frage der Staatsbürgerschaft. Diese ist als Föderationszuständigkeit in Art. 71 lit. c VerfRF geregelt. Einzelne Subjekte führten eigene Staatsbürgerschaften ein und gaben eigene Reisepässe aus, etwa Tatarstan. Die vorzunehmende enge Auslegung ergibt, dass in Art. 71 lit. c VerfRF nur die Regelung der russischen Staatsbürgerschaft gemeint sein kann. Das Recht der Teilrepubliken zur Vergabe eigener Staatsbürgerschaften ergibt sich aus dem föderalen Gesetz „Über die Staatsbürgerschaft der RF“.[640] Andererseits darf durch die Vergabe der Staatsbürgerschaft keine Ungleichbehandlung von Bürgern, die nicht der Titular“ethnie“ angehören, in einzelnen Teilrepubliken verursacht werden, da dies gegen den verfassungsrechtlichen Gleichheitsgrundsatz aus Art. 6 Abs. 2, Art. 19 Abs. 1 VerfRF verstoßen würde. Jedenfalls wäre es systematisch nicht überzeugend, wenn die Staatsbürgerschaft der Teilrepubliken von der Zuständigkeit der Föderation in Art. 71 lit. c VerfRF mit umfasst sein sollte.

Zur Sicherung der Gleichheit aller Bürger der RF auf dem gesamten Staatsgebiet wäre es sinnvoll, die Staatsbürgerschaft der Teilrepubliken als Materie der gemeinsamen Zuständigkeit zu fassen, innerhalb welcher die Föderation den Rahmen setzt, der von der Subjektgesetzgebung dann ausgefüllt wird.[641]

---

637 Umnova, I. A. (2000). Konstituticionnye osnovy sovremennogo rossijskogo federalizma. Moskva. S. 204

638 Ebenda. S. 205.

639 Lazarev, V. V. (2003). Naučno-praktičeskij kommentarij (Sistema Garant // Datenbank). Art. 71 lit. k.

640 SZ RF 1995, Nr. 7 Art. 496.

641 Umnova, I. A. (2000). Konstituticionnye osnovy sovremennogo rossijskogo federalizma. Moskva. S. 206.

Als nicht geregelt müssen die Gebiete des Wirtschaftsrechts und der Landwirtschaft gelten.[642] Der föderale einheitliche Wirtschaftsraum wird in Art. 8 VerfRF geregelt. In den Zuständigkeitskatalogen ist das Wirtschaftsrecht explizit nicht enthalten. Art. 71 Abs. 2 lit. e VerfRF hat Wirtschaftsprogramme, aber nicht das Wirtschaftsrecht zum Inhalt. Bislang existiert noch kein Wirtschaftsrechtsgesetzbuch, die einzelnen Materien sind innerhalb des Zivilrechts geregelt worden. Gleiches gilt für die Landwirtschaft.

Wie hier sichtbar wird, bedürfen verschiedene Materien der Abgrenzung. Dies ist in vielen föderalen Staaten der Fall, wo von Subjekten häufig besonders bei umstrittenen Gesetzesvorhaben der Einwand vorgebracht wird, das Gesetzesprojekt unterfalle nicht der Föderationszuständigkeit. In der RF ist allerdings nicht zu erwarten, dass die Subjekte die Verfassungswidrigkeit[643] eines solch föderalen Gesetzes angreifen würden.

5.4.2. Die ausschließliche Zuständigkeiten der Föderation

Hier werden zunächst ausgewählte Probleme der ausschließlichen Gesetzgebungszuständigkeit erörtert, bevor danach die ausschließlichen Kompetenzen der Organe vorgestellt werden.

5.4.2.1. Die ausschließliche Gesetzgebungszuständigkeit der Föderation

Die ausschließliche Gesetzgebungszuständigkeit der Föderation ist in Art. 71 i. V. m. 76 Abs. 1 VerfRF geregelt. Art. 71 VerfRF enthält einen umfassenden Katalog mit Gegenständen der ausschließlichen Gesetzgebungszuständigkeit der Föderation. *Lazarev*[644] stellt fest, dass aus der Formulierung „in der ausschließlichen Gesetzgebungszuständigkeit der Föderation befinden sich" abgeleitet werden müsse, dass der folgende Katalog der Materien abschließend sei. Eine enge Auslegung sei hier geboten.[645] In dieser Aufzählung würde die Basis des Verfassungsrechts / Staatswesens geregelt.[646]

---

642 Blankenagel, A. (2008). "Gesetzgebungskompetenzen in der Russischen Föderation - Vorlesung vom 10.06.2008." Vorlesung Föderalismus BRD - RF Letzter Zugriff 28.08.2008, from http://www2.hu-berlin.de/blankenagel/uploads/cgi-lib.30029.1.htm.

643 Nach deutschem Verständnis formelle Verfassungswidrigkeit.

644 Lazarev, V. V. (2003). Naučno-praktičeskij kommentarij (Sistema Garant // Datenbank). Art. 71.

645 Umnova, I. A. (2000). Konstituticionnye osnovy sovremennogo rossijskogo federalizma. Moskva. S. 197.

646 Lazarev, V. V. (2003). Naučno-praktičeskij kommentarij (Sistema Garant // Datenbank). Art. 71)

Von der Regelungstechnik her ist es interessant, dass es oft Doppelungen von föderalen Zuständigkeitsmaterien mit anderen Artikeln der VerfRF gibt. Ein Beispiel hierfür sind die Regelungen von Art. 71 lit. n VerfRF über die Bestimmung und den Schutz der Staatsgrenzen, des Küstenmeeres, des Luftraums, der ausschließlichen Wirtschaftszone und des Festlandsockels der RF. In Art. 67 Abs. 2 VerfRF wird die Ausübung der „souveränen Rechte und der Jurisdiktion über den Festlandsockel und die ausschließliche Wirtschaftszone der RF" festgeschrieben. Mitunter werden Normen des Art. 71 VerfRF in anderen Vorschriften der Verfassung präzisiert. So wird die Regelung des Art. 71 lit. ž VerfRF über die „Festlegung der rechtlichen Grundlagen eines einheitlichen Marktes; die Regelung des Finanz-, Währungs-, Kredit- und Zollwesens, die Geldemission, die Grundsätze der Preispolitik; die föderalen Wirtschaftsdienste einschließlich der Banken der Föderation" in Art. 75 VerfRF konkretisiert. Dort werden die Grundsätze der Währung, Abgaben und Staatsanleihen normiert.[647]

In Art. 76 Abs. 1 VerfRF ist geregelt, dass im Zuständigkeitsbereich der RF föderale Verfassungsgesetze und föderale Gesetze verabschiedet werden, die auf dem gesamten Territorium der Russischen Föderation unmittelbar gelten. Hier wird deutlich festgelegt, dass föderale Gesetze keines umsetzenden Gesetzesaktes der Subjekte mehr bedürfen, was absoluter Standard in Föderationen ist. Mit anderen Worten, in Art. 76 VerfRF werden die Formen der Ausübung der Gesetzgebungszuständigkeit definiert.

In der VerfRF finden sich auch weitere ausschließliche Zuständigkeiten in den entsprechenden Verfassungsvorschriften, etwa die föderale Zuständigkeit für die allgemeine Steuergesetzgebung in Art. 75 Abs. 3 VerfRF oder die Prinzipiengesetzgebung der Subjekte in Art. 77 Abs. 1 VerfRF.[648]

Die Literatur vertritt die Auffassung, dass die der Föderation zugewiesenen Aufgaben als ausschließliche verstanden werden müssen, was aber mehr postuliert, als begründet wird.[649] Die Rechtsprechung zielt ganz offensichtlich in dieselbe Richtung.[650] Darüber hinaus lässt sich eine Tendenz des föderalen Verfassungsgerichts feststellen, wonach der Bereich des Zivilrechts weit

---

647 Umnova, I. A. (2000). Konstituticionnye osnovy sovremennogo rossijskogo federalizma. Moskva. S. 198.

648 Ebenda.

649 Kutafin, O. E. (1997). Topornin, B. N. (Hrsg.) Konstitucija Rossijskoj Federacii – Naučno-praktičeskij Kommentarij. Moskva; Mojseenko, G. G. [Hrsg.] (2002). Kommentarij k Konstitucii Rossijskoj Federacii. Moskva. Art. 71, 457, 459.

650 VerfGRF vom 30.11.1995 VKS RF 1995 H. 6 – Art. 71 n als ausschließliche Gesetzgebung.

ausgelegt wird. Auch nicht explizit geregelte Materien werden darunter gefasst.

Gegenargument könnten höchstens die von *Umnova* angeführten Dopplungen innerhalb von Art. 71 VerfRF und Art. 72 VerfRF sein, welche es kompliziert erscheinen lassen, von einer Konzeption einer „ausschließlichen" Gesetzgebungszuständigkeit der RF auszugehen. Da *Umnova* diese Dopplungen aber im Wesentlichen auf eine mangelhafte Rechtstechnik zurückführt, kann dies nicht als substantiell intendiertes Gegenargument gelten.

In der Verfassung verstreut finden sich weitere föderale Zuständigkeiten wie diejenige staatlicher Symbole (Art. 70 VerfRF), die Einführung des Ausnahmezustands (Art. 56, 88 VerfRF) oder des Kriegszustandes in einzelnen Regionen der RF (Art. 87 VerfRF). Alle diese Materien tauchen im Katalog des Art. 71 VerfRF nicht auf.[651] Dies ist jedoch nicht ungewöhnlich. Auch im Grundgesetz finden sich solche Regelungen, etwa Art. 21 Abs. 3 GG und Art. 38 Abs. 3 GG, in denen bestimmt wird, dass Bundesgesetze die jeweilige Materie (Parteienrecht bzw. Parteiengesetz) und (Abgeordnetenrecht bzw. Abgeordnetengesetz).

Insgesamt kann festgestellt werden, dass die Regelung der ausschließlichen Gesetzgebungszuständigkeit in der VerfRF dem internationalen Standard entspricht.

5.4.2.2. Die ausschließliche Kompetenz der Föderationsorgane

In Art. 77 Abs. 2 VerfRF wird das Prinzip der Einheitsverwaltung für den Bereich der ausschließlichen Föderationszuständigkeit (Art. 71 VerfRF) und die gemeinsame Zuständigkeit von RF und Subjekten (Art. 72 VerfRF) konstituiert. Die Kompetenzen der einzelnen föderalen Organe (Präsident, Regierung) zum Erlass von Exekutivakten ergeben sich aus dem jeweiligen föderalen Gesetz.

Mitunter wird Subjektorganen in föderalen Gesetzen die Kompetenz zur Regulierung verliehen, was darauf beruht, dass Art. 77 Abs. 2 VerfRF neben der Verwaltung von Gegenständen der ausschließlichen Föderationszuständigkeit auch diejenige von Gegenständen der gemeinsamen Gesetzgebungszuständigkeit nach Art. 72 i. V. m. Art. 76 Abs. 2 VerfRF erfasst. Beispiele dafür sind Art. 3 des (föderalen) Gesetzes „Über die Postverbindungen" – die Postverbindungen gehören nach Art. 71 lit. i VerfRF zur ausschließlichen föderalen Zuständigkeit. Das gleiche gilt für Art. 2 des föde-

ralen Gesetzes „Über den Strahlenschutz der Bevölkerung“, der neben föderalen Gesetzen auch Rechtakte der Subjekte erwähnt, obgleich auch der Strahlenschutz in Art. 71 Abs. 1 lit. i VerfRF geregelt ist. Diese Praxis deutet zum einen darauf hin, dass die Verfassungsregeln nicht praxisgerecht sind, weil eben eine Regelung auf regionaler Ebene erforderlich erscheint und regionale Vollzugsakte föderalen Normen nicht genügen.
Umnova bemerkt, dass die Probleme häufig an Schnittstellen der drei Zuständigkeitsgebiete auftreten. Mitunter gäbe es komplexe Materien, die in allen drei Gesetzgebungszuständigkeiten angesiedelt seien, beispielsweise das schon benannte Postwesen. Konsequenterweise leitet sie daraus das Erfordernis einer Verfassungsänderung von Art. 76 VerfRF oder einer klarstellenden Rechtsprechung von Art. 76 VerfRF durch das VerfGRF ab.[652] Auch hier zeigt sich die fehlende Regelung in der VerfRF, die möglicherweise aus dem System der Einheitsverwaltung herrührt. Dass gleichfalls bei der gemeinsamen Zuständigkeit nicht alle Konflikte in der Verfassung geregelt wurden, zeigt der nachfolgende Abschnitt.

5.4.3. Die gemeinsame Zuständigkeit

In den folgenden Abschnitten wird es – der vorliegenden Unterteilung folgend – um die gemeinsame Gesetzgebungszuständigkeit von Föderation und Subjekten und danach um gemeinsame Kompetenzen föderaler und Subjektorgane gehen.

5.4.3.1. Die gemeinsame Gesetzgebungszuständigkeit

Zur Regelung der gemeinsamen Gesetzgebungszuständigkeit werden weltweit im Wesentlichen zwei Varianten gepflegt. Die erste – auch im Grundgesetz verwendete – ist diejenige von Gegenständen der konkurrierenden Gesetzgebungszuständigkeit. Die zweite Möglichkeit ist die der Regelung der ausschließlichen Zuständigkeit der Föderation, der gemeinsamen Gesetzgebungszuständigkeit und der ausschließlichen Gesetzgebungszuständigkeit der Subjekte. In der RF entschied man sich, Neuland zu betreten, indem die gemeinsame Gesetzgebungszuständigkeit nicht als konkurrierende ausgestaltet wurde und dennoch auf die Erstellung eines Katalogs der ausschließlichen Gesetzgebungszuständigkeit der Subjekte verzichtet wurde. *Umnova* kritisiert dies als offensichtliche Unfähigkeit des Verfassungsgebers, die

---

651 Umnova, I. A. (2000). Konstituticionnye osnovy sovremennogo rossijskogo federalizma. Moskva. S. 207.
652 Ebenda. S. 219.

Macht zwischen Zentrale und Regionen aufzuteilen.[653] Es habe sich um einen vorübergehenden Kompromiss zwischen den föderalen und Subjektmächten gehandelt, die sich nicht auf dauerhafte Lösung einigen konnten.[654] Mit der Verfassung wurden die ‚gefrorenen Konfliktlinien' zwischen Föderationspräsident und Subjekten der Jahre 1990 – 1993 konserviert. *Umnova* konstatiert zu Recht, dass man in Verfassungen keine Übergangslösungen aufnehmen dürfe.[655] Zu den besonderen Mängeln gehöre die Dopplung von Materien in der ausschließlichen Gesetzgebungszuständigkeit der RF mit der gemeinsamen Gesetzgebungszuständigkeit.[656] Dies werde durch die Widersprüchlichkeit der verfassungsrechtlichen Abgrenzungsregelungen noch verschärft.[657]

Art. 76 Abs. 2 VerfRF sieht darüber hinaus vor, dass im gemeinsamen Zuständigkeitsbereich der RF und der Subjekte föderale Gesetze erlassen sowie in Einklang mit diesen verabschiedete Gesetze und andere normative Rechtsakte der Subjekte der Russischen Föderation erlassen werden. Das kann als „gemeinsame Doppelkompetenz von Föderation und Subjekten"[658] interpretiert werden.

Die gemeinsame Gesetzgebungszuständigkeit ist wegen der bereits geschilderten Überschneidungen ein besonders interessantes Feld des russischen Verfassungsrechts. Die VerfRF legte in Art. 5 Abs. 4 die Gleichheit der Subjekte gegenüber der Moskauer Zentrale und gleiche Gegenstände der gemeinsamen Gesetzgebungszuständigkeit in Art. 72 VerfRF fest. Gleichermaßen gab es nur einen Kompetenzbereich für die Normsetzungsbefugnis der Subjekte in Art. 76 Abs. 2 und 5 VerfRF. Dadurch wurden schon auf verfassungstheoretischer Ebene die Unterschiede zwischen den Subjekten vergrößert.[659]

---

653 Ebenda. S. 199.

654 Šachraj, S. (1995). "Aktual'nye problemy rossijskogo federalizma." Vlast' (8). S. 8.

655 Umnova, I. A. (2000). Konstituticionnye osnovy sovremennogo rossijskogo federalizma. Moskva. S. 199.

656 Šachraj, S. (1995). "Aktual'nye problemy rossijskogo federalizma." Vlast' (8). S. 8.

657 Umnova, I. A. (2000). Konstituticionnye osnovy sovremennogo rossijskogo federalizma. Moskva. S. 202.

658 Blankenagel, A. (2008). "Gesetzgebungskompetenzen in der Russischen Föderation - Vorlesung vom 10.06.2008." Vorlesung Föderalismus BRD - RF Letzter Zugriff 28.08.2008, from http://www2.hu-berlin.de/blankenagel/uploads/cgi-lib.30029.1.htm.

659 Čursina, E. V. (2005). Razgraničenie polnomočij meždu organami gosudarstvennoj vlasti Rossijskoj Federacii i ee sub'ektov po predmetam sovmestnogo vedenija: Konstitucionno-pravovoe issledovanie. Stavropol. S. 76.

Gäßner legt die Bestimmung des Art. 72 VerfRF dahingehend aus, dass im Bereich der gemeinsamen Gesetzgebungskompetenz die Föderation tätig werden könne, ohne dass die Notwendigkeit einer gesamtföderalen Regelung vorliegen müsse. Damit werde die Ausübung der föderalen Regelungskompetenz nicht gehemmt, was auf Kosten der verbleibenden Regelungskompetenz der Subjekte geschähe. Wenn die Föderation schon tätig geworden sei, dürften die Subjekte gemäß Art. 76 Abs. 2 und 3 VerfRF weitere Rechtsakte zur Konkretisierung und unter Beachtung der territorialen Besonderheiten erlassen, die jedoch der Föderationsgesetzgebung nicht zu widersprechen hätten. Föderations- und Subjektgesetzgeber müssten sich im Rahmen der föderalen Verfassung bewegen, könnten aber nebeneinander zur Regelung derselben Sachmaterie tätig werden.[660]

Das könne angesichts der 89 (jetzt: 83) Subjekte zu einer Normenflut und zu sehr unterschiedlichen Regelungen führen. Deshalb sei dieses Modell nicht mit der deutschen konkurrierenden Gesetzgebungskompetenz vergleichbar, sondern eher mit der deutschen Rahmengesetzgebungskompetenz.

> „Regelmäßig erlässt die Föderation grundlegende Gesetze, die durch die Subjekte unter Berücksichtigung der örtlichen Besonderheiten konkretisiert werden sollen. Diese Konkretisierungsgesetze dürfen gemäß Art. 76 Abs. 3 VerfRF den föderalgesetzlichen Rahmenvorgaben nicht widersprechen."[661]

Umnova weist darauf hin, dass der Katalog des Art. 72 VerfRF eng auszulegen sei.[662] Eine weite Auslegung sei nur in Form einer Verfassungsänderung möglich.[663] Die Art und Weise der Auslegung an eine Verfassungsänderung zu knüpfen, ist systematisch fragwürdig, da die Auslegung von Verfassungsnormen immer ohne Verfassungsänderung erfolgen kann. Praktisch ist eine enge Auslegung vorzuziehen, weil sonst für die Subjekte kaum noch eigene, ausschließliche Regelungsfelder bleiben.

Relativ lange unklar war die Frage, wie das Verhältnis von föderalen Gesetzen innerhalb der gemeinsamen Gesetzgebungszuständigkeit zu föderalen Verträgen sein solle.

---

660 Gäßner, B. (2004). Zur Verfassungsgerichtsbarkeit in den Subjekten der Russischen Föderation unter besonderer Berücksichtigung der Normenhierarchie. Berlin. S. 17.

661 Ebenda. S. 18.

662 Umnova, I. A. (2000). Konstituticionnye osnovy sovremennogo rossijskogo federalizma. Moskva. S. 200.

663 Ebenda. S. 200.

Mit seiner Entscheidung zum Waldgesetzbuch[664] hat sich das VerfGRF damit beschäftigt. Es hatte auf Antrag der Regierung Kareliens über die Verfassungsmäßigkeit der Kompetenzen föderaler Organe zu entscheiden. Dabei ging es besonders um den im Waldgesetzbuch vorgesehenen Waldfonds. Vor allem führte die karelische Regierung den Vorrang des föderalen Vertrages bei der Abgrenzung der Beziehung zwischen den föderalen und den Subjektorganen innerhalb der gemeinsamen Gesetzgebungszuständigkeit ins Feld. Das VerfGRF urteilte in der genannten Entscheidung zu Gunsten der föderalen Zentrale: Gemäß Art. 72 und 76 VerfRF bestimme das föderale Gesetz als Rechtsakt allgemeiner Bedeutung über die Gegenstände der gemeinsamen Gesetzgebungszuständigkeit und deshalb auch über die Rechte und Pflichten der betroffenen Rechtssubjekte. Darunter fallen dann auch die Befugnisse der Staatsorgane einschließlich der Abgrenzung dieser Befugnisse innerhalb der gemeinsamen Gesetzgebungszuständigkeit nach der VerfRF.

Weiterhin war die Regelungsdichte umstritten. Im föderalen Vertrag aus dem Jahr 1992 war davon die Rede, dass nur die Grundlagen (*osnovy*) innerhalb der gemeinsamen Gesetzgebungszuständigkeit vom föderalen Gesetzgeber geregelt werden sollten. In der VerfRF gibt es keinerlei Hinweis dazu, dass der föderale Gesetzgeber nur den Rahmen oder die Grundsätze regeln solle und die rechtliche Ausgestaltung im Weiteren den Subjekten übertragen solle.[665] Und schaut man sich Gesetze an, die laut Titel nur die allgemeinen Prinzipien zu regeln vorgeben, wie das SubjOrgG, so stellt sich heraus, dass vieles, gerade auch was wichtigste Subjekt-Angelegenheiten angeht, sehr detailreich durch föderale Gesetze geregelt wird und für die Subjekte keinerlei Raum mehr bleibt.

Allerdings bot auch die frühere Praxis der Verabschiedung von "Grundlagen" keinerlei Garantie für eine zurückhaltende Regelung. Als Beispiel führt *Umnova* die „Grundlagen der Waldgesetzgebung" vom 6. März 1993 an. Dennoch ist *Čursina* mit ihrer Forderung nach der zukünftigen Regelung von Rahmen bzw. Grundprinzipien[666] zuzustimmen. *Čursina* bezieht sich auf Art. 12 KompAbgG - das am 4. Juli 2003 außer Kraft trat-, worin geregelt war,

---

664 Entscheidung vom 9. Januar 1998. Vgl. 8.5.3. Die Entscheidung zum Waldgesetzbuch S. 357.

665 Umnova, I. A. (2000). Konstituticionnye osnovy sovremennogo rossijskogo federalizma. Moskva. S. 220.

dass die RF bei Materien der gemeinsamen Gesetzgebungszuständigkeit nur die Grundprinzipien vorschreibt. Eine solche Regelung ist sicher nicht immer möglich, weil es mitunter auch Materien geben mag, die einer durchgehenden Regelung für die gesamte Föderation bedürfen. Wo möglich, sind Regelungen zu befürworten, die nur die Grundprinzipien vorgeben und den Subjekten noch einen Raum für eine subjektspezifische Ausfüllung mit Subjektgesetzen lassen.

Wegen der in der Verfassung fehlenden Abgrenzung zwischen Rechtsetzungs- und Vollzugskompetenz von Organen beider Ebenen ist es kompliziert, die Grenzen der Rechtsetzungszuständigkeit genau zu definieren. *Umnova* entwickelt hierfür ein Modell, das beim föderalen Gesetz „Über die Bildung“[667] auch umgesetzt worden ist. Hiernach müssen drei rechtliche Erfordernisse geregelt werden:

- erstens die Abgrenzung der Organkompetenzen und Verantwortlichkeiten zwischen Föderations- und Subjektorganen;
- zweitens alles, alle Regelungen innerhalb der gemeinsamen Gesetzgebungszuständigkeit, die föderationsweit direkt auch auf dem Territorium aller Subjekte gelten sollen und
- drittens in Form einer Rahmenregelung diejenigen Materien, die von den Subjektorganen innerhalb ihrer Kompetenz subjektspezifisch geregelt werden sollen.

Dieses Modell stellt *Umnova* anhand Art. 3 des Gesetzes „Über die Bildung“ vor und empfiehlt es zur Verallgemeinerung. Ein solches Modell würde tatsächlich dem Bedürfnis nach einer föderationsweiten Regelung und subjektspezifischen Anpassungsmöglichkeiten angemessen Rechnung tragen und gleichermaßen die Organkompetenzen und die Rechtsetzungszuständigkeiten regeln. Es wäre wünschenswert, dieses Modell in die Verfassung aufzunehmen.

Wichtig wäre es ferner, in jedem föderalen Gesetz innerhalb der gemeinsamen Gesetzgebungszuständigkeit den Rahmen bzw. die gesellschaftlichen Beziehungen abzustecken, welche noch von den Subjekten geregelt werden müssen. Hier ginge es mehr um Kooperation zwischen beiden föderalen Ebenen, wobei natürlich ganz besonders darauf geachtet werden muss, dass föderale Organe in den Subjekten auch Subjektgesetze innerhalb des Rah-

---

666 Čursina, F. V. (2005). Razgraničenie polnomočij meždu organami gosudarstvennoj vlasti Rossijskoj Federacii i ee sub'ektov po predmetam sovmestnogo vedenija: Konstitucionno-pravovoe issledovanie. Stavropol. S. 149.

667 FZ vom 10. Juli 1992, Nr. 3266-I.

mens des föderalen Gesetzes ausführen. Nach *Tichomirov* besteht die Schwäche eines systematischen Zugangs darin, dass bis heute untergesetzliche Rechtsakte gegenüber gesetzlichen Regulatoren überwögen. Es fänden trotz der Regelungen in föderalen Gesetzen in der Praxis häufig Verschiebungen zu Gunsten der Exekutivspitzen, Ministerien und Behörden allgemein statt. Zudem fehlten häufig Regelungen für die horizontale und vertikale Kooperation föderaler Exekutivorgane.[668]

Die dominierende Gesetzgebungstätigkeit der Subjekte findet also innerhalb der Ausführung und Ausfüllung des Rahmens föderaler Gesetze statt.

Art. 76 Abs. 2 VerfRF lautet: „Im gemeinsamen Zuständigkeitsbereich der RF und der Subjekte der RF werden föderale Gesetze erlassen sowie in Einklang mit diesen Gesetze und andere normative Rechtsakte der Subjekte der RF verabschiedet." *Blankenagel* stellt klar, dass die Subjekte die Möglichkeit der Regelung haben, soweit föderale Gesetze nicht existieren.[669] Dagegen schloss ein Teil der russischen Literatur, dass die Subjekte Recht nur nach dem Erlass eines föderalen Gesetzes setzen könnten. Dies hätte zur absurden Situation geführt, dass die Subjekte bis zum Erlass eines föderalen Gesetzes kein Recht innerhalb der gemeinsamen Gesetzgebungszuständigkeit hätten setzen können. Sie hätten nicht einmal ihre Verfassungen oder Statute verabschieden können.[670] Zumal widersprach die Kompetenz der vorherigen Gesetzgebung der Subjekte aus dem föderalen Vertrag von 1992 der VerfRF von 1993 nicht, sondern wurde über die Übergangsbestimmungen direkt einbezogen. Bis 1999 wurden in 35 Subjekten Verfassungen bzw. Statute erlassen.[671] Zudem könnte die Föderation anderenfalls die Subjekte durch Untätigkeit von der Regelung wichtiger Materien abhalten.

Die Subjekte mussten in den Übergangszeiten anstehende Probleme regeln und konnten nicht abwarten, bis der föderale Gesetzgeber handelt. Diese

668 Tichomirov, J. A. (2006). Dinamika kompetencii sub"ektov federativnych otnošenij. Aktual'nye problemy razvitija federativnych otnošenij v Rossijskoj Federacii. Proekt "Institucional'nyj, Proekt "Institucional'nyj, pravovoj i ėkonomičeskij federalizm v Rossijskoj Federacii": 99-109. S. 100.

669 Blankenagel, A. (2008). "Gesetzgebungskompetenzen in der Russischen Föderation - Vorlesung vom 10.06.2008." Vorlesung Föderalismus BRD - RF Letzter Zugriff 28.08.2008, from http://www2.hu-berlin.de/blankenagel/uploads/cgi-lib.30029.1.htm.

670 Čursina, E. V. (2005). Razgraničenie polnomočij meždu organami gosudarstvennoj vlasti Rossijskoj Federacii i ee sub'ektov po predmetam sovmestnogo vedenija: Konstitucionno-pravovoe issledovanie. Stavropol.S. 116 m. w. N.

Praxis entspricht auch dem Grundgedanken des Subsidiaritätsprinzips: Regelung konkreter Problemkreise möglichst nah an der Basis. Allerdings ist das Subsidiaritätsprinzip kein Bestandteil des russischen Föderalismus.[672]
Das VerfGRF bestätigte diese Praxis und leitete die Gesetzgebungstätigkeit der Subjekte aus der Natur der gemeinsamen Gesetzgebungszuständigkeit ab.[673] Das Recht der vorherigen Gesetzgebung der Subjekte wurde aus dieser Rechtsprechung heraus dann in Art. 12 Abs. 2 des zwischenzeitlich außer Kraft getretenen KompAbgG[674] aufgenommen. Die herrschende Meinung ist allerdings, dass das Recht der vorherigen Gesetzgebung für die Subjekte existenziell ist.[675] Da die Föderation inzwischen im Bereich vieler Gegenstände der gemeinsamen Gesetzgebungszuständigkeit Recht gesetzt hat, und zwar so ausführlich, dass den Subjekten kaum noch Raum für eigene Regelungen bleibt, verliert dieses Problem der vorherigen Gesetzgebung der Subjekte immer mehr an Bedeutung.
Weitere Gegenargumente gegen eine strikte wörtliche Auslegung von Art. 76 VerfRF sind, dass erstens ein Verweis auf die Verfassung selbst als Rechtsquelle fehlt und dass zweitens Präsidialdekrete gleichfalls nicht genannt sind.[676] Beide Rechtsakte sind jedoch föderale Rechtsquellen. Dabei ist zu beachten, dass im Falle des Vorbehalts des Gesetzes innerhalb der gemeinsamen Gesetzgebungszuständigkeit Dekrete des Präsidenten nur bis zum Erlass eines föderalen Gesetzes gelten.[677] Abgesehen von einem Verstoß gegen das Prinzip des Vorbehalts des Gesetzes, bezeugt diese Auslegung des VerfGRF den Übergangscharakter der VerfRF und eine sehr pragmatische Herangehensweise.

---

671 Die ganze Praxis der föderalen Verträge, die ja auch in Art 11 VerfRF sanktioniert ist, konterkariert m. E. diese Form der wörtlichen Auslegung von Art. 76 Abs. 2 VerfRF.

672 4.2.4. Die Regelung in Art. 73 VerfRF – eine Art Subsidiaritätsprinzip? S. 124.

673 VerfG, Entscheidungen vom 01.02.1996 Nr. 3-P, vom 3.11.1997 Nr. 15-P, vom 9.1.1998 Nr. 1-P.

674 Gesetz vom 24. Juni 1999, Nr. 119-FZ.

675 Avtonomov, A. S. (2001). Razgraničenie predmetov vedenija meždu federaciej i ee sub"ektami. Topornin, B. N. (Hrsg.) Federalizm: teorija, instituty, otnošenija (sravnitel'no-pravovoe issledovanie). Moskva. S. 181.

676 Umnova, I. A. (2000). Konstitucionnye osnovy sovremennogo rossijskogo federalizma. Moskva. S. 212 f.

677 VerfGRF, Entscheidung vom 30.04.1996, Nr. 11-P. Zitiert nach Sistema Garant.

Unumstritten ist dagegen, dass die Subjekte nach dem Erlass eines föderalen Gesetzes ihre vorher erlassenen Gesetze anpassen müssen.[678]

Umnova bemängelt die Unvollständigkeit des Katalogs für die gemeinsame Gesetzgebungszuständigkeit. So fehle etwa die Regelung von Katastrophensituationen, die nach föderalem Gesetz der gemeinsamen Gesetzgebungszuständigkeit unterfällt.[679] Als weiteres Beispiel nennt sie soziale Fürsorge, die ihrer Natur nach eine Sache der gemeinsamen Gesetzgebungszuständigkeit sei.

Es ist bedauerlich, wenn die Frage der sozialen Sicherung nicht geregelt ist, wie *Umnova* schreibt. Fraglich ist allerdings, ob die Zuständigkeitskataloge ihrer Natur nach vollständig sein können. Es besteht die Aussicht, dass zukünftig weitere Materien hinzukommen[680]. Dann müssten die bestehenden Kataloge weiter ausgelegt werden.[681]

Der Zentralisierungskurs verläuft in den letzten Jahren in verschiedenen Formen. Erkennbar sind eine Konzentration der Gesetzgebung auf föderaler Ebene und ein Detailreichtum von Gesetzen innerhalb der gemeinsamen Gesetzgebungszuständigkeit. Dezentralisierungstendenzen sind im Sozialbereich und bei der Vergabe von Haushaltsmitteln „Von oben nach unten“ zu beobachten.[682]

Zusammenfassend ist festzuhalten, dass für einen funktionierenden Föderalismus in der RF wichtig ist, dass die Gesetzgebungsgegenstände des Art. 72 VerfRF eng ausgelegt werden und die Regelungsdichte nicht zu hoch, damit den Subjekten auch in diesem Rahmen noch Regelungsmaterien verbleiben.

Im folgenden Abschnitt werden die gemeinsamen Kompetenzen von Föderation und Subjekten behandelt.

---

678 Blankenagel, A. (2008). "Gesetzgebungskompetenzen in der Russischen Föderation - Vorlesung vom 10.06.2008." Vorlesung Föderalismus BRD - RF Letzter Zugriff 28.08.2008, from http://www2.hu-berlin.de/blankenagel/uploads/cgi-lib.30029.1.htm.

679 Umnova, I. A. (2000). Konstituticionnye osnovy sovremennogo rossijskogo federalizma. Moskva. S. 207. Art. 2 des Gesetzes "Über den Schutz der Bevölkerung und des Gebiets vor Natur- und technischen Katastrophen“ vom 21. Dezember 1994, Vedomosti Federal'nogo Sobranija Rossijskoj Federacii. 1995, Nr. 1, Art. 1.

680 Diese könnten abstrakt aus den Feldern der Bioethik stammen.

681 Bei der Bioethik würde dies der Menschenrechtsschutz sein.

682 Tichomirov, J. A. (2006). Dinamika kompetencii sub"ektov federativnych otnošenij. Aktual'nye problemy razvitija federativnych otnošenij v Rossijskoj Federacii. Proekt "Institucional'nyj, Proekt "Institucional'nyj, pravovoj i ėkonomičeskij federalizm v Rossijskoj Federacii“: 99-109. S. 105.

5.4.3.2. Gemeinsame Kompetenz

Gemäß Art. 5 Abs. 3 VerfRF ist die Kompetenzabgrenzung eines der Grundprinzipien des föderalen Aufbaus der RF. Formell müsste die Kompetenzabgrenzung zwischen den Organen der beiden Ebenen nach *Umnova* hierarchisch wie folgt ablaufen: zunächst aufgrund der Regelungen der VerfRF als Grundlage für die Regelungen der Kompetenzabgrenzungen, danach gemäß föderalen Gesetzen und solchen der Subjekte nach Art. 76 VerfRF und an letzter Stelle nach föderalen Verträgen gemäß Art. 11 VerfRF, die im Lauf des Föderalisierungsprozesses geschlossen wurden.[683]

Da das Prinzip der Einheitsverwaltung in Art. 77 Abs. 2 VerfRF sowohl die Gegenstände der ausschließlichen Föderationszuständigkeit (Art. 71 VerfRF) als auch der gemeinsamen Gesetzgebungszuständigkeit (Art. 72 VerfRF) umfasst, handeln grundsätzlich föderale Exekutivorgane. Deswegen wird im Verfassungsdokument selbst keine Kompetenzabgrenzung zwischen föderalen und Subjektorganen vorgenommen. Das ergibt sich indirekt aus Art. 66 VerfRF, der den Status der Subjekte regelt, ohne auf die Abgrenzung der Kompetenzen zwischen den einzelnen Gewalten explizit einzugehen. Ergänzt wird diese Regelung von Art. 77 Abs. 1 VerfRF, derzufolge das System der Subjektorgane von diesen in Übereinstimmung „mit den Grundlagen der Verfassungsordnung der RF und den allgemeinen Prinzipien der Organisation der Vertretungs- und Vollzugsorgane der Staatsgewalt, die durch föderales Gesetz bestimmt sind, selbständig festgelegt“ wird. Das relevante föderale SubjOrgG regelt dann tiefgreifend den Aufbau und die Kompetenzen der Subjektorgane.

Die Praxis der Reformen nach *Putins* Machtantritt 2000 ging jedoch eher in Richtung Zentralisierung von Vollmachten, nach dem eine Konzentration auf der föderalen Ebene vorgenommen wurde. Dies beinhaltet auch einen Ausschluss der Subjekte von der Regelung einer ganzen Reihe gesellschaftlicher Beziehungen, die in der VerfRF der gemeinsamen Gesetzgebungszuständigkeit unterfallen. Diese Tendenz schlägt sich auch im SubjOrgG nieder. Damit wird gleichzeitig eine neue Zuordnung der gemeinsamen Gesetzgebungsgegenstände durchgeführt.[684]

---

683 Umnova, I. A. (2000). Konstituticionnye osnovy sovremennogo rossijskogo federalizma. Moskva. S. 183.

684 Čursina, E. V. (2005). Razgraničenie polnomočij meždu organami gosudarstvennoj vlasti Rossijskoj Federacii i ee sub'ektov po predmetam sovmestnogo vedenija: Konstitucionno-pravovoe issledovanie. Stavropol.S. 100.

In der Praxis bedeutet das Prinzip der Einheitsverwaltung eine Weisungsbefugnis der föderalen Organe gegenüber den Subjektorganen. Allerdings brauchen die föderalen Exekutivorgane nicht zwangsläufig auf die Subjektorgane zurückzugreifen. „Denn gemäß Art. 78 Abs. 1 VerfRF haben sie die Möglichkeit, zur Ausübung ihrer Kompetenzen ihre eigenen Verwaltungsstrukturen vor Ort aufzubauen." Die Subjekte haben kein Mitspracherecht bei der „Ernennung von föderalen Beamten".[685] Das VerfGRF hat hierzu eine Prärogative der Föderation aus Art. 78 Abs. 1 VerfRF festgestellt.[686] Interessant ist dabei, dass föderale Organe, nämlich die regionalen Dienststellen föderaler Organe, auf Grund des Prinzips der Einheitsverwaltung in Art. 77 Abs. 2 VerfRF verpflichtet sind, Subjektrecht auszuführen.

Die tatsächlichen Kompetenzen des Präsidenten, der Regierung der RF und anderer föderaler Organe, innerhalb der gemeinsamen (und natürlich selbstverständlich innerhalb der föderalen Gesetzgebungszuständigkeit) Exekutivakte zu erlassen, sind in den jeweiligen föderalen Gesetzen enthalten.[687] Diese interessante Regelungstechnik verweist darauf, dass wichtige Normen in unterverfassungsrechtlichem Recht geregelt werden. Alle sonstigen Abgrenzungen der Kompetenzen von föderalen und Subjektorganen wurden bis zum Jahr 2003 im KompAbgG und seitdem im SubjOrgG vorgenommen, die im Abschnitt 5.6.[688] über das KompAbgG und das SubjOrgG näher behandelt werden. Dabei ist auffällig, dass den Subjektorganen in Art. 26.3. SubjOrgG indirekt eine alleinige Kompetenz bei der Ausübung der gemeinsamen Gesetzgebungszuständigkeit eingeräumt wird. Art. 26.3 SubjOrgG behandelt die finanzielle Ausstattung der Subjektorgane bei der Ausübung von Gegenständen der gemeinsamen Gesetzgebungszuständigkeit der RF und der Subjekte. Art. 26.3 Abs. 2 SubjOrgG enthält einen Katalog dieser Gegenstände der gemeinsamen Gesetzgebungszuständigkeit, für welchen die Subjektorgane vom föderalen Zentrum finanziell ausgestattet werden müssen.

---

685 Hartwig, M. (2004). Die Kompetenzverteilung zwischen der Russländischen Föderation und ihren Subjekten nach der Föderalen Verfassung. Brunner, G. (Hrsg.) Der russische Föderalismus. Bilanz eines Jahrzehnts. Münster: S. 43-59. S. 52.

686 VerfGRF, Entscheidung vom 1.2.1996, VKS 1996, H. 1, S. 34, 39; Entscheidung vom 7.6.2000, VKS 2000, H. 5, S. 2. Hartwig, M. (2004). Die Kompetenzverteilung zwischen der Russländischen Föderation und ihren Subjekten nach der Föderalen Verfassung. Brunner, G. (Hrsg.) Der russische Föderalismus. Bilanz eines Jahrzehnts. Münster: S. 43-59. S. 52.

687 Umnova, I. A. (2000). Konstituticionnye osnovy sovremennogo rossijskogo federalizma. Moskva. S. 215.

688 Vgl. 5.6. Das Kompetenzabgrenzungsgesetz und das Subjektorganisationsgesetz S. 246.

Dagegen stellen die in Art. 26.3, Abs. 2, Nr. 1, 4, 11, 12, 26, 34, 35, 36, 37, 38 SubjOrgG[689] geregelten Gegenstände keine gemeinsamen Kompetenzen dar.[690] Meistens handelt es sich um Gegenstände aus dem Bereich der Subjekte oder von Kommunen. Hier werden im SubjOrgG den Subjekten Mittel für Aufgaben zugestanden, die ihre originären Aufgaben sind. Das ist an sich unbedenklich, doch regelungstechnisch nicht zufriedenstellend gelöst, wenn man dies unter „Gegenstände der gemeinsamen Gesetzgebungszuständigkeiten" fasst. Bedenklich wird es, wenn das VerfGRF der Ansicht ist, dass das Unterverfassungsrecht die Verfassungsauslegung prägen soll, wie im „Gouverneurs-Urteil"[691] geschehen. Diese Materien sind in Art. 72 VerfRF nicht vorgesehen.[692]

Blankenagel fasst außerdem folgende gemeinsame Kompetenzen in Art. 26.3 Abs. 2 Nr. 2, 3, 9, 13, 19, 20, 29, 33, 42, 46, 48, 49 SubjOrgG[693] als zu weit

---

689 Art. 26.3 Abs. 2 Nr. 1 SubjOrgG behandelt die Entlohnung der Angestellten der Subjektbehörden; Art. 26.3 Abs. 2 Nr. 4 SubjOrgG behandelt die Einrichtung und Nutzung der Finanzreserven der Subjekte für unvorhersehbare Ausgaben, Art. 26.3 Abs. 2 Nr. 11 SubjOrgG den Bau von zwischenstädtischen Straßen; Art. 26.3 Abs. 2 Nr. 12 SubjOrgG den regionalen öffentlichen Personenverkehr, Art. 26.3 Abs. 2 Nr. 26 SubjOrgG staatliche Wohnungen für Beamte und öffentliche Angestellte der Subjektbehörden, Art. 26.3 Abs. 2 Nr. 34 SubjOrgG die Einziehung von Schuldsummen sowie die Bedienung von Krediten der Subjekte; Art. 26.3 Abs. 2 Nr. 35 SubjOrgG, die Verleihung des Stadtrechts, Art. 26.3 Abs. 2 Nr. 36 SubjOrgG die Bestimmung von Ortsgrenzen, Art. 26.3 Abs. 2 Nr. 37 SubjOrgG die Angleichung der kommunalen Haushalte in der gesetzlichen Form; Art. 26.3 Abs. 2 Nr. 38 SubjOrgG die Bereitstellung von Druckerzeugnissen für die Bekanntmachung von Rechtsakten der Subjekte.

690 Blankenagel, A. (2008). "Gesetzgebungskompetenzen in der Russischen Föderation - Vorlesung vom 10.06.2008." Vorlesung Föderalismus BRD - RF Letzter Zugriff 28.08.2008, from http://www2.hu-berlin.de/blankenagel/uploads/cgi-lib.30029.1.htm.

691 Vgl. 8.5.9. Die Gouverneursentscheidung S. 373.

692 Dann wäre es besser gewesen, den Fonds für die finanzielle Unterstützung der Subjekte stillschweigend besser und auch für diese Aufgaben auszustatten, als eine solche Regelung vorzusehen.

693 Art. 26.3 Abs. 2 Nr. 2 SubjOrgG behandelt die technischen Mittel für die Durchführung von Wahlen zu den Subjektorganen und Subjektreferenda. Art. 26.3 Abs. 2 Nr. 3 SubjOrgG Mittel für Archive in den Subjekten; Art. 26.3 Abs. 2 Nr. 9 SubjOrgG Mittel zur Unterstützung der Agrarproduktion; Art. 26.3 Abs. 2 Nr. 13 SubjOrgG Mittel für die Vorschul-, und Schulbildung, vor allem für die Kommunen; Art. 26.3 Abs. 2 Nr. 19 SubjOrgG staatlicher Künstlerförderungsprogramme (außer der Regierungsprogramme); Art. 26.3 Abs. 2 Nr. 20 SubjOrgG Unterstützung regionaler und lokaler nationaler Kultureinrichtungen und Autonmien, Art. 26.3 Abs. 2 Nr. 29 SubjOrgG die Organisation interkommunaler Investitionsprojekte; Art. 26.3 Abs. 2 Nr. 33 SubjOrgG Aufstellung und Änderung regionaler Steuern und Abgaben laut SteuerGB; Art. 26.3 Abs. 2 Nr. 42 SubjOrgG regionale Raumordnungs- und Städtebauplanung

ausgelegt. Dabei unterfallen die Wahlen nach Art. 26.3 Abs. 2 Nr. 2 SubjOrgG weitestgehend der Festlegung allgemeiner Organisationsprinzipien für das System der Organe der Staatsgewalt nach Art. 72 Abs. 1 lit. n VerfRF; die Finanzierung von Archiven nach Art. 26.3 Abs. 2 Nr. 3 SubjOrgG der Kultur in Art. 72 Abs. 2 lit. e VerfRF. Insgesamt sind die Gegenstände der Zuständigkeiten hier ungenau formuliert, wie *Blankenagel* nachweist.

Als Beispiel mag das föderale Gesetz „Über das Archivwesen“[694] dienen. Das Gesetz sieht in Art. 2 Abs. 1 vor, dass die Gesetzgebung föderale Akte und Gesetze der Subjekte umfasst, die dem föderalen Gesetz nicht widersprechen dürfen. Wenn das Subjekt sein eigenes Archivwesen in Übereinstimmung mit Art. 72 Abs. 2 lit. e VerfRF und dem föderalen Archivgesetz regelt, so ist unklar, warum die Finanzierung der Subjektarchive eine föderale Materie darstellen soll. Es wäre besser, in Art. 26.3 Abs. 2 Nr. 3 SubjOrgG klarzustellen, dass es sich um föderale Archive auf dem Subjektgebiet handelt. Bei den genannten unpräzisen Vorschriften wurden Zuständigkeitstitel aus dem Katalog des Art. 72 Abs. 2 VerfRF genommen, dann aber übersehen, dass es gerade aufgrund der gemeinsamen Zuständigkeit auch Subjektorgane oder -aufgaben gibt, deren Finanzierung allein den Subjekten obliegt.[695]

Hier wäre eine Anpassung der VerfRF wünschenswert, die Nr. 2 PrFöd wieder zur Geltung verhülfe. Der Streit um eine ausschließliche oder lediglich „Restzuständigkeit“ der Subjekte nach Art. 73 VerfRF wird im nächsten Abschnitt behandelt.

5.4.4. Die ausschließliche Zuständigkeit der Subjekte

In diesem Abschnitt wird untersucht, ob den Subjekten eine ausschließliche oder lediglich eine Restgesetzgebungszuständigkeit zusteht und über welche ausschließlichen Kompetenzen die Subjektorgane ggf. verfügen. Im Ergebnis wird eine ausschließliche Gesetzgebungszuständigkeit der Subjekte angenommen.

---

nach dem Städtebaugesetzbuch; Art. 26.3 Abs. 2 Nr. 46 SubjOrgG Entwicklung von Einrich-tungen der Gesundheitsfürsorge und von Kurorten; Art. 26.3 Abs. 2 Nr. 48 SubjOrgG Entwicklung des Zivildienstes; Art. 26.3 Abs. 2 Nr. 49 SubjOrgG regionale Tierseuchenbekämpfung.

694 Gesetz vom 22. Oktober 2004 Nr. 125-FZ.

695 Zu weiteren Problematiken von Art. 26.3 SubjO vgl. Abschnitt 5.6.2.3. Grundlagen der föderalen Finanzbeziehungen innerhalb der gemeinsamen Gesetzgebungszuständigkeit (Art. 26.2 , 26.3. 26.3-1 und 26.3-2 SubjOrgG). S. 251 ff.

5.4.4.1. Die ausschließliche Gesetzgebungszuständigkeit der Subjekte

In der Literatur ist umstritten, ob Art. 73, 76 Abs. 4 VerfRF als eine ausschließliche Gesetzgebungszuständigkeit der Subjekte verstanden werden kann. Denn die verfassungsrechtlich, nämlich in Art. 73 VerfRF aufgestellte Regel der Subjektzuständigkeit macht nur Sinn, wenn die in der Verfassung nicht ausdrücklich anderweitig zugeordneten Kompetenzen allein von den Gliedern der Föderation wahrgenommen werden können.

Neben der bereits erörterten problematischen Selbstzuschreibung von gemeinsamen Zuständigkeiten in Zuständigkeitskataloge von Grundlagendokumenten der Subjekte bleibt die Frage, was die Subjekte angesichts der unklaren Regelung von ausschließlichen Gegenständen der Subjektzuständigkeit noch regeln können.

Umnova vertritt die Ansicht, dass alles, was nicht der ausschließlichen Gesetzgebungszuständigkeit der RF und der gemeinsamen Gesetzgebungszuständigkeit zugehöre, Gesetzgebungsmaterie der Subjekte sei.[696] Das entspricht der international üblichen Regelungstechnik. Indem Art. 73 VerfRF den Subjekten all dasjenige zuordne, was nicht der ausschließlichen Gesetzgebungszuständigkeit und der gemeinsamen Gesetzgebungszuständigkeit unterfalle, bliebe für die Subjekte noch ein weites Feld übrig.[697] Das allein sei schon als Anzeichen einer Dezentralisierung und des demokratischen Fortschritts zu werten.[698]

Umnova nimmt hier eine Aufteilung nach gesellschaftlichen Sphären vor: Zunächst einmal müsse es immer um die Regelung innerer Aufgaben der Subjekte gehen, die auch mit eigenen Mitteln finanziert werden. Im Bereich des Staatsaufbaus könne es dabei um die Schaffung von Subjektorganen und den territorialen Aufbau des Subjekts gehen, gleichermaßen um die Festlegung des Referendums und anderer Formen direkter Demokratie auf Subjektebene. Im Wirtschaftsbereich könne das Subjekt Haushaltsfragen, Fragen des Eigentums und der regionalen sozialen Infrastruktur regeln. Auf dem Gebiet der Kultur gesteht *Umnova* den Subjekten noch die Kulturförderung zu.[699] Dem entspricht auch, dass das Wirtschaftsrecht in keinem der Zuständigkeitskataloge geregelt ist. Allerdings macht hier eine Rechtszersplitterung keinen Sinn und widerspricht auch dem Verfassungsprinzip des einheitlichen

---

696 Umnova, I. A. (2000). Konstituticionnye osnovy sovremennogo rossijskogo federalizma. Moskva. S. 201.

697 Ebenda. S. 201.

698 Ebenda. S. 202.

699 Ebenda. S. 180.

Wirtschaftsraums nach Art. 8 VerfRF. Der Staatsaufbau der Subjekte wird ihnen durch das SubjOrgG in tiefgreifender Weise vorgegeben.[700] Insofern sind genuine Entscheidungen über den Staatsaufbau der Subjekte von der Föderation bereits getroffen worden. Zwar beschränkt dies die den Subjekten ausschließlich zustehende Sphäre erheblich, ist aber in Art. 77 Abs. 1 VerfRF („durch föderales Gesetz") so vorgeschrieben, wenn auch in der Praxis zu weitgehend.[701]

Blankenagel spricht sich für eine ausschließliche Zuständigkeit der Subjekte nach Art. 73 VerfRF aus.[702] Dabei fallen unter Art. 73 VerfRF alle Gegenstände, die nicht in Art. 71 und 72 VerfRF aufgeführt sind. Für die Bestimmung der Gesetzgebungszuständigkeit muss Art. 76 VerfRF herangezogen werden. Dabei erweist sich als problematisch, dass bereits dieselben Bestimmungen teilweise dieselben Angelegenheiten mit leicht variierenden Formulierungen regeln.

Blankenagel unternimmt die Suche nach Begrenzungsmöglichkeiten der föderalen und gemeinsamen Zuständigkeiten, um möglichst viel für die ausschließliche Zuständigkeit der Subjekte zu „retten". Als eine immanente Grenze für die föderale Zuständigkeit identifiziert er die Regelung „allgemeiner Prinzipien", z. B. in Art. 71 Abs. 1 lit. e oder lit. i VerfRF oder Art. 71 lit. ž VerfRF: Jenseits der Regelung allgemeiner Prinzipien beginne die Regelungsbefugnis der Subjekte innerhalb von Art. 73 VerfRF.[703] „Allgemeine Prinzipien" definiert er angesichts fehlender Rechtsprechung erstens als nicht unmittelbar gegenüber den Bürgern geltend und zweitens als den Subjekten eine Restsphäre zur Regelung überlassend.[704] Eine weitere Begrenzung macht *Blankenagel* im Begriff der „föderalen Gesetzgebung" in Art. 71 und 72 VerfRF aus. Daraus leitet er ab, dass zumindest die Ausführungsbestimmungen Angelegenheit der Subjekte seien.[705]

---

700 Dies allerdings erst in der Fassung von 2003, die deutlich nach dem Erscheinen von Umnovas Text in Kraft trat.

701 Aufgrund des Prinzips der Einheitsverwaltung und der Schwäche der Subjekte bei der Rechtsetzung auf föderaler Ebene bleiben den Subjekten nur wenige Kompetenzen.

702 Blankenagel, A. (2007). "V poiskach isčesnuvšich isključitel'nych polnomočij sub"ektov Rossijskoj Federacii." Sravnitel'ne konsititucionnoe obozrenie 58 (1): 152 - 162.

703 Ebenda. S. 155.

704 Ebenda. S. 155.

705 Ebenda. S. 156. Nach der hier vertretenen Auffassung ist problematisch, dass *Blankenagel* in diesem Zusammenhang von Gesetzen der Exekutive spricht. Hier

Blankenagel benennt folgende ausschließliche Zuständigkeiten der Subjekte:

- Fragen der Staatlichkeit der Subjekte,
- Haushalt und Finanzen,
- Wahlen und Referenda,
- Gehalt der Subjektangestellten,
- Nutzung des Subjekteigentums,
- Entwicklung der historischen und zeitgenössischen Kultur und des Sports sowie
- im weitesten Sinne auch des Archivwesens und der Statistik.[706]

Zudem leitet er aus einem „Recht der Subjekte auf Selbstorganisation" in Verbindung mit der „subsidiären" Zuständigkeit die Subjektzuständigkeit aus Art. 73 VerfRF ab.[707]
Allgemein wird Art. 76 Abs.1 und 2 VerfRF dahingehend ausgelegt, dass föderale Gesetze auf dem gesamten Territorium der RF unmittelbar gälten. Innerhalb der gemeinsamen Gesetzgebungszuständigkeit könnten föderale Gesetze sowie Subjektgesetze und andere Rechtsakte erlassen werden, die föderalen Gesetzen entsprechen. Daraus könne man ableiten, dass föderale Gesetze innerhalb der gemeinsamen Gesetzgebungszuständigkeit nicht unmittelbar gälten.[708] Dies leitet er in einem Umkehrschluss aus Art. 76 Abs. 2 VerfRF ab, in dem die direkte Geltung von Subjektgesetzen auf dem gesamten Territorium fehlt. Als eine Interpretationsmöglichkeit der Vorschrift diskutiert *Blankenagel*, die RF könne nur Gesetze innerhalb der gemeinsamen Gesetzgebungszuständigkeit erlassen, untergesetzliches Recht sei Sache der Subjekte.[709] Dem ist zu folgen, weil auch der Unterschied zwischen Abs. 1 und 2 des Art. 76 VerfRF auf einem redaktionellen Versehen beruhen kann. Grundsätzlich sollen die Subjekte im Rahmen der gemeinsamen Gesetzgebungszuständigkeit nur Ausführungsbestimmungen erlassen,

wäre die Bezeichnung „Rechtsakte" oder „normative Akte" weniger missverständlich.

706 Ebenda. S. 157.

707 Ebenda. S. 157. Als Beispiele bringt er die Müllentsorgung, die Gesetzgebung über Druckerzeugnisse, Feuerwehr oder nichtanwaltliche Rechtsberatung. Die Verfasserin bezweifelt, dass die russische Lehre diesem Recht der Subjekte auf Selbstorganisation zustimmen würde. Gerade die sehr ausführlichen Regelungen des SubjOrgG, die *Blankenagel* auch kritisiert, lassen daran zweifeln, dass es ein solches Recht gibt. Ihm zufolge wäre das SubjOrgG im deutschen Verständnis formell verfassungswidrig.

708 Stellvertretend *Blankenagel*, Ebenda. S. 157.

709 Ebenda. S. 158.

wenn ein föderales Gesetz bereits das Wesentliche geregelt hat. *Blankenagel* stellt die folgende Grundregel auf: Der föderale Gesetzgeber regelt das Wesentliche, um die Rechtseinheit zu gewährleisten. Deshalb ist der Subjektgesetzgeber insoweit auf die Funktion des „wiederholenden Gesetzgebers" reduziert. Dies geht aber nicht soweit, wie zu den Zeiten, in denen die UdSSR die Grundlagen regelte, die dann von den SSR kopiert wurden.[710] Eine Begrenzung des föderalen Gesetzgebers beim Erlass von Gesetzen, die er für wesentlich oder notwendig hält, fehlt in Art. 76 Abs. 2 VerfRF.

Eine Beschränkung der ausschließlichen Gesetzgebungszuständigkeit der Subjekte erkennt *Blankenagel* in den Regelungen der Art. 26.2 und 26.3 SubjOrgG. Denn durch die dort aufgestellten Finanzierungsregeln für Subjektgesetze innerhalb der gemeinsamen Gesetzgebungszuständigkeit wird die Möglichkeit der Subjekte, Gesetze zu erlassen, faktisch begrenzt. Darüber hinaus wird der Katalog der Gegenstände der gemeinsamen Gesetzgebungszuständigkeit in Art. 26.3 Abs. 2 SubjOrgG neu definiert und erweitert.[711] Dies funktioniert nur, wenn man sich dem VerfGRF in seiner Gouverneurs-Entscheidung anschließt und die Verfassung aus unterverfassungsrechtlichem Gesetzesrecht auslegt.

Zu Recht kritisiert *Blankenagel*, dass Art. 26.2 und 26.3 SubjOrgG eine Art ungeschriebene Voraussetzung der Gesetzesermächtigung des föderalen Gesetzgebers für die Gesetzgebungstätigkeit der Subjekte in föderalen Gesetzen vorsieht. Ihm ist auch deshalb beizupflichten, weil eine solche einfachgesetzliche Regel nicht dazu dienen kann, die verfassungsrechtliche Regelung und den vom VerfGRF in der Waldgesetzbuch-Entscheidung aufgestellten Grundsatz, dass die Subjekte im Rahmen der gemeinsamen Gesetzgebungszuständigkeit Recht setzen dürfen, solange es der föderale Gesetzgeber noch nicht getan hat, widerspricht. *Blankenagel* kommt zu dem Schluss, dass die verbleibenden ausschließlichen Zuständigkeiten der Subjekte von der RF ignoriert und vom VerfGRF nicht ausreichend geschützt werden.[712] Dies erscheint im Licht der Recherchen zutreffend, und das SubjOrgG ist ein Paradebeispiel dafür, dass nicht nur die allgemeinen Prinzipien des Staatsaufbaus der Subjekte geregelt werden, sondern sehr detaillierte Regelungen getroffen und vom VerfGRF abgesegnet werden.

5.4.4.2. Die ausschließliche Kompetenz der Subjektorgane

710 Ebenda. S. 158.
711 Ebenda. S. 159.

Aus Art. 77 Abs. 1 VerfRF und zuvor dem Grundlagengesetz geht jedenfalls hervor, dass es eigene Subjektorgane geben soll. Sie müssen von den Subjekten nur im Einklang mit der verfassungsrechtlichen Ordnung geschaffen werden. Theoretisch hätten die Subjekte nun vollkommen verschiedenartige Verwaltungen aufbauen können. Gleichzeitig stellt Art. 77 Abs. 2 VerfRF klar, dass es eine Vorherrschaft der föderalen Organe innerhalb der Einheitsverwaltung gibt. *Hartwig* kommentiert dies wie folgt: Es bestehe ein einheitliches System der exekutiven Gewalt auf föderaler wie auf Subjektebene im Bereich der föderalen wie der gemeinsamen Zuständigkeit. Die Exekutivorgane der Subjekte unterlägen in den genannten Kompetenzbereichen den Weisungen durch die übergeordneten föderalen Organe. Die Organe blieben solche der jeweiligen Territorialeinheit, könnten aber keine autonomen Entscheidungen treffen.[713]

Insgesamt lässt sich festhalten, dass auf föderaler Ebene kaum ausschließliche Kompetenzen von Subjektorganen geregelt werden.

5.5. Föderale Verträge als zweite Quelle für Zuständigkeiten und Kompetenzen

Der folgende Abschnitt ist der Praxis der föderalen Verträge gewidmet. Als Mittel zur Befriedung des Strebens nach Unabhängigkeit bzw. Autonomie gedacht, sind bis auf den 2007 mit Tatarstan geschlossen Nachfolgevertrag alle Verträge ausgelaufen. Dennoch haben sie das Erscheinungsbild des russischen Föderalismus über die ersten 14 Jahre geprägt.

5.5.1. Einleitung

Ein Spezifikum der Quellen des russischen Verfassungsrechts ist die Vereinbarung gegenüber der VerfRF abweichender Kompetenzen in föderalen Verträgen. Die nachfolgende Darstellung zeichnet eine historische Entwicklung nach.

In der RF hat sich eine Praxis entwickelt, die vom deutschen Verständnis für die Zulässigkeit von Bund-Länder-Verträgen gravierend abweicht.

---

712 Ebenda. S. 160.

713 Hartwig, M. (2004). Die Kompetenzverteilung zwischen der Russländischen Föderation und ihren Subjekten nach der Föderalen Verfassung. Brunner, G. (Hrsg.) (2004) Der russische Föderalismus. Bilanz eines Jahrzehnts. Münster: S. 43-59. S. 51.

Diese föderalen Verträge spielten zu Beginn der neunziger Jahre eine bedeutende Rolle bei der Vermeidung des Zerfalls der Russischen Föderation und bei der Entwicklung der gegenwärtigen Struktur/des gegenwärtigen Status der RF. Der erste Vertrag dieser Art wurde am 12. Februar 1994 zwischen der RF und der Teilrepublik Tatarstan geschlossen. Im Prozess der Auflösung der UdSSR drohten einige der heutigen Subjekte damit, die Föderation zu verlassen und einen eignen souveränen Staat zu gründen, sollten ihnen nicht weitreichende Kompetenzen innerhalb der Russischen Föderation garantiert werden. *Chakimov,* der Berater des Präsidenten der RT, beschreibt beispielhaft diesen Poker in dem Band „Gespräche mit *Chakimov*"[714]. Um diese Entwicklung aufzuhalten, entschloss sich die Führung um *El'cin*, sich auf schmerzhafte Kompromisse einzulassen und Tatarstan weitgehende Zugeständnisse zu machen. Der Republik Tatarstan folgten andere Subjekte. Insgesamt wurden bis 1998 föderale Vertrage mit 46 weiteren Subjekten abgeschlossen. Dabei erreichten die Nichtrepubliken weniger Befugnisse als die Republiken. Den Subjekten ging es oft auch darum, der VerfRF widersprechende Normen ihrer eigenen Republiksverfassungen und Statute über föderale Verträge zu legalisieren.[715]

Es gibt zwei vertragliche Formen: föderale Verträge und föderale Vereinbarungen, wobei Vereinbarungen untervertragliche Rechtsquellen sind. *Umnova* definiert föderale Verträge als „eine Form der komplexen Lösung von Fragen der Abgrenzung der Gesetzgebungszuständigkeiten und -vollmachten (Aufteilung der Kompetenzen auf vielen Gebieten)". Ein solches Dokument müsse von den Gesetzgebungsorganen und Exekutivorganen unterzeichnet werden, wenn die Initiative zum Abschluss eines solchen Vertrages nicht von ihnen ausgehe.[716] Föderale Vereinbarungen seien dagegen eine „Rechtsform zur Aufteilung einzelner Organkompetenzen in konkreten Rechtsphären, bei einzelnen Fragen".[717] Allerdings kritisiert *Umnova*, dass einige Vereinbarungen schon einen Umfang wie föderale Verträge hätten[718]. Als Beispiel benennt sie die föderale Vereinbarung mit Tatarstan über das Eigentum, die Realisierung des Transports von Erdöl und der Erdölprodukte oder jene über die Haus-

---

714 Ovruckij, L. (2000). Razgovory s Chakimovym. Kazan'.

715 Kolibab, D. E. (1998). "Dogovory Rossijskoj Federacii s ee sub"ektami o razgraničenii predmetov vedenija i polnomočii: neobchodimo učastie zakonodatelej." Žurnal Rossijskogo Prava (8): 3-13.

716 Umnova, I. A. (2000). Konstituticionnye osnovy sovremennogo rossijskogo federalizma. Moskva. S. 189.

717 Ebenda. S. 189.

718 Ebenda. S. 181.

haltsbeziehungen bzw. über die Verteidigungsfragen. Analoge Vereinbarungen hat es mit Baškortostan und Sacha gegeben. Hier zeigt sich, dass, unabhängig von jeglicher rechtlichen Systematik, es zu Beginn der neunziger Jahre auf das reale Kräfteverhältnis zwischen dem jeweiligen Subjekt und der Zentrale ankam. Wie unten noch weiter ausgeführt wird, waren die rohstoffreichen bzw. wirtschaftlich starken Subjekte, die auch außerhalb der RF überleben können, bei der Vertretung ihrer Sonderinteressen gegenüber der Zentrale deutlich durchsetzungsfähiger als die anderen Subjekte.

5.5.2. Verfassungsrechtliche Grundlagen

Nach den Regelungen in der Verfassung selbst und den aufgrund dieser Regelung erlassenen Präsidialdekreten werden die später erlassenen Regelungen des SubjOrgG dargestellt, die zum Ziel hatten, die „Parade der Verträge" zu beenden. Zum besseren Verständnis wird danach der Streit um den Vorrang der Rechtsquellen vorgestellt und analysiert.

5.5.2.1. Einzelne Regelungen der VerfRF

Nach dem Beginn der Verhandlungen mit den ersten Republiken im Jahr 1992 wurde das Recht der Subjekte, derartige Verfassungsverträge mit der Föderation abzuschließen, in Art. 11 Abs. 3 der föderalen Verfassung von 1993 verankert. Nach Art. 78 VerfRF können zudem die föderalen Exekutivorgane aufgrund einer Übereinkunft mit den Exekutivorganen der Föderationssubjekte diesen die Ausführung eines Teils ihrer Vollmachten übertragen, wenn es nicht der Verfassung und föderalen Gesetzen widerspricht (Art. 78 Abs. 2 VerfRF). Umgekehrt gilt: Die regionalen Exekutivorgane können aufgrund einer Übereinkunft mit den föderalen Exekutivorganen diesen die Ausübung eines Teils ihrer Vollmachten übertragen (Art. 78 Abs. 3 VerfRF).

> „Widersprechen ein föderales Gesetz und ein normativer Rechtsakt eines Föderationssubjekts, welche die Zuständigkeiten des Zentrums oder die gemeinsamen Zuständigkeiten des Zentrums und des Föderationssubjekts zum Gegenstand haben, einander, hat immer das föderale Recht Vorrang (Abs. 5). Widerspricht jedoch ein föderales Gesetz einem normativen Rechtsakt des Subjekts, das sich auf die alleinigen Kompetenzen des Föderationssubjekts bezieht, gilt der normative Rechtsakt des Föderationssubjekts (Abs. 6)."[719]

---

719 Schneider, E. (2004). Die Kompetenzabgrenzungsverträge zwischen der Föderation und den Föderationssubjekten: Dynamik und Asymmetrie. Brunner, G. (Hrsg.) Der russische Föderalismus. Bilanz eines Jahrzehnts. Münster: S. 61 – 75. S. 62.

Neben Art. 11 und 78 der VerfRF schuf das Präsidialdekret vom 12. März 1996 eine Grundlage für den Abschluss von derartigen Verträgen.[720] Dieses Dekret[721] in Verbindung mit Art. 3 der Verordnung „Über die Ordnung der Arbeit bei der Kompetenzabgrenzung der föderalen und Subjektorgane und der gegenseitigen Delegierung der Ausübung eines Teils ihrer Kompetenzen der Exekutivorgane der Föderation und der Subjekte“ [722] stellte die folgenden Regeln auf: Der föderale Vertrag

- darf nicht gegen die Verfassung verstoßen,
- darf den Status eines Subjekts nicht ändern,
- muss den Katalog der Artikel 71 und 72 VerfRF einhalten und
- muss den Vorrang der Verfassung respektieren.

Dieses Dekret wurde durch Dekret[723] vom 28. Mai 2004 aufgehoben.

Daneben wurde mit Hilfe verschiedener Gesetze auf föderaler Ebene versucht, dem als störend empfundenen Zustand der durch die föderalen Verträge verursachten Uneinheitlichkeit beizukommen. Auch in der Literatur stößt die Praxis der föderalen Verträge teilweise auf starke Ablehnung. So vertritt *Šachraj* die Ansicht, dass föderale Verträge nur zulässig seien, wenn Subjekte den Föderationsvertrag aus dem Jahr 1992 nicht unterschrieben hätten oder wenn ein neues Subjekt innerhalb der RF gebildet würde.[724] *Umnova* betrachtet die Praxis als Verletzung der staatlichen Souveränität der *Föderation*, weil häufig die verfassungsrechtlichen Grundlagen sowie diejenigen des föderalen Aufbaus missachtet würden. Das kann als Übergangsphänomen betrachtet werden. Die Praxis wurde durch spätere einfachrechtliche Regelungen reglementiert.

5.5.2.2. Streit um den Vorrang der Rechtsquellen

Wegen der unklaren Regelungen in der VerfRF, die viele Interpretationen zulassen, entbrannte ein Streit um den Vorrang entweder der VerfRF oder der föderalen Verträge. Dies insbesondere geschah auch deshalb, weil gerade in den föderalen Verträgen mit den um Autonomie von der Zentrale ringenden

720 Ross, C. (2002). Federalism and democratisation in Russia. Manchester. S. 43.

721 Dekret Nr. 370 vom 12. März 1996 „ Ob utverždenij položenija o porjadke raboty po razgraničeniju predmetov vedenija i ponomočij meždu federal'nymi organami gosudarstvennoj vlasti i organami gosudarstvennoj vlasti sub"ektov Rossijskoj Federacii i o vzaimnoj peredače osuščestvleniya časti svoich polnomočij federal'nymi organami ispolnitel'noj vlasti i organami ispolnitel'noj vlasti sub"ektov Rossijskoj Federacii“, SZ RF 1996 Nr. 12, Art. 1058.

722 Dekret vom 12. März 1996, Nr. 370 mit Änderungen vom 25. November 1996.

723 Dekret vom 28. Mai 2004, Nr. 701.

724 Šachraj, S. (1995). "Aktual'nye problemy rossijskogo federalizma." Vlast' (8). S. 9.

Teilrepubliken die Kataloge der Art. 71, 72 VerfRF teilweise zu Gunsten der Subjekte abgeändert wurden. Der Streit ist inzwischen praktisch zu Gunsten des Vorrangs der Verfassung entschieden worden[725].

5.5.3. Charakteristika der vertragsschließenden Subjekte

Kahn konstatiert in seiner Studie[726] auf der Suche nach der „Parade der Verträge“, dass nicht alle Republiken föderale Verträge mit dem Zentrum abschlossen. Er beobachtet, dass diejenigen Republiken, die keine föderalen Verträge abschlossen, überwiegend am Rande, im Norden wie Karelien oder an der mongolischen Grenze wie Chakassien, Tyva oder im Kaukasus wie Adygeja und Dagestan lagen, auch wenn es Gegenbeispiele wie Burjatija oder Kabardino-Balkarija gibt.

Seiner Ansicht nach waren auch Nationalismus und „ethnische“ Zusammensetzung schlechte Erklärungen. *Šajmiev* mobilisierte den tatarischen Nationalismus, um seine Durchsetzungskraft gegenüber der Zentrale zu erhöhen und sah sich nach dem Abschluss des föderalen Vertrages in der Rolle des Zauberlehrlings, der diesen Geist nur mühsam wieder unter Kontrolle bekam, weil die tatarischen Nationalisten ihre Hoffnung auf Unabhängigkeit enttäuscht sahen. Andere Subjektexekutivspitzen, wie Komis Präsident *Spiridonov*, ein „ethnischer“ Russe oder Sachas *Nikolaev*, ein „ethnischer“ Jakute, bemühten sich ausdrücklich um Harmonie zwischen den „Ethnien“, um einen Exodus der gut ausgebildeten Russen aus ihren nördlichen Republiken zu vermeiden. Beide Republiken schlossen föderale Verträge ab. In nur 4 der 10 Republiken, die föderale Verträge abschlossen, überstieg die Zahl der Angehörigen der Titular“ethnie“ diejenige „ethnischer“ Russen. Andererseits ist eine große Zahl von Republiken ohne föderale Verträge von der Titular“ethnie“ dominiert (Dagestan, Kalmykija und Tyva).

Wie schon oben angedeutet,

> „spiegelt sich im Vorhandensein oder Nichtvorhandensein föderaler Verträge das ökonomische Gefälle zwischen den Subjekten. Reichere Regionen erhielten ihre Verträge eher als ärmere. Ärmere Republiken, die von Zahlungen aus dem föderalen Budget abhängig waren, hatten wenig Chancen, einen föderalen Vertrag abzuschließen, der die föderale Kontrolle minimierte: darunter auch Dagestan, Tyva, Al-

---

725 Vgl. 2.4.2.2.2. Vorrang der VerfRF S. 62 f.

726 Kahn, J. (2002). Federalism, democratization, and the rule of law in Russia. Oxford; New York, Oxford University Press. S. 161.

taj und Karačevo-Čerkessia, die als Republiken keine Verträge abschlossen, erhielten gleichzeitig die höchsten Zuwendungen aus dem föderalen Budget".[727]

Wenn man die Daten des russischen Wissenschaftlers Alexej *Lavrov* zu Grunde legt, dann ergibt sich, dass „9 der 10 Republiken ohne föderale Verträge substantiell aus dem föderalen Budget finanziert wurden, 4 erhielten zwischen 64 und 78 % ihrer Einnahmen aus dem föderalen Haushalt, drei zwischen 33 und 45 % aus Moskau."[728]

Diese Republiken, die so abhängig von föderalen Finanzhilfen waren, konnten also ignoriert werden, es waren mit der Ausnahme von Karelien die ärmsten Regionen. „Tyva, das seine Sezession unter Verletzung der föderalen Verfassung erklärte, hatte keine aussichtsreiche Zukunft auf Grund seiner Lage, eingeklemmt zwischen der RF und der Mongolei".[729] Das erklärt allerdings nicht hinreichend, warum auch ärmere Republiken wie Marij Ėl' Verträge abschließen konnten und andere nicht. Viele Beobachter sahen einen Zusammenhang zwischen der Reihenfolge und Geographie und der Wahlkampagne *El'cins* 1996 in der Weise, dass der Abschluss eines föderalen Vertrages gegen Pro-El'cin-Stimmen getauscht wurden. *Kahn* räumt ein, dass diese These schwer zu belegen sei, weil der Zusammenhang zwischen Vertragsabschluss und Wählerstimmen kaum nachzuweisen sei. Eine andere Erklärung liegt nach *Kahn* auch nahe: Republiken, die unter starker autoritärer Führung standen, hatten eine größere Chance, einen Vertrag abzuschließen.[730]

Es gelang einigen Republikseliten, die Ängste der Vertreter der Föderation um die Integrität des Staates auszunutzen und diese zu finanziellen Zugeständnissen zu bewegen. Dies führte teilweise dazu, dass regionalen Führern Zugeständnisse auf Grund von Drohungen gemacht wurden, die diese letztlich nicht ernst meinten, auch wenn sie das Gegenteil vorgaben. Insgesamt erreichten diejenigen Republiken das meiste, die es verstanden, die vom Zentrum begehrten finanziellen Zuwendungen mit genügend politischem Druck zu kombinieren und gleichzeitig Verhandlungsbereitschaft zu signali-

---

727 Solnick, S. L. (1997). Statebuilding, Asymmetries and Federal Stability in Russia. Workshop on Democracy, Nationalism and Federalism. Oxford University. S. 34.

728 Lavrov, A. M. (1997). "The Determinants of Russian Federal-regional Fiscal Relations: Equity or Political Influence?" Europe-Asia Studies **49** (3): 432-444.

729 Kahn, J. (2002). Federalism, democratization, and the rule of law in Russia. Oxford; New York, Oxford University Press. S. 161.

730 Ebenda. S. 162.

sieren. Manche Phänomene erklären sich bei genauerem Hinsehen auch aus inneren Problemen der Subjekte.[731]

> „Die Teilrepublik Mordova zum Beispiel, die einzige Volga-Republik ohne Vertrag, war intern so instabil während der Hauptabschlusszeit der Verträge, dass sie einfach keine vertrauenswürdige politische Kraft hatte, die mit Moskau verhandeln konnte."[732]

Insgesamt, so *Kahn*, erzielten diejenigen Republiken die günstigsten Ergebnisse,

> „deren Eliten die Kontrolle über das Land hatten, in sich nicht zerstritten waren, die Forderungen äußerten und die Raum für Verhandlungen und Kompromisse ließen. Daneben waren die Republiken aussichtsreich in den Verhandlungen, die über reiche Bodenschatzvorkommen verfügten."[733]

Mit dem Abschluss von Kompetenzabgrenzungsverträgen mit den Gebieten wurde erst 1996 begonnen. Vorreiter hier war das Sverdlovsker Gebiet.

> „Am 27. Oktober 1993 hatte der Sowjet des Gebiets Sverdlovsk die Statuserhöhung des Gebiets als Ural-Republik beschlossen, der sich die Gebiete Tjumen, Orenburg, Kurgan, Čeljabinsk, und Perm anzuschließen bereit waren. Nach einer breiten Diskussion in der Bevölkerung beschloss der Sowjet des Gebiets Sverdlovsk am 27. Oktober 1993 die Verfassung der Ural-Republik. El'cin löste mit Präsidialdekret am 9. November 1993 den Ural-Sowjet auf und mit Dekret vom 10. November 1993 setzte El'cin den Leiter der Gebietsverwaltung, Rossel', ab. Nun versuchte das Gebiet Sverdlovsk, eine Verbesserung seiner Lage durch den Abschluss eines Föderalen Vertrages mit der Zentrale zu erreichen."[734]

Mit Wut wurde in von der Sverdlovsker Führung um *Rossel'* auch gesehen, dass Tatarstan nur 3 % seiner Einnahmen an die Moskauer Zentrale abführen musste, im Gegensatz zur kompletten Abführung des Sverdlovsker Gebiets.[735] Im Jahr 1996 schloss dann auch das Sverdlovsker Gebiet seinen föderalen Vertrag ab, der unter 9.5.4. Der föderale Vertrag vom 12. Januar 1996 eingehend analysiert wird.

Diese „föderalen" oder „bilateralen" Verträge stellen im weitesten Sinne intraföderale Verträge dar. In der deutschen Rechtswissenschaft hat *Vedder*[736]

---

731 Ebenda. S. 163.

732 Ebenda. S. 164.

733 Ebenda. S. 164.

734 Schneider, E. (2004). Die Kompetenzabgrenzungsverträge zwischen der Föderation und den Föderationssubjekten: Dynamik und Asymmetrie. Brunner, G. (Hrsg.) Der russische Föderalismus. Bilanz eines Jahrzehnts. Münster: S. 61 – 75. S. 70.

735 Interview der Verfasserin mit Professor *Salikov*, Professor an der Staatlichen Juristischen Akademie des Ural am 1.6. 2004.

736 Vedder, C. (1996). Intraföderale Staatsverträge, Baden-Baden.

das theoretische Fundament zur Theorie der intraföderalen Verträge gelegt. Für das deutsche Verfassungsrecht konstatiert er zunächst, dass die staatsvertragliche Kooperation zwischen dem Bund und einem einzigen Land ausgesprochen selten ist und bei weitem die Zusammenarbeit des Bundes mit allen Ländern überwiegt.[737] Grund hierfür ist, dass im Grundgesetz der bundesstaatlichen Kooperation im Bund-Länder-Verhältnis außerhalb der verfassungsrechtlichen Ermächtigungen enge Grenzen gesetzt sind. Denn dieses Verhältnis wird primär und substantiell durch das Grundgesetz selbst geregelt.[738] Bund-Länder-Verträge müssen sich daher insbesondere an die grundgesetzliche Zuständigkeitsverteilung zwischen Bund und Ländern halten. Wegen der im Prinzip lückenlosen Aufteilung von Gesetzgebungskompetenzen nach Art. 30, 70 ff GG und der Verwaltungskompetenzen nach Art. 30, 83 ff. GG sei grundsätzlich kein Raum für eine vertragliche Disposition über staatliche Aufgaben.[739] Einzig verfassungsrechtlich zulässiger Typ von Bund-Länder-Vereinbarungen ist die Klärung von Zuständigkeitszweifeln. Auch dabei kann in Deutschland die Zuständigkeitsordnung des GG nicht geändert werden. Bund und Länder können sich allenfalls auf eine bestimmte Auslegung oder einen *modus vivendi* bei im Grundsatz weiterhin ungeklärter Zuständigkeitslage einigen. Staatsverträge, durch die Bund und Länder gemeinsam Recht setzen würden, sind ausgeschlossen.[740]
Wie oben geschildert, weicht die - zwischenzeitlich angesichts des nur noch mit Tatarstan bestehenden föderalen Vertrages eingehegte - russische Praxis der föderalen Verträge davon ab. Die Asymmetrie der russischen Praxis beruhte gerade darauf, dass unterschiedliche Subjekte mit der Föderation unterschiedliche Gesetzgebungszuständigkeiten und Befugnisse aushandelten. Dies hätte der deutschen Konzeption interföderaler Verträge widersprochen, wonach der Bund üblicherweise mit allen Bundesländern, nicht jedoch nur mit einzelnen Regelungen trifft und grundsätzlich kein Raum für eine vertragliche Disposition über staatliche Aufgaben[741] sei.

5.5.4. Aufbau und Inhalt der föderalen Verträge

Der Aufbau der föderalen Verträge ist grundsätzlich ähnlich. So enthalten die föderalen Verträge zwischen der RF und Tatarstan (1994) und mit dem

737 Ebenda. S. 51f.
738 Ebenda. S. 131.
739 Ebenda. S. 132.
740 Ebenda. S. 132.
741 Ebenda. S. 132.

Sverdlovsker Gebiet (1996) drei Hauptbestandteile in unterschiedlicher Reihenfolge: Vereinbarungen erstens über die Zuständigkeiten des Föderationssubjekts, zweitens über die gemeinsamen Zuständigkeiten des RF und des Subjekts sowie drittens über die Zuständigkeiten der RF.

Nach dem Erlass des Präsidentendekrets vom 12. März 1996 hatten die meisten föderalen Verträge einen ähnlichen Aufbau: Am Anfang gibt es einen Artikel über die zusätzlichen Gegenstände der gemeinsamen Zuständigkeit. Danach folgen üblicherweise zwei Artikel über die gegenseitigen Verpflichtungen der Zentrale und des Subjekts zur Vertragsverfüllung. Es schließt sich nun ein Artikel an, der direkt mit Art. 76 VerfRF konkurriert und vorsieht, dass die Kompetenzabgrenzung zwischen föderalen und Subjektorganen über die Materien des Art. 72 VerfRF durch Übereinkommen mit der Regierung der RF vorgenommen wird. Dies widerspricht der Regelungen des Art. 76 VerfRF, der die Regelung per Gesetz vorschreibt. Interessanterweise sehen viele Verträge die Verpflichtung föderaler Organe vor, Gesetze und andere Normativakte in Übereinstimmung mit den föderalen Verträgen zu erlassen.[742] Dies ist insofern bemerkenswert, weil eigentlich das föderale Zentrum keine Einzelfallgesetze in Ausführung der jeweiligen föderalen Verträge erlassen kann. Hier scheint es eher um eine gegenseitige Symbolik zu gehen.

Da die Subjekte sich im Folgenden dann üblicherweise verpflichten, ihre eigenen Rechtsakte innerhalb der gemeinsamen Gesetzgebungszuständigkeit in Übereinstimmung mit der föderalen Rechtsordnung zu bringen bzw. zu erlassen, unterfällt ein Großteil der Beziehungen zwischen der RF und den Subjekten *Kolibab*[743] zufolge der föderalen Gesetzgebung.

Zudem ist in vielen Verträgen vorgesehen, dass — wenn eine föderale Regelung weitere Rechte und Vergünstigungen als der jeweilige föderale Vertrag vorsieht — die föderale Regelung angewendet wird. Am Ende steht oft eine Regelung darüber, dass die Subjekte Recht setzen können, sofern der föderale Gesetzgeber noch nicht gehandelt hat und hernach ihre Rechtsordnung anpassen müssen. Hierdurch wird Art. 76 Abs. 2 VerfRF umgesetzt. Dies alles deutet stark auf den Übergangscharakter der föderalen Verträge hin.

Kolibab weist weiter darauf hin, dass der Abschluss selbst dem besonderen Charakter der föderalen Verträge nicht gerecht wird. Die ersten sechs föderalen Verträge wurden noch vom föderalen Ministerpräsidenten und auf Sub-

---

742 Kolibab, D. E. (1998). "Dogovory Rossijskoj Federacii s ee sub"ektami o razgraničenii predmetov vedenija i polnomočii: neobchodimo učastio zakonodatelej." Žurnal Rossijskogo Prava (8): 3-13. S. 8

743 Ebenda.

jektseite der Subjektexekutivspitze (Republikspräsident oder Gouverneur) und dem jeweiligen Parlamentspräsidenten unterschrieben. Viele der folgenden Verträge wurden dann lediglich von den Gouverneuren unterzeichnet.[744] Die Subjektparlamente werden demnach nicht beteiligt. Hinzu kommt, dass auch die Föderale Versammlung an der Aushandlung nicht teilnimmt, obwohl sie von Fragen der Zuständigkeitsabgrenzung unmittelbar betroffen ist. Allerdings müssten in Deutschland Bundestag und Bundesrat sowie die Länderparlamente nicht zwingend beim Abschluss von Bund-Länder-Verträgen beteiligt werden. Hierbei ist jedoch zu beachten, dass die grundgesetzliche Zuständigkeitsordnung durch solche Verträge nicht verändert werden darf. In der RF verändern die föderalen und Subjektexekutiven den verfassungsrechtlichen föderalen Aufbau — ohne Verfassungsänderung und ohne Parlamentsbeteiligung.

Als Paradigma wird im Folgenden der erste föderale Vertrag genommen, den die RF 1994 geschlossen hat, und zwar mit Tatarstan. „Tatarstan weigerte sich 1992, den Föderationsvertrag zu unterzeichnen".[745] Die Mehrheit der tatarischen Wahlberechtigten lehnte im Referendum 1993 über die Annahme der Föderationsverfassung nach einem Boykottaufruf diese ab. Dabei ist zu beachten, dass insgesamt ein Drittel der Republiken die VerfRF ablehnte.[746]

Laut Vertrag fallen in die ausschließliche Zuständigkeit Tatarstans:[747]

- Verfassungs- und Gesetzgebung der RT (Art.1);
- die Gewährleistung der Menschen und Bürgerrechte (Art. 2 Nr. 1);
- Haushaltsaufstellung uns Steuereinnahmen (Art. 2 Nr. 2);
- Entscheidung von Fragen der Rechtsanwaltschaft und des Notariats (Art. 2 Nr. 3);
- Rechtliche Regelung von Verwaltungs-, Familien-, Wohnungs-, Umwelt- und Naturnutzungsangelegenheiten (Art. 2 Nr. 4);
- Status der Richter der RT (Art. 2 Nr. 5);

---

744 Ebenda. S. 10

745 Schneider, E. (2004). Die Kompetenzabgrenzungsverträge zwischen der Föderation und den Föderationssubjekten: Dynamik und Asymmetrie. Brunner, G. (Hrsg.) Der russische Föderalismus. Bilanz eines Jahrzehnts. Münster: S. 61 – 75. S. 63. Die Aufzählung ist *Schneiders* Aufsatz entnommen.

746 Karpetjan, L. M. (2001). Federativnoe ustrojstvo Rossijskogo gosudarstva. Moskva. S. 104.

747 Kazanskij_Institut_Federalizma. (1994). "Treaty between the RF and the RT (15/02/1994)" Letzter Zugriff 29.08.2008, from http://www.kazanfed.ru/en/docum/dogov or/1/.

- Begnadigung von Straftätern, die von den Gerichten Tatarstans verurteilt worden sind;
- Nutzung von Grund und Boden, Bodenschätzen, Wasser, Holz und anderen Naturressourcen sowie von staatlichen Betrieben und sonstigem Staatseigentum auf dem Territorium Tatarstans mit Ausnahme des Eigentums der RF (Art. 2 Nr. 6);
- Staatsorganisation in Tatarstan (Art. 2 Nr. 7);
- Staatsangehörigkeit in Tatarstan (Art. 2 Nr. 8);
- alternativer Zivildienst auf dem Territorium der RT (Art. 2 Nr. 9);
- Beziehungen zu anderen Föderationssubjekten und Abschluss von Verträgen mit ihnen (Art. 2 Nr. 10);
- Teilnahme an internationalen Beziehungen, Aufnahme von Beziehungen mit ausländischen Staaten, Abschluss von entsprechenden Abkommen, Mitgliedschaft in internationalen Organisationen (Art. 2 Nr. 11);
- Gründung einer Nationalbank der RT (Art. 2 Nr. 12);
- Selbstständige Gestaltung der außenwirtschaftlichen Beziehungen (Art. 2 Nr. 13);
- Konversion in Betrieben, die sich im Eigentum der RT befinden (Art. 2 Nr. 14);
- Herausgabe von eigenen staatlichen Auszeichnungen[748].

Zur gemeinsamen Zuständigkeit der RT und der RF gehören die folgenden Kompetenzen, wobei die *kursiv* gesetzten über die in Art. 72 VerfRF genannten gemeinsamen Zuständigkeiten hinausgehen:

- Sicherstellung der Menschen- und Bürgerrechte sowie der Rechte der nationalen Minderheiten;
- Koordinierung der internationalen und außenwirtschaftlichen Beziehungen;
- Gewährleistung der ökologischen Sicherheit;
- Koordinierung der Tätigkeit in den Bereichen Gesundheitswesen, Schutz der Familie, Bildung, Wissenschaft, Kultur Sport usw.
- Personal der Gerichte und sonstige Organe der Rechtspflege;
- Rechtsanwaltschaft, Schiedsgerichtsbarkeit und das Notariat;

748 Schneider, E. (2004). Die Kompetenzabgrenzungsverträge zwischen der Föderation und den Föderationssubjekten: Dynamik und Asymmetrie. Brunner, G. (Hrsg.) Der russische Föderalismus. Bilanz eines Jahrzehnts. Münster: S. 61 – 75, S. 63 f. Die Bezeichnung der Artikel wurde aus dem Originalvertrag übernommen.

- Entwicklung von Prinzipien für die Organisation des Systems der Staatsorgane und der kommunalen Selbstverwaltung;
- Verwaltungs- und Verwaltungsprozessrecht, Arbeitsrecht, Wohnrecht, Grund- und Bodenrecht, Wasserrecht, Forstrecht, Recht bezüglich der Bodenschätze und Umweltrecht;
- *Schutz der Souveränität und territorialen Integrität;*
- *Rüstungsindustrie, Waffenverkauf und Konversion auf dem Territorium der RT;*
- *Allgemeine und strittige Staatsbürgerschaftsfragen;*
- *Koordinierung der Preispolitik;*
- *Bildung regionaler Entwicklungsfonds;*
- *Durchführung der Währungspolitik;*
- *Verwaltung des gemeinsamen Eigentums;*
- *Koordinierung der Tätigkeiten in den Bereichen Geodäsie, Meteorologie und Zeitberechnung;*
- *Koordinierung der Verwaltung der gemeinsamen Energie-, Transport- und Kommunikationssysteme;*
- *Durchführung der gemeinsamen Politik in den Bereichen Soziales, Beschäftigung und Migration;*
- *Koordinierung der Rechtsschutzorgane in den Bereichen Sicherheit und Verbrechensbekämpfung.*

Der Katalog mit denjenigen Kompetenzen, die zur alleinigen Zuständigkeit der RF gehören, ist mit dem Verfassungsartikel 71 identisch.

Das Abkommen über die Abgrenzung der Zuständigkeiten auf dem Gebiet der außenwirtschaftlichen Beziehungen zwischen der RF und der RT vom 16. Februar 1994[749] weist Tatarstan folgende ausschließliche Kompetenzen zu:

- Abschluss von Außenwirtschaftsabkommen mit administrativen oder föderalen Subjekten anderer Staaten;
- Abschluss von Handels und Wirtschaftsabkommen mit anderen Staaten;
- Aufnahme von staatlichen oder privaten Krediten usw. mit einer Garantie der Regierung Tatarstans einschließlich der Kontrolle über deren Verwendung;
- Entwicklung und Kontrolle eines Devisenfonds der RT;
- Zulassung ausländischer Investitionen in der RT;

749 Im föderalen Vertrag mit der RT wurde bereits darauf hingewiesen, zu diesen Fragen ein Sonderabkommen zu schließen. Zitiert nach Ebenda. S. 67, Fn. 7.

- Gewährung staatlicher Garantien für die Beteiligten an außenwirtschaftlichen Beziehungen;
- Mitarbeit in ausländischen Finanz- und Wirtschaftsorganisationen;
- Entgegennahme von Unterstützungsleistungen ausländischer Partner sowie deren Verwendung;
- Gewährung von Krediten usw. an ausländische Partner;
- Errichtung einer freien Wirtschaftszone auf dem Gebiet Tatarstans.[750]

An gemeinsamen Kompetenzen zählt das Sonderabkommen auf:

- Schutz der wirtschaftlichen Interessen von Unternehmern, Organisationen und Bürgern Tatarstans im Ausland;
- Festlegung von Quantitätsbegrenzungen für den Export von Öl und Ölproduktion, bei denen Kontingentierungen bestehen;
- Regelung des zahlungs- und Verrechnungsverkehrs mit dem Ausland;
- Regelung der Handelsbeziehungen mit ausländischen Staaten sowie internationalen Handels-, Währungs- und Finanzorganisationen;
- Lizenzierung von Investitionen Tatarstans im Ausland.

Von den Zuständigkeiten, die den Republiken gewährt werden, sind folgende politisch wichtig, weil an ihnen das Ausmaß der Zugeständnisse Moskaus an die Republik gemessen werden kann[751]:

- Die Souveränität der Republik erkannte Moskau nur bei Tatarstan und Baškortostan an, bei den anderen Republiken ist nur noch von „Staatlichkeit" die Rede. Souveränität ist mehr als Staatlichkeit, denn sie drückt die Selbstbestimmung des staatlichen Gebildes aus. In den beiden Verträgen anerkannte die RF nicht nur die Souveränität Tatarstans und Baškortostans, sondern verpflichtete sich sogar, sie zu schützen. Die Frage ist allerdings, welche praktische Bedeutung die Einräumung von „Souveränität" in einer zunehmend globalisierten und interdepenten Welt haben kann.
- Das Recht, internationale Beziehungen zu unterhalten, räumte Moskau Tatarstan, Baškortostan, Severnaja Osetija, Sacha, Komi und Čuvašija ein.

---

750 Beliaev, S. A. (1995). "Die neuen Rechtsgrundlagen der Beziehungen zwischen der Russischen Föderation und der Republik Tatarstan." Osteuropa-Recht (2). S. 127.

751 Schneider, E. (2004). Die Kompetenzabgrenzungsverträge zwischen der Föderation und den Föderationssubjekten: Dynamik und Asymmetrie. Brunner, G. (Hrsg.) Der russische Föderalismus. Bilanz eines Jahrzehnts. Münster: S. 61 – 75, S. 68.

- Das Nutzungsrecht der eigenen Bodenschätze erhielten Tatarstan, Kabardino-Balkarija, Baškortostan und Severnaja Osetija.
- Das Haushaltsrecht wurde Tatarstan, Baškortostan, Severnaja Osetija, Sacha, Komi und Kabardino-Balkarija gewährt.
- Die Errichtung einer Nationalbank wurde Tatarstan, Baškortostan, Severnaja Osetija, Sacha, Komi sowie Kabardino-Balkarija erlaubt.
- Außenwirtschaftliche Tätigkeiten wurden Tatarstan, Baškortostan, Severnaja Osetija, Sacha, Komi und Čuvašija sowie Kabardino-Balkarija gestattet[752].

Die Rangfolge hinsichtlich des Grades der Zugeständnisse der Moskauer Zentrale bzw. des politischen und wirtschaftlichen Selbständigkeitsgrads der Republiken ist die folgende:[753]

- Tatarstan
- Baškortostan
- Severnaja Osetija
- Kabardino-Balkarija
- Sacha, Komi und Čuvašija sowie
- Burjatija und Udmurtija

Mit dem Sverdlovsker Gebiet als Vorreiter der Nichtrepubliken unter den vertragsschließenden Subjekten wurden bis Mitte 1995 20 Vereinbarungen über Einzelfragen ausgehandelt. „Im Sommer 1995 begannen mit ihnen die Verhandlungen über einen föderalen Vertrag, der nach deren Abschluss im Januar 1996 unterzeichnet wurde“[754].

Im föderalen Vertrag

> „mit dem Gebiet Sverdlovsk wird zuerst unter Berufung auf Art. 72 VerfRF die gemeinsame Zuständigkeit der RF und des Gebiets aufgeführt, dann werden die ausschließlichen Kompetenzen der RF und am Ende diejenigen des Sverdlovsker Gebiets aufgeführt. In den ersten Verträgen mit den Republiken war die Reihenfolge oft andersherum. Die Souveränität und die Nutzung von Bodenschätzen werden im Gegensatz zu den Republiken keinem Gebiet eingeräumt“[755].

Den

> „Gebieten Sverdlovsk, Chabarovsk, Omsk, Irkutsk, Sachalin, Perm, Nižnij-Novgorod, Rostov, dem Leningrader Gebiet, Tver', und der Stadt St. Petersburg wurden folgende wichtige Rechte zugestanden:

752 Ebenda.
753 Ebenda. S. 69.
754 Ebenda. S. 70.
755 Ebenda.

- Haushaltsrecht
- Recht, eigene Steuern zu erheben,
- Internationale Beziehungen zu unterhalten und
- Außenwirtschaftliche Beziehungen zu unterhalten.

Sverdlovsk hat als einziges Gebiet das Recht, eine Gebietsbank zu unterhalten".[756]

Seit 1997 werden den Gebieten nicht mehr das Budget- und Steuerrecht sowie das Recht zur Teilnahme an den internationalen und außenwirtschaftlichen Beziehungen gewährt. Hinzu kommt noch, dass die Zentrale mit verschiedenen Subjekten[757] Geheimprotokolle abgeschlossen hat, in denen die föderalen Politiker Konzessionen gemacht haben, die sie nicht zu veröffentlichen wagen.[758]

„Die neueren föderalen Verträge sind im Wortlaut in weiten Teilen deckungsgleich. Offensichtlich", so *Schneider*, „wollte der Präsident die unterschiedliche Behandlung der Föderationssubjekte aufgeben".[759] Denn diese widersprach auch dem Prinzip der Gleichheit der Subjekte aus Art. 5 Abs. 3 VerfRF und war insofern verfassungswidrig.

Rechte, die die Moskauer Zentrale Tatarstan und Baškortostan und dem Sverdlovsker Gebiet einräumt, hat sie danach keinem Subjekt mehr zugestanden.

Kahn nimmt im Folgenden eine vergleichende Analyse einzelner Bestimmungen von föderalen Verträgen vor. Eine vertiefende Untersuchung wird anhand der Kompetenzabgrenzungsverträge von Tatarstan[760] und des Sverdlovsker Gebietes[761] vorgenommen.

Kahn konstatiert große Unterschiede zwischen den einzelnen föderalen Verträgen. Dies könne mit dem abnehmenden Spielraum, der von der Zentrale im Laufe der Zeit zugestanden wurde, erklärt werden. Der Tatarstan in der Präambel noch zugestandene Status als „Staat innerhalb der Russischen Föderation" suggerierte noch eine große Autonomie. Die nächsten fünf Verträge kehrten zur Formulierung „ein Staat innerhalb des Aufbaus der Russischen Föderation" zurück. Baškortostan wird als „souveräner Staat, als voll-

---

756 Ebenda. S. 71.

757 Sowohl Republiken als auch Gebiete.

758 Schneider, E. (2004). Die Kompetenzabgrenzungsverträge zwischen der Föderation und den Föderationssubjekten: Dynamik und Asymmetrie. Brunner, G. (Hrsg.) Der russische Föderalismus. Bilanz eines Jahrzehnts. Münster: S. 61 – 75. S. 72.

759 Ebenda.

760 9.4.4. Die föderalen Verträge 1994 und 2007, S. 399 ff.

761 9.5.4. Der föderale Vertrag vom 12. Januar 1996, S. 426 ff.

berechtigtes Subjekt der RF" bezeichnet, so ähnlich auch die Beschreibungen von Severnaja Osetija, Sacha, und Burjatija. Komi wird dann später nur als „eine der nördlichen Regionen der RF“ und Čuvašija nur noch als „Subjekt der RF“ betrachtet. Dafür nähmen mit dem Zeitverlauf die Verweise auf einzelne Bestimmungen der föderalen Verfassung zu. In den ersten vier Kompetenzabgrenzungsverträgen mit Republiken fänden sich überhaupt keine Verweise, beginnend mit Sacha[762] wird oft auf Artikel 72 der föderalen Verfassung Bezug genommen. Einen substantiellen Wechsel habe es nach dem Abschluss der ersten vier Verträge (Tatarstan[763], Karbadino-Balkarija, Baškortostan[764], mit Abstrichen Severnaja Osetija[765]) gegeben. Sie alle unterschieden sich von denjenigen, die sich auf die föderale Verfassung und den Föderationsvertrag beziehen. Diese ersten Verträge mit Republiken hätten den Charakter von Vereinbarungen zwischen zwei Regierungen. Mit Sacha beginnend, ändere sich dieser Stil hin zur Anerkennung inzwischen etablierter Kompetenzen und Regeln.[766] Der untergeordnete Status der Republiken würde nach *Kahn* postuliert.

Kahn beschreibt den Ablauf wie folgt: Ab 1995 wurden die Beziehungen zwischen Subjekten und Zentrum neu geordnet. Es wurden dann spezifische Regelungen aufgenommen, z. B. bei Burjatija eine, die den Zustand des Baikal-Sees betraf oder bei Čuvašija die Hilfe nach einer Flutkatastrophe. Bei Sacha, Udmurtien[767] und Čuvašija wird Artikel 78 der Verfassung ausdrücklich erwähnt. Dieser erlaubt den föderalen und Subjektorganen, einander bestimmte Befugnisse zu verleihen. Dieses Recht, das in den anderen Verträgen ausgeübt wurde, ohne sich auf den Verfassungsartikel zu beziehen, ermöglicht auch den Abschluss von Vereinbarungen. Während die föderalen Verträge nur die Grundlagen ausführten, sollten die Details in den Vereinbarungen geregelt werden. Die Rolle dieser Vereinbarungen wechselte: Wäh-

---

762 Föderaler Vertrag vom 29. Juni 1995, Nr. 293- RP. Zitiert nach Kahn, J. (2002). Federalism, democratization, and the rule of law in Russia. Oxford; New York, Oxford University Press. S. 165.

763 Föderaler Vertrag vom 15. Februar 1992. Zitiert nach ebenda.

764 Föderaler Vertrag vom 3. August 1994. Zitiert nach ebenda.

765 Föderaler Vertrag vom 23. März 1995. Zitiert nach ebenda.

766 Kahn, J. (2002). Federalism, democratization, and the rule of law in Russia. Oxford; New York, Oxford University Press. S. 165. Mit anderen Worten, die vier Republiken hätten das Rechtsvakuum und die existierende Unsicherheit ausgenutzt. Das sagt *Kahn* nicht explizit, aber es klingt verlockend.

767 Föderaler Vertrag vom 17. Oktober 1995. (2008). "Dogovor o razgraničenii predemetov vedenija i polnomočij meždu organami gosudarstvennoj vlasti

rend bei Tatarstan Vereinbarungen lange vor dem eigentlichen föderalen Vertrag abgeschlossen wurden, gingen die späteren Vereinbarungen dem föderalen Vertrag nur um einige Tage voraus. Jede Republik habe beobachtet, was ihre Vorgängerin erreicht habe, immer bemüht, mindestens den gleichen Spielraum zugestanden zu bekommen. Aus verschiedenen Gründen kam es dennoch nicht zur Symmetrie, was *Putin* zu weitreichenden Reformen bewog. Obwohl das Zentrum immer vorgab, dass die neuen Bestimmungen immer auf dem Boden der für alle geltenden Regeln der Verfassung gälten, kam es dazu, dass die universellen Regeln der föderalen Verfassung durch die Verträge ausgehöhlt wurden. Dies führte zu immer neuen Konflikten mit dem Zentrum, für die es keine Schlichtungsmöglichkeiten gegeben habe.[768]

Im Gegensatz zur Theorie, dass schnell erstrittene Asymmetrie sich dadurch verringern werde, dass die anderen Republiken die Privilegien zu verringern suchten, blieb es in der RF im Laufe der neunziger Jahre bei einer hohen Abhängigkeit des Zentrums von den starken Republiken Tatarstan, Baškortostan und Sacha. Obwohl der erste Vertrag mit Tatarstan 1998 auslief, gelang es der föderalen Regierung nicht, zu ihren Gunsten nachzuverhandeln. Der Vertrag wurde verlängert. Erst 2007 wurde der Nachfolgevertrag abgeschlossen.[769] Republiken, die keinen Vertrag aushandeln konnten, nahmen sich einfach Kompetenzen. So seien protektionistische Maßnahmen gegenüber dem Zentrum und anderen Subjekten unternommen worden, die den einheitlichen Wirtschaftsraum torpedierten. Der Präsident von Sacha, *Nikolaev*, unterzeichnete ein Dekret, dass den Verkauf von Gold, das in der Republik gefördert wurde, an föderale Behörden verbot. Der Präsident der Republik Chakassija, *Lebed'*, erklärte die wirtschaftliche Unabhängigkeit und lehnte es ab, den föderalen Pflichten nachzukommen. Aber auch die stärksten Republiken betrachteten die ersten Verträge nur als einen Schritt zu mehr Selbstständigkeit. Daran werde auch das geringe Niveau der Bundestreue innerhalb der Russischen Föderation deutlich.[770]

Da alle Verträge zwischen Mitgliedern der Exekutive geschlossen worden seien – ohne Ratifikation eines Parlaments – sei es stark auf die Kooperation der jeweiligen Subjektexekutivspitzen angekommen. Darum ging es auch vor

---

Rossijskoj Federacii i organami gosudarstvennoj vlasti Udmurtskoj Respubliki." Letzter Zugriff 29.08.2008, from http://constitution.garant.ru/DOC_65349.htm.

768 Kahn, J. (2002). Federalism, democratization, and the rule of law in Russia. Oxford; New York, Oxford University Press. S. 168.

769 9.4.4.2. Der zweite föderale Vertrag vom 26. Juni 2007 S. 406.

den föderalen Präsidentschaftswahlen, als die Regionalchefs nicht wissen konnten, ob *El'cin* wieder Präsident werden würde. Der stark personalisierte und nur auf kürzere Zeit angelegte Charakter der Verträge führte dazu, dass Grundfragen der Beziehungen zwischen dem Zentrum und den Regionen in der Schwebe geblieben seien.[771] Misstrauen entstand weiterhin dadurch, dass die Prozesse vor dem Vertragsabschluss intransparent gewesen seien. Dies sei sowohl von den unbeachteten Parlamentariern als auch von konkurrierenden Nachbarrepubliken so empfunden worden. So bekamen die tatarischen Abgeordneten den föderalen Vertrag bis 1995 nicht zu sehen.[772] Damit wurde das Publizitätsprinzip verletzt, wobei es darum ging, rivalisierende Nachbarrepubliken über das Erreichte im Unklaren zu lassen. Schon der Verdacht von Geheimverträgen sei zerstörerischer als es der tatsächliche Inhalt der Verträge gewesen sei. Ab 2003 regulierte das SubjOrgG wenigstens das Verfahren des Vertragsabschlusses.

Umnova kritisiert, dass viele Kompetenzabgrenzungsverträge gegen die VerfRF verstoßen. Zunächst seien diese Normen des Dekrets, das die Übereinstimmung mit der Verfassung verlangte[773], einfach ignoriert worden. So wurden etwa die Landesverteidigung in den Verträgen mit Tatarstan, Baškortostan, Karbadino-Balkarien und Severnaja Osetija von der ausschließlichen Zuständigkeit der Föderation zur gemeinsamen von Föderation und Subjekt. Gleiches gilt für die Verhängung des Ausnahmezustandes (Karbadino-Balkarien), die Konversion von Militärindustrie in zivile Produktion (Tatarstan, Baškortostan, Severnaja Osetija, Udmurtien, Sverdlovsker Gebiet)[774].

Zudem wurden alleinige Kompetenzen der Föderation in den Katalog der gemeinsamen Kompetenzen aufgenommen (z. B. Tatarstan und Baškortostan: Koordinierung der finanz- und Kreditpolitik, Sverdlovsk: Rüstungsindustrie).

Überdies

770 Kahn, J. (2002). Federalism, democratization, and the rule of law in Russia. Oxford; New York, Oxford University Press. S. 170.

771 Ebenda. S. 172.

772 Ebenda. S. 172, Fn. 78.

773 Vgl. 5.5.2.1. Einzelne Regelungen der VerfRF S. 219.

774 Umnova, I. A. (2000). Konstitucionnye osnovy sovremennogo rossijskogo federalizma. Moskva. S. 112.

> „wurden die Zuständigkeiten der Zentrale und der Regionen in den Katalog der alleinigen Zuständigkeiten des Föderationssubjekts aufgenommen: Tatarstan (Organisation und Tätigkeit der staatlichen Organe, Ausnutzung der Bodenschätze)“.[775]

Zudem widersprechen die Zugeständnisse, die den jeweiligen Föderationssubjekten gemacht werden, wie schon erwähnt, dem Verfassungsprinzip der Gleichheit der Föderationssubjekte aus Art. 5 Abs. 3 VerfRF. Es ist auch nicht sinnvoll, Gegenstände allgemeiner Bedeutung, die in Art. 71 VerfRF erfasst seien, in föderalen Verträgen mit den einzelnen Subjekten abzuwandeln.[776] Andererseits sollte es nach Ansicht von *Kolibab* möglich sein, den Subjekten auch innerhalb von Gegenständen nach Art. 71 VerfRF, gerade wegen der besonders weiten Formulierung einzelner Gesetzgebungsgegenstände einzelne Ausführungsbefugnisse zuzugestehen bzw. ihnen die Regelung sekundärer Fragen per Gesetz zu überlassen. Auffällig ist zudem, dass selten von der Kooperation zwischen föderalen und Subjektorganen die Rede ist.[777] Hierzu ist festzuhalten, dass Art. 11 VerfRF einen Formelkompromiss beinhaltet, der versucht, dieses Spannungsverhältnis einzufangen. Ein ähnliches Spannungsverhältnis besteht zum Beispiel im deutschen Verfassungsrecht zwischen den Abgeordnetenrechten aus Art. 38 GG und den aus Art. 21 GG abgeleiteten Pflichten gegenüber der Partei, deren Mandat er hat. Beide verfassungsrechtlichen Grundsätze sind gleichermaßen wichtig.
Andererseits legt Art. 26.1 Abs. 4 SubjOrgG eher eine Trennung der Verwaltungsräume nahe, indem den Subjektorganen im entsprechenden föderalen Gesetz oder föderalen Vertrag entsprechende Kompetenzen zugewiesen werden und sie mit Finanzmitteln ausgestattet werden müssen.

5.5.5. Weitere Entwicklungen nach dem Abschluss der föderalen Verträge

5.5.5.1. Unterschiedliche Bewertung des Charakters der föderalen Verträge

Die föderalen und die regionalen Eliten waren unterschiedlicher Ansicht hinsichtlich der Frage, ob es sich um eine konstitutionell-vertragliche oder vertraglich-konstitutionelle Föderation handele. Der Abschluss von Kompetenzabgrenzungsverträgen brachte hierzu wenig Klarheit. 1996 stellte das födera-

775 Schneider, E. (2004). Die Kompetenzabgrenzungsverträge zwischen der Föderation und den Föderationssubjekten: Dynamik und Asymmetrie. Brunner, G. (Hrsg.) Der russische Föderalismus. Bilanz eines Jahrzehnts. Münster: S. 61 – 75. S. 73.

776 Kolibab, D. E. (1998). "Dogovory Rossijskoj Federacii s ee sub"ektami o razgraničenii predmetov vedenija i polnomočii: neobchodimo učastie zakonodatelej." Žurnal Rossijskogo Prava (8): 3-13.

le Justizministerium klar, dass 19 von 21 Verfassungen der Republiken gegen die föderale Verfassung verstießen. Es gab eine große Zahl von Rechtsakten der Subjekte, die die föderale Verfassung oder föderale Gesetze verletzten. Dies bezeichnet *Kahn* als „Krieg der Gesetze". Sogar gegen die Verträge sei verstoßen worden.[778]

Hauptproblem seien Verstöße gegen den einheitlichen Rechtsraum, eine Grundvoraussetzung für Föderationen, gewesen. In der russischen Dogmatik werde dies unter dem Stichwort „Vorrang des Gesetzes" verhandelt. Fast alle Republiken erklärten den Vorrang ihrer eigenen Gesetze gegenüber dem Bundesrecht. Teilweise wurde in einzelnen Republiken zum Ende der *El'cin*-Ära föderales Recht erst durch einen Beschluss der unteren Kammern in den Subjekten umgesetzt.[779] Hielt das Subjektparlament den föderalen Rechtsakt für dem eigenen Subjektsrecht widersprechend, so suspendierte es den föderalen Rechtsakt oder ließ ihn keine Rechtskraft annehmen.[780] Nach *Kahns* Ansicht widerspricht eine solche Praxis jeglicher Form von Föderalismus und führt selbst in Konföderationen zu ernsten Problemen.[781]

Hinzu kommt, dass das föderale Verfassungsgericht nicht immer als Entscheidungsinstanz oder Schlichter zwischen den föderalen und den Subjektorganen auftrat, obwohl er nach Artikel 125 Abs. 3 VerfRF dazu berufen ist. *Kahn* bewertet die Tätigkeit des VerfGRF als ineffektiv, es sei auch ein seltener Schlichter in föderalen Streitigkeiten gewesen.[782] Bis auf eine Ausnahme wird das Gericht auch nicht als Schiedsinstanz in föderalen Verträgen benannt.[783] So bildeten Mitglieder von Exekutivkörperschaften Kommissionen zur Lösung von entstandenen Problemen an der Kompetenz des VerfGRF vorbei. Ein Beispiel hierfür ist die Kommission zur Kompetenzabgrenzung zwischen Russland und Tatarstan[784].

---

777 Ebenda.

778 Kahn, J. (2002). Federalism, democratization, and the rule of law in Russia. Oxford; New York, Oxford University Press. S. 173.

779 Art. 56 Abs. 1 und 2 der Verfassung von Adygeja vom 10. März 1995; Art. 1 und 65 der Verfassung von Dagestan vom 26. Juli 1994, zitiert nach Ebenda. Tabelle 6.5, S. 175.

780 Ebenda. S. 174.

781 Ebenda. S. 176.

782 Ebenda. S. 178.

783 Die Ausnahme ist der föderale Vertrag mit Severnaja Osetija, in dessen Artikel 8 das VerfG explizit genannt wird, zitiert nach Ebenda. S. 178, Rn. 90.

784 Vgl. Oleg *Soskovec* und Vladimir *Potanin* fungierten als Vorsitzende, OMRI Russian Regional Report 6, 12. Februar 1997, zitiert nach Kahn, J. (2002). Federalism, democratization, and the rule of law in Russia. Oxford; New York, Oxford University Press. S. 178, Fn. 92.

Juristisches Denken verläuft in den Bahnen der vorhandenen Institutionen und will, dass Konflikte von den dafür vorgesehenen Organen, den Gerichten – geklärt werden. Andererseits ist es für die Atmosphäre – namentlich in einem noch so wenig durch jahrzehntelange Zusammenarbeit von Zentrale und Peripherie gefestigten Staatsverband wie der RF vermutlich besser, wenn Konflikte durch Kooperation beigelegt und nicht streitig verhandelt und entschieden werden. Es ist insofern einerseits verständlich, dass beide Seiten ein Interesse an diesen Kommissionen hatten. Dies stärkte andererseits wiederum die informalen Beziehungen und die Intransparenz. Die Intransparenz hätte verringert werden können, wenn über die Arbeitsergebnisse der Kommission kontinuierlich berichtet worden wäre. Eine Verrechtlichung dieser Berichtspflicht ist wünschenswert, sollte es zukünftig doch noch weitere föderale Verträge geben.

Die Erklärungen des föderalen Justizministeriums zur Verfassungswidrigkeit von Rechtsakten der Subjekte beruhten desgleichen nicht auf Gerichtsentscheidungen. Ähnliche Entscheidungen fällt die Staatsanwaltschaft, die die Aufsicht über die Ausführung von Gesetzen innehat, aber nicht über die Verfassungsmäßigkeit von Rechtsakten der Subjekte befinden darf.[785]

Genauso schädlich für das Funktionieren einer Föderation ist es, wenn die Kompetenz des Gerichts von einer Partei nicht anerkannt oder Urteile nicht vollstreckt werden. Dies begann schon mit der Entscheidung (*postanovlenie*) vom 13. März 1992 zur Verfassungsmäßigkeit der tatarischen Unabhängigkeitserklärung, Teilen der Verfassung, des Gesetzes über das Referendum in der RT. Das Gericht entschied, dass einige Bestimmungen verfassungswidrig seien. Tatarstan erkannte die Zuständigkeit des Gerichts nicht an und entsandte keine Prozessvertreter. Es ignorierte dann auch das Urteil und hielt entgegen dessen Tenor das Referendum ab. Das Zentrum unternahm nichts, um dagegen vorzugehen. Es gibt noch weitere Republiken, die die Zuständigkeit des Gerichts nicht anerkennen[786] und solche, die dies zwar grundsätzlich tun, aber Entscheidungen und Urteile, die ihnen nicht passen, ignorieren.[787] Die Reaktion der föderalen Exekutive war die Schaffung der Sankti-

---

785 StAG (*Federalnyj Konstitutcionnyj Zakon o prokurature RF* vom 17. November 1995, Rossijskije Zakony, 1-30 (ZP 670).

786 Komi angesichts der Entscheidung vom 15. Januar 1998.

787 Kahn, J. (2002). Federalism, democratization, and the rule of law in Russia. Oxford; New York, Oxford University Press. S. 181 zitiert hier Udmurtien. Das VerfGRF hatte das Staatsorganisationsgesetz Udmurtiens in Teilen für verfassungswidrig und nichtig erklärt, (Entscheidung vom 24. Januar 1997, VKS 1997, Heft 1, S. 2 ff.) Udmurtien missinterpretierte bewusst die Entscheidung, dass Gericht stellte diese

onsmöglichkeiten der Art. 29, 29.1 SubjOrgG. Das VerfGRF hielt diese Normen für verfassungsgemäß und begründete dies mit der Notwendigkeit von Zwangsmitteln zur Durchsetzung seiner Entscheidungen.[788]
2001 wurde eine Kommission zur Überprüfung der Kompetenzabgrenzungsverträge unter *Kozak* gegründet, der auch die Präsidenten von Tatarstan, *Šajmiev* und Karbadino-Balkariens *Kokov*, angehörten. Die Arbeit dieser Kommission führte dazu, dass bis Ende Mai 2002 durch bisher 27 neue bilaterale Verträge die Geltung der bisherigen Kompetenzabgrenzungsverträge annulliert wurde. Auch die übrigen Verträge sollten bald annulliert werden. *Putin* stellte 2002 klar, dass die föderalen Verträge notwendig gewesen seien, aber zur Ungleichheit zwischen den Subjekten und der in ihnen lebenden Bürger geführt habe. Deshalb sei ein Abschluss weiterer Verträge nicht richtig.[789]
Mit dem Art. 5 des Änderungsgesetzes[790] zum SubjOrgG (1999) wurden die Unwirksamkeit der Gesetze zum Ende des Jahres 2005 erklärt, indem ab Inkrafttreten dieses Gesetzes ihre Dauer auf zwei Jahre begrenzt wurde. Daraufhin verzichteten die Subjekte bzw. erklärten ihre eigenen föderalen Verträge für unwirksam.[791] *Putin* hatte sein Ziel erreicht.
Seitdem gilt das mittlerweile verabschiedete föderale Recht. Die Subjekte mussten ihre Gesetzgebung nach dem Auslaufen der jeweiligen föderalen Verträge anpassen. Sofern innerhalb der gemeinsamen Gesetzgebungszuständigkeit kein föderales Recht gesetzt wurde, gilt das vom Subjekt gesetzte Recht bis zur Verabschiedung und zum Inkrafttreten föderalen Rechts.

---

klar. Dies wurde Ignoriert, *El'cin* erließ ein Dekret, die Entscheidung des VerfGRFsei zu respektieren, dieses Dekret wurde missachtet. Erst ein zweites Dekret *El'cins* bewegte Aleksandr *Volkov* zur Einsicht. Dazu Blankenagel, A. (1997). "Local Self-Government vs. State Administration: The Udmurtia Decision." East European Constitutional Review **6** (1): 50-54. Ingušetija erreichte, dass eine Schlichtunskommission unter *El'cin* eingesetzt wurde, nachdem sein Präsident ein Urteil missachtete.

788 Vgl. 8.5.6. Die Entscheidung zur Auflösung der Subjektparlamente. S. 363.

789 Poslanie Prezidenta RF Federal'nomu Sobraniju 2002 g. "O položenii v strane i osnovnyjch napravlenijach vnutrennej i vnežnej politiki gosudarstva", Moskva 2002, S. 20-21.

790 FZ-95 aus dem Jahr 2003, veröffentlicht in Rossijskaja Gazeta vom 8.Juli 2003, Nr. 131 (3245).

791 Blankenagel, A. (2008). "Die Russische Föderation - Vorlesung vom 27.05.2008." Vorlesung Föderalismus BRD - RF Letzter Zugriff 28.08.2008, from http://www2.hu-berlin.de/blankenagel/uploads/cgi-lib.21773.1.htm.

5.5.5.2. Einfachgesetzliche Regelungen in Art. 26.7 und 26.8 des SubjOrgG

Mit dem Inkrafttreten der Regelungen der Art. 26.7 und 26.8 SubjOrgG zum 8. Juli 2003[792] wurden Regelungen für den zukünftigen Abschluss föderaler Verträge geschaffen. Nach 2003 gelang es jedoch nur noch Tatarstan im Jahr 2003, einen neuen föderalen Vertrag mit der RF abzuschließen, auf den die nachfolgenden Regelungen anwendbar sind.

In Art. 26.7 Abs. 1 SubjOrgG heißt es, dass der Abschluss von Kompetenzabgrenzungsverträgen nur dann statthaft ist, wenn die wirtschaftlichen, geographischen oder sonstigen Besonderheiten des Subjekts dies erfordern und durch diese Besonderheiten eine andere als die durch föderales Gesetz aufgestellt Kompetenzabgrenzung notwendig wird. In diesen Vertrag sind die Kompetenzen der Bundes- und Subjektorgane aufzunehmen, die von den gesetzlichen Vorgaben abweichen. Zudem müssen die Bedingungen und die Ordnung der Ausübung dieser Kompetenzen, konkrete Rechte und Pflichten der Parteien sowie die Geltungsdauer und die vorzeitige Beendigung und Verlängerung des föderalen Vertrages festgelegt werden. Die Vertragssprache ist russisch, federführend sind der Präsident der Föderation auf Bundesseite und die Subjektexekutivspitze auf Seiten des Subjekts auf Grundlage dieses Gesetzes.[793]

Das Vertragsprojekt muss von der Subjektexekutivspitze dem Legislativorgan des Subjekts zur Zustimmung vorgelegt werden, Art. 26.7 Abs. 4 SubjOrgG. Das Vertragsprojekt wird vom Subjektsparlament per Beschluss mit Stimmenmehrheit gebilligt oder abgelehnt. Die höchste Amtsperson des Subjekts teilt dem Föderationspräsidenten das Abstimmungsergebnis mit.

Ein Staatsorgan des Subjekts, das nicht Vertragspartei ist, ist berechtigt, auf seinen Antrag hin das Gesetzesprojekt ausgehändigt zu bekommen und Vorschläge und Anmerkungen dazu zu unterbreiten. Werden daraufhin Bestimmungen innerhalb der bereits vom Parlament gebilligten Fassung geändert, so muss dieses der neuen Vertragsfassung ein zweites Mal zustimmen. Implizit scheinen die Autoren des Gesetzes davon auszugehen, dass das Parlament gleich bei der Beratung seine Änderungswünsche in den Vertrag einbaut. Dem Wortlaut nach könnte es als Nicht-Vertragspartei auch nachträglich noch Änderungen und Ergänzungen verlangen und danach erneut abstimmen.

---

792 Art. 2 des Gesetzes über die Änderungen und Ergänzungen des SubjOrgG, Nr. 131 veröffentlicht in der Rossijskaja Gazeta vom 8. Juli 2003, (3245).

793 Hier wird den Subjekten noch einmal explizit mitgeteilt, dass sie keinesfalls intern selbst bestimmen können, welches Staatsorgan sie nach außen vertritt.

Nach der Unterzeichnung des Vertrages durch den Föderationspräsidenten und die Subjektexekutivspitze bringt der föderale Präsident innerhalb von 10 Tagen ein Gesetzesvorhaben zur Bestätigung des föderalen Vertrages in die föderale Staatsduma ein. Der föderale Vertrag über die Kompetenzabgrenzung tritt an dem Tag in Kraft, an dem das föderale Gesetz über seine Bestätigung von der Staatsduma in Kraft tritt. Er hat den Rechtsstatus eines föderalen Gesetzes und kann nur im Wege der Einfügung von Änderungen oder Ergänzungen verändert werden, wie es dieses Gesetz vorsieht (Art. 26.7 Abs. 9 SubjOrgG). Der Rechtsstatus eines föderalen Gesetzes wird z.B. von Tatarstan bestritten, dort behauptet man die Qualität eines völkerrechtlichen Vertrages für den ersten Föderationsvertrag von 1994.

Art. 26.7 Abs. 11 SubjOrgG besagt, dass der föderale Vertrag im beiderseitigen Einvernehmen oder einseitig nach Gerichtsentscheidung aufgehoben werden kann. Für die einvernehmliche Aufhebung oder Verlängerung des Vertrages gilt die oben beschriebene Ordnung. Die einseitige Vertragsbeendigung ist möglich, wenn ein föderales Gericht feststellt, dass die jeweils andere Vertragspartei Vertragsbestimmungen verletzt hat. Da es bislang angesichts des einen neuen Vertrages noch keine Rechtsprechungspraxis gibt, ist der Rechtsweg ungeklärt. Hierbei handelt es sich um einen klassischen Organstreit, sodass das VerfGRF das „natürliche" Gericht wäre.

Nach dieser Gerichtsentscheidung trifft entweder der Föderationspräsident oder die Subjektexekutivspitze die Entscheidung über die Vertragsauflösung. In diesem Fall muss die Entscheidung über die Vertragsauflösung innerhalb von 30 Tagen nach dem Gerichtsbeschluss ergehen und veröffentlicht werden. Das föderale Gesetz über die Bestätigung des föderalen Vertrages tritt mit dem Tag der Veröffentlichung außer Kraft.

Art. 26.8 SubjOrgG beinhaltet die Prinzipien und die Ordnung des Abschlusses von Vereinbarungen. Absatz 1 zufolge können die föderalen Exekutivorgane per Vereinbarungen Kompetenzen an die Exekutivorgane der Subjekte abgeben, wenn dies nicht der VerfRF, diesem föderalen Gesetz oder anderen föderalen Gesetzen widerspricht. Vereinbarungen können dann abgeschlossen werden, wenn diese Befugnisse nicht auf andere Weise auf die Exekutivorgane der Subjekte übertragen werden können. Die Exekutivorgane der Subjekte können den föderalen Organen einen Teil ihrer Befugnisse übertragen, sofern sie ihnen gleichzeitig die dafür notwendigen materiellen und finanziellen Mittel zur Verfügung stellen und soweit dies der Verfassung (dem Statut) und den sonstigen Rechtsnormen des Subjekts nicht widerspricht. Interessant ist, dass bei der Übertragung der spärlichen Subjektkompetenzen an die Zentralgewalt das Subjekt auch noch dafür zahlen muss. Für den gegenteiligen Fall sieht das Gesetz keine Regelung vor. Dies ist ein Fall des Art. 26.5 SubjOrgG, der bereits regelt, dass das Subjekt, dessen Exekutive Aufgaben von einem föderalen Exekutivorgan übernimmt, die hierfür erforderlichen Subventionen aus dem Föderationshaushalt erhält.

Die föderalen Exekutivorgane, die einen Teil ihrer Befugnisse im Wege der Vereinbarung auf Exekutivorgane der Subjekte übertragen, überwachen deren Ausübung und tragen für die nicht korrekte Ausführung durch die Subjektbehörden die Verantwortung. Dies könnte man als Rechtsgarantie für den Bürger verstehen, der sich bei Schlechtausübung der jeweiligen vorherigen Bundesbefugnisse an die delegierende föderale Behörde wenden kann. Die Föderation kann sich also nicht einfach ungeliebter Pflichtaufgaben entledigen und hernach auf die Verantwortung des Subjekts verweisen.

Art. 26.8 Abs. 2 SubjOrgG bestimmt, dass die Voraussetzungen und die Ordnung der Übertragung der Befugnisse, darunter auch die Finanzierungsordnung, die Geltungsdauer und die Verantwortlichkeit in der Vereinbarung festgelegt werden müssen. Dies ist ein Fortschritt gegenüber der sonstigen Regelungstiefe des vorliegenden Gesetzes. Hier werden ausnahmsweise nur Rahmenvorgaben gemacht. Diese reichen hier wegen des Prinzips der Einheitsverwaltung aus. Denn es gibt in den Subjekten kaum Behörden, die nicht föderale Behörden sind.

Die Vereinbarung wird von dem Leiter der delegierenden föderalen Behörde und der Subjektexekutivspitze unterzeichnet (Art. 26.8 Abs. 3 SubjOrgG). Wie schon im vorherigen Artikel können andere Behörden nach Absatz 4, die Nicht-Vertragsparteien sind, das Vereinbarungsprojekt anfordern. Die Vereinbarung tritt nach Unterzeichnung, Bestätigung durch die föderale Regierung und Veröffentlichung in Kraft. Daneben muss bei der Vorbereitung der Vereinbarung die in diesem Gesetz verankerte Ordnung beachtet werden (Absätze 5 und 6).

Hier werden Regelungen getroffen, bei denen sich die Kompetenzen überlappen. Für die Subjekte nachteilig ist deren Kostentragungspflicht bei der Übertragung ihrer Kompetenzen an die Föderation. Als Folge des Prinzips der Einheitsverwaltung erscheint die Aufsicht der delegierenden föderalen Behörde. Im Gesetz ist nicht geregelt, wen der Bürger bei einer Rechtsverletzung verklagen könnte. Dies ist ein generelles Manko des russischen Rechts:

Es existieren bislang weder Verwaltungsverfahrensrecht und noch Verwaltungsprozessrecht.

5.5.6. *Bewertung des Prozesses der föderalen Verträge*

Zusammenfassend konstatiert *Kahn*, dass der „Krieg der Gesetze" das Ergebnis einer Doktrin der Nichtigkeiten war. Es sei ein Hindernis für eine funktionierende Föderation, wenn Bestandteile der Föderation sich heraussuchen könnten, welche föderalen Normen ihnen passten und die anderen nicht anwendeten. Diese Entwicklung habe es gegeben und sie sei von den föderalen Behörden hingenommen worden, in dem stillschweigend versucht wurde, die Diskrepanzen mit weiteren bilateralen Vereinbarungen zu lösen. Dabei wurden verfassungsrechtliche Widersprüche, föderale Gesetze und Gerichtsentscheidungen einfach ignoriert.

Ross ist zutreffend der Ansicht, dass die Verträge die föderale Verfassung und den Rechtsstaat in Russland geschwächt haben.[794] Die Verträge gäben Artikel 5 VerfRF der Lächerlichkeit preis, welcher die Gleichheit der Subjekte untereinander im Verhältnis zum Zentrum bestimmt. Hinzu komme noch, dass die Verträge nicht von den Parlamenten geschlossen wurden. Im April 1997 habe der Föderationsrat eine Gesetzesinitiative mit einem Veto abgelehnt, die der Staatsduma solche Kompetenzen eingeräumt hätten. Des Weiteren habe das Verfassungsgericht nie einen föderalen Vertrag auf seine Verfassungsmäßigkeit geprüft. Das Ergebnis der Entwicklung sei, dass einige arme Regionen vollständig vom Zentrum abhängig seien und keinerlei föderale Beziehungen mehr existierten, eine stärkere Gruppe verfüge über den Schmuck des Föderalismus und die stärksten wie Tatarstan koexistierten in einem Club konföderierter Staaten mit Moskau.[795]

Andere Autoren sind der Ansicht, dass die föderalen Verträge eine positive Rolle dabei gespielt hätten, eine komplette Desintegration der Föderation zu vermeiden. So sei die Stärkung einer asymmetrischen Föderation der Schlüsselfaktor bei der Beherrschung des Separatismus und regionaler Herausforderungen sowie ein wichtiger Faktor für das Überleben der Föderation gewesen. Die Verträge wurden auch verteidigt, weil sie eine anpassungsfähi-

---

794 Ross, C. (2002). Federalism and democratisation in Russia. Manchester. S. 46.
795 Ebenda. S. 46.

ge, flexible und demokratische Art darstellten, um auf die verschiedenen Bedürfnisse von Russlands sehr verschiedenen Subjekten einzugehen.[796]
In der russischen Diskussion wird einerseits vertreten, die Widersprüchlichkeit des Vertragsprozesses, vor allem die Begrenzung seiner Gegenstände durch das Gesetz vom 24. Juni 1999 führten zu einer negativen Einstellung den föderalen Verträgen gegenüber und der vollständigen Abkehr von ihnen in der Verfassungspraxis. Dies zeuge von einer falschen Bewertung der Möglichkeiten der föderalen Verträge.[797]
Die dringende Notwendigkeit des Vertragsprozesses sei offensichtlich. Weder Verfassung noch föderales Gesetz könnten der Spezifik der Subjekte im Hinblick auf Bevölkerungszahl, „ethnische" Zusammensetzung, sozialökonomischen und geopolitische Lage gerecht werden. Die Verträge trügen diesen Besonderheiten Rechnung.
Die föderalen Verträge boten Möglichkeiten, die Schärfe der politischen Konflikte zwischen Zentrum und den Territorien zu vermindern. Der erste Vertrag mit Tatarstan führte in all' seiner Widersprüchlichkeit dazu, einen Kompromiss zu finden und den Verbleib dieser Republik innerhalb der Föderation zu sichern. Einheit in Vielfalt – Die Verträge konnten einen Beitrag zu einer demokratischen Festigung der Einheit der RF leisten.[798]
Widersprüchlichkeit kennzeichnet alle sozialen Systeme. Die Lösung sozialer Widersprüche durch Vertrag ist eine Quelle der Entwicklung der RF: Die Idee der Verträge führt zu einem Einverständnis, das die Vielfalt der Subjekte zu einer einheitlichen und ganzheitlichen Russischen Föderation führt.[799]
Schneider meint, die Sezessionsbestrebungen seien begrenzt worden, auch wenn die Zugeständnisse der Zentralregierung nicht selten über den Verfassungsrahmen hinausgingen.[800] Dazu kamen noch ein starkes Sezessionsstreben bei Tatarstan und Baškortostan seit 1992 und der Versuch, den Status innerhalb der RSFSR zu verbessern, den das Sverdlovsker Gebiet mit den anderen angrenzenden Ural-Gebieten unternahm.

---

796 Hughes (1998) Institutional design and political stability: asymmetric federalism in Russia's state of transition. ERSC research Seminar: Regional Transformations in Russia. London School of Economics and Political Science. S. 3
797 Čerepanov, V. (2003). "Federativnye dogovory. Za i protiv." Federalizm(3). S. 47
798 Ebenda. S. 46.
799 Ebenda. S. 47.
800 Schneider, E. (2004). Die Kompetenzabgrenzungsverträge zwischen der Föderation und den Föderationssubjekten: Dynamik und Asymmetrie. Brunner, G. (Hrsg.) Der russische Föderalismus. Bilanz eines Jahrzehnts. Münster: S. 61 – 75. S. 75.

5.5.7. Eigene Stellungnahme

Der Abschluss föderaler Verträge neben einer existierenden Verfassung war Ende des 20. Jahrhunderts ein einmaliger Prozess. Er erinnert eher an eine Konföderalisierung bzw. an einen umgekehrten Prozess des Zusammenschlusses von Provinzen zu einer Föderation.

Als klares Verdienst dieses Prozess kann festgehalten werden, dass bis auf Čečnija weitere Sezessionsbestrebungen vermieden wurden. Angesichts des sowjetischen Erbes des „Scheinföderalismus“ [801] bot das Instrument der föderalen Verträge den Subjekten einen Ausgleich für das fortbestehende System der Einheitsverwaltung, indem bestimmte Materien den Subjekten zugesprochen werden konnten und die föderalen Organe dann nach Art. 76 Abs. 6 VerfRF verpflichtet sind, föderales Recht nicht anzuwenden.

Überträgt man als Bewertungsraster den theoretischen Ansatz von *Vedder,* so fällt zunächst der vollständig andere Charakter der russischen Konzeption auf: In Deutschland müssen die Bund-Länder-Verträge die Zuständigkeitsverteilung des Grundgesetzes respektieren, Verträge des Bundes mit allen Bundesländern dürfen nur der Klärung von Zuständigkeitszweifeln dienen. In der RF dagegen war der Zweck eine Veränderung der verfassungsrechtlichen Zuständigkeitsregeln. Zudem wurden einzelnen Subjekten föderale Zuständigkeiten in verschiedenem Umfang übertragen.

Andererseits sind die von den Gegnern des Vertragsprozesses vorgebrachten Argumente nicht von der Hand zu weisen:

- Die Autorität der VerfRF wurde durch die föderalen Verträge geschwächt. Dies wurde durch die Diskussion um einen Vertrags- bzw. Verfassungsföderalismus verstärkt. Diese Debatten haben nicht zu einer Stärkung der „Rule of Law“ in Russland beigetragen. Das Vertrauen in den Rechtsstaat ist weiterhin durch die Weigerung, Entscheidungen des VerfGRF umzusetzen, erschüttert worden.
- Das Verfassungspostulat der Gleichheit der Subjekte wurde mit den föderalen Verträgen dementiert. Dies zeigte sich insbesondere darin, dass die bodenschatzreichen Republiken nicht nur mehr Zuständigkeiten und Kompetenzen erringen konnten, sondern es ihnen darüber hinaus gelang, einen beträchtlichen Teil ihrer Steuern nicht an das föderale Zentrum abzuführen.

---

801 Mommsen, M. (1999). Der Föderalismus in Rußland. Meier-Walser, R. C. / Hirsch, G. (Hrsg.) Krise und Reform des Föderalismus: Analysen zu Theorie und Praxis bundesstaatliche Ordnungen. München: 226-245. S. 228.

- Weiterhin bedenklich ist das Demokratiedefizit: Durch die Unterzeichnung durch den föderalen Präsidenten wurden automatisch Staatsduma und Föderationsrat von der Beratung und Beurteilung der föderalen Verträge ausgeschlossen, obwohl es sich hier um Beschneidungen der föderalen Gesetzgebungszuständigkeiten und damit ihrer eigenen Kompetenzen handelte.
- Darüber hinaus ist die vorherrschende Intransparenz bei der Aushandlung der föderalen Verträge zu kritisieren. Die Verträge wurden oft „hinter verschlossenen Türen" verhandelt und waren teilweise noch nicht einmal für die Subjektparlamentarier einsehbar. Andere Subjekte sollten gleichfalls nicht vom erstrittenen Vorsprung profitieren.
- Der Abschluss günstiger föderaler Verträge wirkte wie ein Vertrauensbeweis des Zentrums gegenüber der regionalen Elite. Man könnte diese Verträge als Teil einer Patron-Klienten-Beziehung[802] deuten. Gerade im Zusammenhang mit der Intransparenz der Verhandlungen wurde dadurch die Demokratie auf regionaler Ebene geschwächt.

Dagegen bleibt festzuhalten, dass der Abschluss der föderalen Verträge eines der wenigen Zugeständnisse war, das die Subjekte jemals an Föderalismus gegenüber dem Zentrum erstreiten konnten.

Dass die handelnden Politiker den Zerfall Russlands nicht hinnehmen würden und dafür auch Beschädigungen des Demokratieprinzips und der „Rule of Law" in Kauf nahmen, war zu erwarten. Kein Politiker nimmt den Staatszerfall hin, wenn er noch irgend handlungsfähig ist. Immerhin konnte dieser Zerfall - bis auf Čečnija – gewaltlos verhindert werden.

Aus heutiger Sicht sind für die Subjektexekutivspitzen die Amtsenthebungsbefugnisse des SubjOrgG wesentlich dramatischer als die geringer gewordenen Zuständigkeiten, zumal inzwischen sehr viel föderales Recht gesetzt worden ist, das auch in den Subjekten gilt, die die Materien, auf denen die Gesetzbücher beruhen, als gemeinsame Zuständigkeiten oder Gesetzgebungszuständigkeit ihres Subjekts ausgehandelt hatten.

Somit stellt sich nach dem Auslaufen der Frist des SubjOrgG die Parade der Verträge als Übergangsrechtsphänomen dar, das von *Putins* „Vertikale der Macht"[803] abgelöst wurde. Für den Föderalismus wäre es von Vorteil, wenn die Institutionen der Subjekte wie die Kompetenzen des Föderationsrats ge-

802 Im Sinne von Blakkisrud, H. (2003). The rise and fall of the Russian governor. Steen, A. / Gel'man, V. (Hrsg.) Elites and Democratic Development in Russia. New York, NY. **24:** 71-91.

803 Zur „Vertikale der Macht" vgl. die Definition von *Mommsen*, S. 71.

stärkt und die Beteiligung der Subjekte am Gesetzgebungsprozess gestärkt würden.

5.6. Das Kompetenzabgrenzungsgesetz und das Subjektorganisationsgesetz

Der folgende Abschnitt ist dem Kompetenzabgrenzungsgesetz und dem Subjektorganisationsgesetz als unterverfassungsrechtlichen Akten zur Zuständigkeitsabgrenzung gewidmet. Das inzwischen außer Kraft getretene Kompetenzabgrenzungsgesetz war ein Versuch, den oben kritisierten Zustand der unvollständigen Zuständigkeitsabgrenzung in der VerfRF gesetzlich zu regeln. Wie das SubjOrgG sehr verschiedenen Materien der Kompetenzabgrenzung zwischen Föderations- und Subjektorganen regelt, wird danach erörtert und bewertet.

5.6.1. Das Kompetenzabgrenzungsgesetz

Als Reaktion auf die uneinheitliche und dem Prinzip der Gleichheit der Subjekte widersprechende Praxis der föderalen Verträge, wurde das Kompetenzabgrenzungsgesetz (KompAbgG) verabschiedet[804]. Es ist inzwischen außer Kraft getreten[805]. Seine Regelungen beschreiben jedoch den Problemkreis Ende der neunziger Jahre.

Man versuchte der Praxis ungleicher Kompetenzverteilung durch die Regelung des Art. 3 Abs. 1 KompAbgG beizukommen, welcher bestimmte, dass weder föderale (Verfassungs-)Gesetze noch Rechtsakte der Subjekte und föderale Verträge die Gesetzgebungsgegenstände der VerfRF ändern durften. Dieses Anliegen kann nur als erfolgloser retrospektiver Versuch der Eindämmung dieser Praxis bewertet werden.

Art. 4 KompAbgG stellte klar, dass im Zweifel die Regelung der VerfRF oder eines im Rahmen der gemeinsamen Gesetzgebungszuständigkeit erlassenen föderalen (Verfassungs-) Gesetzes vorgeht. Art. 5 und 6 KompAbgG versuchten das verfassungsmäßige Prinzip der Gleichheit der Subjekte wiederherzustellen. Es durften keine Verträge zu Lasten anderer Subjekte abgeschlossen, alle Subjekte mussten beim Abschluss föderaler Verträge gleich behandelt werden. Art. 12 Abs. 1 KompAbgG legte fest, dass föderale Gesetze die allgemeinen Prinzipien der in Art. 72 Abs. 1 aufgelisteten Materien

804 Gesetz vom 24. Juni 1999. FZ Nr. 119.
805 Durch Gesetz vom 4. Juli 2003 außer Kraft getreten.

regeln sollen. Art. 12 Abs. 2 KompAbgG übernahm aus der Rechtsprechung des VerfGRF das Prinzip, dass die Subjekte bis zum Erlass eines föderalen Gesetzes selbst Recht setzen können.

Art. 13 KompAbgG bestimmte das Gesetzgebungsverfahren in den Subjekten bei der Einbringung von Gesetzen innerhalb der gemeinsamen Gesetzgebungszuständigkeit in die Staatsduma. Gleichzeitig wurde der mögliche Kreis föderaler Verträge stark eingeschränkt. So stellte Art. 14 Abs. 2 KompAbgG des Gesetzes klar, dass Verträge vor allem Regelungen eines föderalen Gesetzes für die Bedingungen eines Subjekts konkretisieren sollten. Art. 17 KompAbgG ergänzte dies um die Bestimmung, dass auch die Zusammenarbeit der jeweiligen Organe bei der Ausführung eines im Bereich der gemeinsamen Zuständigkeit erlassenen föderalen Gesetzes in einem föderalen Vertrag geregelt werden konnte. Das Kompetenzabgrenzungsgesetz definierte die Abgrenzung der Vollmachten zwischen den Organen der Föderation und der Subjekte innerhalb der gemeinsamen Gesetzgebungszuständigkeit nicht. Dies geschah mit Hinweis darauf, dass dies in anderen föderalen Gesetzen geschehe.[806] *Narutto* ist zu Recht der Auffassung, dass man es in diesem Gesetz hätte regeln müssen wie auch die Rahmengesetzgebungskompetenz der Föderation, so wie dies in anderen Verfassungen weltweit der Fall sei. Was mit der Verabschiedung dieses Gesetzes ausgeschlossen wurde, war die Neuaufteilung von Gesetzgebungszuständigkeiten zwischen föderaler Zentrale und einzelnen Subjekten. Die Zeit der Deals war vorbei. Das KompAbgG wurde durch die neue Fassung des SubjOrgG am 4. Juli 2003 abgelöst.

Das KompAbgG diente dazu, den Leerraum der nicht ausreichenden Abgrenzungsregelungen der Verfassung auszufüllen und sorgte für Klarheit, oft zum Nachteil der Subjekte. So hätte eine Regelung einer Rahmengesetzgebungszuständigkeit der Föderation dazu führen können, dass den Subjekten mehr Raum für das konkrete Ausfüllen föderaler Rahmenmaßgaben geblieben wäre. Dies hätte wiederum einen Schritt in Richtung Subsidiarität[807] bedeutet. Dem ist entgegenzuhalten, dass es dem Verfassungsrecht eher entspricht, wenn eine Regelung der Rahmengesetzgebungszuständigkeit in der Verfassung selbst und nicht im unterverfassungsrechtlichen Verfassungsrecht stattfindet. Auf diese Weise hätte ein Schutzmechanismus der Subjekte vor der sich ausdehnenden Regelungs"wut" des föderalen Gesetzgebers implemen-

---

806 Narutto, S. V. (2003). Federalizm i edinstvo gosudarstvenno-pravovoj sistemy Rossii. Moskva.S. 346.

tiert werden können und dem Kriterium zum „Bestandsschutz" von Subjekten[808] besser entsprochen werden können. Das das KompAbgG ablösenden SubjOrgG stellte eine Verschlechterung für die Subjekte dar.

5.6.2. Das Subjektorganisationsgesetz

Im 1999 verabschiedeten Subjektorganisationsgesetz wird gemäß Art. 77 Abs. 1 VerfRF der Aufbau der Subjekte geregelt. In diesem Abschnitt wird das SubjOrgG historisch eingeordnet. Danach werden die allgemeineren Regelungen der Kompetenzabgrenzung vorgestellt, bevor die Spezialregelungen der föderalen Finanzbeziehungen erörtert werden.

5.6.2.1. Einleitung

Im Rahmen der Zentralisierungsbestrebungen wurde das Gesetz „Über die allgemeinen Prinzipien der Organisation der gesetzgebenden (repräsentativen) und vollziehenden Organe der Staatsgewalt der Subjekte der Russischen Föderation"[809] 1999 noch unter *El'cin* verabschiedet. Hierin werden der Staatsaufbau und Grundzüge der Funktionsweise der Legislativ- und Exekutivorgane der Subjekte geregelt. Eine Mehrheit der Subjektvertreter stimmte – trotz heftigen Protests – dem Gesetz im Föderationsrat zu. Die Gesetzgebungskompetenz ergibt sich aus Art. 72 Nr. 1 lit. m i. V. m. Art. 77 Abs.1 VerfRF, wonach die Festlegung allgemeiner Organisationsprinzipien für das System der Organe der Staatsgewalt und der örtlichen Selbstverwaltung eine Angelegenheit der gemeinsamen Gesetzgebung ist: Die Entscheidung darüber, welche Struktur die Legislative und Exekutive im jeweiligen Teilgebiet haben soll, obliegt – im Rahmen des Demokratieprinzips der Föderalen Verfassung aus Art. 1 Abs. 1 VerfRF und der weiteren in Art. 4 und 5 Abs. 3 VerfRF enthaltenen Prinzipien der Einheit des Bundesstaats – also nicht selbstverständlich den Subjekten. Um den Anforderungen des Art. 72 Nr. 1 lit. m VerfRF zu genügen, gibt das Gesetz im Titel vor, lediglich die „allgemeinen Organisationsprinzipien" zu regeln.

Das SubjOrgG hatte den Anspruch, verschiedene Problemkreise zu lösen:

---

807 Vgl. zum Subsidiaritätsprinzip S. 53.

808 Zum Schutz von Föderationsbestandteilen (Föderationssubjekten) sollte die Änderung der föderalen Verfassung besonders hohen Quoren bei der Veränderung unterliegen (Nr. 2 PrFöd). S. 47.

809 FZ vom 6. Oktober 1999, Nr. 184-FZ, mit Änderungen vom 29. Juli 2000, 8. Februar 2001, 7. Mai, 24. Juli, 11. Dezember 2002, 4. Juli 2003, 19. Juni, 11. und 29. Dezember 2004, 21. Juli, 31. Dezember 2005, 3 Juni, 12, 18, 25, 27. Juli, 25. Oktober, 4., 29. Dezember 2006, 2., 23. März, 26 April, 10. Mai, 18. Juni 2007; 4. Juni 2010 (Rossijskaja Gazeta, Nr. 5203 vom 9. Juni 2010).

- einen einigermaßen homogenen Verwaltungsaufbau der Subjekte zu schaffen,
- die Kompetenzabgrenzung von föderalen und Subjektorganen innerhalb der gemeinsamen Zuständigkeit zu klären (Abschnitt VI.1, Art. 26.1 ff. SubjOrgG),
- Grundlagen der föderalen Finanzbeziehungen bei der Ausübung der gemeinsamen Gesetzgebungszuständigkeit zu regeln (Art. 26.2 , 26.3. 26.3-1 und 26.3-2 SubjOrgG),
- die Problematik der föderalen Verträge für das Zentrum befriedigend zu lösen (Art. 26.7SubjOrgG) sowie
- die Absetzbarkeit von Republikspräsidenten und Gouverneuren sowie Subjektparlamenten durch den Föderationspräsidenten bei anhaltenden Verstößen gegen föderales Recht zu gewährleisten (Art. 9 SubjOrgG).

Damit sollte insgesamt das Niveau der Kontrolle des Zentrums gegenüber den Subjekten erhöht sowie der Grad rechtlicher Asymmetrie verringert werden.

Im Zusammenhang mit der Kompetenzabgrenzungsproblematik sind insbesondere die Regelungen zur Abgrenzung der Kompetenzen zwischen föderalen und Subjektorganen und die Regelungen zu föderalen Verträgen, zur haushaltsrechtlichen Absicherung der Kompetenzabgrenzungen sowie zur Verantwortung von Subjektorganen von Interesse.

5.6.2.2. Die Regelung der Kompetenzabgrenzung gemäß Art. 26.1 ff. SubjOrgG

Art. 26.1 SubjOrgG ist mit „Bestimmung der Befugnisse der Staatsorgane der Subjekte“ überschrieben. Sein Absatz 1 legt fest, dass sich die Kompetenzen der Staatsorgane der Subjekte auf dem Gebiet der ausschließlichen Zuständigkeit aus der Verfassung (dem Statut), den Gesetzen und den in Übereinstimmung mit ihnen verabschiedeten Normativakten der Subjekte ergeben. Das ist nicht weiter überraschend, denn selbstverständlich müssen die Quellen dieser Kompetenzen Rechtsakte der Subjekte sein. Hier wird nur dargestellt, was systematisch auf der Hand liegt.

Art. 26.1 Abs. 2 SubjOrgG verdeutlicht, dass die Vollmachten der Staatsorgane auf dem Feld der gemeinsamen Zuständigkeit sich aus der VerfRF, föderalen Gesetzen, föderalen Verträgen über die Abgrenzung von Kompetenzen und Vereinbarungen ergeben. Auch hier wird vorwiegend der Verfassungstext wiederholt. Der Postulationscharakter dieser Norm ist vermutlich

auch der Tatsache geschuldet, dass das SubjOrgG nur Grundprinzipien regeln soll. Rechtsfolgen enthalten diese „Staatszielbestimmungen“ nicht.
Im Folgenden nennt Art. 26.1 Abs. 3 SubjOrgG als Rechtsgrundlagen für das Handeln der Subjektorgane auf dem Gebiet der ausschließlichen Föderationszuständigkeit die VerfRF, föderale Gesetze und mit ihnen übereinstimmende Normativakte des Föderationspräsidenten und der föderalen Regierung der RF sowie Vereinbarungen. Art. 26.1 Abs. 4 SubjOrgG benennt die Mindestangaben, die Gesetze, föderale Verträge und Vereinbarungen über die Zuständigkeitsabgrenzungen haben müssen: Sie sollen die Rechte, Pflichten und Verantwortlichkeit der Staatsorgane der Subjekte, die Ordnung und Finanzierung der Ausübung ihrer Kompetenzen und sie dürfen nicht analoge Kompetenzen gleichzeitig Bundes- und Organen der Subjekte oder denjenigen der kommunalen Selbstverwaltung verleihen. Außerdem müssen sie den weiteren Anforderungen entsprechen, die dieses Gesetz aufstellt. Diese Forderungen gelten auch für die Dekrete des Präsidenten und die Verordnungen der föderalen Regierung. Hier wird eine gewisse Trennung der Verwaltungsräume angedeutet sowie den föderalen Organen eine Verpflichtung auferlegt, die Subjekte ausreichend zu finanzieren.
Schon angesichts des Titels „Bestimmung der Kompetenzen der der Subjektorgane“ dieses Abschnitts drängt sich die Frage auf, warum die Abgrenzung der Gewalten neben derjenigen der Gesetzgebungszuständigkeiten in der Verfassung, dem KompAbgG und den einzelnen föderalen Verträgen, die zwischen der Föderation und einzelnen Subjekten im Laufe der neunziger Jahre geschlossen wurden, hier noch einmal geregelt werden muss, zumal in den Normen des SubjOrgG gegenüber den Regelungen der VerfRF keinerlei Konkretisierung oder Präzisierung erreicht wird. Die Antwort könnte zum einen lauten, dass es bei den vorgenannten Rechtsquellen um die Gesetzgebungszuständigkeiten ging, hier aber die Kompetenzen der Exekutive geregelt werden sollten. Wobei auch diese Erklärung nicht hinreicht, denn in den einzelnen föderalen Verträgen wird auch die Kompetenzabgrenzung der Exekutive behandelt. Zum anderen trat das KompAbgG außer Kraft und das SubjOrgG übernahm teilweise dessen Funktionen. Trotz der „Überflüssigkeit“ angesichts der existierenden Normenpyramide mit den Verfassungsregelungen der Art. 71 - 73 VerfRF soll dieser Artikel noch einmal die Grundlagen darlegen.

5.6.2.3. Grundlagen der föderalen Finanzbeziehungen innerhalb der gemeinsamen Gesetzgebungszuständigkeit (Art. 26.2 , 26.3. 26.3-1 und 26.3-2 SubjOrgG).

Die Finanzbeziehungen sind in den genannten Bestimmungen beschrieben. Das System der föderalen Finanzbeziehungen wurde in den Art. 26.3 - 1 und 26.3 - 2 SubjOrgG überarbeitet. Darin wurden den Subjekten mehr Kompetenzen übertragen, aber andererseits auch finanzielle Verpflichtungen aufgebürdet, die nicht alle Subjekte angesichts ihrer sehr unterschiedlichen finanziellen Leistungsfähigkeit im selben Maße tragen können, wodurch indirekt die Abhängigkeit von der föderalen Regierung und der Präsidialadministration gestärkt wird.

Art. 26.3 SubjOrgG legt die Prinzipien der finanziellen Sicherung der Tätigkeit der Subjektorgane auf dem Gebiet der gemeinsamen Zuständigkeit fest. Werden die Staatsorgane des Subjekts innerhalb einer der im Katalog in Art. 26.3 Abs. 2 SubjOrgG aufgestellten gemeinsamen Kompetenzen tätig, so müssen sie aus dem Budget des Subjekts bezahlt werden. Daneben können diese Tätigkeiten in gesetzlich vorgesehenen Fällen auch aus dem Bundeshaushalt oder aus Fonds, die nicht in jenen Haushalten enthalten sind, finanziert werden. Art. 26.3 Abs. 2 SubjOrgG enthält einen umfassenden Katalog, in dem alle nur denkbaren Ausgabemöglichkeiten aufgeführt werden, die vom Subjekt bestritten werden müssen. Dieser Katalog umfasst mehr als 60 Positionen. Hierbei geht es überwiegend um die Finanzierung der Zuständigkeitstitel aus dem Katalog der gemeinsamen Gesetzgebungszuständigkeiten in Art. 72 VerfRF. Art. 26.3 Abs. 3 SubjOrgG enthält auf Absatz 2 bezogene Definitionen. Art. 26.3 Abs. 4 SubjOrgG legt fest, dass in föderalen Gesetzen, die innerhalb der gemeinsamen Zuständigkeit verabschiedet werden, der Umfang der Ausgaben der Subjekte zur Ausführung dieses föderalen Gesetzes nicht bestimmt werden kann. Dies stellt lediglich eine Mindestabsicherung der Subjekte dar.

Der Katalog der Vollmachten der Subjektorgane auf dem Gebiet der gemeinsamen Zuständigkeit auf Kosten des Subjekthaushalts kann nicht anders als durch Änderung des Art. 26.3 Abs. 2 SubjOrgG erreicht werden. Dies ist eine Garantie für die Subjekte, denen nicht ohne Gesetzänderung neue Kosten durch ein beliebiges föderales Gesetz entstehen können. Insgesamt erscheint das System sehr zu Ungunsten der Subjekte gefasst zu sein: Die Föderation kann föderale Gesetze erlassen, deren Kosten dann den Budgets der Subjekte zur Last fallen und zwar, ohne dass die Subjekte dies beeinflussen können, solange das Gesetz sich einem der 60 Gegenstände des Katalogs zuordnen lässt. Die einzige Einflussnahme bleibt den Subjekten im Föderationsrat. Art. 26.3 Abs. 5 SubjOrgG besagt, dass bis zur Annahme von föderalen Gesetzen auf dem Gebiet der gemeinsamen Gesetzgebungskompetenz Gegenstände, die auch nicht durch Subjektsgesetz geregelt worden und nicht im Katalog des Art. 26.3 Abs. 2 SubjOrgG aufgeführt sind, durch die Subjektorgane ausgeführt werden können, sofern dies nicht der föderalen Verfassung und -gesetzgebung widerspricht.

Das ist das Prinzip: Solange und soweit ein Gegenstand nicht durch die Föderation und hier nicht durch Subjektgesetz geregelt ist, kann die Verwaltung agieren, soweit die Subjektverfassung oder das Subjektstatut dies vorsieht. Die Kompetenztitel für die Subjektorgane werden in den jeweiligen föderalen Gesetzen geregelt. Weil dieses Prinzip im SubjOrgG selbst nicht geregelt ist, entsteht bei Lektüre lediglich dieses Gesetzes der Eindruck, dass hier der Verwaltung Kompetenzen ohne Gesetz zugeschrieben werden und sie demnach ohne Grundlage eines Gesetzes handeln dürfe. Dies widerspricht im deutschen Rechtssystem dem Prinzip der Gesetzmäßigkeit der Verwaltung. Allerdings enthalten in der RF – jedenfalls theoretisch – die einzelnen Gesetze die entsprechenden Kompetenzen.

Auch den Organen der kommunalen Selbstverwaltung können Kompetenzen und die für die Ausübung notwendige Geldmittel zur Verfügung gestellt werden (Art. 26.3 Abs. 6 SubjOrgG). In Art. 26.3 Abs. 7 SubjOrgG ist geregelt, dass die Vollziehung von Befugnissen, die auf Gegenständen der gemeinsamen Gesetzgebungszuständigkeit beruhen, durch föderale Subventionen finanziert werden, soweit nicht Gegenstände aus dem Katalog des Art. 26.3 Abs. 2 SubjOrgG betroffen sind. Weitere Voraussetzung ist dann, dass die Kompetenzen zwischen den jeweiligen Organen des Bundes und des Subjektes in dem föderalen Gesetz genau abgegrenzt werden. Zudem müssen verschiedene Buchhaltungsgrundsätze für die Verwendung der Subventionen aus dem Bundeshaushalt eingehalten werden.

Art. 26.3 Abs. 8 SubjOrgG macht eine weitgehende Einschränkung: Diese Subventionsmittel dürfen nur bewilligt werden, wenn die Schaffung neuer Organe oder die Einstellung neuer Staatsbediensteter zur Erfüllung der gesetzlichen Aufgabe auf dem Gebiet des Subjekts notwendig ist. Der neu eingefügte Art. 26.3 Abs. 9 SubjOrgG[810] behandelt die Reorganisation der föderalen Exekutivorgane auf dem Territorium der Subjekte. Dies ist eine ziemlich über-

810 Föderales Gesetz (FZ) vom 29. Dezember 2006, Nr. 258-FZ.

flüssige Bestimmung innerhalb der Finanzbeziehungen. Es kann in föderalen Gesetzen geregelt werden, dass föderale Exekutivorgane umzuorganisieren und in den Exekutivapparat der Subjekte einzugliedern sind. Dies geht allerdings nur bei Gegenständen, die nicht dem umfassenden Katalog des Art. 26.3 Abs. 2 SubjOrgG entsprechen. Es muss bezweifelt werden, dass föderale Organe sich innerhalb der gemeinsamen Zuständigkeit partiell in den Verwaltungsapparat der Subjekte eingliedern.

Im Jahr 2005 wurde weiterhin ein neues System der Finanzierung der Teilnahme der Subjektorgane bei der Ausübung von Zuständigkeiten der RF und der gemeinsamen Zuständigkeit in den Art. 26.3-1[811] und 26.3-2[812] SubjOrgG eingeführt. So wird in Art. 26.3-1 SubjOrgG festgelegt, dass die Subjektorgane Kompetenzen innerhalb der ausschließlichen Zuständigkeiten der RF und der gemeinsamen Zuständigkeit (aber außerhalb der im Katalog des Art. 26.3 Abs. 2 SubjOrgG aufgeführten) ausüben können, wenn sie die dafür erforderlichen Mittel in ihren Haushalten bereit stellen. Diese Befugnis ist gleichzeitig eine Pflicht, denn sie kann in einem föderalen Gesetz festgelegt werden, das gleichzeitig noch das Folgende regeln muss:

- Übereinstimmung der Teilnahme der Subjekte an der Ausübung der genannten Kompetenzen sowie
- Möglichkeit und Umfang der rechtlichen Regulierung dieser Kompetenzausübung durch die Subjekte.

Die Subjekte sind verpflichtet, diese ihnen übertragenen Kompetenzen aus ihren eigenen Haushaltsmitteln zu bestreiten und zwar mit Ausnahme der ihnen für Zielvorgaben überlassen föderalen Haushaltsmittel. Die Subjekte können auf Kosten ihrer Haushalte auch weitere Sozialmaßnahmen durchführen, wenn dies in föderalen Gesetzen so vorgesehen ist. Die Finanzierung dieser Vollmachten stellt keine Verpflichtung der Subjekte dar, allerdings können sie dafür auch keine zusätzlichen Bundesmittel verlangen.

---

811 Föderales Gesetz vom 31. Dezember 2005. Nr. 199, in Kraft getreten am 1. Januar 2006.

812 Föderales Gesetz (FZ) vom 29. Dezember 2006, Nr. 258-FZ.

Die Kritik eines Autorenkollektivs von unabhängigen Wissenschaftlern[813] an dieser Regelung zielt darauf ab, dass hier ein Verstoß gegen die Regelung des Art. 26.1 Abs. 4 SubjOrgG vorliegt, der verbietet, dass gleiche Kompetenzen auf verschiedene Organe übertragen werden. Diese Kritik trifft zu, da aufgrund der Freiwilligkeit der Übernahme einzelne Subjekte diese Kompetenzen übernehmen können und andere nicht. Viele Subjekte wandten sich gegen diese Gesetzesnovelle. Man vermutete, es könne sich um einen neuerlichen Loyalitätstest gegenüber dem Kreml handeln. Zudem befürchtete man Schäden für den eigenen Haushalt.[814] Der Gesetzentwurf wurde den Subjekten vor der 1. Lesung in der Staatsduma am 18. Oktober 2005 zugeleitet, das Gesetz wurde in zweiter Lesung schon am 18. November 2005 angenommen, bei der dritten Lesung am 21. Dezember waren 50 % des ursprünglichen Gesetzestexts geändert worden. Über diese Änderungen wurden die Subjekte vor der dritten Lesung nicht informiert.[815] Das Gesetz wurde in 3. Lesung am 23. Dezember 2005 von der Staatsduma verabschiedet, am 25. Dezember dem Föderationsrat vorgelegt und bereits am 27. Dezember vom Föderationsrat bestätigt. So konnten die Senatoren ihre Subjekte faktisch nicht mehr über die Änderungen informieren. Dem Föderationsrat waren die Hände gebunden, die Senatoren wagten es nicht, sich der föderalen Regierung und dem Föderationspräsidenten entgegenzustellen.

Die Regelungen des Abschlusses der föderalen Verträge (Art. 26.7 SubjOrgG) sind bereits oben unter 5.5.2.2[816] im Abschnitt föderale Verträge erläutert worden.

---

813 Herausgeberkollektiv (2006) Predvaritel'nyj analiz izmenenij Federal'nogo Zakona ot 6 oktjabrja 1999 goda Nr. 184-FZ "Ob obščich principach organisacii zakonodatel'nych (predstavitel'nych) i ispolnitel'nych organov gosudarstvennoj vlasti sub"ektov Rossijskoj Federacii" v svjazi s prinjatiem Federal'nogo Zakona "O vnesenii izmenenij v otdel'nyje zakonodatel'nye akty Rossijskoj Federacii" v svjazi s soveršenstvovaniem razgraničenij polnomočij" DOI: www.arcadis.ru. Arcadis ist eine Consulting-Firma, die die Unterstützung des Aufbaus des Rechtsstaats in der RF verfolgt.

814 Ebenda.

815 Ebenda.

816 Vgl. 5.5.5.2. Einfachgesetzliche Regelungen in Art. 26.7 und 26.8 des SubjOrgG, S. 239.

5.7. Der Kampf um die Kompetenzen – das perfekte Einfallstor für das Informale

5.7.1. Zentrale und dezentrale Elemente in der Entwicklung

In den 1990er Jahren, besonders vor der Verabschiedung der VerfRF, war der Streit um die Ausgestaltung der föderalen und der Subjektkompetenzen ein Schauplatz informalen Ringens. Die VerfRF stellte in vielerlei Hinsicht einen Kompromiss dar. Die Subjekte versuchten, dezentrale Elemente mit der Praxis der föderalen Verträge abzusichern. Sie erreichten die Nennung föderaler Verträge in der Verfassung. Die dezentralen Elemente existierten sonst jedoch außerhalb der Verfassung. Denn Abgrenzungsregeln, wie etwa ein Vorrangverhältnis zwischen Verfassung und föderalen Verträgen im Falle widersprechender Regelungen aussehen soll, stellt die VerfRF nicht auf. Das kann als Sieg der die Dezentralisierung fördernden Subjekte verbucht werden. Andererseits konnten die Subjekte sich in der Frage der Anerkennung des Konzepts der Vertragsföderation nicht durchsetzen. Tatarstan etwa reagiert mit einem Boykott des Verfassungsreferendums. *Putin* führte nun gleichermaßen extra-konstitutional die Dezentralisierung durch, in dem das SubjOrgG verabschiedet wurde, das stark zu Lasten der Subjekte ging und den Vorrang der Verfassungsregelungen festschrieb.

Auch *Umnova* räumt ein, dass die VerfRF eher zentralistische Elemente enthält. Gerade im Hinblick auf Zivilrecht, Urheberrecht und Strafrecht könnten die Subjekte im Vergleich mit den Regelungen der USA und Deutschlands weniger Recht setzen. Im Unterschied zur vorherigen Regelung des Urheberrechts als gemeinsame Zuständigkeit wurde es in der VerfRF der ausschließlichen Föderationszuständigkeit (Art. 71 lit. n VerfRF) zugeschlagen.[817] Im Vergleich mit anderen Föderationen ist insbesondere das Gerichtssystem ungewöhnlich zentralisiert. In der RF gibt es im Prinzip nur eine föderale Gerichtsbarkeit, die konsequent zur Föderationszuständigkeit des Art. 71 lit. n VerfRF gehört.

Im russischen Verfassungsrecht gibt es kein Subsidiaritätsprinzip. Gerade auch in der Regelung der Einheitsverwaltung und des überwiegend einheitlichen Systems der gesamten Gerichtsbarkeit[818] handelte man damit nur folgerichtig. Für die Umsetzung des Subsidiaritätsprinzips in der Exekutive hätte

---

817 Umnova, I. A. (2000). Konstituticionnye osnovy sovremennogo rossijskogo federalizma. Moskva. S. 210.

818 Vgl. 4.4. Das Gerichtssystem S. 165 ff.

es getrennter Verwaltungssysteme bedurft. Diese waren von der Zentrale in den Umbruchjahren zu Beginn der neunziger Jahre nicht erwünscht und von den Subjekten nicht durchzusetzen.

5.7.2. Ausblick

Erstens: Am Ende der Verfassungsentwicklung seit den stürmischen neunziger Jahren sollten die Kompetenzen nach der VerfRF abgegrenzt werden. Das bedeutet natürlich ein Ende der Praxis der föderalen Verträge und damit eines der letzten Bollwerke „widerständiger" Subjekte. Alternativ könnte man die föderalen Verträge auf die Abgrenzung der Organkompetenzen zwischen Zentrum und Subjekten beschränken und damit eine gewisse Flexibilität, die der Heterogenität der Subjekte untereinander gerecht wird, erhalten. Sinnvoll wäre eine Neuverständigung nach nun 16 Jahren[819] – mit maximal möglicher Transparenz. Dies könnte allein durch eine Verfassungsänderung erreicht werden, weil Art. 108 Abs. 1 VerfRF vorschreibt, dass nur zu den ausdrücklich in der VerfRF vorgesehenen Gegenständen föderale Verfassungsgesetze verabschiedet werden können und für diese Materie kein föderales Verfassungsgesetz vorgesehen ist. Damit ist allerdings die Hoffnung verbunden, dass die Subjekte das Forum des Föderationsrats nutzen, um ihre Interessen durchzusetzen.[820] Hierbei muss es generell darum gehen, größtmögliche Transparenz und die Einhaltung von Verfahrensvorschriften zu sichern. Das würde den Subjekten noch einmal die Chance geben, sich dem föderalen „Divide et Impera" gegenüber einzelnen Subjekten zu verweigern und im Rahmen eines föderalen Verfassungsgesetzes massiv Neuregelungen durchzusetzen. Davon könnte auch die föderale Ebene profitieren: Eine klarere Finanzverteilung wäre möglich.

Zweitens: Mit *Umnova* kann man fordern, dass es eine Selbstbeschränkung der RF innerhalb der gemeinsamen Gesetzgebungszuständigkeit gibt, die den Subjekten genügend Raum bietet, das für ihre Erfordernisse Notwendige auszufüllen.[821] Überdies ist *Blankenagels* Auslegungsvorschlag zu Gunsten

---

819 1994 -2010.

820 Dies erscheint angesichts der gegenwärtigen Besetzung des Föderationsrats (eher zentrumstreue Senatoren) und die strukturelle Sicherstellung durch den neuen Bestellmodus eher aussichtslos.

821 Čursina, E. V. (2005). Razgraničenie polnomočij meždu organami gosudarstvennoj vlasti Rossijskoj Federacii i ee sub'ektov po predmetam sovmestnogo vedenija: Konstitucionno-pravovoe issledovanie. Stavropol. S. 149.

des Subjektsrechts zu folgen.[822] Dies würde allerdings eine Abkehr von der großen Regelungsdichte und somit vielleicht auch eine Revision bereits bestehender föderaler Regelungen, insbesondere von Ausführungsbestimmungen, erfordern. Die Föderation geht dabei nur ein geringes Risiko ein, denn die Subjekte werden in ihrer Rechtsetzung engmaschig durch die föderale Staatsanwaltschaft überwacht und auch indirekt über die Instrumente der Absetzung von Subjektexekutivspitzen und Auflösung von Subjektparlamenten nach dem SubjOrgG in ihrer Risikofreude beschränkt. Zudem könnte durch diese Praxis das Defizit der Subjekte bei der Einbringung von föderalen Gesetzen im Föderationsrat teilweise ausgeglichen werden. Denn sie wären so in der Lage, wenigstens einen Teil der föderalen Regelungen selbst zu bestimmen. Wichtig wäre es dann allerdings, dass die föderalen Behörden konsequent auch das untergesetzliche Recht der Subjekte umsetzen müssten. Bei der russischen „Fixierung" auf „Verantwortlichkeit" wäre es sinnvoll, auch dafür eine Verantwortlichkeit der föderalen Organe für die Ausführung von Subjektrecht vorzusehen.

Drittens: Wichtig scheint in Zukunft eine jeweils klare Aussage, welche Haushaltstitel und Finanzierungsquellen bei der Delegierung von Aufgaben zur Verfügung stehen sollten. *Čursina* nennt dies das Prinzip der positiven Verpflichtung. Auch dies könnte für beide Seiten ein positives Signal bieten. Vor allem würde ein positiver Schritt für die Gleichheit der Subjekte unternommen. Generell unter Transparenzgesichtspunkten wäre ein solcher Schritt vorteilhaft: Es könnten keine Gesetze mehr verabschiedet werden, deren Finanzierung unklar wäre, was bisher zu unklaren Finanzströmen von der Zentrale an verschiedene Subjekte führte. Gleichzeitig könnten die Subjekte die gerechte Finanzierung der Ausführung von föderalen Gesetzen fordern.

822 Blankenagel, A. (2007). "V poiskach isčesnuvšich isključitel'nych polnomočij sub"ektov Rossijskoj Federacii." Sravnitel'ne konsititucionnoe obozrenie **58** (1): 153 - 162. S. 157 f.

6. Das russische Parlament – die Föderale Versammlung

Das folgende Kapitel behandelt die Geschichte und die Wirkungsweise beider Kammern des russischen Parlaments, der Staatsduma und des Föderationsrats. Insbesondere beim Föderationsrat als Vertretungsorgan der Subjekte in der Föderation kommt es auf Funktionalität an. Die personelle Vertretung der Subjekte durch die Senatoren sowie die Verfahren zur Behandlung von Gesetzgebungsentwürfen sollten so organisiert sein, dass die Interessen der Subjekte optimal vertreten werden.

6.1. Die Staatsduma

Der nächste Abschnitt behandelt die Staatsduma: Ihre Geschichte, das Wahlrecht, den Status ihrer Abgeordneten sowie ihre Rolle im föderalen System.

6.1.1. Einleitung

Im Jahr 2006 wurde das hundertjährige Bestehen der russischen Staatsduma gefeiert. Auch heute spielt die Staatsduma – wie alle Parlamente weltweit – eine bedeutende Rolle im demokratischen Prozess. Die Staatsduma übt als Unterhaus des russischen Parlaments eine wichtige Funktion in der Gesetzgebung aus, weil alle Gesetzesprojekte bei ihr eingebracht werden müssen. Gerade bei der Betrachtung von Parlamenten kommt es darauf an, nicht nur die Rechtslage auf dem Papier zu untersuchen, sondern das Augenmerk auch auf die tatsächlichen Vorgänge, auf die Interaktionen zwischen Parteien und ihren Fraktionen, zwischen den Fraktionen und innerhalb der Fraktionen, zwischen Exekutive und Parlament, zwischen Lobbyvertretern von außerhalb und innerhalb des Parlaments im parlamentarischen Verfahren zu richten. So hat etwa die Partei „Edinaja Rossija“ bei den Parlamentswahlen 2007 mehr als 2/3 der Sitze der Staatsduma errungen und verfügt damit gegenwärtig über die verfassungsändernde Mehrheit im russischen Unterhaus. Dies wird allerdings in Russland als nicht gravierend angesehen. Auch im britischen Unterhaus habe die obsiegende Partei das Schicksal des Landes in der Hand.[823]

---

823 Čirkin, V. E. (2006). Vvedenie. Bulakov, O. N. (Hrsg.) Parlamentskoe pravo Rossii Moskva: 15-30. S. 18.

6.1.2. Geschichte der Staatsduma

Als erste Parlamente innerhalb des russischen Zarenreichs und damit als eigentliche Vorläufer der russischen Staatsduma werden üblicherweise der polnische Sejm und das finnische Parlament gesehen. Am 27.11.1815 unterzeichnete Alexander I. in Warschau die Verfassung, in der festgelegt war, dass Polen nicht eine Provinz des russischen Zarenreichs, sondern ein einzelnes Staatswesen mit einer eigenen verfassungsmäßigen Regierung und einer besonderen Armee sei. Dennoch galt der russische Zar nun als Polnischer König, dem die gesamte Exekutivgewalt unterstand. Die Legislative oblag Zar und Sejm gemeinsam. Der Sejm bestand aus dem Senat und der Deputiertenkammer, der die Angehörigen des polnischen Adels sowie hohe Beamte angehörten, die vom Zaren ernannt wurden. Der Sejm hatte das Recht, alle Regierungsgesetze abzulehnen.[824]

Am 6. August 1905 unterzeichnete Nikolaj II ein Manifest, in dem eine gesetzesberatende Staatsduma aufgeführt wurde. Von den ersten Wahlen 1905 waren nicht nur alle Frauen, Männer jünger als 25 Jahre, Wehrdienstleistende und aufgrund des hohen Zensus alle armen Arbeiter und Bauern ausgeschlossen, sondern es gab auch neben dem Zensus- ein Klassenwahlrecht, in dem die Bürger gegenüber den Bauern bevorzugt waren.[825]

Nach der Februarrevolution wurde im Mai 1917 der erste Kongress der Bauernräte und im Juni 1917 der Arbeiter- und Soldatenräte abgehalten. Im Oktober 1917 wurde dem dort gewählten Allrussischen Zentralen Exekutivkomitee vom Kongress der Arbeiter- und Bauernräte die gesamte Gesetzgebungsgewalt anvertraut.[826] Mit der „Verordnung über die Föderalen Einrichtungen der Russischen Republik" wurde die RSFSR gegründet. Im Juli 1918 verabschiedete der V. Kongress der Arbeiter- und Bauernräte die Verfassung der RSFSR. Darin war der Kongress selbst als höchstes Organ staatlicher Macht vorgesehen. Der Kongress tagte zweimal jährlich. Die Regierungsgeschäfte sollte das Allrussische Zentrale Exekutivkomitee mit dessen Präsidium als Regierung ausüben. Die entscheidenden politischen Weichenstellungen fanden jedoch in den Gremien der Kommunistischen Partei statt. Zu Vorsitzenden des Präsidiums des Zentralen Exekutivkomitees wurden nacheinander *Kamenev*, *Sverdlov* und *Kalinin* gewählt. Es gab ein mehrstufiges Sys-

---

824 Orlinskaja, O. M. (2006, 22.02.2007). "Rossijskij Federalizm: istoričeskie tradicii i sovremennost'." from http://diss.rsl.ru/diss/06/0550/060550027.pdf. S. 45 f.

825 Ljubimov, A. P. (2006). Vmesto predislovija. Bulakov, O. N. (Hrsg.) Parlamentskoe pravo Rossii. Moskva: 5-15. S. 9.

826 http://www.duma.gov.ru/

tem für die Wahl der Deputierten. Es wurden Delegierte gewählt, die dann die Deputierten wählten. Zudem gab es städtische Wahlen und Wahlen in den Gouvernements, wobei nur 25.000 Stimmen für einen in städtischer Wahl gewählten Deputierten, aber 125.000 Stimmen für einen in Gouvernementswahl Gewählten erforderlich waren. Dies sollte die Vormacht der Arbeiter sichern.[827] Sieben Kategorien von Bürgern hatten kein aktives Wahlrecht: "Ausbeuter", Bürger die nicht von Erwerbsarbeit lebten, Kaufleute, Kulturschaffende, ehemalige zaristische Polizisten, Angehörige des Zarenhauses, Minderjährige und Bürger, denen gerichtlich das Wahlrecht entzogen worden war. Auch hier wurde eine soziale Auswahl getroffen, die das Proletariat privilegierte. Andererseits konnten Frauen wählen. Der Allunionskongress, der auch die inzwischen hinzugekommenen Sowjetrepubliken repräsentierte, verabschiedete am 31. Januar 1924 die Verfassung der UdSSR. Diese war mit derjenigen der RSFSR weitgehend identisch. Das höchste Organ war der Allunions-Sowjetkongress, der einmal jährlich tagte, ab 1927 nur noch einmal alle zwei Jahre. Für die Exekutive war auch hier das Zentrale Exekutivkomitee (ZIK) zuständig, das wiederum vom Präsidium vertreten wurde.

Am 5. Dezember 1936 wurde die neue Verfassung der UdSSR, am 21. Januar 1937 die neue Verfassung der RSFSR verabschiedet. Die Parlamentskammern wurden nun in Oberster Sowjet umbenannt, die zweite Kammer war der Nationalitätenrat.[828] Für einen Abgeordneten des Obersten Sowjets der RSFSR waren 150.000 Wählerstimmen erforderlich. Erster Vorsitzender des Präsidiums des Obersten Sowjets der RSFSR wurde 1938 *Davon*.[829] Die Verfassungen der UdSSR von 1977 und der RSFSR von 1978 brachten im Hinblick auf den Obersten Sowjet keine wesentlichen Änderungen.[830]

Die nächsten wichtigen verfassungsrechtlichen Änderungen fanden erst im Jahr 1991 statt, als das Präsidentenamt und die Gewaltenteilung eingeführt wurden. Im Rahmen der Auseinandersetzung zwischen Präsident *El'cin* und dem Obersten Sowjet löste der Präsident das Parlament 1993 auf. Nach dem

827 http://www.duma.gov.ru/
828 Vgl. 2.2. Theorie und Praxis des sowjetischen Föderalismus S. 31 ff.
829 http://www.duma.gov.ru/
830 Frenzke, D. (1994). Die russischen Verfassungen von 1978 und 1993. Berlin. S. 123 ff.

am 21. September 1993 von *El'cin* erlassenen Dekret „über die Etappen der Verfassungsreform" wurden Neuwahlen zur Staatsduma durchgeführt.[831]

6.1.3. Das Wahlrecht

Die Staatsdumaabgeordneten werden mit einem System des Verhältniswahlrechts gewählt, wie es in Art. 3 Abs. 2 des Gesetzes „Über die Wahlen zur Staatsduma der Föderalen Versammlung" steht. Die vorletzte Fassung ist vom 18. Mai 2005,[832] die letzte vom 26. April 2007, nachdem das Wahlrecht erneut geändert worden war. Das Wahlgesetz änderte das vormalige Wahlsystem in Russland grundlegend. Bisher galt ein gemischtes Wahlsystem, das vorsah, dass die Hälfte der Staatsdumaabgeordneten durch Verhältniswahl nach Parteilisten, die andere Hälfte in Einzelwahlkreisen mit einfacher Mehrheit bestimmt wurde. An die Stelle dieses Mischsystems trat nun ein reines Verhältniswahlrecht. Das heißt, dass alle 450 Mandate unter den Parteien aufgeteilt werden, deren Listen die Sperrhürde überwinden. Diese Hürde wurde von 5% auf 7% erhöht. Parteien, die die 7%-Hürde nicht überwinden, werden zur Vergabe der Sitze nur in zwei Fällen zugelassen: wenn alle Parteien, die die 7%-Hürde überwunden haben, zusammen weniger als 60% der Stimmen erhalten haben und wenn nur eine Partei die 7%-Hürde überwindet, selbst wenn sie mehr als 60% der Stimmen erhalten hat. Im ersten Fall erhalten die Parteien Mandate in absteigender Reihenfolge bis die Summe 60% übertrifft; im zweiten Fall wird von den Parteien, die die 7%-Hürde nicht erreicht haben, nur die erfolgreichste zugelassen. Personen, die nicht Mitglieder einer Partei sind, können in Parteilisten aufgenommen werden, allerdings darf der Anteil solcher Personen auf jeder einzelnen Liste 50% nicht übersteigen. Die Entscheidung, Parteilose in die Liste aufzunehmen, fällen die Parteien. Wie vorher sind die Parteilisten geschlossen, das heißt, der Wähler kann nur für die Partei als Ganzes stimmen. Eine wichtige Neuerung ist, dass im Unterschied zur früher gültigen Regelung das Gesetz keine Wahlbündnisse (Parteiblöcke) zulässt. Die einzigen Organisationen, die das Recht haben, ihre Listen zur Wahl aufzustellen, sind politische Parteien, die den Kriterien des Parteiengesetzes entsprechen.[833]

---

831 2.3. Die Übergangsphase - Der Föderationsvertrag von 1992 und die Verfassung von 1993 S. 41.

832 FZ Nr. 51.

833 Golosov, G. V. (2005) Die Novellierung von Partei- und Wahlgesetz in ihren Folgen für das russische Parteiensystem. Russlandanalysen.de **Volume**, 2-4 DOI: S. 2-3.

Schwierig ist bei dem neuen System, dass der Wähler auf dem Wahlzettel lediglich die führenden Vertreter einer Partei, aber nicht mehr den jeweiligen Kandidaten für seinen Wahlkreis sieht. Denn jede Partei kann bis zu 500 Kandidaten landesweit aufstellen, die kein Wähler im Kopf behalten kann.[834] Hinzu kommt, dass dadurch die Kandidaturen parteiunabhängiger Kandidaten so gut wie unmöglich gemacht werden, da sie sich einer Wahl- oder Parteiliste anschließen müssen. Welchen Listenplatz sie erhalten, können diese Kandidaten dann nicht mehr beeinflussen.
Jeder Wähler hat zwei Stimmen. Aber anders als in Deutschland werden in Russland die Direktmandate nicht auf die Zahl der Sitze, die nach der Listenwahl auf eine Partei entfallen, angerechnet (keine Überhang- und Ausgleichsmandate). Eine Präsidentschafts- oder eine Staatsdumawahl ist nur gültig, wenn sich mindestens 50% der Wahlberechtigten beteiligt haben. Wahlblöcke benötigen zum Einzug in die Staatsduma 8% der abgegebenen Stimmen.[835]

6.1.4. Der verfassungsrechtliche Status des Staatsdumaabgeordneten

Der verfassungsrechtliche Status sowohl der Staatsdumaabgeordneten, als auch der Senatoren ist in dem Gesetz „Über den Status des Mitglieds des Föderationsrats und Status des Abgeordneten der Staatsduma der Föderalen Versammlung der Russischen Föderation" (AbgStatusG) geregelt.[836] Die parlamentarische Immunität ist in Art. 98 VerfRF festgehalten. Sie umfasst die üblichen Garantien: Abgeordnete der Staatsduma genießen während der gesamten Dauer ihres Mandates Immunität. Sie dürfen nicht festgenommen, verhaftet oder durchsucht werden, außer bei Festnahme am Tatort, und keiner Leibesvisitation unterzogen werden, es sei denn, dass dies in einem föderalen Gesetz zur Gewährleistung der Sicherheit anderer Menschen vorgesehen ist. Über die Aufhebung der Immunität entscheidet auf Vorlage des Generalstaatsanwalts der Russischen Föderation die entsprechende Kammer der föderalen Versammlung. Laut AbgStatusG erstreckt sich die Immunität weiterhin auf die Wohn- und Diensträume des Abgeordneten, Telekommunikationsmittel und persönliche Gegenstände.

---

834 Čirkin, V. E. (2006). Vvedenie. Bulakov, O. N. (Hrsg.) Parlamentskoe pravo Rossii. Moskva: 15-30. S. 23.

835 http://www.aktuell.ru/russland/lexikon/politik/russland_auf_dem_weg_zur_demokratie_1print.html

836 FZ 3Z Nr. 3 vom 8. Mai 1994.

6.1.5. Informale Theorie und Lobbyismus

Steinsdorff weist in ihrer Studie darauf hin, dass es in der sowjetischen Vorstellung von den Volksvertretern auf die Ähnlichkeit der Repräsentanten mit den Repräsentierten ankam. Es kam nicht auf die Handlungen, sondern entscheidend auf die biographischen Merkmale an.[837]

Damit ist gemeint, dass die Herkunft, etwa aus der Arbeiterklasse oder der Intelligenz, entscheidende Bedeutung hatten. Darüber hinaus war in der multi"ethnischen" Sowjetunion wichtig, dass die einzelnen Nationalitäten quantitativ entsprechend repräsentiert waren. Auch auf einen der Bevölkerungsstruktur entsprechenden Anteil von Frauen, Jugendlichen und Werktätigen aller sozialen Schichten wurde geachtet.[838] Dies bezeichnet *Steinsdorff* als „deskriptives Repräsentationsmodell". Die Abgeordneten haben nach diesem Modell keinen individuellen Entscheidungsspielraum. Sie sind durch ein imperatives Mandat unmittelbar an den konkreten oder fiktiven Wählerwillen gebunden.[839]

Steinsdorff stellt dem das Modell der „Responsivität" in westlichen Demokratien gegenüber, wonach nicht die Herkunft des Abgeordneten, sondern die Erwartungen seiner Wähler an sein Abstimmungsverhalten entscheidend sind.[840] Der westliche Volksvertreter hat ihrer Ansicht nach neben der Umsetzung des Wählerwillens auch die Verpflichtung, widersprüchliche Forderungen auszugleichen und die an ihn herangetragenen Forderungen auf ihre Realisierbarkeit zu überprüfen. Die Umsetzung des Wählerwillens und der Gemeinwohlgedanke seien die Grundlagen des freien Mandats.[841] *Steinsdorff* beschreibt desweiteren den Übergang von deskriptiven Repräsentationsmodell zum freien Mandat in Russland. Zunächst verringerte sich der Frauenanteil dramatisch (von 32,8 % im sowjetischen Kongress der Volksdeputierten zu 7,6 % im Kongress der Volksdeputierten der RSFSR), gleichfalls der Anteil

---

837 Steinsdorff, S. v. (2001). Parlament und Demokratie in Rußland. Die Entwicklung repräsentativer Institutionen von Zarismus bis in die Gegenwart. München. S. 145.

838 Das stimmt nicht ganz. Frauen und Jugendliche waren unterrepräsentiert (was schon daran lag, dass zumindest nach dem Zweiten Weltkrieg die Funktionsträger, die qua Amt im Obersten Sowjet waren, immer älter wurden).

839 Steinsdorff, S. v. (2003). Wer sitzt in der Staatsduma? Zum Wandel der Repräsentationsmuster im russischen Parlament. Bos, E. / Mommsen, M. / Steinsdorff, S. v. (Hrsg.) Das russische Parlament. Opladen: 143-175. S. 146.

840 Ebenda. S. 145.

841 Ebenda. S. 146. Auch in der Bundesrepublik ist dies vor allem eine theoretisches Ideal, eine Untersuchung des Lobbyismus im Deutschen Bundestag würde ein anderes Bild ergeben, daneben bedenke man nur den Fraktionszwang.

von Arbeitern und Kolchosmitgliedern.[842] Seit 1993 wurde die Staatsduma mehr und mehr zu einem Elitenparlament, in dem die akademischen Berufe aus dem technischen und wissenschaftlichen Bereich dominierten. Eine große Anzahl russischer Parlamentarier der ersten drei Legislaturperioden gibt an, verschiedene Berufe ausgeübt zu haben: Der Anteil der technischen Intelligenz liegt bei rund 30 %. Bis 1999 lag der Anteil der Staatsdumaabgeordneten, die eine berufliche Laufbahn bei der KPdSU oder dem Komsomol absolviert hatten, bei 30 %. Seit 1999 stieg der Anteil neuer Berufspolitiker an.[843] Das Durchschnittsalter liegt bei 45 Jahren, die Altersgruppe der 30- bis 40-Jährigen ist mit 20 % vertreten.[844] Weiterhin stellt *Steinsdorff* eine gewisse – ansteigende und gegenüber westlichen Parlamentariern noch relativ geringe - Kontinuität fest. Bei den dritten postsowjetischen Parlamentswahlen Ende 1999 konnten 165 Parlamentarier der zweiten Legislaturperiode ihren Parlamentssitz behaupten.[845] *Steinsdorff* konstatiert eine „Unterwanderung der ersten russischen Parlamentskammer durch kriminelle Geschäftsleute“[846]. Bei einigen Assistenten von Abgeordneten, die bis zur Neufassung des Abgeordnetengesetzes 1999 in unbegrenzter Anzahl beschäftigt werden konnten, handelte es sich um Strohmänner aus dem kriminellen Milieu, die im Schutz der Staatsduma unlauteren Geschäften nachgingen.

Ljubimov weist darauf hin, dass von den Mitarbeitern der Abgeordneten vieles abhängt und sie deshalb naturgemäß ins Visier von Lobbyisten geraten: Sie bestimmen über das Tempo der Ausarbeitung eines Gesetzesprojekts, seine Formulierungen, die Nuancen der Beachtung der Verfahrensvorschriften. Die Lobbyisten versorgen die wissenschaftlichen Mitarbeiter dann mit bisher unzugänglichen Informationen, helfen bei der Lösung organisatorischer Probleme und unterstützen Arbeitsteams.[847] Bei diesen Betrachtungen ist zu berücksichtigen, dass die Mehrzahl der Gesetzesentwürfe aus dem Regierungsapparat oder der Präsidialadministration kommen. Angesichts dessen ist der Einfluss der Mitarbeiter doch eher gering. Während *Ljubimov* hier auch in westlichen Parlamenten übliche Verfahren bis zu einer Grauzone

842 Ebenda. S 149.

843 Ebenda. S. 158 f. Sie stützt sich auf eine Studie eines Forschungsprojekts „Parlamentarismus in Russland“ am Geschwister-Scholl-Insitut für Politische Wissenschaft der Ludwig-Maximilians-Universität München.

844 Ebenda. S. 159.

845 Ebenda. S. 161.

846 Ebenda. S. 163.

847 Ljubimov, A. P. (2006). Lobbizm v federal'nom parlamente Rossii. Bulakov, O. N. (Hrsg.) Parlamentskoe pravo Rossii. Moskva: 421-476. S. 437.

aufzeigt, beschäftigt sich *Steinsdorff* mit den besonders „schwarzen Schafen" und bemerkt: „Das Ausmaß dieser mafiösen Machenschaften innerhalb des Parlaments lässt sich am deutlichsten daran ablesen, dass zwischen Februar 1995 und Juni 1998 insgesamt 14 Abgeordnete und Assistenten ermordet wurden, von denen 13 der rechtsgerichteten LDPR angehörten."[848] Bei allen Verbrechen handele es sich eindeutig um Auftragsmorde mit „geschäftlichem" Hintergrund. Weiterhin stellt sie fest, dass die Fraktionen der Staatsduma kaum eine Rückbindung an Parteien und Wählervereinigungen im Land hatten.[849]

Seit 2000 hat sich in der Staatsduma eine „korporatistisch-ständische Subkultur" entwickelt, die an die Mechanismen der verdeckten Interessenaushandlung zu Sowjetzeiten anknüpft. Dabei handelt es sich um Zusammenschlüsse von Vertretern bestimmter Industriebranchen über die Fraktionsgrenzen hinweg (Eisenbahner, Agrarier, „Siloviki"[850], Repräsentanten des „Nordens"). Darüber hinaus verfügt der „Brennstoff- und Energiewirtschaftskomplex" (toplivo- energičeskij kompleks / TEK) über eine besonders einflussreiche Vertretung in der Staatsduma. Gazprom gelang es z. B., bei den Parlamentswahlen 1999 über verdeckte Formen der finanziellen Einflussnahme rund 70 Repräsentanten des Konzerns mit Hilfe von Direktmandaten in der Staatsduma zu platzieren.[851] Die korporatistischen Organisationen innerhalb der Staatsduma versuchen vor allem, über die Arbeit der betreffenden ständigen Ausschüsse den Gesetzgebungsprozess im Sinne ihrer Auftraggeber zu lenken.[852] So wurde die Staatsduma der dritten Legislaturperiode zur demokratischen Fassade des Verteilungskampfes mächtiger Wirtschaftsinteressen.

Steinsdorff macht weiter deutlich, dass die Grenzen zwischen intransparentem, aber noch legalem Lobbyismus und illegaler Abgeordnetenbestechung immer mehr zu verwischen drohen. Sie nennt zwei Beispiele bekannt gewordener Bestechung: Vor der Verabschiedung des Gesetzes „Über die Produktionsteilung zur Ausbeutung von Bodenschätzen" im Mai 1997 – dabei ging

---

848 Steinsdorff, S. v. (2003). Wer sitzt in der Staatsduma? Zum Wandel der Repräsentationsmuster im russischen Parlament. Bos, E. / Mommsen, M. / Steinsdorff, S. v. (Hrsg.) Das russische Parlament. Opladen: 143-175. S. 163.

849 Ebenda. S. 167.

850 Als „*Siloviki*" werden Angehörige der Sicherheitsstrukturen Armee, Miliz und Geheimdienste bezeichnet.

851 Steinsdorff, S. v. (2003). Wer sitzt in der Staatsduma? Zum Wandel der Repräsentationsmuster im russischen Parlament. Bos, E. / Mommsen, M. / Steinsdorff, S. v. (Hrsg.) Das russische Parlament. Opladen: 143-175. S. 170.

es um die rechtlichen Voraussetzungen für die Beteiligung ausländischer Investoren an den großen Öl- und Gasförderprojekten – wurden die TEK-Repräsentanten von Vertretern großer russischer und ausländischer Energieunternehmen mit mehreren Millionen Dollar bestochen, damit das Gesetz möglichst schnell verabschiedet wurde. Auch die damalige Präsidialadministration hat zur Abwendung des Impeachment-Verfahrens gegen *El'cin* erfolgreich Stimmen gekauft.[853] Als weiteres Beispiel der Bestechung von Staatsdumaabgeordneten unter *El'cin* nennt *Ljubimov* die Wahl *Kirienkos* zum Ministerpräsidenten im April 1998.[854]

Seit *Putins* Amtsantritt funktionierte eher eine systematische „Außensteuerung" der Parlamentsmehrheit in Form einer hierarchischen Befehlskette von oben nach unten.[855] Daran wird sich auch seit *Medvedevs* Präsidentschaft und *Putins* Regierung nichts geändert haben.

Diese Außensteuerung beginnt schon bei der Aufstellung der Kandidaten. Nur wer über die Rückendeckung der föderalen Verwaltung (auch in den Regionen verfügt) hat eine Chance, ein Mandat zu erringen. In einer „gelenkten Demokratie"[856] bleibt die Mehrheit der demokratischen Prozeduren, einschließlich der Wahlen auf verschiedenen Ebenen, formal erhalten, sie werden jedoch auf eine Weise realisiert, die es der regierenden Gruppe erlaubt, solange an der Macht zu bleiben, wie sie möchte.[857] Schon 2003 wurde eine neue Formel angewandt: ein gemischtes Wahlsystem bei vollständiger Kontrolle der wichtigsten Medien und Anwendung administrativer finanzieller Ressourcen zur Unterstützung des von der Zentrale gewünschten Kandidaten sowie mit einer voreingenommene Position der Wahlkommission.[858]

---

852 Ebenda. S. 171.

853 Ebenda. S. 171.

854 Ljubimov, A. P. (2006). Lobbizm v federal'nom parlamente Rossii. Bulakov, O. N. (Hrsg.) Parlamentskoe pravo Rossii. Moskva: 421-476. S. 436.

855 Steinsdorff, S. v. (2003). Wer sitzt in der Staatsduma? Zum Wandel der Repräsentationsmuster im russischen Parlament. Bos, E. / Mommsen, M. / Steinsdorff, S. v. (Hrsg.) Das russische Parlament. Opladen: 143-175. S. 172.

856 Der Begriff stammt von Vladislav *Surkov*, dem 1. Stellvertreter der Präsidialadministration. Eine gelenkte Demokratie verstehe er als ein schablonenhaftes Modell unwirksamer politischer und wirtschaftlicher Regimes, das von einigen globalen Einflusszentren mit Gewalt oder List aufgezwungen wird.

857 Damit spielte er auf von den USA abhängige Ländern an. Längst wird der Begriff auch auf die Präsidentschaft Putins angewandt. Rjabow, A. W. (2007). Gelenkte Wahlen 2007-2008. Buhbe, M. / Politkovskaja, A. S. / Gorzka, G. (Hrsg.) Russland heute. Rezentralisierung des Staates unter Putin. Wiesbaden: 255-272. S. 257.

858 Ebenda. S. 262.

Mit dem Übergang zum Verhältniswahlrecht mit dem Wahlgesetz vom 18. Mai 2005 reduziert sich der Kreis der Kontakte der Präsidialadministration auf die Spitzenpolitiker der führenden politischen Parteien. *Rjabow* weist auf ein weiteres Moment hin: Viele Vertreter von Handels- und kriminellen Kreisen hatten Interesse an Direktmandaten.[859] Das Interesse beruhte auf der mit dem Mandat verbundenen Immunität, der Möglichkeit, sich bestechen zu lassen und selbst Einfluss zu nehmen. Direktwahlkreise bestehen nicht mehr. Das bedeutet, dass sich diese kriminellen Akteure nun an die Planer der Wahlkampagnen wenden.[860]

Unter dem propagierten Ziel der Stärkung des Mehrparteiensystems wollte die Präsidialadministration tatsächlich ein stabiles, langfristiges Mehrparteiensystem etablieren, in welchem Edinaja Rossjia zur dominierenden Partei werden sollte.[861] Erhalten bleiben die KPRF und die LDPR, ob noch eine weitere Partei geschaffen wird, die die Prozenthürde dauerhaft schafft, bleibt abzuwarten. Eine Opposition außerhalb der engen Grenzen der „gelenkten Demokratie“ ist offensichtlich nicht vorgesehen. Die Regionalwahlen 2007 und die Präsidentschaftswahl 2008 haben gezeigt, dass dieses Konzept weitgehend aufgegangen ist.

Die Schwächung der parlamentarischen Repräsentation führt zu einem Vertrauensverlust bei den Wählern und umgekehrt. Die informale Einflussnahme verlagert sich von der regionalen Ebene und der Legislative in Richtung Präsidialadministration. „Edinaja Rossija“ besitzt in der Staatsduma die verfassungsändernde Mehrheit. Die Verabschiedung des Bestellgesetzes für den Föderationsrat 2000 und der verschiedenen Fassungen des SubjOrgG zeigten, dass die untere russische Kammer wenig föderalismusfreundlich war. Angesichts der mehr und mehr gelenkten Wahlen ist gegenwärtig nicht davon auszugehen, dass sich eine zentrifugale Gegenbewegung gegen die Zentra-

---

859 Vgl. Rjabow, A. W. (2007). Gelenkte Wahlen 2007-2008. Buhbe, M. / Politkovskaja, A. S. / Gorzka, G. (Hrsg.) Russland heute. Rezentralisierung des Staates unter Putin. Wiesbaden: 255-272.

860 Vgl. Rjabow, A. W. (2007). Gelenkte Wahlen 2007-2008. Buhbe, M. / Politkovskaja, A. S. / Gorzka, G. (Hrsg.) Russland heute. Rezentralisierung des Staates unter Putin. Wiesbaden: 255-272.

861 Dies hatte der stellvertretende Leiter der Präsidialadministration, *Surkov* offen zugegeben, als er im Februar 2006 auf einem Studientag der Partei „Edinaja Rossija“ auftrat. So Ebenda. S. 269. Dies sagte er im Hinblick auf die Ukraine auf dem G 8-Gipfel in St. Petersburg im Juli 2006. Vgl. Mommsen, M. (2006) Surkows „Souveräne Demokratie“ – Formel für einen russischen Sonderweg? Russlandanalysen Nr. 114, S. 2-4, S. 3 http://www.laenderanalysen.de/russland/pdf/Russlandanalysen114.pdf

lisierung aus den Regionen bzw. in den Regionen formiert. Im Hinblick auf die Korruption von Abgeordneten und den fehlenden wirklichen Wettbewerb um die Staatsdumasitze bei den Wahlen sind wesentliche Bestandteile der „Rule of Law“ – wie Transparenz von Entscheidungen – als Bewertungskriterium für Verfassungsinstitutionen kaum noch vorhanden. Für die Prinzipien für Föderationen (PrFöd) muss die Staatsduma nicht bewertet werden, weil einzige Voraussetzung die Existenz eines Zweikammersystems, nicht jedoch föderalismusfreundliches Verhalten des Unterhauses ist.

6.2. Der Föderationsrat

Der folgende Abschnitt beschäftigt sich mit dem Oberhaus der Föderalen Versammlung, dem Föderationsrat. Der Föderationsrat ist das Verfassungsorgan, das die Vertretung der Subjekte auf der föderalen Ebene sichern soll. Nach einer kurzen Vorstellung seiner historischen Vorbilder der Zarenzeit und der Sowjetunion werden die verfassungsrechtlichen Grundlagen für seine Existenz erörtert. Ein Schwerpunkt des Abschnitts ist die Untersuchung und Bewertung der Änderungen des Berufungsmodus’ der Mitglieder des Föderationsrats, der Senatoren. In den wenigen Jahren seines Bestehens gab es verschiedene Praxen: Von der automatischen Mitgliedschaft der Subjektexekutivspitzen und Subjektparlamentsvorsitzenden zur Vertretung der Subjekte durch Senatoren, die von den Subjektexekutivspitzen und Subjektparlamenten ernannt bzw. gewählt wurden, aber sonst keinerlei Verbindung zum vertretenen Subjekt aufweisen müssen. Nach einer Vorstellung der Organe folgt eine Untersuchung des Einflusses der Subjektorgane über den Föderationsrat im Gesetzgebungsverfahren. Hieran schließt sich eine Darstellung der Interaktionen der Senatoren mit Mitgliedern anderer föderaler Staatsorgane und der Veränderungen seit der neuen Zusammensetzung des Föderationsrats an. Durch eine Verknüpfung mit der informalen Theorie wird beschrieben, welchen Einfluss die Zusammensetzung des Föderationsrats auf die Stellung der Kammer im Institutionengefüge ausübt. Am Ende des Abschnitts wird die Bewertung anhand der Bewertungskriterien für Verfassungsinstitutionen vorangestellt und dann erörtert, ob die gegenwärtige Funktion des Föderationsrats den Anforderungen an eine Föderation noch gerecht wird.

6.2.1. Historische Vorbilder

Ein Zweikammerparlament gab es in Russland als ganzem erst im 20. Jahrhundert. Im zaristischen Polen existierten dagegen von 1815-1831 Sejm und Senat. Als ein historisches Vorbild kann der zaristische Staatsrat bezeichnet werden. Dieser wurde aufgrund der am 23. April (6. Mai) 1906 vom Zaren Nikolaj II. per Erlass oktroyierten Staatsgrundgesetze (*osnovnye zakony*) sowie des Erlasses vom 20. Februar (5. März) 1906 geschaffen. Das erste Kapitel begann mit den Worten „Dem Kaiser Allrusslands obliegt die gesamte Selbstherrschaft.“[862] Nach Ansicht von *Wiest* kann der zaristische Staatsrat nur bedingt als demokratische Institution innerhalb des politischen Systems verstanden werden.[863] Schließlich wurde die Hälfte seiner Mitglieder vom Zaren ernannt. Die zweite Hälfte des Oberhauses wurde von unterschiedlichen Institutionen und Interessengruppen gestellt (Großgrundbesitzer, Adel, orthodoxe Kirche, Industrielle, Kaufleute). Seine einzige Daseinsberechtigung bestand darin, die Handlungsfähigkeit des Unterhauses einzuschränken. „Die zweite Parlamentskammer des Zarenreichs stellte deshalb von ihrer Konzeption her eine ‚antidemokratische‘ Institution dar“[864].

Beide Kammern hatten das Recht der Gesetzesinitiative. Der Staatsrat sollte als „Gesetzesfilter“ dienen und die Legislativakte blockieren, die der Staatsführung unangenehm waren. Deshalb wurde ihm das absolute Vetorecht zugestanden. Der Staatsrat war der Staatsduma völlig gleichgestellt. Das Oberhaus konnte jedes Gesetz, das von der Staatsduma verabschiedet wurde, zurückweisen, ohne dass die Volksvertreter das ablehnende Votum des Staatsrats überstimmen konnten.[865]

Als ein weiterer historischer Vorläufer kann der sowjetische Nationalitätensowjet bezeichnet werden. Die Räte (Sowjets) hatten ab 1917 zunächst keine bikamerale Struktur. Sie sollten einfach von unten nach oben organisiert sein.[866] 1917 war eine Mehrheit der Bolschewiki und der Sozialrevolutionäre

---

862 Isaev, I. A. (2007). Istorija gosudarstva i prava Rossij. Moskva. S. 505.

863 Wiest, M. (2003). Russlands schwacher Föderalismus und Parlamentarismus. Münster. S. 86.

864 Ebenda. S. 86.

865 Ebenda. S. 45 f.

866 Avtonomov, A. S. (2003). Rossijskij bikameralizm v istoričeskoj perspektive. Smirnjagin, L. V. (Hrsg.) Sovet Federacii - Evolucija statusa i funkcii. Moskva: 14-66. S. 49.

für die Bildung einer Föderation in Russland.[867] In die Verfassung von 1918 wurden die autonomen Gebiete aufgenommen.[868]
Lenin ging davon aus, dass die Bildung einer Föderation nicht für einen Einheitsstaat, sondern für eine Union unterschiedlicher Staaten einen fortschrittlichen Charakter besitze. Für Russland fand er zu diesem Zeitpunkt die Schaffung nationaler Autonomien als optimal.[869] Erste Anklänge einer bikameralen Struktur in Sowjetrussland fanden sich in der Verfassung von 1924. Art. 13 VerfSU [1924] legte fest, dass das Zentrale Exekutivkomitee (ZIK) der UdSSR aus dem Unionssowjet und dem Nationalitätensowjet besteht.[870] Ungeachtet der Unterschiede in der Anzahl der Deputierten hatten beide Kammern die gleichen Rechte. Die Kammern tagten im Wesentlichen getrennt, doch mitunter auch gemeinsam. Bei Meinungsverschiedenheiten musste eine Vermittlungskommission entscheiden. Die beiden Kammern hatten jedoch schon im Laufe der Zwanzigerjahre immer weniger reale Macht, weil das Präsidium des ZIK und die Volkskommissare immer mehr Exekutivakte herausgaben.[871]
Der Allunions-Sowjetkongress wurde für vier Jahre gewählt und wählte das Zentrale Exekutivkomitee. Dies war nach Art. 29 VerfSU [1924] auch möglich, wonach es in der Zeit zwischen den Sitzungen das gleichzeitig Gesetzgebungs- und Exekutivorgan war. Gegen Ende der Zwanzigerjahre fand eine weitere Hierarchisierung zum Generalsekretär der Partei (*Stalin*) hin statt.[872]
Die Verfassung von 1936 legte dann eine Legislaturperiode von vier Jahren fest und schuf den Obersten Sowjet, der aus dem Unionssowjet und dem Nationalitätensowjet bestand. Der Oberste Sowjet wählte den Ministerrat – die Regierung der UdSSR. Um die Gleichheit der Kammern zu gewährleisten, wurde die gleiche Abgeordnetenzahl festgelegt.[873] Im Laufe der Zeit wurde diese Zahl angepasst: In der Verfassung von 1977 wurde festgelegt, dass ein

---

867 Ebenda. S. 50.
868 Ebenda. S. 51.
869 Orlinskaja, O. M. (2006, 22.02.2007). "Rossijskij Federalizm: istoričeskie tradicii i sovremennost'." from http://diss.rsl.ru/diss/06/0550/060550027.pdf.
870 Avtonomov, A. S. (2003). Rossijskij bikameralizm v istoričeskoj perspektive. Smirnjagin, L. V. (Hrsg.) Sovet Federacii - Evolucija statusa i funkcii. Moskva: 14-66. S. 52. Isaev, I. A. (2007). Istorija gosudarstva i prava Rossij. Moskva. S. 671.
871 Wiest, M. (2003). Russlands schwacher Föderalismus und Parlamentarismus. Münster. S. 55.
872 Ebenda. Isaev, I. A. (2007). Istorija gosudarstva i prava Rossij. Moskva. S. 690.
873 Vgl. 2.2.2. Die Verfassung von 1936 S. 36.

Abgeordneter auf 300.000 Wähler kam.[874] Der Zuständigkeitsbereich des Moskauer Zentrums wurde schon in der Verfassung von 1936 auch auf die Volkskommissariate für Inneres und Justiz ausgeweitet, die bislang zu den alleinigen Kompetenzen der Unionsrepubliken gehört hatten. Da kein Verfassungsgericht existierte, konnten sich die Gliedstaaten gegen derartige Eingriffe des Zentrums nicht einmal theoretisch auf dem Rechtsweg zur Wehr setzen. Aufgrund der genannten Faktoren wird der Sowjetföderalismus immer wieder als „Scheinföderalismus" bezeichnet.[875] Die Wahlen fanden nach dem Majoritätsprinzip statt, es war die absolute Mehrheit notwendig und es gab immer nur einen Kandidaten für einen Abgeordnetensitz.[876] Dem Obersten Sowjet stand ein Präsidium vor, das die Rolle des kollektiven Staatsoberhauptes ausübte. Die reale Macht hatte das Politbüro des ZK der KPdSU unter seinem Generalsekretär, das diese Macht über die zentralen und lokalen Parteistrukturen der KPdSU und mit den zentralen und lokalen staatlichen Exekutivorganen als Instrumente ausübte.[877] Die Verfassung von 1977 brachte nicht viele Änderungen. Es wurde eine Abgeordnetenzahl von 750 für beide Kammern festgelegt. Beide Kammern konnten einzeln oder gemeinsam tagen. Üblicherweise versammelte sich der Oberste Sowjet zwei Mal im Jahr, ohne besondere inhaltliche Debatten zu führen.[878]

Es gab demnach ein schwieriges Erbe, mit dem sich die Autoren einer neuen Verfassung zu Beginn der neunziger Jahre konfrontiert sahen. Für das Verhältnis der Kammern untereinander waren vor allem die gleichzeitigen Tagungen der jeweiligen Ausschüsse der beiden Kammern zu überwinden, da sie eine gegenseitige Kontrolle im Sinne von *Checks and Balances* ausschlossen. Die Autoren des Verfassungsentwurfs mussten sich also wegen nicht vorhandener nationaler Vorbilder naturnotwendig an Vorbildern in anderen demokratischen Systemen weltweit orientieren. Zudem standen sie unter dem Eindruck eines gravierenden politischen Ereignisses – Präsident *El'cin*

---

874 Avtonomov, A. S. (2003). Rossijskij bikameralizm v istoričeskoj perspektive. Smirnjagin, L. V. (Hrsg.) Sovet Federacii - Evolucija statusa i funkcii. Moskva: 14-66. S. 56.

875 Mommsen, M. (1999). Der Föderalismus in Rußland. Meier-Walser, R. C. / Hirsch, G. (Hrsg.) Krise und Reform des Föderalismus: Analysen zu Theorie und Praxis bundesstaatliche Ordnungen. München: 226-245. S. 228. Wiest, M. (2003). Russlands schwacher Föderalismus und Parlamentarismus. Münster. S. 87.

876 Avtonomov, A. S. (2003). Rossijskij bikameralizm v istoričeskoj perspektive. Smirnjagin, L. V. (Hrsg.) Sovet Federacii - Evolucija statusa i funkcii. Moskva: 14-66.S. 56.

877 Ebenda. S. 57.

878 Ebenda. S. 58.

hatte gerade ein ihm nicht willfähriges Parlament durch Artilleriebeschuss auseinandergejagt und musste sich gleichzeitig mit den Spitzenpolitikern der nach Autonomie strebenden Subjekte arrangieren.[879]

6.2.2. *Verfassungsrechtliche Grundlagen*

Die Grundlagen für die Funktionsweise des Föderationsrats sowie den Status der Senatoren finden sich in Art. 11 Abs. 1 der VerfRF sowie dem Kapitel 5. In Artikel 95 wird deklariert, dass die Föderale Versammlung aus der Staatsduma und dem Föderationsrat besteht. Art. 96 Abs. 2 VerfRF lautet: „Das Verfahren der Bildung des Föderationsrates und der Wahl der Abgeordneten der Staatsduma werden durch föderale Gesetze festgelegt." Art. 97 Abs. 2 VerfRF schließt ein gleichzeitiges Mandat in Staatsduma und Föderationsrat aus.

6.2.3. *Die Berufungsmodi der Mitglieder des Föderationsrats*

6.2.3.1. Der Kampf um die Besetzung des ersten Föderationsrats

In der RF besteht der Föderationsrat aus jeweils einem Vertreter der Subjektsparlaments und des Exekutivorgans des Subjekts. Die Verfassung legt nicht genau fest, wer diese Vertreter sein sollen. In der Praxis herrschte bis zum Jahr 2000 das Offizialprinzip. Die Vorsitzenden der Exekutive (Präsidenten, Gouverneure) und Legislative (Parlamentspräsidenten und Vergleichbare) jedes Subjekts waren automatisch Mitglieder des Föderationsrats.
Im Oktober 1993 versuchte *El'cin* das politische Verhältnis gegenüber den regionalen Eliten zu seinen Gunsten zu verändern. So entließ er eine Reihe von regionalen Verwaltungschefs, die sich im Machtkampf nicht auf seine Seite gestellt hatten. Zugleich

> „legte er im Dekret ‚Über die Ordnung der Ernennung und Entlassung der Oberhäupter der Verwaltung der Kraja, Oblasti, autonomen Oblasti, autonomen Kreise und Städte föderaler Bedeutung' vom 7. Oktober 1993 fest, dass diese nun nur mehr allein vom Präsidenten ernannt und entlassen werden sollten"[880].

879 Vgl. 2.3. Die Übergangsphase - Der Föderationsvertrag von 1992 und die Verfassung von 1993 S. 41.
880 Wiest, M. (2003). Russlands schwacher Föderalismus und Parlamentarismus. Münster. S. 117.

Bis dahin mussten die regionalen Sowjets der Ernennung der Verwaltungschefs zustimmen.[881]

> „Damit waren die Gouverneure nunmehr direkt vom Präsidenten abhängig und diesem gegenüber zu Loyalität verpflichtet. Zwei Tage später dekretierte El'cin die (Selbst)-Auflösung der regionalen Sowjets. Eine Formierung des Föderationsrates nach dem ex-officio-Prinzip war damit unmöglich geworden. Denn es existierten keine Regionalparlamente mehr, die Vertreter hätten entsenden können. Aber auch vom Standpunkt der demokratischen Legitimation war dieses Prinzip nicht mehr erstrebenswert. Es hätte einen ‚Präsidentenrat' gegeben. Dem hätte die Verfassungsversammlung nicht zugestimmt."[882]

Im Dekret „Über die Wahlen zum Föderationsrat der Föderalversammlung der Russischen Föderation"[883] vom 11. Oktober 1993 legte der Präsident fest, dass die Zweite Kammer direkt vom Volk in den Subjekten gewählt wird. Die Wahlen sollten auf der Grundlage des Mehrheitsprinzips stattfinden, jedes Subjekt entsandte je zwei Vertreter. Damit wurde das amerikanische Modell für die Besetzung der oberen Kammer übernommen.[884]
Einige Subjekte plädierten für die Entsendung von ein bis zu drei Vertretern pro Subjekt je nach Bevölkerungszahl.[885] Dazu kam es im jedoch nicht. In der Nacht vom 7. auf den 8. November 1993, einen Tag, bevor die endgültige Verfassungsversion veröffentlicht werden sollte, ergänzte *El'cin* Artikel 95 handschriftlich. Er fügte der Bestimmung „Dem Föderationsrat gehören je zwei eines jeden Föderationssubjekts an" den Zusatz „jeweils ein Repräsentant der vertretenden und der ausführenden Organe der Staatsmacht" hinzu. Damit war die Frage der Besetzung wieder völlig offen.[886] Wahrscheinlich wollte *El'cin* damit beide Kammern im Gleichgewicht halten. Wenn in beiden Kammern

---

881 Gel'man, V. (1999). "Regional Power in Contemporary Russia: Institutions, Regime and Practice " Russian Politics and Law **37** (1): 5-29.

882 Wiest, M. (2003). Russlands schwacher Föderalismus und Parlamentarismus. Münster. S. 117.

883 SAPP RF [Sobranie aktov prezidenta i pravitel'stva RF / Sammlung der Rechtsakte des Präsidenten und der Regierung der RF] 1993, Nr. 42, Art. 3994.

884 Bulakov, O. N. (2006). Občie položenija. Bulakov, O. N. (Hrsg.) Parlamentskoe pravo Rossii. Moskva: 31 -131. S. 118.
Vasil'eva, T. A. (1994). Obščerossijskie političeskie vybory 1993 goda: Federativnyj aspekt. Federal'noe Sobranie Rossii: Opyt pervych vyborov. Moskva. S. 74, 76.

885 Bulakov, O. N. (2006). Občie položenija. Bulakov, O. N. (Hrsg.) Parlamentskoe pravo Rossii. Moskva: 31 -131. S. 118.

886 Stroev, E. (2001). "Rossijskij parlamentarizm. Dviženie v budučee ili beg po krugu." Nezavisimaja Gazeta (18.04.2001).

„die Vertreter direkt vom Volk gewählt würden, war es wahrscheinlich, dass in beiden das politische Kräfteverhältnis ähnlich wäre. Eine Vereinigung von Staatsduma und Föderationsrat bei wichtigen Entscheidungen wäre dadurch erleichtert worden. Für El'cin war vor allem die Vorstellung beunruhigend, beide Kammern könnten eine verfassungsändernde Mehrheit zu Ungunsten des Staatschefs mobilisieren."[887]

Für eine Übergangszeit gab es angesichts der Abwesenheit regionaler Parlamente die Lösung, die Mitglieder des Föderationsrats direkt wählen zu lassen. *El'cin* wollte vermeiden, dass sich die Kandidaten von Parteilisten aufstellen lassen (Punkt 7 der Schluss- und Übergangsbestimmungen der Verfassung). Die Kandidaten mussten Unterschriften von einem Prozent der Bevölkerung des Subjekts vorweisen.
Für den Föderationsrat galt ausschließlich das Prinzip der Mehrheitswahl. Umstritten war auch die Frage, ob die Gouverneure kandidieren durften. Hier vermischen sich die Gewalten, weil Subjektexekutivspitzen auch legislative Gewalt erhielten.[888] Gerade die oppositionellen Kräfte fürchteten, so könne dennoch ein ‚Präsidentenrat' geschaffen werden.[889] *El'cin* setzte sich durch. Art. 98 VerfRF wurde nun so gefasst, dass der Föderationsrat auf einer nichtständigen Basis arbeiten sollte, was den Gouverneuren ermöglichte, dort teilzunehmen. Die Ausgestaltung des staatlichen Institutionengefüges war von kurzfristigen taktischen Überlegungen dominiert, die Akteure hatten geringen Respekt vor dem formellen Recht.

6.2.3.2. Das Bestellgesetz des Jahres 1995

Die zweijährige Übergangsperiode lief im Dezember 1995 aus. Insgesamt wurden seit 1994 acht Entwürfe für ein neues Bestellgesetz vorgelegt[890], im Wesentlichen mit drei Optionen: Direktwahl, Delegierung, ex-officio-Lösung. Die Direktwahl war mit der aktuellen Fassung von Artikel 95 nicht zu vereinbaren. Es wurde vorgeschlagen, dass die Exekutiv- und Legislativorgane der Subjekte die Kandidaten aufstellen könnten. Die Parlamente wählten ihre Kandidaten, die Subjektexekutivspitze ernannte sie. Dahinter standen auch handfeste Karrieremotive. Denn zwei Drittel der Senatoren verfügten auf der regionalen Ebene über kein politisches Amt. Im Fall einer ex-officio-Lösung

887 Wiest, M. (2003). Russlands schwacher Föderalismus und Parlamentarismus. Münster. S. 118.
888 Auch im Deutschen Bundesrat sind die Gewalten in dieser Form vermischt.
889 Wiest, M. (2003). Russlands schwacher Föderalismus und Parlamentarismus. Münster. S. 119.
890 Bulakov, O. N. (2006). Občie položenija. Bulakov, O. N. (Hrsg.) Parlamentskoe pravo Rossii. Moskva: 31 -131. S. 119.

hätten sie ihre lukrativen Posten in Moskau verlieren können. Insgesamt 301 Staatsdumaabgeordnete unterstützten eine Direktwahl, weil sie sonst die Formierung eines „Präsidentenrats“ befürchteten.
El'cin verwarf die Idee einer Wahl. Dabei argumentierte er mit dem Wortlaut von Art. 96 Abs. 2 VerfRF. Dort werde der Terminus „Formierung“ (*formirovanie*) im Gegensatz zur „Wahl“ (*vybor*) der Staatsduma benutzt. Die Senatoren würden als „Mitglieder“ (*člen*y) des Föderationsrats, die Abgeordneten der Staatsduma dagegen als Deputierte (*deputaty*) bezeichnet. Dass diese Termini in der Konstitution selbst nicht klar definiert waren, gehört zu den Mängeln der Verfassung, die sich in der großen Eile, mit der sie im Herbst 1993 fertig gestellt worden war, eingeschlichen hatten.[891] Die Staatsduma stimmte am 5. Juli 1995 mit überwältigender Mehrheit für die Wahl. Auch im Föderationsrat gab es am 27. Juli 1995 dafür eine Mehrheit.[892] So blieb *El'cin* nichts anderes übrig, als sein Veto einzulegen.[893] „Unter enormem Zeitdruck (das Mandat lief im Dezember 1995 aus)“ nahm die Staatsduma im Oktober einen Gesetzentwurf an, der die ex-officio-Besetzung des Oberhauses vorsah.[894]
Die Abgeordneten fürchteten, *El'cin* könnte angesichts eines fehlenden Gesetzes erneut den Besetzungsmodus per Dekret regeln, was das Oberhaus delegitimieren würde.[895] Im Gesetzentwurf war ein Junktim vorgesehen: Spätestens acht Monate nach der Besetzung der Zweiten Kammer müssten die Vorsitzenden der Regionalverwaltungen direkt vom Volk gewählt worden sein. Bis dahin konnten die Regionalspitzen noch ernannt werden. Dies war entscheidendes Moment für die demokratische Entwicklung Russlands und die Position des Föderationsrats im politischen System. Die Staatsduma verabschiedete das Gesetz am 11. Oktober 1995. Es stieß jedoch auf einhellige Ablehnung des Föderationsrats aus den schon geschilderten Gründen. Lediglich die Republikspräsidenten, die demokratisch gewählt waren, stimmten für das Gesetz. Die anderen hielten eine präsidentielle Ernennung für den sichereren Weg und fürchteten sonst um das Amt in Moskau. Die Staatsduma

891 Wiest, M. (2003). Russlands schwacher Föderalismus und Parlamentarismus. Münster. S. 121.

892 Bulakov, O. N. (2006). Občie položenija. Bulakov, O. N. (Hrsg.) Parlamentskoe pravo Rossii. Moskva: 31 -131. S. 119.

893 Herausgeberkollektiv (2000). Parlamentarizm v Rossii. Federal'noe sobranie v 1996-1999 godach. Moskva. S. 60ff.

894 Wiest, M. (2003). Russlands schwacher Föderalismus und Parlamentarismus. Münster. S. 122. Šechovcov, V. A. (1999). Razvitie rossijskogo federalizma. Moskva. S. 62.

895 Bulakov, O. N. (2006). Občie položenija. Bulakov, O. N. (Hrsg.) Parlamentskoe pravo Rossii. Moskva: 31 -131. S. 120.

überstimmte das Veto[896] des Föderationsrats am 27. Oktober 1995, doch der Präsident verweigerte seine Zustimmung. Im November 1995 kehrte die Staatsduma zur ex-officio-Lösung zurück. Man veränderte lediglich die Frist für die Wahl der ernannten Senatoren in den Subjekten. Diese mussten bis Dezember 1996 abgeschlossen sein. Damit wurde verhindert, dass Präsidenten- und Regionalwahlen zeitlich zusammen fielen. Nachdem die Staatsduma dieses Gesetz am 17. November 1995 verabschiedet hatte, verhängten die Senatoren am 28. November 1995 ihr aufschiebendes Veto.[897] Als die Staatsduma jedoch das Veto am 5. Dezember 1995 mit 311 Stimmen überstimmte, war die „längste Seifenoper des neuen russischen Parlamentarismus" beendet.[898] Das Gesetz „Über die Besetzungsanordnung des Föderationsrats der Föderalen Versammlung der Russischen Föderation"[899] „veränderte die Stellung der Zweiten Kammer im politischen System des Landes radikal"[900]. Zum einen waren die Subjekte nun nicht mehr durch direkte Vertreter der Bevölkerung, sondern indirekt durch die Vorsitzenden der regionalen Staatsorgane vertreten. Gleichzeitig bedeutete dies für viele Gouverneure – gerade auch von Nehmersubjekten – einen besseren Zugang zum Kreml und föderalen Stellen allgemein.[901]

Das Oberhaus „wandelte sich nun zu einer Kammer der regionalen politischen Elite."[902] Der Einfluss der Senatoren stieg an, da sie über größere politische, administrative und wirtschaftliche Ressourcen aus ihren Regionen verfügten. Das Gesetz zementierte zudem den Charakter des Oberhauses als „Teilzeit-Parlamentskammer". Das Gesetz stellte den kleinsten gemeinsamen Nenner dar, für den eine Staatsduma-Mehrheit mobilisiert werden konnte. Jabloko[903]-Abgeordnete bezweifelten die Vereinbarkeit des Gesetzes mit

896 Vgl. 7.1.4. Erarbeitung und Verabschiedung föderaler Gesetze durch den Föderationsrat S. 309.

897 7.1.4. Erarbeitung und Verabschiedung föderaler Gesetze durch den Föderationsrat und 7.1.3. Erarbeitung und Verabschiedung von Gesetzesprojekten durch die Staatsduma.

898 Wiest, M. (2003). Russlands schwacher Föderalismus und Parlamentarismus. Münster. S. 125.

899 SZ RF, 1995, Nr. 50, Art. 4869.

900 Wiest, M. (2003). Russlands schwacher Föderalismus und Parlamentarismus. Münster. S. 125.

901 Blakkisrud, H. (2003). The rise and fall of the Russian governor. Steen, A. / Gel'man, V. (Hrsg.) Elites and Democratic Development in Russia. New York, NY. **24:** 71-91. S. 74.

902 Wiest, M. (2003). Russlands schwacher Föderalismus und Parlamentarismus. Münster. S. 125.

903 „*Jabloko*" ist eine aus der Bürgerrechtsbewegung kommende bürgerliche Partei.

dem Prinzip der Gewaltenteilung in Exekutive, Legislative und Judikative aus Artikel 10 VerfRF[904]. Durch das Gesetz wird das Gewicht der Exekutive im Legislativprozess gestärkt. Besonders bedenklich war die einjährige Übergangsfrist, wonach Gouverneure, die vom Präsidenten ernannt worden waren, trotzdem[905] ihr Mandat im Oberhaus ausüben konnten. Die Zusammensetzung änderte sich nun im Laufe der Jahre mit den jeweiligen Regionalwahlen.[906] Das Argument der Gewaltenteilung überzeugt *Wiest* nicht vollständig: Schließlich kennen auch andere demokratische Staaten einen Bestellmodus, der Vertretern der Regionalverwaltungen ein Mandat in der Zweiten Kammer zuweist, zum Beispiel im deutschen Bundesrat. Dem ist zuzustimmen.

Diese Frage der Gewaltenteilung wurde zweimal dem VerfGRF zur Entscheidung vorgelegt. Es sollte darüber befinden, ob Art. 95 Abs. 2 VerfRF mit dem Gewaltenteilungsprinzip vereinbar sei. Das Gericht zog sich auf den Standpunkt zurück, dass seine Kompetenz sich nicht auf die Überprüfung möglichen verfassungswidrigen Verfassungsrechts erstrecke.[907] Es bekräftigte diese Rechtsansicht ein weiteres Mal in der Entscheidung vom 10. April 1997[908], als es einen Antrag der Staatsduma auf Überprüfung der Verfassungsmäßigkeit des genannten Gesetzes mit Verweis auf obige Position nicht zur Entscheidung annahm. Ein weiteres Kritikargument bezog sich auf Art. 99 Abs. 1 VerfRF. Diese Vorschrift legt fest, dass die Föderale Versammlung in Permanenz tagt. Eine Ausnahme hiervon legten die Übergangs- und Schlussbestimmungen der Konstitution ausdrücklich für den Föderationsrat des ersten Bestands[909] fest. Die Kritiker der Elitenrepräsentation im Oberhaus führten daher an, dass die Zweite Kammer nach Ablauf der zweijährigen Übergangsperiode zwingend auf einer professionellen Grundlage agieren müsse. Auch hier zeigten sich wieder deutlich die negativen Folgen, die sich aus der Unklarheit der entsprechenden Verfassungsbestimmungen er-

---

904 Bulakov, O. N. (2006). Občie položenija. Bulakov, O. N. (Hrsg.) Parlamentskoe pravo Rossii. Moskva: 31 -131. S. 121.

905 Obwohl sie kein Mandat der Subjektbevölkerung hatten.

906 Bulakov, O. N. (2006). Občie položenija. Bulakov, O. N. (Hrsg.) Parlamentskoe pravo Rossii. Moskva: 31 -131.

907 VerfGRF, Entscheidung vom 28. Dezember 1995, Nr. 137-O. Herausgeberkollektiv (1997). Konstitucionnyj Sud Rossijskoj Federacii: Postanovlenija, Opredelenija. Moskva. S. 118-119.

908 VerfGRF, SZ RF, 1997, Nr. 24, Art. 2804.

909 „Bestand" ist die deutsche Übersetzung für das russische « sostav ». Da die Zusammensetzung des Föderationrats sich je nach den jeweils unterschiedlichen Wahlperioden in den Subjekten ändert, wäre die Bezeichnung „Wahl-" oder „Legislaturperiode" irreführend.

geben. Durch die häufige Abwesenheit der regionalen Eliten gewann der Apparat an Einfluss auf die Entscheidungsprozesse.[910]
Nachdem 1997 beinahe alle regionalen Verwaltungschefs demokratisch legitimiert waren, hatte sich die Lage verändert. Die Jahre 1997 bis 1999 zeichneten sich durch einen bedeutenden Machtzuwachs der regionalen Eliten aus. *Čečevišnikov* zufolge bildeten die Gouverneure eine politische Korporation in der föderalen Politik.[911] Es gab demnach eine gewisse Eigenständigkeit des Föderationsrats, die auf der tatsächlichen Macht der regionalen Spitzenpolitiker beruhte. Zu diesem Zeitpunkt blockierte der Föderationsrat auch eine Reihe der für die Subjekte ungünstigen Gesetze. Andererseits wirkte sich das seltene Zusammentreten der Mitglieder des Föderationsrats negativ aus, öfter wurde die 14-Tages-Frist des Art. 105 Abs. 4 VerfRF versäumt[912]. Für die Bürger in den Subjekten war vorteilhaft, dass die Interessen ihres Subjekts gegenüber dem föderalen Zentrum artikuliert wurden. Andererseits bot sich den sich entwickelnden autokratischen Regimes durch das Offizialprinzip die Möglichkeit, ihren Einfluss auch noch auf zentraler Ebene zu verbessern. Die Bürger eines Subjekts haben ein Interesse an gegenseitigen *Checks and Balances* zwischen der regionalen und der zentralen Ebene.

6.2.3.3. Das *Putinsche* Bestellgesetz des Jahres 2000

Zu einer gravierenden Änderung kam es erst nach der Wahl *Putins* zum neuen Präsidenten im Frühjahr 2000. Dieser sah in den politischen Akteuren in der Provinz keinen Teil seiner Machtbasis, sondern eine Gefahr.[913] Zu den Eckpfeilern seines Reformprogramms gehörte ein Gesetzentwurf, der den Bestellmodus des Föderationsrats neu fasste. Danach sollten die regionalen Legislativ- und Exekutivchefs nicht mehr qua Amt im Oberhaus vertreten sein, sondern nur mehr ihre Vertreter dorthin delegieren. *Putin* begründete dies mit der bekannten Kritik am ex-officio-Prinzip. Die bisherige Lösung widerspräche dem Gebot der horizontalen Gewaltenteilung. Zudem sei es für eine Verbesserung der Qualität der Gesetzgebung notwendig, dass der Föderationsrat in Permanenz arbeite. *Putin* hoffte, der neue Föderationsrat kön-

---

910 Bulakov, O. N. (2006). Občie položenija. Bulakov, O. N. (Hrsg.) Parlamentskoe pravo Rossii. Moskva: 31 -131. S. 123.

911 Čečevišnikov, A. (2000). "Kak nam reorganizovat' Sovet Federacii." Vek (50).

912 Interessant ist hier die in Art. 105 Abs. 4 S. 1 VerfRF vorgesehene Möglichkeit des Föderationsrats, ein Gesetz durch aktives Tun anzunehmen oder abzulehnen oder es durch Untätigkeit während 14 Tage passieren zu lassen. S. 310.

913 Wiest, M. (2003). Russlands schwacher Föderalismus und Parlamentarismus. Münster. S. 127.

ne leichter vom Kreml dominiert werden. Da die neuen Senatoren über kein Mandat der Bevölkerung verfügen, seien sie ihr auch nicht zur Rechenschaft verpflichtet. Sie könnten deshalb für die Angebote der Präsidialadministration offener sein.

Es war nicht mehr garantiert, dass die Senatoren eine Bindung an die Region hatten, die sie vertraten. Tatsächlich gab es viele Senatoren, die „ihr" Subjekt nur einmal besuchten, um von dem Legislativ- oder Exekutivorgan delegiert zu werden. Von einer Kammer der Regionen war der Föderationsrat des dritten Bestands daher ebenso weit entfernt wie von seiner Position als unabhängige Vetoinstanz. Trotz dieser absehbaren Folgen erhielt der Gesetzentwurf enthusiastische Zustimmung in der Staatsduma. Dies lässt sich durch besondere Entwicklungen in den Regionen erklären. Dort hatten sich seit Anfang der neunziger Jahre Regimes herausgebildet, die mit zahlreichen Elementen autoritärer Herrschaft ausgestattet sind. Um den Einfluss dieser Tendenzen über die das Offizialprinzip auf die nationale Ebene abzuschwächen, „stellte das Delegierungsprinzip selbst in den Augen der Bürgerrechtspartei ‚Jabloko' das kleinere Übel dar".[914] Außerdem sorgte eine Schwächung des Föderationsrats im ersten Schritt auch dafür, dass die Staatsduma ihre Gesetze ohne Widerstand oder Kontrolle durch den Föderationsrat umsetzen konnte. Die Senatoren sträubten sich. Ihre 80 Änderungsanträge wurden von der Staatsduma zurückgewiesen.[915] Ein Vermittlungsausschuss wurde einberufen. Das Veto der Senatoren wäre überstimmt worden. So stimmten sie dem Gesetz „Über die Besetzungsanordnung des Föderationsrats des Föderalversammlung der Russischen Föderation" am 26. Juli 2000 zu.[916] Präsident *Putin* unterzeichnete es am 5. August 2000.

Seitdem entsenden die Subjektexekutivspitzen und die Parlamentspräsidenten und Gleichgestellte der Subjekte die Vertreter in den Föderationsrat. Diejenigen der Subjektlegislative werden vom Parlament gewählt (bei Parlamenten mit zwei Kammern wird der von einer Kammer gewählte Vertreter für die Hälfte der Legislaturperiode entsandt. Damit hat jedes Subjekt nach Art. 1 Abs. 1 des Gesetzes[917] zwei Vertreter im Föderationsrat.[918] Art. 2 Abs. 1 des Bestellgesetzes (im Folgenden: BestellG) legt fest, dass die Vertreter

914 Ebenda. S. 129.
915 Ebenda. S. 130.
916 SZ RF 2000, Nr. 32, Art. 3336.
917 Art. 1 Abs. 1 BestellG in der Fassung vom 25.07.2006, Nr. 128 FZ.
918 Bogdanovskaja, I. Y. (2001). Osobennosti sistemy organov v federativnom gosudarstve. Federalizm. Topornin, B.N. [Hrsg.]. Moskva: 96-153.

der Subjektparlamente von diesem für die Dauer seiner Legislaturperiode gewählt werden. Dabei wird eine weitere Unterscheidung zwischen Einkammer- und Zweikammerparlamenten in den Subjekten gemacht. Bei Zweikammerparlamenten wird die Amtszeit zwischen Ober- und Unterhaus geteilt (Art. 2 Abs. 2 BestellG). Der neue Senator eines Einkammerparlaments muss innerhalb von drei Monaten nach dem Zusammentritt eines neu gewählten Subjektparlaments gewählt werden. Der Vertreter eines Zweikammerparlaments beginnt mit der Rotation nach dem Ende der Periode seines Vorgängers (Art. 2 Abs. 3 BestellG). Im Falle einer vorzeitigen Beendigung der Abgeordnetenzeit eines Senators muss innerhalb von drei Monaten ein neuer Vertreter berufen werden (Art. 2 Abs. 4 BestellG). Der Vorsitzende der Kammer hat das Vorschlagsrecht, ein Drittel der Parlamentarier kann einen Alternativkandidaten präsentieren (Art. 3 BestellG). Der Vertreter des Gouverneurs oder Republikspräsidenten wird von diesem ernannt (Art. 4 BestellG). Im Falle der Ablösung der Subjektexekutivspitze muss ein neuer Vertreter im Föderationsrat innerhalb von drei Monaten ernannt werden (Art. 4 Abs. 3 BestellG). Das heißt, der Senator ist vom politischen und körperlichen Wohlergehen des Gouverneurs oder Präsidenten abhängig.
Teilweise schlugen die Parlamentspräsidenten von sich aus zwei Kandidaten vor, manchmal auch nur einen. Das Gesetz sieht vor, dass ein Drittel der Abgeordneten einen Alternativkandidaten vorschlagen darf. So variierte in den einzelnen Subjekten die Anzahl der Kandidaten zwischen zwei und fünf. Wenn die Subjektexekutivspitze tatsächlich auch die Parlamentsmehrheit kontrollierte, trugen die Wahlen oft einen alternativlosen Charakter, es gab also nur einen Kandidaten.[919] Zwar dürfen die Subjektexekutivspitzen dem Parlament keine Kandidaten präsentieren, in der Praxis geschieht dies jedoch durch informale Kanäle. Das Gesetz gibt nur Rahmenregelungen vor, die Subjekte konnten viel selbst regulieren. Dies tat die Mehrzahl der Subjekte auch in den Jahren 2000-2002.[920] Diese Regelungen der Subjekte ähneln einander. Abweichungen gibt es lediglich in kleineren formalen Punkten, etwa bei der Frage, ob die Kandidaturen in Anwesenheit der Kandidaten diskutiert werden oder nicht. Sonst sieht das föderale Gesetz noch vor, dass die Abstimmung geheim sein muss. Das Gesetz bestimmt nicht die Anzahl der Wahlgänge. *Zaslavskij* zufolge sollte man die Notwendigkeit eines Alternativkandidaten aufnehmen, die Ansprüche an die Kandidaten vereinheitlichen

919 Zaslavskij, S. E. (2003). Formirovanie Soveta Federacii. Smirnjagin, L. V. (Hrsg.) Sovet Federacii: evolucija statusa i funkcii. Moskva: 124-145. S. 132.

und die Fragen von wiederholten Wahlgängen regeln.[921] Dem ist zuzustimmen.
Die Subjektexekutivspitzen bemängelten diesen Stellvertretermodus. Inzwischen kann der Gouverneur seinen Stellvertreter im Föderationsrat abberufen, wenn dagegen nicht 2/3 der Mitglieder des Legislativorgans des Subjekts votieren. Die Abberufung ist im Fall des Nižegorodsker Gebiets auch schon geschehen.[922] Problematisch ist auch, dass ein Großteil der Vertreter nie in den jeweiligen Subjekten gelebt hat.[923] *Čirkin* bemerkt zur indirekten Wahl allerdings, dies sei auch in anderen Ländern üblich und nennt dabei auch den deutschen Bundesrat. Dabei verkennt er, dass in der Bundesrepublik automatisch der Ministerpräsident und sein Stellvertreter bei den entscheidenden Abstimmungen ihr Bundesland vertreten; es sich also um Personen handelt, die sehr wohl einen persönlichen Bezug zu dem Subjekt haben, das sie repräsentieren.
Die führenden Vertreter des Föderationsrats haben sich immer wieder für direkte Wahlen ausgesprochen.[924] Das Gesetz sieht wenige Bedingungen für die Mitgliedschaft im Föderationsrat vor. Natürlich kann dies nur ein Bürger der RF sein, der zudem nicht jünger als 30 Jahre alt und Inhaber des aktiven Wahlrechts ist (Art. 1 Abs. 2 BestellG). Das Gesetz sieht nicht vor, dass er im Subjekt, das er vertritt, einige Zeit gelebt haben oder aus seinem Territorium stammen muss[925]. Es gibt auch keine Vorgaben darüber, dass eine kriminelle Vergangenheit die Mitgliedschaft im Föderationsrat ausschließt.[926] Interessant ist, dass beide Vertreter des Subjekts nicht einheitlich abstimmen müssen, weder die Verfassung der RF; noch das Bestellgesetz in der Fassung von 2000 noch die Verordnung über den Föderationsrat vom 30. Januar 2002 sehen das vor. Die Senatoren stimmen also ab, wie sie wollen. Sie können dies koordinieren, doch geht es hier nicht um verfassungsrechtliche Anforderungen.[927] Im Vergleich mit dem deutschen Recht, wo es ein Gebot einheitlicher Abstimmung im Bundesrat gibt, scheint dies überraschend zu sein. Da-

920 Ebenda. S. 133.
921 Ebenda. S. 142.
922 Čirkin, V. E. (2006). Vvedenie. Bulakov, O. N. (Hrsg.) Parlamentskoe pravo Rossii. Moskva: 15-30. S. 22.
923 Ebenda.
924 Ebenda.
925 Und so erweisen sich tatsächlich viele Vertreter der Subjekte im Föderationsrat als „Aushelfer“.
926 Avak'jan, S. A. (2003). "Sovet Federacii - evolucija i perspektivy." Federalizm (1): 127-152. S. 143.
927 Ebenda. S. 145 f.

bei könnte jedoch das deutsche Modell die Ausnahme sein. Es gibt keinen überzeugenden Grund dafür, warum die Vertreter des Subjektparlaments und der Subjektregierung unbedingt einheitlich abstimmen müssten.
Die härteste Sanktion, die die Entsendeorgane haben, ist, die Senatoren ohne Erklärung zurückzurufen. Die Abberufung eines Senators richtet sich nach Art. 9 Abs. 2 BestellG i. V. m. Art. 4 AbgStatusG.[928] Nach Art. 4 Abs. 2 AbgStatusG kann ein Senator vorzeitig entsprechend seiner Wahl oder Ernennung zurückbeordert werden — dies entspricht eher dem Modell eines imperativen Mandats. Hierzu hat *Zaslavskij*[929] folgende Bedenken bzw. Kritik: Art. 71 lit. g VerfRF sieht vor, dass die grundsätzliche Regelung der Bestellung des Föderationsrats in die ausschließliche Gesetzgebungszuständigkeit der RF fällt. De facto werde dies erstens jedoch wie eine gemeinsame Gesetzgebungszuständigkeit behandelt, darüber hinaus nutzten die Subjekte das föderale Regelungsvakuum dazu, auch die Abberufung selbst zu regeln. Zweitens mache die Möglichkeit der unkontrollierbaren Abberufung die Lage des Senators ziemlich instabil, was dem generellen Status eines föderalen Abgeordneten widerspräche und ihm die Möglichkeit nähme, seine Position frei zu wählen. Die vorzeitige Abberufung stelle eine rechtliche Sanktion dar. Deshalb müssten die Grundlagen und die Art und Weise rechtlich geregelt werden. Sonst sei ein Mitglied des Föderationsrats weniger geschützt als ein Mitarbeiter des Apparats des Föderationsrats, der den Schutz des Arbeitsgesetzbuchs genieße. Darum sei es wichtig, ein Verfahren für die Abberufung festzulegen.
Deshalb hat die Staatsduma am 29. November 2002 ein Änderungsgesetz in erster Lesung beschlossen. Es gab zwei Anläufe, die Rückrufpraxis gesetzlich zu regeln. Ein Entwurf der SPS sollte die Senatoren vor willkürlichen Rückrufen schützen, gleichzeitig legte er eine gewisse Rechenschaftspflicht

---

928 AbgStatusG vom 5. Juli 1999 Nr. 133-FZ – SZRF 1999, Nr. 28, Art. 3466, in der aktuellen Fassung vom 30. Januar 2007 Nr. 8 – SZ RF 2007, Nr. 6, Art. 683. Hierfür sieht das Gesetz die folgenden Fälle vor:
- freiwillige Mandatsaufgabe;
- Wahl zum Staatsdumaabgeordneten oder Abgeordneten eines Subjektparlaments;
- Eintritt in den Staatsdienst;
- Verlust der Staatsbürgerschaft der RF;
- Strafgerichtliche Verurteilung;
- Einzug zum Militärdienst mit Einwilligung des Kandidaten;
- Tod.

929 Zaslavskij, S. E. (2003). Formirovanie Soveta Federacii. Smirnjagin, L. V. (Hrsg.) Sovet Federacii: evolucija statusa i funkcii. Moskva: 124-145. S. 143.

der Senatoren fest. Die Senatoren könnten nicht innerhalb ihres ersten Jahres im Föderationsrat abberufen werden. Zudem müsste der Senator zuvor mehrfach gegen Weisungen zu Abstimmungen verstoßen haben und 2/3 der Mitglieder des Subjektparlaments müssten für die Abberufung stimmen. Es wurden folgende Abberufungsgründe vorgeschlagen:

- Ausübung einer Tätigkeit, die mit dem Senatorenamt unvereinbar ist;
- dreimalige Abwesenheit innerhalb einer Session ohne wichtigen Grund;
- Begehen von Handlungen, die des Amtes unwürdig sind;
- Nichtbeachtung der Vorgaben des entsendenden Organs bei Abstimmungen von Gesetzen der gemeinsamen Gesetzgebungszuständigkeit, es sei denn der Gesetzentwurf erweist sich in den Gutachten von Präsident, Regierung etc. als verfassungswidrig.

Nach dieser Gesetzesfassung darf das entsendende Organ dem Senator bei Personalentscheidungen, die nach Art. 102 VerfRF in die Zuständigkeit des Föderationsrats fallen, keine Weisungen erteilen. Zudem soll das Abberufungsverfahren nach der Art der Empfehlung differenziert ausgestaltet werden.[930] Wenn eine Person eine mit dem Mandat unvereinbare Tätigkeit ausübt, solle sie in dem Verfahren der Ernennung abberufen werden. In den anderen Fällen sei der Vorschlag zur Abberufung dem Föderationsrat vorzutragen, der diese Frage in allgemeiner Sitzung behandelt und sein Einverständnis erteilt. Danach könne das entsendende Subjektorgan seine Entscheidung treffen. Bei einer Entscheidung gegen die Abberufung durch den Föderationsrat habe das Subjektorgan mit einer Zweidrittelmehrheit zu entscheiden. Es ging bei der Novelle darum, die Balance zwischen dem Interesse der Regionen auf eine gute Vertretung und dem Recht der Subjektorgane, mittels ihres Vertreters an der Entscheidungsfindung teilzunehmen und das Recht der Mitglieder des Föderationsrats, eine eigenständige Entscheidung zu finden. Obwohl 66 Subjekte für das Gesetz waren, wurde es nach einem ablehnenden Votum des entsprechenden Staatsdumaausschusses von der Staatsduma abgelehnt.

„Edinaja Rossija" startete einen zweiten Versuch; die Abberufung im ersten Jahr sollte ausgeschlossen werden und jegliche Abberufung überhaupt sollte an eine Zweidrittelmehrheit des Föderationsrates geknüpft sein. Eine der interessantesten Bestimmungen war, dass die Senatoren berechtigt sein sollten, gegen die Anweisung aus den Regionen zu stimmen, wenn dies die Interpretation der VerfRF oder föderalen Verfassungsrechts durch den Präsidenten,

930 Ebenda. S. 144.

die Regierung oder den federführenden Ausschuss im Föderationsrat erforderlich machte. Das Gesetz war klar zu Gunsten des föderalen Zentrums geschrieben. Die SPS kritisierte den Entwurf als einen Bruch des Gewaltenteilungsprinzips, weil Senatoren damit de facto unabsetzbar würden. Die Regionalparlamente hatten weniger als eine Woche Zeit, um sich mit dem Gesetzentwurf vertraut zu machen. Er wurde in erster Lesung in der Staatsduma angenommen, aber nicht als Gesetz beschlossen.

Zwischen 2002 und Mitte 2003 wurden 5 Senatoren zurückbeordert, vier von ihnen von einem Exekutivorgan. Eine der spektakulärsten Abberufungen betraf *Altynbaev* durch *Šajmiev*, den tatarischen Republikspräsidenten. Grund war *Altynbaevs* Engagement in *Mironovs*[931] Partei, der Lebenspartei. *Šajmiev* erklärte, *Altynbaevs* politische Aktivitäten widersprächen den Interessen des Präsidenten, der ihn berufen habe.[932] 2003 wurde erneut über das Gesetz diskutiert.[933]

Aus deutscher Sicht ist es erstaunlich, dass es für die Senatoren keine dem Art. 93 Abs. 1 S. 1 GG vergleichbare Möglichkeit gibt, für die Beibehaltung ihres Mandats zu streiten.[934] Dabei ist allerdings zu bedenken, dass auch in der Bundesrepublik Mitglieder des Bundesrats nicht mit Bundestagsmitgliedern vergleichbar sind. Bundesratsmitglieder müssen einheitlich abstimmen.[935] Andererseits ist dies mit der russischen Variante des imperativen Mandats nicht vereinbar. Für eine rechtliche Regelung der Abberufungsgründe spricht zu sichern, dass die Senatoren die Entsendeorgane effektiv vertreten, was voraussetzt, dass sie an der Arbeit der Föderationsrat-Gremien teilnehmen und im Sinne der Region abstimmen. Andererseits muss der möglichen Willkür von Entsendeorganen Einhalt geboten werden. Senatoren dürfen nicht dazu gedrängt werden, gegen ihr Gewissen oder ihre Überzeugung zu entscheiden. Die deutsche Formel, dass Abgeordnete nur ihrem Gewissen un-

---

931 Sergej *Mironov* war Vorsitzender des Föderationsrats.

932 Slider, D. (2005). The Region's Impact on Federal Policy. Reddaway, P. / Orttung, R. W. (Hrsg.) Dynamics of Russian politics: Putin's reform of federal-regional relations. Lanham. **2:** 123 - 143. S. 136.

933 Fedosov, P. A. (2003). Federal'nyj zakon o porjadke formirovanija Soveta Federacii ot 5 avgusta 2000. Smirnjagin, L. V. (Hrsg.) Sovet Federacii: evolucija statusa i funkcii. Moskva: 67-123. S. 123.

934 Bundesratsmitglieder sind parteifähig: Denn Teile des Bundesrats, die mit eigenen Rechten ausgestattet sind, sind parteifähig. Die eigenen Rechte ergeben sich § 19 Geschäftsordnung des Bundesrats Vgl. Maunz/Dürig-Maunz (2009). Grundgesetz, München, 56. Ergänzungslieferung 2009. Art. 93, Rn. 11.

935 Dies wurde angesichts des unterschiedlichen Abstimmungsverhaltens *Stolpes* und *Schönbohms* im Bundesrat bei der Abstimmung 1. Juni 2002 deutlich.

terworfen sind, kann hier so nicht übertragen werden. Denn bei den Senatoren handelt es sich nicht um direkt gewählte Vertreter des russischen Volkes, sondern um Entsandte der Subjektorgane. Wenn eine Vertretung der Subjekte im Föderationsrat gesichert werden soll, dann müssen sich die entsendenden Subjektorgane sicher sein, dass die Senatoren ihre Interessen im Sinne der sie entsendenden Organe vertreten. Um dies sicherzustellen, sollte eine gesetzliche Regelung getroffen werden, die eine Willkürentscheidung ausschließt, aber keine zu hohen Hürden für die Abberufung aufstellt.
Eine Objektivierung durch gesetzliche Regelung wäre deshalb sehr zu begrüßen. Dagegen, dass die Subjekte ihre eigenen Modi für die Berufung und Abberufung der Vertreter haben, bestehen keine Bedenken. Eine dem Gedanken des Subsidiaritätsprinzip entsprechende Verlagerung der Auswahlprozesse ist aus einer föderalismusfreundlichen Perspektive zu begrüßen. Problematisch ist aber auch hier, dass die Prozesse auf regionaler Ebene in den jeweiligen Machtkartellen „abgekartet" werden. Aus der hier maßgeblichen Sicht des Bürgers in den Regionen ergibt sich die Auswahl zwischen einem vom Kreml favorisierten Kandidaten oder einem des jeweils vom regionalen Clan erwünschten. Dies sind auf den ersten Blick wieder Argumente für eine Direktwahl der Mitglieder des Föderationsrats.
Insgesamt wurde der Bestellmodus innerhalb von acht Jahren zwei Mal geändert. Das illustriert, wie schwach die institutionelle Stabilität im postsowjetischen Russland immer noch ist. Schon 2002 gab es Überlegungen, den Rekrutierungsmodus erneut zu ändern. Hier macht sich negativ bemerkbar, dass das Wahlrecht der Staatsduma und der Rekrutierungsmodus des Föderationsrats durch einfaches föderales Gesetz geregelt werden kann, anstatt dass für sie die hohen Hürden eines verfassungsausführenden Gesetzes gelten. Für letztere ist eine Zweidrittelmehrheit im Unter- und eine Dreiviertelmehrheit im Oberhaus notwendig (Art. 108 VerfRF). Um den Unmut der regionalen politischen Elite zu kanalisieren, wurde eine neue Institution, den Staatsrat (Gosudarstvennyj Sovet) gegründet. Sie sollte für die Chefs der Subjekte die Funktion der Interessenabstimmung untereinander übernehmen und ist damit eine indirekte Konkurrenz für den Föderationsrat. Daher fungiert die Gesellschaftskammer als Beratungsrat für den Präsidenten, der das Gremium auch leitet. Die regionalen Verwaltungschefs können nur Empfehlungen abgeben.[936] Er gibt hier nur wenig institutionelle Stabilität. Die externen Faktoren

936 Wiest, M. (2003). Russlands schwacher Föderalismus und Parlamentarismus. Münster. S. 134.

der Institutionalisierung bilden schließlich den Rahmen, innerhalb dessen sich die internen arbeits- und Organisationsstrukturen überhaupt verfestigen können. So lange es über den Rekrutierungsmodus keinen Konsens gibt, bleibt die innere Organisation des Föderationsrates brüchig. Da auch der Föderationsrat des dritten Bestands nicht auf einem breiten Konsens beruht, ist auch weiterhin davon auszugehen, dass dem politischen Institutionengefüge Russlands kurz- bis mittelfristig an Stabilität fehlen wird.[937]

6.2.4. Die Organe des Föderationsrats

Dieser Abschnitt schildert die Rolle und Funktion des Vorsitzenden des Föderationsrats, seiner Ausschüsse und des Apparats.

6.2.4.1. Der Vorsitzende des Föderationsrats

Wichtiges Organ ist der Präsident oder Sprecher des Föderationsrats. Dessen Kompetenzen sind in Art. 18 GO-FR geregelt. Es sind fast ausschließlich organisatorische Kompetenzen. Er bestimmt die Tagesordnung des Föderationsrats und die Arbeit der Ausschüsse (Art. 18 lit. z und lit. i GO-FR). Besonderen Einfluss hat er auf die Zusammensetzung des Apparats, da er dessen Vorsitzenden, also den Verwaltungschef, ernennt. Zur Frage des Vorsitzenden des Föderationsrats bemerkt *Kovalev*[938], dass dies gegen die Gleichheit der Senatoren verstoße. Deshalb schlägt er vor, dass der Vorsitzende seine anderen Funktionen aufgeben solle. In den USA etwa sei der Vize-Präsident *ex officio* Chef der obersten Kammer. In den Staaten, in denen der Vorsitzende der Kammer gleichzeitig auch ein Mitglied der Kammer ist, gebe es in der Regel eine Regelung für die gleiche Vertretung aller Subjekte. Oder eben ein Rotationsprinzip wie in der BRD. Anders beim Föderationsrat. Der Vorsitzende wird nach Art. 14, 15 GO-FR für die Dauer seiner Amtszeit im Föderationsrat gewählt. Zur Abwahl ist die absolute Mehrheit erforderlich. Eine Analyse der Vollmachten des Vorsitzenden des Föderationsrats führt dazu, dass er nicht nur die Debatten leitet, sondern auch den Gang der Gesetzgebung steuert. Dies kann dazu führen, dass die Interessen einiger Subjekte stärker berücksichtigt werden als diejenigen der anderen.

Nach der Neubildung des Föderationsrats wurde Sergej *Mironov* als dessen Präsident gewählt. Seine ihn von anderen Mitgliedern der Fraktion „Federaci-

---

937 Ebenda. S. 135.

938 Kovalev, S. M. (2005). Obespečenie interesov sub"ektov federacii v organisacii verchnej palaty federal'nogo parlamenta (rossijskij i zarubežnyj opyt). Tichomirov, J.

ja" unterscheidende biographische Qualifikation war, dass er eine kurze Zeit mit *Putin* gemeinsam in St. Petersburg unter *Sobčak* gearbeitet hat.[939] Im März 2007 wurde er nach den Wahlen zum Parlament des Leningrader Gebiets erneut in den Föderationsrat beordert.[940] *Mironov* prägte als eine der Führungspersönlichkeiten der russischen Politik das Antlitz des Föderationsrats. Die neue GO-FR von 2006 gibt dem Präsidenten des Föderationsrats außerordentliche Befugnisse bei der Bestimmung der Leitungspositionen der Kammer. *Mironov* durfte eine Kandidatenliste ohne Alternativen aufstellen, die als ganze in geheimer Abstimmung bestätigt wurde.[941]

6.2.4.2. Die Ausschüsse des Föderationsrats

Die entscheidende Arbeit leisten die Parlamentarier in modernen Parlamenten in Ausschüssen, die auch die Entscheidungen des Gesamtparlaments wesentlich beeinflussen. Der Löwenanteil der Arbeit wird auch im Föderationsrat in den Ausschüssen und Kommissionen geleistet. Art. 26 Abs. 2 GO-FR legt fest, dass Ausschüsse ständig tagen und Kommissionen kurzfristig für nicht dauerhafte Angelegenheiten gebildet werden können. Diese Ausschüsse tagen im Zweiwochenrhythmus.[942] In einigen Ländern – wie der BRD – ist es so geregelt, dass jedes Bundesland einen Sitz in jedem Ausschuss hat.[943] Im Föderationsrat dagegen kann jeder Senator nach Art. 28 GO-FR

A. (Hrsg.) Publičnye i častnye interesy v Rossijskom zakonodatel'stve. Moskva: 36-42.

939 Slider, D. (2005). The Region's Impact on Federal Policy. Reddaway, P. / Orttung, R. W. (Hrsg.) Dynamics of Russian politics: Putin's reform of federal-regional relations. Lanham. **2:** 123 - 143. S. 127 f.

940 Seine kremltreue Partei „Gerechtes Russland" (*Spravedlivaja Rossija*) hatte bei ihrem Debüt in den Wahlen zu 14 Subjektparlamenten einen guten Einstieg erzielt. Er bestätigte weiterhin seinen Ruf als Putin-Anhänger, indem er im April eine Initiative, für Putin eine dritte Amtszeit in die VerfRF einzuführen, startete.

941 Slider, D. (2005). The Region's Impact on Federal Policy. Reddaway, P. / Orttung, R. W. (Hrsg.) Dynamics of Russian politics: Putin's reform of federal-regional relations. Lanham. **2:** 123 - 143. S. 129.

942 Ebenda. S. 129.

943 Kovalev, S. M. (2005). Obespečenie interesov sub"ektov federacii v organisacii verchnej palaty federal'nogo parlamenta (rossijskij i zarubežnyj opyt). Tichomirov, J. A. (Hrsg.) Publičnye i častnye interesy v Rossijskom zakonodatel'stve. Moskva: 36-42. S. 41.

nur einem Komitee (Ausschuss) und nicht mehr als 2 Kommissionen[944] angehören.[945]

6.2.4.3. Die Bedeutung des Apparats

Jeder Senator hat eigene Mitarbeiter. Die Anzahl der Mitarbeiter des Apparats ist seit der Neubesetzung des Föderationsrats gestiegen. Vor allem erhöhte sich die Anzahl der unbezahlten Mitarbeiter, die nicht nur Zugang zu den Föderationsrat-Einrichtungen haben, sondern sich nebenbei auch noch als Lobbyisten verdingen können. Der Apparat ist in einer Weise organisiert, die dem Vorsitzenden hilft, den Gesetzgebungsprozess zu dominieren. Weil es keine im Föderationsrat vertretene Opposition gibt, fehlt es auch an Mitarbeitern für die Opposition und deshalb gibt es keine alternative Expertenberatung bei Gesetzesprojekten, weil auch keine Mitarbeiter oppositioneller Parteien oder Wählervereine vorhanden sind. *Mironov* regte die Schaffung eines Expertenrats beim Vorsitzenden an, eine Maßnahme, die vor allem ihm zu Gute gekommen wäre.[946] Diese Überlegungen betreffen nur das „Innenverhältnis" der politischen Kräfte im Föderationsrat. Angesichts der Vielzahl der Gesetzentwürfe, die von der Präsidialadministration eingebracht werden und der sowohl in der Präsidialadministration als auch in der Staatsduma und der föderalen Regierung bestehenden Expertise ist eine größere Anzahl von Experten im wissenschaftlichen Apparat des Föderationsrats wünschenswert.

6.2.5. Der Einfluss der Subjekte über den Föderationsrat im Gesetzgebungsverfahren

Der neue Föderationsrat hatte 1993 seine Tätigkeit mit dem Ziel aufgenommen, das föderale Modell in Russland zu stärken. Im Jahr 2002 brachte der Föderationsrat allerdings nur 8 Gesetzentwürfe in die Staatsduma ein. Keines von ihnen war besonders wichtig. Obwohl Vetos relativ einfach sind – es muss die absolute Mehrheit der Senatoren gegen ein Staatsdumagesetz

944 Art. 26 GO-FR bestimmt, dass Auschüsse ständig tagende und Ausschüsse nicht ständige tagende Organe sind. Sonst werden die Befugnisse für beide Organarten parallel geregelt, ohne dass funktionelle Unterschiede in den Kompetenzen deutlich werden.

945 Kovalev, S. M. (2005). Obespečenie interesov sub"ektov federacii v organisacii verchnej palaty federal'nogo parlamenta (rossijskij i zarubežnyj opyt). Tichomirov, J. A. (Hrsg.) Publičnye i častnye interesy v Rossijskom zakonodatel'stve. Moskva: 36-42. S. 42.

946 Slider, D. (2005). The Region's Impact on Federal Policy. Reddaway, P. / Orttung, R. W. (Hrsg.) Dynamics of Russian politics: Putin's reform of federal-regional relations.Lanham. **2:** 123 - 143. S. 130.

stimmen – wurden zwischen Januar 2000 und Juli 2003 nur 24 Gesetze mit Vetos belegt, während 306 Gesetzen zugestimmt wurde. Dabei fehlen 25-30 % der Senatoren bei den Sitzungen.[947] Der Föderationsrat ließ Gesetze passieren, die klar den Interessen der Regionen widersprachen: Die Abstimmungen könnte man als „unerwartete Nicht-Vetos" bezeichnen. Das erste waren Änderungen im Wahlgesetzbuch, die vorschrieben, dass die Hälfte der Abgeordneten der Regionalparlamente auf Parteilisten gewählt werden müssten und der Zentralen Wahlkommission eine Rolle bei der Besetzung der regionalen Wahlkommissionen zugeschrieben wurde. Dieses Gesetz wurde von den meisten Gouverneuren und Subjektparlamenten abgelehnt. *Mironov* setzte es mit seiner Autorität gleichwohl durch. Der Föderationsrat ließ auch das SubjOrgG passieren.[948] Wenn in der Zukunft ein Drittel der Subjekte ein Gesetz, das in gemeinsame Gesetzgebungszuständigkeiten eingreift, ablehnt, muss die Staatsduma – unabhängig vom Föderationsrat – einen Vermittlungsausschuss einschalten. *Mironov* plante die Debatte über das SubjOrgG so, dass nur 20 Minuten für die Debatte blieben. Auch beim Gesetz über die kommunale Selbstverwaltung scheint der Föderationsrat wenig Einfluss ausgeübt zu haben.[949]

Es wäre zu erwarten gewesen, der neue Föderationsrat, der „permanent tagte", mit Senatoren, die in Moskau lebten und relativ wenig Zeit in den Regionen verbrachten, werde einen größeren Einfluss im Gesetzgebungsprozess ausüben. Nach der GO-FR vom Januar 2002 musste der Föderationsrat regelmäßiger und öfter zusammen treten. Dennoch tagt auch dieser Föderationsrat nicht öfter als zwei Mal im Monat, von 10–18 Uhr[950]. Selbst das scheint für einige Abgeordnete noch zu viel. Andererseits ist die Tagesordnung oft sehr umfangreich. Außerdem fehlen Sanktionen für das Nichterscheinen oder eine Entschuldigungspflicht. In der letzten Sitzung vor der Sommerpause mussten 63 Tagesordnungspunkte bearbeitet werden.[951] Zudem besaßen die Senatoren nur wenig parlamentarische Erfahrung. Ihre Arbeitsmoral war gering. „Selbst der Kammerpräsident Sergej *Mironov* musste zugeben, dass ein Drittel der Senatoren ihre Zeit mit Angelegenheiten vertue,

947 Ebenda. S. 133.
948 Ebenda. S. 134.
949 Ebenda. S. 135.
950 Ebenda. S. 128.
951 Ebenda. S. 128.

die nicht mit ihrer Tätigkeit im Föderationsrat zusammenhingen."[952] Die Bestimmung, welche Projekte behandelt werden, liegt immer noch zu großen Teilen den Händen des Präsidenten, der Regierung und der Staatsduma. Es gibt jetzt häufigere Kontakte zwischen Senatoren, der Präsidentenadministration, der Regierung und den Ministerien. „2003 beschwerten sich viele Senatoren über ihre Missachtung durch Minister, die Einladungen zu Aussprachen ausschlugen (sie erschienen nur zu 14 von 32) oder komplett ignorierten."[953] Die Kommunikation mit der Staatsduma wurde verbessert. Die „nullte Lesung" wurde eingeführt: Seit Februar 2002 werden alle Regierungsentwürfe und Präsidentenentwürfe den relevanten Ausschüssen des Föderationsrats vorgelegt, die ihre Entschlüsse der Staatsduma schon vor deren erster Lesung vorlegen. Insofern war dieser Föderationsrat wesentlich aktiver als sein Vorgänger, wenn es um Anhörungen, Konferenzen und andere öffentliche Veranstaltungen ging.[954] Desweiteren leidet die Arbeit des russischen Oberhauses auch unter der permanenten Rotation seiner Mitglieder. Zu vielen Sitzungen treten neue Senatoren ein, während andere die Kammer verlassen. Das liegt zum einen an den verschiedenen Zeitpunkten der Wahlen in den Subjekten. Nach Machtverschiebungen werden die entsandten Senatoren ersetzt. Zum anderen werden Senatoren mitunter auch vorzeitig zurückberufen, und die Zusammensetzung des Föderationsrats ändert sich dadurch. Die zahlreichen Abberufungen von Senatoren, die manchmal nicht einmal ein ganzes Jahr im Föderationsrat sitzen, schwächen die Effizienz des Oberhauses.[955]

6.2.6. Die Zusammenarbeit des Föderationsrats mit anderen föderalen Staatsorganen

Die Mitglieder des Föderationsrats nehmen an vom Präsidenten gebildeten Kommissionen, etwa zur Verhandlung der Kompetenzabgrenzungsverträge in Gestalt des Vorsitzenden des Ausschuss für Angelegenheiten der Föderati-

---

952 Wiest, M. (2003). Russlands schwacher Föderalismus und Parlamentarismus. Münster. S. 346.

953 Slider, D. (2005). The Region's Impact on Federal Policy. Reddaway, P. / Orttung, R. W. (Hrsg.) Dynamics of Russian politics: Putin's reform of federal-regional relations. Lanham. **2:** 123 - 143. S. 131.

954 Ebenda. S. 132.

955 Wiest, M. (2003). Russlands schwacher Föderalismus und Parlamentarismus. Münster. S. 346.

on, föderaler Verträge und Regionalpolitik teil.[956] Die Senatoren stellen Anfragen an die Regierungsmitglieder und können diese auch zu Sitzungen der Kammer einladen.

6.2.7. *Die neue Zusammensetzung des Föderationsrats*

Für ein Porträt der Senatoren gibt es prinzipiell zwei Ansätze: einen personenzentrierten und einen „wirtschaftlichen", denn einige finanz-industrielle Gruppen entsandten ihre Vertreter in den Föderationsrat. Dazu kommen die „*Siloviki*" und die informale Fraktion des Kremls.[957]

Der alte Föderationsrat wurde vor allem von den Gouverneuren dominiert. Der neue Föderationsrat setzt sich aus verschiedenen Gruppen zusammen:

- Personen, die aus den Strukturen der föderalen Gewalt kommen,
- Vertreter der Regionalparlamente,
- Vertreter der Regionalexekutive,
- Vertreter der finanzindustriellen Gruppen und der Unternehmer.

Darüber hinaus kann man Senatoren innerhalb der vorstehend bezeichneten Gruppen weiter nach ihrer „Herkunft" differenzieren. Einige wurden von Lobbygruppen wie LUKOIL entsandt oder waren „Parteigänger"[958] des Kreml, die durch die enge Zusammenarbeit mit der Präsidialadministration in den Föderationsrat kamen. Andere sind Parteigänger der Gouverneure und verdienstvolle Persönlichkeiten aus Sport, Kultur und Wissenschaft, weiterhin Parteivertreter. Selbstverständlich kann ein Senator gleichzeitig mehreren Gruppen angehören. Im Jahr 2002 waren 31% der Senatoren Anhänger des föderalen Zentrums. Sie arbeiteten aktiv mit der Präsidialadministration zusammen oder waren zuvor Mitarbeiter im föderalen Staatsdienst.[959] Diese Senatoren orientieren sich bei Entscheidungen an den Positionen des föderalen Zentrums, was nicht ausschließt, dass sie auch die Interessen der sie entsendenden Regionen vertreten. In diese Kategorie fielen zum Beispiel sechs ehemalige Präsidentenvertreter. Sie blieben ihrer Rolle, Vertreter des Zentrums in den Regionen zu sein, weitgehend treu.[960] Einige arbeiteten in den Präsidentenstellvertretungen, sind aber in ihren Regionen tief verwurzelt. Eine weitere

956 Verordnung des Föderationsrats der RF vom 22.2.1996 Nr. 84-SF „Über den Bestand der der Räte, Kommissionen, Komitees, Arbeitsgruppen bei Präsidenten der RF und der Regierugn der RF" in SZ RF 1996, Nr. 10, Art. 848.

957 Michajlov, R. V. (2003). Novyj sostav Soveta Federacii. Smirnjagin, L. V. (Hrsg.) Sovet Federacii: evolucija statusa i funkcii. Moskva: 168 -197. S. 168.

958 Ebenda. S. 170.

959 Ebenda. S. 171.

960 Ebenda. S. 172.

Gruppe kommt aus den Regionalparlamenten (22 %). Diese übten vor ihrer Abordnung oft hohe Positionen im Subjektparlament aus und fühlen sich ihm verbunden.[961] Sie führen ihre Karriere auf der föderalen Ebene fort. Sie müssen dem entsendenden Parlament auch oft weniger Rechenschaft ablegen als andere Senatoren, weil ihre Ex-Kollegen ihnen mehr vertrauen und die Delegation in den Föderationsrat als natürlichen Karriereschritt begreifen. In die Kategorie der direkten Gouverneursvertreter fallen 21 % der Mitglieder des Föderationsrats. Diese haben oft eine Karriere in den Gouverneursverwaltungen hinter sich und waren z. B. Vize-Gouverneur.[962] Diese Kategorie der Senatoren zeigt, dass die Gouverneure dem neuen Rotationsprinzip nicht gleichgültig gegenüber standen, sondern es für sich zu nutzen wussten, indem sie ihnen ergebene Leute entsandten.

Eine weitere Kategorie sind die ‚verdienstvollen Persönlichkeiten' (11 %). Ihnen geht es vor allem um Selbstverwirklichung und Nutzung ihres reichen Erfahrungsschatzes für den Staat im Allgemeinen und die vertretene Region im Besonderen.[963] Zumeist wird eine Person aus einer Region entsandt, die auf der föderalen Ebene Karriere gemacht hat[964], um einen Lobbyisten mit hervorragenden Beziehungen in Moskau zu haben. Diese Gruppe überschneidet sich mit den Vertretern des föderalen Zentrums. Häufig versuchen Institutionen, ehemalige leitende Mitarbeiter im Föderationsrat unterzubringen. Die ehemalige Institution und der Präsident profitieren gleichermaßen davon und die Regionen hoffen auf einen fähigen Lobbyisten. Gleichzeitig genießen Mitglieder dieser Gruppe mitunter hohes Ansehen in der Bevölkerung, wie etwa Staatsanwalt *Kostoev*, der einen berüchtigten Kriminellen fasste, oder *Petrenko*, der sich bei einer Busentführung einer Gruppe von Kindern in Mineral'nye Vody 1993 als Austauschgeisel anbot. Hinzu kommen Prominente, die ihre bisherigen Positionen verlassen mussten, wie der Kommandeur der Nordflotte *Popov* nach der Katastrophe der „Kursk".[965] Fast 24 % dieser Gruppe werden zu Vertretern der Finanzindustrie gezählt. Daneben gibt es noch 7 % tatsächliche Unternehmer.[966] Diese sind oft auch doppelt gebun-

---

961 Ebenda. S. 173.
962 Ebenda. S. 174.
963 Ebenda. S. 175.
964 Beispiel ist Ch. *Karmokov*, der langjährige Vorsitzende des Rechnungshofes, der aus der Republik Karbadino-Balkarien stammt und ihr Vertreter im Föderationsrat wurde.
965 Michajlov, R. V. (2003). Novyj sostav Soveta Federacii. Smirnjagin, L. V. (Hrsg.) Sovet Federacii: evolucija statusa i funkcii. Moskva: 168 -197. S. 176
966 Ebenda.

den: Businessinteressen und Einbindung wirtschaftlicher Interessen in die föderalen und regionalen Machtstrukturen. Im dritten Bestand des Föderationsrats nahm die Vertretung wirtschaftlicher Interessen zu. Diese Zahlen aus dem Jahr 2003 entsprechen annähernd den Klassifikationen *Avakjans* für das Jahr 2002: Er kommt auf 17,4 % ehemalige föderale Bedienstete verschiedenen Ranges, 3,9 % ehemalige Exekutivchefs der Subjekte, 17,4 % ehemalige Subjektparlamentarier, 25,3 % Unternehmer.[967]

Ein sozial-politisches Porträt ergibt, dass 2002 der Frauenanteil nur 3,4 % betrug und das Durchschnittsalter bei 48 Jahren lag. 98,7 % der Senatoren haben eine Hochschulausbildung genossen, viele sogar mehrere Studiengänge erfolgreich absolviert. Ein großer Anteil der Senatoren hat eine Beziehung zu St. Peterburg, ist entweder dort geboren oder hat dort studiert.[968] Nur 13 % (183 Männer) kommen aus dem Militär und den Sicherheitsorganen, den sogenannten „Siloviki"-Strukturen. Deshalb wird der „Siloviki"-Block als nicht dominierend angesehen. Es sei eher so, dass Vertreter dieses Spektrums in die Politik drängen. 37 % der Senatoren bekleideten zuvor leitende Posten. 83 % haben in der Verwaltung gearbeitet. Fast alle haben persönliche Erfahrungen mit Wahlkampagnen. Die absolute Mehrheit der Senatoren war Mitglied der KPdSU.[969]

Fraktionsbildung ist in der GO-FR verboten. Darin sieht *Michajlov* einen tiefen Sinn. Denn sonst bestünde die Gefahr, dass sich die Senatoren an den Voten ihrer Parteikollegen in der Staatsduma statt am Interesse ihrer Region orientierten. Die parteipolitischen Präferenzen der Bevölkerung in den Regionen seien über die Wahlen zu den Subjektparlamenten und zur Staatsduma abgebildet.[970] *Slider* kritisiert dagegen, dass sich wegen des Verbots, sich entlang parteipolitischer Präferenzen zu organisieren, die Durchsetzungsfähigkeit der Leitung relativ erhöhe, weil sie keinen organisierten Widerstand findet und finden kann.[971] Hinzu käme, dass dadurch eine politische Opposition ausgeschlossen wird und die Senatoren wegen fehlender Mitarbeiter auch häufig nicht über den notwendigen Sachverstand verfügen, sich mit den Ge-

---

967 Avak'jan, S. A. (2003). "Sovet Federacii - evolucija i perspektivy." Federalizm (1): 127-152. S. 145, 146.

968 Michajlov, R. V. (2003). Novyj sostav Soveta Federacii. Smirnjagin, L. V. (Hrsg.) Sovet Federacii: evolucija statusa i funkcii. Moskva: 168 -197. S. 182.

969 Ebenda. S. 184.

970 Ebenda. S. 187.

971 Slider, D. (2005). The Region's Impact on Federal Policy. Reddaway, P. / Orttung, R. W. (Hrsg.) Dynamics of Russian politics: Putin's reform of federal-regional relations. Lanham. **2:** 123 - 143. S. 129.

setzesprojekten fundiert auseinandersetzen zu können.[972] Das Verbot von Fraktionen im Föderationsrat verlangsamt auch die Entwicklung des russischen Parteiensystems. Es sei widersprüchlich, wenn der Föderationsrat ein Gesetz verabschiedete, das verlangt, dass die Hälfte seiner Mitglieder von Parteilisten gewählt wird, wenn gleichzeitig Parteiaktivitäten in der eigenen Kammer verboten sind.[973]

Bei der Abhängigkeit von der lokalen Subjektexekutivspitze gibt es vor allem Senatoren, die aus Dankbarkeit von den Gouverneuren entsandt wurden.[974] Es ist gängige Praxis, dass Konkurrenten um den Gouverneursposten absprachegemäß nach der Wahl in den Föderationsrat entsandt werden.[975] Deshalb bezeichnet *Slider* den Föderationsrat auch passend als „politischen Exilort" für ehemalige regionale Spitzenpolitiker.[976] Man hat das Europäische Parlament aus den gleichen Gründen als „Elefantenfriedhof", als einen Ort, an dem verdiente ältere Politiker „entsorgt" werden, bezeichnet. Dieses Bild trifft insofern auch auf den Föderationsrat zu.

6.2.8. Der Einfluss der Zusammensetzung des Föderationsrats auf die Stellung des Oberhauses im System der Institutionen

Putin sah nach seinem Amtsantritt 2000 den Föderationsrat als potenzielle Bedrohung seines Kurses der Konstruktion einer Machtvertikale.[977] Es ging ihm darum, die regionalen Spitzenpolitiker aus dem zentralen Entscheidungsprozess herauszuhalten. *El'cin* verwaltete das Land im Wesentlichen gemeinsam mit den Gouverneuren, *Putin* hielt ihre politische Macht für zu gering, um mit ihnen die Macht zu teilen. Der Föderationsrat stellte für das föderale Zentrum in erster Linie einen korporativen Versammlungsplatz der regionalen Eliten dar und nur in zweiter Linie die höchste Parlamentskammer. Die anwesenden Subjektexekutivspitzen bekamen die Möglichkeit, den direkten Dialog mit dem Präsidenten zu führen. *Putins* Ziel war es, den regionalen Eliten die Möglichkeit des gemeinsamen Feilschens mit dem Zentrum zu nehmen. Die Spitzen der Regionalexekutiven (Republikspräsidenten und Gou-

---

972 Ebenda.

973 Ebenda. S. 139.

974 Michajlov, R. V. (2003). Novyj sostav Soveta Federacii. Smirnjagin, L. V. (Hrsg.) Sovet Federacii: evolucija statusa i funkcii. Moskva: 168 -197. S. 189.

975 *Abramovič* entsandte *Nazarov*.

976 Slider, D. (2005). The Region's Impact on Federal Policy. Reddaway, P. / Orttung, R. W. (Hrsg.) Dynamics of Russian politics: Putin's reform of federal-regional relations. Lanham. **2:** 123 - 143. S. 126.

977 Michajlov, R. V. (2003). Novyj sostav Soveta Federacii. Smirnjagin, L. V. (Hrsg.) Sovet Federacii: evolucija statusa i funkcii. Moskva: 168 -197. S. 197.

verneure) verloren mit dem Verlassen des Föderationsrats durch die Reform 2000 die Möglichkeit, den föderalen Gesetzgebungsprozess direkt zu beeinflussen: Das Betraf vor allem Entscheidungen über die weitere Ausgestaltung der föderalen Beziehungen.[978]

Wiest zufolge lässt sich feststellen, dass der Föderationsrat des dritten Bestands erstens die Erwartungen des Präsidenten (*Putin*) erfüllte.[979] Von Opposition gegen den Staatschef sei nichts mehr zu spüren. Da 60 % der Senatoren mit Zustimmung des Präsidenten ernannt oder auf eine andere Weise von ihm abhängig seien, verfüge er über ein komfortables Sicherheitsnetz. Zweitens gelang es dem Präsidialapparat, eigene Anhänger massiv in die Führungsstruktur des Föderationsrats zu lancieren.[980] Drittens spielt die Heterogenität des Föderationsrats dem Präsidenten in die Hände. Aber der Föderationsrat fungiert auch kaum mehr als Gegengewicht zur Staatsduma. Das liegt zum einen daran, dass auch das Unterhaus seine ehemalige Opposition gegen den Präsidenten aufgab und zu einem guten Teil gezähmt wurde. Zum anderen spielt die schwache Position des Föderationsrats im Gesetzgebungsprozess eine Rolle.

6.2.9. Theorie des Informalen und Föderationsrat

Die Interessen der Subjekte werden durch ihr Organ, den Föderationsrat, nur marginal vertreten. Dies liegt einerseits an Gründen in den Personen der Senatoren. Sie fühlen sich dem Präsidenten verbunden. Ihre Bindung an die entsendenden Subjekte ist häufig schwach. Die Senatoren können dabei allerdings sehr gut ihre Eigeninteressen in Moskau vertreten. Andererseits liegt es an den Strukturen des Föderationsrats und den politischen Abläufen. Eine Kammer, die praktisch über keinen nennenswerten wissenschaftlichen und juristischen Apparat verfügt und äußerst engen terminlichen Zwängen unterworfen ist, kann nicht als wirksames Gegengewicht gegenüber Präsidentenapparat und Staatsduma auftreten. Die „Gesetzesfilterfunktion" funktioniert auch deshalb nicht. Durch die Änderungen im SubjOrgG ergibt sich noch eine weitere Stufe der Interaktion: Der Präsident kann nun bei Vorliegen bestimmter Voraussetzungen sowohl die Subjektparlamente auflösen als auch die Gouverneure abberufen – in Zukunft sogar bereits, wenn er kein Vertrauen in

978 Ebenda. S. 198.
979 Wiest, M. (2003). Russlands schwacher Föderalismus und Parlamentarismus. Münster. S. 346.

diese hat. Dies führt dazu, dass die Legislaturperiode endet, an die auch die Amtszeit der Senatoren gekoppelt ist. Insofern kann der Präsident indirekt auf die Amtszeit jedes einzelnen Senators Einfluss nehmen.[981] Das verstärkt den Anreiz für die Senatoren zusätzlich, sich dem Kreml verdient zu machen und der Präsidialadministration ihre Treue zu beweisen.

Interessant ist ein weiteres Phänomen: Die Senatoren sind daran gewöhnt, sich an die in Gesetzen oder der Geschäftsordnung vorgeschriebenen Verfahren zu halten. Das führt dazu, dass die GO-FR den jeweiligen Bedürfnissen angepasst werden. Dementsprechend zeigen die mehrfache Änderung des Bestellgesetzes und die Diskussionen die Instabilität der Normen.

Die Bedeutung des Föderationsrats in Russland für die Regelung von Machtverhältnissen durch Normen hat weiter abgenommen. Das lässt sich sowohl an der geringen Anzahl von Gesetzen, die die Subjekte in die Staatsduma einbringen, als auch an der geringen Zahl der vom Föderationsrat blockierten Gesetze ablesen. Interessant ist in diesem Zusammenhang, dass die vom föderalen Zentrum geschaffenen Parallelstrukturen wie den Staatsrat (*Gosudarstvennyj Sovet*) in der Praxis ebenfalls kaum Wirkung entfalten. Hierbei geht es mehr um die Wirkung auf das Publikum als um tatsächliche Machtausübung. Jedoch deutet auch diese Entwicklung darauf hin, dass die bestehenden offiziellen Strukturen bei der tatsächlichen Machtausübung immer unwichtiger werden. Denn wo es um persönlichen Kontakt für die Entscheidungsbeeinflussung geht, sind Verfahrensvorschriften irrelevant. Da die Subjekte ihre Interessen effektiv im Zentrum vertreten sehen wollen und der Föderationsrat – wie oben dargestellt – dazu nicht in der Lage ist, versuchen die Subjekte, ihren Einfluss in Moskau auf anderen Kanälen zu erhöhen: informal mit der Präsidialadministration und den föderalen Ministerien. Das wird durch die Delegierung von Persönlichkeiten in den Föderationsrat belegt, denen man Einfluss zutraut. Dies führt nach hier vertretener Ansicht zu einer Art Spirale nach unten: Da der Einfluss des Föderationsrat auf die Normsetzung im Interesse oder wenigstens unter Berücksichtigung der Interessen der Subjekte nie groß war und weiter abgenommen hat, verlieren die Subjekte das Interesse am Föderationsrat und betreiben klassischen Lobbyismus gegenüber

980 So auch Slider, D. (2005). The Region's Impact on Federal Policy. Reddaway, P. / Orttung, R. W. (Hrsg.) Dynamics of Russian politics: Putin's reform of federal-regional relations. Lanham. **2:** 123 - 143. S. 137 f.

981 Auf diesen Aspekt hatte auch die Venedig-Kommission in Punkt 32 ihres Gutachtens hingewiesen. Vgl. Fn. 407 Nr. 321/2004 zum SubjOrgG.

den wirklichen Entscheidungsträgern/Entscheidern in der Präsidialadministration und den Ministerien.
Es fehlt hier an Transparenz von Entscheidungsprozessen und infolgedessen an Verfahrenslegitimität im Sinne der Kriterien für die Bewertung von Institutionen. Frappierend ist auch der persönliche Einfluss von *Mironov* auf den Ablauf von Verfahren zur Verabschiedung wichtiger Gesetze[982] Hier wird die Theorie von *Schulze* bestätigt, dass der Einfluss der Interessen entscheidender Akteure auf die Tätigkeit einer Institution größer ist, als dass eine zuvor definierte Funktionsweise dieser Institution das Handeln der Akteure beeinflussen könnte.[983]
Geht die Entwicklung wieder in Richtung Trennung von kodifiziertem Recht und Rechtswirklichkeit durch informale Abstimmung wie in sowjetischen Zeiten? Die letztgenannten Indikatoren sprechen dafür. Dies ist für die Subjekte nachteilig: Denn einerseits haben die Senatoren ein klares Interesse daran, ihre Stellung insgesamt von der unsicheren Position des Gouverneurs unabhängiger zu machen, was nur über einen Loyalitätsbeweis gegenüber dem Zentrum gelingen kann. Und andererseits führen für die Subjekte ungünstige Gesetze, die vom Föderationsrat nicht verhindert werden, dazu, dass die Subjekte ihre Rechtsordnung anpassen müssen. Unterlassen sie dies, schaffen sie Gründe für eine Parlamentsauflösung nach SubjOrgG. Hier ist eine deutliche Verlagerung der Machtpositionen nicht nur zur „Vertikale der Macht“[984] hin, sondern über das SubjOrgG auch auf den Präsidenten persönlich zu konstatieren. Eine Direktwahl der Senatoren und ihre Regelung in einem föderalen Verfassungsgesetz würde die Stellung der Senatoren gegenüber den föderalen Organen stärken, nicht nur, weil diese dann von der Bevölkerung in den Subjekten legitimiert, sondern auch, weil sie im Falle der Ablösung der Subjektexekutivspitze nicht automatisch mit abgelöst würden und dadurch auch gegenüber dem föderalen Präsidenten ein wenig unabhängiger wären.
Art. 95 VerfRF, der bestimmt, dass jeweils ein Vertreter von Exekutive und Legislative entsandt werden muss, müsste dann nicht geändert werden, wenn – wie in einem der 1995 diskutierten Modelle – Parlament und Subjektexekutivspitze mehrere Kandidaten den Wählern zur Wahl stellen.

982 Wie das „Durchpeitschen“ des SubjOrgG. Vgl. S. 290.
983 Schulze, H. (1997). "Neo-Institutionalismus." Arbeitspapiere des Bereichs Politik und Gesellschaft am Osteuropa-Institut der Freien Universität Berlin (4): 26. S. 21.
984 Zur „Vertikale der Macht“ vgl. die Definition von *Mommsen*, S. 71.

Problematisch ist inzwischen auch das Personal: Tatsache ist, dass eine gewisse Anzahl von Senatoren vor allem auch an der mit dem Amt verbundenen Immunität gelegen ist oder sie mehr oder minder offen die Interessen vom Großunternehmen vertreten. Das erste Problem könnte dadurch gelöst werden, dass zur Voraussetzung für die Berufung gemacht würde, dass gegen die Kandidaten bisher keine Strafverfahren wegen wirtschaftlicher Straftaten durchgeführt wurden. Die Begrenzung auf Wirtschaftsstraftaten ist deshalb notwendig, weil sonst eine Reihe von Oppositionellen von der Kandidatur wegen Demonstrationsdelikten oder anderen willkürliche von der Staatsmacht herbeigeführten politischen „Vergehen" ausgeschlossen werden könnte. Eine Untersuchung des Zusammenhangs zwischen Herkunft und Berufstätigkeit der Mitglieder zweiter Kammern und ihrer Effizienz als Interessenvertreter von Regionen im internationalen Vergleich wäre in diesem Zusammenhang aufschlussreich. Welchen Einfluss auf die Interessenvertretung hat es, wenn Senatoren Berufspolitiker sind und an ihre Wiederwahl denken müssen oder es sich um Geschäftsleute handelt, die das Parlament als Börse zur Durchsetzung kurzfristiger Wirtschaftsinteressen für das eigene Unternehmen sehen?

Bei der Wiedereinführung der Direktwahl der Senatoren würde laut *Rjabow* die Einflussnahme der Präsidialadministration dann im Vorfeld über die Kandidatenkür in den Subjekten stattfinden, so wie es heute de facto bei den Dumaabgeordneten[985] der Fall ist. Falls dies nicht funktionieren sollte, wäre auch mit einer Anpassung des Wahlgesetzbuchs zu rechnen, um die vom föderalen Zentrum gewünschte Zusammensetzung des Föderationsrats zu gewährleisten. Dennoch wäre eine Neuregelung der Direktwahl in einem föderalen Verfassungsgesetz gegenüber dem jetzigen Zustand angezeigt. Auch unter dem Aspekt des Vorteils einer gewissen Normenflexibilität in Transformationsstaaten dauert der „Probelauf" des Föderationsrats nun seit 15 Jahren an, so dass stabilere Verhältnisse mit einem Verfassungsgesetz geschaffen werden könnten. Dass daran allerdings ein mehrheitliches Interesse von Präsident, Staatsduma, Föderationsrat und Föderationssubjekten besteht, muss bezweifelt werden. Es ist bekannt, dass die Regierungen und Legislativen selten über die jeweilige Legislaturperiode hinaus denken. Längerfristiges Denken ist überwiegend nur nach Gesellschaftsumbrüchen bei Verfassungskonventen der Fall. In der Russischen Föderation sind die existierenden

Normen nicht nur weit auslegungsfähig formuliert, sondern werden häufig kurzfristigen Veränderungen unterworfen, was angesichts der kurzfristigen Strategien der Beteiligten verständlich, jedoch für die Stabilität des Institutionengefüges von Nachteil ist.

Angesichts der vorgetragenen Kritikpunkte wird die Frage virulent, ob der Föderationsrat in seiner gegenwärtigen Verfasstheit die Subjektorgane auf der föderalen Ebene noch angemessen vertreten kann. Die Änderung des Berufungsmodus in einem einfachen Gesetz – ohne Verfassungsänderung – zeigt die Bedeutung des Kriteriums des Schutzes der Subjekte durch eine Verankerung ihrer Stellung im föderalen Gefüge in der Verfassung.[986] Das föderale System der RF, das den genannten Kriterien entspricht, wird gefährdet, wenn die gegenwärtige Entwicklung anhält.

Auch hier zeigt sich das Problem fehlender verfassungsrechtlicher Gesetzgebung, die die Verfassung konkretisiert.[987] In der jetzigen Verfassungspraxis konfligiert. Durch die Dysfunktionalität des Föderationsrats[988] wird Nr. 2 PrFöd berührt.

---

985 Rjabow, A. W. (2007). Gelenkte Wahlen 2007-2008. Buhbe, M. / Politkovskaja, A. S. / Gorzka, G. (Hrsg.) Russland heute. Rezentralisierung des Staates unter Putin. Wiesbaden: 255-272. S. 263.

986 Zum Schutz von Föderationsbestandteilen (Föderationssubjekten) sollte die Änderung der föderalen Verfassung besonders hohen Quoren bei der Veränderung unterliegen (Nr. 2 PrFöd). Vgl. S. 47.

987 Vgl. zur Konkretisierung von Verfassungsen durch den Gesetzgeber: Häberle (1989), „Grundrechte und parlamentarische Gesetzgebung". AöR (114), S. 361 ff. S. 383.

988 Damit ist hier Verlust als Vetopunkt und die Nichtverhinderung wichtiger Gesetzesänderungen, die den Status der Subjekte negativ veränderten, wie der Novelle des SubjOrgG im Dezember 2004 gemeint.

7. Das Gesetzgebungsverfahren und der Beitrag der Subjekte zur föderalen Gesetzgebung

Dieses Kapitel befasst sich mit den Grundlagen des Gesetzgebungsverfahrens, der Gesetzesinitiative, dem Gesetzgebungsverfahren selbst sowie mit den Besonderheiten bei verfassungsändernden und Haushaltsgesetzen. Da der Beitrag der Subjekte zur föderalen Gesetzgebung im föderalen Gesetzgebungsverfahren ein wichtiger Gradmesser für den Gesamtzustand des Föderalismus überhaupt ist, widmet sich der zweite Abschnitt der Untersuchung diesem Gegenstand.

7.1. Das Gesetzgebungsverfahren

7.1.1. Einleitung

Die Verfassung sieht in Artikel 105 Abs. 1 vor, dass die föderalen Gesetze von der Staatsduma verabschiedet werden. Dies entspricht der weltweiten Praxis bei Zweikammersystemen, nach der die Gesetze von der direkt gewählten Kammer angenommen werden. Das russische System weist einige Besonderheiten auf, vor allem, hinsichtlich der Verabschiedung von Gesetzen durch Schweigen des Oberhauses, den Föderationsrat, während einer bestimmten Frist und des Verfahrens für Verfassungsänderungen.

Zudem muss in der Russischen Föderation zwischen föderalen Verfassungsgesetzen und einfachen föderalen Gesetzen unterschieden werden. Nach Artikel 108 Abs. 1 VerfRF müssen föderale Verfassungsgesetze zu folgenden in der Verfassung verstreut vorgesehenen Regelungsmaterien verabschiedet werden:

- Verhängung des Ausnahmezustands auf dem gesamten Territorium der Russischen Föderation und in einzelnen ihrer Gegenden (Art. 56 Abs. 2, Art. 88 VerfRF);
- Aufnahme oder Bildung eines neuen Föderationssubjekts (Art. 65 Abs. 2, Art. 137 Abs. 1 VerfRF);
- Statusänderung eines Subjekts in gegenseitigem Einvernehmen mit diesem (Art. 66 Abs. 5, 137 Abs. 1 VerfRF);
- Ordnung, nach welcher die Flagge, Wappen und Hymne benutzt werden (Art. 70 Abs. 1 VerfRF);

- Ordnung der Einberufung eines Referendums (Art. 84 lit. c VerfRF);
- Über die Verhängung des Kriegszustandes (Art. 87 Abs. 3 VerfRF);
- Die Tätigkeit des Menschenrechtsbeauftragten der RF (Art. 103 Abs. 1 lit. e VerfRF);
- Das Verfahren über die Tätigkeit der Regierung (Art. 114 Abs. 2 VerfRF);
- Das Gerichtssystem der RF (Art. 118 Abs. 3 VerfRF);
- Die Vollmachten, Berufungsordnung und Tätigkeit des föderalen Verfassungsgerichts der RF, des Obersten Gerichts der RF, des Obersten Schiedsgerichts der RF und anderer föderaler Gerichte (Art. 128 Abs. 3 VerfRF);
- Die Ordnung der Einberufung der Verfassungsversammlung (Art. 135 Abs. 2 VerfRF).[989]

Der Wortlaut ist eindeutig und abschließend: Nur zu den in der VerfRF selbst erwähnten Fragen können nach Art. 108 VerfRF föderale Verfassungsgesetze erlassen werden. Hierdurch wird verhindert, dass eine Änderung des Verfassungsrechts mithilfe föderaler Verfassungsgesetze ohne die für die Verfassungsänderung erforderlichen Mehrheiten zustande kommen kann.

Art. 136 VerfRF legt fest, dass „Änderungen an den Kapiteln 3-8 der Verfassung der Russischen Föderation nach dem Verfahren verabschiedet werden, das für die Verabschiedung eines Bundesverfassungsgesetzes vorgesehen ist." Bislang hielt das VerfGRF dies erst einmal für notwendig. In seiner Entscheidung vom 31. Oktober 1995[990] legte das VerfGRF gemäß Art. 125 Abs. 5 VerfRF, Art. 136 VerfRF, Art. 36 Abs. 1 VerfGGRF[991] aus. Weiterhin nimmt *Čecharina* an, dass ein föderales Gesetz, das im Bereich der gemeinsamen Zuständigkeit von Föderation und Subjekten verabschiedet wird, nur die Prinzipien und allgemeinen Bestimmungen vorsehen soll. Die Detailbestimmungen sollten dann in jeweiligen weiteren Normativakten von Föderation und Subjekten erfolgen.[992]

---

989 Art. 135 VerfRF regelt darüber hinaus, dass die Kapitel 1 (Verfassungsrechtlicher Aufbau), Kapitel 2 (Grundrechte) und Kapitel 9 (Verfassungsänderungen) der VerfRF nicht verändert werden können.

990 Entscheidung des VerfGRF vom 31.10.1995 Nr. 12-P. SZ RF 1995, Nr. 45, S. 4408.

991 Vgl. 8.5.3. Die Entscheidung zum Waldgesetzbuch S. 357.

992 Čecharina, V. I. (2003). Zakonodatel'nyj process (Glava 4). Chabrieva, T. J. (Hrsg.) Parlamentskoe Pravo Rossii. Moskva: 195-275. S. 196. Dass die Praxis eine andere ist, zeigt insbesondere das SubjOrgG. *Blankenagel* hält es wegen der dortigen Regelungstiefe für verfassungswidrig. Blankenagel, A. (2006). "Skol'ko centralizma vyderžit federativnoe gosudarstvo?" Sravnitel'ne konsititucionnoe obozrenie **55** (2): 153 - 159. S. 155.

Es gibt eine Normenhierarchie, nach der ein verfassungsänderndes Gesetz die gleiche Bedeutung wie die Verfassung selbst hat, und dass ein föderales Verfassungsgesetz der Verfassung nicht widersprechen darf, aber über dem einfachen Gesetz steht. Selbstverständlich darf auch ein einfaches föderales Gesetz der föderalen Verfassung und föderalen Verfassungsgesetzen nicht widersprechen, wie sich aus Art. 76 Abs. 2 und Abs. 3 VerfRF ergibt. Die einfachen föderalen Gesetze haben untereinander denselben Rang.[993] Gleichzeitig gehen föderale Gesetze den Subjektgesetzen vor. Dies wird in der russischen Literatur aus Art. 4 Abs. 1 VerfRF, der die Hoheit des föderalen Gesetzes auf dem gesamten Gebiet der RF postuliert, abgeleitet.[994] Das gilt unbestritten, wenn ein föderales Gesetz innerhalb der ausschließlichen föderalen Zuständigkeit nach Art. 71 VerfRF oder gemeinsamen Gesetzgebungszuständigkeit von Föderation und Subjekten nach Art. 72 VerfRF erlassen worden ist. Weiterhin ergibt sich aus Art. 76 Abs. 5 VerfRF, dass Normen der Subjekte föderalen Gesetzen nicht widersprechen dürfen und in einem solchen Kollisionsfall das föderale Gesetz gilt. Problematisch wird also in der Theorie nur der Fall, in dem umstritten ist, ob ein föderales Gesetz innerhalb der Gesetzgebungszuständigkeiten nach Art. 71 oder Art. 72 VerfRF erlassen worden ist. Denn Art. 76 Abs. 6 VerfRF stellt klar, dass Gesetze der Subjekte vorgehen, wenn die Föderation außerhalb von Art. 71 und 72 VerfRF Recht setzt. In der Verfassung nicht ausdrücklich geregelt ist der Fall, dass die Subjekte im Rahmen des Art. 72 VerfRF Rechtsakte gesetzt haben und später dann ein föderales Gesetz erlassen worden ist.

Dabei wird allerdings allgemein davon ausgegangen, dass der Lex-superior-Satz anwendbar ist und die Subjekte in diesem Fall ihre Rechtsordnung anpassen müssen.[995] Die außerordentlich hohe Anzahl von der Verfassung oder föderalen Gesetzen widersprechenden Rechtsakten in den Subjekten könnte aber auch darauf zurückgeführt werden, dass es für die Subjekte schwierig ist, ihre Rechtsordnung der sich ständig ändernden föderalen Rechtslage anzupassen. Denn wie in anderen postsowjetischen Ländern auch, werden in der RF mehr Gesetze produziert, als von den Rechtsanwen-

---

993 Entscheidung des VerfGRF vom 3.2.2000 Nr. 22, SZ RF 2000, Nr. 415, S. 1532.

994 Čecharina, V. I. (2003). Zakonodatel'nyj process (Glava 4). Chabrieva, T. J. (Hrsg.) Parlamentskoe Pravo Rossii. Moskva: 195-275. S. 199.

995 VerfG, Entscheidungen vom 01.02.1996 Nr. 3-P, vom 3.11.1997 Nr. 15-P, vom 9.1.1998 Nr. 1-P.

dern verarbeitet und angewandt werden können.[996] Fatale Folge dieses Umstandes ist, dass mehr oder weniger große Bestände toten Rechts angehäuft werden, was wiederum den Respekt vor dem positiven Recht beeinträchtigt. Ein weiterer Grund könnten mangelnde Schulung und fehlende Information der regionalen Abgeordneten sein. Da es seit der Auflösung des Obersten Sowjets kein einheitliches Gremium mehr gibt, arbeitet jedes Regionalparlament nach seinen eigenen Möglichkeiten.[997]

In der RF gibt es folgende Stadien des Gesetzgebungsprozesses: Die Einbringung eines Gesetzesprojekts, dessen Bearbeitung in den Parlamentskammern und

-ausschüssen. Nach drei Lesungen folgt die Annahme. Zuletzt unterzeichnet und verkündet der Präsident der RF das föderale Gesetz, wobei er ein Vetorecht hat. Die Einzelheiten des Gesetzgebungsverfahrens ergeben sich neben der Verfassung aus den jeweiligen Geschäftsordnungen der Staatsduma[998] und des Föderationsrats[999].

7.1.2. Gesetzesinitiative

Eine vergleichsweise große Anzahl von Organen hat das Recht der Gesetzesinitiative.

Artikel 104 VerfRF bestimmt dazu:

> „1. Das Recht der Gesetzesinitiative steht dem Präsidenten der Russischen Föderation, dem Föderationsrat, Mitgliedern des Föderationsrates, Abgeordneten der Staatsduma, der Regierung der Russischen Föderation und gesetzgebenden (Vertretungs-) Organen der Subjekte der Russischen Föderation zu. 2 Das Recht zur Gesetzesinitiative steht ferner dem Verfassungsgericht der Russischen Föderation, dem Obersten Gericht der Russischen Föderation und dem Obersten Wirtschaftsgericht der Russischen Föderation in Fragen ihrer Zuständigkeit zu.
> 2. Gesetzentwürfe werden in der Staatsduma eingebracht.
> 3. Gesetzentwürfe über die Einführung oder Abschaffung von Steuern, die Steuerbefreiungen, die Auflage von Staatsanleihen, die Änderung finanzieller Verpflichtungen des Staates und andere Gesetzesentwürfe, die Ausgaben zu Lasten des

---

996 Hendley, K. (1999). "Rewriting the Rules of the Game in Russia: The neglected Issue of the Demand for Law." East European Constitutional Review(8/4): 89-94.

997 Zacharov, A. (2003). Die regionalen Parlamente im postoswjetischen Russland – Bilanz eines Jahrzehnts. Bos, E. / Mommsen, M. / Steinsdorff, S. v. (Hrsg.) Das russische Parlament. Wiesbaden: 249-268. S. 263.

998 Geschäftsordnung der Staatsduma der Föderalen Versammlung der RF vom 22. Januar 1998, SZ RF 1998 Nr. 7, S. 801.

999 Geschäftsordnung des Föderationsrats der Föderalen Versammlung der RF vom 30. Januar 2002, SZ RF 2002 Nr. 7, S. 635.

Föderationshaushaltes vorsehen, können nur bei Vorliegen eines Gutachtens der Regierung der Russischen Föderation eingebracht werden."

Überraschend ist, dass den Gerichten die Gesetzesinitiative eingeräumt wird. Hiermit wird das Prinzip der Gewaltenteilung durchbrochen. Man könnte nun einwenden, dass dieses Recht nur auf Fragen ihrer Zuständigkeit begrenzt ist und darum nicht weiter dramatisch sei. Das Prinzip der Gewaltenteilung erfordert aber nach dem Grundsatz der gegenseitigen *Checks and Balances* gerade, dass die jeweiligen Staatsorgane zwar ihr Organisationsrecht, nicht jedoch Fragen der Zuständigkeit regeln können. *Čecharina* vertritt dazu die Auffassung, die Beschränkung auf Gesetzesinitiativen in Art. 104 Abs. 2 VerfRF sei noch zu eng.[1000] Diese Regelung muss jedoch systematisch im Zusammenhang mit Art. 128 Abs. 3 VerfRF gelesen werden. Danach ist ein föderales Verfassungsgesetz zur Regelung dieser Fragen notwendig. Diese sind inzwischen für die einzelnen Gerichte verabschiedet worden.
In der RF kann jeder einzelne Abgeordnete einen Gesetzesvorschlag einbringen. Dies unterscheidet Russland z. B. vom deutschen Bundestag, in dem mindestens ein Quorum 5 % der Mitglieder des Bundestages für das Einbringen eines Gesetzentwurfs in den Bundestag besteht. Begründet wird die russische Regelung damit, dass es so für gesellschaftliche Organisationen leichter gemacht würde, ihre Anliegen über einen oder zwei Abgeordnete in die Staatsduma einzubringen.[1001]
Alle Gesetzentwürfe müssen nach Art. 104 Abs. 2 VerfRF in die Staatsduma eingebracht werden. Ein von dieser Kammer beschlossenes Gesetz wird dann vom Föderationsrat entweder bestätigt oder abgelehnt.

7.1.3. Erarbeitung und Verabschiedung von Gesetzesprojekten durch die Staatsduma

Interessant ist, dass der Ablauf des Gesetzgebungsverfahrens fast vollständig in die Geschäftsordnungen ausgelagert, also nicht in der Verfassung selbst oder wenigstens einem föderalen Gesetz geregelt worden ist. Dadurch erhalten diese Normen eine hohe Flexibilität, weil sie im Zweifel sehr schnell geändert werden können. *Wiest* hat am Beispiel des Föderationsrats gezeigt, wie instabil die russischen Verfassungsinstitutionen derzeit noch sind.[1002] Al-

1000 Čecharina, V. I. (2003). Zakonodatel'nyj process (Glava 4). Chabrieva, T. J. (Hrsg.) Parlamentskoe Pravo Rossii. Moskva: 195-275. Hier S. 202
1001 Ebenda.
1002 Wiest, M. (2003). Russlands schwacher Föderalismus und Parlamentarismus. Münster.

lerdings ist es in Russland nicht üblich, dass sich die neu zusammentretende Staatsduma eine neue, Geschäftsordnung gibt.[1003]
Aus Materialien des wissenschaftlichen Apparats der Staatsduma geht hervor, dass der Präsident im Zeitraum von 1994 bis 2001 ca. 5 % der Gesetzesprojekte einbrachte, der Föderationsrat ca. 9 %, die Staatsdumaabgeordneten 49 %, die Regierung 20 % und die Legislativorgane der Subjekte 16 %. Die Gerichte brachten 1 % der Gesetzesprojekte ein.[1004] Was die 20 % Gesetzentwürfe der föderalen Regierung angeht, so wird zur Gesetzgebungstechnik selbst in der russischen Literatur angemerkt, dass in der Terminologie das Chaos herrsche, obwohl in den einzelnen Ministerien Spezialisten säßen.[1005]
Art. 105 der Geschäftsordnung der Staatsduma (GO-Duma) stellt Mindestanforderungen an die Gesetzentwürfe auf: Beschreibung des Anliegens, Text und Begründung des Gesetzentwurfs müssen vorhanden sein. Des Weiteren müssen die geschätzten Kosten des Gesetzesprojekts für den Staatshaushalt angegeben werden. In den Fällen des Art. 104 Abs. 3 VerfRF[1006] muss ein Gutachten der Regierung beigebracht werden, wenn ein Gesetzentwurf Änderungen des Steuerrechts, des Haushalts oder anderer Ausgaben nach sich ziehen würde[1007]. Insofern unterscheiden sich die russischen Regelungen nicht von denjenigen anderer Länder.
Der Rat der Staatsduma ernennt gemäß Art. 109 Abs. S. 1 GO-Duma den verantwortlichen Ausschuss (Komitee). Bei Gesetzentwürfen innerhalb der gemeinsamen Gesetzgebungszuständigkeit nach Art. 72 VerfRF leitet der Rat der Staatsduma diese in der Regel innerhalb von 45 Tagen nach der ersten Behandlung in der Staatsduma an die Legislativorgane der Subjekte weiter (Art. 109 Abs. 2 GO-Duma). Diese können Anmerkungen und Verbesserungsvorschläge einreichen. Der federführende Ausschuss sammelt alle Änderungsvorschläge. Wichtig ist in diesem Zusammenhang die Entschei-

---

1003 Dies ist aufgrund des öfter geänderten Bestellmodus' beim Föderationsrat anders.

1004 Krasnov, J. K. (2002). Osnovnye napravlenija zakonodatel'noj dejatel'nosti Gosudarstvennoj Dumy v 1994 - 2001 gg. // Federal'noe Sobranie - Parlament Rossijskoj Federacii - Analitičeskoe upravlenie. Analitičeskaja zapiska. S. 5.

1005 Bulakov, O. N. [Hrsg.] (2006). Parlamentskoe pravo Rossii. Moskva. S. 374.

1006 Es geht um Gesetzentwürfe, die Steuern, die Steuerbefreiungen, die Auflage von Staatsanleihen, die Änderung finanzieller Verpflichtungen des Staates und andere Gesetzesentwürfe, die Ausgaben zu Lasten des Bundeshaushaltes vorsehen.

1007 Blankenagel, A. (1999). "About a Made-To-Fit Constitution and an Unfit President in Times of Transformation and Crisis. The Distribution of Power in the Constitution of the Russian Federation." Diritto Pubblico (2): 327-370.

dung[1008] des VerfGRF zum Waldgesetzbuch. Darin urteilt das Verfassungsgericht, dass aus Artikel 71 VerfRF folge, dass die Annahme und Änderung aller föderalen Gesetze aus der alleinigen, nicht der gemeinsamen Gesetzgebungszuständigkeit den föderalen Gesetzgebungsorganen zustehe. Konsequenter Weise sieht die GO-Duma dann auch über Art. 109 GO-Duma keine obligatorische Beteiligung der Subjektorgane bei Gesetzentwürfen im Rahmen der gemeinsamen Gesetzgebungszuständigkeit vor. Dies ist an sich auch nicht von Nachteil. Denn die Subjektorgane haben die Möglichkeit, ein solches Gesetzesprojekt über den Föderationsrat zu beeinflussen. Art. 109 Abs. 2 GO-Duma, der keine Sollvorschrift beinhaltet, gewährleistet eine frühzeitige Information der Legislativorgane der Subjekte.

Art. 104 Abs. 1 VerfRF räumt auch den Exekutivorganen der Subjekte das Recht der Gesetzesinitiative ein. Problematisch werde dies *Čecharina* zufolge, wenn die Exekutivorgane anstelle der Subjektparlamente ihre Stellungnahmen im Vermittlungsausschuss abgeben könnten, weil dadurch die Selbstständigkeit der Subjektlegislativen gefährdet werden könnte.[1009] Andererseits werden die Subjekte nach außen von ihren Repräsentanten der Exekutive vertreten[1010], was im internationalen Maßstab nicht ungewöhnlich ist. Um das Subjektparlament zu repräsentieren, müsste der vom Subjektparlament entsandte Senator dieses im Vermittlungsausschuss vertreten, was angesichts der beschränkten Anzahl an Sitzen in Ausschüssen und Kommissionen schwer zu verwirklichen sein dürfte. Denn Art. 111 GO-FR trifft keine Regelung, welche Senatoren in den Vermittlungsausschuss zu entsenden sind.

Das VerfGRF hat in seiner Entscheidung vom 12. April 1995[1011] klargestellt, dass der föderale Aufbau der RF die Zweikammerstruktur und Selbstständigkeit von Staatsduma und Föderationsrat bedingt. Beide stellten verschiedene Seiten der Volksvertretung dar – die Staatsduma die Bevölkerung direkt und der Föderationsrat die Subjekte. Dies kann nur vor dem Hintergrund verstanden werden, dass zu Sowjetzeiten der Oberste Sowjet und der Nationalitätensowjet der UdSSR und auch der RSFSR als dessen Spiegelbild gemeinsam tagende Ausschüssen bildeten, sodass eine gegenseitige Kontrolle und

---

1008 VerfGRF, Entscheidung vom 9.1.1998, SZ RF Nr. 3, Art. 429. Vgl. 8.5.3. Die Entscheidung zum Waldgesetzbuch S. 357.

1009 Čecharina, V. I. (2003). Zakonodatel'nyj process (Glava 4). Chabrieva, T. J. (Hrsg.) Parlamentskoe Pravo Rossii. Moskva: 195-275. S. 208.

1010 In Deutschland von den Ministerpräsidenten im Bundesrat.

1011 Nr. 2-P.

Unabhängigkeit beider Organe nicht mehr gegeben war.[1012] Jede Subjektexekutivspitze kann über den Föderationsrat Änderungsvorschläge in diesen einbringen, Art. 107 der Geschäftsordnung des Föderationsrats (GO-FR). Zuvor kann ein solcher Gesetzentwurf nach Art. 104 GO-FR auch in den Subjekten selbst diskutiert werden. Heute kann – wie in anderen Föderationen auch – eine Vermittlungskommission[1013] (Art. 111 GO-FR) einberufen werden. Er wird paritätisch mit Senatoren und Staatsdumaabgeordneten besetzt, Art. 111 Abs. 5 GO-FR. Dabei schreibt Art. 111 GO-FR nicht vor, welche Mitglieder entsandt werden sollen.

Nach dem Eingang eines ordnungsgemäßen Gesetzentwurfs bestimmt der Rat der Staatsduma gemäß Art. 110 GO-Duma die Termine für die einzelnen Lesungen.

Der weitere Gang des Gesetzgebungsverfahrens verläuft wie folgt:

- Üblicherweise erfolgt die Behandlung von Gesetzentwürfen in der Staatsduma in drei Lesungen, Art. 116 GO-Duma. Eine andere Verfahrensweise kann sich aus Spezialgesetzen ergeben. So sieht etwa Art. 196 des Haushaltsgesetzbuchs (HHGB) vier Lesungen für die Verabschiedung des jährlichen Haushalts vor.
- In der ersten Lesung werden die Konzeption, die Vereinbarkeit mit der Verfassung, die Relevanz und die praktische Realisierbarkeit diskutiert. Am Ende der ersten Lesung kann die Staatsduma das Gesetz annehmen und gleichzeitig die Arbeit an den Änderungsvorschlägen fortsetzen, das Gesetz ohne Änderungen annehmen (mit Ausnahme von Gesetzen der gemeinsamen Zuständigkeit nach Art. 72 VerfRF) oder den Entwurf ablehnen. Ursprüngliche Entwürfe gelten mit der notwendigen Mehrheit (die nach der Natur – einfaches Gesetz, föderales Verfassungsgesetz oder verfassungsänderndes Gesetz differieren kann) als angenommen oder abgelehnt. Gemäß Art. 3 des Gesetzes „Über die Wahlen zur Staatsduma der Föderalen Versammlung“[1014] beträgt die Anzahl der Staatsdumaabgeordneten 450, die absolute Mehrheit also 226 Stimmen.
- Ist ein Gesetz in erster Lesung angenommen, wird eine Frist für die Einarbeitung von Änderungsanträgen festgesetzt, die üblicherweise

1012 Wiest, M. (2003). Russlands schwacher Föderalismus und Parlamentarismus. Münster. S. 62.

1013 Weil es sich dabei nicht um ein ständiges Organ handelt, ist es nach Art. 26 GO-FR eine Kommission und kein Ausschuss.

1014 FZ vom 15. Mai 2005.

nicht weniger als 15 Tage, bei die gemeinsame Gesetzgebungskompetenz nach Art. 72 VerfRF betreffenden Angelegenheiten nicht weniger als 30 Tage beträgt (Art. 119 Abs. GO-Duma). Diese Entscheidung über die Frist ergeht auch mit der absoluten Mehrheit der Mitglieder der Staatsduma.

- Vor der zweiten Lesung wird der Entwurf nach Einarbeitung der Änderungsvorschläge in den Ausschüssen diskutiert. Nach der Abstimmung der zweiten Lesung wird der Entwurf wieder den Abgeordneten, dem Präsidenten, dem Föderationsrat und der Regierung zugeleitet. Wenn der Entwurf nicht mit der notwendigen Mehrheit angenommen wird, wird er in den zuständigen Ausschuss zurück verwiesen. Ein Gesetzentwurf kann nun endgültig abgelehnt oder mit absoluter Mehrheit wieder in den Zustand der ersten Lesung zurückversetzt werden (Art. 123 Abs. 11 GO-Duma). Wenn der Entwurf nicht mit der notwendigen Mehrheit angenommen wird, wird er in den zuständigen Ausschuss zurück verwiesen. Ein Gesetzentwurf kann nun endgültig abgelehnt oder mit absoluter Mehrheit wieder in den Zustand der ersten Lesung zurückversetzt werden (Art. 123 Abs. 11 GO-Duma).
- Ein föderales Gesetz wird mit der Mehrheit der in der Verfassung vorgesehenen Anzahl von Abgeordneten verabschiedet. Ein Verfassungsgesetz oder ein verfassungsänderndes Gesetz bedarf der Zweidrittelmehrheit der Staatsduma. Dies ergibt sich aus Art. 126 GO-Duma.

Das verabschiedete Gesetz erhält eine erneute juristische und linguistische Expertise und wird danach innerhalb von 5 Tagen dem Föderationsrat zugeleitet.

7.1.4. Erarbeitung und Verabschiedung föderaler Gesetze durch den Föderationsrat

Zunächst gilt es zwischen Gesetzen, die dem Föderationsrat vorgelegt werden müssen, und anderen Gesetzen zu unterscheiden. Welche Gesetze nach deutschem Verständnis „zustimmungsbedürftig" sind, ist in den Art. 106, 108 VerfRF geregelt.[1015] Dabei entscheidet ein Ausschuss darüber,

1015 Der Wortlaut des Art. 106, 108 VerfRF ist: Art. 106 Der notwendigen Verhandlung im Föderationsrat unterliegen durch die Staatsduma beschlossene Gesetze über Fragen:
a) des Bundeshaushalts;
b) der Bundessteuern und -abgaben;
v) der Regelung von Finanz-, Währungs-, Kredit- und Zollangelegenheiten sowie der Geldemission;

ob das Gesetz den Art. 106, 108 VerfRF unterfällt.[1016] Der Vorsitzende der Staatsduma, der nach Beratung mit diesem Ausschuss diese Entscheidung trifft, muss das von der Staatsduma beschlossene Gesetz, das nicht unter die Art. 106, 108 VerfRF fällt, dennoch an den Föderationsrat überweisen, wenn der Präsident, die Regierung oder zwei Senatoren, die Legislative und Exekutive des selben Subjekts vertreten, dies verlangen und wenn die 14-Tages-Frist des Art. 105 Abs. 4 VerfRF noch nicht abgelaufen ist. [1017] Alle anderen nicht zustimmungsbedürftigen Gesetze werden nach Art. 107 VerfRF dem Präsidenten zur Unterzeichnung vorgelegt.

Das von der Staatsduma zugeleitete Gesetz wird im Föderationsrat registriert und an die Senatoren weitergeleitet. Der Vorsitzende des Föderationsrats bestimmt dann den federführenden Ausschuss, wobei er das Gesetz auch an mehrere Ausschüsse weiterleiten kann. Die Mitglieder des Föderationsrats organisieren die Meinungsbildung in den Subjekten, indem sie dies den nach den Subjektverfassungen zuständigen Organen vorlegen (der Regierung und dem Subjektparlament) und bringen Anmerkungen in das zuständige Komitee (den Ausschuss) ein. Interessant ist hier die in Art. 105 Abs. 4 S. 1 VerfRF vorgesehene Möglichkeit des Föderationsrats, ein Gesetz durch aktives Tun anzunehmen oder abzulehnen oder es durch Untätigkeit während 14 Tage passieren zu lassen.[1018] Diese Frist beginnt nach Art. 103 Abs. 5 GO-FR mit dem Tag nach der Registrierung des Gesetzentwurfs im Föderationsrat.

---

g) der Ratifizierung und Kündigung völkerrechtlicher Verträge der Rußländischen Föderation;

d) des Status und Schutzes der Staatsgrenze der Rußländischen Föderation;

e) von Krieg und Frieden.

Art. 108 [Bundesverfassungsgesetze]

1. Bundesverfassungsgesetze werden zu den von der Verfassung der Rußländischen Föderation vorgesehenen Fragen verabschiedet.

2. Ein Bundesverfassungsgesetz ist beschlossen, wenn es mit einer Mehrheit von mindestens drei Viertel der Stimmen der Gesamtmitgliederzahl des Föderationsrates und mindestens zwei Drittel der Stimmen der Gesamtabgeordnetenzahl der Staatsduma gebilligt worden ist. 2 Das beschlossene Bundesverfassungsgesetz ist innerhalb von vierzehn Tagen vom Präsidenten der Rußländischen Föderation zu unterzeichnen und zu verkünden.

1016 Kutafin, O. E. (2005). Federal'noe Sobranie Rosssijskoj Federacii (Glava 18). Kozlova, E. I. / Kutafin, O. E.(Hrsg.) Konstitucionnoe pravo Rossii. Moskva: 417-494. S. 484.

1017 Ebenda. S. 485.

1018 Artikel 105 Abs. 4 S. 1 hat folgenden Wortlaut: „Ein föderales Gesetz gilt als vom Föderationsrat gebilligt, wenn mehr als die Hälfte der Gesamtzahl der Mitglieder dieser Kammer dafür gestimmt hat oder wenn es binnen vierzehn Tagen vom Föderationsrat nicht verhandelt worden ist."

Es liegt auf der Hand, dass die Verabschiedung eines Gesetzes „durch Schweigen“ für die Senatoren sehr angenehm sein kann, wenn es um unpopuläre Gesetze geht, weil die Senatoren in diesem Fall nicht namentlich abstimmen müssen.[1019] *Wiest* erklärt dies folgendermaßen: Bei der Schaffung dieser Norm ging es darum, die Effizienz des Legislativverfahrens zu steigern. Es sollte sowohl verhindert werden, dass der Gesetzgebungsprozess durch ein Veto der Zweiten Kammer in eine Sackgasse gerät, als auch, dass die Föderationssubjekte auf diese Weise zu starken Einfluss auf die Entscheidungsfindung des Gesamtstaates nehmen.[1020]
Die Zweiwochenfrist ist in der RF nicht praktikabel. Sie dient im internationalen Vergleich dazu, die Zweite Kammer daran zu hindern, den Gesetzgebungsprozess zu blockieren. „Beim Föderationsrat verkehrt sich diese Argumentation aber in ihr Gegenteil, hier ist die Frist zu kurz bemessen“.[1021]

> „Die Regelung kollidierte bis Januar 2002 mit der Praxis, dass sich die Senatoren nur alle drei Wochen zu Sitzungen trafen. Das machte es ihnen schwer, die eingegangenen Gesetze rechtzeitig zu behandeln. Traf ein solcher Gesetzentwurf zum Beispiel kurz vor oder nach einer Plenarsitzung ein, konnte die Zweiwochenfrist schon verstrichen sein, bevor die Kammer das nächste Mal tagte.“[1022]

Die Zweiwochenfrist bereitet im Hinblick auf die Art. 106 und 108 VerfRF Probleme. Darin werden alle Gesetze aufgezählt, die vom Föderationsrat zwingend behandelt werden müssen. Was passiert, wenn die Senatoren über solche Gesetze nicht innerhalb von 14 Tagen abstimmen? In seinem Urteil vom 23. März 1995[1023] stellte das föderale Verfassungsgericht fest, dass alle Gesetzentwürfe nach Art. 106, 108 VerfRF auch tatsächlich vom Föderationsrat behandelt werden müssen. Ist das innerhalb der 14-Tages-Frist nicht möglich, kann die Behandlung auf die nächste Sitzung verschoben werden. Dort aber muss die Prozedur zu Ende gebracht werden, d. h. eine zustimmende oder ablehnende Entscheidung getroffen werden.[1024] De facto wurde damit die Zwei-Wochen-Regelung für alle zwingend zu behandelnden Geset-

1019 Paramonov, A. R. (2003). Zakondatel'naja dejatel'nost' Soveta Federacii Smirnjagin, L. V. (Hrsg.) Sovet Federacii: evolucija statusa i funkcii. Moskva: 292-339.
1020 Wiest, M. (2003). Russlands schwacher Föderalismus und Parlamentarismus. Münster. S. 235.
1021 Ebenda.
1022 Ebenda.
1023 VerfGRF SZ 1995, Nr. 13, Art. 1207.
1024 Avak'jan, S. A. (1999). Federal'noe sobranie – Parlament Rossii. Moskva. S. 310.

ze aufgehoben. „Mit ihrem Urteilsspruch erkannten die Verfassungsrechtler indirekt an, dass die 14-Tages-Frist zu knapp bemessen ist“.[1025]

Unter diesem "Irrtum“ der Verfassung leidet heute nicht nur die Effizienz des Föderationsrats, sondern auch die des gesamten Gesetzgebungsprozesses. Das genannte Urteil bezog sich aber nur auf Gesetze, über die das Oberhaus zwingend eine Entscheidung treffen muss. In seinem Urteil vom 22. April 1996 stellte das VerfGRF klar, dass alle anderen Gesetze als automatisch vom Föderationsrat gebilligt gelten, wenn sie nicht innerhalb der vorgesehen 14 Tage behandelt werden. So riskieren die Senatoren *Wiest* zufolge, von wichtigen Entscheidungen ausgeschlossen zu werden. Das war in den neunziger Jahren besonders gefährlich, „weil in Russland im Transformationsprozess ein außergewöhnlich hoher Regelungsbedarf bestand“.[1026] Bei Gesetzbüchern und vielen Rahmengesetzen ist die Mitwirkung des Föderationsrats nicht über Art. 108 VerfRF garantiert. Bei Teilen des Zivilgesetzbuchs verpasste so der Föderationsrat seine Mitwirkungsmöglichkeit, was aber auch der Tatsache geschuldet war, dass die Staatsduma die Situation zu ihren Gunsten ausnutzte. Sie setzte die dritte Lesung eines Gesetzes einfach so an, dass in den nächsten zwei Wochen keine Sitzung des Föderationsrats stattfand. Teile des ZGB im Herbst 1994 und das SubjOrgG im April 1999 wurden so spät an den Föderationsrat gesandt, dass dieser sie nicht mehr behandeln konnte und sein Schweigen so automatisch als Zustimmung galt.[1027] Andererseits wird hier auch deutlich, dass die Sitzungsplanung des Föderationsrats problematisch war. „Die Staatsduma nutzte die Fristverletzung des Föderationsrats, um das SubjOrgG – trotz des ablehnenden Votums des Oberhauses – an den Präsidenten zur Unterzeichnung und Veröffentlichung weiterzuleiten“.[1028]

In der aktuellen Fassung der Geschäftsordnung des Föderationsrats hat man auf die Urteile inzwischen reagiert. So sieht Art. 103 Abs. 6 GO-FR für die Gesetze, die nach Art. 106 VerfRF dem Föderationsrat unbedingt vorgelegt werden müssen, als Beginn für die Zweiwochenfrist die nächste Sitzung oder eine schriftliche Mitteilung des Vorsitzenden des Föderationsrats vor. Nach Ansicht von *Katalin* gelten nach diesem Urteil alle Gesetze, die nach Art. 106 VerfRF der Zustimmung des Föderationsrats bedürfen, als abgelehnt, wenn

---

1025 Wiest, M. (2003). Russlands schwacher Föderalismus und Parlamentarismus. Münster. S. 237.

1026 Ebenda.

1027 Ebenda. S. 238.

1028 Ebenda.

sie nicht innerhalb der 14-Tages-Frist behandelt werden und ihre Begutachtung wird automatisch auf der nächsten Sitzung des Föderationsrats fortgesetzt.[1029] *Čecharina*[1030] legt das Urteil und Art. 103 Abs. 6 GO-FR – ohne sich allerdings explizit auf die Norm zu beziehen – gleichfalls dahingehend aus, dass ein Gesetz über Art. 106 VerfRF unterfallende Materien als nicht vom Föderationsrat befürwortet gilt, wenn er sich mit dem Gesetz überhaupt nicht befasst hat. Das ist weitgehend, weil damit die Regelung des Art. 105 Abs. 4 VerfRF umgangen wird. Auf die Frage, warum diese Regelung so in die Verfassung aufgenommen wurde, äußerte sich keine Stimme in der Literatur. *Lazarev*[1031] verweist lediglich auf das VerfGRF-Urteil vom 25. März 1995.[1032]

Paramonov erklärt, dass im jetzigen Stadium der Föderationsrat zweimal monatlich zusammentritt und deshalb eigentlich in der Lage sein müsste, jedes von der Staatsduma an ihn verwiesene Gesetz zeitgerecht zu behandeln.[1033] Dies ändert jedoch nichts daran, dass eine Meinungsbildung in den Subjektorganen dadurch vereitelt wird.

Es wäre sicher der bessere Weg, diese Bestimmung zu ändern. Zu bedenken ist allerdings, dass der durchaus verständliche Gedanke, hohe Hürden für eine Verfassungsänderung in politisch instabilen Zeiten zu setzen, bei sich als impraktikabel erweisenden Regelungen sehr von Nachteil sein kann. Denn auch die Rechtsprechung des VerfGRF vermag hier zu keinen befriedigenden Ergebnissen zu führen, die mit dem Wortlaut der von Art. 105 Abs. 4 VerfRF noch vereinbar wären. Einfach die Frist mit der nächsten Sitzung beginnen zu lassen, unterläuft die Regelung und den Zweck eines beschleunigten Verfahrens. Hier bestand offensichtlich nur die Frage der Wahl des geringeren Übels: keine Beteiligung des Föderationsrats, was Art. 106 VerfRF zuwiderlaufen würde, oder eine vom Wortlaut und teilweise auch vom Sinn des Art. 105 Abs. 4 VerfRF nicht mehr gedeckte einschränkende Auslegung. Grundsätzlich stellt sich an diesem Punkt die Frage, wie mit einer Regelung

---

1029 Kutafin, O. E. (2005). Federal'noe Sobranie Rosssijskoj Federacii (Glava 18). Kozlova, E. I. / Kutafin, O. E.(Hrsg.) Konstitucionnoe pravo Rossii. Moskva: 417-494. S. 486.

1030 Čecharina, V. I. (2003). Zakonodatel'nyj process (Glava 4). Chabrieva, T. J. (Hrsg.) Parlamentskoe Pravo Rossii. Moskva: 195-275. S. 221.

1031 Lazarev, V. V. (2003). Naučno-praktičeskij kommentarij (Sistema Garant // Datenbank). Art. 105.

1032 VKS 1995, Heft 2, S. 3.

1033 Paramonov, A. R. (2003). Zakondatel'naja dejatel'nost' Soveta Federacii Smirnjagin, L. V. (Hrsg.) Sovet Federacii: evolucija statusa i funkcii. Moskva: 292-339. S. 294.

verfahren werden soll, die ein Legislativorgan de facto (und, wenn man *Wiest* folgt, auch von der politischen Intention her) von der Beteiligung am Gesetzgebungsprozess ausschließt und damit das Demokratieprinzip verletzt, das in Art. 1 Abs. 1 VerfRF verankert ist. Die Verletzung des Demokratieprinzips spricht nachdrücklich für eine Änderung der Verfassung. Dies ist auch möglich, weil sich Art. 105 im fünften Kapitel befindet, der ohne Einberufung einer Verfassungsgebenden Versammlung geändert werden kann.[1034] Unter dem Gesichtspunkt, dass die jetzige Lage das vorrangige Demokratieprinzip des Art. 1 Abs. 1 VerfRF konterkariert, ist eine solche Änderung auch geboten.

Der normale weitere Verlauf des Gesetzgebungsverfahrens ist, dass das Gesetz in die Ausschüsse des Föderationsrats verwiesen wird. Der Vorsitzende des Föderationsrats legt den federführenden Ausschuss fest und verweist das Gesetz innerhalb von 24 Stunden in diesen Ausschuss. Dieser Ausschuss[1035] entscheidet zunächst darüber, ob das Gesetz Art. 106 VerfRF unterfällt, Art. 105 GO-FR. Generell können gemäß Art. 104 GO-FR Diskussionen in den Subjekten organisiert werden. Die Regelung läuft leer, weil dies nicht innerhalb der der Zweiwochenfrist geschehen kann, zumal häufig die Senatoren gar nicht in den Subjekten weilen. Auch dies zeigt, dass die Frist des Art. 105 Abs. 4 VerfRF zu kurz bemessen ist. Schließlich sollte es aus demokratischen Gesichtspunkten zumindest möglich sein, dass die Vertreter der Subjekte wichtige Gesetzesprojekte, um die es sich in den Fällen des Art. 106 VerfRF handelt, mit den Organen, die sie vertreten, erörtern zu können. Dass in der gegenwärtigen Praxis die meisten der Senatoren Moskau nicht verlassen und mitunter die Subjekte, die sie repräsentieren, nur einmal gesehen haben, ändert daran nichts. Andererseits führte die Ersetzung der Subjektexekutivspitzen (Gouverneure oder Republikspräsidenten) durch die Delegierten der Subjekte dazu, dass diese mehr vom Entsendungsorgan abhängig sind, während die Spitzenpolitiker der Regionen einigermaßen selbstständige Entscheidungen treffen konnten.[1036] Dies schlägt sich in Art. 106 GO-FR nieder, der vorsieht, dass das federführende Komitee die Stellungnahmen der Subjektorgane anfordern und bearbeiten muss.

1034 Siehe unten im Abschnitt 7.1.7. Der Föderationsrat bei Besonderheiten der Verabschiedung föderaler Verfassungsgesetze und verfassungsändernder Gesetze S. 327.

1035 Art. 26 GO-FR unterscheidet nicht zwischen ständig tagenden Ausschüsses und nicht-ständigen Komissionen.

1036 Paramonov, A. R. (2003). Zakondatel'naja dejatel'nost' Soveta Federacii Smirnjagin, L. V. (Hrsg.) Sovet Federacii: evolucija statusa i funkcii. Moskva: 292-339. S. 295.

Der Ablauf der Behandlung des Gesetzes ist ähnlich demjenigen in der Staatsduma: Ein Vertreter des federführenden Ausschusses hält einen Vortrag, in dem er das Gesetz bewertet. Dann äußert sich ein Vertreter der föderalen Regierung zu dem Gesetz. Danach wird über die Annahme oder Ablehnung des Gesetzes abgestimmt, Art. 107 Abs. 1 GO-FR. Ein föderales Gesetz gilt als angenommen, wenn mehr als die Hälfte der Senatoren für es stimmt.

Wenn ein Gesetz, das den Voraussetzungen des Art. 106 GO-FR i. V. m. Art. 106 VerfRF nicht genügt, von der Staatsduma unvollständig überwiesen wurde (etwa Teile der Materialien fehlen) oder das nach Art. 103 Abs. 4 GO-FR notwendige Gutachten der Regierung fehlt, kann der federführende Ausschuss die Behandlung des Gesetzes auf die nächste Sitzung vertagen, Art. 107 Abs. 4 GO-FR. Das ist im Hinblick auf die Zweiwochenfrist heikel. Diese Entscheidung wird durch Abstimmung getroffen. Hierfür reicht die Mehrheit der anwesenden Senatoren aus, es dürfen jedoch nicht weniger als 46 Zustimmungen sein. Im Fall einer nicht ausreichenden Zahl muss auf der nächsten Sitzung über die Annahme oder Ablehnung des Gesetzes abgestimmt werden, Art. 107 Abs. 6 GO-FR. Ein von der Staatsduma beschlossenes Gesetz gilt als vom Föderationsrat abgelehnt, wenn nicht die notwendige Mehrheit der Senatoren dafür gestimmt hat, Art. 107 Abs. 8 GO-FR.

Gesetze, die nicht zustimmungsbedürftig sind, können auch ohne Diskussion durch Verstreichenlassen der Zweiwochenfrist angenommen werden, wie sich aus Art. 108 GO-FR ergibt.

Bei Annahme des Gesetzes erlässt der Föderationsrat eine Verordnung (*postanovlenie*)[1037] über dessen Verabschiedung. Diese Verordnung wird dann dem Präsidenten zur Unterzeichnung und gleichzeitig der Staatsduma zugeleitet. Auch in den Fällen, in denen der Föderationsrat die Zweiwochenfrist versäumt hat, ist er verpflichtet, eine derartige Verordnung zu erlassen und diese dem Präsidenten zuzuleiten. In den Zustimmungen des Föderationsrats sieht *Čecharina* ein stabilisierendes Element. Sie ist der Ansicht, vom Föderationsrat abgelehnte Gesetze seien häufig verfassungs- oder gesetz-

---

1037 Zur Terminologie siehe Blankenagel, A. (1999). "About a Made-To-Fit Constitution and an Unfit President in Times of Transformation and Crisis. The Distribution of Power in the Constitution of the Russian Federation." Diritto Pubblico (2): 327-370. S. 336.

widrig, widersprächen den Interessen der Subjekte oder verstießen gegen die Kompetenzverteilung.[1038]
Bei abgelehnten Gesetzen kommt dem Vermittlungsausschuss eine besondere Rolle zu. Ein vom Föderationsrat abgelehntes Gesetz wird wieder dem federführenden Ausschuss der Staatsduma zugeleitet. Dieser Ausschuss kann dann die Einberufung des Vermittlungsausschuss empfehlen oder das Gesetz mit den Änderungswünschen des Föderationsrats erneut auf die Tagungsordnung der Staatsduma setzen. Der Vermittlungsausschuss kann sowohl vom Föderationsrat, als auch von der Staatsduma einberufen werden, Art. 111 Abs. 2 GO-FR. Dabei ist bemerkenswert, dass bis 2002 nicht jedes Mitglied des Föderationsrats dem Vermittlungsausschuss angehören konnte. Denn dafür war die Teilnahme an der ersten Erörterung des Gesetzes im Föderationsrat sowie an den gemeinsamen Sitzungen beider Kammern erforderlich. Dies gelang den Gouverneuren und Republikspräsidenten aus Termingründen häufig nicht. Mitunter spekulieren Staatsdumaabgeordnete auch darauf, dass sie Änderungen, die sie in den verschiedenen Lesungen in der Staatsduma nicht durchsetzen konnten, über den Vermittlungsausschuss „durchbringen" können, nachdem der Föderationsrat das Gesetz abgelehnt hat.[1039]
Der weitere Gang des Gesetzgebungsverfahrens ist der folgende: Ins Protokoll der Sitzungen des Vermittlungsausschusses werden die Änderungen aufgenommen. Das Protokoll und die anliegende Tabelle mit den Änderungen wird von den von der Staatsduma und dem Föderationsrat entsandten Ko-Vorsitzenden des Vermittlungsausschusses unterzeichnet, Art. 129 Abs. 3 GO-Duma. Der Präsidentenvertreter und die Vertreter der föderalen Regierung können zu jedem Änderungsvorschlag ihre Stimme abgeben, was gleichfalls ins Protokoll aufgenommen wird. Das bedeutet, dass Präsident und Regierung auch in diesem Stadium einen großen Einfluss auf den Gesetzgebungsprozess ausüben können. Das Ergebnis der Verhandlungen im Vermittlungsausschuss wird mit einem Gutachten der Rechtsabteilung der Staatsduma dem Föderationsrat zur erneuten Beratung und Begutachtung zugeleitet, Art. 129 Abs. 3 GO-Duma. In der Staatsduma selbst werden bei der nun erfolgenden Lesung nur die Änderungswünsche behandelt. Wei-

1038 Čecharina, V. I. (2003). Zakonodatel'nyj process (Glava 4). Chabrieva, T. J. (Hrsg.) Parlamentskoe Pravo Rossii. Moskva: 195-275. S. 225.

1039 Paramonov, A. R. (2003). Zakondatel'naja dejatel'nost' Soveta Federacii Smirnjagin, L. V. (Hrsg.) Sovet Federacii: evolucija statusa i funkcii. Moskva: 292-339. S. 312.

tere Änderungen durch die Staatsduma selbst sind in diesem Stadium nicht vorgesehen.[1040]
Die Staatsduma stimmt mit der Mehrheit ihrer Mitglieder über die Vorschläge des Vermittlungsausschusses ab. Im Falle der Ablehnung auch nur eines Vorschlages des Vermittlungsausschusses kann die Staatsduma ihm vorschlagen, die Arbeit mit Ausnahme dieser abgelehnten Bestimmung fortzusetzen. Im Föderationsrat wird der Vorschlag des Vermittlungsausschusses auf der nächsten Sitzung behandelt, Art. 115 Abs. 3 GO-FR. Der Föderationsrat kann nun eine der folgenden Entscheidungen treffen: einige Bestimmungen des Vorschlages des Vermittlungsausschusses ändern (Art. 115 Abs. 3 lit. a GO-FR), die in den Vermittlungsausschuss entsandten Senatoren austauschen (Art. 115 Abs. 3 lit. b GO-FR), die Arbeit im Vermittlungsausschuss einstellen (Art. 115 Abs. 3 lit. v GO-FR). Diese Entscheidung ergeht wieder in Form einer Verordnung des Föderationsrats (Art. 115 Abs. 4 GO-FR).
Wenn ein Gesetz in der Formulierung des Vermittlungsausschusses von der Staatsduma angenommen worden ist, wird es vom Vermittlungsausschuss gemeinsam mit der Rechtsabteilung der Staatsduma innerhalb von fünf Tagen fertig gestellt und dem Föderationsrat zugeleitet, Art. 131 Abs. 3 GO-Duma. Wenn die Staatsduma mit dem Ergebnis des Vermittlungsverfahrens nicht einverstanden ist und ihrem Unmut durch die Ablehnung des Gesetzes Ausdruck verleiht, gilt die zuletzt von ihr verabschiedete Fassung als angenommen. Dieses Gesetz gilt dann nicht als „verabschiedetes Gesetz", sondern als „von der Staatsduma verabschiedetes föderales Gesetz". Für dieses müssen zwei Drittel der Mitglieder der Staatsduma stimmen. Dann gilt der Einspruch des Föderationsrats über den Vermittlungsausschuss als abgelehnt und das Gesetz kann dem Präsidenten zur Unterzeichnung und Verkündung vorgelegt werden, Art. 132 Abs. 1 GO-Duma. Die Staatsduma kann das Gesetz in der Fassung des Vermittlungsausschusses auch endgültig ablehnen, Art. 132 Abs. 2 GO-Duma.
Dies bedeutet, dass der Föderationsrat kein absolutes Vetorecht bei der Verabschiedung einfacher föderaler Gesetze hat. Er kann demnach die Interessen der Subjekte bei einfachen föderalen Gesetzen nicht effektiv vertreten.[1041]

1040 Čecharina, V. I. (2003). Zakonodatel'nyj process (Glava 4). Chabrieva, T. J. (Hrsg.) Parlamentskoe Pravo Rossii. Moskva: 195-275. S. 228.

1041 So wertet auch die *Blankenagel* in seinem Aufsatz zur 8.5.9. Die Gouverneursentscheidung. S. 373. Blankenagel, A. (2006). "Skol'ko centralizma

Das Verfahren dagegen erscheint transparent genug und genügt den Kriterien zur Bewertung von Rechtsnormen und Institutionen. Die Regelungen des Art. 105 Abs. 4 VerfRF und der Ausschluss eines absoluten Vetos bei einfachen föderalen Gesetzen berühren durch die „Ausschaltung" des Föderationsrats Nr. 2 PrFöd.

Nachdem auch in diesem Abschnitt das Zusammenspiel der beiden Parlamentskammern bei der Behandlung von Gesetzesvorhaben von Bedeutung war, geht es im nachfolgenden Abschnitt um die Unterzeichnung durch das Staatsoberhaupt, die diesem eine Vetomöglichkeit bietet.

7.1.5. Unterzeichnung von Gesetzen durch den Präsidenten

Art. 107 Abs. 2 VerfRF sieht vor, dass der Präsident innerhalb von 14 Tagen die Unterzeichnung und Veröffentlichung föderaler Gesetze vornimmt. Die Bedeutung dieses präsidentiellen Aktes wird darin gesehen, dass er das Gesetz nicht nur inhaltlich gut heißt, sondern auch für die Einhaltung der juristischen Formalitäten „bürgt".[1042] Der Präsident verfügt über ein Vetorecht. Übt er dieses aus, so müssen sich die Staatsduma und der Föderationsrat erneut mit dem Gesetz befassen. Beide Kammern können sich mit den Vorstellungen des Präsidenten einverstanden erklären. Wenn die Föderale Versammlung, das heißt beide Kammern, auf ihrer ursprünglichen Fassung besteht, kann sie diese Fassung nach Art. 107 Abs. 3 VerfRF gegen das Präsidentenveto durchsetzen, wenn in beiden Kammern mindestens zwei Drittel der Mitglieder für die Ursprungsfassung stimmen.[1043] Dann muss der Präsident das Gesetz innerhalb von sieben Tagen ausfertigen.

Das VerfGRF hat darauf verwiesen, dass Art. 107 Abs. 3 VerfRF bestimmt, dass der Präsident sein Veto nur innerhalb von 14 Tagen ausüben darf, nachdem ihm das Gesetz zugeleitet worden ist.[1044] Ein danach vom Präsidenten abgegebenes Veto entfaltet keinerlei Rechtswirkungen. Die Verfas-

---

vyderžit federativnoe gosudarstvo?" Sravnitel'ne konsititucionnoe obozrenie **55** (2): 153 - 159. S. 157.

1042 Čecharina, V. I. (2003). Zakonodatel'nyj process (Glava 4). Chabrieva, T. J. (Hrsg.) Parlamentskoe Pravo Rossii. Moskva: 195-275. S. 231.

1043 *Blankenagel* weist darauf hin, dass dies ein Punkt ist, an welchem die Gewalten Präsident und Staatsduma miteinander Konflikte haben oder kooperieren können. Blankenagel, A. (1999). "About a Made-To-Fit Constitution and an Unfit President in Times of Transformation and Crisis. The Distribution of Power in the Constitution of the Russian Federation." Diritto Pubblico (2): 327-370. S. 342.

1044 VerfGRF, Entscheidung vom 18.01.1996 Nr. 2 (Altaj-Gebiet), SZ RF 1996 Nr. 4, Art. 409. Vgl. 8.5.1. Die Entscheidung zum parlamentarischen oder präsidentiellen System der Subjekte (1. Altaj-Entscheidung) S. 354.

sung sieht nicht ausdrücklich vor, dass der Präsident die Motive für seine Ablehnung angeben muss. Jedoch wird er diese in einem Brief begründen.[1045] Er kann in der Regel auch einzelne Bestimmungen des Gesetzes ablehnen. Als Gründe für ein Veto kommen die Verfassungswidrigkeit des Gesetzes, der Verstoß gegen Gesetze oder rechtstechnische Fehler, Unklarheit der Regelungen oder der Finanzierung in Betracht. Das VerfGRF legte fest, dass eine Verletzung von Verfassungsbestimmungen über das Gesetzgebungsverfahren das verabschiedete Gesetz nicht automatisch ungültig macht, wenn beide Kammern einig über den jeweiligen Gesetzesinhalt sind. Der Präsident kann das Gesetz unter Verweis auf den Verfahrensverstoß in die dafür verantwortliche Kammer zurück verweisen. Das Gesetz gilt dann nicht als „angenommenes föderales Gesetz".[1046]
Diese Position des VerfGRF muss allerdings im Zusammenhang mit einer anderen Entscheidung des Gerichts[1047] gelesen werden. Dabei ging es um das Gesetz „Über die Kulturgüter, die als Ergebnis des Zweiten Weltkriegs in die UdSSR transportiert wurden und sich nun auf dem Territorium der Russischen Föderation befinden"[1048] im Jahr 1997. Der Präsident verwies das von beiden Kammern verabschiedete Gesetz mit der Begründung eines Verfahrensverstoßes zurück. Die Staatsduma behandelte das vom Präsidenten abgelehnte Gesetz am 4. April 1997, der Föderationsrat am 14. Mai 1997. Beide Kammern verabschiedeten das Gesetz nach Art. 107 Abs. 3 VerfRF mit der erforderlichen qualifizierten Mehrheit in der ursprünglichen, vom Präsidenten jedoch abgelehnten Fassung. Am 21. Mai 1997 verwies der Präsident das Gesetz ohne besondere Erklärung in beide Kammern zurück. Das Spiel wiederholte sich erneut, als beide Kammern am 10. Juni 1997 (Staatsduma) und am 14. Juni 1997 (Föderationsrat) den Präsidenten aufforderten, das Gesetz zu unterzeichnen und zu veröffentlichen. Nichtsdestotrotz verwies der Präsident das Gesetz am 24. Juni 1997 in das Parlament zurück. Seine Begründung war, dass die erneute Beratung über das Gesetz in den beiden Kammern verfassungswidrig gewesen sei. In der Entscheidung vom 6. April 1998[1049] stellte das VerfGRF nun klar, dass der Präsident kein Recht hat, über die Verfassungsmäßigkeit der Annahme eines föderalen Gesetzes

---

1045 Čecharina, V. I. (2003). Zakonodatel'nyj process (Glava 4). Chabrieva, T. J. (Hrsg.) Parlamentskoe Pravo Rossii. Moskva: 195-275. S. 232.
1046 VerfGRF, Entscheidung vom 22.04.1996, Nr. 10-P, SZ RF 1996, Nr. 18, Art. 3353.
1047 VerfGRF SZ 1998, Nr. 16, Art. 1879.
1048 Föderales Gesetz vom 15. April 1998, Nr. 64-FZ.
1049 Nr. 11-P.

zu entscheiden. Er kann bei Zweifeln lediglich das VerfGRF anrufen. Damit wird die obige Auslegung der Verfassung, nach der ein vom Präsidenten unter Verweis auf einen Verfahrensverstoß zurück verwiesenes Gesetz nicht als „angenommenes föderales Gesetz" gilt, modifiziert. Der Präsident muss nun den Rechtsweg beschreiten.

Allein dadurch, dass der Präsident das Gesetz wieder zurückverweist, gilt es nicht automatisch als „nicht angenommen".[1050] Allerdings übt das VerfGRF keine präventive verfassungsrechtliche Kontrolle über Gesetze aus, die nicht in Kraft treten (weil sie der Präsident nicht unterschreibt oder nicht verkündet), wie sich aus Art. 125 VerfRF und Art. 36, 84-87 und 94 VerfGGRF ergibt. Weiterhin rügten die Richter, der Präsident könne nicht ohne Angabe von Gründen, also ohne sich mit dem Inhalt zu befassen, ein Gesetz zurückverweisen.[1051]

Deshalb verpflichtete das Gericht den Präsidenten im Sinne von Art. 107 Abs. 3 VerfRF, das bewusste Gesetz zu unterzeichnen und zu verkünden. Daraus kann geschlossen werden, dass dem Präsidenten keine Prüfungskompetenz über die Verfassungsmäßigkeit eines Gesetzes und/oder des Zustandekommens eines Gesetzes zusteht. Er kann sich mit der Rüge von Verfahrensverstößen lediglich an das VerfGRF wenden. Diese Machtbegrenzung gegenüber dem Präsidenten und die damit verbundene Stärkung der Gewaltenteilung kann nur begrüßt werden. Damit wird gleichzeitig das hybride Konstrukt des Präsidenten als „Garant der Verfassung" zumindest teilweise verrechtlicht.

Das Verfahren für die Verabschiedung eines vom Präsident abgelehnten Gesetzes weicht von der in Art. 105 VerfRF vorgeschriebenen Form ab und ist ausschließlich in den Geschäftsordnungen geregelt. So gilt ein solches Gesetz nicht als verabschiedet, wenn nicht der Föderationsrat ausdrücklich darüber beraten hat (eine Zustimmung durch pures Verstreichen lassen der 14-Tage-Frist entfällt also), zudem muss die Fassung nun mit der qualifizierten Mehrheit verabschiedet werden. Zuerst ist die Staatsduma aufgerufen, noch einmal über das Gesetz zu befinden. Sie kann einen Vermittlungsausschuss bilden. Art. 134.3 Abs. 1 GO-Duma bestimmt darüber hinaus nur eine absolute Mehrheit der absoluten Stimmenanzahl als Quorum. Wird das Gesetz in der ursprünglichen Form verabschiedet, wird es an den Föderationsrat weitergeleitet (Art. 134.3 Abs. 2 GO-Duma). So legt Art. 116 Abs. 1 GO-FR fest,

---

1050 Lazarev, L. V. (2005). Konstitucija Rossijskoj Federacii v rešeniach Konstitucionnogo Suda Rossii. Moskva. S. 522.

dass der Föderationsrat sich mit vom Präsidenten abgelehnten und von der Staatsduma erneut verabschiedeten Gesetzen beschäftigen muss. Die Ausschüsse des Föderationsrats nehmen erneut die Arbeit auf. In der nächsten Sitzung wird dann üblicherweise über das Gesetz abgestimmt, eine Mehrheit von zwei Dritteln der Stimmen ist erforderlich (Art. 120 Abs. 2 GO-FR). Erreicht das Gesetz die erforderliche Mehrheit nicht, ist es gescheitert.

Wird eine neue Fassung von der Staatsduma angenommen, so wird das Gesetz im Föderationsrat wie ein erstmaliger Entwurf behandelt. Es kann dann mit einfacher Mehrheit verabschiedet werden, Art. 119 Abs. 2 GO-FR. Lehnt der Föderationsrat die erneut von der Staatsduma angenommene Ursprungsfassung ab, so kann er das Gesetz nicht erneut an die untere Kammer zurück verweisen. Auffällig ist, dass im Falle eines Organkonflikts zwischen Parlament und Präsident im Legislativverfahren hohe Hürden für das Parlament gesetzt sind. Dies ist nur mit der halbpräsidentiellen Konstruktion[1052] zu erklären. In der russischen Lehre wird die vergleichsweise starke Position des Präsidenten im Gesetzgebungsverfahren als Verwirklichung der Gewaltenteilung und als Garantie für die Fehlerfreiheit von Gesetzen gesehen.[1053] Hier klingt mehr das Pathos des Verfassungstextes durch, als dass dafür eine weitergehende Erklärung angeboten würde.[1054]

Die Verkündung ist im Gesetz „Über die Ordnung der Veröffentlichung und des Inkrafttretens föderaler Verfassungsgesetze, föderaler Gesetze, Akte der Kammern der Föderalen Versammlung" geregelt.[1055]. Danach gelten nur die vom Präsidenten verkündeten Gesetze[1056]. Sie werden sieben Tage nach der Unterzeichnung veröffentlicht. Die Veröffentlichungen finden laut Art. 4 dieses Gesetzes in den Zeitschriften „Rossijskaja Gazeta", „Parlamentskaja Gazeta" oder „Sobranie Zakondatel'stva Rossijskoj Federacii" (SZ) statt. Föderale Verfassungsgesetze und einfache föderale Gesetze treten zehn Tage nach

1051 Ebenda.

1052 *Blankenagel* beschreibt das System dagegen als „superpräsidentiell". Blankenagel, A. (2000). "Legal Reforms in Russia: Visible Steps, Obvious Gaps, And an Invisible Hand?" Journal of Institutional and Theoretical Economics **156** (1): 99-119. S. 101.

1053 Čecharina, V. I. (2003). Zakonodatel'nyj process (Glava 4). Chabrieva, T. J. (Hrsg.) Parlamentskoe Pravo Rossii. Moskva: 195-275. S. 240.

1054 In Art. 80 Abs. 2 S. 1 VerfRF heißt es wörtlich „Der Präsident der Russischen Föderation ist Garant der Verfassung der Russischen Föderation sowie der Rechte und Freiheiten des Menschen und Bürgers."

1055 Gesetz vom 14.06.1994 Nr. 5 FZ, SZ RF 1994, Nr. 8, Art. 801 in der Fassung vom 22.10.1999 Nr. 185-FZ, SZ Nr. 43, Art. 5124.

1056 Haushaltsgesetze werden ohne die als Staatsgeheimnis deklarierten geheimen Bestimmungen veröffentlicht.

ihrer Veröffentlichung automatisch in Kraft, Art. 6 des Gesetzes „Über die Ordnung der Veröffentlichung und des Inkrafttretens föderaler Verfassungsgesetze, föderaler Gesetze, Akte der Kammern der Föderalen Versammlung". Bislang ist noch nicht geregelt, welches als Datum der Erstveröffentlichung zu betrachten ist. Die Veröffentlichung in der Sammlung „Sobranie Zakondatel'stva Rossijskoj Federacii" (SZ) ist nach einem Urteil des VerfGRF[1057] kein Anhaltspunkt, weil sie dort regelmäßig mit dem Datum des In-den-Druck-Gebens der Zeitschrift verbunden ist.[1058]
Mit der Bekanntmachung ist das Gesetzgebungsverfahren bei „einfachen" föderalen Gesetzen abgeschlossen. Besonderheiten von Haushaltsgesetzen werden im nachfolgenden Abschnitt behandelt.

7.1.6. Besonderheiten von Haushaltsgesetzen

Für die Verabschiedung des Haushaltsgesetzes ist ein besonderes Verfahren vorgesehen. Dieses Verfahren ist in den Art. 192-214 des Haushaltsgesetzbuches (HHGB) und teilweise in den Geschäftsordnungen geregelt. Dies ist erstaunlich, weil mit der mehrfachen Ablehnung des von der Regierung vorgelegten Haushalts ein Misstrauensvotum verknüpft ist, das demnach nicht in der Verfassung selbst geregelt ist. Eine von der Regierung eingebrachte Änderung des HHGB wurde von der Staatsduma am 7. März 2007 in erster Lesung verabschiedet. Die Änderungen werden am Schluss dieses Abschnitts erläutert.
Nach Art. 114 Abs. 1 lit. a VerfRF legt die Regierung der RF der Staatsduma den Entwurf für den föderalen Staatshaushalt des kommenden Jahres spätestens am 26. August des laufenden Jahres vor, Art. 192 Abs. 1 HHGB. Gleichzeitig wird das Gesetz auch dem Präsidenten unterbreitet. Dem Gesetzentwurf müssen alle Unterlagen über die prognostizierte sozioökonomische Entwicklung und alle erforderlichen Angaben über Einnahmen und Ausgaben sowie Vorschläge zur Indexierung der Löhne und Gehälter öffentlicher Angestellter und Renten gemacht werden. Bis zum 1. Oktober des laufenden Jahres hat die Regierung gemäß Art. 192 Abs. 5 HHGB zusätzlich einen Rechenschaftsbericht über den Vollzug des laufenden Haushaltsgesetzes und einen konsolidierten Haushalt vorzulegen. Bis zum 26. August jeden Jahres muss die Staatsbank Russlands einen Vorschlag für die Kredit- und Geldpolitik in die Staatsduma einbringen. Wenn im Haushaltsgesetz eine Indexierung

1057 VerfGRF, Entscheidung vom 24.10.1996, Nr. 17 P.
1058 Deshalb muss im Zweifel auch bei den anderen Zeitschriften immer das Datum der jeweiligen Ausgabe mitzitiert werden.

vorgesehen ist, dann bringt die Regierung gemäß Art. 192 Abs. 3 HHGB ein Gesetzesprojekt über die Anhebung der Mindestlöhne und der staatlichen Pensionen ein. Danach sind verschiedene Ausschüsse der Staatsduma mit der Beratung über den Regierungsentwurf befasst, teilweise finden die Sitzungen dazu nicht öffentlich statt.

Das Haushaltsgesetz wird gemäß Art. 196 Abs. 1 HHGB in vier Lesungen in der Staatsduma behandelt, Art. 196 HHGB. In der ersten Lesung geht es um das Gesamtkonzept, die wirtschaftliche Entwicklung des Landes und die Steuerpolitik. Die prognostizierten Einnahmen und Ausgaben, Steuern und Abgaben werden erörtert. Die Staatsduma kann laut Art. 202 HHGB nach der ersten Lesung das Gesetz in den Vermittlungsausschuss aus Staatsduma, Föderationsrat und Regierung verweisen, das Gesetz an die Regierung zur Überarbeitung zurückverweisen oder der Regierung die Vertrauensfrage stellen. Dies muss nach Art. 117 VerfRF mit der absoluten Stimmenmehrheit geschehen. Hiernach kann der Präsident sein Nichteinverständnis mit der Entscheidung der Staatsduma oder der Regierung erklären.[1059] Wenn die Staatsduma den Vorschlag des Vermittlungsausschusses zurückweist, gilt er als in erster Lesung abgelehnt. Das weitere Verfahren ergibt sich aus Art. 204 HHGB: Die Staatsduma kann dann nicht erneut den Vermittlungsausschuss anrufen. Mit der zweiten Ablehnung ist automatisch die Vertrauensfrage an die Regierung verbunden. Eine daraufhin neu gebildete Regierung muss innerhalb von dreißig Tagen ein neues Haushaltsgesetz vorlegen.

In der zweiten Lesung gemäß Art. 205 HHGB geht es um die Ausgaben und die Ausstattung des Fonds zur Unterstützung der Subjekte der RF. Lehnt die Staatsduma das Gesetz in zweiter Lesung ab, gelangt es wieder in den Vermittlungsausschuss. In der dritten Lesung geht es um die einzelnen Etats, einzelne föderale Programme etc. Wird das Gesetzesprojekt in der dritten Lesung in allen Detailfragen behandelt und verabschiedet, geht es in der vierten Lesung um das Haushaltsgesetz als Ganzes. Änderungsanträge zu einzelnen Regelungen sind nicht mehr zugelassen. Ein von der Staatsduma angenommenes Haushaltsgesetz wird innerhalb von fünf Tagen in den Föderationsrat weitergeleitet. Haushaltsgesetze bedürfen der Zustimmung des Föderationsrats, das Gesetz wird dort als Ganzes behandelt. Bei Ablehnung des Föderationsrats wird das Haushaltsgesetz in den Vermittlungsausschuss verwiesen. Dieser verweist innerhalb von zehn Tagen nach einem Kompromiss das Haushaltsgesetz an die Staatsduma weiter. Dort wird darüber innerhalb einer Lesung beraten. Nun ist ein Quorum von zwei Dritteln der Staatsdumamitglieder erforderlich. Ein vom Föderationsrat verabschiedetes Gesetz wird innerhalb von fünf Tagen an den Präsidenten zur Unterzeichnung weitergeleitet. Lehnt dieser das Haushaltsgesetz ab, wird es wieder dem Vermittlungsausschuss übergeben, in dem diesmal ein Vertreter des Präsidenten mitwirkt.

Obwohl alle föderalen Gesetze nach Art. 15 Abs. 3 VerfRF öffentlich bekannt gemacht werden müssen, können russische Haushaltsgesetze geheime Regelungen enthalten. Diese sind einfachgesetzlich in Art. 209 HHGB[1060] geregelt. Diese werden auf geheimen Sitzungen behandelt. *Borisov*[1061] behauptet, dass Art. 36 HHGB die Transparenz fordere und die geheimen Artikel dann aber trotzdem im föderalen Haushalt enthalten sind, weil diese geheimen Informationen dem Gesetz „Über das Staatsgeheimnis" unterfallen.[1062]

Die Verfassung lässt keine Ausnahmen von der Veröffentlichungspflicht zu. Durch den Widerspruch zu Art. 15 Abs. 3 VerfRF müssten eigentlich alle Haushaltsgesetze verfassungswidrig sein, da sie nicht vollständig bekannt gemacht werden. Fraglich ist außerdem, ob diese geheimen Teile überhaupt gelten, weil Rechtvorschriften erst mit oder nach ihrer „Verkündung", also ihrer Veröffentlichung, in Kraft treten. Dennoch werden die „Geheimnormen" nicht veröffentlicht. Der Föderationsrat muss über das Gesetz innerhalb von 14 Tagen nach der Verweisung durch die Staatsduma beraten, Art. 208 Abs. 1 HHGB. Wird das Gesetz von der Staatsduma mit Änderungsanträgen wieder an die Regierung verwiesen, so muss die Regierung es innerhalb von 20 Tagen der Staatsduma erneut vorlegen, diese berät daraufhin innerhalb von 10 Tagen. Besonderen Wert solle auf die Einhaltung der gesetzlichen Fristen gelegt werden, da das Funktionieren der Staatsorgane von

---

1059 Bobkova, M. S. / Gatin, A. M. / Kolpakov, R.V. / Nikitina, O.V. / Romanova, E.V. / Stepanova, O N. [Hrsg.] (2006). Kommentarij k bjudžetnomu kodeksu Rossijskoj Federacii. Moskva. Art. 202, S. 480 f.

1060 Dieser lautet: „1. Die geheimen Artikel des föderalen Haushalts werden auf nicht öffentlichen Sitzungen der Kammern der Föderalen Versammlung behandelt. Die Unterlagen zu den geheimen Artikeln des föderalen Haushalts werden ausschließlich von den Vorsitzenden der Kammern der Föderalen Versammlungn und speziellen Kommissionen behandelt. 2. Die Annahme spezieller geheimer Programme und die Aufnahme in die Ausgaben des föderalen Haushalts finden auf Vorschlag des Präsidenten statt."

1061 Borisov, A. N. (2006). Kommentarij k Bjudžetnomu Kodeksu Rossijskoj Federacii otb 31 ijulija 1998 g., Justicinform. Art. 209.

deren Einhaltung abhängt.[1063] Diese vom Gesetz vorgegebenen zeitlichen Rahmen wurden in der Praxis nie eingehalten.[1064]
Rybkina kritisiert ferner, dass der Haushaltsausschuss zwar alle öffentlichen Daten und Expertisen auswertet, die Abgeordneten der Staatsduma jedoch nur in der vierten Lesung über das Gesamtbudget abstimmen.[1065] Alle Daten werden von der Exekutive vorgelegt. Nur anhand unabhängiger Daten könnten die Staatsdumaabgeordneten sich jedoch ein konkretes Bild von den Tatsachen machen. Aber selbst die einzelnen Ausschüsse arbeiteten nur mit den Informationen der Exekutive, ohne sich einen eigenen Überblick verschaffen zu können.[1066] Hinzu kommt, dass auch der Apparat der Staatsduma — und dort der wissenschaftliche Dienst — kaum selbstständige Arbeiten liefert. Von 165 analytischen Publikationen betrafen im Zeitraum von 2000 – 2004 nur 18 die Haushalts- und Steuerangelegenheiten.[1067] Dies legt den Schluss nahe, dass durch die Geheimhaltung bestimmter Bereiche auch nicht zu größerer Geheimhaltung gegenüber den Abgeordneten beigetragen wird, als es ohnehin der Fall ist. Denn wenn auch die Experten im Haushaltsausschuss über kein unabhängiges Material verfügen, ist eine effektive Kontrolle der Regierung nicht möglich.

Die am 7. März 2007 in erster Lesung verabschiedete Novelle zum HHGB[1068] sah vor allem als grundsätzliche Änderungen den Übergang aller Etats auf eine mittelfristige Finanzplanung vor. Der föderale Haushalt und die staatlichen außerbudgetären Fonds werden für drei Jahre gebildet. Die Subjekte der Russischen Föderation sind berechtigt, ihren Haushalt für ein Jahr oder für drei Jahre aufzustellen. Weiterhin sind in der Neufassung Anreize für die Regionen enthalten, ihre Finanzen besser zu verwalten. In einem Interview kritisierte *Vasiliev*, Vorsitzender des Haushaltsausschusses der Staatsduma, dass keine Regelungen vorgesehen seien, die auf die Ausgeglichenheit der

---

1062 Gesetz vom 21. Juli 1993, übergeleitet durch Dekret vom 30. November 1995, Nr. 1203.

1063 Čecharina, V. I. (2003). Zakonodatel'nyj process (Glava 4). Chabrieva, T. J. (Hrsg.) Parlamentskoe Pravo Rossii. Moskva: 195-275. S. 259.

1064 Rybkina, O. S. (2005). Sravnitel'nyj analiz informacionno-analitičeskoj obespečenija bjudžetnogo processa v Gosudarstvennoj Dume Federal'nogo Sobrania RF i kongressa SŠA. Nižnij Novgorod. Sistema Garant.

1065 Ebenda.

1066 Ebenda.

1067 Dies waren zum Beispiel 2003 sechs und 2004 nur eine Publikation.

1068 Das Gesetz wurde am 26. April 2007 verbschiedet (Nr. 63-FZ). Für den Entwurf stimmten (bei den erforderlichen 226 Stimmen) 334 Abgeordnete, 26 dagegen.

kommunalen Haushalte abzielten.[1069] Gegenwärtig seien 90 % der kommunalen Haushalte defizitär, was auf den Mangel an qualifizierten Mitarbeitern in den kommunalen Verwaltungen und das Fehlen moderner Technik zurückzuführen sei.

Das Recht der Subjekte, ihren Haushalt auch auf drei Jahre anzulegen, ergibt sich aus Art. 59 Abs. 2 HHGB. Nach Art. 199 HHGB n. F. muss die Staatsduma in der ersten Lesung nicht nur mehr den allgemeinen Umfang der gesamten föderalen Staatsaufgaben, sondern auch den Umfang der öffentlichen Verpflichtungen, inklusive aller Ausgaben und Transfers zwischen den einzelnen Haushalten (Art. 199 Abs. 2 Nr. 1 HHGB n F.) sowie 95 % der Gesamtausgaben (Art. 199 Abs. 2 Nr. 3 – 8 HHGB) für die beiden folgenden Jahre bestätigen. So wird schon in der ersten Lesung von den Abgeordneten verlangt, den größten Teil der Ausgaben für die kommenden drei Jahre zu verabschieden. Für die zweite Lesung bleiben dann nur noch Änderungen zum marginalen Rest der Ausgaben (Art. 205 n. F.). In der zweiten Lesung geht es - wie auch in der vorherigen Gesetzesfassung - um die Finanztransfers zwischen den Subjekten, Art. 205 Abs. 2HHGB n. F. Dies dürfte Probleme bereiten, wenn die Subjekte ihr Wahlrecht ausüben und einige ihren Haushalt auf einen Zeitraum von drei Jahren umstellen und andere bei der bisherigen Verfahrensweise der jährlichen Verabschiedung bleiben. Die Subjekte haben hier in der zweiten Lesung die Möglichkeit, sich direkt am Gesetzgebungsprozess zu beteiligen, Art. 205 Abs. 3 HHGB n. F. Problematisch dürfte dabei wiederum der Zeitdruck sein: Für den Zeitraum zwischen der Verabschiedung bis zur zweiten Lesung in der Staatsduma sind nur 35 Tage vorgesehen, in denen die gesamte Arbeit des Haushaltsausschusses einschließlich der Beteiligung der Subjekte von statten gehen muss, wie sich aus Art. 205 Abs. 1 n. F ergibt. In der dritten Lesung, die nach Art. 207 Abs. 1 S. 1 HHGB n. F. innerhalb von 15 Tagen nach der Annahme des Gesetzes in zweiter Lesung stattfinden muss, können die Staatsdumaabgeordneten nur noch über die Struktur der Ausgaben beraten, Art. 207 Abs. 1 S. 2 HHGB n. F. Abgestimmt wird nur noch über den Entwurf im Ganzen, Teiländerungen sind gesetzlich ausdrücklich ausgeschlossen, Art. 207 Abs. 1 S. 4 HHGB n. F.

Insgesamt bleibt festzuhalten, dass zwar einerseits mehr Planungssicherheit für alle Beteiligten angestrebt wird, jedoch das Informationsdefizit der Parlamentarier sich noch weiter vergrößert. Schon allein angesichts der langen

---

1069 Rossijskaja Gazeta vom 7.3.2007, http://www.rg.ru/printable/2007/03/06/budjet.html

Haushaltsperiode wird die Kontrollmöglichkeit der Legislative weiter drastisch eingeschränkt. Erschwerend kommen die sehr kurzen Fristen für die Behandlung der Haushaltsgesetze für die folgenden drei Jahre hinzu.

7.1.7. Der Föderationsrat bei Besonderheiten der Verabschiedung föderaler Verfassungsgesetze und verfassungsändernder Gesetze

Wie schon an mehreren Stellen ausgeführt, haben die Autoren der Verfassung von 1993 hohe Hürden für Verfassungsänderungen aufgestellt. Dies führte dazu, dass Veränderungen an der Architektur der Verfassungsorgane untereinander in einfachen Gesetzen oder Dekreten[1070] vorgenommen wurden, weil eine Änderung der Verfassung nicht durchsetzbar oder zu beschwerlich gewesen wäre. Um diese Besonderheiten soll es im kommenden Abschnitt gehen.

Nach Art. 108 VerfRF ist für die Verabschiedung eines föderalen Verfassungsgesetzes eine Mehrheit von drei Vierteln der Mitglieder des Föderationsrats und zwei Dritteln der Abgeordneten der Staatsduma notwendig. Art. 105 Abs.1 VerfRF ist auf föderale Gesetze nicht anwendbar. Das Verfahren entspricht im Wesentlichen demjenigen für einfache föderale Gesetze. Durch die verfassungsrechtliche Voraussetzung der Dreiviertelmehrheit der Senatoren besitzt der Föderationsrat hier ein absolutes Vetorecht.

Eine Ausnahme bildet das Gesetz „Über die Neuschaffung eines Föderationssubjekts". Dies ist in Art. 137 Abs. 1 VerfRF geregelt[1071]. Zudem sind Besonderheiten des Gesetzgebungsverfahrens für solche Gesetze im föderalen Verfassungsgesetz „Über die Ordnung der Aufnahme in die RF und Bildung eines neuen Subjekts der RF"[1072] geregelt. Darin werden Bedingungen für die diesbezüglichen Gesetzesinitiativen, deren Inhalt und Inkrafttreten formuliert.

Bisher ist noch kein Gebiet aus einem ausländischen Staat der Russischen Föderation beigetreten, obwohl dies angesichts der Auseinandersetzungen um Süd-Ossetien und Abchasien mit Georgien nicht gänzlich ausgeschlossen scheint.

1070 Beispiele hierfür sind die Schaffung der föderalen Bezirke und die Erweiterung der Befugnisse der Präsidentenvertreter durch Dekret und die Änderung des Bestellmodus' für die Senatoren durch einfaches Bundesgesetz.

1071 Dieser lautet: „Änderungen des Artikel 65 der Verfassung der Russischen Föderation, der die Zusammensetzung der Russischen Föderation bestimmt, erfolgen auf der Grundlage eines Bundesverfassungsgesetzes über die Aufnahme in die Russische Föderation und die Bildung eines neuen Subjekts der Russischen Föderation innerhalb derselben beziehungsweise über die Änderung des verfassungsrechtlichen Status eines Subjekts der Russischen Föderation."

1072 Nr. 6-FKZ vom 17.12.2001, SZ RF 2001, Nr. 52 (Teil 1), Art. 4916.

Relevanter in letzter Zeit waren Zusammenschlüsse einzelner Subjekte. Dafür sehen die Art. 10 und 11 des genannten Gesetzes vor, dass der Präsident ein solches Gesetzesprojekt in die Staatsduma einbringen kann, wenn zuvor Referenda über die Neubildung eines Subjekts in den jeweiligen bisherigen Subjekten stattgefunden haben. In diesem Gesetzesprojekt müssen der Name, Status, die Grenzen sowie die Übergangsbestimmungen für die folgenden Fragen enthalten sein: Schaffung der Organe des neuen Subjekts, Haushaltsgesetz für das laufende Haushaltsjahr, Beziehungen zu anderen Staatsorganen, zu Subjekten der RF sowie zu internationalen Organisationen, Funktionieren der örtlichen Organe der föderalen Exekutive im neuen Subjekt, Geltung der bisherigen Subjektlegislativakte im neuen Subjekt.

Lehnt der Föderationsrat ein derartiges Gesetz ab, gilt das normale Verfahren nach Art. 105 VerfRF mit Ausnahme der Regelung des Art. 105 Abs. 5 VerfRF: Die Staatsduma kann ein vom Föderationsrat abgelehntes Gesetz nicht überstimmen. Art. 136 VerfRF sieht vor, dass diese Ordnung auch geändert werden kann.

Die Änderung der Verfassung unterliegt besonderen Voraussetzungen. Dies soll für Stabilität sorgen. Angesichts der sich überschlagenden Entwicklungen der frühen neunziger Jahre war das eine notwendige Entscheidung des Verfassungsgebers. Andererseits beraubt sich der verfassungsändernde Gesetzgeber in Transformationsstaaten der Möglichkeit, Regelungen zu ändern, die sich in der Verfassungspraxis als impraktikabel erwiesen haben. Dies ist zumal dann problematisch, wenn die Verfassung selbst unter hohem politischen und Zeitdruck entstanden ist.

Die Verfassung selbst unterscheidet zwischen den Begriffen „Überarbeitung" („peresmotr") und „Änderung" („vnesenie popravok"). Unter „Überarbeitung" fallen Änderungen der Kapitel 1, 2 und 9 der VerfRF, unter „Änderungen" die Änderungen der Kapitel 3 - 8. Dabei gelten für beide unterschiedliche Anforderungen. Die Kapitel 1 und 2 enthalten die Grundlagen des Staatsaufbaus, Kapitel 9 die Regelungen über das Änderungsverfahren selbst. Für Änderungen in diesen Kapiteln ist die Bildung einer Verfassungsversammlung notwendig. Diese muss eine neue Verfassung ausarbeiten, annehmen und dann dem Volk in einem Referendum vorlegen. Die Änderungen in den Kapiteln 3 – 8 werden nach dem Verfahren über die Verabschiedung von föderalen Verfassungsgesetzen vorgenommen. Nach Art. 134 VerfRF können der Präsident, der Föderationsrat, die Staatsduma, die Regierung, die Legislativorgane der Subjekte sowie ein Fünftel der Staatsdumaabgeordneten oder der

Senatoren Anträge zur Verfassungsänderung (für beide Verfahren) vorlegen. Für Änderungen in den Artikeln 3 - 8 ist zudem die Zustimmung von zwei Dritteln der Subjekte erforderlich.

Das VerfGRF[1073] hat festgelegt, dass für die „Überprüfung der Verfassung" ein besonderes Gesetz vonnöten ist: ein „Gesetz über die Überprüfung der Verfassung". Außerdem ist der Gesetzgeber laut dieser Entscheidung berechtigt, den nur sehr groben Rahmen des Art. 136 VerfRF mithilfe eines speziellen Gesetzes auszugestalten. Die Richter begründeten dies systematisch damit, dass ein föderales Verfassungsgesetz nicht adäquat sei, weil derartige Gesetze nur für bestimmte, in der Verfassung vorgesehene Fragen angemessen seien. Die Änderung der Kapitel 3 – 8 VerfRF gehöre eben nicht zu diesen Gegenständen. Solche Gesetze seien zur Ausführung der Verfassung geeignet, nicht zu deren Änderung.[1074] Hier hat das föderale Verfassungsgericht eine Gefahr erkannt und gebannt sowie gleichzeitig das Prinzip der Normenhierarchie gestärkt, indem es eine weitere Zwischenebene eingebaut hat. Dies ist umso erstaunlicher, als sonst die Tendenz eher in die andere Richtung geht, indem Normen des Staatsorganisationsrechts in den Geschäftsordnungen geregelt werden. In Ausführung dieser Verfassungsgerichtsentscheidung wurde das föderale Gesetz „Über die Ordnung der Annahme und des Inkrafttretens von Änderungen der Verfassung der RF" am 4. März 1998[1075] angenommen, welches das Verfahren der Änderung von Bestimmungen der Kapitel 3 –8 der Verfassung näher regelt.

Unter Veränderung der Kapitel 3 – 8 wird jede textliche Veränderung verstanden. Ein Projekt zur Änderung von Bestimmungen dieser Kapitel muss die Neuformulierung sowie eine Begründung hierfür enthalten. Desweiteren muss dargelegt werden, dass nicht nur kein Widerspruch zu anderen Verfassungs- und einfachgesetzlichen Normen entsteht, sondern die angestrebten Ziele auch die Änderung notwendig machen. Es erfolgen drei Lesungen in der Staatsduma; das Gesetz gilt als angenommen, wenn zwei Drittel der Abgeordneten der Staatsduma und drei Viertel der Senatoren dafür gestimmt haben. Innerhalb von fünf Tagen nach der Abstimmung im Föderationsrat wird das Gesetz an die Legislativorgane der Subjekte vom Vorsitzenden des Föderationsrats weitergeleitet. Der für Verfassungsfragen zuständige Ausschuss des Föderationsrats koordiniert die Arbeit der Subjektorgane, die in-

---

1073 Entscheidung VerfGRF 31.10.1995 Nr. 12-p, SZ RF 1995, Nr. 45, Art. 4408.

1074 Lazarev, L. V. (2005). Konstitucija Rossijskoj Federacii v rešeniach Konstitucionnogo Suda Rossii. Moskva. S. 523

1075 SZ RF 1998, Nr. 10, Art. 1146.

nerhalb von 14 Tagen ihre Stellungnahmen beim Föderationsrat abgegeben haben müssen. Wenn zwei Drittel der Legislativorgane zugestimmt haben, verabschiedet der Föderationsrat eine Verordnung, die er dem Präsidenten und den Subjektparlamenten zuleitet. Der Präsident und die Legislativorgane sind nach Art. 11 Abs. 4 des genannten Gesetzes berechtigt, innerhalb von sieben Tagen nach der Verordnung eine Beschwerde beim Obersten Gericht einzureichen. In einem solchen Fall darf der Präsident das Gesetz nicht vor der Entscheidung des Obersten Gerichts unterzeichnen und verkünden. Wenn die rechtskräftige Entscheidung des Obersten Gerichts eine erneute Behandlung des Gesetzes im Föderationsrat erfordert, geschieht dies auf einer außerordentlichen Sitzung. Wenn es keine Beschwerden an das Gericht gibt, wird das Gesetz an den Präsidenten weitergeleitet, der es innerhalb von 14 Tagen unterzeichnet und bekannt macht. Am Tag der Veröffentlichung tritt das Gesetz in Kraft. Der Präsident hat dann einen Monat Zeit, den Verfassungstext zu ändern und zu veröffentlichen. Wenn das Gesetz über die Verfassungsänderung nicht die erforderliche Zweidrittelmehrheit der Subjekte findet, können frühestens nach einem Jahr erneut Änderungsvorschläge eingebracht werden. Was hier überrascht, ist der Rechtsweg zum Obersten Gericht und nicht zum Verfassungsgericht. Um eine zweite Instanz zu ermöglichen? *Šul'ženko* und *Isakov* schildern den Ablauf nur, ohne sich zum Obersten Gericht zu äußern.[1076]

Die besonderen Verfahren zur Verfassungsänderung sind nicht zu beanstanden. Gerade angesichts der politischen Instabilität in Russland zu Beginn der Neunzigerjahre war dies ein sinnvoller Schritt der Verfassungsgeber. Hierzu trägt auch die Regelung des Art. 108 VerfRF bei, der den Erlass föderaler Verfassungsgesetze auf einen Katalog beschränkt. *Grimm*[1077] wies etwa am Beispiel der Bundesrepublik darauf hin, dass den Parlamentariern das Gespür für den Unterschied einer Verfassungsänderung gegenüber der Verabschiedung eines normalen Gesetzes verloren gehe. Dies ist mit einem solchen Katalog ausgeschlossen.

Nachteilig wirkt sich das Verfahren natürlich aus, wenn Verfahrensregeln sich als unpraktisch erweisen, wie die 14-Tages-Frist des Art. 105 Abs. 4 VerfRF.

1076 Šul'ženko, J. L. (2003). Stat'i 134-137. Topornin, B. N. (Hrsg.) Konsitutcija Rossijskij Federacii - naučno-praktičeskij kommentarij. Moskva: 783-796. S. 792. Isakov, V. B. (2004). Stat'i 137-137. Lazarev, V. V. (Hrsg.) Naučno-praktičeskij kommentarij k Konstitutcii Rossijskoj Federacii. Moskva: 638-651. S. 636.

1077 Dieter *Grimm*, Abschiedsvorlesung an der Humboldt-Universität zu Berlin am Februar 2007.

In Russland löste man vieles dadurch, dass häufig Regelungen, die in anderen Ländern Verfassungsrang genießen, in die Geschäftsordnungen der Parlamente verlagert wurden und mithin einfach zu ändern sind. *Wiest* zeigt in ihrer Studie die hohe Flexibilität der Normen des Föderationsrats. Alle diese Sicherungen vermögen freilich nicht mehr zu wirken, wenn beide Kammern und die Subjektparlamente von einer Partei dominiert werden, die somit über die entsprechenden Mehrheiten auf allen Ebenen verfügt. Gegenwärtig bewegt sich Russland in diese Richtung. Bislang kam es allerdings noch nicht zu gravierenden Änderungen, obwohl über die Verlängerung einer Amtszeit von Präsident *Putin* und eine damit verbundene Änderung des Art. 81 Abs. 3 VerfRF spekuliert wurde, was aber bekanntlich nicht eintrat.

Besondere Verfahren sind im Zusammenhang mit der Neubildung von Subjekten in Art. 137 VerfRF geregelt, weil damit auch Art. 65 VerfRF, der alle Subjekte der RF namentlich aufzählt, geändert werden muss. Dies kann der Fall sein, wenn der Status oder Namen eines Subjekts geändert wird. In dem oben erwähnten Gesetz „Über die Ordnung der Aufnahme in die RF und Bildung eines neuen Subjekts der RF“ wird geklärt, mit welchem Rechtsakt die Verfassung in diesem Falle geändert werden kann. Das Verfassungsgericht RF entschied[1078], dass es nicht eines „Gesetzes über die Überprüfung der Verfassung“ für die Änderung von Art. 65 Abs. 1 VerfRF bedürfe, sondern gemäß Art. 80 Abs. 1, 2 VerfRF eines Dekrets des Präsidenten. So erließ der Präsident am 9. Juni 2001 ein Dekret über die Umbenennung der Čuvašischen Republik von „Čuvašskaja Respublika“ in „*Čavaš Respubliki*). Das VerfGRF hielt in der genannten Entscheidung fest, dass eine solche Umbenennung nicht die Menschenrechte, Rechte anderer Subjekte oder den verfassungsmäßigen Status und Bestand des Subjekts oder der Föderation verletzen dürfe.

Der Präsident hat bei föderalen Verfassungsgesetzen und Gesetzen über die Verfassungsänderung kein Vetorecht.

Die Art. 107 Abs. 3, 108 Abs. 2 und 136 VerfRF enthalten ferner kein Recht des Präsidenten, die Unterzeichnung derartiger Gesetze zu verweigern. Dies wäre ohnehin nicht erforderlich, weil für die Überstimmung eines präsidentiellen Vetos eine geringere qualifizierte Mehrheit der Föderalen Versammlung

1078 VerfGRF, Entscheidung vom 28.11.1995.

erforderlich wäre.[1079] Der Präsident kann allerdings in Fällen, in denen er solche Rechtsakte für verfassungswidrig hält, das Verfassungsgericht anrufen.

7.1.8. Zusammenfassung

Den russischen Verfassungsregelungen ist anzumerken, dass sie unter hohem Zeitdruck entstanden und ihr Inhalt vom politischen Kalkül des Augenblicks beeinflusst war. Sie bilden die „gefrorenen Konfliktlinien" des Herbstes 1993 ab. Eine Norm wie Art. 105 Abs. 4 VerfRF, die auch praktisch dazu dienen sollte, die Kontrollbefugnisse des Oberhauses einzuschränken, ist unter Demokratieaspekten bedenklich. Gerade weil die Senatoren die Subjekte informieren müssen und deren Ansichten zu den Gesetzesprojekten der Staatsduma einholen sollen, verpassten sie diese wichtige Frist. Dadurch wurde die Teilhabe der Subjekte am föderalen Gesetzgebungsprozess verringert, weil ihre Senatoren sie nicht effektiv vertreten können/konnten.

Eine weitere russische Spezialität ist es, viele Bestimmungen, die als Staatsorganisationsrecht zum Verfassungsverfahrensrecht gehören, in Geschäftsordnungen oder einfachen Gesetzen zu regeln. Bestandteile der Geschäftsordnungen der Staatsduma oder des Föderationsrats, die auch das Zusammenspiel der obersten Verfassungsorgane regeln, sind in der Bundesrepublik im Grundgesetz geregelt. Die russische Verfahrensweise hat Vor- und Nachteile. Der Vorteil ist – angesichts der nur unter sehr engen Voraussetzungen möglichen Verfassungsänderung –, dass schlecht funktionierende Normen leichter verbessert werden können. Der Nachteil ist, dass das Gleichgewicht zwischen den Verfassungsorganen leicht verschoben werden kann. So konnte es gelingen, durch unterverfassungsrechtliches Recht – das SubjOrgG und das BestellG – die Architektur der Verfassungsorgane stark zu Gunsten der föderalen Exekutive (des Föderationspräsidenten) und der Staatsduma[1080] zu verschieben.

Interessant sind der sehr ausdifferenzierte Mechanismus zur Verfassungsänderung, der zwischen einzelnen Kapiteln der Verfassung differenziert und die Tatsache, dass das VerfGRF eine besondere Gesetzesart – das „Gesetz zur Überprüfung von Verfassungsänderungen" erfunden hat. Dies könnte zur Folge haben, dass die Parlamentarier sich der Bedeutung und des Gewichts einer Verfassungsänderung stärker bewusst werden. Hervorzuheben ist auch

---

1079 Čecharina, V. I. (2003). Zakonodatel'nyj process (Glava 4). Chabrieva, T. J. (Hrsg.) Parlamentskoe Pravo Rossii. Moskva: 195-275. S. 252.

1080 Weil die Senatoren, die um ihren Machterhalt bemüht sind, der Staatsduma deutlich weniger Paroli bieten.

das außerordentlich hohe Quorum, das zur Verfassungsänderung notwendig ist bzw. die Notwendigkeit einer Verfassungsgebenden Versammlung. Ob dies angesichts der politischen Entwicklung in Richtung einer dominierenden politischen Partei, die im Zweifel Mehrheiten in beiden Kammern und in den Subjektparlamenten hat, als Sicherung ausreicht, wird die Zukunft zeigen. Das Erfordernis einer Verfassungsgebenden Versammlung zeugt von einer gewissen Weitsicht der Verfassungsautoren. Juristisch und demokratietheoretisch inakzeptabel ist nicht nur die Existenz von geheimen Normen im russischen Haushaltsgesetz, sondern auch die Tatsache, dass weder die Parlamentarier im allgemeinen noch die Experten im Haushaltsausschuss über unabhängiges Datenmaterial verfügen, um die Finanzplanung der Regierung effektiv kontrollieren zu können. So wird die verfassungsmäßige Kompetenz der Abberufung der Regierung, die mit der Ablehnung des Haushalts verbunden ist, zu einem wirkungslosen Instrument. Dieses wird durch die Novelle des Haushaltsgesetzes drastisch verschärft. Das klassische Recht moderner Parlamente, über den Staatshaushalt bestimmen zu können, die Haushaltshoheit, läuft im gegenwärtigen russischen politischen System zu einem erheblichen Teil leer. Verhandlungen über den Haushalt unter dem Siegel des Staatsgeheimnisses sind deshalb überwiegend informal. Die Beteiligten können Dinge beschließen, die der Öffentlichkeit nie bekannt werden. Dies widerspricht dem Prinzip der Transparenz der „Rule of Law“.

Damit bleiben auch den Senatoren als tragender Säule politischer Gestaltung und Vertretern der Subjekte wenig Möglichkeiten, auf den föderalen Haushalt und damit auch auf die Fonds zur finanziellen Unterstützung der Subjekte[1081] und damit indirekt auf den föderalen Finanzausgleich Einfluss zu nehmen.

7.2. Die Beteiligung der Subjekte am Gesetzgebungsprozess

Die Subjekte beeinflussen über den Föderationsrat den Gesetzgebungsprozess, Ihre Beteiligung ist jedoch gering.

Wie unter 7.1.2.[1082] gezeigt wird, können die Subjekte ihre Gesetzgebungsvorschläge nach Art. 104 VerfRF über den Föderationsrat einbringen. Weiterhin spricht Art. 12 GO-Duma allen Organen (auch den Subjekten) das Recht der Teilnahme am föderalen Gesetzgebungsprozess zu. Dies wird dann na-

---

1081 Vgl. 4.2.8.1. Geschichte S. 144 und 4.2.8.2. Rechtsgrundlagen für den föderalen Finanzausgleich S. 149.

1082 Vgl. 7.1.2. Gesetzesinitiative S. 304 ff.

türlich durch Art. 109, 119 GO-Duma auf die Fälle der gemeinsamen Gesetzgebungszuständigkeit eingeschränkt.[1083]

Das Recht der Gesetzesinitiative haben sowohl die jeweiligen Organe der Legislative, als auch die Exekutive des Subjekts, der Gouverneur oder Republikspräsident. Diese werden, wie im Kapitel über den Föderationsrat[1084] beschrieben, von einem ernannten oder gewählten Vertreter im Föderationsrat repräsentiert.

Hierzu sieht Art. 26.4 SubjOrgG ein Verfahren vor, nach welchem sich die Exekutiv- und Legislativorgane der Subjekte nach Einbringung eines Gesetzentwurfs für ein föderales Gesetz intern abstimmen müssen. Gemäß Art. 26.4 Abs. 2 SubjOrgG haben das Subjektparlament und die Subjektexekutivspitze 30 Tage Zeit, um eine Stellungnahme der Duma gegenüber abzugeben. Diese Frist wurde von *Jagudin* als zu kurz bemessen kritisiert.[1085] Sie reiche nicht aus, um eine umfassende Kritik zu erarbeiten. Wenn sich ein die Parlamente und Subjektexekutivspitzen von mehr als einem Drittel der Subjekte gegen den Gesetzentwurf aussprechen, bildet die Duma einen Vermittlungsausschuss (Art. 26.4 Abs. 3 SubjOrgG). Die Stellungnahme gilt als zustimmend, wenn sich sowohl das Subjektparlament als auch die Subjektexekutivspitze für den Gesetzentwurf ausgesprochen haben. Sie wird als ablehnend gewertet, wenn beide sich dagegen ausgesprochen haben. Stimmen Subjektparlament und Subjektexekutivspitze in ihrer Bewertung des Gesetzesprojekts nicht überein, so gilt ihre Stimme als nicht abgegeben, Art. 26.4 Abs. 3 SubjOrgG. Hierdurch werden die Subjektorgane zur einheitlichen Stimmabgabe bewegt, wenn sie wollen, dass ihre Stimme Gewicht hat.

Als interessanten Vorschlag für eine Verbesserung der Beteiligung der Subjekte regt *Nečaeva* eine Ergänzung des Art. 26.4 SubjOrgG an. Dabei sieht Art. 26.4 SubjOrgG das Verfahren der Abstimmung zwischen der Subjektexekutivspitze und dem Subjektparlament vor. Zu Gunsten der Subjekte fordert *Nečaeva*, die Bestimmung des Art. 26.4 Abs. 3 SubjOrgG abzuschaffen, wonach die Stimme des Subjekts nicht zählt, wenn die Subjektexekutivspitze und das Subjektparlament verschiedener Ansicht sind. Sie schlägt vor, dass je nach Inhalt des Gesetzentwurfs entweder die Stimme des Subjektparlaments oder der Subjektexekutivspitze ausschlaggebend sein solle. Dieser Vorschlag verzögert das Gesetzgebungsverfahren nicht, könnte jedoch zu ei-

---

1083 Sevumjan, V. N. (2006). Konstitucionnoe-pravovoe obespečenie edinstva rossijskogo federalizma. Rostov na Donu. S. 106.

1084 Vgl. 6.2. Der Föderationsrat S. 269 ff.

1085 Erklärung im Interview am 25. Mai 2004.

ner Stärkung vor allem der Subjektparlamente beitragen. Dennoch ist es erforderlich, dass zu Beginn des Gesetzgebungsverfahrens bestimmt wird, ob der Schwerpunkt des Gesetzgebungsprojekts in den Bereich der Subjektlegislative oder -exekutive fällt. Dies könnte der federführende Ausschuss der Staatsduma übernehmen. Ferner kritisiert *Nečaeva* die Fristenregelung in den Art. 199 Abs. 5 und 222 Abs. 3 GO-Duma. Ihr ist darin zuzustimmen, dass diese Fristen der 30-Tages-Frist des Art. 26.4 SubjOrgG widersprechen. Darüber hinaus schließt Art. 122 GO-Duma die Subjektorgane zwischen der 2. und der 3. Lesung faktisch vom Gesetzgebungsverfahren aus. Auch hier plädiert *Nečaeva* für eine praktikable Lösung: je nach Gesetzesinhalt die Fristen von 30 auf 45 Tage zu verlängern. Zu Recht kritisiert sie, dass in Art. 26.4 SubjOrgG nur einseitige Sanktionsmaßnahmen zu Lasten der Subjekte für die Verletzung der Abstimmungsregelungen vorgesehen und überdies kein Rechtsweg für die Subjekte enthalten ist.[1086]

Im Zeitraum von 1993 bis 2003 brachten die Subjekte 1.359 Gesetzentwürfe ein, davon wurden 29 verabschiedet.[1087] Dies bedeutet, dass im genannten Zeitraum nur 1 von 47 von den Subjekten eingebrachten Gesetzesentwürfe verbschiedet wurde. Hier plädiert *Sevumjan* für eine bessere Zusammenarbeit der Legislativorgane beider Ebenen.[1088]

In der zweiten Legislaturperiode der Staatsduma (1996-1999) brachten die Organe der Subjekte 949 von 4.009 (24 %) Gesetzesvorhaben in den Gesetzgebungsprozess ein. Insgesamt werden von der Staatsduma nur sehr wenige Gesetzesprojekte, die von den Subjekten initiiert wurden, angenommen. So unterzeichnete *Putin* in der zweiten Legislaturperiode 719 Gesetze, von denen nur 22 (3,1 %) aus der Feder der Subjekte stammten.[1089]

1086 Nečaeva, T. V. (2006). Pravovye osnovy učastija sub"ektov Rossijskoj Federacii v soveršenstvovanii federal'nogo zakonodatel'stva (41-57). Aktual'nye problemy razvitija federativnych otnošenij v Rossijskoj Federacii. Korsby, P. (Hrsg.). Proekt "Institucional'nyj, pravovoj i ėkonomičeskij federalizm v Rossijskoj Federacii". Moskva: 41-57. S. 54.

1087 Das deutet auf eine geringe Effizienz in diesem Jahrzent hin: Wenn nur 2,9 % pro Jahr verabschiedet wurden. Aber da die Verbesserung nur so gering ist, macht dies auch wenig Hoffnung.

1088 Sevumjan, V. N. (2006). Konstitucionnoe-pravovoe obespečenie edinstva rossijskogo federalizma. Rostov na Donu. S. 108.

1089 Il'ina, N. V. (2003). "Učastie predstavitel'nych (ispolnitel'nych) organov sub"ektov RF v federal'nom zakonodatel'nom processe." Zakonodatel'stvo (10): 70-76. S. 70.

Der Beitrag der Subjekte zur Gesetzgebung ist, gemessen an ihrer Stellung im föderalen System, äußerst gering. Nur ca. 2 %[1090] der Gesetzesvorhaben, die die Subjekte in den Föderationsrat einbringen, werden am Schluss als Gesetz verabschiedet. Demgegenüber steht eine Gesamtanzahl von 23 % der Gesetzentwürfe aller dazu berechtigten Organe in den Jahren 1994-2001, die letztlich verabschiedet wurden[1091]

Zunächst ist zu untersuchen, wie viele Gesetze schon im Gesetzgebungsverfahren scheitern.

Die von einzelnen Ausschüssen des Föderationsrats oder Senatoren eingereichten Gesetzentwürfe müssen sowohl von den jeweils zuständigen Ausschüssen als auch von der Rechtsabteilung des Föderationsrats überprüft werden.[1092] Über das Schicksal des Entwurfs entscheidet der Föderationsrat selbst. Mitunter nutzten die Senatoren das Initiativrecht auch für eigene persönliche Zwecke oder verbündeten sich mit Staatsdumaabgeordneten oder einzelnen Subjekten.[1093] Dabei beträgt der Anteil der gemeinsam mit Staatsdumaabgeordneten eingebrachten Gesetzentwürfe 20 %, derjenige der von einzelnen Senatoren eingereichten 70 %, die restlichen 10 % entfallen auf Gruppen von Senatoren. Im Jahr 2002 brachte der Föderationsrat nur sieben Gesetzentwürfe in die Staatsduma ein. Jeweils drei davon stammten vom Ausschuss für den Norden und die kleineren Völker und vom Ausschuss für Rechts- und Gerichtswesen, einer wurde vom Haushaltsausschuss eingebracht. Daneben wurden im gleichen Zeitraum 30 Gesetzentwürfe von einzelnen Senatoren eingereicht, darunter 12 gemeinsam mit Staatsdumaabgeordneten.[1094] Die Anzahl der gemeinsam mit Staatsdumaabgeordneten eingereichten Entwürfe ist 2002 gesunken. Dies führt *Paramonov* darauf zurück, dass, wenn auf Vorschlag des federführenden Ausschusses der Staatsduma Änderungsanträge vorgelegt werden, die Unterschriften aller Gesetzesinitiatoren notwendig werden. Oft scheitern die Gesetzesinitiativen dabei schon im

---

1090 Bulakov, O. N. (2006). Vlijanie zakonodatel'nych organov sub"ektov Rossijskoj Federacii na federal'nyj zakondatel'nyj process. Bulakov, O. N. (Hrsg.) Parlamentskoe pravo Rossii. Moskva: 444-448. S. 444. Die Statistiken werden auch auf www.duma.gov.ru veröffentlicht.

1091 Krasnov, J. K. (2002). Osnovnye napravlenija zakonodatel'noj dejatel'nosti Gosudarstvennoj Dumy v 1994 - 2001 gg. // Federal'noe Sobranie - Parlament Rossijskoj Federacii - Analitičeskoe upravlenie Analitičeskaja zapiska. S. 6.

1092 Paramonov, A. R. (2003). Zakondatel'naja dejatel'nost' Soveta Federacii Smirnjagin, L. V. (Hrsg.) Sovet Federacii: evolucija statusa i funkcii. Moskva: 292-339. S. 306.

1093 Ebenda. S. 309.

1094 Ebenda. S. 309.

Föderationsrat. Im Zeitraum von 1996-1999 lehnte der Föderationsrat 70 % der von den eigenen Mitgliedern initiierten Gesetzentwürfe ab.[1095] Nur selten brachten Senatoren Änderungsvorschläge vor der zweiten Staatsdumalesung ein.[1096]

Nach der Annahme durch den Föderationsrat und der Zuleitung an die Staatsduma wird das Gesetzesprojekt vom Rat der Staatsduma beurteilt, und wenn es nicht den Anforderungen des Art. 104 VerfRF und Art. 105 GO-Duma entspricht, verweist der Rat der Staatsduma das Gesetzesprojekt zurück an seine Initiatoren. Wenn es den Vorgaben genügt, wird es an den federführenden Ausschuss der Staatsduma weiterverwiesen. Dieser bereitet das Projekt für die Behandlung in der Staatsduma vor, begründet die Notwendigkeit seiner Annahme oder Ablehnung und stellt das Gutachten der Rechtsabteilung und eventuell weiterer Dokumente vor.

In der Staatsduma finden üblicherweise drei Lesungen statt und am Ende jeder dieser Lesungen kann das Gesetzesvorhaben angenommen oder abgelehnt werden. Das verabschiedete Gesetz wird dann dem Föderationsrat, nach dessen Zustimmung dem Präsidenten zur Unterzeichnung vorgelegt und danach bekannt gemacht.[1097]

Auf jeder dieser Etappen scheitern Gesetzesprojekte nicht nur des Föderationsrates. In der zweiten Legislaturperiode unterzeichnete der Präsident 719 von 4.009 Gesetzesprojekten, d.h. 82,1% der Projekte wurden abgelehnt, ähnliche Ergebnisse kennzeichneten die Arbeit der dritten Legislaturperiode: Aus 3.209 Gesetzesvorhaben wurden 599 Gesetze, 81,4% der Vorhaben verschwanden.

Von 949 Projekten der zweiten Legislaturperiode wurden vom Rat der Staatsduma 448 zur weiteren Arbeit in der Staatsduma zugelassen. Davon wurden 142 in erster Lesung behandelt, 35 angenommen, vom Präsidenten unterschrieben wurden 22. Ungefähr 2 % der Gesetzesinitiativen wurden während der 2. Legislaturperiode zu Gesetzen.

In der dritten Legislaturperiode der Staatsduma wiederholte sich diese Situation: Die Organe der Subjekte brachten 996 Gesetzesvorhaben ein, 544

1095 Herausgeberkollektiv (2002). "Statističeskie charakteristiki zakonodatel'noj dejatel'nosti Gosudarstvennoj Dumy vtorogo sozyva (1996-1999 gg.) Serija: problemy soveršenstvovanija zakonodatel'nogo processa." Analitičeskij vestnik(3).

1096 Paramonov, A. R. (2003). Zakondatel'naja dejatel'nost' Soveta Federacii Smirnjagin, L. V. (Hrsg.) Sovet Federacii: evolucija statusa i funkcii. Moskva: 292-339. S. 309.

1097 Vgl. 7.1.5. Unterzeichnung von Gesetzen durch den Präsidenten S. 318 ff.

schafften es in die erste Lesung der Staatsduma, 172 wurden dort behandelt, 21 verabschiedet und 18 vom Präsidenten unterzeichnet[1098] (ca. 1,8 %).[1099]
Am effektivsten sind die Vorhaben des Präsidenten: 77% seiner Gesetzesinitiativen werden zu Gesetzen, am erfolglosesten sind die Subjekte mit 1,8%. In den Jahren 1994 – 2001 waren die Vorhaben des Föderationspräsidenten zu 61 % erfolgreich, die des Föderationsrats zu 5 %, diejenigen der Staatsdumaabgeordneten zu 18 %, der Regierung zu 50 %, der Subjekte zu 4 % und der Gerichte zu 48 %.[1100]
Hierfür werden verschiedene Gründe angeführt: Einerseits versuchen einige Subjekte, lokale Probleme auf der Ebene der föderalen Gesetzgebung zu lösen. Es besteht demnach kein Bedürfnis, diese Konfliktkonstellation per föderalem Gesetz zu regeln.[1101] In der Staatsduma werden in erster Linie systemwichtige, die gesellschaftlichen Beziehungen regelnde Gesetze behandelt. Aus dem Programm dieser besonders wichtigen Gesetze, wurden im Herbst 2002 164 Gesetzesvorhaben behandelt, von denen nur zwei von Subjektorganen stammten (Es handelte sich um das Änderungsgesetz zum föderalen Gesetz „Über die Veteranen“ und das föderale Gesetz „Über die staatliche Überwachung der Renten in der RF“).[1102]
Andererseits ist die rechtstechnische Qualität der Gesetzesprojekte häufig so gering, dass die rechtliche Verwaltung, Rechtsabteilung oder der juristische Dienst der Staatsduma diese schon vor der ersten Lesung aussortiert und an die Initiatoren zurückverweist.[1103] Experten des Europarats führten *Il'ina* zufolge eine Überprüfung der Effektivität von Gesetzesvorhaben durch. Dabei kam es darauf an, ob das Projekt das ursprünglich verfolgte Ziel erreichte. Die Analyse der von den Organen der Subjekte in die Staatsduma eingebrachten Projekte ergab, dass diese juristische Hindernisse nicht überwinden

---

1098 Bei diesen Zahlen handelte es sich nur um Gesetzesprojekte, die entweder von Subjektparlamenten oder Subjektexekutivspitzen eingebracht wurden.

1099 Il'ina, N. V. (2003). "Učastie predstavitel'nych (ispolnitel'nych) organov sub"ektov RF v federal'nom zakonodatel'nom processe." Zakonodatel'stvo (10): 70-76. S. 71-73.

1100 Krasnov, J. K. (2002). Osnovnye napravlenija zakonodatel'noj dejatel'nosti Gosudarstvennoj Dumy v 1994 - 2001 gg. // Federal'noe Sobranie - Parlament Rossijskoj Federacii - Analitičeskoe upravlenie Analitičeskaja zapiska. S. 6-9.

1101 Paramonov, A. R. (2003). Zakondatel'naja dejatel'nost' Soveta Federacii Smirnjagin, L. V. (Hrsg.) Sovet Federacii: evolucija statusa i funkcii. Moskva: 292-339. S. 310.

1102 Il'ina, N. V. (2003). "Učastie predstavitel'nych (ispolnitel'nych) organov sub"ektov RF v federal'nom zakonodatel'nom processe." Zakonodatel'stvo (10): 70-76. S. 74.

1103 Ebenda. S. 74.

konnten. Die häufigsten Beanstandungen betrafen unsystematische Regelungen, fehlender Regelungsgegenstand, fehlender Regelungsinhalt, rein deklaratorischer Charakter, Verfassungswidrigkeit, Gesetzwidrigkeit sowie fehlende Gutachten der Regierung der RF im Hinblick auf die Ausgaben.[1104]
Nečaeva verweist demgegenüber auf einen interessanten Mechanismus, der auch zur geringen Zahl erfolgreicher Gesetzesprojekte von Subjekten auf föderaler Ebene beiträgt: Die föderale Regierung verweigert oft die nach Art. 104 Abs. 3 VerfRF erforderliche Stellungnahme. Nach dieser Vorschrift bedürfen Gesetzentwürfe über die Einführung oder Abschaffung von Steuern, die Steuerbefreiungen, die Auflage von Staatsanleihen, die Änderung finanzieller Verpflichtungen des Staates und andere Gesetzesentwürfe, die Ausgaben zu Lasten des Bundeshaushaltes vorsehen, einer Stellungnahme der föderalen Regierung. Die Regierung begründet dies regelmäßig damit, es fehle die Aufstellung der notwendigen Finanzmittel. Danach wird das Gesetz dann gemäß Art. 105 GO-Duma i. V. m. Art. 104 Abs. 3 VerfRF an die Gesetzesinitiatoren zurück verwiesen.[1105] Fatal ist insbesondere, dass die Subjekte *Nečaeva* zufolge praktisch keinen Rechtsschutz haben, selbst wenn sie der Ansicht sind, dass föderale Mittel zur Verwirklichung ihrer Gesetzesvorhaben nicht erforderlich sind. Sie haben keine Chance, ihre Anliegen gegen eine andere Regierungsansicht durchzusetzen. Dieser Umstand wird noch dadurch erschwert, dass finanzielle Planungen weder in der GO-Duma noch in der GO-Regierung vorgesehen sind und die Subjekte so gut wie keinen Zugang zu statistischen Daten haben.[1106]
Nach Art. 108 GO-Duma gilt der Gesetzentwurf als nicht eingebracht, wenn das Regierungsgutachten fehlt. Damit beschränkt die Ausweitung der verfassungsrechtlichen Erfordernisse die verfassungsrechtlichen Möglichkeiten der gesetzeseinbringenden Verfassungssubjekte.[1107] Hinzu kommt, die Bearbeitungen bis zur zweiten Dumalesung wird so viel verändert, dass vom ur-

1104 Ebenda. S. 73 f.

1105 Nečaeva, T. V. (2006). Pravovye osnovy učastija sub"ektov Rossijskoj Federacii v soveršenstvovanii federal'nogo zakonodatel'stva (41-57). Aktual'nye problemy razvitija federativnych otnošenij v Rossijskoj Federacii. Korsby, P. (Hrsg.). Proekt "Institucional'nyj, pravovoj i ėkonomičeskij federalizm v Rossijskoj Federacii". Moskva: 41-57. S. 46.

1106 Vgl. 7.1.6. Besonderheiten von Haushaltsgesetzen S. 322 ff.

1107 Nečaeva, T. V. (2006). Pravovye osnovy učastija sub"ektov Rossijskoj Federacii v soveršenstvovanii federal'nogo zakonodatel'stva (41-57). Aktual'nye problemy razvitija federativnych otnošenij v Rossijskoj Federacii. Korsby, P. (Hrsg.). Proekt "Institucional'nyj, pravovoj i ėkonomičeskij federalizm v Rossijskoj Federacii". Moskva: 41-57. S. 48.

sprünglichen Gesetzentwurf nicht viel erhalten bleibt, zumal der Gesetzesinitiator dabei außen vor bleibt.[1108] Deshalb fordert *Nečaeva* vor der 3. Dumalesung noch eine Stellungnahme des gesetzeseinbringenden Subjekts.[1109] Zudem plädiert sie für eine Verfassungsänderung dergestalt, dass die Zustimmung der Mehrheit der Subjekte erforderlich ist, wenn föderale Gesetze verabschiedet werden, die die Haushalte der Subjekte betreffen. Außerdem kritisiert sie Ineffektivitäten des Verfahrens der vorherigen Abstimmung mit dem Subjekte innerhalb der gemeinsamen Gesetzgebungszuständigkeit. Ferner stellt *Nečaeva* fest, dass die Positionen der Subjekte im Gesetzgebungsverfahren häufig aus verschiedenen formalen Gründen[1110] nicht angenommen werden.[1111] Sie fordert, dass bei der Verabschiedung von Gesetzespaketen, die bis zu 30 Gesetzen pro Paket umfassen, die Subjekte auch einzelne Gesetze des Pakets ablehnen können.

Der Analyse zufolge brachten die Organe der Subjekte in der zweiten und 2003 noch andauernden Legislaturperiode ein Viertel bis ein Drittel aller Gesetzesprojekte ein. Bis zur Unterschriftsreife brachten es nur 2 %, das heißt, 98 % landeten im Papierkorb.[1112] *Bulakov* bestätigt diesen Prozentsatz auch für die gesamte dritte Legislaturperiode (1999-2006).[1113]

Die Zahlen für das Sverdlovsker Gebiet[1114] zeigen ein anderes Problem der Subjektlegislativen auf: Sie mussten Ende der neunziger Jahre und auch nach 2000 so viele föderale Gesetze verarbeiten, d. h. ihre eigene Rechtsordnung anpassen, dass keine Zeit mehr blieb, um konstruktiv Gesetzesinitiativen einzubringen oder sie ihre Kapazitäten auf wenige Gesetzesprojekte beschränken mussten.

Die These über den zufälligen, unsystematischen Charakter der Teilnahme der Subjekte am föderalen Gesetzgebungsprozess wird auch durch die hier vorgenommene Analyse der Satzungen und Verfassungen der Subjekte untermauert: In vielen von ihnen fehlt eine Regelung über ein internes Verfah-

---

1108 Ebenda. S. 48.

1109 Ebenda. S. 49.

1110 Ebenda. S. 53.

1111 So erfüllten beim Gesetz „Über die Bodenschätze“ nur fünf Subjekte die formalen Anforderungen, die an die Beteiligung im Gesetzgebungsverfahren gestellt werden.

1112 Il'ina, N. V. (2003). "Učastie predstavitel'nych (ispolnitel'nych) organov sub"ektov RF v federal'nom zakonodatel'nom processe." Zakonodatel'stvo (10): 70-76. S. 73 f.

1113 Bulakov, O. N. (2006). Vlijanie zakonodatel'nych organov sub"ektov Rossijskoj Federacii na federal'nyj zakondatel'nyj process. Bulakov, O. N. (Hrsg.) Parlamentskoe pravo Rossii. Moskva: 444-448. S. 444.

1114 Vgl. 9.5.8. Der Beitrag des Sverdlovsker Gebiets zur föderalen Rechtssetzung S. 428.

ren über die Ausübung des Rechts der Gesetzesinitiative der Subjektorgane für die föderale Verfassung, föderale Verfassungsgesetze und föderale Gesetze.[1115] Dies deutet auf den geringen Bedeutungsgehalt dieser Möglichkeiten für die Subjekte sowie die Unterbewertung ihrer eigenen Rolle und ihres Einflusses in der Staatsduma hin. Wenn man also die geringe Rolle der Subjekte bei der föderalen Gesetzgebung beklagt, so darf man nicht übersehen, dass *eine* Ursache in der mangelnden Fähigkeit der Subjekte liegt, ihre Anliegen in einer für den Gesetzgebungsprozess tauglichen Form vorzutragen.

Der Staatsdumaapparat müsste den Organen der Subjekte frühzeitig Hilfe bei der Vorbereitung ihrer Gesetzgebungsinitiativen leisten. Dies müsste die Rechtsabteilung des Staatsdumaapparates tun und zwar in Form einer vorherigen Rechtsexpertise und methodischer Hilfe.

Die Rechtsabteilung der Staatsduma sollte deshalb dafür zuständig sein, weil die Gesetzesinitiativen aller 705 gemäß Art. 104 VerfRF dazu Berechtigten bei ihr einlaufen.[1116]

Vor der Rechtsabteilung der Staatsduma steht die Aufgabe, das Zusammenwirken der Gesetzgebung der Staatsduma und der Organe der Subjekte zu vervollkommnen. Hierfür ist es notwendig, das Niveau der systematischen Organisation der Gesetzgebung in der RF zu erhöhen, seine normativrechtliche Basis zu verstärken sowie die gesetzgeberische Tätigkeit insgesamt problemorientierter zu gestalten.

Dafür erscheinen die folgenden Maßnahmen geeignet:

- engere Zusammenarbeit der Staatsduma und der Organe der Subjekte im Gesetzgebungsverfahren,
- Empfehlungen an die Subjekte, veraltete oder überholte Gesetzesprojekte aufzugeben, um das Portefeuille der Staatsduma zu entlasten,
- regelmäßige Fortbildung der Mitarbeiter.[1117]

1115 Art. 26.4 SubjOrgG regelt dagegen nur das Verfahren, wie Subjektorgane auf Gesetzentwürfe innerhalb der gemeinsamen Gesetzgebungszuständigkeit reagieren müssen, nicht jedoch das Verfahren der Einbringung von Gesetzentwürfen durch das Subjekt selbst.

1116 Präsident (1), Föderationsrat (1), Mitglieder des Föderationsrats (2 x 83), Mitglieder der Staatsduma (450), Regierung (1), den gesetzgebenden (vollziehenden) Organen der Subjekte (83), dem Verfassungsgericht (1), dem Obersten Gericht (1) und dem Obersten Wirtschaftsgericht (1), soweit deren Zuständigkeiten betroffen sind = 705.

1117 Il'ina, N. V. (2003). "Učastie predstavitel'nych (ispolnitel'nych) organov sub"ektov RF v federal'nom zakonodatel'nom processe." Zakonodatel'stvo (10): 70-76. S. 75-76.

Dies würde auch Nr. 5 PrFöd entsprechen, der Abstimmungsmaßnahmen zwischen den jeweiligen Ebenen verlangt.
Angesichts der geringen Zahl von Gesetzesinitiativen, die gegenwärtig die Staatsduma noch erreichen, braucht der Apparat der Staatsduma nicht mehr entlastet werden.
Zusammenfassend bleibt festzustellen, dass der vorgeschlagene Weg angesichts der verfassungsmäßigen Existenz von 705 Rechtssubjekten mit dem Recht der Gesetzesinitiative der einzig gangbare ist. Zudem ist diese extensive und kostenaufwendige Entwicklung die einzige zur Erreichung eines akzeptablen Niveaus für die gesetzgeberische Arbeit der Subjekte der Russischen Föderation. Gegenwärtig scheint es aus Sicht der Untersuchung sowie angesichts der Stärkung der „Vertikale der Macht“[1118] für die Subjekte unattraktiver zu werden, den mühsamen Weg der Gesetzesinitiative über den Föderationsrat zu beschreiten. Wenn man die Anzahl und die Effizienz der von der Präsidialadministration eingereichten Gesetzesprojekte betrachtet, dann wäre es nur vernünftig, die Präsidialadministration über einen Senator eines oder mehrerer Subjekte dazu zu bewegen, ein Gesetzesvorhaben, was mehrere Subjekte betrifft, auszuarbeiten und in die Staatsduma einzubringen.

1118 Zur „Vertikale der Macht“ vgl. die Definition von *Mommsen*, S. 71.

8. Die Rolle des Föderalen Verfassungsgerichts bei der Ausgestaltung des Föderalismus in der RF

Die oberste verfassungsrechtliche Kontrolle ist gemäß Art. 125 und 128 VerfRF dem Verfassungsgericht übertragen. Das weitere ist im föderalen Verfassungsgesetz über das föderale Verfassungsgericht (VerfGGRF)[1119] vom 23.07.1994[1120] geregelt. Die Ernennung der Verfassungsrichter erfolgt auf Vorschlag des Präsidenten durch den Föderationsrat. Formal handelt es sich um eine gemeinsame Entscheidung des Präsidenten und des Föderationsrats gemäß Art. 102 Abs. 1 lit. ž VerfRF.

Nach Art. 9 VerfGGRF kann auch die Staatsduma Kandidatenvorschläge unterbreiten. Der Präsident ist daran aber nicht gebunden.[1121] Deshalb handelt es sich insgesamt um eine Entscheidung des Präsidenten, der durch die Besetzung der Richterbank auch einen starken Einfluss auf die künftige Verfassungsrechtsprechung nehmen kann. Dabei war bei der Verabschiedung im Jahr 1994 klar, dass die Föderale Versammlung ein deutlich größeres Interesse an einem Funktionieren des VerfGRF und damit einer Kontrollinstanz für den Präsidenten hatte.[1122]

Das Verfassungsgericht besteht aus zwei Senaten, bei bestimmten Gegenständen müssen alle 19 Richter gemeinsam entscheiden. Zum Themenkreis der Entscheidung durch das gesamte Gericht gehört die Überprüfung der Vereinbarkeit der Verfassungen (Statuten) mit der föderalen Verfassung (Art. 21 Nr. 1 VerfGGRF).[1123]

1119 Zur Entstehungsgeschichte des Gesetzes instruktiv: Blankenagel, A. (1994). "Rossijskij Konstitucionnyj Sud – videnie sobstvennogo statusa." Konstitucionnoe pravo – vostočno-evropejskoe obozrenie **2** (7): 32-36. S. 33. *Blankenagel* beschreibt, wie das Gericht selbst von seinem Recht der Gesetzesinitiative Gebrauch macht, um das sein Funktionieren regelnde Gesetz auszuarbeiten und in die Duma einzubringen.

1120 SZ RF 1994, Nr. 13, Art. 1447.

1121 Die Duma hatte das VerfGGRF zunächst abgelehnt und versucht, ihren Einfluss auf die Besetzung der Richterbank zu stärken: Blankenagel, A. (1994). "Rossijskij Konstitucionnyj Sud – videnie sobstvennogo statusa." Konstitucionnoe pravo – vostočno-evropejskoe obozrenie **2** (7): 32-36. S. 33.

1122 Ebenda. S. 33.

1123 Keber, T. (2004). Konfliktlösungsmechanismen zwischen Föderation und Föderationssubjekten. Brunner, G. (Hrsg.) Der russische Föderalismus. Bilanz eines Jahrzehnts. Münster: S. 281 ff. S. 282

8.1. Die Verfahrensarten

Im Folgenden werden die für den Föderalismus bedeutenden Verfahrensarten vorgestellt.

8.1.1. Die abstrakte Normenkontrolle gemäß Art. 125 Abs. 2 VerfRF

Antragsberechtigt beim Verfahren der abstrakten Normenkontrolle sind nach Art. 84 VerfGGRF der Föderationspräsident, der Föderationsrat, die Staatsduma, ein Fünftel der Mitglieder der Staatsduma, die föderale Regierung sowie die Organe der Legislative und Exekutive der Subjekte. Der Antragsteller muss der Überzeugung sein, dass ein Rechtsakt eines anderen Staatsorgans rechtswidrig ist (gegen die Verfassung oder föderale Gesetze verstößt). „Dabei muss der Antragsteller jedoch keine eigene Rechtsverletzung für die Antragsbefugnis behaupten."[1124]

Beschwerdegegenstände können sein:

1. föderale Gesetze und normative Akte des Präsidenten, des Föderationsrats, der Staatsduma und der Regierung.
2. Verfassungen und Statute sowie andere normative Rechtsakte der Subjekte, wenn sie in die ausschließliche Gesetzgebungszuständigkeit der Föderation oder die gemeinsame Zuständigkeit von Föderation und Subjekten fallen.
3. föderale Verträge und internationale Verträge. Der Beschwerdegegenstand wird durch Art. 85 Abs. 1 VerfGGRF ausgeweitet. Danach kann eine offizielle Entscheidung eines föderalen Organs oder eines der Subjekte angegriffen werden, ein verfassungsmäßiges Gesetz nicht anzuwenden.[1125]

Bei der abstrakten Normenkontrolle geht es vor allem um den Inhalt des Rechtsakts. Art. 85 Abs. 2 VerfRF enthält dabei eine Einschränkung: Das VerfGRF überprüft nur Rechtsakte, die innerhalb der Zuständigkeit der RF (Art. 71 VerfRF) und der gemeinsamen Zuständigkeit der RF und der Subjekte (Art. 72 VerfRF) erlassen worden sind.

Nach Art. 87 Abs. 1 VerfGGRF kann das VerfGRF die angegriffene Norm entweder

- für verfassungsgemäß nach Art. 87 Abs. 1 Nr. 1 VerfGGRF oder
- für verfassungswidrig nach Art. 87 Abs. 1 Nr. 2 VerfGGRF erklären.

1124 Ebenda. S. 283.
1125 Ebenda. S. 283f.

8.1.2. Das Organstreitverfahren und föderaler Streit gemäß Art. 125 Abs. 3 VerfRF

Im Organstreitverfahren vor dem VerfGRF geht es im Gegensatz zum deutschen Organstreitverfahren, das im Prinzip die Abgrenzung zwischen Kompetenzen oder die Bestimmung des Status und der Rechte von Verfassungsorganen zum Gegenstand hat, um die Kompetenz für die Rechtsetzung. Dabei entscheidet das VerfGRF

- zwischen föderalen Staatsorganen (Art. 125 Abs. 3 lit. a VerfRF);
- zwischen föderalen Organen und solchen der Subjekte und (Art. 125 Abs. 3 lit. b VerfRF), dem föderalen Streit;
- zwischen verschiedenen Organen der Subjekte, (Art. 125 Abs. 3 lit. v VerfRF).

Aus Art. 125 Abs. 3 lit. v VerfRF könnte geschlossen werden, dass das VerfGRF und nicht etwa die Verfassungs- und Statutengerichte der Subjekte für Organstreitverfahren zwischen Subjekten zuständig sind. Dies bedeutet jedoch nicht zwingend, dass nicht auch die Subjekte analog in ihren Gesetzen über die Verfassungs- bzw. Statutengerichte Organstreitverfahren regeln könnten. Zunächst regelt Art. 25 SubjOrgG, dass Streitigkeiten zwischen Subjektparlament und Subjektexekutivspitze in den in der VerfRF, den Verfassungen (Statuten) und Subjektgesetzen geregelten Streitschlichtungsverfahren entschieden werden. So ist in den Art. 89, 90 des Verfassungsgerichtsgesetzes Tatarstans[1126] geregelt, dass alle Verfassungsorgane bei Fragen der Kompetenzabgrenzung das tatarische Verfassungsgericht anrufen können.

In Art. 93 Abs. 1 Nr. 5 VerfGGRF gibt es eine weitere Zulässigkeitsvoraussetzung: Vor Antragstellung muss der Antragsteller den Antragsgegner schriftlich über die Verletzung der Gesetzgebungskompetenzen informiert haben. Diese Mitteilung muss nach Art. 93 Abs. 1 Nr. 6 VerfGGRF folgenlos geblieben sein.[1127] Statt sich an den Antragsgegner zu wenden, kann der Antragsteller auch den Präsidenten nach Art. 93 Abs. 1 Nr. 7 VerfGGRF auffordern, ein Vermittlungsverfahren nach Art. 85 VerfRF durchzuführen. Der Antrag im Organstreit ist dann zulässig, wenn der Präsident nicht innerhalb ei-

---

1126 Gesetz der Republik Tatarstan „Über das Verfassungsgericht der Republik Tatarstan" vom 22. Dezember 1992, Nr. 1708-CH11, in der Fassungvom 21. Oktober 2003, Nr. 44-ZRT.

1127 Keber, T. (2004). Konfliktlösungsmechanismen zwischen Föderation und Föderationssubjekten. Brunner, G. (Hrsg.) Der russische Föderalismus. Bilanz eines Jahrzehnts. Münster: S. 281 ff. S. 284 f.

nes Monats aktiv geworden ist oder das Vermittlungsverfahren den Streit nicht gelöst hat. *Blankenagel* stellt fest, dass das Organstreitverfahren selten zur Konfliktlösung verwendet wird.[1128] Er vermutet, dass dieses Verfahren einerseits dem russischen Rechtsdenken fremd und andererseits wenig effizient ist, die Entscheidung nur Feststellungswirkung hat.

8.1.3. Die konkrete Normenkontrolle gemäß Art. 125 Abs. 4 Alt. 2 VerfRF

Nach Art. 125 Abs. 4 Alt. 2 VerfRF überprüft das VerfGRF auf Ersuchen eines Gerichts die Verfassungsmäßigkeit eines Gesetzes, das von dem vorlegenden Gericht angewendet werden soll. Das Verfahren richtet sich nach den Art. 100 – 104 VerfGGRF. Danach muss die vorgelegte Norm streitentscheidend sein. Das VerfGRF erklärt dann die vorgelegte Norm für verfassungsgemäß oder verfassungswidrig. Während des Verfahrens der konkreten Normenkontrolle ruht das Verfahren vor dem Instanzgericht.[1129] Dieses Verfahrensart wird nur Einfluss auf die föderalen Beziehungen haben, wenn ein Instanzgericht eine die föderalen Beziehungen betreffende Norm für verfassungswidrig hält. Dies könnte bei den Verfahren der Abberufung nach SubjOrgG der Fall sein, in dem das Oberste Gericht zuständig ist. Wegen ihres kassatorischen Charakters werden Verfahren dieser Verfahrensart häufiger als der Organstreit eingeleitet.

8.1.4. Die abstrakte Verfassungsauslegung gemäß Art. 125 Abs. 5 VerfRF

Nach dieser Verfassungsnorm kann ein Verfahren zur verbindlichen Verfassungsauslegung eingeleitet werden. Antragsberechtigt sind hierbei die gleichen Organe – mit Ausnahme der Exekutivorgane der Subjekte – wie beim Organstreit. [1130] Diese Auffassung *Kebers* ist nicht zwingend. Der Organbegriff im Verfahren der Verfassungsauslegung kann entweder bedeutend weiter sein als der Kreis der Antragsberechtigten beim Organstreit. So haben zum Beispiel Abgeordnete der Duma und des Föderationsrats Organrechte (z. B. das Recht der Gesetzesinitiative). Andererseits könnten bei einer weiten Auslegung auch Staatsbank der RF und dem Rechnungshof der Status eines

---

1128 Blankenagel, A. (1999). "About a Made-To-Fit Constitution and an Unfit President in Times of Transformation and Crisis. The Distribution of Power in the Constitution of the Russian Federation." Diritto Pubblico (2): 327-370. S. 356.

1129 Batjaev, A. A. (2006) Kommentarij k Federal'nomu konstitucionnomu zakonu ot 21 ijulja 1994 Nr. 1-FKZ "O Konstitutcionnom sude Rossijskoj Federacii". Sistema Garant // Datenbank **Volume**, DOI: Art. 100.

1130 Keber, T. (2004). Konfliktlösungsmechanismen zwischen Föderation und Föderationssubjekten. (2004), G. (Hrsg.) Der russische Föderalismus. Bilanz eines Jahrzehnts. Münster: S. 281 ff. S. 285.

Verfassungsorgans eingeräumt werden. Die Verfassungsauslegung des VerfGRF ist nach Art. 106 VerfGRF für alle Staatsorgane sowie juristische und natürliche Personen verbindlich. Dabei ist zu beachten, dass das VerfGRF auch in diesem Fall eine Einzelfallentscheidung trifft, die die allgemeine Gültigkeit seiner Verfassungsauslegung wieder begrenzt.[1131]

8.2. Die einzelnen Verfahren in der Rechtswirklichkeit

Der Bund-Länder-Streit ist ein Unterfall des Organstreits, wenn der Streit zwischen föderalen und Subjektorganen ausgetragen wird. Insgesamt wurden die meisten Verfahren gegen das Zentrum von den Republiken auf der Seite der Subjekte angestrengt. „Dabei waren die Legislativorgane klagefreudiger“[1132]. Insgesamt obsiegte meistens das Zentrum.[1133]
Ein anderes Bild ergeben die Verfahren des Zentrums gegen die Subjekte.[1134] Allerdings gewann auch hier das Zentrum die meisten Verfahren. Inhaltliche Schwerpunkte waren hier das Wahlrecht, die Gesetzgebungskompetenzen, der Status der gesetzgebenden Organe der Subjekte sowie das Recht auf Freizügigkeit.[1135] Meistens handelte es sich um abstrakte Normenkontrollen. Überwiegend wurde der Antrag (1995-1999) vom Präsidenten oder der Staatsduma gestellt, nie jedoch vom Föderationsrat oder der Regierung.[1136] Im weiteren Verlauf der Darstellung anhand einzelner Entscheidungen wird das Bild der föderalen Auseinandersetzungen vor dem VerfGRF genauer gezeichnet.[1137]

1131 Batjaev, A. A. (2006) Kommentarij k Federal'nomu konstitucionnomu zakonu ot 21 ijulja 1994 Nr. 1-FKZ "O Konstitutcionnom sude Rossijskoj Federacii". Sistema Garant // Datenbank. Art. 106.

1132 Keber, T. (2004). Konfliktlösungsmechanismen zwischen Föderation und Föderationssubjekten. Brunner, G. (Hrsg.) Der russische Föderalismus. Bilanz eines Jahrzehnts. Münster: S. 281 ff. S. 286.

1133 Vasil'eva, T. A. (2000). Stanovlenie federativnych otnošenij i praktika Konstitucionnogo Suda Rossijskoj Federacii. Varlamova, N. V. (Hrsg.) Rossijskij federalizm: Konstituticionnye predposylki i političeskaja real'nost'. Moskva: 73 ff. S. 73.

1134 Ebenda. S. 81.

1135 Keber, T. (2004). Konfliktlösungsmechanismen zwischen Föderation und Föderationssubjekten. Brunner, G. (Hrsg.) Der russische Föderalismus. Bilanz eines Jahrzehnts. Münster: S. 281 ff. S. 286.

1136 Ebenda. S. 286.

1137 Vgl. Abschnitt 8.5.

8.3. Die Durchsetzung von Verfassungsgerichtsentscheidungen in der Rechtswirklichkeit

Die Durchsetzbarkeit von Gerichtsentscheidungen ist eine Grundvoraussetzung für ein funktionierendes Justizwesen. Im nachfolgenden Abschnitt geht es um die Vollstreckung von Verfassungsgerichtsentscheidungen, eine Problematik, die in der RF nicht unkompliziert ist und in der Vergangenheit mitunter Anlass zu heftigen Kontroversen bot.

Die Umsetzung von Entscheidungen des VerfGRF ist in Art. 78 – 81 VerfGGRF geregelt.[1138] Art. 78 VerfGGRF legt die Veröffentlichung der Entscheidungen fest. Gleiches gilt für die offiziellen Publikationen der Subjekte, wenn diese von der Entscheidung betroffen sind. Darüber hinaus erfolgt eine Publikation in der Entscheidungssammlung des VerfGRF (*Vestnik Konstitucionnogo Suda / VKS*). Gemäß Art. 79 VerfGGRF tritt die Entscheidung mit ihrer Verkündung in Kraft. Dabei entfaltet sie unmittelbare Rechtskraft, wozu es ausdrücklich nicht der Mitwirkung eines weiteren Verfassungsorgans bedarf. [1139] Rechtsakte, welche die Richter als verfassungswidrig beurteilt haben, sind unwirksam (Art. 79 Abs. 3 VerfGGRF).

Art. 79 Abs. 4 VerfGGRF legt die Abänderungs- bzw. Aufhebungsverpflichtung des die Norm erlassenden Organs fest. Rechtsnormen werden also nicht für nichtig erklärt und sind dann sofort nicht mehr anwendbar, sondern es bedarf immer eines Umsetzungsakts. Das stellt eine Achillesferse des Verfahrens für die Durchsetzbarkeit verfassungsgerichtlicher Entscheidungen und damit für die Rechtssicherheit dar.

Art. 80 VerfGGRF regelt die Pflichten der einzelnen Staatsorgane auf föderaler und regionaler Ebene bei der Umsetzung von Verfassungsgerichtsentscheidungen. Für den Fall, dass ein föderales Gesetz als verfassungswidrig beurteilt wird, ist nach Art. 80 Abs. 1 VerfGGRF die Regierung verpflichtet, innerhalb von drei Monaten einen neuen, verfassungsgemäßen Gesetzentwurf einzubringen. Die Staatsduma ist verpflichtet, den Entwurf außerplanmäßig zu behandeln. Für andere Normativakte gilt die Frist von 2 Monaten. Die regionalen Legislativorgane haben eine Frist von 6 Monaten. Zwei Monate nach der Veröffentlichung der Entscheidung muss die regionale Exekutive dazu einen entsprechenden Entwurf vorgelegt haben. Bei Fristversäumnis

1138 Auch hier wird *Keber* im Aufbau gefolgt.
1139 Ebenda. S. 286.

beginnt das Verfahren der Verantwortlichkeit nach Art. 80 Abs. 3 und 4 VerfGGRF – SubjOrgG.[1140]

Nach Art. 80 Abs. 3 und 4 VerfGGRF ist sowohl die strafrechtliche Verantwortlichkeit nach Art. 315 StGB-RF[1141] als auch die Abberufung nach den Regelungen der Art. 8, 9 Abs. 3, 4, 4.1 SubjOrgG gemeint.[1142] Auch *Batjaev* weist darauf hin, dass ca. ein Drittel der Subjektverfassungen bzw. Subjektstatute zumindest teilweise verfassungswidrig waren.[1143] Als Reaktion darauf wurde das SubjOrgG eingeführt.

In der Umsetzungspraxis wurde das Gericht oft ignoriert. „Dies schadete seiner Autorität erheblich“[1144]. Es bestand die Gefahr, dass eine Situation einzutreten drohte, in der

> „Konflikte zwischen Zentrum und Subjekten gar nicht erst vor das Verfassungsgericht gebracht werden. In einem solchen Fall würde das Verfassungsgericht als Konfliktmechanismus letztlich ausfallen.“[1145]

Deshalb wurden die Umsetzungsregelungen des VerfGGRF am 15.12.2001 novelliert.[1146]

Verfassungsgerichtsentscheidungen wurden und werden auch nach der Novellierung umgangen oder deren Umsetzung direkt verweigert. Vorreiter waren auch hier Tatarstan und Baškortostan.[1147] Hier zeigt sich, dass in einem politischen System, in dem das Rechtsbewusstsein der handelnden Politiker nicht sehr ausgeprägt ist, die Umsetzung von Gerichtsentscheidungen (Umsetzung der gerichtlich festgestellten Aufhebungs- oder Änderungspflicht) nach Art. 79 Abs. 4 VerfGGRF problematisch ist.

In einigen Fällen bereitete bereits die Veröffentlichung Probleme. Die Entscheidung vom 27. Juni 2000, in der die Verfassungen Baškortostans und sechs anderer Republiken teilweise für verfassungswidrig erklärt wurden,

---

1140 Ebenda. S. 288.

1141 Nach Art. 315 StGB-RF wird mit Geldstrafe bis zum 200.000 RUR bis zu 2 Jahren Freiheitsstrafe bestraft, wer ein Gerichtsurteil nicht ausführt.

1142 Batjaev, A. A. (2006) Kommentarij k Federal'nomu konstitucionnomu zakonu ot 21 ijulja 1994 Nr. 1-FKZ "O Konstitutcionnom sude Rossijskoj Federacii". Sistema Garant // Datenbank. Art. 80.

1143 Ebenda.

1144 Keber, T. (2004). Konfliktlösungsmechanismen zwischen Föderation und Föderationssubjekten. Brunner, G. (Hrsg.) Der russische Föderalismus. Bilanz eines Jahrzehnts. Münster: S. 281 ff. S. 289.

1145 Ebenda.

1146 SZ RF 2001, Nr. 51 Art. 4824. Zitiert nach ebenda. S. 289.

1147 Aber auch Komi, Udmurtija und Ingušetien. Vgl. Fn. 786 und 787.

wurde in Baškortostan einfach nicht im offiziellen Amtsblatt veröffentlicht. Erst als ein Bürger sich durch alle Instanzen klagte, geschah dies.[1148]
Im Juli 2001 waren zehn Entscheidungen des föderalen Verfassungsgerichts noch nicht umgesetzt. Dazu zählt das erwähnte Urteil. Darin wurden mehrere Bestimmungen für verfassungswidrig erklärt. Es ging um die Souveränität der Subjekte, Vorrang der Subjektverfassungen vor der russischen Verfassung und einen eventuellen Vertragscharakter der Russischen Föderation. Vier der Republiken haben durch Verfassungsänderungen die Entscheidung umgesetzt. Ingušetija und Tatarstan haben jedoch nicht reagiert. Die Udmurtische Republik hat ein Urteil des Gerichts vom 24. Januar 1997, das die kommunale Selbstverwaltung für verfassungswidrig erklärte, ignoriert.[1149] Erst als der föderale Präsident am 10. März 1997 ein Dekret erließ, welches die Umsetzung der Verfassungsgerichtsentscheidung anordnete, beugte sich die udmurtische Republik.[1150]
An dieser Stelle werden „Konstruktionsfehler“ und die fehlende Autorität des VerfGRF deutlich. Der Gesetzgeber konzipierte eine Strafbarkeit, um die Umsetzung von Gerichtsurteilen zu erzwingen. Als dies in der Praxis nicht genügt, auch, weil die jeweiligen Organe immun waren, schuf man die neuen Mechanismen der Verantwortlichkeit im SubjOrgG. Alles wäre wesentlich leichter gewesen, wenn Entscheidungen des VerfGRF nach einem definierten Zeitablauf sofortige Wirkung dergestalt entfalten würden, dass die unwirksamen Normen nichtig sind und nicht mehr angewendet werden dürfen.

8.4. Das präsidentielle Vermittlungsverfahren nach Artikel 85 Abs. 1 VerfRF

Nach Art. 85 Abs. 1 VerfRF kann der Präsident ein Vermittlungsverfahren durchführen, um Meinungsverschiedenheiten zwischen dem Zentrum und einem Subjekt zu schlichten. Wird im Zuge des Verfahrens keine Einigkeit erreicht, kann der Präsident den Streit an das entsprechende Gericht abgeben.

1148 Keber, T. (2004). Konfliktlösungsmechanismen zwischen Föderation und Föderationssubjekten. (2004), G. (Hrsg.) Der russische Föderalismus. Bilanz eines Jahrzehnts. Münster: S. 281 ff. S. 289.
1149 Ebenda. S. 290.
1150 SZ RF 1997, Nr. 10, Art. 1130.

Keber meint, die Durchführung durch den Präsidenten ergäbe sich schon aus seiner Stellung als „Garant der Verfassung“ (Art. 80 Abs. 2 VerfRF).[1151]
Das Vermittlungsverfahren ist konturenlos, in der Verfassung nur wenig dazu geregelt. Wird eine Kommission gebildet, gibt es eine gewisse Institutionalisierung. Die Kommission soll dann das Vermittlungsverfahren vorbereiten. Hierzu gibt es ein Dekret vom 5. Oktober 1995.[1152] Die Kommission ist nur für Meinungsverschiedenheiten über die Verfassungsreformen in den Subjekten zuständig. Eine Verordnung vom 25. Januar 1996[1153] gestaltete dies detaillierter aus. Danach soll die Kommission Vorschläge für das Vermittlungsverfahren vorbereiten. Anfang der neunziger Jahre existierte eine Kommission für einen Territorialstreit zwischen Severnaja Osetija und Ingušetija um den Prigorodnyj Rayon.
Das Ziel des Vermittlungsverfahrens ist es, das VerfGRF zu entlasten. Der Präsident oder die Parteien sollen sich nur beim Scheitern an dieses oder das „entsprechende Gericht“ wenden können.[1154] Einerseits hat der Präsident eine Art Ermessensentscheidung während des laufenden Verfahrens, andererseits können die Parteien erst nach dem endgültigen Scheitern ein Gericht anrufen. Ein Gericht darf das Verfahren sonst nicht an sich ziehen.
Welches das in Art. 85 Abs. 1 VerfRF erwähnte „entsprechende Gericht“ ist, bleibt unklar. Der Rechtsweg zum Verfassungsgericht in Art. 93 Abs. 2 VerfGGRF geregelt. Voraussetzung ist die Erfolglosigkeit des präsidialen Vermittlungsverfahrens.
Keber diskutiert eine weitere Regelung aus Art. 116 ZPO-RF.[1155] Danach entscheidet der Oberste Gerichtshof über Streitigkeiten, die ihm gemäß Art. 85 Abs. 1 VerfRF vom Präsidenten übergeben wurden.[1156] Dies sollte eine verfahrensrechtliche Sonderzuweisung mit Auffangcharakter sein. Es ging um Individualakte des Präsidenten, die nichtnormativen Charakter trugen.[1157]

1151 Keber, T. (2004). Konfliktlösungsmechanismen zwischen Föderation und Föderationssubjekten. Brunner, G. (Hrsg.) Der russische Föderalismus. Bilanz eines Jahrzehnts. Münster: S. 281 ff. S. 291.
1152 SZ RF 1995 Nr. 41, Art. 3875.
1153 SZ RF 1996, Nr. 5, Art. 461.
1154 Keber, T. (2004). Konfliktlösungsmechanismen zwischen Föderation und Föderationssubjekten. Brunner, G. (Hrsg.) Der russische Föderalismus. Bilanz eines Jahrzehnts. Münster: S. 281 ff. S. 294.
1155 Ebenda.
1156 SZ RF 1995 Nr. 49, Art. 4696.
1157 Argunov, V. N. / Borisova, E. A. et al. (1997). Postatejnyj Kommentarij k Graždanskomu processual'nomu kodeksu RSFSR 1964 goda. Moskva. Art. 116.

Im letzten Absatz von Art. 116 ZPGB-RSFSR[1158] fand sich ein Verweis von Art. 85 Abs. 1 VerfRF. Diese Norm ist am 1. Juli 2003 außer Kraft getreten.[1159] Damit bietet sich der Verweis auf Art. 116 ZPGB-RSFSR nur mit Blick auf die Vergangenheit an. Es war als Verfahren der ersten Instanz konzipiert. *Keber* meint, als spezialgerichtliche Regelung sei Art. 93 Abs. 2 VerfGGRF vorrangig. Das bedeutet, dass bei Organstreitigkeiten das Verfassungsgericht das „entsprechende Gericht" ist. In allen übrigen Fällen ist dies gemäß Art. 116 ZPO der Oberste Gerichtshof.

Lazarev ist der Ansicht, dass das VerfGRF bei Verfahren innerhalb der alleinigen Zuständigkeit der RF und der gemeinsamen Zuständigkeit und – wenn es um den normativen Charakter einer Norm gehe – zuständig sei. Sonst müsse sich der föderale Präsident an das Oberste Gericht oder an das Oberste Schiedsgericht wenden.[1160] *Batjaev* geht davon aus, dass Art. 93 VerfGGRF eine Verfahrensart für das Schlichtungsverfahren nach Art. 85 Abs. 1 VerfRF zur Verfügung stellt.[1161]

Allein schon, dass diese Frage umstritten war, hätte durch eine Regelung in der VerfRF vermieden werden können. Dabei ist *Batjaev* zuzustimmen, Art. 93 VerfGGRF setzt Art. 85 VerfRF um. Aus westlicher Sicht ist die „quasirichterliche Befugnis"[1162] des Föderationspräsidenten ungewöhnlich. Darüber hinaus stellt die Verfassung in Art. 125 Abs. 3 VerfRF ein Organstreitverfahren zur Verfügung, das allerdings nur feststellenden Charakter hat. Die Aussicht, dass eine gerichtliche Entscheidung theoretisch weniger zur Streitschlichtung beiträgt, als die Mediation durch einen Politiker, wird aus der übergeordneten Rolle des Föderationspräsidenten als „Garant der Verfassung" abgeleitet. Dabei ist es unter dem Gesichtspunkt der Gewaltenteilung[1163] und damit der Kriterien für Verfassungsinstitutionen bedenklich, wenn der Föderationspräsident, der eher der Position des Föderationsorgans zu-

---

1158 Es handelt sich streng genommen nicht um die ZPO, sondern um das Zivilprozessgesetzbuch der RSFSR aus dem Jahr 1964, das u. a. 1995 novelliert wurde.

1159 Föderales Gesetz vom 14. November 2002, Nr. 137-FZ.

1160 Lazarev, V. V. (2003). Naučno-praktičeskij kommentarij (Sistema Garant // Datenbank). Art. 85.

1161 Batjaev, A. A. (2006) Kommentarij k Federal'nomu konstitucionnomu zakonu ot 21 ijulja 1994 Nr. 1-FKZ "O Konstitutcionnom sude Rossijskoj Federacii". Sistema Garant // Datenbank. Art. 92.

1162 Lazarev, V. V. (2003). Naučno-praktičeskij kommentarij (Sistema Garant // Datenbank). Art. 85.

1163 Zwischen Föderationspräsident und Gerichten wäre eine Gewaltentrennung vorzugswürdig.

neigen wird, anstelle eines Gerichts tätig wird. ZU bemerken ist überdies, dass seit 2003 nur noch das VerfGRF anstelle des Obersten Gerichts zuständig ist.
Zur Praxis: Der Präsident hat allein im Jahr 2000 die folgenden Schlichtungsverfahren durchgeführt und mittels Dekret entschieden[1164]:

- Präsident und Regierung der Republik Ingušetija[1165],
- Subjektexekutivspitzen des Amur Gebiets, des Smolensker Gebiets und des Orenburger Gebiets[1166],
- gegen den Präsidenten von Adygeja[1167],
- die Gouverneure des Tversker und Tulaer Gebiets[1168].

Praktisch kann es zu dem Fall kommen, dass sich zwei Staatsorgane vor Gericht gegenüber stehen, obwohl dies nicht in ihrer Absicht lag. Dies liegt daran, dass Art. 85 Abs. 1 Alt. 3 VerfRF bei Streitigkeiten von Subjekten über Territorien ins Leere läuft, obwohl der Präsident zur Streitschlichtung befugt ist, weil nach Art. 125 VerfRF das Verfassungsgericht nicht zuständig sei, aber eine Regelung nach Art. 116 ZPGB-RF beim Obersten Gericht gegen Art. 67 Abs. 3 VerfRF verstoßen kann, wonach die Grenze eines Subjekts nur mit seiner Zustimmung verschoben werden kann.[1169] Dies müsste zudem noch nach Art. 102 Abs. 1 lit. a VerfRF vom Föderationsrat bestätigt werden. Hierbei verkennt *Keber* das auch in diesem Fall zulässige Organstreitverfahren zwischen zwei Subjektorganen gemäß Art 125 Abs. 3 lit. v VerfRF.
Dies lässt den Eindruck entstehen, dass diese Regelungen nicht bis ins Letzte durchdacht worden sind, zumal die ursprüngliche Regelung ZPGB-RF erst 1995 in Kraft trat, also 2 Jahre nach der Regelung des Art. 85 VerfRF und dann 2003 ersatzlos entfiel. Hier hat man vermutlich Regelungen auf Vorrat geschaffen. Es ist allerdings nicht gelungen, ein konsistentes System aufzubauen.

1164 Karpovič, V. D. (2003). Kommentarij k Konstitucii Rossijskoj Federacii. Sistema Garant // Datenbank. Art. 85.
1165 SZ RF, 2000, N 19, Art. 2060, 2061, 2064; Nr. 36, Art. 3635.
1166 SZ RF, 2000, Nr. 19, Art. 2064, Nr. 21, Art. 2164; Nr 36, Art. 3637.
1167 SZ RF, 2000, Nr 24, Art. 2544; Nr 38, Art. 3777, 3778.
1168 SZ RF, 2000, Nr. 25, Art. 2676; Nr. 34, Art. 3436.
1169 Keber, T. (2004). Konfliktlösungsmechanismen zwischen Föderation und Föderationssubjekten. Brunner, G. (Hrsg.) Der russische Föderalismus. Bilanz eines Jahrzehnts. Münster: S. 281 ff. S. 295.

8.5. Die Rechtsprechung des Verfassungsgerichts der RF zu föderalen Fragestellungen

Nachfolgend werden Entscheidungen behandelt, die für das Verhältnis der Föderationssubjekte zum föderalen Zentrum entscheidend waren und somit ein Licht auf die Positionen des VerfGRF zum Föderalismus und auf die Rolle des Gerichts als Akteur werfen. Die Entscheidungen sind chronologisch geordnet, eine thematische Einordnung erfolgt am Ende des Abschnitts.[1170] Dabei handelt es sich um Entscheidungen, die im Vorhergehenden von zentraler Bedeutung für die Auslegung von Föderalismus betreffenden Verfassungsrecht waren. Diese Entscheidungen wurden dort nur insoweit ausgeführt, wie sie zur Erläuterung nötig waren, und sollen im Folgenden eingehender diskutiert werden. Durch die chronologische Anordnung werden auch Linien in der Rechtsprechung des Gerichts zu föderalen Fragestellungen deutlich.

8.5.1. Die Entscheidung zum parlamentarischen oder präsidentiellen System der Subjekte (1. Altaj-Entscheidung)

Das VerfGRF hatte am 18. Januar 1996[1171] (also noch deutlich vor Verabschiedung des SubjOrgG) zu entscheiden, ob die Subjekte sich ein parlamentarisches oder präsidentielles System geben müssen, als ihm verschiedene Normen des Statuts des Subjekts Altajskij kraj vorgelegt wurden. In dieser aufsehenerregenden Entscheidung erklärte das VerfGRF parlamentarische Systeme für verfassungswidrig. Art. 81 des Statuts sah vor, dass die Verwaltungsstruktur des Kreises durch die Gesetzgebende Versammlung auf Vorschlag der Subjektexekutivspitze gebildet wird. Das wurde von der Verwaltung (Exekutive) als Verstoß gegen die Gewaltenteilung gerügt. Art. 83 des Statuts bestimmt, dass der Gouverneur vom Parlament für eine Amtszeit von vier Jahren gewählt wird.

Das VerfGRF folgte dem und stellt einen Verstoß gegen das Prinzip der Einheitsverwaltung fest. Das Subjekt dürfe die Exekutive nicht der Legislative unterwerfen; dies stelle einen Verstoß gegen Art. 77 Abs. 2 VerfRF dar. Die VerfRF sehe keine Wahl der Subjektexekutivspitze durch das Parlament vor. Weiterhin leitet das VerfGRF seinen Rechtsstandpunkt aus Art. 3 Abs. 2 VerfRF — der Unmittelbarkeit der Wahl — und Art. 32 VerfRF

1170 Vgl. 8.5.10. Entwicklungslinien der Rechtsprechung des VerfGRF zum Föderalismus S. 379 ff.

1171 VKS 1996, Heft 1, S. 13-30 mit Sondervoten.

dem Recht des Bürger auf Wahl der Staatsorgane her. Außerdem wirft das Gericht noch Art. 95 Abs. 2 VerfRF in die Waagschale, wonach die Subjektexekutivspitze und das Parlament Vertreter in den Föderationsrat entsenden. Insgesamt wirkt dies befremdlich, zumal die Subjekte sich nach Art. 77 Abs. 1 VerfRF ihren eigenen Staats- und Verwaltungsaufbau selbst geben können, sofern er nicht durch föderales Gesetz festgelegt ist. Das entsprechende SubjOrgG gab es 1996 noch nicht und so konnten nur allgemeine Grundsätze zur Gewaltenteilung angewendet werden. Die russische Verfassung sieht vor, dass der Ministerpräsident von der Staatsduma gewählt wird.[1172] Die Subjektexekutivspitzen wurden hier mit dem Präsidenten der RF parallelisiert. Würde man die Kriterien der Argumentation des VerfRF („Direkte Wahlen" und „Vertreter im Föderationsrat") auf das politische System der Bundesrepublik anwenden, würde man diesem absprechen, dem Grundsatz der Gewaltenteilung zu genügen.

So weist Verfassungsrichter *Vitruk* in seinem Sondervotum[1173] auch darauf hin, dass die Subjekte in Abwesenheit eines föderalen Gesetzes sich selbst einen Aufbau geben könnten und die Praxis der Statuten ein Rechtsexperiment sei. Zudem stelle auch die VerfRF schon klar, dass die Subjekte verschiedenartig seien. Er hält Art. 83 des Statuts nicht für einen Verstoß gegen das Prinzip der *Checks and Balances* und meint, man müsse auch die Volksmacht, die Menschenrechte und Transparenz („Glasnost") aller Organe im Zusammenhang betrachten. Aus dem Grundsatz der Einheitsverwaltung leitet er eine Art Kooperationspflicht her, die er durch die Wahl durch das Parlament und die Informationsrechte des Parlaments gegenüber der Subjektexekutivspitze gerade gewahrt sieht.

Auch Richter *Gadžiev*[1174] erklärt in seinem Sondervotum, dass keine maximale Einheitlichkeit des Staatsaufbaus der Subjekte durch das Gewaltenteilungsprinzip gefordert sei. Art. 1 Abs. 1 VerfRF lasse vielmehr eine Diversifizierung des Gewaltenteilungsprinzips zu. Die VerfRF schreibe die direkte Wahl der Exekutive durch das Volk nicht vor. Als Beispiel bringt der Richter die Verfassung der Teilrepublik Dagestan, wo der Präsident auch von der Verfassungsversammlung des Subjekts gewählt werde. Er erklärt, das Argument der Einheitsverwaltung schließe ein, dass die Exekutive der Subjekte der föderalen Exekutive unterstellt sei. Die Einheitsverwaltung könne man jedoch auch als System der Kooperation und nicht als Hierarchie verstehen.

1172 Mommsen, M. / Nußberger, A. (2007). Das System Putin. München. S. 34.
1173 VKS 1996, Heft, S. 22-26.

Aus dem Prinzip der Einheitsverwaltung könne man auch nicht herauslesen, dass zum Beispiel, ein Republikspräsident dem föderalen Ministerpräsidenten unterstellt sei. Denn das verstoße gegen das Prinzip der Gewaltenteilung. Dagegen legt Richter *Rudkin* den Schwerpunkt seines Sondervotums[1175] auf die Kompetenz der Subjekte aus Art. 77 Abs. 1 VerfRF, sich bis zur Verabschiedung eines föderalen Gesetzes selbst einen Verwaltungsaufbau geben zu können. Zudem weist er darauf hin, dass nach Art. 32 VerfRF die Exekutive auch indirekt gewählt werden kann, indem der Wähler Abgeordnete wählt, die ihn bei der Wahl der Exekutive repräsentieren.

Aus westlicher Sicht überrascht es, dass die Heterogenität des Staatsaufbaus, die in der VerfRF mit der Unterscheidung zwischen den Subjektkategorien Republiken und anderen Subjekten und der in der föderalen Verfassung selbst nicht vorgegebenen Struktur eines parlamentarischen oder präsidentiellen Systems in den Subjekten und den gleichzeitig zugelassenen verschiedenen Wahlmodi hier wieder homogenisiert werden sollte. Insbesondere ist zu kritisieren, dass die Vereinheitlichung des Staatsaufbaus entgegen Art. 77 Abs. 1 VerfRF, wonach die Subjekte grundsätzlich jedenfalls einen eigenen Verwaltungsaufbau wählen können und vor allem ohne Verabschiedung eines föderalen Gesetzes erfolgen sollte.

Abgesehen von dem präsidial orientierten und dem einen internationalen Vergleich nicht standhaltenden Verständnis des Gewaltenteilungsprinzips, ist die gesamte Debatte nach der Verabschiedung des SubjOrgG obsolet. Die Bürger wählen ihre Gouverneure nicht mehr direkt, der Präsident schlägt sie nach Art. 18 Abs. 1 Nr. 1 und 2 SubjOrgG dem Subjektparlament vor und beruft sie bei Vertrauensverlust nach Art. 29 SubjOrgG ab.[1176]

8.5.2. Die Entscheidung über die Zulässigkeit von Rechtsetzung der Subjekte vor föderaler Rechtsetzung

In seiner Entscheidung über die Verfassungsmäßigkeit einer Reihe von Bestimmungen des Statuts des Čitinsker Gebiets entschied das VerfGRF[1177] auch, dass die Subjekte bis zum Erlass eines föderalen Gesetzes eigene Gesetze erlassen können. Nach dem Ergehen einer föderalen Regelung sind die

1174 VKS 1996, Heft, S. 27-28.
1175 VKS 1996, Heft, S. 29-30.
1176 Vergleiche die Argumente zur Rechtsprechungsänderung in der Gouverneursentscheidung, S. 375 ff.
1177 Herausgeberkollektiv (1997). Konstitucionnyj Sud Rossijskoj Federacii: Postanovlenija, Opredelenija. Moskva. S. 130.

Subjekte dann verpflichtet, ihre Regelung den föderalen Vorgaben anzupassen.

8.5.3. Die Entscheidung zum Waldgesetzbuch

Die Entscheidung zum Waldgesetzbuch ist bedeutend weil in ihr der Vorrang des föderalen Gesetzes gegenüber dem Föderalen Vertrag von 1992 festgestellt wurde. Weiterhin gestand das VerfGRF dem föderalen Gesetzgeber zu, abweichend von bereits bestehenden föderalen Verträgen die Organkompetenzen zwischen der föderalen Ebene und der Subjektebene abzugrenzen.[1178] Mit der Übernahme dieses Prinzips in das Gesetz vom 24. Juni 1999 (KompAbgG) wurde es de facto verbindlich. Seitdem ist klar, dass Verfassungsgesetze und föderale Gesetze, die innerhalb der Zuständigkeit der RF und der gemeinsamen Zuständigkeit erlassen wurden, Vorrang vor den föderalen Verträgen haben.

8.5.4. Die Skuratov-Entscheidung

Die so genannte *Skuratov*-Entscheidung vom 1. Dezember 1999[1179] beschäftigt sich mit den Senatoren des Föderationsrats. Hierbei ging es um einen Organstreit zwischen dem föderalen Präsidenten und dem Föderationsrat nach Art. 125 Abs. 3 lit. a VerfRF. Es ging um die Frage, ob der Föderationsrat bei der Abberufung des dem Präsidenten missliebigen Generalstaatsanwalts *Skuratov* nach Art. 83 lit. e VerfRF, Art. 102 Abs. 1 lit. z VerfRF, Art. 129 Abs. 2 VerfRF hätte beteiligt werden müssen.[1180]

Präsident *El'cin* hatte *Skuratov* mit Dekret vom 2. April 1999[1181] für den Zeitraum eines gegen ihn laufenden Strafverfahrens abberufen. Hintergrund war folgender: *Skuratov* ermittelte im Zusammenhang mit dem Fall der Schweizer Firma Mabetex auch gegen die Töchter *El'cins* wegen Korruption. *El'cin* versuchte, mit dem Föderationsrat seine Absetzung zu erreichen,[1182] scheiterte

---

1178 Blankenagel, A. (1997). "Mestnoe samoupravlenie protiv gosudarstvennogo upravlenija v Rossijskoj Federacii." Konstitucionnoe pravo – vostočno-evropejskoe obozrenie **18** (1): 127 - 130. S. 127.

1179 Nr. 17-P. SZ RF. 1999. Nr 51. Art. 6364. VKS 1999, Heft 6, S. 37 ff.

1180 *Blankenagel* wertet diese Vorgänge als Bestandteil informalen Verfassungsrechts. Blankenagel, A. (1999). "About a Made-To-Fit Constitution and an Unfit President in Times of Transformation and Crisis. The Distribution of Power in the Constitution of the Russian Federation." Diritto Pubblico (2): 327-370. S. 360.

1181 Nr. 415.

1182 Mommsen, M. / Nußberger, A. (2007). Das System Putin. München. S. 112.

aber dreimal[1183]. Der Föderationsrat war der Ansicht, dass, weil die Ernennung nur nach den oben genannten Normen nur mit Zustimmung des Föderationsrates zulässig ist, auch das Dekret über die Entlassung das Dekret unwirksam sei.[1184] Art. 129 Abs. 2 VerfRF sieht vor, dass der Generalstaatsanwalt auf Vorschlag des Föderationspräsidenten vom Föderationsrat ernannt wird. Das Gericht legte Art. 102, 92, 94 VerfRF dahingehend aus, dass dem Föderationsrat bei einer strafrechtlichen Verfehlung des Generalstaatsanwalts kein direktes Abberufungsrecht zusteht. Es sei als Kollegialorgan zur Bewertung politischer Fragen berufen, aber nicht zur Entscheidung von Verfahren mit Strafrechtsbezug.

Dabei leitete das Gericht aus der Funktion des Präsidenten als „Garant der Verfassung“ für das Funktionieren der Staatsorgane nach Art. 80 Abs. 1, Abs. 2, 85 Abs. 1 VerfRF die Befugnis des Präsidenten zur Entlassung hoher Beamter ab. Man könnte es auch so formulieren: „Im Zweifel für den Präsidenten.“

Das VerfGRF war jedenfalls der Ansicht, dass angesichts der fehlenden gesetzlichen Regelung nicht der Föderationsrat, sondern nur der Präsident den Generalstaatsanwalt vorübergehend von seinen Amtspflichten entbinden kann. Dabei hätte das Gericht auch zu Gunsten des Föderationsrats entscheiden können. Es nahm wegen der fehlenden Bestimmtheit der Rechtsnorm die gesellschaftlichen Folgen in Betracht[1185] und entschied zu Gunsten des Präsidenten.

Es gab hierzu nur ein Sondervotum des Richters *Lučin*. Er legte dar, dass es keine Norm gibt, die den Föderationsrat vom Verfassungsverfahren der Suspendierung des Generalstaatsanwalts ausschließt. Nach der Verfassungslogik der Art. 10, 11, 71 lit. o, 80, 83, 102, 129 VerfRF müsse der Föderationsrat das letzte Wort haben.

Aus dem Urteil kann man schließen, dass der Föderationsrat nur begrenzte Funktionen im Bereich der Verwaltung ausüben kann. Obwohl er den Generalstaatsanwalt ernennt, muss er bei der Suspendierung nicht beteiligt werden. Beim *actus contrarius* der Abberufung ist er gemäß Art. 83 lit. e, 102 lit. z VerfRF wieder zu beteiligen.

1183 Verordnungen des Föderationsrats vom 17. März 1999 (Nr. 78-SF), vom 21. April 1999 (Nr. 154-SF), vom 13. Oktober 1999 (Nr. 396-SF).

1184 Nr. 1 der Entscheidungsgründe.

1185 Volkova, N. S. (2005). "Priemy formirovanija pravovoj pozicii Konstitucionnogo Suda RF." Žurnal Rossijskogo Prava (9). Sistema Garant Datenbank.

Der Föderationsrat erließ am 20. April 2000 die Verordnung über die Abberufung.[1186]

8.5.5. *Die Zweite Altaj-Entscheidung*

Am 7. Juni 2000 erging die so genannte 2. Altaj-Entscheidung.[1187] In dieser stellte das VerfGRF in seiner Mehrheit gegen die Sondervoten der Richter *Vitruk* und *Lučin* klar, dass der Status der Subjekte allein durch die VerfRF und nicht durch föderalen Vertrag bestimmt werden könne.
Es ging ein weiteres Mal um die Frage der Souveränität der Republiken. Der Republikspräsident und der Ministerpräsident der Republik Altaj hatten die Verfassungswidrigkeit mehrerer Bestimmung der Verfassung der Republik Altaj (VerfRA) betreffend

- die Bodenschätze und Naturreichtümer,
- das Verbot radioaktiver Emissionen,
- die Verpflichtung von Eltern, für die obligatorische Schuldbildung ihrer Kinder zu sorgen und
- die Abberufung der Oberhäupter der Teilrepublik,

vorgetragen. Weiterhin ging es ihnen um die Vereinbarkeit einer Abberufung des Staatsoberhaupts der Republik Altaj durch ein Referendum aller Wahlberechtigten (Art. 123, 123.1 VerfRA) und Art. 19 Abs. 1 SubjOrgG und deren Verfassungsmäßigkeit.
Somit hatte das VerfGRF die Gelegenheit, sich noch einmal umfassend zur Thematik „Souveränität" zu äußern und gleichzeitig über die Verfassungsmäßigkeit von Art. 19 Abs. 1 SubjOrgG zu befinden.
Das VerfGRF setzte seine Rechtsprechung fort und leitete die Souveränität der RF aus den Art. 3, 4 5, 67 und 79 VerfRF her. Die VerfRF enthalte keine andere Souveränität als diejenige der RF.[1188] Der Status der RF und der Republiken ergäbe sich nicht aus dem Föderationsvertrag von 1992, sondern aus der per Referendum durch das multinationale Volk der RF verabschiedeten VerfRF.
Nach Art. 3, 4, 5, 15 Abs. 1; 65 Abs. 1; 66, 71 lit. b VerfRF besäßen die Republiken keine Souveränität. Dies ergäbe sich aus der Gleichheit aller Subjekte, die verletzt sei, wenn einige Subjekte souverän seien und andere nicht.[1189] Dann legt das Gericht den Begriff „Staat" für die Republiken in

1186 Nr. 70-SF.
1187 VKS 2000, Heft 5, S. 2-45.
1188 VKS 2000, Heft 5, S. 5.
1189 VKS 2000, Heft 5, S. 6

Art. 5 Abs. 2 VerfRF dahingehend aus, dass im Gegensatz zum Föderationsvertrag vom 31. März 1992 keine Souveränität anerkannt werden solle. Es habe sich nur um Besonderheiten ihres Verfassungsstatus gehandelt, die mit historischen und kulturellen Besonderheiten verknüpft gewesen seien. Allerdings legt das VerfGRF nicht dar, warum eine Souveränität der Gebiete, Kreise und Regionen und der beiden Städte ausscheidet.[1190] Das liegt daran, dass aus Sicht des russischen Zentrums, die das VerfGRF hier übernimmt, schon die Souveränitätsforderungen der Teilrepubliken bedrohlich waren. Das systematische Argument von *Uebe* – eine Teilsouveränität von Subjekten, die nicht Teilrepubliken sind und nicht über die Staatlichkeit des Art. 5 Abs. 2 VerfRF verfügen[1191] – liegt der russischen Verfassungsvorstellung daher fern.

Weiterhin stellt das VerfGRF klar, dass auch Republiksverfassungen, die vor der VerfRF angenommen wurden, in den Teilen, in welchen sie der VerfRF widersprechen, angepasst werden müssen. Dies leitet das Gericht aus Abschnitt 2 der Übergangs- und Schlussbestimmungen der VerfRF her.[1192] Dort steht auch, dass die VerfRF Vorrang vor föderalen Verträgen hat.[1193] Konsequent in seiner Argumentation legt das VerfGRF dann Art. 11 Abs. 3 VerfRF so aus, dass alle föderalen Verträge mit der VerfRF übereinstimmen müssen. Aus Art. 66 Abs. 5 VerfRF leitet das Gericht dann her, dass der Status des Subjekts nur durch die VerfRF selbst oder durch eine gemeinsame Übereinkunft des Subjekts mit der RF geändert werden kann.[1194]

Im Folgenden erklärt das VerfGRF alle Bestimmungen der VerfRA, die Anklänge an die Souveränität der Republik Altaj beinhalten, für verfassungswidrig.[1195] Weiterhin hält es die Regelungen über das Republikseigentum an Bodenschätzen, als Verletzung der Regelungen der Zuständigkeitsabgrenzungen für verfassungswidrig, dies allerdings auch, weil dadurch die Souveränität der RF verletzt sei.[1196]

1190 Uebe, F. (2004). Tendenzen in der Rechtsprechung des Verfassungsgerichts Russlands zu föderalen Problemen. Brunner, G. (Hrsg.) Der russische Föderalismus. Bilanz eines Jahrzehnts. Wiesbaden: 301-324. S. 304.

1191 Ebenda. S. 304 f.

1192 Ebenda. S. 305.

1193 VKS 2000, Heft 5, S. 7.

1194 VKS 2000, Heft 5, S. 8.

1195 VKS 2000, Heft 5, S. 9.

1196 VKS 2000, Heft 5, S. 12.

Auch das Verbot der Lagerung radioaktiver Abfälle widerspräche der VerfRF wegen Verletzung der Zuständigkeitsnormen. Lediglich die Schulpflichtregelung als Ausfluss der Menschenrechte sei verfassungskonform.[1197]

Weiterhin geht es um die Frage der Abberufung des Oberhaupts der Republik Altaj sowie des Ministerpräsidenten im Falle eines gerichtlichen Gutachtens[1198]. Dies sei mit der Unschuldsvermutung aus Art. 49 Abs. 1 VerfRF und der Immunität von Senatoren des Föderationsrats aus Art. 98 VerfRF unvereinbar. Dem schließt sich das VerfGRF an, stellt aber daneben noch die Unvereinbarkeit des Art. 126 VerfRA mit den Zuständigkeitsnormen der Art. 71 lit. o VerfRF und Art. 76 VerfRF fest. Dem Gericht geht es hier vor allem darum, dass das Gutachten nicht in föderalem Gesetz vorgesehen ist. Es stellt daher einen Verfassungsverstoß gegen Art. 71 lit. o VerfGRF fest, „weil der Subjektverfassungsgeber hier unzulässig in die alleinige Gesetzgebungszuständigkeit eingreife."[1199]

Die nächste Frage betraf die Beteiligung des Subjektparlaments bei der Besetzung hoher regionaler Verwaltungsposten[1200]. Diese Frage hatte das VerfGRF schon in der sog. Ersten Altaj-Entscheidung[1201] behandelt. Hier stellt das Gericht seine Rechtsauffassung (*pravovaja pozicija*) dar, dass eine Beteiligung des Subjektparlaments möglich ist, es für die Bewertung der Verfassungsmäßigkeit auf die Wechselbeziehungen mit anderen Organen ankommt, so dass ein System von *Checks and Balances* gewahrt bleibt.[1202] Hier im konkreten Fall sah das VerfGRF das Vorrecht des direkt gewählten Ministerpräsidenten als zu eingeschränkt an.[1203] Es sieht darin einen Verstoß gegen die Gewaltenteilung, weil die Selbständigkeit des Ministerpräsidenten verletzt sei.[1204]

1197 VKS 2000, Heft 5, S. 16.

1198 Es geht hier tatsächlich um ein gerichtliches Gutachten, also eine Entscheidung, die keine Rechtskraft beansprucht.

1199 VKS 2000, Heft 5, S. 17. So auch Uebe, F. (2004). Tendenzen in der Rechtsprechung des Verfassungsgerichts Russlands zu föderalen Problemen. Brunner, G. (Hrsg.) Der russische Föderalismus. Bilanz eines Jahrzehnts. Wiesbaden: 301-324. S. 310.

1200 Nach Art. 118 Nr. 9 VerfRF ernennt und erlässt der Ministerpräsident mit Zustimmung des Parlaments die Minister, Chefs von Kommissionen und Behördenchefs der Regionen.

1201 8.5.1. Die Entscheidung zum parlamentarischen oder präsidentiellen System der Subjekte (1. Altaj-Entscheidung) S. 354.

1202 VKS 2000, Heft, S. 19.

1203 VKS 2000, Heft, S. 19.

1204 VKS 2000, Heft, S. 20.

Dagegen hält das VerfGRF eine Absetzung der Subjektexekutivspitze durch einen Volksentscheid für zulässig, wenn zumindest die Hälfte der Wahlberechtigten für eine Abwahl stimmt[1205], der Verwaltungschef sich einer Rechtsverletzung schuldig gemacht hat und er die Möglichkeit hat, sich im Verfahren der Absetzung zu den Vorwürfen zu äußern.[1206] Wegen der fehlenden Sicherheiten für den Ministerpräsidenten des Gebiets Altaj war die angegriffene Norm verfassungswidrig.

Weiterhin ging es um die Frage, ob föderale Exekutivorgane die Befugnis, die Leiter ihrer Behörden in den Subjekten zu ernennen, an die Subjekte delegieren können oder nicht. Diese Befugnis war in Art. 24 Abs. 1 SubjOrgG vorgesehen. Danach können Subjektparlamente in den in föderalen Gesetzen vorgesehenen Fällen bei der personellen Besetzung von Territorialbehörden föderaler Behörden beteiligt werden. Das VerfGRF stellte fest, dass grundsätzlich die Föderation nach Art. 71, 11, 76, 77 und 78 VerfRF innerhalb von Gegenständen ihrer alleinigen Zuständigkeit diese Ernennungen nicht in die gemeinsame Zuständigkeit übertragen dürfe. Begründet wird dies mit dem System der Einheitsverwaltung, in das sich die Subjektparlamente nicht einmischen dürften.[1207] Anders sieht es bei Gegenständen der gemeinsamen Gesetzgebungszuständigkeit aus. Hierbei können Subjektparlamente beteiligt werden. Das VerfGRF legt Art. 24 Abs. 1 SubjOrgG also einschränkend dahingehend aus, dass nur bei Behörden, die die Gegenstände gemeinsamer Gesetzgebungszuständigkeit verwalten, den Subjektparlamenten ein Mitspracherecht eingeräumt werden kann.[1208]

Vitruk bemängelt in seinem Sondervotum die Vermischung der verfassungsrechtlichen mit der strafrechtlichen Verantwortlichkeit durch die Berufung des Gerichts auf Art. 49 VerfRF.[1209] *Vitruk* erklärt, dass der Unterschied zu den SSR in der Sowjetunion darin bestand, dass diesen das Recht des Austritts garantiert gewesen sei, was den Subjekten nun nicht mehr zustünde. Im Gegensatz zur Mehrheit der Richter hält er eine bedingungslose Ablösung der Subjektexekutivspitze für verfassungsgemäß,[1210] weil die Wähler den Minis-

---

1205 Hier fürchtet das Gericht Missbrauchsmöglichkeiten bei Referenda und will deshalb das hohe Quorum. VKS 2000, Heft 5, S. 22.

1206 Uebe, F. (2004). Tendenzen in der Rechtsprechung des Verfassungsgerichts Russlands zu föderalen Problemen. Brunner, G. (Hrsg.) Der russische Föderalismus. Bilanz eines Jahrzehnts. Wiesbaden: 301-324. S. 310.

1207 VKS 2000, Heft 5, S. 23.

1208 VKS 2000, Heft 5, S. 25.

1209 VKS 2000, Heft 5, S. 29-31.

1210 VKS 2000, Heft 5, S. 43.

terpräsidenten schließlich auch gewählt haben. Weiterhin hält er eine Beteiligung der Subjektparlamente bei der Berufung der territorialen Behördenchefs föderaler Exekutivorgane für verfassungsgemäß.[1211] *Lučin* befürwortet die Mehrheitsentscheidung und setzt sich dann noch einmal mit der Souveränität auseinander.[1212]

Es kann festgehalten werden, dass mit dieser Entscheidung noch einmal die Position des VerfGRF zur Souveränität klargestellt wurde: Es gibt keine Souveränität für die Republiken.

Daneben werden den Subjekten bzw. den Wählern jedenfalls teilweise Rechte eingeräumt, die auf föderaler Ebene nicht existieren, wie ein Referendum zur Abberufung des Subjektverwaltungschefs. Das verwundert angesichts des Strebens des VerfGRF nach möglichst großer Homogenität, wie es in der Ersten Altaj-Entscheidung deutlich wurde.

8.5.6. Die Entscheidung zur Auflösung der Subjektparlamente (Bundeszwang-Entscheidung)

8.5.6.1. Der Inhalt der Entscheidung

Die Möglichkeit der Parlamentsauflösung nach Art. 9 SubjOrgG war vom Parlament Adygejas angegriffen worden. Die Republik Sacha griff auch die Impeachment-Möglichkeit nach Art. 29.1 SubjOrgG an. Das Gericht entschied am 4. April 2002, dass beide Bestimmungen nicht gegen die Verfassung verstoßen.[1213]

Zu diesem Urteil gibt es Sondervoten der Richter *Vitruk*, *Gadžiev*, *Morščakova* und *Jaroslavcev*. Die Mehrheit der Verfassungsrichter sieht die Möglichkeit des Zentrums, ein Subjektparlament aufzulösen als Maßnahme des Schutzes der VerfRF und leitet diese Ansicht direkt aus der VerfRF ab. Das Gericht erklärt danach, es müsse eine effektive Kontrollmöglichkeit für das föderale Zentrum geben, um die Subjektorgane davon abzuhalten, verfassungswidrige Akte zu begehen. Nachdem es seine eigene Rolle zum Schutz der verfassungsmäßigen Rechtsordnung noch einmal herleitet, betont das Gericht in Nr. 2.1 der Entscheidung, die angegriffenen Normen dienten gerade der Umsetzung seiner Entscheidungen.[1214]

1211 VKS 2000, Heft 5, S. 45.
1212 VKS 2000, Heft 5, S. 31 – 45.
1213 VKS 2002, Heft 5, S. 3-37 (mit den Sondervoten).
1214 VKS 2002, Heft 5, S. 7f.

Das ist natürlich ein Armutszeugnis für die Verfassungspraxis, in der mehrere Subjekte ihnen unangenehmen VerfGRF-Entscheidungen nicht vollstreckten. Ein weiteres Argument des Gerichts ist, das verfassungswidrige Verhalten eines Subjektorgans führe zu dessen Legitimationsverlust und deshalb sei die Amtsenthebung mit dem Ziel des Schutzes der VerfRF und auch der Rolle des VerfGRF vereinbar (Punkt 2.2 der angesprochenen Entscheidung).[1215] Hierbei stellt sich die Frage, was im Einzelfall verfassungswidrig ist und wer die Subjektorgane vor Machtmissbrauch des Zentrums schützt. Das Gericht argumentiert weiter, der Status des Subjekts werde nicht verletzt, weil nach der Amtsenthebung sofort Neuwahlen angesetzt werden müssten. Weiterhin weist das Gericht in Punkt 3.1 indirekt auf die doppelte gerichtliche Kontrolle hin: Zunächst stellt ein Gericht die Verfassungswidrigkeit der Norm fest und danach wird in einem weiteren Gerichtsverfahren der Nichtvollzug der vorigen Gerichtsentscheidung konstatiert.[1216]
In Punkt 3.2 beschäftigt sich das Gericht mit der Frage, welches Gericht für die Entscheidung zuständig sei, weil das SubjOrgG diese Frage offen gelassen habe.[1217] Es stellt fest, dass die Nichterwähnung im Gesetz ohne Bedeutung sei und leitet aus der Verfassung und dem VerfGGRF ab, dass für die Feststellung der Verfassungswidrigkeit einer Subjektnorm und gleichermaßen für die Feststellung des Nichtvollzugs dieses Urteils Gerichte der ordentlichen Gerichtsbarkeit zuständig seien. Setzt nun das föderale Amtsenthebungsverfahren ein, so ist dafür das VerfGRF zuständig. Das Subjekt kann aber auch schon vorher aufgrund seines verfassungsrechtlichen Status' und wegen Art. 85 VerfGGRF das VerfGRF jederzeit anrufen. Auch die föderalen Organe sind zur Anrufung des VerfGRF verpflichtet. Interessanterweise legt das Verfassungsgericht die Verpflichtung des Gerichts der einfachen Gerichtsbarkeit, über die einfache Verfassungswidrigkeit der angegriffenen Norm auch daraus folgende Rechtsverletzungen darzutun, fest. Es muss sich „materiell-rechtlich um einen qualifizierten Rechtsverstoß" handeln.[1218] Dies muss allerdings inhaltlich hier vom entscheidenden Gericht ausgefüllt werden. Es muss sich dabei um

- „massenhafte und schwere Menschenrechtsverletzungen sowie um

1215 VKS 2002, Heft 5, S. 9.
1216 VKS 2002, Heft 5, S. 10.
1217 VKS 2002, Heft 5, S. 10 - 12.
1218 Uebe, F. (2004). Tendenzen in der Rechtsprechung des Verfassungsgerichts Russlands zu föderalen Problemen. Brunner, G. (Hrsg.) Der russische Föderalismus. Bilanz eines Jahrzehnts. Wiesbaden: 301-324. S. 313.

o Bedrohungen der territorialen Einheit des Landes, der nationalen Sicherheit oder der Verteidigungsfähigkeit, die Einheit des Wirtschaftsraums oder die Rechtseinheit“

handeln.

Dies ergibt sich aus Art. 3.1 SubjOrgG, was das VerfGRF hier nicht erwähnt. Das Gericht betont auch, eine Entlassung eines Subjektparlaments wegen des Erlasses nur einfacher, formell verfassungswidriger Normen sei ausgeschlossen. Die Ermahnung des Präsidenten an das Subjektparlament soll der freiwilligen Umsetzung der Gerichtsentscheidung dienen und gleichzeitig eine Form von Verfahrensgarantie zu Gunsten der Subjekte darstellen.

Zusammenfassend stellt das Gericht fest, Art. 9 Abs. 4 SubjOrgG widerspräche aufgrund seiner Stellung im verfassungsrechtlichen System der VerfRF nicht. Es gehe darum, eine gerichtlich festgestellte Verfassungsverletzung und die Weigerung, diese gerichtliche Entscheidung umzusetzen, zu sanktionieren. Des Weiteren hält das Gericht im Hinblick auf die Amtsenthebung der Republikspräsidenten und Gouverneure nach Art. 19 Abs. 1, 29.1 Abs. 2, 3 SubjOrgG, die direkt vom Volk gewählt werden, an seiner ständigen Rechtsprechung fest.[1219] Es betont insbesondere, dass schließlich das föderale Parlament in seinem Gesetz und Gerichte sich mit der Amtsentlassung befassten. Es hebt demnach auf die Rechtsweggarantie ab, ohne dies ausdrücklich auszusprechen. Indem es sagt, dass es sich auch hier nicht um nur formale Fehler im streitbefangenen Akt der Subjektexekutivspitze handele, deutet das Gericht indirekt an, dass es die gleichen Kriterien wie bei den Subjektparlamenten angesetzt sehen will. Zudem stellt das VerfGRF klar, dass es sich hier um eine Art Bund-Subjekt-Streitverfahren[1220] handelt, bei dem es um die Verfassungswidrigkeit einer Norm geht. Das Verfahren richtet sich nach Art. 3, 84, 85, 92, 93, 101 und 102 VerfGGRF. Wie auch beim Verfahren gegen das Subjektparlament kann das Präsidialdekret vom Subjektorgan in jenem Verfahren angegriffen werden. Lakonisch stellt das Gericht in diesem Zusammenhang auch die Rolle des Präsidenten innerhalb der Einheitsverwaltung klar: Föderaler Präsident und föderale Regierung seien verfassungsmäßig berufen, den Schutz der Menschenrechte und der VerfRF auf dem gesamten Territorium durchzusetzen. Dass das Gericht die Subjektexe-

1219 Punkt 4 der Entscheidung. VKS 2002, Heft5, S. 16 ff.Es bezieht sich auf die Entscheidungen vom 18. Januar 1996 und 7. Juni 2000 zum Altaj. Vgl. 8.5.5. Die Zweite Altaj-Entscheidung S. 359.

1220 Im deutschen Verständnis eine Art Bund-Länder-Streit hier nach Art.125 Abs. 3 VerfRF i.V.m. Art. 92, 93 VerfGGRF.

kutive hier auch in das föderale System einordnet und eine Art Rechtsaufsicht des Präsidenten konstatiert, schwächt föderale Positionen, vor allem weil das Gericht ein unmittelbares Subordinationsverhältnis der Subjektbehörden unter die föderale Exekutive feststellt. Die Subjektorgane sehen sich föderaler Rechtsaufsicht ausgesetzt, die praktisch mit der Staatsanwaltschaft als Teil des föderalen Innenministeriums beginnt.[1221] Für die Subjekte ist die Rechtslage vor allem dadurch unübersichtlich, dass es verschiedene föderale Akteure gibt, die nicht immer dieselben Interessen verfolgen müssen.[1222] Allerdings haben die Subjektorgane im Ernstfall die beschriebenen Rechtsmittel.
Im Punkt 7 der Entscheidung[1223] bewertet das VerfGRF auch die Kompetenz des Subjektparlaments, ein Impeachment-Verfahren gegen den Republikspräsidenten oder den Gouverneur nach Art. 19 Abs.2 – 5 SubjOrgG einzuleiten, als verfassungsmäßig. Es subsumiert diese Kompetenz unter „allgemeine Prinzipien". Diese Normen seien deshalb auch im SubjOrgG regelbar. Es handele sich um ein Mittel zur Durchsetzung einer stabilen Demokratie. Die Einzelheiten könnten in den Verfassungen bzw. Statuten der Subjekte geregelt werden.[1224]

8.5.6.2. Die Sondervoten der Richter *Vitruk*, *Gadžiev*, *Morščakova* und *Jaroslavcev*

In seinem Sondervotum[1225] hält *Vitruk* erst einmal fest, dass er den Ansatz des VerfGRF, Verfassungsgesetze nur in den Fällen für notwendig zu erachten, in denen diese selbst in der VerfRF vorgesehen sind, für zu eng hält. Man müsse diesem Kriterium noch ein materielles hinzufügen. Das SubjOrgG enthält seiner Ansicht nach neue Kompetenzen für die föderalen Organe wie Präsident, aber auch für Subjektorgane und für das Oberste Gericht und das VerfGRF bereit. Da diese schon nicht in der VerfRF selbst geregelt seien, müsste dies zumindest in einem Verfassungsgesetz geschehen. Folglich hält er die Regelung dieser neuen Kompetenzen in einem einfachen Gesetz als

1221 Zum Zeitpunkt der Entscheidung ging es zunächst um Weisungsverhältnisse.

1222 So wurden zum Beispiel Staatsanwälte der RT und im SG auf Vorschlag des Generalstaatsanwalts, aber mit Zustimmung des jeweiligen Präsidenten der RT und des Subjektparlaments gewählt, Art. 114 Abs. 1 VerfRT. Im Sverdlovsker Gebiet ist die Gebietsduma für die Zustimmung zuständig, Art. 41 Abs. 1 lit. ž SG. Diese müssen nicht unbedingt dieselben Interessen wie der Präsidentenvertreter haben.

1223 VKS 2002, Heft 5, S. 22f.

1224 Art. 97 Abs. 2, 3 VerfRT regelt das Impeachment des tatarischen Präsidenten durch den Staatsrat (das tatarische Parlament). Vgl. 9.4.3.2. Weiteres Staatsorganisationsrecht S. 397.

1225 VKS 2002, Heft 5, S. 26-29.

dem Charakter der RF als demokratischem Rechtsstaat (Art. 1, 76 VerfRF) widersprechend. Zudem weist er darauf hin, dass das VerfGRF in seinem Urteil die eigene Kompetenz unzulässig erweitere: Art. 125 VerfRF enthalte keine Kompetenz des VerfGRF, die Vereinbarkeit von Normen der Subjekte mit *föderalen Gesetzen*, sondern nur mit der VerfRF zu überprüfen. Mit beidem hat *Vitruk* Recht. Die aufgestellten Kriterien ergeben sich aus Art. 3 Abs. 1 SubjOrgG. Indem das Gericht sie entgegen dem gesetzgeberischen Willen zu Voraussetzungen der Amtsenthebung mache, überschreite das Gericht seine Kompetenzen. Eine wichtige Kritik übt *Vitruk* daran, dass das Recht auf Verwarnungen innerhalb der verfassungsrechtlichen Verantwortlichkeit auf den föderalen Präsidenten und die Föderale Versammlung verlagert werden. Damit würden Entscheidungen nach dem Parteibuch gefördert. Auch da hat *Vitruk* Recht, wobei es überrascht, dass das viel näher liegende Argument der Verletzung des Prinzips der Gewaltenteilung von ihm nicht vorgebracht wird. Schließlich merkt *Vitruk* noch an, dass das Amtsenthebungsverfahren insgesamt zu lang sei und die Möglichkeit der gerichtlichen Überprüfung jedes Verfahrensschritts dazu führe, dass es praktisch kaum durchführbar sei und schon deshalb gegen das Rechtsstaatsprinzip verstoße. *Gadžiev*[1226] stellt klar, dass das ganze Verfahren auf der Annahme beruhe, föderale Gerichte könnten über die Notwendigkeit einer Amtsenthebung nicht bestimmen. Dies stelle einen Angriff auf die Unabhängigkeit der Rechtsprechung dar. Wenn dies durch ein föderales Gericht nicht durchsetzbar sei, bedürfe es der Prinzipien wie Gewaltenteilung, Föderalismus oder die Gleichheit aller vor Gericht nicht mehr. Weiterhin weist *Gadžiev* daraufhin, dass der Präsident nach der Logik des Art. 29.1 Abs. 4 SubjOrgG zum Teil des Strafprozesses werde und rügt dies als Verstoß gegen die Gewaltenteilung (Art. 10 VerfRF). Auch die Richterin *Morščakova* betont in ihrem Sondervotum[1227], dass der Präsident angesichts der Gewaltenteilung keine Kompetenzen bei der Abberufung haben dürfe.

Jaroslavcev stellt in seinem Sondervotum[1228] heraus, dass das Vorliegen der Voraussetzungen des Art. 3.1 SubjOrgG eigentlich die Ausrufung des Ausnahmezustands verlangten und deshalb die Amtsenthebung konsequenterweise im föderalen Verfassungsgesetz über den Ausnahmezustand[1229] geregelt werden müsste. Das trifft zu. Zudem weist er zu Recht darauf hin, dass

---

1226 VKS 2002, Heft 5, S. 30-31.
1227 VKS 2002, Heft 5, S. 31-33.
1228 VKS 2002, Heft 5, S. 33-37
1229 Föderales VerfG vom 30. Mai 2001, Nr. 3-FKZ

die Durchführung der Amtsenthebungsverfahren den Wählerwillen missachtete und dadurch gegen Art. 32 VerfRF (aktives Wahlrecht) verstießen, was wiederum zu einer Verletzung des Art. 3^1 SubjOrgG führe. *Jaroslavcev* ist auch der einzige, der sich mit den Auswirkungen des Gesetzes auf die föderalen Beziehungen und den föderalen Charakter der RF beschäftigt. Die Möglichkeit der Amtsenthebung als solche könne zu einem Ungleichgewicht zwischen Zentrale und Subjekten führen. Zudem sei der rechtliche Status der Subjekte insgesamt gefährdet, weil im Subjekt die gleichzeitige Amtsenthebung der Subjektexekutivspitze und des Subjektparlaments nicht ausgeschlossen ist. Dann würde der Föderationspräsident eine Interimsexekutivspitze einsetzen. Weiterhin weist *Jaroslavcev* darauf hin, dass der Präsident als Richter nach Art. 29 Abs.4 SubjOrgG sowohl rechtliche als auch praktische Fragen entscheiden wird, bevor er sein Dekret erlässt. Die Möglichkeit, dieses Dekret gerichtlich anzugreifen, bedeute aber für den Gouverneur, seine Unschuld beweisen zu müssen, was verfassungswidrig sei.

Das Urteil war ein Meilenstein, weil darin die Kompetenz der föderalen Exekutive und Legislative, Subjektorgane zu entlassen und zwar teilweise ohne vorheriges Gerichtsurteil, bestätigt wurde. Zudem wurden die Verletzungen des Prinzips der Gewaltenteilung festgeschrieben und nicht nur die Macht des föderalen Zentrums, sondern auch die Rolle des föderalen Präsidenten innerhalb des Machtgefüges, deutlich gestärkt.

Uebe hält diese Auslegung des Art. 9 Abs. 4 SubjOrgG gleichwohl für subjektfreundlich, weil das Gericht schon einen Grundrechtsverstoß und nicht einen qualifizierten Rechtsverstoß nach Art. 3 Abs. 2 VerfRF für ausreichend hätte halten können.[1230] Zudem fordert das Gericht nach der Ansicht von *Uebe* auch einen qualifizierten Rechtsverstoß der Subjektexekutivspitze für deren Amtsenthebung.[1231] Hierbei ist zutreffend, dass das Gericht sich auch mit weniger Garantien für die Subjektorgane hätte begnügen können.

Dazu ist anzumerken, dass einerseits das Gericht auch aus eigener Erfahrung einen weiteren Zwangsmechanismus für notwendig erachtete, um Entscheidungen föderaler Gerichte auf Subjektebene durchzusetzen: die Amtsenthebung des sich weigernden Organs als höchstmögliche Sanktion. Weiterhin ist festzuhalten, dass es eines Verfassungsgerichtsurteils bedurfte, um

1230 Uebe, F. (2004). Tendenzen in der Rechtsprechung des Verfassungsgerichts Russlands zu föderalen Problemen. Brunner, G. (Hrsg.) Der russische Föderalismus. Bilanz eines Jahrzehnts. Wiesbaden: 301-324. S. 313 f.

1231 Ebenda. S. 316.

den Rechtsweg und den Instanzenzug klarzustellen.[1232] Drittens sind die vom VerfGRF aufgestellten Voraussetzungen der massiven materiellen Verfassungswidrigkeit von entscheidender Bedeutung. Da ein Großteil der von den Subjekten erlassenen Normen verfassungswidrig war, hätte das föderale Zentrum mithilfe der föderalen Staatsanwaltschaft vor föderalen ordentlichen Gerichten de facto jedes Subjektparlament und jede Subjektexekutivspitze jederzeit entlassen können. Andererseits baute das VerfGRF Garantien mit Art. 3 SubjOrgG ein. Ein Subjektorgan ist nicht besonders schutzwürdig, wenn es tatsächlich qualifizierte Rechtsverstöße im Sinne des Art. 3 SubjOrgG begeht und es gleichzeitig ein geregeltes Verfahren gibt, in welchem für das Subjektorgan der Rechtsweg eröffnet ist. Auf eine Problematik weist *Uebe*[1233] hin, wenn er schreibt, dass das ausgewogene Verfahren und die Beteiligung des Generalstaatsanwalts als Begründung schwach sind. Denn der Generalstaatsanwalt dürfte seit der *Skuratov*-Entscheidung[1234] kaum noch vom Präsidenten unabhängig sein.

Unter Betonung der verfassungsrechtlichen Menschenrechtsgarantien wurde unter anderem das Wahlrecht der Bürger in Art. 32 VerfRF missachtet. Besonders auffällig ist, dass sich auch nur ein Sondervotum mit den zu befürchtenden Folgen für den föderalen Aufbau beschäftigt, und dies auch nur am Rande. Zukunftsweisend ist die Überlegung *Vitruks*, dass das Verfahren zu kompliziert sei, um in der Praxis Anwendung zu finden.

Daraus kann vor allem geschlossen werden, dass das SubjOrgG, bei der Ausgestaltung der verfassungsrechtlichen Verantwortlichkeit der Subjektorgane als föderales Drohinstrument dient. Die Subjektorgane können informal vom Präsident „auf Linie" gebracht werden. Vor allem stehen den Subjekten keine gleichartigen Instrumente gegenüber dem Präsidenten, zur Verfügung. Dieses Gesetz aus dem Jahr 2002 ist schon ein Hinweis auf die Stärkung der „Vertikale der Macht[1235]". Es wurde vom föderalen Verfassungsgericht nicht verworfen, das offensichtlich vor allem ein Mittel suchte, um sicherzustellen, dass die Subjekte endlich seine Urteile vollziehen. Dies ist absolut verständlich. Dass das VerfGRF aber dafür in Kauf nahm, dass eine unterverfassungsrechtliche Norm gleich mehrere Verfassungsprinzipien wie z. B. den

---

1232 Dies wäre besser im SubjOrgG oder im VerfGGRF geregelt worden.

1233 Uebe, F. (2004). Tendenzen in der Rechtsprechung des Verfassungsgerichts Russlands zu föderalen Problemen. Brunner, G. (Hrsg.) Der russische Föderalismus. Bilanz eines Jahrzehnts. Wiesbaden: 301-324, S. 318.

1234 Vgl. 8.5.4. Die *Skuratov-Entscheidung* S. 357.

1235 Zur „Vertikale der Macht" vgl. die Definition von *Mommsen*, S. 71.

Gewaltenteilungsgrundsatz bricht, ist problematisch. Mit diesem Urteil wurden gleichermaßen informale Mechanismen gestärkt.
Angesichts der späteren Entwicklung, wonach der Vertrauensverlust des Präsidenten nach Art. 29 Abs. 3.1 SubjOrgG genügt, um die Subjektexekutivspitze zu entlassen, wirkt diese Entscheidung in der Rückschau geradezu subjektfreundlich und rechtsstaatlich. Später wurde der „Bundeszwang" russischer Prägung abgewandelt oder ersetzt durch den unbestimmten Rechtsbegriff „Vertrauensverlust".

8.5.7. Die Entscheidung über die Amtsdauer der Subjektexekutivspitzen

Am 9 Juli 2002[1236] entschied das VerfGRF über die Verfassungsmäßigkeit von Art. 18 Abs. 5 SubjOrgG, der in der damals noch geltenden Fassung vorsah, dass ein hoher Vertreter eines Subjektes der RF (Leiter des höchsten Exekutivorgans innerhalb des Subjekts) nur für eine Amtsperiode von 5 Jahren und nicht für mehr als zwei Amtsperioden nacheinander gewählt werden darf. Aufgrund dieser Norm wurden Art. 108 VerfRT, Art. 67 der Verfassung (des Grundgesetzes) der Republik Sacha (Jakutiens) und Art. 3 Abs. 3 des Gesetzes „Über die Wahlen des Präsidenten der Republik Sacha" beanstandet.
Eine Abgeordnetengruppe der Staatsduma bezweifelte die Vereinbarkeit von Art. 18 Abs. 5 SubjOrgG mit den allgemeinen Prinzipien des verfassungsmäßigen Aufbaus der Gewalten in den Subjekten.[1237]
Eine andere Gruppe von Deputierten bemängelte die Verfassungswidrigkeit von Art. 108 der tatarischen Verfassung[1238], nach der dieselbe Person mehr als einmal in Folge zum Präsidenten gewählt werden kann, mit Art. 72 Abs. 1 lit. a VerfRF und Art. 18 Nr. 5 SubjOrgG.
Unter Bezugnahme auf die gleichen Normen wandte sich das Oberste Gericht der RF an das Verfassungsgericht: Art. 67 Abs. 2 des Grundgesetzes von Sacha sähe auch lediglich eine Amtsperiode vor. Die Richter des Obersten Gerichts meinten, die Verfassung der RF begrenze die Anzahl der Amtsperioden in den Subjekten nicht und die Anzahl der Amtsperioden könnten auch nicht durch föderales Gesetz oder Rechtsakt in den Subjekten aufgestellt werden. Deshalb verstießen die erwähnten Normen gegen das in Art. 32

1236 VKS 2002, Heft 6, S. 3-16.
1237 VKS 2002, Heft 6, S. 5.
1238 In der Fassung vom 19. April 2002.

Abs. 2, 3, 55 Abs. 2, 3, Art. 71 lit. v und Art. 76 Abs. 2, 5 VerfRF garantierte passive Wahlrecht der Bürger.

Das Verfassungsgericht stellte fest, dass Art. 77 Abs. 1 VerfRF eine Begrenzung der Anzahl der Amtsperioden der obersten Vertreter in den Subjekten nicht vorsieht.[1239] Diese müssten bei ihrem eigenen Staatsaufbau lediglich die Vorgaben der Verfassung und der föderalen Gesetze beachten. Für eine optimale Realisierung der staatlichen Gewalt könnten sie sich demnach an Art. 5 Abs. 3 VerfRF und Art. 81 VerfRF der Verfassung orientieren, nach der ein und dieselbe Person nicht zweimal nacheinander amtieren soll. Das Demokratieprinzip verlange von den Gesetzgebern, eine Organisation vorzusehen, die die Natur des demokratischen verfassungsmäßigen Aufbaus der RF garantiere.

Da kein föderales Gesetz bei Annahme der Verfassungen der Subjekte bestanden habe, seien erstere zunächst einmal nicht verfassungswidrig[1240].

Für die Subjektexekutivspitzen in den Subjekten, in denen der Gesetzgeber keine Begrenzung der Wiederwählbarkeit vorgesehen hat, gilt das Recht, das zum Zeitpunkt ihrer Wahl nach dem 19. Oktober 1999 in Kraft war. Die Subjekte sind berechtigt, selbständig die Begrenzung der Anzahl der Amtsperioden zu bestimmen, wenn dies vor dem genannten Gesetz geschah. Dies begründet das VerfGRF mit dem Rückwirkungsverbot.[1241]

Die Bestimmung des Art. 108 VerfRT, wie sie nach dem Inkrafttreten des föderalen Gesetzes bis zur Annahme der tatarischen Verfassung am 19. April 2002 war, widersprach der Verfassung der RF nicht und steht der direkten Ausübung und der systemeinheitlichen Lage nach Art. 18 Punkt 5 und Art. 30 des genannten Gesetzes nicht im Wege.[1242] Die Subjekte können selbst entscheiden, ob die vor dem 19. Oktober 1999 begonnenen Amtszeiten angerechnet werden.[1243]

Das tatarische Gesetz, das eine Wiederwahl des Präsidenten der tatarischen Republik für ein weitere Amtsperiode von fünf Jahren ermöglicht, widerspricht der Verfassung der RF nicht und bleibt im Rahmen des genannten Gesetzes.

1239 VKS 2002, Heft 6, S. 8.

1240 Dabei bezieht sich das Verfassungsgericht auf Art. 12 Abs. 2 SubjOrgG in der Fassung vom 24.6.1999.

1241 Uebe, F. (2004). Tendenzen in der Rechtsprechung des Verfassungsgerichts Russlands zu föderalen Problemen. Brunner, G. (Hrsg.) Der russische Föderalismus. Bilanz eines Jahrzehnts. Wiesbaden: 301-324. S. 307.

1242 VKS 2002, Heft 6, S. 15.

1243 Punkt 1 des Tenors.

Das VerfGRF stärkt mit seinem Urteil vom 9. Juli 2002 die Stellung der Subjekte und leistet einen Beitrag zur Abgrenzung der Gesetzgebungskompetenzen zwischen föderaler und regionaler Ebene. Die besonders heikle Frage, ob das höchste Exekutivorgan in den Subjekten öfter als im SubjOrgG vorgesehen, wiedergewählt werden darf, noch dazu, wenn ein Rechtsakt auf Subjektebene dies nach dem Inkrafttreten des genannten föderalen Gesetzes ermöglichte, wurde zugunsten der Subjekte entschieden. Ein interessanter Nebenaspekt ist, dass die Beschwerde hiergegen von Staatsdumaabgeordneten der Föderationsebene erhoben wurde.

Überraschend ist zudem, dass hier die Prinzipien „Bundesrecht bricht Landesrecht" (Föderationsgesetz bricht Subjektverfassung) sowie „Lex posterior derogat legi priori" zum Vorteil der Subjekte durchbrochen werden.

Politisch werden dadurch die Subjektexekutivspitzen gestärkt. Inhaltlich ist die Tatsache, dass ein Präsident eines Subjektes ein zweites Mal gewählt werden kann, demokratisch nicht bedenklich. Dergleichen ist weltweit Usus. Die Rechte der Wähler in den Subjekten wurden gestärkt, weil sie bewährte Politiker wiederwählen konnten. Aus föderaler Sicht und aus Sicht von Minderheiten war dies misslich: Der Entwicklung von Familiendynastien hätte bei Fortdauer der VerfGRF-Entscheidung vorgebeugt werden können. Seit 2004 hat es der Föderationspräsident in der Hand, einen Kandidaten erneut dem Subjektparlament zur Wahl vorzuschlagen oder nicht.

Leider ist diese Entwicklung mit der Verabschiedung des SubjOrgG zurück gedreht worden. So blieben viele Präsidenten bzw. Gouverneure, etwa *Rossel'* im Sverdlovsker Gebiet und *Šajmiev* in Tatarstan, lange an der Macht. Erstaunlich ist dies insbesondere angesichts der anderslautenden föderalen Regelung, die *Putin* nach dem Ende seiner zwei Präsidentschaften 2008 in das Amt des Ministerpräsidenten zwang. Dies legt die Vermutung nahe, dass es sich um eine Kompensation für den Verlust der Direktwahl und die stärkere Ausrichtung der Subjektexekutivspitzen auf die Präsidialadministration handelte.

Inzwischen ist allerdings diese Entscheidung des VerfGRF durch die Änderung des SubjOrgG vom 11. Dezember 2004 konterkariert worden, wonach die Amtsdauer zwar auf fünf Jahre begrenzt bleibt, ein Amtsträger aber unbegrenzt wiedergewählt werden kann.

8.5.8. Die Entscheidung über die Zuständigkeit von Verfassungsgerichten für die Überprüfung der Verfassungsmäßigkeit von Subjektgesetzen

Im Jahr 2003 wandten sich die Parlamente Baškortostans und Tatarstans an das VerfGRF mit dem Antrag festzustellen, dass ordentliche Gerichte nicht über die Verfassungsmäßigkeit von Subjektrecht entscheiden dürften. Diesem Antrag gab das Gericht mit seiner Entscheidung vom 18. Juli 2003[1244] statt. Es hielt die Art. 26, 231 lit. m, 253 ZPGB-RF, die in ihrer Gesamtschau vorsahen, dass ordentliche Gerichte über die Verfassungsmäßigkeit von Subjektgesetzen bestimmen können, für verfassungswidrig und ordnete sogar eine Überprüfung der bisher ergangenen Urteile ordentlicher Gerichte an. Seitdem kann sich der Generalstaatsanwalt nur noch an das VerfGRF wenden. Die Gesetzmäßigkeit von Subjektgesetzen kann weiterhin von ordentlichen Gerichten überprüft werden.
Damit stärkte das VerfGRF eindeutig die Subjekte, indem es den Staatsanwaltschaften Zügel anlegte. Gleichzeitig stärkte es auf diese Weise auch seine eigene Stellung.

8.5.9. Die Gouverneursentscheidung

Am 21. Dezember 2005 erließ das VerfGRF die so genannte Gouverneursentscheidung.[1245] Zunächst ist anzumerken, dass es sich um eine Verfassungsbeschwerde nach Art.125 Abs. 4 VerfRF handelte, nicht etwa um einen Bund-Länder-Streit. Ausgangspunkt war die Amtsenthebung des Gouverneurs des Gebiets Tjumen, *Sobjanin*, am 17. Februar 2005 durch die Duma des Gebiets Tjumen. Der Bürger *Griškevič* hatte beanstandet, dass durch die Änderung des Wahlverfahrens für die Gouverneure von der Direktwahl der Gouverneure zur Wahl durch die Subjektparlamente auf Vorschlag des Föderationspräsidenten in Art. 18 SubjOrgG sein Wahlrecht aus Art. 17, 18, 32 und 55 Abs. 2 VerfRF eingeschränkt würde.[1246]
Es steht zu vermuten, dass die Zurückhaltung der Gouverneure daran lag, dass sie mit ihrem Versuch, das SubjOrgG zu Fall zu bringen, mit der Entscheidung vom 4. April 2002[1247] gescheitert waren.[1248] Die Subjekte haben

1244 VerfGRF Nr. 13-P, VKS 2003, Heft 5, S. 15-29.
1245 Nr. 13-P. VKS 2006, Heft 1, S. 49-72.
1246 VKS 2006, Heft 1, S. 51.
1247 Vgl. 8.5.4. Die *Skuratov-Entscheidung* S. 357.
1248 *Blankenagel* weist daraufhin, dass es auch nach der Novellierung des Bestellgesetzes für den Föderationsrat keine Massenklagen von Subjekten an das VerfGRF gab. Blankenagel, A. (2006). "Skol'ko centralizma vyderžit federativnoe gosudarstvo?" Sravnitel'ne konsititucionnoe obozrenie **55** (2): 153 - 159. S. 158.

bis zum Jahr 2006 *Blankenagel* zufolge kein einziges Normenkontrollverfahren veranlasst.[1249]

Weil es sich um Verfassungsbeschwerden[1250] handelte, beschränkte die Mehrheit der Verfassungsrichter den Prüfungsumfang auf Art. 9 Abs. 4 und 4.1, Art. 19 Abs. 1 lit. b und g sowie Art. 19 Abs. 5, 6, 9 und 11 sowie Art. 29.1 Abs. 3, 3.1, 4 und 6 SubjOrgG.[1251]

Das Gericht zieht als Prüfungsmaßstab die Art. 1, 3, 4 und 15 VerfRF heran.

Weiterhin musste sich das VerfGRF mit dem Grundsatz seiner 1. Altaj-Entscheidung, dass die VerfRF keine unmittelbare Bestimmung zum Verfahren der Wahl des Oberhaupts der Exekutivorgane vorsähe, auseinandersetzen. Aus Art. 32 VerfRF folge, dass das Mandat der Subjektexekutivspitze unmittelbar vom Volk erteilt werde. Damit schrieb das VerfGRF die Direktwahl fest. Das Gericht bezieht sich auch direkt auf diese Entscheidung.[1252]

Um davon abweichen und die Wahl der Subjektexekutivspitzen auf Vorschlag des föderalen Präsidenten rechtfertigen zu können, präsentierte das VerfGRF eine neue Auslegungsmethode: Die Verfassung sei auch von den sie konkretisierenden Gesetzen in einem bestimmten rechtlichen Regelungssystem abhängig.[1253] Aus der Altaj-Entscheidung könne außerdem nicht geschlossen werden, dass eine andere Form von Verleihung der Amtswürde ausgeschlossen sei. Man habe sich in dieser Entscheidung mit anderen Verfahren gar nicht auseinandergesetzt.[1254]

Diese oben bezeichnete Auslegungsmethode stellt nach *Nußberger* „die Grundidee rechtlicher Kontrolle auf den Kopf“. Zutreffend schreibt sie, die „Verfassung ist nicht mehr der Maßstab, an dem die Gesetze gemessen wer-

---

1249 Ebenda. S.158.

1250 Auch *Blankenagel* verweist in seiner Entscheidungsbesprechung auf die Eigentümlichkeit der Verfassungsbeschwerde. Er hätte eher ein Verfahren der abstrakten Normenkontrolle nach Art. 125 Abs. 2 VerfRF erwartet, Blankenagel, A. (2006). "Skol'ko centralizma vyderžit federativnoe gosudarstvo?" Sravnitel'ne konsititucionnoe obozrenie **55** (2): 153 - 159. S. 153.

1251 Nummer 2 des Entscheidungstenors. VKS 2006, Heft 1, S. 64 f.

1252 *Blankenagel* schließt sich auch der Kritik *Jaroslavcevs* an der Abkehr der durchdachten Grundsätze der „Ersten Altaj“-Entscheidung an. Blankenagel, A. (2006). "Skol'ko centralizma vyderžit federativnoe gosudarstvo?" Sravnitel'ne konsititucionnoe obozrenie **55** (2): 153 - 159. S. 154.

1253 Punkt 5 der Entscheidungsgründe, VKS 2006, Heft 1, S. 60.

1254 Nußberger, A. (2007). Das Russische Verfassungsgericht zwischen Recht und Politik. Buhbe, M. / Politkovskaja, A. S. / Gorzka, G. (Hrsg.) Russland heute. Rezentralisierung des Staates unter Putin. Wiesbaden: 215-230. S. 226

den, sondern die Gesetze konkretisieren die Verfassung und bestimmen ihre Auslegung".[1255]

Nun ist es zweifelsohne so, dass Gesetze die Verfassung konkretisieren und die Verfassungspraxis, so wie sie sich entwickelt, einen Einfluss auf die Verfassungsinterpretation haben kann. Aber hier greift das VerfGRF die so hartnäckig gegen die Subjekte verteidigte Normenpyramide und den „Vorrang der Verfassung" in Art. 15 Abs.1 S. 1 VerfRF an. Dies erklärt, warum die VerfRF nicht geändert wird.

Angesichts solcher Überlegungen erscheint die Frage, warum Verfassungsrecht in der RF nicht in der VerfRF geregelt wird, in ganz neuem Licht: Da auch einfaches Gesetzesrecht einen entscheidenden Einfluss auf die Auslegung der VerfRF haben kann, ist eine Regelung in der VerfRF selbst nicht notwendig.

Bei der Frage, ob durch die Neuregelung der Gewaltenteilungsgrundsatz verletzt worden sei, antwortet das VerfGRF, dass das Subjektparlament ein Letztentscheidungsrecht habe. Es blendet dabei offenbar aus, dass das Subjektparlament aufgelöst wird, wenn es den Kandidatenvorschlag dreimal verweigert.[1256]

Diese neuen Kompetenzen des Föderationspräsidenten werden einmal mehr aus seiner Stellung als „Garant der Verfassung" in Art. 80 Abs. 2 S. 1 VerfRF[1257] (hier allerdings nur indirekt) abgeleitet, der die Zusammenarbeit aller Organe garantieren müsse, weil er als Staatsoberhaupt direkt gewählt worden sei. Das ist als Argument ein Zirkelschluss oder reiner Hohn, wenn man zeitgleich die Abschaffung der Direktwahl der Subjektexekutivspitzen absegnet.

Nußberger zufolge ist diese Argumentation der Mehrheit der Verfassungsrichter „juristisch nicht mehr vertretbar" und stellt einen Tiefpunkt der Rechtsprechung dar.[1258] *Pinnell* bewertet die Entscheidung als gegen den Sinn der Verfassung gerichtet und hält es seitdem für diskussionswürdig, ob das VerfGRF

1255 Ebenda.

1256 *Blankenagel* bezeichnet die dritte Ablehnung als potentiell „suizidal". Blankenagel, A. (1999). "About a Made-To-Fit Constitution and an Unfit President in Times of Transformation and Crisis. The Distribution of Power in the Constitution of the Russian Federation." Diritto Pubblico (2): 327-370. S. 346.

1257 In der Entscheidung ist nicht direkt vom „Garanten" die Rede, sondern nur im Zusammenhang mit dem Verweis auf Art. 80 Abs. 2 S. 1 VerfRF erkennbar, dass dies so ist.

1258 Mommsen, M. / Nußberger, A. (2007). Das System Putin. München. S. 123.

nach einem Jahrzehnt seiner Existenz seiner Aufgabe, die VerfRF aufrecht zu erhalten, noch gerecht wird.[1259]
Die oben unter [4.2.6.3][1260] angesprochene Verletzung des Gewaltenteilungsprinzips wird hier vom VerfGRF zugelassen. Die eigene Rechtsprechung der 1. Altai-Entscheidung wird bewusst konterkariert, um dem Präsidenten die Möglichkeit zu geben, „durchzuregieren". Besonders bemerkenswert ist die Demontierung der Verfassung als Spitze der Normenpyramide.
Zu diesem Urteil gibt es zwei Sondervoten der Richter *Jaroslavcev* und *Kononov*. *Jaroslavcev* bezeichnet die Regelung, wonach die Subjektparlamente sich nach Art. 9 Abs. 4 SubjOrgG mit dem Föderationspräsidenten über einen Kandidaten abstimmen, als „demokratische Dekoration"[1261] und weist auf die Zwänge, denen sich das Subjektparlament angesichts seiner drohenden Auflösung bei Ablehnung des präsidentiellen Kandidaten ausgesetzt sieht, hin. Er hält das SubjOrgG wegen Verstoßes gegen Art. 3 und 32 VerfRF für verfassungswidrig.[1262] Abweichend davon weist *Blankenagel* darauf hin, dass der Maßstab des Art. 32 VerfRF zur Überprüfung des SubjOrgG insgesamt verfehlt ist.[1263] Zu Recht stellt er fest, dass man innerhalb eines föderalen Staats nicht die Legitimität des Wahlrechts der föderalen Ebene in die Legitimität des konkreten Teilsubjekts importieren könne, wenn das Wahlrecht für die einzelnen Teilsubjekte speziell geregelt sei.[1264]
Kononov wendet sich zunächst gegen den beschränkten Prüfungsumfang. Ein Gouverneur sei sich jederzeit seiner Abberufbarkeit bewusst und das betreffe auch den Wähler in den Subjekten.[1265] Zudem weist er daraufhin, dass in der Entscheidung vom 4. April 2002 die Verfassungsmäßigkeit des SubjOrgG gerade angesichts der Gesamtheit der Normen bejaht worden sei und legt hier weitere Widersprüchlichkeiten offen. Er geißelt die Abschaffung

---

1259 Pinnell, S. L. (2007). The Russian Constitutional Court: an analysis of its evolution within a developing federal system: xvi, 252 leaves. S. 2. Die Arbeit wurde inzwischen veröffentlicht unter: Pinnell, S. L. (2007). The Russian Constitutional Court: an analysis of its evolution within a developing federal system, University of California Santa Barbara: xvi, 252 leaves.

1260 Vgl. 4.2.6.2 Die Ernennung und Abberufung von Subjektexekutivspitzen durch den Föderationspräsidenten S. 130.

1261 VKS 2006, Heft 1, S. 75.

1262 VKS 2006, Heft 1, S. 75.

1263 Blankenagel, A. (2006). "Skol'ko centralizma vyderžit federativnoe gosudarstvo?" Sravnitel'ne konsititucionnoe obozrenie **55** (2): 153 - 159. S. 153

1264 Ebenda. S. 154.

1265 Punkt 2 des Sondervotums. VKS 2006, Heft 1, S. 65.

der Gouverneurswahlen als Verstoß gegen das in Art. 1 VerfRF verankerte Gebot des demokratischen föderalen Staates.

Als „zynisch“ bezeichnet er das Vorgehen der Richtermehrheit, aus der Stellung des Präsidenten sein Recht abzuleiten, „alle anderen zu ernennen“. Weiterhin erklärt er, es sei unmöglich, den Widerspruch zur Altaj-Entscheidung vernünftig zu erklären. Er verhöhnt die „stürmischen Euphemismen“ die die Richtermehrheit dafür bemühen muss. Er bemerkt, mit der Auslegungsmethode könne man „alles nach Belieben rechtfertigen, aber das werde außerhalb des Rechts sein“. *Kononov* wertet die angegriffenen Normen des SubjOrgG als Verstöße gegen das Wahlrecht aus Art. 32 VerfRF und Art. 55 Abs. 2 VerfRF, wonach keine Gesetze erlassen werden dürfen, die die Grundrechte verletzen (hier ist das Wahlrecht gemeint). Der Verweis auf Art. 55 Abs. 2 VerfRF ist überzeugend. Diese Vorschrift enthält das Verbot des Erlasses von „Gesetzen, welche die Rechte und Freiheiten des Menschen und Bürgers aufheben oder einschränken“. Die Abschaffung der Wahlen für die Subjektexekutivspitze gegenüber dem vorherigen Wahlrecht kann als Einschränkung eines schon vorhandenen Grundrechts im Sinne von Art. 55 Abs. 2 VerfRF aufgefasst werden. *Kononov* bemerkt sarkastisch, das sei verboten, aber möglich.[1266] Er weist weiterhin zutreffend darauf hin, dass das Subjektparlament nur noch der Legitimierung des präsidentiellen Kandidaten diene und dass die Subjektexekutivspitze der föderalen Gewalt komplett unterstünde, so als sei sie ihr Agent. Zudem geißelt er die Unbestimmtheit des Absetzungsgrundes „Vertrauensverlust“.

Kononov beklagt zu Recht, dass der Geist von Demokratie und Föderalismus in der Mehrheitsentscheidung vollkommen fehlten. Einheit der Gesetzgebung, Souveränität seien Kennzeichen des Einheitsstaates. Zudem weist er darauf hin, dass die Empfehlungen der Venedig-Kommission vom Gericht nicht in Betracht gezogen wurden. Er beschließt sein Sondervotum mit Bezug auf Otto *Luchterhandt,* der darauf hinweist, dass etwas Vergleichbares in den USA selbst im Kampf gegen den Terrorismus als klarer Angriff des Präsidenten der USA auf die Verfassung und die föderale Ordnung betrachtet worden wäre.

Blankenagel weist darüber hinaus auf folgende weitere Punkte hin, die für ein Verständnis des russischen Föderalismus seit dem Jahr 2005 unerlässlich erscheinen:

1266 Punkt 4 des Sondervotums, VKS 2006, Heft 1, S. 68.

- Die Verfassung trifft für die Subjekte keine grundsätzliche Entscheidung über ein präsidentielles oder parlamentarisches System.[1267]
- Die Regelungstiefe des SubjOrgG geht über die in Art. 77 Abs. 1 VerfRF vorgesehenen „Grundlagen" weit hinaus. Deshalb ist das SubjOrgG verfassungswidrig.[1268]
- Die praktische Ernennung der Gouverneure und Republikspräsidenten (über das Mittel der drohenden Parlamentsauflösung bei dreimaliger Ablehnung durch das Subjektparlament) und die gleichzeitige Abberufung bei Vertrauensverlust stellten unter föderalistischen Gesichtspunkten einen „föderalen Scherz" dar. Den Subjekten müsse wenigstens die Auswahl ihres Personals erhalten bleiben.[1269]
- Die von der Richtermehrheit vorgenommene Eingliederung der Subjektexekutivspitzen in das System der Einheitsverwaltung platziere den Föderationspräsidenten als Teil der Exekutive, obwohl die Verfassung vorsieht, dass er über den Gewalten stehe.
- Man müsse *Kononovs* Auslegung des Art. 77 Abs. 2 VerfRF beipflichten, wonach nur innerhalb der ausschließlichen Gesetzgebungszuständigkeit der RF und der Vollmachten der RF innerhalb der gemeinsamen Gesetzgebungszuständigkeit das System der Einheitsverwaltung gelte, nicht jedoch innerhalb der Vollmachten der Subjekte innerhalb der gemeinsamen Gesetzgebungszuständigkeit und der ausschließlichen Gesetzgebungszuständigkeit der Subjekte. Dort seien die Verwaltungssysteme getrennt.[1270]
- Man könne die Entscheidung vielleicht gerade noch akzeptieren, wenn ein schwaches Zentrum Maßnahmen gegen starke und unabhängige Subjekte ergreifen, das sei aber angesichts der Entwicklungen der letzten Jahre nicht der Fall.[1271]
- Es habe sich hier um eine Verfassungsbeschwerde gehandelt, obwohl es doch eigentlich ein Massenverfahren der Subjektorgane im Rahmen der Normenkontrolle hätte geben müssen: Die Angst vor einer negativen Reaktion des Zentrums könnten eine Erklärung bieten.[1272]

1267 Blankenagel, A. (2006). "Skol'ko centralizma vyderžit federativnoe gosudarstvo?" Sravnitel'ne konsititucionnoe obozrenie **55** (2): 153 - 159. S. 155.
1268 Ebenda.
1269 Ebenda. S. 156.
1270 Ebenda.
1271 Ebenda. S. 157.
1272 Ebenda. S. 158.

Dem bliebe noch der Gedanke *Zor'kins hinzuzufügen*, dass es nur einer neuen Auslegung und keiner Änderung der VerfRF mehr bedürfe, konsequent weiterdenkt, dann wird eine Anmaßung des Gerichts deutlich, dass sich – im Dienste der „Vertikale der Macht"[1273] – an die Stelle des Verfassungsgebers setzt, was unter dem Gesichtspunkt der Gewaltenteilung bedenklich ist. Verfassungsgerichte können selbstverständlich ihre Rechtsprechung, auch ihre ständige Rechtsprechung ändern. Was an den Gedankengängen beunruhigt, ist die Ausrichtung auf die Wünsche der föderalen Präsidialadministration. Hier wird erneut deutlich, wie fatal es war, dass grundsätzliche Regelungen des Verfassungsrechts in der Verfassung selbst nicht geregelt wurden. Nach *Nußbergers* Ansicht wollten die Verfassungsrichter in ihrer Mehrheit mit der präsidentenfreundlichen Entscheidung ihre „Verbannung"[1274] nach St. Petersburg[1275] vermeiden. Dieses Kalkül ist nicht aufgegangen.

8.5.10. Entwicklungslinien der Rechtsprechung des VerfGRF zum Föderalismus

Bei einer Bewertung von Rechtspositionen des VerfGRF zum Föderalismus sind verschiedene Themenkreise zu unterscheiden. Bei der Thematik „Souveränität" vertrat das VerfGRF durchweg eine Rechtsposition, die den Subjekten jegliche Form von Souveränität abspricht. Dies ist vor dem historischen Hintergrund der Erfahrung des Zerfalls der Sowjetunion verständlich, geht allerdings in eine andere Richtung, als die Tendenzen in anderen Föderationen bzw. läuft entgegen der Tendenz, immer mehr Souveränitätsrechte an supranationale Gebilde abzutreten. Damit ist gemeint, dass auch Nationalstaaten Souveränitätsrechte abtreten und nicht, dass nicht ihren Gliedstaaten im Rahmen einer Föderation Souveränitätsrechte zustehen können. Wie schon an mehreren Stellen angeführt, ist man in der RF grundsätzlich anderer Meinung, obwohl sich auch hier die Wogen im Laufe der Jahre etwas geglättet haben. Dies kann man daran erkennen, dass der RT im Föderalen Vertrag [2007] eine eigene Staatsbürgerschaft sowie Sprachautonomien zugestanden wurden – alles Streitpunkte, die vorher unter Verweis auf die fehlende Autonomie vom föderalen Zentrum bekämpft wurden. Das liegt vermutlich daran, dass die RF nun verstanden hat, dass die RT weder eine Sezession noch Autonomie anstrebt.

1273 Zur „Vertikale der Macht" vgl. die Definition von *Mommsen*, S. 71.

1274 Mommsen, M. / Nußberger, A. (2007). Das System Putin. München. S. 123.

1275 Der Sitz des VerfGRF wurde mit Wirkung vom 12. Mai 2008 von Moskau nach St. Petersburg verlegt.

Mitunter stärkte das Gericht die Stellung der Subjekte, in dem es etwa feststellt, dass ordentliche Gerichte nicht über die Verfassungsmäßigkeit von Subjektgesetzen entscheiden können oder es stellte gewisse Mindestgarantien auf wie in der Bundeszwang-Entscheidung.
Im Wesentlichen verhinderte das Gericht jedoch alle Korrekturen des SubjOrgG zu Gunsten der Subjekte. Die Richter hatten darüber hinaus keine Einwände gegen Maßnahmen des Bundeszwangs. Dabei wurden ihre Entscheidungen durch die tatsächliche Stärkung der „Vertikale der Macht"[1276] noch überholt. Das VerfGRF bestand auf einer weitgehenden Homogenisierung der Subjektorgane in der 1. Altaj-Entscheidung.
Daneben erklärt das Gericht in ständiger Rechtsprechung die für das Subjekt vorteilhafteren Regelungen der föderalen Verträge für unwirksam.[1277] Dies hängt damit zusammen, dass es zur Vereinheitlichung des Rechts beitragen will und auf dem Vorrang der Verfassung besteht. Insofern ist das Gericht mit seiner ablehnenden Rechtsprechung hinsichtlich möglicher Souveränität von Subjekten konsistent.
Angesichts der fortschreitenden Stärkung der Zentrale durch die Politik der „Vertikale der Macht" wird das Gericht zukünftig immer weniger über Konflikte zwischen föderalen Ebenen zu befinden haben.

8.6. Das VerfGRF als Akteur zwischen Zentrum und Regionen

Der Präsident schlägt nach Art. 83 lit. e VerfRF die Richter des VerfGRF vor, die vom Föderationsrat zu wählen sind. Da Vertreter der Subjekte im Föderationsrat (Senatoren) zur Hälfte von Gouverneuren entsandt werden, die die Wähler in den Subjekten nicht mehr direkt wählen dürfen, ist der Einfluss des Präsidenten auf die Auswahl der Verfassungsrichter gestiegen.[1278]
Das Gericht ist mit 19 Verfassungsrichtern besetzt. Gegenwärtig ist der umstrittene Richter *Zor'kin* Präsident des VerfGRF. *Zor'kin* prägte das Image des VerfGRF gerade in seiner frühen Phase. Im Februar 1993 sprach er sich gutachterlich öffentlich für ein von *El'cin* befürwortetes, vom Obersten Sowjet

1276 Zur „Vertikale der Macht" vgl. die Definition von *Mommsen*, S. 71.

1277 Uebe, F. (2004). Tendenzen in der Rechtsprechung des Verfassungsgerichts Russlands zu föderalen Problemen. Brunner, G. (Hrsg.) Der russische Föderalismus. Bilanz eines Jahrzehnts. Wiesbaden: 301-324. S. 324.

1278 Zum Zustand vor *Putins* Amstantritt vgl. Blankenagel, A. (1999). "About a Made-To-Fit Constitution and an Unfit President in Times of Transformation and Crisis. The Distribution of Power in the Constitution of the Russian Federation." Diritto Pubblico (2): 327-370. S. 348.

gefürchtetes Moratorium des Referendums ohne Rückendeckung des Verfassungsgerichts aus.[1279] Nach der oben genannten Stellungnahme suspendierte wiederum *El'cin* mit Dekret die Tätigkeit des VerfGRF. Zur Begründung führte *El'cin* an, das Gericht könne seine eigenen Funktionen nicht ausüben. Als „wahrhaft russisches Gericht, beschloss das Verfassungsgericht die Diagnose des Doktors *El'cin* nicht anzuzweifeln und nahm von der Befassung mit politischen und allen anderen Verfahren Abstand."[1280] Das VerfGRF wurde 1995 nach Verabschiedung des Verfassungsgerichtsgesetzes der RF neu besetzt. Vorsitzender wurde *Tumanov*. Es folgten die oben zitierten Entscheidungen bis zu *Tumanovs* Pensionierung nach Vollendung des 70. Lebensjahres. Danach wurde *Baglaj* der neue Vorsitzende. Während das Gericht häufig damit zu kämpfen hatte, dass seine Entscheidungen von den Subjekten ignoriert wurden[1281], demontierte es seine Stellung als Mediator zwischen dem Zentrum und den Regionen seit *Putins* Amtsantritt.

Da es keine institutionellen Vorläufer gab, kann die Entwicklung des Verfassungsgerichts *Blankenagel* zufolge als Selbstkonstruktion von Identität verstanden werden.[1282] Er geht davon aus, dass die Verfassungsgerichte mit anderen Verfassungsinstitutionen interagieren.[1283] Obwohl zu Beginn seiner Tätigkeit dem Gericht wenig Vertrauen entgegengebracht wurde, änderte sich dies, als politische Akteure, vor allem Abgeordnete der Staatsduma einerseits und „einfache" Bürger andererseits begannen, sich an das Gericht zu wenden.[1284] Das Gericht hatte zu Beginn wenige Freunde: Von der Seite der konservativen Eliten wurde es als zu progressiv angesehen. Zudem hatte es Schwierigkeiten damit, die Neutralität zwischen als „pro-präsidentiellen" und „pro-parlamentarischen" wahrgenommenen Entscheidungen zu wahren.[1285]

Als Grund für eine schwache Stellung des Gerichts führt *Pinnell* an, dass es dem VerfGRF nicht gelungen sei, die „legitime Autorität" zu entwickeln, die ein Verfassungsgericht benötige, damit seine Entscheidungen respektiert

---

1279 Mommsen, M. / Nußberger, A. (2007). Das System Putin. München. S. 120.

1280 Blankenagel, A. (1994). "Rossijskij Konstitucionnyj Sud – videnie sobstvennogo statusa." Konstitucionnoe pravo – vostočno-evropejskoe obozrenie **2** (7): 32-36. S. 32.

1281 Pomeranz, W. (1997). "The Russian Constitutional Court's Interpretation of Federalism." Journal of East European Law (4). 9-48. S. 40.

1282 Blankenagel, A. (2000). "Constructing and Defending One's Self: Some Thoughts concerning the Identity of Constitutional Courts." Tel Aviv University Studies in Law **15**: 23-49. S. 24.

1283 Ebenda. S. 27 f.

1284 Ebenda. S. 36.

1285 Ebenda. S. 38.

würden.[1286] Weil sich das VerfGRF als Hüterin der Verfassung zwischen dem angebotenen Modell der Verfassungsföderation gegenüber der Vertragsföderation naturgemäß für das zentrale Modell der Verfassungsföderation entschied, habe es viel Rückhalt in den Subjekten verloren.[1287] *Blankenagel* bestimmt das Jahr 1993 als diesen Zeitpunkt.[1288]

Die Haltung des VerfGRF wechselte. Im Gegensatz zu anderen Verfassungsgerichten, die neu gegründet wurden und versuchten, die Verfassung erweiternd auszulegen, hielt sich das VerfGRF zu Beginn seiner Tätigkeit relativ eng am Wortlaut und begründete über die Verfassung selbst hinaus keine neuen Verfassungsprinzipien.[1289] Dies mag nur für den staatsorganisationsrechtlichen Bereich gelten.

Denn *Trochev* argumentiert dagegen, dass das Gericht im Bereich des Grundrechtsschutzes verschiedenen verfassungsmäßige Rechte, wie die Vertragsfreiheit begründete und den Rechtsweg über das VerfGGRF hinaus für Ausländer, Gesellschaften, staatliche Betriebe, Kommunen und den Generalstaatsanwalt eröffnete und die Verfassungsprinzipien der Verhältnismäßigkeit und Fairness einführte.[1290]

Pinnell argumentiert, dass andere Verfassungsgerichte, die in ähnlicher Zeit und unter vergleichbaren Umständen gegründet wurden, etwa das ungarische VerfG und das südafrikanische VerfG, wesentlich mutiger agierten. Als Erklärung für die vergleichsweise Zurückhaltung des VerfGRF stellt sie die These auf, dass das Gericht – wie alle anderen Gerichte in der RF auch – keine Mittel für die Umsetzung seiner Entscheidungen habe und sich deshalb immer auf seine eigene Legitimation berufen müsse.[1291] Hinzu kam der Legitimationsverlust nach der Stilllegung durch *El'cin*, die auf das Vorpreschen des damaligen und heutigen Gerichtspräsidenten *Zor'kin* folgte.[1292] Noch zu

---

1286 Pinnell, S. L. (2007). The Russian Constitutional Court: an analysis of its evolution within a developing federal system: xvi, 252 leaves. S. 208

1287 Ebenda. S. 209.

1288 Blankenagel, A. (2000). "Constructing and Defending One's Self: Some Thoughts concerning the Identity of Constitutional Courts." Tel Aviv University Studies in Law **15**: 23-49. S. 39 f.

1289 Pinnell, S. L. (2007). The Russian Constitutional Court: an analysis of its evolution within a developing federal system: xvi, 252 leaves. S. 3.

1290 Trochev, A. (2008) . Judging Russia, New York, Melbourne, Madrid, Capetown, S. 288.

1291 Ebenda. S. 4 f.

1292 Auch *Blankenagel* erwähnt, dass die Verfassungsrichter nicht immer einen Sinn für die symbolische Distanz zu anderen politischen Akteuren zeigten, die eine Voraussetzung für die Unabhängigkeit jedes Gerichtssystems sind. Blankenagel, A. (2000). "Constructing and Defending One's Self: Some Thoughts concerning the

Beginn seiner Tätigkeit stärkte das VerfGRF häufig das föderale Parlament gegen teilweise willkürliche Akte des Föderationspräsidenten *El'cin*.[1293] *Trochevs* Einschätzung zufolge votierte das Gericht bei den Föderalismus betreffenden Entscheidungen gegen *El'cins* Intentionen und ebnete den Weg für *Putins* Reformen.[1294]

Beginnend mit der Zurückweisung des regionalen Konzepts der Souveränität stellte sich das VerfGRF auf die Seite des Zentrums.[1295] Spätestens seit *Putins* Machtantritt hat das VerfGRF mit seinen Entscheidungen an Legitimität verloren.[1296] Mit den Mehrheitsentscheidungen, die das SubjOrgG für verfassungsmäßig hielten, schwenkte das VerfGRF endgültig auf einen für Präsident *Putin* freundlichen Kurs ein. Weder Subjekte noch Föderationsrat scheinen im VerfGRF eine Instanz zur Durchsetzung ihrer Interessen gegen das föderale Zentrum zu sehen.

Die zentrumsfreundliche Haltung lässt sich jedoch nicht stringent aus der Herkunft und dem Werdegang der Verfassungsrichter ableiten:[1297] Nur zwei Richter kommen ursprünglich aus Moskau, zwei weitere sind seit zwanzig Jahren in der Kapitale. Es gibt Richter und Richterinnen finnischer, belorussischer, dagestanischer Herkunft. Drei Richter kommen aus St. Petersburg, zwei aus Jekaterinburg, zwei aus Rostow. Mit *Ebzeev* gibt es auch einen Richter, dessen Familie in den stalinistischen Jahren deportiert worden war.

Mit dem Umzug des VerfGRF nach St. Petersburg am 12. Mai 2008 wurde das Gericht symbolisch aus der Nähe der Macht verbannt. Dies wird in einer dezentralisierten Föderation nicht als negativ betrachtet, wie der Sitz des Bundesverfassungsgerichts in Karlsruhe zeigt. Der Ansicht von *Nußberger* zufolge lässt sich ein Umzug von der Moskva an die Neva jedoch nicht mit dem Umzug von Berlin nach Leipzig (BVerwG) oder von Kassel nach Erfurt (BAG) vergleichen. Machtpolitisch beginne außerhalb des Sadovoe Kol'co, des Gartenrings in Moskau, Sibirien. Deshalb sei auch der Widerspruchsgeist des Gerichts nunmehr wachgerüttelt worden. Obwohl den Richtern luxuriöse Dienstwohnungen und dem Gericht ein prachtvolles Gebäude im Zentrum

---

Identity of Constitutional Courts." Tel Aviv University Studies in Law **15**: 23-49. S. 40f.

1293 Vgl. Die zitierten Fallstudien bei Ebenda. S. 36 – 38.

1294 Trochev, A. Judging Russia, New York, Melbourne, Madrid, Capetown, 2008, S. 289.

1295 Pinnell, S. L. (2007). The Russian Constitutional Court: an analysis of its evolution within a developing federal system: xvi, 252 leaves. S. 150.

1296 Ebenda. S. 152.

von St. Petersburg zur Verfügung gestellt wurden, wehrte sich das Gericht mit allen ihm zur Verfügung stehenden Mitteln gegen den Umzug.[1298]
Nußberger beschreibt den Einflussverlust drastisch: „Da die Institutionen Staatsduma, Föderationsrat, Regierung und auch die Republiken gleichgeschaltet sind, werden politisch und gesellschaftlich wichtige Fragen nicht mehr von den Akteuren des politischen Prozesses, sondern, wenn überhaupt, nur mehr von einzelnen Bürgern oder Bürgervereinigungen dem Verfassungsgericht zur Entscheidung unterbreitet. Wie der Rechtsstaat, so wird auch das Verfassungsgericht zur Nebensache."[1299]
Pinnell bemerkt sehr zutreffend, dass die Ausklammerung des VerfGRF aus der Neukonzeption der „Vertikale der Macht[1300]" symbolisch für seine Stellung im politischen System sei.[1301]
Ob Nr. 3 PrFöd angesichts der Rechtsprechung des VerfGRF noch als erfüllt angesehen werden kann, ist zweifelhaft.
Dieser Befund charakterisiert viel mehr als der Umzug nach St. Petersburg den Verlust des Einflusses des VerfGRF als Akteur und Mediator in den Beziehungen zwischen Zentrum und Regionen. Auch die Subjekte scheinen sich des VerfGRF nicht mehr zu bedienen, um ihre Stellung, sei es auch nur marginal, zu verbessern. Gleichzeitig könnte dies auch daran liegen, dass entscheidende politische Weichenstellungen – die Entmachtung des Föderationsrats, die Neuordnung des Staatsaufbaus der Subjekte, die Änderungen beim Wahlrecht 2007 – schon geschehen sind, ohne dass das VerfGRF angesichts der zentrumsfreundlichen Entscheidungen der beiden Parlamentskammern zu Gunsten der Subjekte hätte eingreifen können. Im Machtpoker wirkt ein Gericht, das nicht einmal seine eigene Position gegenüber dem Staatsoberhaupt absichern kann, zudem nicht als einflussreicher Akteur.
Diese Entwicklung bezeichnet auch einen Zustand, in welchem informale Beziehungen in den ersten beiden Gewalten so weit gediehen sind, dass eine Klärung dringender Fragen des Staatsorganisationsrechts durch die dritte Gewalt nicht mehr zur politischen Kultur gehört.

1297 VerfGRF. (2008). "Sud'i Konstitucionnogo Suda." Letzter Zugriff 05.09.2008, from http://www.ksrf.ru/about/judge/ks/index.htm.
1298 Mommsen, M. / Nußberger, A. (2007). Das System Putin. München. S. 123 f.
1299 Ebenda. S. 122 f.
1300 Zur „Vertikale der Macht" vgl. die Definition von *Mommsen*, S. 71.
1301 Pinnell, S. L. (2007). The Russian Constitutional Court: an analysis of its evolution within a developing federal system: xvi, 252 leaves. S. 153.

9. Die Beziehung einzelner Subjekte zum föderalen Zentrum

Das folgende Kapitel behandelt die Beziehungen zweier Subjekte zum föderalen Zentrum detaillierter: die der Republik Tatarstan und die des Sverdlovsker Gebiets. Vorangestellt werden jedoch die inzwischen allgemein für alle Subjekte verbindlichen Regeln zum Staatsaufbau und zur Amtsenthebung der Subjektexekutivspitze. Danach werden die Republik Tatarstan und danach das Sverdlovsker Gebiet mit ihrer Geschichte, Verfassung, dem jeweiligen föderalen Vertrag, dem Staatsaufbau, der Rechtsprechung des Verfassungs- bzw. Statutengerichts, dem Beitrag zur föderalen Gesetzgebung und dem föderalen Finanzausgleich vorgestellt. Im Anschluss daran wird ein Vergleich der beiden Subjekte vorgenommen.

9.1. Der Staatsaufbau der Subjekte

Nach Art. 77 Abs. 1 VerfRF bestimmen die Subjekte selbstständig ihren Staatsaufbau. Jedoch legt das SubjOrgG die Kompetenzen von Exekutive und Legislativorganen der Subjekte detailliert fest. Demgemäß ist in allen Subjekten ein System von Exekutivorganen zu errichten, an dessen Spitze eine gemeinsame Führung steht.[1302]

Das SubjOrgG macht den Subjekten allerdings enge Vorgaben. Es bestimmt die Kompetenzen des Subjektparlaments sowie der Subjektexekutive. Dabei haben verschiedene Subjekte durchaus einen unterschiedlichen Staatsaufbau: Parlamente mit einem Einkammersystem oder Parlamente mit zwei Kammern. So hat Tatarstan ein Parlament mit einem Einkammersystem, während das Sverdlovsker Gebiet ein Parlament mit Ober- und Unterhaus hat.

Der Subjektspräsident bzw. der Subjektsgouverneur können seit der Änderung des Art. 18 Abs. 5 SubjOrgG unbegrenzt wiedergewählt werden, allerdings auf Vorschlag des Föderationspräsidenten für eine Amtszeit von nicht mehr als 5 Jahren. Dies widerspricht der oben analysierten Entscheidung des

1302 Zacharov, A. (2003). Die regionalen Parlamente im postoswjetischen Russland – Bilanz eines Jahrzehnts. Bos, E. / Mommsen, M. / Steinsdorff, S. v. (Hrsg.) Das russische Parlament. Wiesbaden: 249-268. S. 265.

VerfGRF vom 9. Juli 2002. Man kann das als Kompensation für den jederzeit drohenden Machtverlust der Gouverneure durch Amtsenthebung sehen.[1303]

9.2. Die Entwicklung der regionalen Parlamente

Im Gegensatz zur föderalen Ebene waren die Bedingungen für eine demokratische Entwicklung in den Parlamenten seit Beginn der neunziger Jahre wesentlich besser, denn der demokratischen Opposition fiel es auf Provinzebene leichter, es mit den Angehörigen der ehemaligen Nomenklatura aufzunehmen. Dies begann mit den kompetitiven und relativ freien Wahlen im März 1990.[1304] Die darauf folgende Periode war vom Zusammenbruch der KPdSU 1991 und Reibereien der regionalen Parlamente mit dem Föderationspräsidenten *El'cin* geprägt. So leisteten die Regionalparlamente Widerstand gegen dessen radikale Wirtschaftsreformen.[1305] Die nächste Periode brach mit der Verabschiedung der VerfRF im Dezember 1993 an. Die bisherigen Sowjets wurden aufgelöst und durch regionale Parlamente ersetzt. Einerseits hatten sich die aufgelösten Sowjets bereits emanzipiert, andererseits arbeiteten die regionalen Abgeordneten ehrenamtlich und weniger effizient als die regionalen Verwaltungen und enttäuschten so teilweise das Vertrauen ihrer Wähler.[1306] Es mangelt an Professionalität obwohl Art. 4 Abs. 5 SubjOrgG bestimmt, dass ein Subjektgesetz die Anzahl der professionell arbeitenden Abgeordneten festlegt.

Zacharov glaubt, dass die Subjektparlamente, die nach der Verabschiedung der VerfRF gewählt wurden, auch heute nicht effizienter arbeiten als ihre Vorgänger Anfang der neunziger Jahre. Dafür macht er die „Wahlmonarchie" verantwortlich: Sowohl auf föderaler als auch auf Subjektebene bestünde ein Übergewicht der Exekutive.[1307] Andererseits verfügen die Abgeordneten auf regionaler Ebene *Zacharov* zufolge über mehr Kompetenzen als auf föderaler Ebene. Sie können das Regierungsprogramm überprüfen oder einzelne Rechtsakte des Exekutivchefs außer Kraft setzen.

1303 Zum Auf und Ab der Subjektexekutivspitzen vgl. oben 3.2.5. Die Studie von *Blakkisrud* S. 86.

1304 Zacharov, A. (2003). Die regionalen Parlamente im postoswjetischen Russland – Bilanz eines Jahrzehnts. Bos, E. / Mommsen, M. / Steinsdorff, S. v. (Hrsg.) Das russische Parlament. Wiesbaden: 249-268. S. 249.

1305 Ebenda. S. 250

1306 Ebenda. S. 250.

1307 Ebenda. S. 251.

Im Hinblick auf die Verabschiedung des SubjOrgG, dessen Artikel 9 die Entlassung des Subjektparlaments durch die Subjektexekutivspitze und durch den Föderationspräsidenten vorsieht, liegt die Frage auf der Hand, warum sich die Subjektparlamente nicht heftiger gegen die Verabschiedung dieser Regelungen gewehrt haben. Denn eigentlich hatten die Subjektparlamente eine bessere Lage als die Gouverneure und Republikspräsidenten, weil sie nur in Fällen von schwerwiegenden Verfassungsverstößen aufgelöst werden können und nicht im Fall eines Vertrauensverlusts. Da sie nur wegen Verfassungsverstoßes aufgelöst werden können und ihnen zumindest der Rechtsweg eröffnet ist, sahen sich die Subjektparlamentarier weniger bedroht. Ganz offensichtlich gelang es ihnen nicht, Mehrheiten gegen das Gesetz zu mobilisieren. Auch hierfür dürfte die Kürze der Zeit bei der Verabschiedung der Gesetze und die Auslastung mit der Anpassung der Subjektgesetzgebung an die föderalen Vorgaben ein ausschlaggebendes Moment gewesen sein. Das Parlament Adygejas zog daraus die Konsequenz und wandte sich an das VerfRF, woraufhin die Bundeszwang-Entscheidung[1308] erging.

9.3. Die Regelungen des SubjOrgG

Trotz seines titelgebenden Anspruchs, nur die Grundprinzipien zu regeln, enthält das SubjOrgG weitgehende Regelugen über den verfassungs- bzw. statutenmäßigen Aufbau der Subjekte sowie auch über die staatsorganisationsrechtlichen Interaktionen zwischen den Verfassungs- bzw. Statutenorganen der Subjekte. Diese Vorschriften über die Wechselbeziehungen sollen nachfolgend näher untersucht werden.

9.3.1. Das Zusammenwirken föderaler und Subjektorgane nach Art. 23 SubjOrgG

Art. 23 SubjOrgG ist mit „Grundlagen des Zusammenwirkens des gesetzgebenden (Vertretenden) Staatsorgans des Subjekts der RF und der Organe der vollziehenden Gewalt des Subjekts der RF“ überschrieben. In Art. 23 Abs. 1 SubjOrgG 1 wird postuliert, dass wegen der von der Verfassung garantierten Gewaltenteilung die Organe der gesetzgebenden (vertretenden) und vollziehenden Gewalt ihre Befugnisse selbstständig ausüben. In Art. 23 Abs. 2 SubjOrgG wird erklärt, dass sie innerhalb der durch das Subj-

1308 Vgl. 8.5.6. Die Entscheidung zur Auflösung der Subjektparlamente (Bundeszwang-Entscheidung) S. 363 ff.

OrgG aufgestellten Ordnung im Rahmen der Wirtschafts- und Sozialpolitik zusammenwirken können. Dies ist eine Staatszielbestimmung ohne Rechtsfolgen bei deren Verletzung, die – wie überhaupt viele Normen in diesem Gesetz – rein deklaratorischen Charakter hat. Art. 23 Abs. 3 SubjOrgG bestimmt, dass die Normativakte des obersten Vollzugsorgans bzw. des Exekutivchefs dem Parlament innerhalb der von der Verfassung (dem Statut) des Subjekts aufgestellten Frist zugeleitet werden müssen.

Art. 23 Abs. 4 SubjOrgG zufolge kann sich das Gesetzgebungsorgan des Subjekts mit Vorschlägen, Änderungsanträgen oder Ergänzungen zu den Normativakten des obersten Vollzugsorgans oder des Exekutivchefs an diesen wenden oder gegen diese beim VerfGRF Antrag auf Prüfung der Verfassungsmäßigkeit einreichen. Hier werden interessante Wechselbeziehungen hergestellt. Selbstverständlich kann das Parlament die Normativakte der Exekutive nicht kassieren, aber es kann sie beanstanden, wenn es sie für verfassungswidrig hält oder diese Frage vor das VerfGRF bringen. Dabei ist interessant, dass in diesem föderalen Gesetz das *VerfGRF* dafür zuständig erklärt wird, obwohl dieser Organstreit innerhalb des Subjekts ja vor dem Verfassungs- oder Statutengericht des Subjekts ausgetragen werden könnte. Das Organstreitverfahren zwischen Subjektorganen ist in Art. 125 Abs. 3 lit. v VerfRF dem VerfGRF zugewiesen. Auch hier bestimmt Art. 25 SubjOrgG, dass auch in den Subjektverfassungen und Subjektgesetzen Verfahren für einen Organstreit vorgesehen werden können. Art. 89, 90 des tatarischen Verfassungsgerichtsgesetzes sehen überdies die Zuständigkeit des tatarischen Verfassungsgerichts für den Organstreit zwischen dem tatarischen Präsidenten und dem tatarischen Parlament vor.

Die Verfassungs- und Statutengerichte sind demnach für die Entscheidung aller Fragen, die in den Bereich der ausschließlichen Gesetzgebungszuständigkeit der Subjekte fallen, zuständig.

Art. 23 Abs. 5 SubjOrgG sieht eine beinahe identische Regelung für das Exekutivorgan vor: Es darf sich genau so an das Gesetzgebungsorgan mit dem Vorschlag von Änderungen oder/und Ergänzungen von Gesetzgebungsakten wenden oder deren gerichtliche Überprüfung verfolgen. Art. 23 Abs. 6 SubjOrgG verpflichtet die Gesetzgebungsorgane, ihre Gesetzgebungsprojekte den Exekutivorganen zuzuleiten, mit dem Ziel einer besseren Zusammenarbeit.[1309] Die Leiter der Exekutivorgane dürfen laut Absatz 7

1309 Išekov, K. A. / Tjurin, P. J. [Hrsg.] (2006). Kommentarij k federal'nomu zakonu "Ob obščich principach organisacii zakonodatel'nych (predstavitel'nych) i ispolnitel'nych

an den Sitzungen der einzelnen Parlamentsorgane teilnehmen. Desgleichen dürfen dies Beauftragte der Parlamentsorgane oder Mitarbeiter des Parlamentsapparats bei den Sitzungen der Exekutivorgane.
Hier werden wieder *Checks* eingebaut, um eine Kooperation zwischen den Gewalten zu gewährleisten. Die Gewaltenteilung ist dadurch nicht beeinträchtigt, da ein Informationsrecht nicht in die Ausübung der Kompetenz der jeweils anderen Gewalt eingreift. Irgendwann müssen die Normativakte schließlich veröffentlicht werden. So soll wahrscheinlich auch durch Gedankenaustausch und gegenseitige juristische Hilfe der Organe die Qualität der Rechtssetzung[1310] gehoben werden. Ein Nebengedanke ist sicher, dass die verschiedenen Gewalten, die einander überwachen und vor allem die Verfassungsmäßigkeit des Handelns des anderen Organs kontrollieren, (einander sogar wechselseitig innerhalb bestimmter Verfahren nach Art.9 und 19 SubjOrgG absetzen oder auflösen können), möglichst frühzeitig informiert werden sollen.
Von der Rechtssetzungstechnik her ist interessant, dass erst die Kompetenz zu Änderungsvorschlägen etc. in den Absätzen 4 und 5 geregelt wird, bevor die Art der Informationsbeschaffung (Teilnahme an den Sitzungen und Zuleitung der Normativakte) in den drei folgenden Absätzen bestimmt wird.
Der ganze Artikel gibt Leitlinien für die Geschäftsordnungen bzw. für den gegenseitigen Umgang der obersten Staatsorgane der Subjekte miteinander vor. Auch dies ist vom Standpunkt der Zuständigkeitsnormen bedenklich. Vermutlich sind die Regelungen deshalb so allgemein und deklaratorisch formuliert, weil die Zuständigkeit für das föderale Gesetz in Art. 77 Abs. 1 SubjOrgG nur die Regelung allgemeiner Prinzipien zulässt.[1311] Wahrscheinlich wurde der föderale Gesetzgeber von der Sorge angetrieben, die Subjekte seien nicht in der Lage, die Rechtsbeziehungen zwischen ihren

organov gosudarstvennoj vlasti sub"ektov Rossijskoj Federacii", Online Sistema Garant // Datenbank. Art. 23.

1310 Auf die geringe Qualität der Gesetzgebungsakte in den Subjekten wurde in mehreren Interviews sowohl von Wissenschaftlern in Moskau als auch in der Provinz hingewiesen: In Interviews der Verfasserin mit *Varlamova* am 29. April 2004 in Moskau, *Avtonomov* am 11. Mai 2004 in Moskau, *Jagudin* am 24. Mai 2004 in Kasan, Professor *Salikov* am 31. Mai 2004 in Jekaterinburg und *Bersin* am 1. Juni 2004 in Jekaterinburg führten die Interviewten auf dies als Problem an.

1311 Diese Passagen des Gesetzes stellen somit das Gegenteil der sonstigen Regelungstiefe dar, deretwegen die Verfassungsmäßigkeit des Gesetzes bezweifelt wird. Blankenagel, A. (2006). "Skol'ko centralizma vyderžit federativnoe gosudarstvo?" Sravnitel'ne konsititucionnoe obozrenie **55** (2): 153 - 159. S. 155.

obersten Verfassungsorganen verfassungsgemäß zu gestalten. Eine Änderung ist wünschenswert.

9.3.2. *Die Teilnahme der Subjektparlamente bei der Bildung der Exekutivorgane nach Art. 24 SubjOrgG*

Art. 24 SubjOrgG hat die Teilnahme der Legislativorgane bei der Bildung der Exekutivorgane wie den Misstrauensantrag gegenüber der Subjektexekutivspitze (Republikspräsident oder Gouverneur) zum Inhalt. Das Gesetzgebungsorgan kann nach Art. 24 Abs. 1 SubjOrgG an der Ernennung oder Bestätigung einzelner Amtspersonen der Regierung des Subjekts sowie der Ernennung der Leiter der Gebietsorgane in den im föderalen Gesetz vorgesehenen Fällen mitwirken. Allen Amtspersonen, an deren Ernennung oder Bestätigung es beteiligt war, kann das Gesetzgebungsorgan das Misstrauen aussprechen, wenn nichts anderes in der Subjektsverfassung oder im Statut des Subjekts vorgesehen ist. Diejenigen Amtspersonen, denen das parlamentarische Misstrauen ausgesprochen wurde, sind zeitnah von ihrem Amt zu abzuberufen. Die Vorschrift ist ihrem Wortlaut nach nicht auf die vom Präsidenten ernannte Subjektexekutivspitze anwendbar.

Dies erscheint selbstverständlich: Wer berufen wird – und das Subjektparlament kann die Subjektexekutivspitze nicht ernennen, dies tut der Präsident -, kann vom gleichen Organ auch wieder abberufen werden.

Hier hat sich der föderale Gesetzgeber womöglich auf die Regelung der Grundprinzipien zurückgezogen und nimmt Regelungen der Subjektgrundgesetze hin, sofern sie dem Geist des SubjOrgG entsprechen.

In seiner Zweiten Altaj-Entscheidung[1312] stellte das VerfGRF fest, dass Art. 24 SubjOrgG verfassungsgemäß ist.

9.3.3. *Das Organstreitverfahren nach Art. 25 SubjOrgG*

Art. 25 SubjOrgG reguliert das Organstreitverfahren zwischen den einzelnen Verfassungs- bzw. Statutenorganen der verschiedenen Gewalten. Dabei wird lakonisch festgestellt, dass entstandene Streitigkeiten zwischen dem Gesetzgebungs- und dem Vollzugsorgan in der dafür von der VerfRF, der Subjektsverfassung (dem Statut) und Subjektsgesetzen vorgesehenen Ordnung von den Gerichten entschieden werden. Damit ist gemeint, dass bei Konflikten zwischen Subjektexekutive und Subjektparlament eine Vermittlungskommission gebildet werden kann. Gleichzeitig können die Subjekte in den Gesetzen

1312 Vgl. 8.5.5. Die Zweite Altaj-Entscheidung S. 359 ff.

über ihr Verfassungs- oder Statutengericht ein Organstreitverfahren regeln, wie es Tatarstan in Art. 89, 90 des tatarischen Verfassungsgerichtsgesetzes getan hat. Daneben können sich die Subjektorgane für das Vermittlungsverfahren nach Art. 85 Abs. 1 VerfRF an den Präsidenten wenden.[1313] Beim Scheitern des Verfahrens kann dann nach Art. 93 Abs. 2 VerfRF das VerfGRF angerufen werden.

9.3.4. Die Verantwortlichkeit der Subjektorgane nach Art. 26 SubjOrgG

Art. 26 SubjOrgG legt die Verantwortlichkeit für die Verletzung der Gesetzgebung der Subjekte fest. Zunächst wird postuliert, dass alle innerhalb der Zuständigkeit des jeweiligen Organs erlassenen Normativakte durch alle auf dem Gebiet des Subjekts handelnden Staatsorgane und Einrichtungen, gesellschaftlichen Vereinigungen und Amtspersonen und Bürger auszuführen sind. Die Nichtausführung zieht die Verantwortung nach den in den jeweiligen Bundes- und Subjektgesetzen vorgesehenen Bestimmungen nach sich.

Außergewöhnlich ist, dass der föderale Gesetzgeber diese Selbstverständlichkeit überhaupt regelt. Dazu kommt noch, dass er hier einmal mehr die Umsetzung der Rechtsnormen der Subjekte in den Subjekten normiert. Er scheint den Rechtsnihilismus in den Subjekten zu fürchten und bekämpfen zu wollen. Hierfür fehlt ihm die Gesetzgebungszuständigkeit. Dass er noch die Beachtung des föderalen Rechts sanktioniert, mag noch angehen, aber durch diese ausführliche Regelung der Vorschriften für Subjektnormen überschreitet er die Grenzen der allgemeinen Prinzipien doch deutlich.

Nach Art. 9 Abs. 2 SubjOrgG kann die Subjektexekutivspitze das Parlament auflösen, wenn dieses einen Rechtsakt annimmt, der die Verfassung der Föderation oder föderale Gesetze verletzt, die innerhalb der ausschließlichen Gesetzgebungszuständigkeit der RF oder der gemeinsamen Gesetzgebungszuständigkeit erlassen wurden, die Verletzung durch das zuständige Gericht festgestellt wurde sowie das Parlament die Rechtsverletzung in den sich anschließenden 6 Monaten nach dem Urteil oder einer anderen von dem Gericht gesetzten Frist beendet wurde. Art. 9 Abs. 3 SubjOrgG legt fest, dass diese Entscheidung der obersten Exekutivperson in Form eines Dekrets oder einer Verordnung erfolgen muss. Die Subjektexekutivspitze kann nach

1313 Išekov, K. A. / Tjurin, P. J. [Hrsg.] (2006). Kommentarij k federal'nomu zakonu "Ob obščich principach organisacii zakonodatel'nych (predstavitel'nych) i ispolnitel'nych organov gosudarstvennoj vlasti sub"ektov Rossijskoj Federacii", Online Sistema Garant // Datenbank. Kommentar zu Art. 25 SubjOrgG.

Art. 19, 29 und 29.1 SubjOrgG vom Präsidenten oder durch Referendum nach Art. 19 Abs. 1 lit. SubjOrgG der Wähler des Subjekts abberufen werden.

9.3.4.1. Die Subjektexekutivspitze als Garant der Rechtsordnung der Föderation

Art. 9 Abs. 2 SubjOrgG erklärt den Exekutivchef des Subjekts zum Garanten der Rechtsordnung der Föderation. Ziel ist es offenbar, möglichst viele verschiedene Organe für die Einhaltung der föderalen Rechtsordnung in den Subjekten verantwortlich zu machen und maximalen Druck auf die verschiedenen Legislativ- und Exekutivorgane ausüben zu können. Denn auch die Subjektexekutivspitze kann ja vom Föderationspräsidenten abgelöst werden. Ansonsten scheint hier das Prinzip „divide et impera" zu herrschen: Der Bund delegiert einen Teil seiner Macht an die Subjektexekutivspitze in den Subjekten. Angesichts der Tatsache, dass der Föderationspräsident selbst das Recht der Auflösung des Parlaments (Art. 9 Abs. 4 SubjOrgG) und der Ablösung der Subjektexekutivspitze innehat (Art. 19 SubjOrgG), ist dies der Hinweis an die Subjektexekutivspitze, im Zweifel lieber das eigene Parlament aufzulösen und seinen eigenen Amtssessel zu retten, als womöglich auch diesen noch zu verlieren. Die Frage ist wer die Rechtsverletzung aufdeckt. Diese Rolle wird vermutlich die Staatsanwaltschaft - selbst ein Teil der Exekutive – spielen. Die Staatsanwaltschaft überprüft die Gesetze und informiert bei Rechtsverletzungen den Präsidenten.[1314]

9.3.4.2. Die Amtsenthebung der Subjektexekutivspitze

Demgegenüber gibt es auch die Möglichkeit für das Subjektparlament, die Subjektexekutivspitze in einem Amtsenthebungsverfahren abzuberufen und auf diesem Wege gleichzeitig die Regierung aufzulösen.

Die Befugnisse der Subjektexekutivspitze enden nach Art. 19 Abs. 1 SubjOrgG vorzeitig im Falle

- seines Todes, Art. 19 Abs. 1 lit. a SubjOrgG;
- des Misstrauensvotums durch das Parlament des Subjekts, Art. 19 Abs. 1 lit. b SubjOrgG;
- auf eigenen Wunsch Art. 19 Abs. 1 lit. v SubjOrgG;
- durch Amtsenthebung durch den Präsidenten der RF, Art. 19 Abs. 1 lit. g SubjOrgG[1315];

1314 Baglaj, M. V. (2002). Konstitucionnoe pravo Rossijskoj Federacii. Moskva. S. 692.
1315 Eingefügt durch Gesetz Nr. 106 vom 29. Juli 2000.

- der gerichtlichen Feststellung seiner Handlungsunfähigkeit, Art. 19 Abs. 1 lit. d SubjOrgG;
- der gerichtlichen Erklärung für verschollen oder tot, Art. 19 Abs. 1 lit. e SubjOrgG;
- des Inkrafttretens eines Strafurteils, Art. 19 Abs. 1 lit. ž SubjOrgG;
- der Verlegung seines dauerhaften Wohnsitzes außerhalb der RF, Art. 19 Abs. 1 lit. z SubjOrgG;
- der Entziehung der Staatsbürgerschaft der RF, Art. 19 Abs. 1 lit. i SubjOrgG.

Nach Art. 19 Abs. 1.1 SubjOrgG trifft das Subjektparlament diese Entscheidung auf Vorschlag des Föderationspräsidenten außer in den Fällen des Art. 19 Abs. 1 lit. a – g SubjOrgG. In den Fällen des Art. 19 Abs. 1 lit. b, v, g SubjOrgG trifft der Föderationspräsident diese Entscheidung.

Art. 19 Abs. 2 SubjOrgG betrifft das Misstrauensvotum durch das Parlament. Dieses kann der Subjektexekutivspitze das Misstrauen aussprechen, wenn sie Rechtsakte erlässt, die der VerfRF und/oder der Subjektsverfassung widersprechen, vorausgesetzt, diese Rechtsverletzungen sind zuvor gerichtlich festgestellt worden und die Subjektexekutivspitze hat sie nicht innerhalb eines Monats beseitigt. Außerdem kann das Parlament ihr das Misstrauen aussprechen, wenn gerichtlich festgestellt ist, dass sie sich einer anderen Verletzung der Rechtsordnung schuldig gemacht hat, die zu einer massenhaften Verletzung von Grundrechten geführt hat.

Art. 19 Abs. 3 SubjOrgG zufolge muss die Entscheidung über das Impeachment mit Zweidrittelmehrheit auf Initiative mindestens eines Drittels der Abgeordneten angenommen werden. In Subjekten mit einem Zweikammersystem müssen beide Kammern die Amtsenthebung mit Zweidrittelmehrheit befürworten. Es reicht die Initiative eines Drittels der Mitglieder einer der gesetzgebenden Kammern zur Einleitung des Verfahrens, wenn dies nach der Verfassung (dem Statut) des Subjekts zulässig ist (Art. 19 Abs. 4 SubjOrgG).

Art. 19 Abs. 5 SubjOrgG sieht vor, dass das Misstrauensvotum durch das Parlament die kurzfristige Entlassung der Subjektexekutivspitze und der durch ihn geführten Regierung zur Folge hat. Das bedeutet, dass die Regierung das Schicksal ihres Chefs teilt. Art.18 Abs. 7 lit. v SubjOrgG bestimmt, dass er das höchste Exekutivorgan zusammenstellt. Überall hängt das Überleben der Regierung von der Karriere ihres Vorsitzenden ab.

Das weitere Verfahren, in welchem der Föderationspräsident aktiv wird, ist unter 4.2.6.2[1316] bei den Befugnissen des Föderationspräsidenten beschrieben.

Einerseits kann das Parlament die Subjektexekutivspitze nicht wegen schlechter Politik als solcher belangen. Andererseits hat das Parlament noch eine Entscheidungsmöglichkeit, nachdem ein Gericht die (gravierende) Rechtsverletzung attestiert hat. Dies ist die russische Form des Impeachment in den Subjekten, wie sie in Art. 97 Abs. 2, 3 VerfRT ausgestaltet ist.

Man kann dies auch unter dem Aspekt von gelungenen *Checks and Balances* betrachten: Gemäß Art. 9 Abs. 2 SubjOrgG kann die oberste Amtsperson unter bestimmten Voraussetzungen das Subjektparlament entlassen und hier wiederum das Parlament die oberste Amtsperson. Die Voraussetzungen sind ähnlich, bei der Entlassung des Subjektparlaments reicht auch die Verletzung der Bundeszuständigkeit: Es sind demnach engere Voraussetzungen für die Entlassung des Regierungschefs aufgestellt und damit ist es schwerer, ihn zu entlassen. Insgesamt handelt es sich um enge und auch nicht allein in der Macht der Subjektexekutivspitze stehende Voraussetzungen.

Das dahinterstehende Konzept ist vermutlich dasjenige des aus der Tradition der Rätedemokratie herrührenden imperativen Mandats: Niemand soll sich seines Amts sicher sein und jeder kann jederzeit für seine Fehler zur Verantwortung gezogen werden. In diesem Umfang ein wohl einmaliges Konzept. Jedoch gibt es jetzt – im Unterschied zur Sowjetzeit – immer einen Rechtsweg bzw. dasjenige Organ, das das andere seiner Funktion entheben will, muss zunächst das föderale Verfassungsgericht anrufen. Bemerkenswert ist, dass auch bei der Abberufung der Subjektexekutivspitze der Föderationspräsident beteiligt ist. Dieses Verfahren hätten die Subjektorgane selbst auch ohne föderale Beteiligung durchführen können.

9.4. Republik Tatarstan

Die Untersuchung der Republik Tatarstan bot sich an, weil dieses Subjekt ein Vorreiter der Dezentralisierung war und ist. So gelang der Republik Tatarstan (RT) 1994 der Abschluss des ersten föderalen Vertrages und 2007 der Abschluss des ersten föderalen Vertrages der zweiten Generation. Daneben

---

1316 Vgl. 4.2.6.2. Die Ernennung und Abberufung von Subjektexekutivspitzen durch den Föderationspräsidenten S. 130.

war auch das tatarische Verfassungsgericht ein Akteur auf der föderalen Bühne, indem es die Entscheidungen des VerfGRF nicht umsetzte.

9.4.1. Einleitung

Die Teilrepublik Tatarstan ist eine der führenden Kräfte des Föderalismus in der RF. Mit dem Austritt aus der Föderation drohend, erreichte es eine weitgehende Selbstständigkeit. Im Gegensatz zu Čečnija wählte die tatarische Führung den Weg der politischen Konfrontation. Nach außen hin wurde dies durch das Referendum über die Souveränität der Republik Tatarstan 1992, das weitgehende Fernbleiben von den Wahlurnen anlässlich des föderationsweiten Referendums über die Annahme der Verfassung 1993 und den Abschluss des ersten sogenannten föderativen Vertrags, der der Republik weitreichende Vollmachten gab, deutlich.
Verglichen mit anderen starken und um ihre Selbstständigkeit und Unabhängigkeit ringenden Subjekten ist in Tatarstan der „ethnische" Faktor von Bedeutung. Die Bevölkerung bestand 2002 aus 52,9 % Menschen tatarischer Herkunft, 39,5 % Menschen russischer Herkunft, 3,3 % Menschen udmurtischer und 4,3 % Menschen anderer Herkunft.[1317] Die Mehrheit der öffentlichen Ämter wird durch Tataren besetzt. Konflikte mit dem Moskauer Zentrum entstanden um die Fragen der von Tatarstan vorgeschriebenen Zweisprachigkeit des Präsidenten und der eigenen Staatsbürgerschaft. Dies wäre in einem anderen Subjekt, das von einer russischen Mehrheit bewohnt würde, undenkbar. Die Teilrepublik Tatarstan bekennt sich zur Multiethnizität. Im Gegensatz zu Adygeja, Baškortostan, Burjatija, Dagestan, Ingušetija, Karbadino-Balkarija, Marij Ėl, Karačajevo-Čerkessija. Severnaja Osetija, Sacha, Tyva und Udmurtien gibt es in der Verfassung keinen Verweis auf das Selbstbestimmungsrecht der Völker.[1318]
Heute ist der Präsident der Teilrepublik weitgehend in das föderale Spiel der Kräfte integriert. Tatarstan ist es als einzigem Subjekt gelungen, einen neuen föderalen Vertrag abzuschließen.

9.4.2. Geschichte

Der erste Staat in der Region des heutigen Tatarstan war Volga-Bulgarien, während des Übergangs vom 9. zum 10. Jahrhundert von türkischen Leibei-

1317 Demoskopische Umfrage 2002, veröffentlicht in Demoskop Weekly http://demoscope.ru/weekly/ssp/rus_nac_02.php?reg=46
1318 Kahn, J. (2002). Federalism, democratization, and the rule of law in Russia. Oxford; New York, Oxford University Press. Tabelle, 7.1, S. 192.

genen gegründet. Im Jahr 922 wurde der Islam Staatsreligion. Im Laufe der folgenden Jahrhunderte entwickelten sich neben der Metallurgie das Juwelierhandwerk, das Lederhandwerk, Kultur, Wissenschaft und Bildung. Durch die vergleichsweise starke staatliche Einheit und das stehende Heer konnten den „mongolischen Horden" bis zum Jahr 1236 standgehalten werden. In diesem Jahr gelang den Mongolen die Eroberung, sie benötigten aber eine relativ starke Garnison, um ihre Macht abzusichern. So wurde Volga-Bulgarien Bestandteil des Reichs von *Džingis-Chan* und danach der Goldenen Horde. Nach dem Zerfall der Goldenen Horde in der Volga-Region wurde das Kasaner Chanat 1438 gegründet Dort handelte man mit Damaszener-Stahl, edlen Stoffen aus dem Orient, Büchern, Weinbeeren. Die Handelswege aus Sibirien und Persien kreuzten sich auf dem Markt von Kasan. Das Kasaner Chanat existierte bis zur Eroberung Kasans durch *Ivan Groznyj* (den Schrecklichen) 1552.

Tatarstan wurde Teil des russischen Zarenimperiums.[1319] Das Kasaner Gouvernement wurde allerdings erst 1708 auf dem Territorium des vormaligen Kasaner Chanats gebildet. Über die Volga wurde viel Handel mit Nižnij Novgorod abgewickelt, über den Landweg bis nach Indien und China, den Kaukasus und Uzbekistan im Osten. Im 19. Jahrhundert entwickelt sich Kasan zu einem der Industriezentren des russischen Zarenreichs.[1320]

Ein Schritt zur tatarischen Staatlichkeit war die Gründung der tatarischen Autonomen Sozialistischen Sowjetrepublik im Jahr 1920 innerhalb der RSFSR. Die Tataren waren unzufrieden, sie hätten lieber den Status einer Sowjetrepublik gehabt. Dieses stand angesichts der Verabschiedung der *Stalin'schen* Verfassung von 1936, unter *Chruščev* und 1977 bei der Verfassungsrevision unter *Brežnev* wieder zur Debatte. 1991 verlangte *Šajmiev* wiederum, den gleichen Status wie die RSFSR zu erhalten. Tatarstan erklärte im Sommer 1990 seine Souveränität. Am 12. und 13. August 1991 wurde diskutiert, ob Tatarstan „mit" oder „innerhalb" der Russischen Föderation besteht.

9.4.3. Die Verfassung der Republik Tatarstan (VerfRT)

Die tatarische Verfassung (VerfRT) in Kraft getreten am 30. November 1992, seitdem mehrfach geändert, zeichnet sich durch viele Elemente einer eigenen Staatlichkeit aus. So wurde in Art. 1 VerfRT a. F. die Souveränität pro-

1319 http://www.tatar.ru/index.php?DNSID=a499ae360758de39afcae926fc912338&node_id=199

1320 http://www.tatar.ru/index.php?DNSID=a499ae360758de39afcae926fc912338&node_id=3620.

klamiert, Art. 21 VerfRT enthält die Befugnis einer eigenen Staatsbürgerschaft etc. Alle diese Normen wurden in verschiedenen Entscheidungen des föderalen Verfassungsgerichts für verfassungswidrig erklärt und außer Kraft gesetzt. Nichtsdestotrotz sind sie in der aktuellen Fassung noch abgedruckt. Es ist lediglich hinzugefügt, dass das Moskauer Verfassungsgericht sie für nichtig erklärt hat. Da sich Tatarstan geweigert hatte, seine Verfassung nach den Urteilen zur Souveränität zu ändern, erließ das VerfGRF am 19. April 2001 einen Beschluss, der Art. 1 der VerfRT aussetzte.

9.4.3.1. Die Regelung der Zuständigkeitsabgrenzung

Für die Bestimmung des Verhältnisses der RT zur RF sind die Regelungen zur Abgrenzung der Gesetzgebungszuständigkeit von entscheidender Bedeutung.

Art. 4 Abs. 1 VerfRT postuliert, dass außerhalb der alleinigen Gesetzgebungszuständigkeit der RF und der gemeinsamen Zuständigkeit der RF und ihrer Subjekte die RT Rechtsakte erlassen kann. Art. 4 Abs. 2 VerfRT bestimmt, dass bei Widersprüchen zwischen föderalen Rechtsakten und solchen Akten der RT, die innerhalb der alleinigen Zuständigkeit der RT erlassen wurden, diejenigen der RT Vorrang haben. Das ist selbstverständlich und entspricht Art. 76 Abs. 6 VerfRF.

In Art. 24 VerfRT ist geregelt, dass die VerfRT das Grundgesetz der RT ist und die größte Bedeutung hat. Das Verhältnis zur VerfRF wird nicht erwähnt. Art. 25 VerfRT rahmt den föderalen Vertrag mit der RF (FV-RT) ein: Dieser ist Teil der Rechtsordnung der RT. Weitere Regelungen zur Zuständigkeits- und Kompetenzabgrenzung enthält die VerfRT nicht. Dies ist regelungstechnisch konsequent, da diese Kataloge im FV-RT enthalten sind.

9.4.3.2. Weiteres Staatsorganisationsrecht

Es bestehen desweiteren folgende besonders wichtige Verfassungsbestimmungen:

- Art. 9 VerfRT legt die Gewaltenteilung fest. Es wird in Art. 9 Abs. 1 Satz 2 VerfRT deklariert, dass die gesetzgebenden, ausführenden und rechtsprechenden Gewalten selbständig sind.
- Art. 91 VerfRT über die Direktwahl des Präsidenten ist nach der Änderung des SubjOrgG außer Kraft getreten. Nun regelt Art. 91.1 VerfRT die Ernennung des Präsidenten der RT auf Vorschlag des Föderationspräsidenten. Art. 97 Abs. 1 Nr. 2 VerfRT zufolge wird der Präsident der RT bei Vertrauensverlust des föderalen Präsidenten abgesetzt,

Art. 97 Abs. 2, 3 VerfRT betrifft das Impeachment durch den tatarischen Staatsrat (das tatarische Parlament). Wenn der Präsident der RT sein Amt nicht ausüben kann, dann übernimmt dies der Ministerpräsident der RT, Art. 98 VerfRT.

- Der Staatsrat, das tatarische Einkammerparlament, wählt auf Vorschlag des tatarischen Präsidenten den Premierminister, Art. 75 Nr. 18 VerfRT.

9.4.3.3. Die eigene Staatsbürgerschaft

Mitunter sehen föderale Teileinheiten eigene Staatsbürgerschaften vor, so Art. 6 der bayerischen Verfassung. Dies meint aber eine Staatsbürgerschaft über die bestehende bundesstaatliche hinaus, nicht neben dieser. Art. 21 VerfRT sieht die tatarische Staatsbürgerschaft vor. Das tatarische Parlament – der Staatsrat - verabschiedete im April 1998 ein Gesetz, das eine eigene tatarische Staatsbürgerschaft unabhängig von der russischen vorsah. Nun sind neue Seiten in den Reisepass eingefügt, nachdem am 19. Dezember 2000 gemeinsam mit Baškortostan ein Kompromiss mit dem Präsidentenvertreter *Kirienko* erzielt wurde.[1321] Art. 21 Abs. 2 VerfRT bestimmt, dass jeder russische Staatsbürger, der eine gewisse Zeit auf dem Staatsgebiet der RT lebt, tatarischer Staatsbürger werden kann. Nach Art. 21 Abs. 3 VerfRT verdeutlicht noch einmal, dass tatarische Staatsbürger auch gleichzeitig russische Staatsbürger sind. In seiner Entscheidung vom 30. Mai 2003[1322] legte das VerfGRT Art. 21 VerfRT so aus, dass die tatarische Staatsbürgerschaft neben der Russischen bestehe. In dieser Entscheidung ist allerdings auch immer wieder die Rede davon, dass die RT als Staat mit der RF „vereint" sei.

Art. 22 VerfRT bestimmt, dass tatarisch-russische und russische Staatsbürger in der RT die gleichen Rechte und Pflichten haben. Es scheint sich dabei also eher um eine Art „Folklore" bzw. Symbolik zu handeln. Allerdings ist dieser besondere Reisepass von so großer symbolischer Bedeutung, dass auch Art. 3 des FV-RT [2007] vorsieht, dass tatarische Reisepässe russische Reisepässe mit tatarischen Seiten sind.

1321 Kahn, J. (2002). Federalism, democratization, and the rule of law in Russia. Oxford; New York, Oxford University Press. S. 276.

1322 VerfGRT, Entscheidung vom 30. Mai 2003, Nr. 9-P. Die Entscheidung wurde der Verfasserin von *Jagudin* anlässlich des Interviews am 24. Mai 2004 überreicht.

9.4.3.4. Die Sprachfähigkeit des Präsidenten

Art. 108 VerfRT bestimmt, dass der Präsident der RT die tatarische Sprache beherrschen muss. Art. 8 VerfRT sieht vor, dass in allen Behörden sowohl russisch als auch tatarisch gesprochen wird. Dies wird von den republikanischen Eliten häufig damit gerechtfertigt, dass der Präsident das gesamte Volk repräsentieren soll. Allerdings macht die Titularnation in den Subjekten mit Republikstatus häufig nicht einmal die Hälfte der Staatsbürger aus. In Tatarstan sind 49 % der Bevölkerung Tataren, von denen 97 % tatarisch sprechen. Nur 1 % der „ethnischen" Russen in Tatarstan gibt an, tatarisch zu beherrschen.[1323] In Wirklichkeit geht es um den erleichterten Zugang von Mitgliedern der Titularnation zu Ämtern, denn häufig wird diese Sprachkenntnis zur Voraussetzung für den Zugang zu weiteren Ämtern gemacht.[1324] Ähnliches wird für die Richter des tatarischen Verfassungsgerichts gelten, da dessen Urteile auch zweisprachig, auf tatarisch und russisch abgefasst sind. So entschied das VerfGRT am 30. Mai 2003[1325], dass Art. 91 VerfRT, wonach nur ein Kandidat als Präsident gewählt werden kann, der auch die tatarische Sprache beherrscht, für verfassungsmäßig. Das föderale Zentrum scheint dies akzeptiert zu haben, denn Art. 2 Nr. 5 FV-RT [2007] enthält erneut die Regelung, dass neben der föderalen Gesetzgebung für Kandidaten für die Subjektexekutivspitze als weitere Voraussetzung die Beherrschung der tatarischen Sprache gilt.

9.4.4. Die föderalen Verträge 1994 und 2007

9.4.4.1. Der erste föderale Vertrag vom 15. Februar 1994

Die Geschichte der Vertragsverhandlungen ist bezeichnend. Während der Verhandlungen benutzte die tatarische Delegation wechselnde Taktiken. Zu Beginn der Verhandlungen, als der Föderationsvertrag und die föderale Verfassung selbst nur als Entwürfe vorlagen, versuchte Tatarstan, eine Koalition von ähnlich gesinnten ehemaligen ASSR zu formieren. Später versuchte die Delegation, als *primus inter pares* der ASSR zu agieren, auf Augenhöhe und von gleich zu gleich mit den Vertretern der Föderation[1326]. Die Ratifikation der

---

1323 Kahn, J. (2002). Federalism, democratization, and the rule of law in Russia. Oxford; New York, Oxford University Press. Tabelle 7.2, S. 197.

1324 Ebenda. S. 196.

1325 VerfGRT, Entscheidung vom 30. Mai 2003, Nr. 9-P.

1326 Art. 61 VerfRT bestimmt, dass die Republik Tatarstan ein souveräner Staat, ein Völkerrechtssubjekt, assoziiert mit der RF auf der Basis eines Vertrages ist, der die tatarischen Verfassung 13 Monate vor der Verabschiedung der föderalen Verfassung war selbst ein Ziel der Verhandlungen.[1327] Später wurden weichere Taktiken angewandt: Als *Šajmiev* die Weltöffentlichkeit um die Anerkennung Tatarstans als Völkerrechtsubjekt ersuchte, wurden die extremsten Forderungen nach Unabhängigkeit fallen gelassen.[1328] Während der Verhandlungen wurden verschiedene Vereinbarungen verabschiedet, die den endgültigen föderalen Vertrag vorbereiteten. Diese Vereinbarungen wurden im Namen der jeweiligen Regierungen verabschiedet und von den Ministerpräsidenten unterzeichnet. Sie wurden nicht von den Parlamenten ratifiziert.[1329] Der eigentliche föderale Vertrag wurde von den Präsidenten und Ministerpräsidenten beider Parteien unterzeichnet und trat sieben Tage nach der Unterzeichnung in Kraft. Zu Recht weist *Kahn* auf die Widersprüchlichkeit in Tatarstans Verhalten hin: Wenn sich Tatarstan als Völkerrechtssubjekt und den föderalen Vertrag als völkerrechtlichen Vertrag betrachtete, so hätte es die Verfahrensvorschriften seiner eigenen Verfassung beachten müssen. Art. 89 § 29 der tatarischen Verfassung sah die Kompetenz des Staatsrats für die Ratifikation und den Rücktritt von internationalen Verträgen vor.

Die führenden Politiker Tatarstans hielten die Föderationsverfassung für illegitim, erkannten sie aber dank des föderalen Vertrages an.[1330] Das politische Ziel des föderalen Vertrages bestand darin, einerseits die tatarische Kultur zu schützen und andererseits Russland zu verdeutlichen, dass es keine Übermacht in den Beziehungen zu den Subjekten hat.[1331]

Die Vertreter Tatarstans hatten Angst, dass sich ihre Erfahrungen aus den zwanziger Jahren, als die tatarische Republik volle Autonomie genoss und diese in den dreißiger Jahren dann absolut verlor, wiederholen könnte. Sie vertrauten der russischen Verfassung nicht und hielten deshalb den Vertrag für die einzige Garantie ihrer Selbständigkeit.[1332] Der Vertragstext stammte eigentlich aus dem Jahr 1992, wegen politischer Querelen eines Vertreters der russischen Seite konnte er erst 1994 unterzeichnet werden.[1333]

---

gegenseitige Delegation von Kompetenzen der Gewalt und der Rechtsprechung vorsieht.

1327 Kahn, J. (2002). Federalism, democratization, and the rule of law in Russia. Oxford; New York, Oxford University Press. S. 154.

1328 Ebenda. S. 155.

1329 Ebenda. S. 155.

1330 *Chakimov* in: Ovruckij, L. (2000). Razgovory s Chakimovym. Kazan'. S. 37.

1331 Ebenda. S. 38.

1332 Ebenda. S. 39.

1333 Der Leiter der russischen Verhandlungsdelegation, Gennadij *Burbulis*, geriet in die Schlagzeilen, er wolle vier Inseln an Japan verkaufen und da erinnerten sich die

Der FV-RT [1994] enthält nur neun Artikel. Laut Art. 2 FV-RT [1994] fallen in die ausschließliche Zuständigkeit Tatarstans:[1334]

- Verfassungs- und Gesetzgebung der RT (Art.2 Abs. 1);
- die Gewährleistung der Menschen und Bürgerrechte (Art. 2 Nr. 1);
- Haushaltsaufstellung uns Steuereinnahmen (Art. 2 Nr. 2);
- Entscheidung von Fragen der Rechtsanwaltschaft und des Notariats (Art. 2 Nr. 3);
- Rechtliche Regelung von Verwaltungs-, Familien- Wohnungs- Umwelt- und Naturnutzungsangelegenheiten (Art. 2 Nr. 4);
- Der Status der Richter der RT (Art. 2 Nr. 5);
- Begnadigung von Straftätern, die von den Gerichten Tatarstans verurteilt worden sind
- Nutzung von Grund und Boden, Bodenschätzen, Wasser, Holz und anderen Naturressourcen sowie von staatlichen Betrieben und sonstigem Staatseigentum auf dem Territorium Tatarstans mit Ausnahme des Eigentums der RF (Art. 2 Nr. 6);
- Staatsorganisation in Tatarstan (Art. 2 Nr. 7);
- Staatsangehörigkeit in Tatarstan (Art. 2 Nr. 8);
- Alternativer Zivildienst auf dem Territorium der RT (Art. 2 Nr. 9);
- Beziehungen zu anderen Föderationssubjekten und Abschluss von Verträgen mit ihnen (Art. 2 Nr. 10);
- Teilnahme an internationalen Beziehungen, Aufnahme von Beziehungen mit ausländischen Staaten, Abschluss von entsprechenden Abkommen, Mitgliedschaft in internationalen Organisationen (Art. 2 Nr. 11);
- Gründung einer Nationalbank der RT (Art. 2 Nr. 12);
- Selbstständige Gestaltung der außenwirtschaftlichen Beziehungen (Art. 2 Nr. 13);
- Konversion in Betrieben, die sich im Eigentum der RT befinden (Art. 2 Nr. 14);
- Herausgabe von eigenen staatlichen Auszeichnungen.[1335]

Russen Tatarstans. *El'cin* traute sich nicht, den Vertrag zu unterzeichnen. Ebenda. S. 46.

1334 Kazanskij_Institut_Federalizma. (1994). "Treaty between the RF and the RT (15/02/1994) " Letzter Zugriff 29.08.2008, from http://www.kazanfed.ru/en/document/dogovor/1/.

1335 Zitiert nach Schneider, E. (2004). Die Kompetenzabgrenzungsverträge zwischen der Föderation und den Föderationssubjekten: Dynamik und Asymmetrie. Brunner, G. (Hrsg.) Der russische Föderalismus. Bilanz eines Jahrzehnts. Münster: S. 61 –

Zur gemeinsamen Zuständigkeit der RT und der RF gehören die folgenden Kompetenzen:

Art. 72 Abs. 1 VerfRF	*FV-RT [1994]*
Lit. a) die Gewährleistung der Übereinstimmung der Verfassungen und Gesetze der Republiken, der Statuten, Gesetze und anderen normativen Rechtsakten der Regionen, Gebiete, bundesbedeutsamen Städte, des autonomen Gebiets und der autonomen Bezirke mit der Verfassung der Russischen Föderation und den Bundesgesetzen;	
Lit. b) der Schutz der Rechte und Freiheiten des Menschen und Bürgers; der Schutz der Rechte der nationalen Minderheiten; die Gewährleistung der Gesetzlichkeit, der Rechtsordnung und der öffentlichen Sicherheit; die Ordnung der Grenzgebiete;	Art. 3 Nr. 1 FV-RT [1994]
Lit. v) Fragen des Besitzes, der Nutzung und der Verfügung über Grund und Boden, Bodenschätze, Wasser- und andere Naturvorräte;	Art. 3 Nr. 22 FV-RT [1994]
Lit. g) die Abgrenzung des Staatseigentums;	
Lit. d) Naturnutzung; Umweltschutz und Gewährleistung der ökologischen Sicherheit; besonders geschützte Naturgebiete; Schutz von Geschichts- und Kulturdenkmälern;	Art. 3 Nr. 14 FV-RT [1994]
Lit. e) allgemeine Fragen der Erziehung, der Bildung, der Wissenschaft, der Kultur, der Körperkultur und des Sports;	Art. 3 Nr. 16, 21 FV-RT [1994]
Lit. ž) Koordination von Fragen des Gesundheitsschutzes; Schutz von Familie, Mutterschaft, Vaterschaft und Kindheit; sozialer Schutz einschließlich der sozialen Sicherung;	Art. 3 Nr. 16 FV-RT [1994]
Lit. z) die Durchführung von Maßnahmen zur Bekämpfung von Katastrophen, Naturkatastrophen und Epidemien sowie die Beseitigung ihrer Folgen;	Art. 3 Nr. 11 FV-RT [1994]
Lit. i) die Festlegung allgemeiner Prinzipien der Besteuerung und Abgaben in der Russischen Föderation;	
Lit. k) die Verwaltungs-, Verwaltungsprozess-, Arbeits-, Familien-, Wohnungs-, Boden-, Wasser- und Forstgesetzgebung; die Ge-	Art. 3 Nr. 14, 21 FV-RT [1994]

75. S. 63, 64. Die Bezeichnung der Artikel sind Übersetzungen der Verfasserin aus dem Originalvertrag.

setzgebung über Bodenschätze und Umweltschutz;	
Lit. l) das Personal der Gerichts- und Rechtsschutzorgane; Rechtsanwaltschaft, Notariat;	Art. 3 Nr. 17 FV-RT [1994]
Lit. m) Schutz des angestammten Lebensraums und der traditionellen Lebensform kleiner ethnischer Gemeinschaften;	
Lit.n) die Festlegung allgemeiner Organisationsprinzipien für das System der Organe der Staatsgewalt und der örtl. Selbstverwaltung;	Art. 2 Nr. 20 FV-RT [1994]
	Art. 3 Nr. 2 FV-RT [1994] Schutz der Souveränität und territorialen Integrität;
	Art. 3 Nr. 3 FV-RT [1994] Rüstungsindustrie, Waffenverkauf und Konversion auf dem Territorium de RT;
	Art. 3 Nr. 4 FV-RT [1994] Allgemeine und strittige Staatsbürgerschaftsfragen;
	Art. 3 Nr. 6 FV-RT [1994] Koordinierung der Preispolitik;
	Art. 3 Nr. 7 FV-RT [1994] Bildung regionaler Entwicklungsfonds;
	Art. 3 Nr. 8 FV-RT [1994] Durchführung der Währungspolitik;
	Art. 3 Nr. 9 FV-RT [1994] Verwaltung des gemeinsamen Eigentums;
	Art. 3 Nr. 10 FV-RT [1994] Koordinierung der Tätigkeiten in den Bereichen Geodäsie, Meteorologie und Zeitberechnung;
	Art. 3 Nr. 12 FV-RT [1994] Koordinierung der Verwaltung der gemeinsamen Energie-, Transport- und Kommunikationssysteme;
	Art. 3 Nr. 13 FV-RT [1994] Sicherung des Funktionierens der Transportwege auf Straßen, Luft-, See-, Fluß-, Eisenbahn-, Fernstraßenverbindungen;
	Art. 3 Nr. 15 FV-RT [1994] Durchführung der gemeinsamen Politik in den Bereichen Soziales, Beschäftigung und Migration;
	Art. 3 Nr. 19 FV-RT [1994] Koordinierung der Rechtsschutzorgane in den Bereichen Sicherheit und Verbrechensbekämpfung.

Der Katalog mit denjenigen Kompetenzen, die zur ausschließlichen föderalen Zuständigkeit gehören, ist wörtlich mit dem Art. 71 VerfRF identisch.

Der Vertrag beinhaltete von vornherein verschiedene Probleme, auf die *Kahn* auch ausdrücklich hinweist, so zum Beispiel auf 23 Gegenstände gemeinsamer Gesetzgebungszuständigkeit.[1336] Die Lösung vieler streitiger Probleme wurde auf später vertagt. Seltsam muteten auch die Bestimmungen an, wonach die föderalen Organe die Grund- und Menschenrechte regulieren und verteidigen sollten, die tatarischen Behörden diese nur garantieren sollten. Womöglich war hierin das spätere System der Verteidigung von Grundrechten durch die Präsidentenvertreter als föderalen Organen *gegen* die tatarischen Behörden schon angelegt. Auch Fragen der Steuerhoheit wurden sehr unklar geregelt und schienen den damaligen *status quo* eher zu beschreiben als Festlegungen für die Zukunft zu treffen. Im Zweifel wurde die Doppeldeutigkeit dieser Formulierungen bewusst in Kauf genommen.

Daraus entstanden schon bald Probleme: Wem obliegt die Entscheidung über die Staatsangehörigkeit? Es gab eine gemeinsame Zuständigkeit der RF und der RT für Fragen der Staatsangehörigkeit, eine ausschließliche der RT für diejenigen der Republiksstaatsbürgerschaft, eine ausschließliche der RF für die föderale. Der tatarische Gesetzgeber verabschiedete im April 1998 ein Gesetzesprojekt in erster Lesung, das die Möglichkeit vorsah, die tatarische Staatsbürgerschaft unabhängig von der föderalen zu erwerben. [1337] Dies hatte deshalb eine riesige Bedeutung, weil ein großer Teil der tatarischen Diaspora außerhalb der Republiksgrenzen lebt. Es bedeutete weiterhin, „dass tatarische Staatsbürger die Vorzüge der Kasaner Politik genießen könnten, ohne die Nachteile der russischen Politik hinnehmen zu müssen".[1338]

Ein weiteres verfassungsrechtliches Problem stellte das Verständnis der Verfassungsform dar. Das bei Beginn der Verhandlungen unterzeichnete Protokoll besagte, dass die RF und die RT ihre Beziehungen auf Grundlage eines Vertrages etablieren würden. Für die tatarische Seite bedeutete dies, dass es sich um eine Vertragsverfassung zwischen zwei souveränen Staaten und nicht zwischen einem Teilsubjekt und der Föderation handeln sollte. Dies sei, so *Kahn*, auch in der Präambel des föderalen Vertrages ausgedrückt worden, der von einem „vereinten" Status sprach. *Šachraj* als Vertreter der föderalen Delegation sollte dies später als Fluch der föderalen russischen Konstruktion bezeichnen: Es könne keinen Vertrag zwischen der RF als Ganzem und einem Föderationssubjekt als gleichwertiger Staaten geben.[1339]

1336 Kahn, J. (2002). Federalism, democratization and the rule of law in Russia. Oxford. S. 155.

1337 Ebenda. S. 156

1338 Ebenda. S. 156.

1339 Kahn, J. (2002). Federalism, democratization and the rule of law in Russia. Oxford. S. 156.

Nach *Kahns* Ansicht bestand ein Hauptproblem im Verhandlungsprozess selbst. Der Vertrag wurde durch drastische Aktionen durchgesetzt, die Russland ins Chaos gestürzt hätte, wenn alle 89 Subjekte solche unternommen hätten. Zusätzlich zum üblichen Weg der Unabhängigkeitserklärung, gefolgt von einer neuen Verfassung, weigerte sich Tatarstan während des gesamten Verhandlungsprozesses, seine Steuereinnahmen an das Zentrum abzuführen, lehnte den Föderationsvertrag im März 1992 ab, nahm offiziell nicht am Verfassungsreferendum im April 1993 teil, zog sich aus der Russischen Verfassungsgebenden Versammlung im Juni 1993 zurück und boykottierte die föderalen Wahlen und das Referendum über die Verfassung im Dezember 1993. Eliten der Republiken priesen das tatarische Modell als glorreichen Erfolg für die Regionen auf dem Weg, eine Föderation von „unten nach oben" zu errichten. Inzwischen ist klar, dass die Föderation diese Erfolge nicht nur überstanden, sondern die zentrifugalen Tendenzen zum Stehen gebracht hat.[1340]

Der RT gelang es zu erreichen, dass der FV-RT [1994] verlängert wurde. Im Jahr 2000 wurde auf Initiative des Präsidentenvertreters des Volga-Bezirks, *Kirienko*, eine bilaterale Kommission gebildet, die auch die tatarische Gesetzgebung überprüfte, vor allem, da die RT auch erklärte, dass einige ihrer Gesetze fortschrittlicher seien als die föderalen Gesetze und die RF auch die VerfRF mitunter verletze, weil sie die Rechte der Subjekte ungebührlich beschneide. Zunächst gelang es der RT, ihre VerfRT nicht komplett, sondern nur teilweise ändern zu müssen.[1341] Man einigte sich daneben darauf, die Gesetze der RT in fünf Kategorien aufzuteilen. In die erste Kategorie fielen die Gesetze, von denen die RF anerkannte, dass sie fortschrittlicher seien als föderale Gesetze (14 Gesetze). Die zweite Kategorie bildeten tatarische Gesetze, die auch von tatarischer Seite als der föderalen Gesetzgebung widersprechend akzeptiert wurden (26 Gesetze). Bei 27 monierten Gesetzen weigerte sich die RT, diese zu ändern. Als vierte Kategorie galten föderale Gesetze, die unzulässigerweise in die Zuständigkeit der RT eingreifen, als fünfte solche, die ihrer Zuständigkeit unterfallen.[1342] Dieser Verhandlungsweg wurde auch für andere Republiken zum Vorbild. Hierbei ist interessant, dass eine

1340 Ebenda. S. 157.

1341 Fruchtmann, J. (2003). "Der russische Föderalismus unter Präsident Putin. Diskurse Realitäten." from elib.suub.uni-bremen.de/publications/diss/-htmlE-Diss537_HTML.html. S. 263

1342 Ebenda. S. 263.

Kommission über solche Rechtsakte befindet und nicht etwa das VerfRF, das für die Überprüfung der Verfassungsmäßigkeit zuständig ist.

9.4.4.2. Der zweite föderale Vertrag vom 26. Juni 2007

Es gelang der RT erneut als erster Teilrepublik, am 26. Juni 2007 einen neuen föderalen Vertrag abzuschließen.[1343] Entgegen der Norm im SubjOrgG, der das Auslaufen der föderalen Verträge festlegt, wurde der neue föderale Vertrag durch föderales Gesetz vom 24. Juli 2007[1344] bestätigt. Der Abschluss dieses Vertrages hat Symbolcharakter: Entgegen seiner Aussage, dass die föderalen Verträge auslaufen sollten und der diesbezüglichen Regelung im SubjOrgG, gelang es der RT, diesen neuen Vertrag abzuschließen.
Die Voraussetzungen für den Vertragsabschluss nach Art. 26.7 SubjOrgG lagen vor. Nach Art. 26.7. Abs. 1 SubjOrgG müssen wirtschaftliche oder geographische Besonderheiten für den Vertragsschluss vorliegen. Dies sind unbestimmte Rechtsbegriffe. Die Erdölvorkommen in der RT können unter „wirtschaftliche" und „geographische" Besonderheiten subsumiert werden. Das Verfahren wurde beachtet. Der damalige Präsident *Putin* und der damalige Präsident der RT, *Šajmiev*, unterzeichneten den Vertrag am 26. Juni 2007 in Moskau, Duma und Föderationsrat verabschiedeten das erforderliche Zustimmungsgesetz.
Art. 1 FV-RT [2007] legt fest, dass die Zuständigkeitsabgrenzung nach der VerfRF, der VerfRT und dem FV-RT [2007] erfolgt. Dies ist aus tatarischer Sicht deshalb notwendig, weil die VerfRT bis auf den Verweis auf den FV-RT [2007] keine Regelungen zur Zuständigkeits- und Kompetenzabgrenzung enthält. Gleichzeitig wird die Bedeutung der tatarischen Verfassungsquellen besonders betont.
Art. 2 Abs. 1 FV-RT [2007] sieht vor, dass die RT alle Gesetzgebungszuständigkeiten außerhalb der alleinigen Zuständigkeit der RF und der Vorrechte der RF innerhalb der gemeinsamen Gesetzgebungszuständigkeit innehat.
Art. 2 Abs. 2 FV-RT [2007] trifft eine Regelung über die Bodenschätze, Wasser und Erdöl. Hier vereinbaren die Vertragsparteien den Abschluss gemeinsamer Folgevereinbarungen über diese Fragen durch die Regierungen der RF und der RT. Die Staatsduma und der tatarische Staatsrat bringen entsprechend notwendige Gesetzgebungsprojekte ein.

1343 Der Vertrag kann unter: http://www.tatar.ru/append20.html abgerufen werden.

1344 FZ Nr. 199. Die Duma stimmte am 4. Juli 2007 und der Föderationsrat am 11. Juli 2007 zu.

Art. 2 Abs. 3 FV-RT [2007] gibt der RT das Recht, im Rahmen der föderalen Rechtsordnung internationale Verträge und außenwirtschaftliche Vereinbarungen mit Subjekten anderer Staaten abzuschließen. Weiterhin kann die RT in Gremien internationaler Organisationen mitarbeiten und internationale Verträge mit ausländischen Staaten nach Abstimmung mit dem föderalen Außenministerium abschließen.

Art. 2 Abs. 4 FV-RT [2007] sieht vor, dass die RT ihre nationale Kultur pflegen kann. Art. 2 Abs. 5 FV-RT [2007] sichert ein weiteres Mal die Gleichwertigkeit der tatarischen Sprache neben der russischen Sprache und die Doppelsprachigkeit des tatarischen Präsidenten. Dies ist auch eine Konsequenz der Entscheidung des VerfGRF vom 16. November 2004,[1345] die die tatarischen Gesetze „Über die Sprachen der Völker Tatarstans", „Über die staatlichen Sprachen der Republik Tatarstan und die anderen Sprachen" und „Über die Ausbildung" für verfassungsgemäß hielt. In dieser Entscheidung beschloss das VerfGRF jedoch auch in verfassungskonformer Auslegung die Verbindlichkeit des kyrillischen Alphabets.

Des stellte einen großen Sieg für die RF dar. Die erscheint nach 13 Jahren Verfassungsrechtsentwicklung auch folgerichtig: Die Föderation hat ihre Befugnisse innerhalb der gemeinsamen Gesetzgebungszuständigkeit ausgeübt. Insofern ist die Aufhebung des umfassenden Katalogs des FV-RT [1994] nur konsequent.

Die Laufzeit endet 10 Jahre nach dem Inkrafttreten, also im Jahr 2017.

9.4.5. Der Staatsaufbau

Die Exekutive der Republik Tatarstan wird durch ihren Präsidenten, geleitet. *Šajmiev* hätte nach der alten Fassung des SubjOrgG nicht erneut kandidieren können. Er wurde am 25. März 2005 auf Vorschlag Präsident *Putins* vom Staatsrat zum Präsidenten der RT gewählt.[1346]

Die Legislative bildet das Einkammer-Parlament, der Staatsrat. Es existiert eine verfassungsgerichtliche Kontrolle durch das Verfassungsgericht der Republik Tatarstan.

9.4.6. Die Rechtsprechung des tatarischen Verfassungsgerichts

Die sechs Verfassungsrichter des tatarischen Verfassungsgerichts (VerfGRT) werden nach Art. 75 Nr. 21 VerfRT vom Staatsrat gewählt. Das VerfGRT

1345 VKS 2005, Heft 1, S. 5 – 16.

1346 http://www.tatar.ru/index.php?DNSID=c178aa1ede243e5e3ab8a303042cdcdc&node_id=71

scheut den offenen Konflikt mit dem Moskauer Verfassungsgericht nicht. Es gibt Entscheidungen beider Verfassungsgerichte zu denselben Regelungen, die einander widersprechen.

Zur Frage der Souveränität entschied das VerfGRT am 7. April 2003, dass eine solche im Rahmen der RF bestehe. Das föderale Verfassungsgericht in Moskau entschied, dass Tatarstan keine Souveränität genieße und die tatarische Verfassung verfassungswidrig sei und keine Geltung habe.

Gegensätzliche Rechtsprechungen gab es zwischen beide Gerichten auch hinsichtlich der Frage der Staatsbürgerschaften. Das Moskauer Gericht urteilte, die Staatsbürgerschaft der RF schließe eine eigene der Subjekte aus. *Zeleznov* sagte, die Autonomie der Subjekte beinhalte eine eigene Staatsbürgerschaft. Das VerfGRT urteilte dann am 30. Mai 2003 auch dementsprechend.

Desweiteren gab es gegensätzliche Stellungnahmen beider Gerichte über eine Norm, die vorsah dass Kandidaten für das Präsidentenamt die Landessprache beherrschen müssten. Diese Normen in den Subjektverfassungen und -statuten wurden vom föderalen Verfassungsgericht mehrfach für unwirksam erklärt[1347], das tatarische Rechtsprechungsorgan hielt die tatarische Regelung am 30. Mai 2003 für rechtens. Inzwischen sind diese Fragen durch den FV-RT [2003] entschärft und andererseits auch praktisch weniger bedeutungsvoll: Wenn der föderale Präsident den Kandidaten für das Amt des Präsidenten der RT benennt, entscheidet er de facto auch über dessen Sprachfähigkeit. Man könnte Art. 2 Abs. 5 FV-RT [2007] nun so auslegen, dass hierdurch der Föderationspräsident in seiner Kandidatenauswahl beschränkt sei, weil sich die Föderation durch den föderalen Vertrag selbst beschränkt hat.

Andererseits existiert im VerfGGRF aus dem Jahr 1994 keine Regelung über die Lösung von Kollisionen von Entscheidungen des föderalen Verfassungsgerichts und derjenigen der Subjekte. Es gibt keine Hierarchie, keine Überordnung des föderalen Verfassungsgerichts. Das VerfGRF kann nach Auffassung der tatarischen Staatsrechtslehrer allerdings die Entscheidungen des Verfassungsgerichts der Subjekte nicht aufheben.

Dabei ist die Frage der Überordnung generell nach der Abgrenzung der Kompetenzen zu regeln. Das VerfGRF ist für Fragen der ausschließlichen (Art. 71 VerfRF) und gemeinsamen (Art. 72 VerfRF) Gesetzgebungskompetenz zuständig. Die Entscheidung von Fragen der ausschließlichen Gesetzgebungskompetenz der Subjekte obliegt selbstverständlich nur deren Verfassungs- bzw. Statutengerichten. In allen anderen Fragen ist das VerfGRF zuständig (nach Art. 125 Abs. 2 lit. b VerfRF auch für Subjektrecht, das föderale Organe betrifft.

Das VerfGRF hat sich in einem Beschluss vom 6. März 2003[1348] indirekt dazu geäußert. Das VerfGRF führt aus, dass es nach Art. 71 lit. g VerfRF zur ausschließlichen Zuständigkeit der RF gehöre, dass Gerichtssystem zu regeln und nach Art. 71 lit. o VerfRF, die Befugnisse der Gerichte zu regeln. Die Subjektgerichte – darunter auch die Verfassungsgerichte der Republiken und die Statutengerichte – können nur im Rahmen von Fragen der ausschließlichen Zuständigkeit der Subjekte nach Art. 73 VerfGRF tätig werden. Deshalb hielt das VerfGRF Art. 27 Abs. 1 des Gesetzes „Über das Gerichtssystem", das bestimmt, dass Verfassungsgerichte und Statutengerichte der Subjekte nur Rechtsakte der Subjekte aufheben und die Subjektverfassung bzw. das Statut auslegen können, für verfassungsgemäß.

Da die VerfRT nicht geändert wurde, verfügte das VerfGRF in seinem Beschluss vom 19. April 2001 die Aufhebung von Art. 1 VerfRT auf Antrag des Präsidentenvertreters des Volga-Bezirks. Der Beschluss des VerfGRF hatte die Wirkung, dass die angegriffenen Normen der VerfRT die Rechtskraft verloren. Nach Art. 79 Abs. 1, 80, 87 VerfGGRF waren die Subjektexekutivspitzen verpflichtet, dafür zu sorgen, dass diese Normen nicht mehr angewendet wurden. Für den Fall der Nichtausführung durch die Subjektexekutivspitzen weist das Gericht als Rechtsfolgen auf Art. 315 StGBRF und die Möglichkeit der Abberufung der Subjektexekutivspitze nach dem SubjOrgG hin.

9.4.7. Der föderale Finanzausgleich

Der föderale Finanzausgleich ist wie folgt zu charakterisieren:

- Zunächst einmal gibt es keinen horizontalen Finanzausgleich zwischen den Subjekten. Das bedeutet, die Subjekte zahlen an die Moskauer Zentrale, die das Geld dann umverteilt.
- Es gibt Probleme zwischen den Haushalten, die interne Integration muss durch Mittel, die zur Kooperation zur Verfügung gestellt werden, finanziert werden.

1347 VerfGRF, Beschluss vom 27. Juni 2000, http://www.constitution.ru/decisions/82315/82315.htm Nr. 92-O; Entscheidung vom 22. Januar 2002, 2-P

1348 VerfGRF, Nr. 103-O.

- Die reichen Subjekte zahlen nur geringe Transfermittel, es gibt starke Zentralisierungstendenzen.
- Die Überzahl der Subjekte sind Nehmerländer.
- Es gibt eine Verantwortlichkeit der regionalen Verwaltung für die Verwendung der Mittel.

Die Überzahl der Nehmerländer bringt auch Konflikte hinsichtlich der interregionalen Zusammenarbeit und Solidarität hervor. Heute führt Tatarstan wie alle andern Regionen 20 % der Steuereinnahmen an das Zentrum ab. Im Gegenzug erhält Tatarstan 12-14 Mrd. RUR für allgemeine sozialökonomische Projekte.

Aus Sicht von *Chamidullin*[1349] sollte das föderale Haushaltsrecht allgemein folgendes zum Inhalt haben:
- Angleichung der territorialen Entwicklung
- Lösung gesamtgesellschaftlicher Aufgaben und Interessen (Entwicklung der Infrastruktur, der Verteidigungsfähigkeit, eines Mindeststandards der Bildung, Gesundheitsfürsorge etc.)
- Stimulierung von Initiativen der einzelnen Territorien

Für Russland fordert *Chamidullin* zusätzlich:
- Förderung der soziokulturellen Entwicklung einzelner „Ethnien" und Völker
- die Stärkung der zentripetalen Anziehungskraft, ohne die das riesige russische Land innerhalb der bestehenden Marktmechanismen zu zerfallen droht.[1350]

Viele Einnahmen werden durch Steuern auf die Ausbeutung von Rohstoffen erzielt. Diese machten in Tatarstan allerdings nur 26 % des Steueraufkommens aus. Es fehlt ein einheitliches staatliches System der Zahlung für die Nutzung von Naturressourcen, solange die Konzeption der entgeltpflichtigen Nutzung von Rohstoffen nicht realisiert wird. Daneben erfordert die dynamische Entwicklung in den Regionen eine verstärkte Besteuerung von Vermögenswerten.[1351]

Die RT erhielt 1994 7,7 %, 1995 0,9 % und 1996 2,2 % ihres Subjekthaushalts aus dem föderalen Budget.[1352] Dies lässt sich daraus erklären, dass die Finanzkraft für Zahlungen aus dem Fonds zur finanziellen Unterstützung der

1349 Chamidullin, F. G. (2004). Problemy upravlenija social'no-ėkonomičeskim razvitiem regiona. Kazan'.
1350 Ebenda. S. 27.
1351 Ebenda. S. 28, Fn. 1.
1352 Ross, C. (2002). Federalism and democratisation in Russia. Manchester. S. 83.

Subjekte auf die oben beschriebene Weise berechnet wurde.1999 befand sich die RT unter den 13 Gebersubjekten. Es bekam 1999 keine Zahlungen aus dem föderalen Haushalt.[1353] Zudem gelang es der RT, zwischen 1992 und 1995 fast keine Steuern an das föderale Zentrum abzuführen. Die Tabelle zeigt den Anteil der Steuereinnahmen, die in der RT blieben im Vergleich zum Durchschnitt der anderen Subjekte.[1354]

Jahr	*1992*	*1993*	*1994*	*1995*	*1996*	*1997*	*1998*
Tatarstan	99,9 %	100 %	83,8 %	77,3 %	80,3 %	75,4 %	88,9%
Andere Subjekte	48,3 %	62,9 %	64,8 %	59,1 %	57,3 %	56,3 %	62,9 %

Eine Vereinbarung zwischen den Regierungen der RF und der RT aus dem Februar 1994[1355] sieht vor, dass die RT von der Einkommenssteuer 13 % und von der Mehrwertsteuer einen Anteil nach einer gesonderten Vereinbarung erhält. Daneben stehen der RT nach Art. 3 der Vereinbarung die Akzisen auf hochprozentigen Alkohol und Vodka, auf Erdöl und Erdgas, Landpacht und Privatisierungseinnahmen zu. Die Vereinbarung sollte 5 Jahre, also bis 1999 gelten.

Die Zeit dieser Deals war nach *Putins* Machtantritt vorbei. Seitdem fließen die Mehrwertsteuer und die Einkommenssteuer dem föderalen Haushalt zu. Das föderale Zentrum kann diese Steuereinnahmen im Rahmen des föderalen Finanzausgleichs an die ärmeren Subjekte umverteilen.

Šajmiev übte einer Rede im Oktober 2000 daran Kritik[1356]: Seiner Ansicht nach führte diese Politik dazu, alle Regionen gleich arm zu machen und gäbe den Subjekten keinen Anreiz mehr zu einer vernünftigen Wirtschaftspolitik. Er appellierte an das Zentrum, das doch selbst daran interessiert sein müsse, dass die Subjekte eine vernünftige Wirtschaftspolitik machten.

1353 Ebenda. S. 84

1354 Ebenda. S. 87.

1355 Herausgeberkollektiv (1997). Sbornik dogovorov i soglašenij meždu organami gosudarstvennoj vlasti RF i organami gosudarstvennoj vlasti sub"ektov RF o razgraničii predmetov vedenija i polnomočij. Moskva, Izdanie Gosudarstvennoj Dumy. S. 248.

1356 Sovetskaja Baškirija, Ausgabe vom 14. Oktober 2000.

9.4.8. Der Beitrag Tatarstans zur föderalen Rechtsetzung

Der Beitrag der Subjekte zur föderalen Rechtssetzung ist im Allgemeinen gering, insbesondere, was die Ausbeute, also die Zahl der von den Subjekten durchgebrachten Gesetze angeht.

Am 14. September 2000 brachte der Staatsrat der RT das Gesetzesvorhaben[1357] „Über die Änderung der Art. 16 und 33 der föderalen Gesetzes ‚Über die Reklame'" in die Staatsduma ein. Das Gesetzesvorhaben erhielt die Unterstützung von 20 anderen Subjekten. Es wurde am 8. Februar 2001 in der ersten Lesung der Staatsduma mit 258 zu 75 Stimmen angenommen. Inhaltlich ging es dabei um ein Verbot der Tabakwerbung. Schlussendlich wurde der Gesetzentwurf jedoch nicht in der Form verabschiedet.

Das zweite Gesetzesprojekt[1358] behandelte Änderungen zum Gesetz „Über die Gewissensfreiheit und die religiösen Vereinigungen", das den Schutz des Glaubens vor pseudoreligiösen Einrichtungen zum Inhalt hatte.

Das Gesetzesvorhaben wurde am 21. September 2001 vom zuständigen Ausschuss für gesellschaftliche Vereinigungen und religiöse Organisationen der Staatsduma behandelt und an die tatarische Staatsduma zurück verwiesen.[1359]

Das dritte Vorhaben[1360] betraf die Änderung des Art. 19 des föderalen Gesetzes „Über die Bezahlung für den Boden" und wurde vom Staatsrat der RT am 28. Juni 2001 der Staatsduma überwiesen. Es hatte zum Ziel, den Subjekten das Recht zu geben, selbstständig mit den Kommunen über die Erhebung von Grundsteuern zu entscheiden. Es wurde am 4. Juli 2001 im Sekretariat des Vorsitzenden der Staatsduma registriert und dem Haushalts- und Steuerausschuss überwiesen.

Das vierte Gesetzesänderungsvorhaben[1361] des Staatsrats der RT vom 26. Februar 2004 betraf das SubjOrgG und zielt auf das Recht der Subjekte ab, eine eigene Ordnung aufzustellen, um den Abgeordneten der regionalen Parlamente professionelles Arbeiten zu ermöglichen und ihnen Beihilfen für

---

1357 Entschließung des Staatsrats Nr. 294 vom 14.09.2000, Auskunft über den Stand der Gesetzesinitiativen des Staatsratses der RT in die Staatsduma der Föderalen Versammlung der RF, Stand 25. Mai 2005 – Diese Auskunft wurde auf Bitte der Verfasserin von der Rechstabteilung des Staatsrats erstellt.

1358 Entschließung des Staatsrats Nr. 883 vom 27.06.2001.

1359 http://asozd2.duma.gov.ru/arhiv/a_dz.nsf/ByID/D3B02C6A6E64ADB 7432571BB0058255E?OpenDocument

1360 Entschließung des Staatsrats Nr. 932 vom 27.06.2001.

1361 Entschließung des Staatsrats vom 26.02.2001.

Dienstwohnungen bewilligen zu können. Dieses Gesetzesvorhaben wurde abgelehnt.

Zunächst einmal fällt die geringe Anzahl der Gesetzesvorhaben auf: Vier innerhalb von vier Jahren. Ein Grund dafür könnte die Überlastung des Staatsrats mit Änderungen der regionalen Gesetzgebung sein, die infolge der föderalen Gesetzgebung notwendig wurden. Diese Erklärung gab jedenfalls *Jagudin*[1362], der Direktor der Rechtsabteilung des Staatsrats. Ein weiterer Grund könnte darin bestehen, dass in Tatarstan wirklich wichtige und dringende politische Probleme direkt zwischen Präsident *Šajmiev* und Präsident *Putin*[1363] geklärt wurden und so der komplizierte und langwierige Weg durch die Staatsduma vermieden werden konnte. Zudem dürfte den Vertretern der Republik inzwischen klar geworden sein, dass sie angesichts der Überlastung der Staatsduma nur solche Gesetzesänderungen initiieren sollten, die auch wirklich Aussicht auf Erfolg haben.

Die ersten beiden Gesetzesprojekte betrafen inhaltlich allgemeinere Fragen. Das erste Gesetzesvorhaben wurde von der Staatsduma angenommen, was allein schon eine Quote der angenommenen Gesetze von 25 % ergibt. Das zweite Vorhaben landete offenbar im Papierkorb oder wurde von der Staatsduma zurückgestellt. Auffällig ist, dass die Vorhaben von anderen Subjekten unterstützt wurden. Dies deutet darauf hin, dass in ihnen über die Region Tatarstan hinausgehenden Bedürfnissen Rechnung getragen wurde.

Das dritte und vierte Vorhaben betrafen ausschließlich die Interessen der Subjekte. Das erste die Kompetenz, mit den Kommunen innerhalb der Subjekte über eine bestimmte Steuerart verhandeln zu können, das andere die Kompetenz, einige Ausprägungen des Abgeordnetenstatus' regeln zu dürfen.

9.4.9. Bewertung der Untersuchungsergebnisse

Das Verhältnis der RT zur Föderation war bestenfalls ambivalent. Seit 1992 forderte die RT das föderale Zentrum und teilweise durch sein Streben nach Privilegien auch die anderen Subjekte heraus. Mit dem Abschluss des ersten föderalen Vertrages überhaupt nahm die RT eine Vorreiterrolle ein. Besonders „bundesfreundliches Verhalten" kann auch dem tatarischen Verfassungsgericht nicht bescheinigt werden. In Fragen der Souveränität, der tatarischen Sprache und der Staatsbürgerschaft setzte sich das Gericht über die Entscheidungen des VerfGRF hinweg.

1362 Erklärung im Interview am 25. Mai 2004.

1363 Äußerung von R. *Abdrachmanov* im Interview am 24. Mai 2004.

Die RT behielt lange Steuern ein und verhielt sich dadurch natürlich auch den anderen Subjekten gegenüber „unsolidarisch“. Ohne die Vorreiterrolle der RT gäbe einerseits der Föderalismus in der RF jedoch ein noch viel traurigeres Bild ab. Andererseits lässt das Beharren auf tatarischen „Features“ befürchten, dass nicht-tatarische Bürger schlechter behandelt werden, als „ethnische“ Tataren.

Zum Verhältnis von Parteikollegen von Edinaja Rossija bemerkt *Petrow*, dass die Partei mit ihrer fehlenden Ideologie die Zusammenarbeit mit Regionalführern in den Regionen absolut pragmatisch sieht. Ihre Verbindung ist eine Zweckehe. Die föderale Führung der Partei begegnet jedem beliebigen Gouverneur mit Misstrauen, da sie nicht ohne Grund in ihm einen Gegner ihres zentralistischen und unitaren Modells sieht, und der Gouverneur will einfach, dass man ihn möglichst wenig stört.[1364]

Šajmiev wurde nicht ohne Grund von Präsident *Putin* erneut als Kandidat für das Amt des Präsidenten der RT benannt. *Šajmiev* betonte einerseits zwar, dass der Versuch, einen unitarischen Staat mit einem starken Regime aufzubauen, auf den Widerstand der „ethnischen“ Republiken stoßen würde. Andererseits unterstützte er jedoch *Putins* „Vertikale der Macht“.[1365] *Šajmiev* bemühte sich um eine Unterscheidung innerhalb des Systems der „Vertikale der Macht“[1366], indem er zwischen positiv zu bewertender „Stärkung der Hierarchie im Lande“ und negativ zu wertendem „Unitarismus“[1367] trennt. Diese Auffassung wurde vom föderalen Zentrum positiv aufgenommen. Dabei geht es *Šajmiev* darum, eine Weisungsgebundenheit der Subjekte zu verhindern, indem er auf tatarische Nationalisten verweist. Aufgrund der eigenen Ölvorräte, die durch die staatliche tatarische Firma *Tatneft'* verwaltet werden, hat die RT Hauptaktionärin auch eigene Einnahmequellen.[1368] Somit versucht er, eine wichtige Komponente des Föderalismus – dass Gliedstaaten in einem födera-

---

1364 Petrow, N. W. (2007). Handlungsfähiges Zentrum und dezentralisierte Verantwortung. Buhbe, M. / Politkovskaja, A. S. / Gorzka, G. (Hrsg.) Russland heute. Rezentralisierung des Staates unter Putin. Wiesbaden: 75-96. S. 82.

1365 Fruchtmann, J. (2003). "Der russische Föderalismus unter Präsident Putin. Diskurse – Realitäten." from elib.suub.uni-bremen.de/publications/diss/-htmlE-Diss537_HTML.html. S. 224.

1366 Zur „Vertikale der Macht“ vgl. die Definition von *Mommsen*, S. 71.

1367 Fruchtmann, J. (2003). "Der russische Föderalismus unter Präsident Putin. Diskurse – Realitäten." from elib.suub.uni-bremen.de/publications/diss/-htmlE-Diss537_HTML.html. S. 225

1368 Die Gesellschaft ist an der New Yorker Börse notiert. http://www.skrin.ru/analytics/reviews/documents/tatn_aug08_eng.pdf?97dfd5f1db394116996eecee5c3a2a5f len System nicht weisungsgebunden sind – zu bewahren und unterminiert dabei gleichzeitig einen Aspekt der „Vertikale der Macht“. Dennoch gelang es jedenfalls Präsident *Putin*, auch die RT zu „befrieden“ – unter gleichzeitiger Entmachtung des Subjektpräsidenten und Eingriffen in den Staatshaushalt des Subjekts. Teil des Deals scheint der Machterhalt für die herrschende Elite unter Präsident *Šajmiev* zu sein.

9.5. Das Sverdlovsker Gebiet

Die Untersuchung des Sverdlovsker Gebiets bot sich an, weil dies ein Subjekt mit dem Status einer Nicht-Republik ist. Dennoch gelang es dem Sverdlovsker Gebiet, einen sehr vorteilhaften föderalen Vertrag abzuschließen. War Tatarstan der Föderalismus-Vorreiter unter den Republiken, so war es das Sverdlovsker Gebiet für alle Nicht-Republiken. Weiterhin interessant ist, dass des Sverdlovsker Gebiets um föderale Rechte ohne Rückgriff auf sozialethnische Argumente führt. Zudem ist nicht ersichtlich, dass das Statutengericht des Sverdlovsker Gebiets die Entscheidungen des VerfGRF konterkariert hätte.

9.5.1. Einleitung

Das Sverdlovsker Gebiet liegt inmitten der Russischen Föderation, im mittleren und nördlichen Ural. 87,6 % der Bevölkerung leben in Städten. Es handelt sich um eines der am stärksten urbanisierten Gebiete Russlands. In Jekaterinburg leben 1,3 Millionen Einwohner. Besonders bedeutend ist, dass der Anteil „ethnischer“ Russen bei 88,7 % liegt, die nächst große „ethnische“ Gruppe bilden die Tataren mit 3,9 %. Bedeutend ist der Rohstoffreichtum des Gebiets. Weiterhin ist Jekaterinburg mit seinem Sverdlovsker Bahnhof ein zentraler Eisenbahnknotenpunkt an der transsibirischen Eisenbahn. Das Sverdlovsker Gebiet ist auch heute noch durch die Schwerindustrie, vor allem den Maschinenbau und die Metallverarbeitung, geprägt.[1369] Zusammen mit dem Čeljabinsker Gebiet bildet es ein Zentrum des militärisch-industriellen Komplexes. Die Rüstungsindustrie nimmt nach wie vor eine zentrale Rolle ein. Nach dem Überfall der deutschen Wehrmacht und dem schnellen Vorrücken auf Moskau und Leningrad „wurden 200 Betriebe aus beiden Städten in

1369 Ettner, H. (2005). Das Gebiet Sverdlovsk im föderativen System Russlands. Münster. S. 41.

den Ural und hier zum großen Teil in das Sverdlovsker Gebiet evakuiert".[1370] Die Kapazitäten der Rüstungsindustrie blieben auch nach Kriegsende erhalten. Im Sverdlovsker Gebiet betrug der Anteil der im Rüstungssektor Beschäftigten 13 % und in Jekaterinburg gar 30 %, im Vergleich zu 7 % russlandweit. Die wirtschaftliche Bedeutung des Sverdlovsker Gebiets innerhalb der RF ist bedeutend, so lag das Gebiet trotz des Rückgangs der Industrieproduktion nach monetärem Umfang auf Rang drei unter den Föderationssubjekten Russlands. 1998 gehörte das Sverdlovsker Gebiet zu den Föderationssubjekten, die zusammen 53 % der Einnahmen des Haushalts und mehr als 63 % des föderalen Haushalts erwirtschafteten.[1371]

9.5.2. Geschichte

Jekaterinburg wurde im Jahr 1723 gegründet und nach Katharina (Ekaterina) der Großen benannt. Im 19. Jahrhundert gab es zunehmende Industrialisierung der Region. In den Jahren von 1905 bis 1907 gab es wiederholt Massenunruhen mit Todesopfern.[1372] Die Bolschewiki übernahmen im November 1917 gewaltlos die Macht in der Stadt. Wichtig für die Geschichte der Region ist, dass das Allrussische Zentrale Exekutivkomitee im April 1917 die Uralregion als einheitlichen Verwaltungsbezirk mit Jekaterinburg als Hauptstadt verfasst hatte. Kurz bevor die Bolschewiki durch Arbeiteraufstände in Jekaterinburg und durch den bevorstehenden Einmarsch der Weißgardisten und der mit ihnen verbündeten tschechischen Truppen zum Verlassen der Stadt gezwungen wurden, erschossen Rotarmisten die Zarenfamilie in der Nacht vom 16. auf den 17. Juli 1918. Nach der Einnahme der Stadt durch die „Weißen" wurde Jekaterinburg für ein Jahr Sitz der Regierung des Urals, bis aufständische Arbeiter erneut die Seiten wechselten und die Bolschewiki die Stadt wieder einnahmen. 1919 wurde das Jekaterinburger Gouvernement gebildet, das 1923/1924 vom Uraler Gebiet abgelöst wurde. 1924 wurde die Stadt zu Ehren des Bolschewiken *Sverdlov* in Sverdlovsk umbenannt. Dieser war im April 1917 Vorsitzender der Parteikonferenz der Uralregion in Jekaterinburg. 1934 wurde das Uralgebiet in die Gebiete Sverdlovsk, Čeljabinsk und Ob'-Irtyš aufgeteilt.1938 entstand dann das Gebiet Sverdlovsk in seinen gegenwärtigen Grenzen durch Ausgliederung des Permer Gebiets.[1373] Das Sverd-

1370 Ebenda. S. 42.
1371 Ebenda. S.43.
1372 Luchterhandt, G. / Ryshenkow, S. et al. (1999). Politik und Kultur in der russischen Provinz. Nowgorod, Woronesh, Saratow, Jekaterinburg. Bremen. S. 143.
1373 Ebenda. S. 142.

lovsker Gebiet entwickelte sich seit den Sechzigerjahren zu einer privilegierten administrativ-territorialen Einheit, denn es besaß eine besondere wirtschaftliche Bedeutung und entsandte systematisch Partei- und Wirtschaftsführer nach Moskau, so dass von einer Art Sverdlovsker Diaspora gesprochen wurde.[1374] Entscheidend für den späteren Einfluss von Angehörigen der Nomenklatura des Sverdlovsker Gebiets in den Achtzigerjahren war, dass Boris *El'cin*, der seit 1976 erster Gebietssekretär war, im April 1985 nach Moskau berufen wurde. Seine Ablösung als erster Parteisekretär Moskaus und Suspendierung als Kandidat des Politbüros Ende 1987 lösten Bestürzung in seiner Heimatregion aus und machten ihn zu einem regionalen Helden. Bei den ersten freien Wahlen zum nationalen Kongress der Volksdeputierten 1989 und den Sowjets auf allen staatlichen Ebenen 1990 in der RSFSR verlor auch im Sverdlovsker Gebiet die KPdSU ihr Machtmonopol. Kandidaten der demokratischen Bewegung errangen in den lokalen Sowjets 54 Prozent der Sitze.[1375] *Rossel'*[1376] wurde im November 1990 zum Vorsitzenden des Gebietssowjets gewählt. Bei dem Putschversuch der konservati-

1374 Ebenda. S. 144.: Seit dem Ende der 190er Jahre wurden alle Ersten Parteisekretäre des Gebietskomitees der KPdSU nach Moskau abberufen), zitiert nach Ettner, H. (2005). Das Gebiet Sverdlovsk im föderativen System Russlands. Münster. S. 47.

1375 Gel'man, V. / Golosov, G. (1998) "Regional Party System Formation in Russia. The Deviant Case of Sverdlovsk Oblast." The Journal of Communist Studies and Transition Politics (1-2). S. 33.

1376 *Ettner* beschreibt die Biographie *Rossel's* und stellt heraus, dass diese für die Auseinandersetzungen mit dem Zentrum von Bedeutung war: Ettner, H. (2005). Das Gebiet Sverdlovsk im föderativen System Russlands. Münster. S. 50, Fn. 161.: „Eduard *Rossel'* wurde 1937 in Bor im Gor'kovsker Gebiet als Sohn deutscher Eltern geboren. Sein Vater und Großvater wurden 1937, noch vor seiner Geburt, als Spione und Volksfeinde erschossen. 1941 wurde die Mutter in ein Lager eingewiesen und später in die Republik Komi deportiert. Nach dem Zweiten Weltkrieg wurde *Rossel'* von seiner Mutter gefunden und zu sich geholt. Als „Sohn eines Volksfeindes" und mit der deutschen Nationalität und dem Zusatz „ohne Recht auf Ausreise" im Pass konnte er seinen Berufswunsch, Testpilot zu werden, nicht verwirklichen. Er studierte am Bergbauinstitut in Sverdlovsk. 1967 trat er in die KPdSU ein. 1972 promovierte er am Polytechnischen Institut, an dem auch *El'cin* studiert hatte. Im Laufe einer zwanzigjährigen Tätigkeit in dem Bauunternehmen Tagilstroj nahe Jekaterinburg stieg er bis zum Unternehmensleiter auf. 1983 wurde er Stellvertretender Leiter des Bauunternehmens Glavsreduralstroj, das damals rund 100.000 Arbeitnehmer beschäftigte. 1989/90 wurde er Leiter des umorganisierten und nun Sreduralstroj genannten Betriebs." Siehe auch www.rossel.ru/rus/bio.htm

ven KPdSU-Gruppierung 1991 wurde *El'cin* durch einen Streik im Sverdlovsker Gebiet unterstützt.[1377]

Nach dem Putschversuch wurden die Spitzen der Exekutive des Sverdlovsker Gebiets neu besetzt. In den Sowjets saßen in der Regel die Direktoren der größten Betriebe – vor allem der Rüstungsfabriken – und Vertreter der Verwaltung. Die Ernennung *Rossel's* durch *El'cin* wurde von den demokratischen Kräften kritisiert. Sie kritisierten die Verbindung von „big business" und „Roten Direktoren" in der Politik.[1378]

Russlandweit erregten die Sverdlovsker Eliten mit ihrem Projekt, eine Uralrepublik zu gründen, Aufsehen. Sowohl die wirtschaftlichen, als auch die politischen Eliten waren bestrebt, den Beitrag des Gebiets zum föderalen Haushalt zu reduzieren. Vor allem die „ethnischen" Republiken wie Tatarstan und Baškortostan hatten es verstanden, mit dem Zentrum Vereinbarungen zu treffen, die es ihnen erlaubten, fast alle Steuereinnahmen auf ihrem Territorium für sich zu behalten.[1379] *Rossel'* forderte die Gründung einer wirtschaftlichen Vereinigung des „Größeren Ural".[1380] Anfang 1993 dachte sich eine Gruppe von Abgeordneten des Gebietssowjets eine Strategie aus, um die wirtschaftlichen Verpflichtungen des Gebiets gegenüber dem Zentrum durch eine Anhebung des Gebietsstatus' zu verringern.[1381] Die Verhandlungen mit den Nachbarsubjekten über die Bildung einer „großen" Uralrepublik blieben erfolglos, da diese eine Dominanz des Sverdlovsker Gebiets in der Uralrepublik befürchteten[1382]. Deshalb strebten die Eliten in Sverdlovsk die Aufwertung des eigenen Gebietsstatus in den einer Teilrepublik an. 83 % der Wähler des Subjekts beantworteten die ihnen im April 1993 gestellte Frage: „Stimmen Sie

---

1377 Beim Referendum über die Einrichtung des Präsidentenamts der RSFSR und über die Neufassung des föderativen Prinzips der Sowjetunion stimmten in Sverdlovsk 90 Prozent für das Präsidentenamt, 67 Prozent der Wähler unterstützten *El'cins* Politik gegen den Fortbestand der Sowjetunion. Bei den Wahlen zum Präsidenten der RSFSR betrug *El'cins* Stimmenanteil im Sverdlovsker Gebiet 60, in Sverdlovsk sogar 90 Prozent, bei einem landesweiten Anteil von 57 Prozent. (Luchterhandt, G. / Ryshenkow, S. et al. (1999). Politik und Kultur in der russischen Provinz. Nowgorod, Woronesh, Saratow, Jekaterinburg. Bremen. S. 151 f.)

1378 Gel'man, V. / Golosov, G. (1998) "Regional Party System Formation in Russia. The Deviant Case of Sverdlovsk Oblast." The Journal of Communist Studies and Transition Politics (1-2). S. 33

1379 Easter, G. M. (1997). "Redefining Centre-Regional Relations in the Russian Federation: Sverdlovsk Oblast'" Europe-Asia Studies (4): 617-635. Zitiert nach Ebenda S. 621.

1380 Zitiert nach Ebenda. S. 622.

1381 Ebenda. S. 622.

1382 Luchterhandt, G. / Ryshenkow, S. et al. (1999). Politik und Kultur in der russischen Provinz. Nowgorod, Woronesh, Saratow, Jekaterinburg. Bremen. S. 156.

zu, dass das Sverdlovsker Gebiet die selben Befugnisse und Rechte wie die Republiken in der Russischen Föderation haben sollen?" mit „Ja". Daraufhin nahm der Gebietssowjet am 1. Juli 1993 offiziell die Entscheidung an, das Sverdlovsker Gebiet in eine Teilrepublik umzuwandeln. *Grebenkin*, der Vorsitzende des Gebietssowjets erklärte, dass es nicht um die volle Souveränität gehe. Man wolle die gesamtrussische Staatlichkeit stärken und föderale Prinzipien verwirklichen.[1383] Ein Entwurf einer Republiksverfassung mit 154 Artikeln wurde erarbeitet. Die Kompetenzen zwischen der Uralrepublik und dem Zentrum wurden in diesem Entwurf strikt aufgeteilt. Der Gedanke war, einer gesamtrussischen Verfassung, die ja dann im Dezember 1993 verabschiedet wurde, zuvor zu kommen.[1384] Obwohl die Verfassung betonte, dass die Uralrepublik nicht die Souveränität oder die territoriale Integrität der RF in Frage stellen wolle, verfügte die neue Republik über die Struktur ihrer Staatsorgane, über das Eigentum an Land, Wäldern und natürlichen Ressourcen und vor allem über die Kontrolle des Budgets.[1385] Die Verfassung wurde vom Gebietssowjet am 27. Oktober 1993 mit 171 gegen 10 Stimmen bei 8 Enthaltungen angenommen.[1386] Nach der Annahme der Verfassung durch den Sowjet rief *Rossel'* am 1. November 1993 offiziell die Uralrepublik aus, wobei er die Bedeutung der Föderation insgesamt hervorhob. Obwohl das Gebiet *El'cin* immer unterstützt hatte, wurde *Rossel'* nach Moskau zitiert. Als er dort das Projekt der Ural-Republik nicht aufgeben und die Entscheidung den Wählern des Subjekts in einem Referendum überlassen wollte, reagierte *El'cin*. Er löste mit zwei Dekreten am 9. November 1993 den Sverdlovsker Gebietssowjet auf und erklärte alle Rechtsakte im Zusammenhang mit der Gründung der Uralrepublik für nichtig. Einen Tag später wurde *Rossel'* seines Amts enthoben.[1387] Damit hatte sich das Zentrum durchgesetzt.

9.5.3. Das Statut des Sverdlovsker Gebiets

Rossel' gründete die Vereinigung „Umgestaltung des Urals" und wurde bei der ersten Abstimmung in den neu gebildeten Föderationsrat gewählt. Ende

1383 Bericht des Radiosenders Svoboda Ural vom 01.07.1993: http://www.svoboda.ural.ru/arch/ar19930701.html, zitiert nach Ettner, H. (2005). Das Gebiet Sverdlovsk im föderativen System Russlands. Münster, Fn. 184.

1384 Ettner, H. (2005). Das Gebiet Sverdlovsk im föderativen System Russlands. Münster. S. 57.

1385 Easter, G. M. (1997). "Redefining Centre-Regional Relations in the Russian Federation: Sverdlovsk Oblast'" Europe-Asia Studies(4): 617-635. S. 617, 623.

1386 http://www.svoboda.ural.ru/arch/ar19931027.html, zitiert nach *Ettner*, Fn. 191.

1387 Easter, G. M. (1997). "Redefining Centre-Regional Relations in the Russian Federation: Sverdlovsk Oblast'" Europe-Asia Studies(4): 617-635. S. 617, 624.

1994 wurde er zum Vorsitzenden des Gebietsparlaments gewählt. Dadurch wurde die Stellung des von *El'cin* berufenen Gouverneurs *Strachov* geschwächt. *Rossel'* leitete von Seiten des Gebietsparlaments die Bemühungen um die Schaffung des Statuts (Ustav). Die Gebietsduma legte einen Entwurf vor, der als verwässerte Version der Verfassung der Uralrepublik bezeichnet wird.[1388] *Strachov* weigerte sich, dies zu unterschreiben. *Rossel'* brachte *El'cin* dazu, eine modifizierte Version zu akzeptieren, die von der Gebietsduma verabschiedet und Ende 1994 vom Gouverneur *Strachov* ratifiziert wurde.[1389] Im Wesentlichen handelt es sich bei dem Statut des Sverdlovsker Gebiets (nachfolgend: „SSG") um die erweiterte Verfassung der Ural-Republik von 1993.

Aus der Erfahrung der besseren Stellung der Teilrepubliken heraus wird in Art. 1 Nr. 3 SSG auf die Gleichheit aller Föderationssubjekte hingewiesen. Dies mag angesichts der in Art. 5 VerfRF der föderalen Verfassung garantierten Gleichheit der Subjekte überflüssig erscheinen, ist vor dem geschilderten Hintergrund der besonderen Stellung insbesondere der „ethnischen" Republiken und dem gescheiterten Bemühen, selbst den Status der Uralrepublik zu erreichen, verständlich. Das schon beschriebene Bemühen der Akteure um *Rossel'*, ihren Kampf um die Kompetenzen nicht als Sezessionsbestrebungen zu verstehen, findet seinen Niederschlag in Art. 1 Nr. 4 SSG. Dort wird der Gemeinplatz, dass das Sverdlovsker Gebiet Selbstständigkeit nur in dem Maße genieße, wie dies für die Wohlfahrt der Bevölkerung und die Entwicklung des Gebiets notwendig sei und die föderale Verfassung und die Rechte der anderen Subjekte nicht verletze, noch einmal postuliert. Das Bestreben, die Treue gegenüber der Föderation zu beweisen, wird deutlich, wenn man bedenkt, dass sich Čečnija inzwischen für souverän erklärt hatte.

Als Reflex auf das gescheiterte Projekt einer Uralrepublik kann auch Art. 1 Nr. 5 SSG gewertet werden. In diesem wird geregelt, dass der Status des Sverdlovsker Gebiets nur im gegenseitigen Einverständnis von Subjekt und Föderation geändert werden kann. Damit wird der RF einerseits zugestanden, dass kein einseitiger Versuch einer Statuserhöhung auf einen Republikstatus, etwa nach einem Referendum, vorgenommen werden wird. Andererseits wird gleichzeitig sichergestellt, dass das Sverdlovsker Gebiet nicht gegen seinen Willen mit anderen Subjekten vereinigt werden kann. Dieser Gesichtspunkt wird noch mit einer weiteren „Sicherung" untermauert:

1388 Ebenda. S. 625.

Art. 1 Nr. 6 SSG verlangt als Bedingung für eine Teilung oder Fusion des Gebiets mit einem anderen Subjekt eine Volksabstimmung. Hiermit ist nicht gemeint, dass eine Statusänderung allein mit Hilfe eines Referendums erreicht werden kann, denn dies widerspräche der Regelung in Art. 1 Nr. 5 SSG. Es geht den Autoren um die Sicherung gegen mögliche Einmischung von außen. Das Statut zeichnet sich dadurch aus, dass eine Statusangleichung an die Republiken teilweise erreicht wird. Dies wird darin gesehen, dass Referenden in Art. 3 Abs. 3 SSG als „höchster Ausdruck"[1390] des Volkswillens betrachtet werden.

Um das eigene Streben nach mehr Selbstständigkeit von Sezessionsbestrebungen abzugrenzen, wird in Art. 4 Abs. 1 SSG das Territorium des Gebiets als „untrennbarer Teil des einigen Territoriums der Russischen Föderation" dargestellt. Auch diese Regelung ist nur aus dem historischen Kontext der Auseinandersetzungen mit Čečnija und Tatarstan verständlich. Art. 4 Abs. 2 SSG erscheint wie eine Wiederholung der Regelungen von Art. 1 Abs. 5 und 6 SSG: Das Territorium des Sverdlovsker Gebiets darf nicht ohne seine Zustimmung geändert werden. Offensichtlich gingen die Autoren der Verfassung davon aus, dass das Zentrum dazu in der Lage sein könnte. Die Situation Anfang der neunziger Jahre wird auch von Art. 5 Abs. 1 SSG gespiegelt, in dem noch einmal klargestellt wird, dass das Sverdlovsker Gebiet Teil der RF und unteilbar von ihr ist. Geradezu als Gegensatz zur tatarischen Verfassung wird in Art. 5 Abs. 2 SSG ausdrücklich hervorgehoben: „Auf dem Territorium des Sverdlovsker Gebiets erstreckt sich die Souveränität der RF." Art. 5 Abs. 3 SSG benennt die Kompetenzabgrenzung zwischen der Föderation und dem Sverdlovsker Gebiet. Die Zuständigkeitskataloge befinden in den Art. 22-24 SSG.

Die Selbstverständlichkeit, dass föderale Gesetze auf dem Boden des Subjekts direkt gelten, wird in Art. 7 Abs. 1 SSG deklariert. Wie ein Appell an den eigenen Gesetzgeber liest sich Art. 7 Nr. 2 SSG, wonach Gesetze und andere Rechtsakte des Sverdlovsker Gebiets föderalen Gesetzen, die innerhalb der ausschließlichen föderalen Gesetzgebungszuständigkeit erlassen wurden, nicht widersprechen dürfen. Ein möglicher Konflikt wird im folgenden Fall geregelt: Widerspricht ein Rechtsakt des Sverdlovsker Gebiets ganz oder

1389 Ettner, H. (2005). Das Gebiet Sverdlovsk im föderativen System Russlands. Münster. S. 67.

1390 Ebenda. S. 68 sowie Heinemann-Grüder, A. (1998). "Integration durch Asymmetrie? Regionale Verfassungen und Statuten in Russland " Osteuropa (7): 672-688. S. 684.

teilweise Bundesrecht, so geht das Bundesrecht vor. Der Rechtsakt muss in Übereinstimmung mit dem föderalen Gesetz erlassen werden. Auch diese Regelung mag aus westlicher Sicht selbstverständlich und eigentlich überflüssig klingen. Sie ist – etwa in Landesverfassungen deutscher Bundesländer — nicht zu finden. In Deutschland ist unumstritten, dass ein föderales Gesetz, das nicht im Rahmen der ausschließlichen Gesetzgebungszuständigkeit des Bundes oder der konkurrierenden Gesetzgebungszuständigkeit des Bundes und der Länder erlassen worden ist, formell verfassungswidrig und nichtig ist. Dies ergibt sich aus dem systematischen Zusammenhang und der Verfassungsdogmatik, sodass eine solche Regelung weder ins Grundgesetz, noch in die Landesverfassungen aufgenommen wurde.[1391]

Aus Sicht einer russischen Region erscheint es nicht ausgeschlossen, dass der föderale Gesetzgeber Gesetze außerhalb seiner Zuständigkeit erlässt.[1392] Dies verweist auch auf die fehlende „Rule of Law". Man traut den anderen alles zu und schafft sich eine rechtliche Handhabe zur Reaktion. Im Konfliktfall kann ein Subjektsgesetz verabschiedet werden, auf dessen Gültigkeit dann anhand von Art. 7 Nr. 2 SSG bestanden werden kann. Art. 8 Abs. 1 SSG deklariert den Grundsatz der Gewaltenteilung.

Aus Art. 9 Nr. 2 SSG ergibt sich, dass Organe der Exekutive sowohl die Regierung als auch der Gouverneur sind. In Artikel 12 wird festgelegt, dass das Sverdlovsker Gebiet selbstständig Verträge mit anderen Föderationssubjekten abschließen kann. Artikel 13 SSG behandelt die internationalen Beziehungen des Sverdlovsker Gebiets. Danach ist das Subjekt berechtigt, als „selbständiger Teilnehmer internationaler und von Außenwirtschaftsbeziehungen aufzutreten", sofern dies nicht der föderalen Verfassung und föderalen Gesetzen widerspricht. Hier wird einerseits wieder eine gewisse Selbstständigkeit des Subjekts betont, andererseits mit der Unterordnung unter die föderale Rechtsordnung dem Zentrum auch signalisiert, dass die primäre Rolle der Föderation anerkannt wird. Im Unterschied etwa zur Republik Tatarstan sieht man sich nicht als Völkerrechtssubjekt. Diese Regelung ist wieder ein

1391 Maunz, T. (1984). Artikel 72. Maunz /Dürig (Hrsg.) Grundgesetz. München. Band **V**. Art. 72 Rn. 7 zur Frage, wann der Landesgesetzgeber im Rahmen der konkurrierenden Gesetzgebung nach Art. 72 GG Gesetze erlassen darf: „Nur wirksam erlassene Bundesgesetze verdrängen den Landesgesetzgeber, nicht Bundesgesetze, die unter Überschreitung des Zuständiskeitsbereichs erlassen worden sind, oder die aus anderen Gründen nichtig sind."

1392 Dass dies auch in Deutschland nicht ausgeschlossen ist, ergibt sich aus Maunz, T. (1984). Artikel 72. Maunz /Dürig (Hrsg.) Grundgesetz. München. Band **V**. Art. 72 Rn. 7.

Balanceakt – einerseits Betonung der Selbstständigkeit, andererseits der Treue zur Föderation. In Art. 17 SSG wird den Völkern des Sverdlovsker Gebiets (SG) das unveräußerliche Recht zugestanden, die Subjektorgane zu reformieren.

Für das Verhältnis zum Moskauer Zentrum sind erneut die Regelungen über die Zuständigkeits- und Kompetenzabgrenzung besonders wichtig. In Art. 22 SSG wird grundsätzlich in gemeinsame Gesetzgebungszuständigkeiten der RF und des SG sowie in alleinige Zuständigkeit des SG unterteilt.

Art. 23 SSG enthält die Gegenstände der alleinigen Zuständigkeit des SG, die in der folgenden Tabelle den Gegenständen der alleinigen Zuständigkeit des föderalen Vertrages gegenübergestellt werden.

Art. 23 Abs. 2 SSG	*Art. 9 des Föderalen Vertrages*
a) Statutsänderung, Gesetzesänderungen	
b) Bestimmung des territorialen Verwaltungsaufbaus des SG	b) Bestimmung des territorialen Verwaltungsaufbaus des SG Art. 9 lit. b
v) Aufbau von Gebietsorganen und Bestimmung ihrer Tätigkeit und Funktionsweise	v) Aufbau eines Systems der Gebietsorgane
g) Gesetzliche Überwachung der Organe der kommunalen Selbstverwaltung	d) Verwaltungsrechtliche Verantwortlichkeit der Gebiets- und kommunalen Beamten
d) Verwaltung des Gebietseigentums	e) Verwaltung des Gebietseigentums
e) Wirtschafts-, Umwelt- und Sozialpolitik des Gebiets	Art. 9 lit. e
ž) Finanz- und Währungspolitik soweit nach föderaler Gesetzgebung möglich	ž) Aufbau einer Gebietsbank
z) Gebietshaushalt, -abgaben und –steuern	g) Gebietshaushalt
i) Energieversorgung, Transport Informations- und Ingenieurssysteme	
k) Internationale und Außenhandelsbeziehungen des SG	
l) Gebietsstaatsdienst	z) Gebietsstaatsdienst
m) Auffangnorm für alle Gegenstände außerhalb der alleinigen Zuständigkeit der RF und der gemeinsamen Zuständigkeit	Art. 9 am Ende) Auffangnorm
	b) Schaffung, Formierung des Statutengerichts

Aus der Tabelle[1393] ist erkennbar, dass die Zuständigkeitsgegenstände im Wesentlichen übereinstimmen, bis auf die Energieversorgung und die internationalen und Außenhandelsbeziehungen, die das Statut in Art. 23 Abs. 2 lit. i und k SSG vorsieht und das Statutengericht aus Art. 9 lit. b des Föderalen Vertrages.

Art. 24 SSG enthält die Gegenstände der gemeinsamen Zuständigkeit. Diese sind im föderalen Vertrag nicht definiert. Hier ist ein Vergleich mit Art. 72 VerfRF sinnvoll, um zu sehen, ob abweichende Gegenstände vereinbart wurden, welche dann der VerfRF widersprechen würden.

Art. 72 Abs. 1 VerfRF	*Art. 24 SSG*
Lit. a) die Gewährleistung der Übereinstimmung der Verfassungen und Gesetze der Republiken, der Statuten, Gesetze und anderen normativen Rechtsakten der Regionen, Gebiete, bundesbedeutsamen Städte, des autonomen Gebiets und der autonomen Bezirke mit der Verfassung der Russischen Föderation und den Bundesgesetzen;	Art. 24 lit. a SGG Die Gewährleistung der Übereinstimmung des SSG, der Gesetze und anderen normativen Rechtsakten des Sverdlovsker Gebiets mit der VerfRF und den föderalen Gesetzen;
Lit. b) der Schutz der Rechte und Freiheiten des Menschen und Bürgers; der Schutz der Rechte der nationalen Minderheiten; die Gewährleistung der Gesetzlichkeit, der Rechtsordnung und der öffentlichen Sicherheit; die Ordnung der Grenzgebiete;	Art. 24 lit. b SSG
Lit. v) Fragen des Besitzes, der Nutzung und der Verfügung über Grund und Boden, Bodenschätze, Wasser- und andere Naturvorräte;	Art. 24 lit. v SSG
Lit. g) die Abgrenzung des Staatseigentums;	Art. 24 lit. g SSG
Lit. d) Naturnutzung; Umweltschutz und Gewährleistung der ökologischen Sicherheit; besonders geschützte Naturgebiete; Schutz von Geschichts- und Kulturdenkmälern;	Art. 24 lit. d SSG

1393 Eine Tabelle bietet sich hier deshalb an, weil es im Gegensatz zu der Darstellung bei Tatarstan oben 9.4.4.1. Der erste föderale Vertrag vom 15. Februar 1994, S. 399 wirklich etwas zu vergleichen gibt.

Lit. e) allgemeine Fragen der Erziehung, der Bildung, der Wissenschaft, der Kultur, der Körperkultur und des Sports;	Art. 24 lit. e SSG
Lit. ž) Koordination von Fragen des Gesundheitsschutzes; Schutz von Familie, Mutterschaft, Vaterschaft und Kindheit; sozialer Schutz einschließlich der sozialen Sicherung;	Art. 24 lit. ž SSG
Lit. z) die Durchführung von Maßnahmen zur Bekämpfung von Katastrophen, Naturkatastrophen und Epidemien sowie die Beseitigung ihrer Folgen;	Art. 24 lit. z SSG
Lit. i) die Festlegung allgemeiner Prinzipien der Besteuerung und Abgaben in der Russischen Föderation;	Art. 24 lit. i SSG
Lit. k) die Verwaltungs-, Verwaltungsprozess-, Arbeits-, Familien-, Wohnungs-, Boden-, Wasser- und Forstgesetzgebung; die Gesetzgebung über Bodenschätze und Umweltschutz;	Art. 24 lit. k SSG
Lit. l) das Personal der Gerichts- und Rechtsschutzorgane; Rechtsanwaltschaft, Notariat;	Art. 24 lit. l SSG
Lit. m) Schutz des angestammten Lebensraums und der traditionellen Lebensform kleiner ethnischer Gemeinschaften;	Art. 24 lit. m SSG
Lit. n) die Festlegung allgemeiner Organisationsprinzipien für das System der Organe der Staatsgewalt und der örtlichen Selbstverwaltung;	Art. 24 lit. n SSG
Lit. o) die Koordinierung der internationalen und außenwirtschaftlichen Beziehungen der Subjekte der Russischen Föderation und die Erfüllung der völkerrechtlichen Verträge der Russischen Föderation.	Art. 24 lit. o SSG

Aus der Tabelle ist ersichtlich, dass der gesamte Katalog der gemeinsamen Zuständigkeiten mit Art. 72 VerfRF übereinstimmt. Überschneidungen mit der alleinigen Zuständigkeit könnten sich beim System der der Organe der Staatsgewalt und der kommunalen Selbstverwaltung ergeben. Dabei gehören

die allgemeinen Organisationsprinzipien in die gemeinsame Zuständigkeit und sind mit dem SubjOrgG von der Föderation auch ausgeübt worden.
Art. 25 SSG sieht vor, dass die Exekutivorgane des SG mit den föderalen Exekutivorganen Vereinbarungen abschließen können, in welchen die Exekutivorgane des SG die föderalen Befugnisse übernehmen oder die föderalen Exekutivorgane die Befugnisse des Subjektorgans. Dabei ist inzwischen zu beachten, dass das Subjekt im Zweifel auch die Kosten für eine solche Übertragung nach Art. 26.3-1 SubjOrgG tragen muss.
Art. 26 und 27 SSG regeln die Beteiligung der Subjektorgane des SG bei der Ausübung föderalen Befugnisse. Das System der Einheitsverwaltung wird bestätigt, die föderalen Exekutivorgane haben das Recht, eigene Territorialorgane im SG zu bilden. Art. 28 Abs. 2 SSG legt die Zuständigkeit des VerfGRF für die Beilegung von Kompetenzkonflikten zwischen Subjekt- und föderalen Organen fest. Hierbei kann es sich naturgemäß nur um eine Wiederholung föderaler Regelungen handeln.
Das SSG ist nie in einer Form beanstandet worden, die vom VerfGRF abschließend beurteilt worden wäre.

9.5.4. Der föderale Vertrag vom 12. Januar 1996

Der Föderale Vertrag mit dem SG war der erste, der mit einem Gebiet – einer Nichtrepublik – abgeschlossen wurde. Wie oben bei der Abgrenzung der Gesetzgebungszuständigkeiten schon gezeigt, wurden zu diesem Aspekt nur wenig Abweichendes zu den Regelungen des SSG vereinbart. Der Vertrag ist zwischenzeitlich außer Kraft getreten. Dies bedeutet, dass die Regelungen der VerfRF gelten und das SG nur noch Gesetze innerhalb von Art. 73 VerfRF erlassen kann.

9.5.5. Der Staatsaufbau

Subjektexekutivspitze ist der Gouverneur, der vom föderalen Präsidenten *Medvedev* vorgeschlagen und von der Gesetzgebenden Versammlung gewählt wird. Bis zur Änderung des SubjOrgG wurde der Gouverneur direkt gewählt. Die Gesetzgebende Versammlung ist ein Zweikammerparlament, bestehend aus dem Unterhaus, der Gebietsduma (*Oblast'naja Duma*) mit 28 Abgeordneten, die nach dem personalisierten Verhältniswahlrecht für vier Jahre gewählt werden (Art. 32 Abs. 1, 34 Abs. 1 SSG) und der Repräsentantenkammer (*Palata Predstavitelej*), das Oberhaus. Das Oberhaus mit seinen 21 Abgeordneten wird nach Art. 32 Abs. 3 SSG für vier Jahre nach dem Verhältniswahlrecht (Art. 34 Abs. 2 SSG) von den Bürgern des SG gewählt: Derjenige Kandidat ist gewählt, der die meisten Stimmen erhält. In der Exekutive gibt es noch die Gebietsregierung, deren Vorsitzender (der Ministerpräsident) von der Gebietsduma auf Vorschlag des Gouverneurs gewählt wird. Daneben existiert ein Statutengericht.

9.5.6. *Die Rechtsprechung des Sverdlovsker Statutengerichts*

Das Statutengericht hat – soweit ersichtlich – bis 2007 keine Entscheidung erlassen, die einer Entscheidung des VerfGRF widersprechen würde. Es hat keine Entscheidung veröffentlicht, die Konflikte von Organen des SG mit föderalem Recht betraf. Für alle anderen Fragen ist auch das VerfGRF zuständig. Damit tritt das Statutengericht des Sverdlovsker Gebiets nicht als Akteur in den föderalen Beziehungen auf.

9.5.7. *Der föderale Finanzausgleich*

Das Sverdlovsker Gebiet gehörte 1992 an siebter Stelle zu den Nettozahlern.[1394] *Ettner* sieht hierin eine besonders starke Motivation für die Gründung der Uralrepublik.[1395]

Das Sverdlovsker Gebiet gehört – mit Ausnahme von 1997 und 2004 – zu den Nettozahlern im föderalen Finanzausgleich.[1396] Es erhielt 1994 3,4 %; 1995 2,1 % und 1996 2,2 % seines Haushalts aus dem föderalen Budget.[1397] 1999 erhielt es gar keine Transferleistungen mehr.[1398] In einer im Jahr 1996 geschlossenen Vereinbarung vom 12. Januar 1996 [1399] gelang es dem SG zu erreichen, dass die föderale Regierung die föderalen Programme finanzierte.

Die Verteilung der Steuereinnahmen für die Monate Januar - April 2003 verhielt sich zu den Monaten Januar – April 2004 wie folgt:

1394 Wardomski, L. (1994). "Wirtschaftsbeziehungen zwischen Zentrum und Regionen in Russland. Schwierige Suche nach einem Interessenausgleich. ." Bericht des Bundesinstituts für ostwissenschaftliche und internationale Studien (18).

1395 Ettner, H. (2005). Das Gebiet Sverdlovsk im föderativen System Russlands. Münster. S. 76.

1396 Ross, C. (2002). Federalism and democratisation in Russia. Manchester. S. 82f.; Sverdloskaja oblast' v 2004 godu vybyvaet iz čisla regionov-donorov". In: Api-Novosti vom 16.12.2003 unter: apiural.ru/econom/?news_id=17221

1397 Ross, C. (2002). Federalism and democratisation in Russia. Manchester. S. 83.

1398 Ebenda. S. 84.

1399 Herausgeberkollektiv. (1997). Sbornik dogovorov i soglašenii meždu organami gosudarstvennoj vlasti RF i organami gosudarstvennoj vlast sub"ektov RF o razgraničii predmetov vedenija i polnomočii. Moskva, Izdanie Gosudarstvennoj Dumy. S. 708 f.

Im Jahr 2003 entfielen 41,6 % auf das föderale Budget und 58,4 % auf den Haushalt des SG.
Im Jahr 2004 entfielen 32,4 % der Einnahmen auf den föderalen Haushalt und 67,6 % auf den Subjekthaushalt. Dabei bestanden im Jahr 2004 67,4 % des Anteils des föderalen Haushalts aus der Mehrwertsteuer. Die Einnahmen aus der Einkommenssteuer machten 37,1 % des Subjekthaushalts aus, 32,1 % waren Gewinnsteuern.[1400]

9.5.8. Der Beitrag des Sverdlovsker Gebiets zur föderalen Rechtssetzung

Im Sverdlovsker Gebiet sind die Parlamentarier mit ihrer Arbeit beim föderalen Gesetzgebungsprozess zufrieden.[1401] Man habe wichtige Entwürfe für föderale Gesetze auf den Weg gebracht, etwa zur Änderung des Strafprozess-Gesetzbuchs der RSFSR, das Pensionsgesetz, das Gesetz über die soziale Absicherung der Militärangehörigen etc.
Als Indikator für die hohe Qualität der eigenen gesetzgeberischen Arbeit wird angesehen, dass man einen eigenen Entwurf für das föderale SteuerGB erarbeitet und in die Staatsduma eingebracht hat.[1402] Weiterhin wird ein Entwurf für Änderungen am Gesetz „Über die verwaltungsrechtlichen Ordnungswidrigkeiten“, der von 22 Subjekten unterstützt worden ist, gelobt.
Das Sverdlovsker Gebiet hat in den Jahren 2003/2004 zwei Gesetzesvorhaben eingebracht. Davon wurden 2 von der Staatsduma angenommen. Die Gesetzgebende Versammlung des Sverdlovsker Gebiets war also sehr effektiv.[1403] Im Zeitraum ihres Bestehens brachte die Gesetzgebende Versammlung (das Parlament) 10 Gesetzesinitiativen bei der Staatsduma ein.[1404] Acht dieser Gesetzentwürfe schafften es immerhin in die Ausschüsse, zwei Gesetzentwürfe wurden als föderale Gesetze angenommen.[1405] Damit schaffte das SG eine Quote von 20 %.

1400 Herausgeberkollektiv (2004). "Analiz struktury i dinamiki postuplenij nalogovych dochodov v bjudžetnuju sistemu RF s territorii Sverdlovskoj oblasti po sostojaniju na 1 maja 2004 goda." S. 1 (Überreicht durch *Bersin*)

1401 Ebenda.

1402 Ebenda. S. 31.

1403 Interview der Verfasserin mit *Bersin* am 6. Juni 2004.

1404 Herausgeberkollektiv (2004). "Analiz struktury i dinamiki postuplenij nalogovych dochodov v bjudžetnuju sistemu RF s territorii Sverdlovskoj oblasti po sostojaniju na 1 maja 2004 goda." S. 31.

1405 Es handelte sich dabei allerdings um föderale Gesetze, die lokale Probleme betrafen: „Die Schaffung des Irbitsker Kreisgerichts im SG“ und „Die Schaffung des Zarečnogo Stadtgerichts“.

Dagegen musste die Gesetzgebende Versammlung allein von April 2000 bis April 2002 über 1329 föderale Gesetzgebungsprojekte beraten. Diese große Zahl könnte ein Grund dafür sein, warum die Subjektparlamente so wenige Gesetzesinitiativen in die Staatsduma einbringen: Sie sind mit der Abarbeitung der föderalen Gesetze ausgelastet.
Interessant sind Anfragen, die die Sverdlovsker Parlamentarier an die Staatsduma richteten: Es ging um die Unterfinanzierung des Fonds der Sozialversicherung. Die Abgeordneten der Gebietsduma wandten sich an die föderale Exekutive und erreichten eine Erhöhung der Finanzen dieses Fonds um 213 Mio. RUR.[1406]
Betrachtet man diese Werte, so fällt einerseits auf, dass die Quote der erfolgreichen Gesetzgebungsvorhaben mit 20 % sehr hoch ist, dass diese Gesetze aber lokale Probleme betrafen, die nur deshalb eine föderale Regelung erforderten, weil das Gerichtssystem zentral geregelt ist. Positiv fällt die Tatsache auf, dass das Parlament des SG Gesetzesinitiativen auf den Weg brachte, die sich mit Fragen grundsätzlicher föderaler Bedeutung befassen. Solche Initiativen wie die zur Aufstockung der Mittel des Sozialversicherungsfonds haben aktuell keine Chance, weil der Sozialversicherungsfonds in eine Steuerart überführt worden ist, die dem föderalen Zentrum unterfällt, das diese Mittel dann zentral verteilt, ohne dass die Subjekte darauf noch Einfluss ausüben können.

9.5.9. Bewertung

Das SG erscheint wie eine Modell-Region, abgesehen von der Dominanz der immer gleichen Eliten: Von „ethnischen" Russen dominiert, fällt die „ethnische" Komponente weg. Dagegen kämpfte das SG für die Gleichheit der Gebiete mit den Republiken und damit auch für die verfassungsrechtlich in Art. 5 VerfRF garantierte Gleichheit der Subjekte. Das SG ist wirtschaftlich stark, ein Gebersubjekt und effizient in seinem Beitrag zur föderalen Rechtsetzung. Der Einfluss des Subjekts ist sicher zurückgegangen, seit *El'cin* nicht mehr an der Macht ist.
Aber Gouverneur *Rossel'* hat verschiedentlich versucht, der „Vertikale der Macht"[1407] entgegen zu wirken. Er wandte sich 2000 gegen die Schaffung des Staatsrats mit dem Argument, dass der Föderationsrat das geeignete Organ

1406 Herausgeberkollektiv (2004). "Analiz struktury i dinamiki postuplenij nalogovych dochodov v bjudžetnuju sistemu RF s territorii Sverdlovskoj oblasti po sostojaniju na I maja 2004 goda." S. 33.
1407 Zur „Vertikale der Macht" vgl. die Definition von *Mommsen*, S. 71.

sei. Zudem kritisierte er die Aufhebung der Immunität der Gouverneure. Diese müssten gegen korrupte Manager vorgehen, die nun Geld einsetzen könnten, um kompromittierendes Material gegen missliebige Gouverneure zu sammeln.[1408] Dabei hatte *Rossel'* selbst Konflikte mit dem Präsidentenvertreter für den Ural-Distrikt, *Latyšev*. So sagte *Latyšev* 2000 öffentlich, viele Sverdlovsker Beamte seien korrupt und ersetzte den (föderalen) Sverdlovsker Staatsanwalt und den Polizeichef, die beide von *Rossel'* ernannt worden waren. *Rossel'* hatte versucht, mit *Berezovskij* eine Partei der Gouverneure zu gründen, die mit der sich abzeichnenden zentralistischen Politik *Putins* unzufrieden war.[1409] *Latyšev* erhielt Rückendeckung vom Chef des FSB, *Patrušev*, der die Gouverneure warnte, sich gegen die Präsidentenvertreter aufzulehnen und Jekaterinburg als „Symbol der Korruption, des Machtmissbrauchs und des organisierten Verbrechens“ bezeichnete. *Rossel'* hatte einen Sicherheitsrat geschaffen, der nach dem föderalen Vorbild konzipiert war und ihm persönlich unterstand. Die Jekaterinburger Staatsanwaltschaft unterstützte Präsidentenvertreter *Latyšev* und erklärte die Regelung für verfassungswidrig.[1410]

9.6. Vergleich der beiden Subjekte

Zunächst wird ein Vergleich der Föderalen Verträge von Tatarstan und dem Sverdlovsker Gebiet vorgenommen.

Die nachfolgende Tabelle zeigt die ausschließlichen Kompetenzen der jeweiligen Subjekte:

1408 Fruchtmann, J. (2003). "Der russische Föderalismus unter Präsident Putin. Diskurse – Realitäten." from elib.suub.uni-bremen.de/publications/diss/-htmlE-Diss537_HTML.html. S. 225.

1409 Ebenda. S. 278.

1410 Ebenda. S. 278 f.

Republik Tatarstan	*Sverdlovsker Gebiet*
Verfassungs- und Gesetzgebung der RT (Art.1)	
Grundrechtsschutz (Art. 2 Nr. 1)	
Haushalt und Steuern der RT (Art. 2 Nr. 2)	Haushalt (Art. 9 lit. d)
Recht der Rechtsanwaltschaft und des Notariats (Art. 2 Nr. 3)	
Verwaltungs-, Familien-, Wohnungsbeziehungen, Naturausbeutung (Art. 2 Nr. 4)	
Richter der RT (Art. 2 Nr. 5)	Statutengericht des Sverdlovsker Gebiets (Art. 9 lit. b)
Nutzung von Naturrohstoffen, Wäldern, Immobilien auf dem Territorium der RT (Art. 2 Nr. 6)	
System der Staatsorgane des Subjekts, Ordnung und Funktionsweise (Art. 2 Nr. 7)	System der Staatsorgane des Subjekts, Ordnung und Funktionsweise (Art. 9 lit. a)
Fragen der Staatsbürgerschaft der RT (Art. 2 Nr. 8)	
Zivildienst (Art. 2 Nr. 9)	
Rechtsbeziehungen mit den andern Subjekten der RF (Art. 2 Nr. 10)	
Verfassungsgemäße internationale Beziehungen (Art. 2 Nr. 11)	
Nationalbank (Art. 2 Nr. 12)	Nationalbank (Art. 9 lit. g)
Außenwirtschaftsbeziehungen (Art. 2 Nr. 13)	
Konversion von Staatsbetrieben in Unternehmen (Art. 2 Nr. 14)	
	Definition von Territorialeinheiten innerhalb des Subjekts (Art. 9 lit. c)

Die folgenden Zuständigkeiten der RT innerhalb der gemeinsamen Zuständigkeit mit der RF gingen über das im FV-SG vereinbarte hinaus:

- Schutz der Souveränität und territorialen Integrität,
- Rüstungsindustrie, Waffenverkauf und Konversion auf dem Territorium de RT,
- Allgemeine und strittige Staatsbürgerschaftsfragen,
- Koordinierung der Preispolitik,
- Bildung regionaler Entwicklungsfonds,
- Durchführung der Währungspolitik,
- Verwaltung des gemeinsamen Eigentums,
- Koordinierung der Tätigkeiten in den Bereichen Geodäsie, Meteorologie und Zeitberechnung,
- Koordinierung der Verwaltung der gemeinsamen Energie-, Transport- und Kommunikationssysteme,
- Durchführung der gemeinsamen Politik in den Bereichen Soziales, Beschäftigung und Migration sowie
- Koordinierung der Rechtsschutzorgane in den Bereichen Sicherheit und Verbrechensbekämpfung.

Tatarstan war die nationale Komponente besonders wichtig: Dies wird am Beispiel der Staatsbürgerschaft deutlich. Zudem besteht Tatarstan auf einer weitgehenden staatlichen Unabhängigkeit. Tatarstan verleiht sich Attribute souveräner Staaten wie das Recht, eine eigene Staatsbürgerschaft zu verleihen. Diese Attribute souveräner Staatlichkeit prägten auch dauerhaft die Konfliktlinien mit dem föderalen Zentrum.

Gemein sind sowohl der RT als auch dem SG die Haushaltskompetenz und die Kompetenz für die innere Struktur der Subjektorgane, die inzwischen durch die Rechtsprechung des VerfGRF und das SubjOrgG nur noch eingeschränkt gilt.

Im Gegensatz zur RT sah das SG den föderalen Vertrag nie als internationalen Vertrag, es gab nie Sezessionsbestrebungen. Dem SG ging es regelmäßig um Haushaltsfragen.

Inzwischen haben sich diese Regelungen durch das Auslaufen des FV-SG erledigt. Auch der RT ging es im neuen FV-RT [2007] mehr um die Absicherung regionaler Eigenheiten wie der Sprachenfrage und der Staatsbürgerschaft, Aspekte, die im Verhältnis des SG zum föderalen Zentrum nie eine Rolle spielten.

Im Output ergeben sich im Einkammerparlament der RT gegenüber dem Zweikammerparlament des SG keine nennenswerten Unterschiede. Es scheint auf die Qualität der Juristenausbildung und damit der Apparate der Parlamente anzukommen, die sowohl in Kasan als auch in Jekaterinburg, hoch ist. Festzuhalten ist, dass beide Subjektparlamente machtpolitisch auf der föderalen Ebene keine Rolle mehr spielen. Dies hängt mit der Reform des Föderationsrats und der Möglichkeit für den Föderationspräsidenten, die Parlamente aufzulösen, zusammen.

Die Frage der Haushaltsbeziehungen ist inzwischen auch angeglichen: Die Föderation nimmt über die föderalen Steuern einen Großteil des Steueraufkommens aus den Subjekten ein und verteilt diese um. Da beide Subjekte Gebersubjekte sind, sind diese Regelungen für sie gleichermaßen nachteilig. Präsident *Šajmiev* war in den Debatten rhetorisch weniger auf Konfrontationskurs als Gouverneur *Rossel'*.

Auffällig ist die völlig unterschiedliche Haltung des VerfGRT und des Statutengerichts des SG. In den letzten Jahren sind jedoch auch vom VerfGRT keine Entscheidungen gegen das VerfGRF oder überhaupt zu föderalen Fragen mehr ergangen.

Insgesamt kann festgehalten werden, dass sich die regionalen Eliten in beiden Subjekten mit dem föderalen Zentrum arrangiert haben und deshalb die beiden Subjektexekutivspitzen *Šajmiev* und *Rossel'* erneut in ihrem Amt bestätigt wurden.

10. Zusammenfassung der Untersuchungsergebnisse

In der vorliegenden Studie konnte gezeigt werden, dass die gegenwärtige Verfasstheit des föderalen Systems der Russischen Föderation unter verschiedenen Gesichtspunkten die aufgestellten Prinzipien für Föderationen nicht beachtet oder gegen sie verstößt. Dies belegen die folgenden acht Gründe.

1. Auf der Ebene der Aufteilung der Gesetzgebungszuständigkeiten verbleiben den Subjekten aufgrund der bedeutenden Regelungstiefe föderaler Gesetze nur noch wenige Regelungsgegenstände. Dadurch wird die Verwirklichung von Nr. 1 PrFöd – die verfassungsmäßige Verteilung von Kompetenzen beider Ebenen – berührt. Denn wenn eine föderale Verfassung dergestalt praktiziert wird, dass für eine Ebene kaum noch Materien für eigene Rechtsetzung bestehen, ist das Gleichgewicht praktisch in Richtung einer Seite so stark verschoben, dass der Sinn der getrennten Aufgabenwahrnehmung der beiden Ebenen nicht mehr verwirklicht werden kann.
2. Der Föderationspräsident hat die Befugnis, den Subjektparlamenten den Kandidaten für das Amt des Republikspräsidenten bzw. des Gouverneurs vorzuschlagen und bei mehrfacher Ablehnung das Subjektparlament aufzulösen (Art. 9 Abs. 4.1, 18, 19 SubjOrgG). Dadurch wird in die Kompetenzen der Föderationssubjekte, ihre Exekutivspitze und ihr Parlament ohne Einmischung der föderalen Ebene abzuberufen, eingegriffen und die möglichst strikte Trennung der Kompetenzen beider Ebenen nach Nr. 1 PrFöd verletzt.
3. Das SubjOrgG verschiebt materiell das Gleichgewicht von *Checks and Balances* bedenklich von den Subjektorganen zum Föderationspräsident. Dadurch wird die verfassungsrechtlich vorgesehene Architektur der Gewalten verschoben und Nr. 2 PrFöd berührt.
4. Die Regelung des Art. 19 Abs. 6 SubjOrgG (Abberufung bei Vertrauensverlust) ist materiell intransparent, weil das Kriterium des Vertrauensverlusts sich einer rechtlichen Prüfung entzieht.[1411] Die mangelnde rechtliche Kontrolle bei einem Eingriff durch eine andere Gewalt widerspricht wiederum Nr. 4 PrFöd.

1411 Es wirkt wie eine Ermessensentscheidung im deutschen Verwaltungsrecht.

5. Das Prinzip der Einheitsverwaltung nach Art. 77 Abs. 2 VerfRF innerhalb der ausschließlichen Zuständigkeit der Föderation und der gemeinsamen Zuständigkeit von RF und Subjekten sowie die Tatsache, dass bei wichtigen Exekutivorganen wie Staatsanwaltschaft und Miliz keine Organe der Subjekte existieren, muss gleichfalls als Nichtbeachtung von Nr. 1 PrFöd gewertet werden.[1412]
6. Die Dysfunktionalität des Oberhauses (Föderationsrats) des russischen Parlaments, der Föderalen Versammlung, gefährdet die Verwirklichung von Nr. 3 PrFöd (Mechanismen, die die Teilnahme der Subjekte am Entscheidungsprozess auf föderaler Ebene sichern). Die VerfRF stellt nicht sicher, dass die Subjekte wirksam im Föderationsrat vertreten sind. Hierdurch wird auch Nr. 2 PrFöd berührt, welches hohe Hürden für Verfassungsänderungen zum Schutz der Subjekte vorsieht[1413]. Dies ermöglichte mehrfache Änderungen des Bestellmodus der Subjektvertreter (Senatoren). Die gegenwärtige Rechtslage der Ernennung von Senatoren durch Subjektparlament und Subjektexekutivspitze hat dazu geführt, dass die Subjekte nicht mehr angemessen repräsentiert werden. Überdies fehlt es an der Verfahrenslegitimität.[1414]
7. Das Haushaltsrecht entspricht nicht rechtsstaatlichen Prinzipien. Einerseits existieren Geheimnormen, die den Parlamentariern nicht mitgeteilt werden, so dass es an der erforderlichen Transparenz fehlt. Andererseits verbleiben den Subjekten kaum noch Steuerarten, da diese auch nicht in der Verfassung selbst geregelt sind und mit einfachem föderalem Gesetz geändert werden können. Hierdurch wird Nr. 1 PrFöd berührt, der klar abgegrenzte Steuererhebungskompetenzen für beide Ebenen vorschreibt. Überdies fehlt

---

1412 Dies gilt umso mehr in der Interpretation der Mehrheit der Verfassungsrichter in der Gouverneursentscheidung, die die Subjektexekutivspitzen im Verhältnis zum Föderationspräsidenten auch als Untergebene im Sinne der Einheitsverwaltung ansahen. Vgl. 8.5.9. Die Gouverneursentscheidung S. 373.

1413 Hier wurde Nr. 2 PrFöd dadurch unterlaufen, dass in der für *El'cin* „Made-To-Fit-Constitution" (*Blankenagel*) der Bestellmodus nicht verfassungsrechtlich verankert wurde und dadurch beliebig oft verändert werden konnte. Einen verfassungsrechtlichen Schutz für die Subjektvertreter gab es dadurch von vornherein nicht.

1414 6.2.9. Theorie des Informalen und Föderationsrat S. 296 f.

auch hier der nach Nr. 2 PrFöd erforderliche verfassungsrechtliche Schutz für die Subjekte.[1415]

8. Die zentrumsfreundliche Rechtsprechung des VerfRF führt dazu, dass das oberste russische Gericht seine Rolle als Streitschlichter zwischen den föderalen Ebenen praktisch bereits verloren hat[1416], wodurch Nr. 4 PrFöd (Existenz eines Verfassungsgerichts als Streitschlichter) verletzt wird. Damit wird überdies deutlich, dass erstens eine verfassungsrechtliche Regelung allein nicht genügt, wenn die Verfassungspraxis entweder die Verfassung so einseitig auslegen kann, dass einer Ebene kaum noch Befugnisse verbleiben.
9. Die Effektivität verfassungsrechtlicher Institutionen kann leichter vermindert werden, wenn die Regelung der Bestellung ihrer Mitglieder nicht in der Verfassung selbst abgesichert ist.
10. Selbst existierende verfassungsrechtliche Schutzmechanismen können wirkungslos werden, wenn das Verfassungsgericht die Verfassung entgegen dem Wortlaut und dem Sinn zu Gunsten einer Ebene in der Föderation auslegt.

1415 4.2.8.6. Bewertung der Haushaltsregelungen im Hinblick auf die Verletzung föderaler Prinzipien S. 157 f.

1416 8.6. Das VerfGRF als Akteur zwischen Zentrum und Regionen S. 380 ff. Hier legte das VerfRF die Verfassung aus dem unterverfassungsrechtlichen SubjOrgG aus.

11. Ausblick: Föderalismus im Zeitalter der „Vertikalen der Macht"

Gegenstand der Untersuchung war das Verhältnis der Subjekte zum föderalen Zentrum im Hinblick auf die Einhaltung der Standards der „Rule of Law". Mithilfe der Anwendung der Theorie des Informalen konnten Konzepte wie die Bildung der föderalen Bezirke und der Abschluss der föderalen Verträge sowie das Verhalten von Akteuren der zentralen Ebene und der Subjektebene, die für das Verständnis der Verabschiedung von Gesetzen wichtig sind, analysiert werden. Zudem wurde das in der Arbeit entwickelte Untersuchungsschema, bei der Untersuchung facettenreicher Bedrohungen der „Rule of Law" und der Prinzipien für das Bestehen von Föderationen verwendet. Weiterhin wurde, eine weitest mögliche Annäherung an die Rechtswirklichkeit unternommen und gleichzeitig ein Teil der russische Diskussion der Wissenschaft im deutschsprachigen Raum erschlossen.

Der Sinn von Föderationen besteht darin, dass im Rahmen einer Arbeitsteilung auf der föderalen und der Ebene der Gliedstaaten (Subjekte) diejenigen Aufgaben gelöst werden, die dort jeweils am besten lösbar sind: Auf föderaler Ebene diejenigen, die die Gliedstaaten nicht lösen können oder wollen und auf regionaler Ebene diejenigen, die die Gliedstaaten lösen können und wollen. In den verschiedenen Bundesstaaten, die existieren, ist diese Arbeitsteilung höchst unterschiedlich organisiert. Sozial-ethnische und wirtschaftliche Konflikte führen oft zu zentrifugalen Tendenzen.

Wenn dagegen in der Russischen Föderation die zentrifugalen Tendenzen weitestgehend zur Ruhe gekommen sind, in der Praxis es kaum Versuche der Subjekte gibt, sich an der föderalen Gesetzgebung zu beteiligen und andererseits die föderalen Organe kaum in die Angelegenheiten der Subjekte eingreifen, dann ist für den gegenwärtigen Zeitpunkt offenbar ein Gleichgewicht zwischen den Ebenen erreicht, mit dem beide Ebenen – bis auf Subjekte in der Kaukasusregion – weitgehend konfliktarm leben können. Als problematisch könnte sich allerdings herausstellen, dass durch das SubjOrgG und die von *Putin* vorgenommene Stärkung der „Vertikale der Macht"[1417] ein Zustand erreicht ist, bei dem sich die Subjekte bei in Zukunft auftretenden stärkeren Konflikten und zentrifugalen Tendenzen nicht mehr gegen die Zentrale durchsetzen können. Dieses Szenario ist aber nicht abstrakt zu bewerten,

1417 Zur „Vertikale der Macht" vgl. die Definition von *Mommsen*, S. 71.

sondern muss an einem möglicherweise eintretenden Fall und am jeweiligen konkreten Gegenstand analysiert werden. Anzunehmen ist jedoch, dass in einem solchen Fall – wie häufig im politischen Feld – das reale Kräfteverhältnis entscheiden wird. Gegebenenfalls würde dann die bestehende rechtliche Hülle gesprengt.

Die rechtlichen Asymmetrien sind inzwischen teilweise abgebaut, indem die föderalen Verträge ausgelaufen sind und bis auf Tatarstan keinem weiteren Subjekt der Abschluss eines neuen föderalen Vertrages gelungen ist. Da der neue föderale Vertrag Tatarstans vor allem solche für das „ethnische" Selbstverständnis wichtigen Elemente wie die eigene Staatsbürgerschaft oder die Sprachfähigkeit enthält, wird keine neue Ungleichheit mit anderen Subjekten hergestellt.

Zudem zeichnet sich ab, dass die Asymmetrie durch das Fortbestehen der ethnisch geprägten Republiken erhalten bleibt. Außerdem besteht eine Tendenz zur Vergrößerung der territorial geprägten Subjekte durch Fusionen von Subjekten.

Starke Zentralisierungstendenzen waren in den letzten Jahren im Bereich der Finanzbeziehungen zu beobachten: Bei Abwesenheit eines horizontalen Finanzausgleichs wird der Finanzausgleich vom föderalen Zentrum gesteuert. Besonders ertragreiche Steuerarten wie etwa die Einkommenssteuer stehen seit den Steuerreformen der Föderation zu; das erstaunlich informale System der Steuerung der Subventionierung einzelner Subjekte über föderale Fonds besteht fort. Dies bedeutet, dass das „Wohlverhalten" der jeweiligen politischen Führung eines Subjekts gegenüber dem föderalen Zentrum mit föderalen Haushaltsmitteln „prämiert" werden kann.

Bei der Untersuchung der Rechtsprechung des Verfassungsgerichts stellte sich eine immer zentralistischere Judikatur heraus. Damit hat das VerfGRF aus Sicht der Subjekte an Legitimität als unabhängiger Streitschlichter verloren. Machtpolitisch ist das Gericht aus dem Spiel und am 12. Mai 2008 gegen seinen Willen aus dem Moskauer Zentrum nach St. Petersburg umgezogen. Dies könnte zur Folge haben, dass die Bedeutung der Judikative als dritter Gewalt weiter abnimmt.

Eine weitere, bereits sich abzeichnende, Tendenz setzt sich fort: Die Subjekte nehmen kaum am föderalen Gesetzgebungsprozess teil, ihre Senatoren haben nach den föderalen Reformen ein hohes Eigeninteresse daran, sich der Präsidialadministration zu empfehlen. Damit wird ein Mechanismus, der

die Teilnahme der föderalen Einheiten (Subjekte) am Entscheidungsprozess auf föderaler Ebene sichert, wesentlich und dauerhaft geschwächt.
Das bedeutet: weniger föderale Elemente mit:

- weitgehendem Ende der Praxis der föderalen Verträge;
- Vereinheitlichung des Staatsaufbaus der Subjekte durch das SubjOrgG;
- Abhängigkeit der Subjektexekutivspitzen vom Vertrauen des Föderationspräsidenten und
- weitgehender Zentralisierung der föderalen Finanzen.

Sowohl bei Gestaltung der föderalen Haushaltsbeziehungen über die Subventionierung der Subjekte durch Fonds als auch bei Gesetzgebungsverfahren bedrohen mangelnde Transparenz die Einhaltung der Regeln der „Rule of Law".
Landesweit dominieren Kandidaten der Partei Edinaja Rossija, obwohl sie nur über eine geringe Mitgliederzahl in den Regionen verfügt.
Hinsichtlich der Verfassungsentwicklung sind nach der Untersuchung des „Russischen Verfassungsrechts auf dem Weg zum Föderalismus und zurück" insbesondere drei Entwicklungstendenzen wahrscheinlich:
Erstens könnte angesichts der verfassungsändernden Mehrheit in beiden Parlamentskammern eine neue Verfassung verabschiedet werden, die der Realität entspricht.
Zweitens könnte das föderale Verfassungsgericht Zustände der Verfassungswirklichkeit *contra constitutionem* als Inhalt der geltenden Verfassung auslegen.
Drittens könnte sich anhand der Rechtsprechung des föderalen Verfassungsgerichts ein Korpus von existierenden unterverfassungsrechtlichen Normen als Case Law entwickeln. Entscheidend dafür wird sein, welche Position Präsident *Medvedev* zur Verfassung selbst und den Verfassungsinstitutionen einnehmen wird.
Zu vermuten steht darüber hinaus, dass angesichts der durchgeführten föderalen Reformen und der eingetretenen Konsolidierung möglicherweise zunächst Ruhe eintreten wird. Ein bislang ungeklärtes und äußerst heterogenes Moment ist desweiteren die klare Abgrenzung der Verwaltungskompetenzen zwischen föderaler und regionaler Ebene sowie die Kodifizierung des Verwaltungsverfahrens überhaupt. Die Rechtseinheitlichkeit wird, so ließe sich vermuten, zunehmen, ebenso Informalität an sich. Korruption und mangelnde Transparenz von Entscheidungsprozessen werden auch zukünftig in Russland an der Tagesordnung sein.

Literaturverzeichnis

Verwendete Literatur

Abdulatipov, R. G. / Boltenkova, L. F. (1994). Opyty federalizma. Moskva. ("Erfahrungen des Föderalismus").

Argunov, V. N. / Borisova E. A. et al. (1997). Postatejnyj Kommentarij k Graždanskomu processual'nomu kodeksu RSFSR 1964 goda. Moskva. (Kommentar zum Zivilgesetzbuch der RSFSR des Jahres 1964).

Avak'jan, S. A. (1999). Federal'noe sobranie – Parlament Rossii. Moskva. (Die föderale Versammlung - Das Parlament Russlands).

Avak'jan, S. A. (2003). "Sovet Federacii - evolucija i perspektivy." Federalizm(1): 127-152. ("Der Föderationsrat - Evolution und Perspektiven").

Avtonomov, A. S. (2001). Razgraničenie predmetov vedenija meždu federaciej i ee sub"ektami. Topornin, B. N. (Hrsg.) Federalizm: teorija, instituty, otnošenija (sravnitel'no-pravovoe issledovanie) Moskva. (Abgrenzung der Zuständigkeitgegenstände zwischen der Föderation und ihren Subjekten. In: Topornin [Hrsg.] Föderalismus: Theorie, Institute und Beziehungen).

Avtonomov, A. S. (2003). Rossijskij bikameralizm v istoričeskoj perspektive. Smirnjagin, L. V. (Hrsg.) Sovet Federacii - Evolucija statusa i funkcii. Moskva: 14-66. (Der russische Bikameralismus in der historischen Perspektive. In: Smirnjagin [Hrsg.] Der Föderationsrat: Evolution seines Status und Funktionen).

Baglaj, M. V. (2002). Konstitucionnoe pravo Rossijskoj Federacii. Moskva. (Das Verfassungsrecht der Russischen Föderation).

Batjaev, A. A. (2006) Kommentarij k Federal'nomu konstitucionnomu zakonu ot 21 ijulja 1994 Nr. 1-FKZ "O Konstitucionnom sude Rossijskoj Federacii". Sistema Garant // Datenbank **Volume**, DOI: Kommentar zum föderalen Verfassungsgesetz vom 21. Juli 1994 Nr. 1 "Über das föderale Verfassungsgericht der Russischen Föderation").

Beliaev, S. A. (1995). "Die neuen Rechtsgrundlagen der Beziehungen zwischen der Russischen Föderation und der Republik Tatarstan." Osteuropa-Recht (2).

Bezrukov, A. V. (2001). "Problemy vzaimodejstvija Rossijskoj Federacii i ee sub"ebtov v sfere ispolnitel'noj vlasti." Žurnal Rossijskogo Prava(1). S. 111 ff. ("Probleme der Zusammenarbeit der Russischen Föderation und ihrer Subjekte in der Sphäre der Exekutive" In: Zeitschrift des Russischen Rechts [Zeitschrift]).

Blakkisrud, H. (2003). The rise and fall of the Russian governor. Elites and Democratic Development in Russia. Steen, A. / Gel'man, V. (Hrsg.) New York, NY. **24:** 71-91.

Blankenagel, A. (1994). "Rossijskij Konstitucionnyj Sud – videnie sobstvennogo statusa."Konstitucionnoe pravo – vostočno-evropejskoe obozrenie **2**(7): 32-36. ("Das russische Verfassungsgericht - Betrachtung seines eigenen Status" In: Verfassungsrecht - Osteuropäische Rundschau [Zeitschrift]).

Blankenagel, A. (1997). "Local Self-Government vs. State Administration: The Udmurtia Decision." East European Constitutional Review **6**(1): 50-54.

Blankenagel, A. (1997). "Mestnoe samoupravlenie protiv gosudarstvennogo upravlenija v Rossijskoj Federacii." Konstitucionnoe pravo – vostočno-evropejskoe obozrenie **18**(1): 127 - 130. ("Die kommunale Selbstverwaltung gegen die staatliche Verwaltung in der Russischen Föderation" In: Verfassungsrecht - Osteuropäische Rundschau).

Blankenagel, A. (1999). "About a Made-To-Fit Constitution and an Unfit President in Times of Transformation and Crisis. The Distribution of Power in the Constitution of the Russian Federation." Diritto Pubblico (2): 327-370.

Blankenagel, A. (2000). "Constructing and Defending One's Self: Some Thoughts concerning the Identity of Constitutional Courts." Tel Aviv University Studies in Law **15**: 23-49.

Blankenagel, A. (2000). "Legal Reforms in Russia: Visible Steps, Obvious Gaps, And an Invisible Hand?" Journal of Institutional and Theoretical Economics **156** (1): 99-119.

Blankenagel, A. (2004). Vvedenie // Konstitucionnyj Sud kak garant razdelenija vlastej. Konstitucionnyj Sud kak garant razdelenija vlastej. Moskva: 5-13.
(Einleitung // Das Verfassungsgericht als Garant der Gewaltenteilung).

Blankenagel, A. (2006). "Koncepcija edinoj sistemy ispolnitel'noj vlasti, čast' 2 stat'i 77 Konstitucii Rossijskoj Federacii – kakaja sistema, a gde edinstvo?" Sravnitel'noe konsititucionnoe obozrenie **54** (1): 123 - 128. ("Die Konzeption eines einheitlichen Systems der Exekutive - Welches System und wo ist die Einheit?" In: Vergleichende Verfassungsrechtsrundschau [Zeitschrift]).

Blankenagel, A. (2006). "Skol'ko centralizma vyderžit federativnoe gosudarstvo?" Sravnitel'noe konsititucionnoe obozrenie **55** (2): 153 - 159. ("Wie viel Zentralismus verträgt ein föderaler Staat?" In: Vergleichende Verfassungsrechtsrundschau [Zeitschrift]).

Blankenagel, A. (2007). "V poiskach isčesnuvšich isključitel'nych polnomočij sub"ektov Rossijskoj Federacii." Sravnitel'noe konsititucionnoe obozrenie **58**(1): 153 - 162. ("Auf der Suche nach den verschwundenen der ausschließlichen Kompetenzen der Subjekte der Russischen Föderation" In: Vergleichende Verfassungsrechtsrundschau [Zeitschrift]).

Blankenagel, A. / Kalinina, I. V. (2006). Struktura sistemy ispolnitel'noj vlasti v Rossijskoj Federacii: formal'no-funkcional'naja segmentacija i klassičeskaja ierarchizacija. Aktual'nye problemy razvitija Federativnych otnošenij v Rossijskoj Federacii. Korsby, P. (Hrsg.) Proekt "Institucional'nyj, pravovoj i ėkonomičeskij federalizm v Rossijskoj Federacii". Moskva: 120-130.
(Die Struktur des Systems der Exekutive in der Russischen Föderation: Die formal-funktionale Segmentierung und klassische Hierarchisierung. In: Korsby [Hrsg.] Aktuelle Probleme der Entwicklung der föderalen Beziehungen in der Russischen Föderation)

Bobkova, M.S. / Gatin, A. M. / Kolpakov, R.V./Nikitina, O.V. / Romanova, E.V. / Stepanova, O N. [Hrsg.] (2006). Kommentarij k bjudžetnomu kodeksu Rossijskoj Federacii. Moskva. (Kommentar zum Haushaltsgesetzbuch der Russischen Föderation).

Bogdanovskaja, I. Y. (2001). Osobennosti sistemy organov v federativnom gosudarstve. Federalizm. Topornin, B.N. [Hrsg.]. Moskva: 96-153. (Die Besonderheiten des Systems der Staatsorgane im föderalen Staat. In: Topornin [Hrsg.] Föderalismus).

Borisov, A. N. (2006). Kommentarij k Bjudžetnomu Kodeksu Rossijskoj Federacii otb 31 ijulija 1998 g., Justicinform. (Kommentar zum Haushaltsgesetzbuch der Russischen Föderation).

Brunner, G. (Hrsg.) [2004]. Der russische Föderalismus. Bilanz eines Jahrzehnts. Münster

Bulakov, O. N. (2006). Občie položenija. Bulakov, O. N. (Hrsg.) Parlamentskoe pravo Rossii. Moskva: 31 -131. (Allgemeine Bestimmungen. In: Bulakov [Hrsg.] Das Parlamentsrecht Russlands).

Bulakov, O. N. [Hrsg.] (2006). Parlamentskoe pravo Rossii. Moskva. (Das Parlamentsrecht Russlands. In: Bulakov [Hrsg.] Das Parlamentsrecht Russlands).

Bulakov, O. N. (2006). Vlijanie zakonodatel'nych organov sub"ektov Rossijskoj Federacii na federal'nyj zakondatel'nyj process. Bulakov, O. N. (Hrsg.) Parlamentskoe Pravo Rossii. Moskva: 444-448. (Der Einfluss der Legislativorgane der Subjekte der Russischen Föderation im föderalen Gesetzgebungsprozess. In: Bulakov [Hrsg.] Das Parlamentsrecht Russlands).

Busygina, I. M. (1996). "Das Institut der Vertreter des Präsidenten in den Regionen." Osteuropa: 664-675.

Butler, W. E. (2003). *Jus* and *Lex* in Russian law: A Discussion Agenda. Galligan, D. J. / Kurkchiyan, M. (Hrsg.) Law and Informal Practices. Oxford: 47-60.

Čečevišnikov, A. (2000). "Kak nam reorganizovat' Sovet Federacii." Vek (50). ("Wie sollten wir den Föderationsrat reoganisieren?" In: Jahrhundert [Zeitschrift])

Čecharina, V. I. (2003). Zakonodatel'nyj process (Glava 4). Chabrieva, T. J. (Hrsg.) Parlamentskoe Pravo Rossii. Moskva: 195-275. (Der Gesetzgebungsprozess. In: Bulakov [Hrsg.] Das Parlamentsrecht Russlands).

Čerepanov, V. (2003). "Federativnye dogovory. Za i protiv." Federalizm (3). ("Föderale Verträge - Pro und kontra" In: Föderalismus [Zeitschrift]).

Čerkasov, K. V. (2007). "Organy konstitucionnoj justicii na urovne federal'nogo okruga: perspektivy stanovlenija" Rossijskaja Justicija (1): 59-60. ("Organe der Verfassungsjustiz auf der Ebene der föderalen Bezirke: Perspektiven der Schaffung" In: Russische Justiz [Zeitschrift]).

Chakimov, R. (2001). Ob osnovach asimmetričnosti Rossijskoj Federacii. Chakimov, R. (Hrsg.) Federalizm v Rossii. Kazan: 266 -272. (Der Föderalismus in Russland).

Chamidullin, F. G. (2004). Problemy upravlenija social'no-ėkonomičeskim razvitiem regiona. Kazan'. (Die Probleme der Verwaltung der sozio-ökonomischen Entwicklung der Region).

Čirkin, V. E. (2000). "Gosudarstvennaja vlast' sub"ekta Rossijskoj Federacii." GiP(1). ("Die Staatsgewalt des Subjekts der Russischen Föderation" In: Staat und Recht [Zeitschrift]).

Čirkin, V. E. (2006). Vvedenie. Bulakov. O. N. (Hrsg.) Parlamentskoe pravo Rossii. Moskva: 15-30. (Einleitung - Das Parlamentsrecht Russlands. In: Bulakov [Hrsg.] Das Parlamentsrecht Russlands).

Čursina, E. V. (2005). Razgraničenie polnomočij meždu organami gosudarstvennoj vlasti Rossijskoj Federacii i ee sub'ektov po predmetam sovmestnogo vedenija: Konstitucionno-pravovoe issledovanie. Stavropol. (Kompetenzabgrenzung zwischen den Staatsorganen der Russischen Föderation und ihrer Subjekte innerhalb dem gemeinsamen Zuständigkeit: Verfassungsrechtliche Untersuchung).

Czarnota, A. (1997). "Meaning of Rule of Law in Post-Communist Society." Rechtstheorie **Beiheft 17**: 179-196.

Dahan, F. (2003). Hope and Bitterness in the Reform of Russian Bankruptcy Law. Galligan, D. J. / Kurkchiyan, M. (Hrsg.) Law and Informal Practices. Oxford: 135-150.

Dobrynin, N. M. (2005). Rossijskij Federalizm, stanovlenie, sovremennoe sostojanie i perspektivy. Novosibirsk. (Der russische Föderalismus, Schaffung, aktueller Zustand und Perspektiven).

Dworkin, R. (1977). Taking rights seriously. Cambridge, Mass, Harvard University Press.

Easter, G. M. (1997). "Redefining Centre-Regional Relations in the Russian Federation: Sverdlovsk Oblast'" Europe-Asia Studies(4): 617-635.

Ėbzeev, B. S. / Karpetjan, L. M. (1995). "Rossijskij federalizm: Ravnopravie i asimmetrija konstitucionnogo statusa sub"ektov." GiP (3). ("Russischer Föderalismus - Gleichberechtigung und Asymmetrie des Verfassungsstatus der Subjekte").

Elazar, D. (1987). Exploring Federalism Tuscaloosa and London.

Elazar, D. (1991). Federal Systems of the World: A Handbook of Federal, Confederal Autonomy Arrangements Harlow, Longman.

Engels, F. (1990). Zur Kritik des sozialdemokratischen Programmentwurfs. Berlin. Marx-Engels-Werke, Bd. 22.

Engibarjan, R. V. / Tadevosjan, E. V. (2001) "O nekotorych diskussionych teoretiko-metodologičeskych voprosach kursa konstitucionnogo prava" GiP (1).
("Über einige umtrittene theoretisch-methodologische Fragen des Kurses des Verfassungsrechts").

Ettner, H. (2005). Das Gebiet Sverdlovsk im föderativen System Russlands. Münster.

Evseev, P. I. (2003). Budžetnyj federalizm i problemy razgraničenija polnomočij RF i ee sub"ektov v budžetnoj sfere. Moskva. (Haushaltsföderalismus und Probleme der Kompetenzabgrenzung der RF und ihrer Subjekte im Haushaltsbereich).

Fedosov, P. A. (2003). Federal'nyj zakon o porjadke formirovanija Soveta Federacii ot 5 avgusta 2000. Smirnjagin, L. V. (Hrsg.) Sovet Federacii: evolucija statusa i funkcii. Moskva: 67-123. (Föderales Gesetz über die Ordnung der Bildung des Föderationsrats vom 5. August 2000).

Feldbrugge, F. J. M. (1993). Russian Law: The End of the Soviet System and the Role of Law. Dordrecht / Boston / London.

Figes, O. (2007). The Whisperers. Private Life in Stalin's Russia. London.

Fincke, M. (1983). Legislative Rechtseinheit. Fincke, M. Handbuch der Sowjetverfassung, Band II. Berlin. **2**: 737-741.

Frenzke, D. (1995). Die russischen Verfassungen von 1978 und 1993. Berlin.

Fruchtmann, J. (2003). "Der russische Föderalismus unter Präsident Putin. Diskurse – Realitäten." from elib.suub.uni-bremen.de/publications/diss/-htmlE-Diss537_HTML.html.

Gall, C. v. (2010). Die Konzepte „staatliche Einheit“ und „einheitliche Macht“ in der russischen Theorie von Staat und Recht“. Berlin.

Galligan, D. J. (2003). Legal failure: Law and Social Norms in Post-Communist Europe. Galligan, D. J. / Kurkchiyan, M. (Hrsg.) Law and Informal Practices. Oxford: 1-23.

Galligan, D. J. / Kurkchiyan, M. [Hrsg.] (2003) Law and Informal Practices. Oxford.

Gäßner, B. (2004). Zur Verfassungsgerichtsbarkeit in den Subjekten der Russischen Föderation unter besonderer Berücksichtigung der Normenhierarchie. Berlin

Gel'man, V. J. / Tarusina, I. (2003) Studies of political elites in Russia. Steen, A. / Gel'man, V. J. (Hrsg.) Elites and Democratic development in Russia. New York, NY: 187-200.

Gel'man, V. (1999). "Regional Power in Contemporary Russia: Institutions, Regime and Practice " Russian Politics and Law **37** (1): 5-29.

Gel'man, V. (2003). "Reform retour. Russlands kommunale Selbstverwaltung vor dem Aus?" Osteuropa (9-10): 1343-1352.

Gel'man, V. / Golosov, G. (1998) "Regional Party System Formation in Russia. The Deviant Case of Sverdlovsk Oblast." The Journal of Communist Studies and Transition Politics (1-2).

Golosov, G. V. (2005) Die Novellierung von Partei- und Wahlgesetz in ihren Folgen für das russische Parteiensystem. Russlandanalysen.de **Volume**, 2-4 DOI:

Grabow, K., Hrsg. (2006). Rule of Law, The KAF Democracy Report. Berlin.

Häberle, P. (1989) Grundrechte und parlamentarische Gesetzgebung im Verfassungsstaat - das Beispiel des des Grundgesetzes, AöR (114), S. 361-390.

Hartwig, M. (2004). Die Kompetenzverteilung zwischen der Russländischen Föderation und ihren Subjekten nach der Föderalen Verfassung. Brunner, G. (Hrsg.) Der russische Föderalismus. Bilanz eines Jahrzehnts. Münster: S. 43-59.

Hederer, C. / Herrmann-Pillath, C. (2004). Fiskalischer Föderalismus in der Rußländischen Föderation. Eine politisch-ökonomische Analyse der Transformation des rußländischen Staates. Brunner, G. (Hrsg.) Der russische Föderalismus. Bilanz eines Jahrzehnts. Münster: 77-125.

Heinemann-Grüder, A. (1998). "Integration durch Asymmetrie? Regionale Verfassungen und Statuten in Russland" Osteuropa (7): 672-688.

Heinemann-Grüder, A. (2000). Der heterogene Staat. Berlin.

Heinemann-Grüder, A. (2004). Ethnischer Föderalismus in Russland Brunner, G. (Hrsg.) Der russische Föderalismus. Bilanz eines Jahrzehnts. Münster: 19.

Heintze, H.-J. (2004). Völkerrecht. K. Ipsen. München: 389 ff.

Hellermann (2008). Kommentar zu Art. 37 GG. Epping / Hillgruber (Hrsg.) Beck'scher Online-Kommentar zum Grundgesetz. München.

Hendley, K. (1999). "Rewriting the Rules of the Game in Russia: The neglected Issue of the Demand for Law." East European Constitutional Review(8/4): 89-94.

Herausgeberkollektiv (1959). Vos'moj S"ezd RKP (B). Mart 1919 goda. Protokoly. Moskva. (Achte Tagung der RKP [B]).

Herausgeberkollektiv (1986). Istorija gosudarstva i prava SSSR. Moskva. (Geschichte des Staats und Rechts der UdSSR).

Herausgeberkollektiv (1997). Konstitucionnyj Sud Rossijskoj Federacii: Postanovlenija, Opredelenija. Moskva. (Verfassungsgericht der Russischen Föderation. Urteile, Beschlüsse).

Herausgeberkollektiv (1997). Sbornik dogovorov i soglašenij meždu organami gosudarstvennoj vlasti RF i organami gosudarstvennoj vlasti sub"ektov RF o razgraničii predmetov vedenija i polnomočij. Moskva, Izdanie Gosudarstvennoj Dumy. (Sammlung der Vertrage und Vereinbarungen zwischen den Organen der staatlichen Gewalt der RF und der staatlichen Gewalt der Subjekte der RF über die Abgrenzung der Zuständigkeitsgegenstände und Befugnisse)

Herausgeberkollektiv (2000). Parlamentarizm v Rossii. Federal'noe sobranie v 1996-1999 godach. Moskva. (Parlamentarismus in Russland. Die Föderale Versammlung in den Jahren 1996-1999).

Herausgeberkollektiv (2002). "Statističeskie charakteristiki zakonodatel'noj dejatel'nosti Gosudarstvennoj Dumy vtorogo sozyva (1996-1999 gg.) Serija: problemy soveršenstvovanija zakonodatel'nogo processa." Analitičeskij vestnik(3). (Statistische Charakteristika der gesetzgebenden Tätigkeit der Staatsduma des zweiten Bestands [1996-1999]. Serie: Probleme der Vervollkommnung des Gesetzgebungsprozesses).

Herausgeberkollektiv (2004). "Analiz struktury i dinamiki postuplenij nalogovych dochodov v bjudžetnuju sistemu RF s territorii Sverdlovskoj oblasti po sostojaniju na 1 maja 2004 goda." ("Analyse der Struktur und Dynamik der Einnahmen der Steuereinnahmen in das Haushaltssystem der RF vom Territorium des Sverdlovsker Gebiets zum Zeitpunkt 1. Mai 2004").

Herausgeberkollektiv (2006) Predvaritel'nyj analiz izmenenij Federal'nogo Zakona ot 6 oktjabrja 1999 goda Nr. 184-FZ "Ob obščich principach organisacii zakonodatel'nych (predstavitel'nych) i ispolnitel'nych organov gosudarstvennoj vlasti sub"ektov Rossijskoj Federacii" v svjazi s prinjatiem Federal'nogo Zakona "O vnesenii izmenenij v otdel'nyje zakonodatel'nye akty Rossijskoj Federacii" v svjazi s soveršenstvovaniem razgraničenij polnomočij" **Volume**, DOI: www.arcadis.ru. (Vorläufige Analyse der Änderungen des föderalen Gesetzes vom 6. Oktober 1999 Nr. 184 "Über die allgemeinen Prinzipien der Organisation der Gesetzgebungs- (Vertretungs-) und Exekutivorgane der staatlichen Gewalt der Subjekte der Russischen Föderation" im Zusammenhang mit der Verabschiedung des föderalen Gesetzes "Über die Annahme von Änderungen in einzelne Gesetzgebungsakte der Russischen Föderation" in Verbindung mit der Vervollkommnung der Kompetenzabgrenzung).

Hildermeier, M. (1998). Geschichte der Sowjetunion 1917 - 1991. München.

Horwitz, M. J. (1977) "The Rule of Law: An Unqualified Human Good?" Yale Law Journal (86) S. 561 ff.

Hughes, K. (1998) Institutional design and political stability: asymmetric federalism in Russia's state of transition. ERSC research Seminar: Regional Transformations in Russia. London School of Economics and Political Science.

Huster / Rux (2008) Kommentar zu Art. 20 GG Rn. 31 - 35. In: Epping / Hillgruber (Hrsg.) Beck'scher Online-Kommentar zum Grundgesetz. München.

Il'ina, N. V. (2003). "Učastie predstavitel'nych (ispolnitel'nych) organov sub"ektov RF v federal'nom zakonodatel'nom processe." Zakonodatel'stvo (10): 70-76.

("Die Teilnahme der Vertretungs- (Exekutiv-)organe der Subjekte der RF im föderalen Gesetzgebungsprozess").

Isaac, G. (1999). Droit communautaire général. Paris. (Allgemeines Europarecht).

Isaev, I. A. (2007). Istorija gosudarstva i prava Rossij. Moskva. (Geschichte des Staats und Rechts Russlands).

Isakov, V. B. (2003). Federal'nyj zakondatel'nyj process. Kokotov, A. N. / Kukuškin, M. I. (Hrsg.) Konstitucionnoe pravo Rossii. Moskva: 367-381. (Das föderale Gesetzgebungsverfahren. In: Kokotov, A. N. / Kukuškin, M. I. [Hrsg.] Verfassungsrecht Russlands).

Isakov, V. B. (2004). Stat'i 137-137. Lazarev, V. V. (Hrsg.) Naučno-praktičeskij kommentarij k Konstitutcii Rossijskoj Federacii. Moskva: 638-651. (Wissenschaftlich-praktischer Kommentar zur Verfassung der Russischen Föderation).

Išekov, K. A. / Tjurin, P. J. [Hrsg.] (2006). Kommentarij k federal'nomu zakonu "Ob obščich principach organisacii zakonodatel'nych (predstavitel'nych) i ispolnitel'nych organov gosudarstvennoj vlasti sub"ektov Rossijskoj Federacii", Online Sistema Garant // Datenbank. (Kommentar zum föderalen Gesetz Über die allgemeinen Prinzipien der Organisation der Gesetzgebungs- (Vertretungs-) und Exekutivorgane der staatlichen Gewalt der Subjekte der Russischen Föderation").

Ivkin, V. I. (1999). Gosudarstvennaja vlast' SSSR. Vysšie organy vlasti i upravlenija i ich rukovoditeli. Moskva. (Die Staatsgewalt in der UdSSR: Die höchsten Staatsorgane und ihre Verwaltung und ihre Leiter).

Kahn, J. (2002). Federalism, democratization and the rule of law in Russia. Oxford.

Karpetjan, L. M. (2001). Federativnoe ustrojstvo Rossijskogo gosudarstva. Moskva. (Der föderale Aufbau des russischen Staats).

Karpovič, V. D. (2003). Kommentarij k Konstitucii Rossijskoj Federacii. Sistema Garant // Datenbank. (Kommentar zur Verfassung der Russischen Föderation).

Kazanskij_Institut_Federalizma. (1994). "Treaty between the RF and the RT (15/02/1994) " Retrieved 29.08.2008, from http://www.kazanfed.ru/en/docum/dogovor/1/.

Kempton, D. (2001). "Russian federalism: continuing myth or political salvation'." Demokratizacija **9** (2).

Keber, T. (2005). Konfliktlösungsmechanismen zwischen Föderation und Föderationssubjekten. Brunner, G. (Hrsg.) Der russische Föderalismus. Bilanz eines Jahrzehnts. Münster: S. 281 ff.

Khakimov, R. S. (1996). "Prospects of Federalism in Russia: A View from Tatarstan'." Security dialogue (1).

Kolibab, D. E. (1998). "Dogovory Rossijskoj Federacii s ee sub"ektami o razgraničenii predmetov vedenija i polnomočii: neobchodimo učastie zakonodatelej." Žurnal Rossijskogo Prava (8): 3-13. (Die Verträge der Russischen Föderation und ihrer Subjekte über die Abgrenzung der Zuständigkeit und Kompetenzen: Die Beteiligung der Gesetzgeber ist notwendig" In: Zeitschrift des Russischen Rechts [Zeitschrift]).

Korf, S. M. (1917). Federalizm. St. Peterburg.

Korsby, P. (Hrsg.). (2006). Proekt "Institucional'nyj, pravovoj i ėkonomičeskij federalizm v Rossijskoj Federacii". Moskva. (Projekt: Institutioneller, rechtlicher und wirtschaftlicher Föderalismus in der Russischen Föderation).

Kovalev, S. M. (2005). Obespečenie interesov sub"ektov federacii v organisacii verchnej palaty federal'nogo parlamenta (rossijskij i zarubežnyj opyt). Tichomirov, J. A. (Hrsg.) Publičnye i častnye interesy v Rossijskom zakonodatel'stve. Moskva: 36-42. (Die Sicherstellung der Interessen der Föderationssubjekte in der Organisation der oberen

Kammer des föderalen Parlaments [russische und ausländische Erfahrungen] In: Öffentliche und private Interessen in der russischen Gesetzgebung).

Kozlov, A. E. (1996). Status Rossijskoj Federacii i problemy soveršenstvovanija mechanizma gosudarstvennoj vlasti. Konstitucionnyj stroj Rossii IGPAN. Moskva. **3**. (Der Status der Russischen Föderation und die Probleme der Vervollkommnung des Mechanismus der Staatsgewalt).

Krasnov, J. K. (2002). Osnovnye napravlenija zakonodatel'noj dejatel'nosti Gosudarstvennoj Dumy v 1994 - 2001 gg. // Federal'noe Sobranie - Parlament Rossijskoj Federacii - Analitičeskoe upravlenie. Analitičeskaja zapiska. (Die Hauptrichtungen der Gesetzgebungstätigkeit der Staatsduma in den Jahren 1994-2001).

Kropp, S. (2004). "Regieren als informaler Prozess." Aus Politik und Zeitgeschichte Retrieved 24.10.2008, from http://www.bpb.de/publikationen/CXPYQ1,0,0,Regieren_als_informaler_Prozess.html.

Kudrjavcev, V. N. A. (1980). Verfassung der UdSSR. Berlin (Ost).

Kurkchiyan, M. (2003). The Illegitimacy of Law in Post-Soviet Societies. Galligan, D. J. / Kurkchiyan, M. (Hrsg.) Law and Informal Practices. Oxford: 25-46.

Kutafin, O. E. (1997). Topornin, B. N. (Hrsg.) Konstitucija Rossijskoj Federacii –Naučno-praktičeskij Kommentarij. Moskva. (Die Verfassung der Russischen Föderation - Wissenschaftlich-praktischer Kommentar).

Kutafin, O. E. (2005). Federal'noe Sobranie Rosssijskoj Federacii (Glava 18). Kozlova, E. I./ Kutafin, O. E. (Hrsg.) Konstitucionnoe pravo Rossii. Moskva: 417-494. (Die Föderale Versammlung der Russischen Föderation [Kapitel 8]. In: Verfassungsrecht Russlands).

Lavrov, A. M. (1997). "The Determinants of Russian Federal-regional Fiscal Relations: Equity or Political Influence?" Europe-Asia Studies **49** (3): 432-444.

Lazarev, L. V. [Ed.] (2005). Konstitucija Rossijskoj Federacii v rešeniach Konstitucionnogo Suda Rossii. Moskva. (Die Verfassung der Russischen Föderation in den Entscheidungen des Verfassungsgerichts Russlands).

Lazarev, V. V. (2003). Naučno-praktičeskij kommentarij (Sistema Garant // Datenbank). (Wissenschaftlich-praktischer Kommentar).

Lenin, W. I. (1974). Brief an den Parteitag. Werke (Bd. 36). W. I. Lenin. Berlin (Ost).

Lenin, W. I. (1975). Brief an die Arbeiter und Bauern der Ukraine anlässlich des Sieges über Denikin. Ausgewählte Werke (Bd. V). W. I. Lenin. Berlin (Ost).

Lenin, W. I. (1975). Deklaration der Rechte des werktätigen Volkes. Ausgewählte Werke in sechs Bänden (Bd. IV). W. I. Lenin. Berlin (Ost).

Lenin, W. I. (1975). Kritische Bemerkungen zur nationalen Frage. Ausgewählte Werke in sechs Bänden (Bd. II) W. I. Lenin.Berlin (Ost).

Lenin, W. I. (1975). Über den Nationalstolz der Großrussen. Ausgewählte Werke in sechs Bänden (Bd. II) W. I. Lenin. Berlin (Ost).

Lijphart, A. (1999). Patterns of Democracy: Government Forms and Performance in 36 countries. New Haven and London.

Ljubimov, A. P. (2006). Lobbizm v federal'nom parlamente Rossii. Bulakov, O. N. (Hrsg.) Parlamentskoe pravo Rossii. Moskva: 421-476. (Lobbyismus im föderalen Parlament Russlands. In: Parlamentsrecht Russlands).

Ljubimov, A. P. (2006). Vmesto predislovija. Bulakov, O. N. (Hrsg.) Parlamentskoe pravo Rossii. Moskva: 5-15. (Anstelle eines Vorworts. In: Bulakov [Hrsg.] Parlamentsrecht Russlands).

Luchterhandt, G. / Ryshenkow, S. [Hrsg.] (1999). Politik und Kultur in der russischen Provinz. Nowgorod, Woronesh, Saratow, Jekaterinburg. Bremen.

Luchterhandt, O. (2004). Der Ausbau der föderalen Bezirke unter Putin: Das Ende der Dezentralisierung. Brunner, G. (Hrsg.) Der russische Föderalismus. Bilanz eines Jahrzehnts. Münster: 240-279.

Luks, L. (2000). Geschichte Russlands und der Sowjetunion. Regensburg.

MacFarlane, N. S. (2003). Politics and the Rule of Law in the Commonwealth of Independent States. Galligan, D. J. / Kurkchiyan, M. (Hrsg.) Law and Informal Practices. Oxford: 61-76.

Mammadov, M. (2006) Legal Aspects of the Nagorno-Garabagh Conflict. Caucasian Review of International Affairs **Volume**, 5 ff. DOI: http://www.cria-online.org/Journal/1/Legal%20Aspects%20of%20the%20Nagorno-Garabakh%20Conflict.pdf

Maunz, T. (1984). Artikel 72. Maunz /Dürig (Hrsg.) Grundgesetz. München. Band V.

Medvedev, V. N. (2003). Problemy stanovlenija edinoj sistemy ispolnitel'noj vlasti v Rossijskoj Federacii i rol' instituta polnomočnych predstavitelej Presidenta v federal'nych okrugach. Istorija stanovlenija i soveremnnoe sostojanie ispolnitel'noj vlasti v Rossii. Moskva. (Die Probleme der Schaffung eines einheitlichen der Exekutive in der Russischen Föderation und die Rolle des Instituts der Präsidentenvertreter in den föderalen Bezirken).

Medwedew, R. (1992). Das Urteil der Geschichte. Berlin.

Michajlov, R. V. (2003). Novyj sostav Soveta Federacii. Smirnjagin, L. V. (Hrsg.) Sovet Federacii: evolucija statusa i funkcii. Moskva: 168 -197. (Die neue Besetzung des Föderationsrats).

Mojseenko, G. G. [Hrsg.] (2002). Kommentarij k Konstitucii Rossijskoj Federacii. Moskva. (Kommentar zur Verfassung der Russischen Föderation).

Möllers, C. (2007). Rechtsstaat und Demokratie als Problem der Rechtsvergleichung. Vortrag im Graduiertenkolleg "Verfassung jenseits des Staates" am 17. Januar 2007. Berlin.

Mommsen, M. (1996). Wohin treibt Rußland? Eine Großmacht zwischen Anarchie und Demokratie. München.

Mommsen, M. (1999). Der Föderalismus in Rußland. Meier-Walser, R. C. / Hirsch, G. (Hrsg.) Krise und Reform des Föderalismus: Analysen zu Theorie und Praxis bundesstaatliche Ordnungen. München: S. 226-245.

Mommsen, M. (2006) Surkows „Souveräne Demokratie" – Formel für einen russischen Sonderweg? Russlandanalysen Nr. 114, S. 2-4,
http://www.laender-analysen.de/russland/pdf/Russlandanalysen114.pdf

Mommsen, M. (2007). Putins "gelenkte Demokratie": "Vertikale der Macht statt Gewaltenteilung". Buhbe, M. / Politkovskaja, A. S. / Gorzka, G (Hrsg.) Russland heute. Rezentralisierung des Staates unter Putin. Wiesbaden: 235-252.

Mommsen, M. / Nußberger, A. (2007). Das System Putin. München.

Morozov, A. (1996). "Tax Administration in Russia." East European Constitutional Review (2-3). S. 39-47.

Muchamečin, F. C. (1994). "Problemy formirovanija otnošenij novogo tipa (politiko-pravovye aspekty)." GiP (3). (Die Probleme der Formierung der Beziehungen neuen Typs [politisch-rechtliche Aspekte]).

Narutto, S. V. (2003). Federalizm i edinstvo gosudarstvenno-pravovoj sistemy Rossii. Moskva. (Föderalismus und die Einheit des staatsrechlichen Systems Russlands).

Nečaeva, T. V. (2006). Pravovye osnovy učastija sub"ektov Rossijskoj Federacii v soveršenstvovanii federal'nogo zakonodatel'stva (41-57). Aktual'nye problemy razvitija federativnych otnošenij v Rossijskoj Federacii. P. Korsby. Moskva, Proekt "Institucional'-nyj, pravovoj i ėkonomičeskij federalizm v Rossijskoj Federacii": 41-57. (Die rechtlichen Grundlagen der Beteiligung der Subjekte der Russischen Föderation in der Vervollkommnung der föderalen Gesetzgebung. In: Korsby [Hrsg.] Aktuelle Probleme der Entwicklung der föderalen Beziehungen in der Russischen Föderation).

Nekrasov, S. I. (2001). "Federal'nye okruga - novoe zveno v vertikali rossijskoj vlasti." Žurnal Rossijskogo Prava (11). http://www.jursites.ru/nekrasov__federalnye_okruga__n.html
("Die föderalen Bezirke - eine neue Ebene in der Vertikale der russischen Macht" In: Zeitschrift des Russischen Rechts [Zeitschrift]).

Nußberger, A. (2007). Das Russische Verfassungsgericht zwischen Recht und Politik. Buhbe, M. / Politkovskaja, A. S. / Gorzka, G. (Hrsg.) Russland heute. Rezentralisierung des Staates unter Putin. Wiesbaden: 215-230.

Orlinskaja, O. M. (2006, 22.02.2007). "Rossijskij Federalizm: istoričeskie tradicii i sovremennost'." from http://diss.rsl.ru/diss/06/0550/060550027.pdf. (Russischer Föderalismus: Historische Traditionen und Gegenwart).

Ovruckij, L. (2000). Razgovory s Chakimovym. Kazan'. (Gespräche mit Chakimov).

Paramonov, A. R. (2003). Zakondatel'naja dejatel'nost' Soveta Federacii. Smirnjagin, L. V. (Hrsg.) Sovet Federacii: evolucija statusa i funkcii. Moskva: 292-339. (Die Gesetzgebungstätigkeit des Föderationsrats. In: Smirnjagin [Hrsg.] Der Föderationsrat: Evolution seines Status und Funktionen).

Petrow, N. W. (2007). Handlungsfähiges Zentrum und dezentralisierte Verantwortung. Buhbe, M. / Politkovskaja, A. S. / Gorzka, G. (Hrsg.) Russland heute. Rezentralisierung des Staates unter Putin. Wiesbaden:75-96.

Pinnell, S. L. (2007). The Russian Constitutional Court: an analysis of its evolution within a developing federal system: xvi, 252 leaves.

Polenina, S. V. (2002). "Zur Frage der Rechtsstaatlichkeit in der heutigen Russischen Föderation." Rechtstheorie **33**: 243-245.

Pomeranz, W. (1997). "The Russian Constitutional Court's Interpretation of Federalism." Journal of East European Law (4). 9-48.

Rauch, G. v. (1953). Russland: Staatliche Einheit und nationale Vielfalt. München.

Rayfield, D. (2004). Stalin und seine Henker. München.

Rengeling, H.-W. (1990). Gesetzgebungszuständigkeit. Isensee, J. /Kirchhof, P. (Hrsg.) Handbuch des Staatsrechts. Heidelberg. Band **IV**.

Rjabow, A. W. (2007). Gelenkte Wahlen 2007-2008. Buhbe, M. / Politkovskaja, A. S. / Gorzka, G. (Hrsg.) Russland heute. Rezentralisierung des Staates unter Putin. Wiesbaden: 255-272.

Ross, C. (2002). Federalism and democratisation in Russia. Manchester.

Rybkina, O. S. (2005). Sravnitel'nyj analiz informacionno-analitičeskoj obespečenija bjudžetnogo processa v Gosudarstvennoj Dume Federal'nogo Sobrania RF i kongressa SŠA. Nižnij Novgorod. Sistema Garant. (Vergleichende Analyse der analytischen Sicherstellung des Haushaltsverfahrens in der Staatsduma der Föderalen Versammlung der RF und den Kongresses der USA).

Šachraj, S. (1995). "Aktual'nye problemy rossijskogo federalizma." Vlast' (8).
("Aktuelle Probleme des russischen Föderalismus" In: "Macht" [Zeitschrift]).

Schneider, E. (2004). Die Kompetenzabgrenzungsverträge zwischen der Föderation und den Föderationssubjekten: Dynamik und Asymmetrie. Brunner, G. (Hrsg.) Der russische Föderalismus. Bilanz eines Jahrzehnts. Münster: S. 61 – 75.

Scholz, R. (2009). Grundgesetz. Maunz/Dürig. Grundgesetz. München.

Schulze-Fielitz, H. (1984). Der informale Verfassungsstaat. Aktuelle Beobachtungen des Verfassungslebens der Bundesrepublik Deutschland im Lichte der Verfassungstheorie. Berlin.

Schulze, H. (1997). "Neo-Institutionalismus." Arbeitspapiere des Bereichs Politik und Gesellschaft am Osteuropa-Institut der Freien Universität Berlin (4): 26.

Schwanitz, S. (1997). "Transformationsforschung: Area Studies versus Politikwissenschaft? Plädoyer für einen akteurstheoretischen Ansatz." Arbeitspapiere des Bereichs Politik und Gesellschaft am Osteuropa-Institut der Freien Universität Berlin (3): 1-47.

Schwarzmüller, M. (2001). Parlamentarische Mitsteuerung. Strukturen und Prozesse informalen Einflusses im Deutschen Bundestag Wiesbaden.

Segbers, K. (1997). "Transformations in Russia: A neoinstitutionalist interpretation." Arbeitspapiere des Bereichs Politik und Gesellschaft am Osteuropa-Institut der Freien Universität Berlin (11).

Sevumjan, V. N. (2006). Konstitucionnoe-pravovoe obespečenie edinstva rossijskogo federalizma. Rostov na Donu. (Verfassungsrechtliche Sicherung der Einheit des russischen Föderalismus).

Shterin, M. (2003). Legislating on Religion in the Face of Uncertainty. Galligan, D. J. / Kurkchiyan, M. (Hrsg.) Law and Informal Practices. Oxford: 113-134.

Slider, D. (1994). "Privatisation in Russia's Regions." Post-Soviet Affairs (4).

Slider, D. (2005). The Region's Impact on Federal Policy. Reddaway, P. / Orttung, R. W. (Hrsg.) Dynamics of Russian politics: Putin's reform of federal-regional relations. Lanham. **2:** 123 - 143.

Smith, G. (1999). The Post-Soviet States: Mapping the Politics of Transition. London, Sydney, Auckland.

Solnick, S. L. (1997). Statebuilding, Asymmetries and Federal Stability in Russia. Workshop on Democracy, Nationalism and Federalism. Oxford University.

Solschenizyn, A. (1974). Der Archipel Gulag. Bern/München.

Steen, A. / Gel'man, V. [Hrsg.] (2003). Elites and democratic development in Russia. New York, NY.

Steinsdorff, S. v. (1995). "Die Verfassungsgenese der Zweiten Russischen und Fünften Französischen Republik im Vergleich." Zeitschrift für Parlamentsfragen (3): 486-503.

Steinsdorff, S. v. (2001). Parlament und Demokratie in Rußland. Die Entwicklung repräsentativer Institutionen von Zarismus bis in die Gegenwart. München.

Steinsdorff, S. v. (2003). Wer sitzt in der Staatsduma? Zum Wandel der Repräsentationsmuster im russischen Parlament. Bos, E / Mommsen, M. / Steinsdorff, S. v. (Hrsg.) Das russische Parlament. Opladen: 143-175.

Steinsdorff, S. v. (2005). "Gute oder schlechte Informalität? Informelle Politik in West und Ost." Osteuropa (10): 5-15.

Stepan, A. (1999). "Federalism and Democracy: Beyond the U.S. model." Journal of Democracy **10** (4). S. 19-34.

Šul'ženko, J. L. (2003). Stat'i 134-137. Topornin, B. N. (Hrsg.) Konsitutcija Rossijskij Federacii - naučno-praktičeskij kommentarij. Moskva: 783-796. (Art. 134-137 In: Topornin [Hrsg.] Die Verfassung der Russischen Föderation - Wissenschaftlich-praktischer Kommentar).

Tadevosjan, E. V. (1996). "Rossijskij federalizm i sovremennyj nacional'no-gosudarstvennyj nigilizm." GiP (10). ("Russischer Föderalismus und zeitgenössischer nationalstaatlicher Nihilismus" In: Staat und Recht [Zeitschrift]).

Tarasov, O. A. (2006). Polnomočija vysšego dolžnostnogo lica sub"ekta Rossijskoj Federacii po koordinacii vzaimodejstvija organov ispolnitel'noj vlasti sub"ekta Rossijskoj Federacii s federal'nymi organami ispolnitel'noj vlasti, ich territorial'nymi organami. Aktual'nye problemy razvitija Federativnych otnošenij v Rossijskoj Federacii. Korsby, P. (Hrsg.) Proekt "Institucional'nyj, pravovoj i ėkonomičeskij federalizm v Rossijskoj Federacii". Moskva: 30 - 40.
(Die Befugnisse der Subjektexekutivspitze des Subjekts der Russischen Föderation bei der Koordination der Zusammenarbeit der Exekutivorgane des Subjekts mit den föderalen Exekutivorganen, ihren Territorialaorganen In: Korsby [Hrsg.] Aktuelle Probleme der Entwicklung der föderalen Beziehungen in der Russischen Föderation).

Tarusina, I. (2003). Elite transformation and regime change. Steen, A. / Gel'man, V. (Hrsg.) Elites and Democratic Development in Russia. New York, NY, Routledge studies in transition; 24: 168-186.

Tichomirov, J. A. (2001). Teorija Kompetencii. Moskva. (Theorie der Kompetenzen).

Tichomirov, J. A. (2006). Dinamika kompetencii sub"ektov federativnych otnošenij. Aktual'nye problemy razvitija federativnych otnošenij v Rossijskoj Federacii. Proekt "Institucional'nyj, Proekt "Institucional'nyj, pravovoj i ėkonomičeskij federalizm v Rossijskoj Federacii": 99-109. (Die Dynamik der Kompetenzen der Subjekte der föderalen Beziehungen).

Trochev, A. (2008) . Judging Russia, New York, Melbourne, Madrid, Capetown.

Uebe, F. (2004). Tendenzen in der Rechtsprechung des Verfassungsgerichts Russlands zu föderalen Problemen. Brunner, G. (Hrsg.) Der russische Föderalismus. Bilanz eines Jahrzehnts. Wiesbaden: 301-324.

Uibopuu, H.-J. (1983). Unionskompetenzen. Fincke, M. (Hrsg.) Handbuch der Sowjetverfassung. Berlin. Band 2: 735-736.

Umnova, I. A. (2000). Konstituticionnye osnovy sovremennogo rossijskogo federalizma. Moskva.

Varlamova, N. V. (2000). Rossijskij federalizm: Konstitucionnye predposylki i političeskaja real'nost'. Moskau. (Der russische Föderalismsus: Verfassungsprämissen und politische Realität).

Varlamova, N. V. (2001). "Rossijskaja Federacija i ee sub"ekty: Problema ukreplenija gosudarstvennosti." GiP (7): 88-107. ("Die russische Föderation und ihre Subjekte: Das Problem der Stärkung der Staatlichkeit").

Vasil'eva, T. A. (1994). Obščerossijskie političeskie vybory 1993 goda: Federativnyj aspekt. Federal'noe Sobranie Rossii: Opyt pervych vyborov. Moskva. ("Die allrussischen politischen Wahlen des Jahres 1993: der föderale Aspekt." In: Die Föderale Versammlung Russlands: Die Erfahrung der ersten Wahlen).

Vasil'eva, T. A. (2000). Stanovlenie federativnych otnošenij i praktika Konstitucionnogo Suda Rossijskoj Federacii. Varlamova, N. V. (Hrsg.) Rossijskij federalizm: Konstitucionnye predposylki i političeskaja real'nost'. Moskva: 73 ff. (Die Schaffung der föderalen Beziehungen und die Praxis des Verfassungsgerichts der Russischen Föderation. In: Varlamova [Hrsg.] Der russische Föderalismus: Verfassungsprämissen und politische Realität).

Vedder, C. (1996), Intraföderale Staatsverträge, Baden-Baden.

Volkova, N. S. (2005). "Priemy formirovanija pravovoj pozicii Konstitucionnogo Suda RF." Žurnal Rossijskogo Prava(9). ("Die Verfahren der Bildung einer Rechtsposition des Verfassungsgerichts der RF" In: Zeitschrift des Russischen Rechts [Zeitschrift]).

Wardomski, L. (1994). "Wirtschaftsbeziehungen zwischen Zentrum und Regionen in Russland. Schwierige Suche nach einem Interessenausgleich. ." Bericht des Bundesinstituts für ostwissenschaftliche und internationale Studien (18).

Wassiljew, A. (2002). "Wie effizient ist das Putinsche System bei Regionalwahlen?" Wostok (3): 25-27.

Watts, R. (1999). Comparing Federal Systems. Montreal and Kingston.

Wiest, M. (2003). Russlands schwacher Föderalismus und Parlamentarismus. Münster.

Wolkogonow, D. (1990). Triumph und Tragödie. Berlin.

Yu, H. / A. Guernsey. "What is the Rule of Law?" 2007, http://www.uiowa.edu/ifdebook/faq/Rule_of_Law.shtml.

Zacharov, A. (2003). Die regionalen Parlamente im postoswjetischen Russland – Bilanz eines Jahrzehnts. Bos, E / Mommsen, M. / Steinsdorff, S. v. (Hrsg.) Wiesbaden: 249-268.

Zaslavskij, S. E. (2003). Formirovanie Soveta Federacii. Smirnjagin, L. V. (Hrsg.) Sovet Federacii: evolucija statusa i funkcii. Moskva: 124-145. ("Die Bildung des Föderationsrats. In: Smirnjagin [Hrsg.] Der Föderationsrat: Evolution seines Status und Funktionen).

Geführte Interviews

Interview mit Vladimir A. *Četvernin* am 28. April 2004 in Moskau. *Četvenin* ist Dozent am Institut für Staat und Recht der Russischen Akademie der Wissenschaften in Moskau.

Interview mit Natalja V. *Varlamova* am 29. April 2004 in Moskau. *Varlamova* ist Mitarbeiterin am Institut für Staat und Recht der Russischen Akademie der Wissenschaften in Moskau

Interview mit Aleksej S. *Avtonomov* am 11. Mai 2004 in Moskau. Avtonomov ist Professor am Institut für Staat und Recht der Russischen Akademie der Wissenschaften in Moskau.

Interview mit Rafik F. *Abdrachmanov* am 24. Mai 2004 in Kasan. *Abdrachmanov* ist Geschäftsführer des Kasaner Instituts für Föderalismus.

Interview mit Rafaėl' S. *Chakimov* am 25. Mai 2004 in Kasan. *Chakimov* ist Persönlicher Berater des Präsidenten der Republik Tatarstan und Direktor des Kasaner Instituts für Föderalismus.

Interview mit Šakir Š. *Jagudin* am 25. Mai 2004 in Kasan. *Jagudin* ist Leiter der Rechtsabteilung des Staatsrats (des tatarischen Parlaments)

Interview mit Marat S. *Salikov* am 31. Mai 2004 in Jekaterinburg. Salikov ist Dekan der Rechtsakademie des Ural in Jekaterinburg.

Interview mit Boris J. *Bersin* am 1. Juni 2004 in Jekaterinburg. *Bersin* ist Direktor der Rechtsverwaltung der Gesetzgebenden Versammlung des Sverdlovsker Gebiets.

SOVIET AND POST-SOVIET POLITICS AND SOCIETY

Edited by Dr. Andreas Umland

ISSN 1614-3515

1 *Андреас Умланд (ред.)*
Воплощение Европейской конвенции по правам человека в России
Философские, юридические и эмпирические исследования
ISBN 3-89821-387-0

2 *Christian Wipperfürth*
Russland – ein vertrauenswürdiger Partner?
Grundlagen, Hintergründe und Praxis gegenwärtiger russischer Außenpolitik
Mit einem Vorwort von Heinz Timmermann
ISBN 3-89821-401-X

3 *Manja Hussner*
Die Übernahme internationalen Rechts in die russische und deutsche Rechtsordnung
Eine vergleichende Analyse zur Völkerrechtsfreundlichkeit der Verfassungen der Russländischen Föderation und der Bundesrepublik Deutschland
Mit einem Vorwort von Rainer Arnold
ISBN 3-89821-438-9

4 *Matthew Tejada*
Bulgaria's Democratic Consolidation and the Kozloduy Nuclear Power Plant (KNPP)
The Unattainability of Closure
With a foreword by Richard J. Crampton
ISBN 3-89821-439-7

5 *Марк Григорьевич Меерович*
Квадратные метры, определяющие сознание
Государственная жилищная политика в СССР. 1921 – 1941 гг
ISBN 3-89821-474-5

6 *Andrei P. Tsygankov, Pavel A.Tsygankov (Eds.)*
New Directions in Russian International Studies
ISBN 3-89821-422-2

7 *Марк Григорьевич Меерович*
Как власть народ к труду приучала
Жилище в СССР – средство управления людьми. 1917 – 1941 гг.
С предисловием Елены Осокиной
ISBN 3-89821-495-8

8 *David J. Galbreath*
Nation-Building and Minority Politics in Post-Socialist States
Interests, Influence and Identities in Estonia and Latvia
With a foreword by David J. Smith
ISBN 3-89821-467-2

9 *Алексей Юрьевич Безугольный*
Народы Кавказа в Вооруженных силах СССР в годы Великой Отечественной войны 1941-1945 гг.
С предисловием Николая Бугая
ISBN 3-89821-475-3

10 *Вячеслав Лихачев и Владимир Прибыловский (ред.)*
Русское Национальное Единство, 1990-2000. В 2-х томах
ISBN 3-89821-523-7

11 *Николай Бугай (ред.)*
Народы стран Балтии в условиях сталинизма (1940-е – 1950-е годы)
Документированная история
ISBN 3-89821-525-3

12 *Ingmar Bredies (Hrsg.)*
Zur Anatomie der Orange Revolution in der Ukraine
Wechsel des Elitenregimes oder Triumph des Parlamentarismus?
ISBN 3-89821-524-5

13 *Anastasia V. Mitrofanova*
The Politicization of Russian Orthodoxy
Actors and Ideas
With a foreword by William C. Gay
ISBN 3-89821-481-8

14 *Nathan D. Larson*
Alexander Solzhenitsyn and the Russo-Jewish Question
ISBN 3-89821-483-4

15 *Guido Houben*
Kulturpolitik und Ethnizität
Staatliche Kunstförderung im Russland der neunziger Jahre
Mit einem Vorwort von Gert Weisskirchen
ISBN 3-89821-542-3

16 *Leonid Luks*
Der russische „Sonderweg"?
Aufsätze zur neuesten Geschichte Russlands im europäischen Kontext
ISBN 3-89821-496-6

17 *Евгений Мороз*
История «Мёртвой воды» – от страшной сказки к большой политике
Политическое неоязычество в постсоветской России
ISBN 3-89821-551-2

18 *Александр Верховский и Галина Кожевникова (ред.)*
Этническая и религиозная интолерантность в российских СМИ
Результаты мониторинга 2001-2004 гг.
ISBN 3-89821-569-5

19 *Christian Ganzer*
Sowjetisches Erbe und ukrainische Nation
Das Museum der Geschichte des Zaporoger Kosakentums auf der Insel Chortycja
Mit einem Vorwort von Frank Golczewski
ISBN 3-89821-504-0

20 *Эльза-Баир Гучинова*
Помнить нельзя забыть
Антропология депортационной травмы калмыков
С предисловием Кэролайн Хамфри
ISBN 3-89821-506-7

21 *Юлия Лидерман*
Мотивы «проверки» и «испытания» в постсоветской культуре
Советское прошлое в российском кинематографе 1990-х годов
С предисловием Евгения Марголита
ISBN 3-89821-511-3

22 *Tanya Lokshina, Ray Thomas, Mary Mayer (Eds.)*
The Imposition of a Fake Political Settlement in the Northern Caucasus
The 2003 Chechen Presidential Election
ISBN 3-89821-436-2

23 *Timothy McCajor Hall, Rosie Read (Eds.)*
Changes in the Heart of Europe
Recent Ethnographies of Czechs, Slovaks, Roma, and Sorbs
With an afterword by Zdeněk Salzmann
ISBN 3-89821-606-3

24 *Christian Autengruber*
Die politischen Parteien in Bulgarien und Rumänien
Eine vergleichende Analyse seit Beginn der 90er Jahre
Mit einem Vorwort von Dorothée de Nève
ISBN 3-89821-476-1

25 *Annette Freyberg-Inan with Radu Cristescu*
The Ghosts in Our Classrooms, or: John Dewey Meets Ceauşescu
The Promise and the Failures of Civic Education in Romania
ISBN 3-89821-416-8

26 *John B. Dunlop*
The 2002 Dubrovka and 2004 Beslan Hostage Crises
A Critique of Russian Counter-Terrorism
With a foreword by Donald N. Jensen
ISBN 3-89821-608-X

27 *Peter Koller*
Das touristische Potenzial von Kam''janec'–Podil's'kyj
Eine fremdenverkehrsgeographische Untersuchung der Zukunftsperspektiven und Maßnahmenplanung zur Destinationsentwicklung des „ukrainischen Rothenburg"
Mit einem Vorwort von Kristiane Klemm
ISBN 3-89821-640-3

28 *Françoise Daucé, Elisabeth Sieca-Kozlowski (Eds.)*
Dedovshchina in the Post-Soviet Military
Hazing of Russian Army Conscripts in a Comparative Perspective
With a foreword by Dale Herspring
ISBN 3-89821-616-0

29 *Florian Strasser*
Zivilgesellschaftliche Einflüsse auf die Orange Revolution
Die gewaltlose Massenbewegung und die ukrainische Wahlkrise 2004
Mit einem Vorwort von Egbert Jahn
ISBN 3-89821-648-9

30 *Rebecca S. Katz*
The Georgian Regime Crisis of 2003-2004
A Case Study in Post-Soviet Media Representation of Politics, Crime and Corruption
ISBN 3-89821-413-3

31 *Vladimir Kantor*
Willkür oder Freiheit
Beiträge zur russischen Geschichtsphilosophie
Ediert von Dagmar Herrmann sowie mit einem Vorwort versehen von Leonid Luks
ISBN 3-89821-589-X

32 *Laura A. Victoir*
The Russian Land Estate Today
A Case Study of Cultural Politics in Post-Soviet Russia
With a foreword by Priscilla Roosevelt
ISBN 3-89821-426-5

33 *Ivan Katchanovski*
Cleft Countries
Regional Political Divisions and Cultures in Post-Soviet Ukraine and Moldova
With a foreword by Francis Fukuyama
ISBN 3-89821-558-X

34 *Florian Mühlfried*
Postsowjetische Feiern
Das Georgische Bankett im Wandel
Mit einem Vorwort von Kevin Tuite
ISBN 3-89821-601-2

35 *Roger Griffin, Werner Loh, Andreas Umland (Eds.)*
Fascism Past and Present, West and East
An International Debate on Concepts and Cases in the Comparative Study of the Extreme Right
With an afterword by Walter Laqueur
ISBN 3-89821-674-8

36 *Sebastian Schlegel*
Der „Weiße Archipel“
Sowjetische Atomstädte 1945-1991
Mit einem Geleitwort von Thomas Bohn
ISBN 3-89821-679-9

37 *Vyacheslav Likhachev*
Political Anti-Semitism in Post-Soviet Russia
Actors and Ideas in 1991-2003
Edited and translated from Russian by Eugene Veklerov
ISBN 3-89821-529-6

38 *Josette Baer (Ed.)*
Preparing Liberty in Central Europe
Political Texts from the Spring of Nations 1848 to the Spring of Prague 1968
With a foreword by Zdeněk V. David
ISBN 3-89821-546-6

39 *Михаил Лукьянов*
Российский консерватизм и реформа, 1907-1914
С предисловием Марка Д. Стейнберга
ISBN 3-89821-503-2

40 *Nicola Melloni*
Market Without Economy
The 1998 Russian Financial Crisis
With a foreword by Eiji Furukawa
ISBN 3-89821-407-9

41 *Dmitrij Chmelnizki*
Die Architektur Stalins
Bd. 1: Studien zu Ideologie und Stil
Bd. 2: Bilddokumentation
Mit einem Vorwort von Bruno Flierl
ISBN 3-89821-515-6

42 *Katja Yafimava*
Post-Soviet Russian-Belarussian Relationships
The Role of Gas Transit Pipelines
With a foreword by Jonathan P. Stern
ISBN 3-89821-655-1

43 *Boris Chavkin*
Verflechtungen der deutschen und russischen Zeitgeschichte
Aufsätze und Archivfunde zu den Beziehungen Deutschlands und der Sowjetunion von 1917 bis 1991
Ediert von Markus Edlinger sowie mit einem Vorwort versehen von Leonid Luks
ISBN 3-89821-756-6

44 *Anastasija Grynenko in Zusammenarbeit mit Claudia Dathe*
Die Terminologie des Gerichtswesens der Ukraine und Deutschlands im Vergleich
Eine übersetzungswissenschaftliche Analyse juristischer Fachbegriffe im Deutschen, Ukrainischen und Russischen
Mit einem Vorwort von Ulrich Hartmann
ISBN 3-89821-691-8

45 *Anton Burkov*
The Impact of the European Convention on Human Rights on Russian Law
Legislation and Application in 1996-2006
With a foreword by Françoise Hampson
ISBN 978-3-89821-639-5

46 *Stina Torjesen, Indra Overland (Eds.)*
International Election Observers in Post-Soviet Azerbaijan
Geopolitical Pawns or Agents of Change?
ISBN 978-3-89821-743-9

47 *Taras Kuzio*
Ukraine – Crimea – Russia
Triangle of Conflict
ISBN 978-3-89821-761-3

48 *Claudia Šabić*
"Ich erinnere mich nicht, aber L'viv!"
Zur Funktion kultureller Faktoren für die Institutionalisierung und Entwicklung einer ukrainischen Region
Mit einem Vorwort von Melanie Tatur
ISBN 978-3-89821-752-1

49 *Marlies Bilz*
Tatarstan in der Transformation
Nationaler Diskurs und Politische Praxis 1988-1994
Mit einem Vorwort von Frank Golczewski
ISBN 978-3-89821-722-4

50 *Марлен Ларюэль (ред.)*
Современные интерпретации русского национализма
ISBN 978-3-89821-795-8

51 *Sonja Schüler*
Die ethnische Dimension der Armut
Roma im postsozialistischen Rumänien
Mit einem Vorwort von Anton Sterbling
ISBN 978-3-89821-776-7

52 *Галина Кожевникова*
Радикальный национализм в России и противодействие ему
Сборник докладов Центра «Сова» за 2004-2007 гг.
С предисловием Александра Верховского
ISBN 978-3-89821-721-7

53 *Галина Кожевникова и Владимир Прибыловский*
Российская власть в биографиях I
Высшие должностные лица РФ в 2004 г.
ISBN 978-3-89821-796-5

54 *Галина Кожевникова и Владимир Прибыловский*
Российская власть в биографиях II
Члены Правительства РФ в 2004 г.
ISBN 978-3-89821-797-2

55 *Галина Кожевникова и Владимир Прибыловский*
Российская власть в биографиях III
Руководители федеральных служб и агентств РФ в 2004 г.
ISBN 978-3-89821-798-9

56 *Ileana Petroniu*
Privatisierung in Transformationsökonomien
Determinanten der Restrukturierungs-Bereitschaft am Beispiel Polens, Rumäniens und der Ukraine
Mit einem Vorwort von Rainer W. Schäfer
ISBN 978-3-89821-790-3

57 *Christian Wipperfürth*
Russland und seine GUS-Nachbarn
Hintergründe, aktuelle Entwicklungen und Konflikte in einer ressourcenreichen Region
ISBN 978-3-89821-801-6

58 *Togzhan Kassenova*
From Antagonism to Partnership
The Uneasy Path of the U.S.-Russian Cooperative Threat Reduction
With a foreword by Christoph Bluth
ISBN 978-3-89821-707-1

59 *Alexander Höllwerth*
Das sakrale eurasische Imperium des Aleksandr Dugin
Eine Diskursanalyse zum postsowjetischen russischen Rechtsextremismus
Mit einem Vorwort von Dirk Uffelmann
ISBN 978-3-89821-813-9

60 *Олег Рябов*
«Россия-Матушка»
Национализм, гендер и война в России XX века
С предисловием Елены Гощило
ISBN 978-3-89821-487-2

61 *Ivan Maistrenko*
Borot'bism
A Chapter in the History of the Ukrainian Revolution
With a new introduction by Chris Ford
Translated by George S. N. Luckyj with the assistance of Ivan L. Rudnytsky
ISBN 978-3-89821-697-5

62 *Maryna Romanets*
Anamorphosic Texts and Reconfigured Visions
Improvised Traditions in Contemporary Ukrainian and Irish Literature
ISBN 978-3-89821-576-3

63 *Paul D'Anieri and Taras Kuzio (Eds.)*
Aspects of the Orange Revolution I
Democratization and Elections in Post-Communist Ukraine
ISBN 978-3-89821-698-2

64 *Bohdan Harasymiw in collaboration with Oleh S. Ilnytzkyj (Eds.)*
Aspects of the Orange Revolution II
Information and Manipulation Strategies in the 2004 Ukrainian Presidential Elections
ISBN 978-3-89821-699-9

65 *Ingmar Bredies, Andreas Umland and Valentin Yakushik (Eds.)*
Aspects of the Orange Revolution III
The Context and Dynamics of the 2004 Ukrainian Presidential Elections
ISBN 978-3-89821-803-0

66 *Ingmar Bredies, Andreas Umland and Valentin Yakushik (Eds.)*
Aspects of the Orange Revolution IV
Foreign Assistance and Civic Action in the 2004 Ukrainian Presidential Elections
ISBN 978-3-89821-808-5

67 *Ingmar Bredies, Andreas Umland and Valentin Yakushik (Eds.)*
Aspects of the Orange Revolution V
Institutional Observation Reports on the 2004 Ukrainian Presidential Elections
ISBN 978-3-89821-809-2

68 *Taras Kuzio (Ed.)*
Aspects of the Orange Revolution VI
Post-Communist Democratic Revolutions in Comparative Perspective
ISBN 978-3-89821-820-7

69 *Tim Bohse*
Autoritarismus statt Selbstverwaltung
Die Transformation der kommunalen Politik in der Stadt Kaliningrad 1990-2005
Mit einem Geleitwort von Stefan Troebst
ISBN 978-3-89821-782-8

70 *David Rupp*
Die Rußländische Föderation und die russischsprachige Minderheit in Lettland
Eine Fallstudie zur Anwaltspolitik Moskaus gegenüber den russophonen Minderheiten im „Nahen Ausland" von 1991 bis 2002
Mit einem Vorwort von Helmut Wagner
ISBN 978-3-89821-778-1

71 *Taras Kuzio*
Theoretical and Comparative Perspectives on Nationalism
New Directions in Cross-Cultural and Post-Communist Studies
With a foreword by Paul Robert Magocsi
ISBN 978-3-89821-815-3

72 *Christine Teichmann*
Die Hochschultransformation im heutigen Osteuropa
Kontinuität und Wandel bei der Entwicklung des postkommunistischen Universitätswesens
Mit einem Vorwort von Oskar Anweiler
ISBN 978-3-89821-842-9

73 *Julia Kusznir*
Der politische Einfluss von Wirtschaftseliten in russischen Regionen
Eine Analyse am Beispiel der Erdöl- und Erdgasindustrie, 1992-2005
Mit einem Vorwort von Wolfgang Eichwede
ISBN 978-3-89821-821-4

74 *Alena Vysotskaya*
Russland, Belarus und die EU-Osterweiterung
Zur Minderheitenfrage und zum Problem der Freizügigkeit des Personenverkehrs
Mit einem Vorwort von Katlijn Malfliet
ISBN 978-3-89821-822-1

75 *Heiko Pleines (Hrsg.)*
Corporate Governance in post-sozialistischen Volkswirtschaften
ISBN 978-3-89821-766-8

76 *Stefan Ihrig*
Wer sind die Moldawier?
Rumänismus versus Moldowanismus in Historiographie und Schulbüchern der Republik Moldova, 1991-2006
Mit einem Vorwort von Holm Sundhaussen
ISBN 978-3-89821-466-7

77 *Galina Kozhevnikova in collaboration with Alexander Verkhovsky and Eugene Veklerov*
Ultra-Nationalism and Hate Crimes in Contemporary Russia
The 2004-2006 Annual Reports of Moscow's SOVA Center
With a foreword by Stephen D. Shenfield
ISBN 978-3-89821-868-9

78 *Florian Küchler*
The Role of the European Union in Moldova's Transnistria Conflict
With a foreword by Christopher Hill
ISBN 978-3-89821-850-4

79 *Bernd Rechel*
The Long Way Back to Europe
Minority Protection in Bulgaria
With a foreword by Richard Crampton
ISBN 978-3-89821-863-4

80 *Peter W. Rodgers*
Nation, Region and History in Post-Communist Transitions
Identity Politics in Ukraine, 1991-2006
With a foreword by Vera Tolz
ISBN 978-3-89821-903-7

81 *Stephanie Solywoda*
The Life and Work of Semen L. Frank
A Study of Russian Religious Philosophy
With a foreword by Philip Walters
ISBN 978-3-89821-457-5

82 *Vera Sokolova*
Cultural Politics of Ethnicity
Discourses on Roma in Communist Czechoslovakia
ISBN 978-3-89821-864-1

83 *Natalya Shevchik Ketenci*
Kazakhstani Enterprises in Transition
The Role of Historical Regional Development in Kazakhstan's Post-Soviet Economic Transformation
ISBN 978-3-89821-831-3

84 *Martin Malek, Anna Schor-Tschudnowskaja (Hrsg.)*
Europa im Tschetschenienkrieg
Zwischen politischer Ohnmacht und Gleichgültigkeit
Mit einem Vorwort von Lipchan Basajewa
ISBN 978-3-89821-676-0

85 *Stefan Meister*
Das postsowjetische Universitätswesen zwischen nationalem und internationalem Wandel
Die Entwicklung der regionalen Hochschule in Russland als Gradmesser der Systemtransformation
Mit einem Vorwort von Joan DeBardeleben
ISBN 978-3-89821-891-7

86 *Konstantin Sheiko in collaboration with Stephen Brown*
Nationalist Imaginings of the Russian Past
Anatolii Fomenko and the Rise of Alternative History in Post-Communist Russia
With a foreword by Donald Ostrowski
ISBN 978-3-89821-915-0

87 *Sabine Jenni*
Wie stark ist das „Einige Russland"?
Zur Parteibindung der Eliten und zum Wahlerfolg der Machtpartei im Dezember 2007
Mit einem Vorwort von Klaus Armingeon
ISBN 978-3-89821-961-7

88 *Thomas Borén*
Meeting-Places of Transformation
Urban Identity, Spatial Representations and Local Politics in Post-Soviet St Petersburg
ISBN 978-3-89821-739-2

89 *Aygul Ashirova*
Stalinismus und Stalin-Kult in Zentralasien
Turkmenistan 1924-1953
Mit einem Vorwort von Leonid Luks
ISBN 978-3-89821-987-7

90 *Leonid Luks*
Freiheit oder imperiale Größe?
Essays zu einem russischen Dilemma
ISBN 978-3-8382-0011-8

91 *Christopher Gilley*
The 'Change of Signposts' in the Ukrainian Emigration
A Contribution to the History of Sovietophilism in the 1920s
With a foreword by Frank Golczewski
ISBN 978-3-89821-965-5

92 *Philipp Casula, Jeronim Perovic (Eds.)*
Identities and Politics During the Putin Presidency
The Discursive Foundations of Russia's Stability
With a foreword by Heiko Haumann
ISBN 978-3-8382-0015-6

93 *Marcel Viëtor*
Europa und die Frage nach seinen Grenzen im Osten
Zur Konstruktion ‚europäischer Identität' in Geschichte und Gegenwart
Mit einem Vorwort von Albrecht Lehmann
ISBN 978-3-8382-0045-3

94 *Ben Hellman, Andrei Rogachevskii*
Filming the Unfilmable
Casper Wrede's 'One Day in the Life of Ivan Denisovich'
ISBN 978-3-8382-0044-6

95 *Eva Fuchslocher*
Vaterland, Sprache, Glaube
Orthodoxie und Nationenbildung am Beispiel Georgiens
Mit einem Vorwort von Christina von Braun
ISBN 978-3-89821-884-9

96 *Vladimir Kantor*
Das Westlertum und der Weg Russlands
Zur Entwicklung der russischen Literatur und Philosophie
Ediert von Dagmar Herrmann
Mit einem Beitrag von Nikolaus Lobkowicz
ISBN 978-3-8382-0102-3

97 *Kamran Musayev*
Die postsowjetische Transformation im Baltikum und Südkaukasus
Eine vergleichende Untersuchung der politischen Entwicklung Lettlands und Aserbaidschans 1985-2009
Mit einem Vorwort von Leonid Luks
Ediert von Sandro Henschel
ISBN 978-3-8382-0103-0

98 *Tatiana Zhurzhenko*
Borderlands into Bordered Lands
Geopolitics of Identity in Post-Soviet Ukraine
With a foreword by Dieter Segert
ISBN 978-3-8382-0042-2

99 *Кирилл Галушко, Лидия Смола (ред.)*
Пределы падения – варианты украинского будущего
Аналитико-прогностические исследования
ISBN 978-3-8382-0148-1

100 *Michael Minkenberg (ed.)*
Historical Legacies and the Radical Right in Post-Cold War Central and Eastern Europe
With an afterword by Sabrina P. Ramet
ISBN 978-3-8382-0124-5

101 *David-Emil Wickström*
"Okna otkroi!" – "Open the Windows!"
Transcultural Flows and Identity Politics in the St. Petersburg Popular Music Scene
With a foreword by Yngvar B. Steinholt
ISBN 978-3-8382-0100-9

102 *Eva Zabka*
Eine neue „Zeit der Wirren"?
Der spät- und postsowjetische Systemwandel 1985-2000 im Spiegel russischer gesellschaftspolitischer Diskurse
Mit einem Vorwort von Margareta Mommsen
ISBN 978-3-8382-0161-0

103 *Ulrike Ziemer*
Ethnic Belonging, Gender and Cultural Practices
Youth Identitites in Contemporary Russia
With a foreword by Anoop Nayak
ISBN 978-3-8382-0152-8

104 *Ksenia Chepikova*
‚Einiges Russland' - eine zweite KPdSU?
Aspekte der Identitätskonstruktion einer postsowjetischen „Partei der Macht“
Mit einem Vorwort von Torsten Oppelland
ISBN 978-3-8382-0311-9

105 *Леонид Люкс*
Западничество или евразийство? Демократия или идеократия?
Сборник статей об исторических дилеммах России
С предисловием Владимира Кантора
ISBN 978-3-8382-0211-2

106 *Anna Dost*
Das russische Verfassungsrecht auf dem Weg zum Föderalismus und zurück
Zum Konflikt von Rechtsnormen und -wirklichkeit in der Russländischen Föderation von 1991 bis 2009
Mit einem Vorwort von Alexander Blankenagel
ISBN 978-3-8382-0292-1

Series Subscription

Please enter my subscription to the series *Soviet and Post-Soviet Politics and Society*, ISSN 1614-3515, as follows:

❒ complete series OR ❒ English-language titles
❒ German-language titles
❒ Russian-language titles

starting with

❒ volume # 1

❒ volume # ___

❒ please also include the following volumes: #___, ___, ___, ___, ___, ___, ___

❒ the next volume being published

❒ please also include the following volumes: #___, ___, ___, ___, ___, ___, ___

❒ 1 copy per volume OR ❒ ___ copies per volume

Subscription within Germany:

You will receive every volume at 1st publication at the regular bookseller's price – incl. s & h and VAT.

Payment:

❒ Please bill me for every volume.

❒ Lastschriftverfahren: Ich/wir ermächtige(n) Sie hiermit widerruflich, den Rechnungsbetrag je Band von meinem/unserem folgendem Konto einzuziehen.

Kontoinhaber: ______________________ Kreditinstitut: ______________________

Kontonummer: ______________________ Bankleitzahl: ______________________

International Subscription:

Payment (incl. s & h and VAT) in advance for

❒ 10 volumes/copies (€ 319.80) ❒ 20 volumes/copies (€ 599.80)

❒ 40 volumes/copies (€ 1,099.80)

Please send my books to:

NAME ______________________ DEPARTMENT ______________________

ADDRESS ____

POST/ZIP CODE ______________________ COUNTRY ______________________

TELEPHONE ______________________ EMAIL ______________________

date/signature ____

A hint for librarians in the former Soviet Union: Your academic library might be eligible to receive free-of-cost scholarly literature from Germany via the German Research Foundation. For Russian-language information on this program, see http://www.dfg.de/forschungsfoerderung/formulare/download/12_54.pdf.

Please fax to: **0511 / 262 2201 (+49 511 262 2201)**

or mail to: ***ibidem***-Verlag, Julius-Leber-Weg 11, D-30457 Hannover, Germany

or send an e-mail: ibidem@ibidem-verlag.de

ibidem-Verlag

Melchiorstr. 15

D-70439 Stuttgart

info@ibidem-verlag.de

www.ibidem-verlag.de
www.ibidem.eu
www.edition-noema.de
www.autorenbetreuung.de

FSC
www.fsc.org
MIX
Papier | Fördert
gute Waldnutzung
FSC® C083411

Kolibri 360 GmbH
Ferdinand-Jühlke-Straße 7
99095 Erfurt, Deutschland
produktsicherheit@kolibri360.de